Kundenschutz im elektronischen Geschäftsverkehr nach § 312e BGB

Europäische Hochschulschriften
Publications Universitaires Européennes
European University Studies

Reihe II
Rechtswissenschaft

Série II Series II
Droit
Law

Bd./Vol. 4183

PETER LANG
Frankfurt am Main · Berlin · Bern · Bruxelles · New York · Oxford · Wien

Christian Morlang

Kundenschutz im elektronischen Geschäftsverkehr nach § 312e BGB

Umsetzung der Artt. 10 und 11 der Richtlinie 2000/31/EG

PETER LANG
Europäischer Verlag der Wissenschaften

Bibliografische Information Der Deutschen Bibliothek
Die Deutsche Bibliothek verzeichnet diese Publikation in der Deutschen Nationalbibliografie; detaillierte bibliografische Daten sind im Internet über <http://dnb.ddb.de> abrufbar.

Zugl.: Göttingen, Univ., Diss., 2004

D 7
ISSN 0531-7312
ISBN 3-631-53712-3

www.peterlang.de

Meinen Eltern

Vorwort

Die vorliegende Arbeit wurde im Wintersemester 2004/2005 von der Juristischen Fakultät der Georg-August-Universität Göttingen als Dissertation mit dem Thema „Kundenschutz im elektronischen Geschäftsverkehr nach §312e BGB“ angenommen. Sie berücksichtigt den Stand der Rechtsprechung und Literatur bis August 2003.

An dieser Stelle möchte ich Frau Prof. Dr. Wendehorst herzlich danken für ihre menschliche Unterstützung und ihre fachliche Betreuung.

Meinen Dank möchte ich auch meiner Freundin Frau Nicole Steuding aussprechen, die mir stets mit Rat und Diskussionsbereitschaft zur Seite stand und mir insbesondere bei der Korrektur des Manuskripts wertvolle Hilfe geleistet hat, sowie meinen Eltern, ohne deren Rückhalt die Erstellung dieser Arbeit nicht möglich gewesen wäre.

Düsseldorf, Januar 2005
Christian-Wilhelm Morlang

Gliederung

Einleitung

1. Teil

2. Teil

3. Teil

4. Teil

Literaturverzeichnis:

Adams, Michael
Irrtümer und Offenbarungspflichten im Privatrecht, in: AcP 186 (1986), S. 453-489

Ahrens, Hans-Jürgen
Das Herkunftslandprinzip in der E-Commerce-Richtlinie, in: CR 2000, 835-841

Amtenbrink, Fabian
Harmonisierungsmaßnahmen im Binnenmarkt im Lichte der Entscheidung des Europäischen Gerichtshofs zur Tabakwerberichtlinie, in: VuR 2001, S. 163-174

Anders, Beate
Subjektive Elemente des Sittenwidrigkeitsbegriffs des §1 UWG, Hamburg 2000, Zugl.: Dortmund, Univ., Diss., 2000; zitiert: Anders, Subjektive Elemente des Sittenwidrigkeitsbegriffs des §1 UWG

Ann, Christoph
Internetverträge – Besonderheiten des elektronischen Vertragsschlusses, in: Hohl, Michael; Leible, Stefan; Sosnitza, Olaf (Hrsg.), Vernetztes Recht: das Internet als Herausforderung an eine moderne Rechtsordnung, Stuttgart u. a., 2001, S. 53-70; zitiert: Ann, in: Hohl/Leible/Sosnitza , Vernetzes Recht: das Internet als Herausforderung an eine moderne Rechtsordnung

Arndt, Hans-Wolfgang; Köhler, Markus
Elektronischer Handel nach der E-Commerce-Richtlinie, in: EWS 2001, S. 102-112

Arnold, Dirk
Verbraucherschutz im Internet, in: CR 1997, S. 526-532

Baetge, Dagmar
Das Recht der Verbandsklage auf neuen Wegen, in: ZZP 1999, S. 329-351

Balda, Volker; Schmits, Volker
Fernsehen ohne Grenzen auf dem Weg zur Konvergenz in: CR 1998, S. 421-424

Baldus, Christian; Becker, Rainer — Bürgschaftsvertrag deutschen Rechts als Vertrag im Sinne des EWGRL 577/85 Art 1 Abs 1, in: ZEuP 1997, S. 874-889

Bamberger, Heinz Georg (Hrsg.) Roth, Herbert — Kommentar zum Bürgerlichen Gesetzbuch, München, 2003, zitiert: Bamberger/Roth-Bearbeiter

Basedow, Jürgen — Keck on the facts, in: EuZW 1994, S. 225

Basedow, Jürgen — Das BGB im künftigen europäischen Privatrecht: Der hybride Kodex, in: AcP 200 (2000), S. 445-492

Bauer, Jobst-Hubertus; Kock, Martin — Arbeitsrechtliche Auswirkungen des neuen Verbraucherschutzrechts, in: DB 2002, S. 42-46

Baumbach, Adolf; Lauterbach, Wolfgang; Albers, Jan; Hartmann, Peter — Zivilprozessordnung: mit Gerichtsverfassungsgesetz und anderen Nebengesetzen, 61. Auflage, München, 2003, zitiert: Baumbach/Lauterbach/Albers/Hartmann-Bearbeiter, ZPO

Baumbach, Adolf; Hefermehl, Wolfgang — Wettbewerbsrecht 22. Auflage, München, 2001 zitiert: Baumbach/Hefermehl, Wettbewerbsrecht

Baumgärtel, Gottfried — Beweislastpraxis im Privatrecht, Köln,1996, zitiert: Baumgärtel, Beweislastpraxis im Privatrecht

Beater, Axel — Europäisches Recht gegen den unlauteren Wettbewerb – Ansatzpunkte, Grundlagen, Entwicklung, Erforderlichkeit, in: ZEuP 2003, S. 11-50

Becker, Rolf — „Wir glauben, dass die Menschen gut sind.“, in: JurPC Web-Dok. 115/2003, Abs. 1 – 14 (http://www.jurpc.de/aufsatz/20030115.htm)

Behrens, Peter Mindestharmonisierung im Binnenmarkt – Stellungnahme,
in: Everling, Ulrich; Roth, Wulf-Henning (Hrsg.), Mindestharmonisierung im Binnenmarkt, S. 33-37;
Behrens, in: Everling/Roth (Hrsg.), Mindestharmonisierung im Binnenmarkt

Berger, Christian Der Ausschluß gesetzlicher Rückgewähransprüche bei der Erbringung unbestellter Leistungen nach § 241 a BGB,
in: JuS 2001, S. 649-654

Bergh, Roger van den Wer schützt die europäischen Verbraucher vor dem Brüsseler Verbraucherschutz? Zu den möglich adversen Effekten der europäischen Richtlinien zum Schutze des Verbrauchers,
in: Ott Claus; Schäfer, Hans-Bernd (Hrsg.), Effiziente Verhaltenssteuerung und Kooperation im Zivilrecht, S. 77-101;
zitiert: Bergh, in: Ott/Schäfer (Hrsg.), Effiziente Verhaltenssteuerung und Kooperation im Zivilrecht

Bergh, Roger van den; Lehmann, Michael Informationsökonomie und Verbraucherschutz im Wettbewerbs- und Warenzeichenrecht,
in: GRURInt 1992, S. 588-599

Bernstorff, Christoph von Ausgewählte Rechtsprobleme im Electronic Commerce,
in: RIW 2000, 14-20

Beucher, Klaus; Leyendecker, Ludwig; Rosenberg von, Oliver Mediengesetze: Rundfunk, Mediendienste, Teledienste; Kommentar zum Rundfunkstaatsvertrag, Mediendienste-Staatsvertrag,Teledienstgesetz und Teledienstedatenschutzgesetz, München, 1999
zitiert: Beucher/Leyendecker/Rosenberg

Beyer, Carl Wilhelm Rechtsnormanerkennung im Binnenmarkt,
Berlin, 1998; Zugl.:, Erlangen-Nürnberg, Univ., Diss., 1995/1996;
zitiert: Beyer, Rechtsnormanerkennung im Binnenmarkt

Birk, Axel § 119 BGB als Regelung für Kommunikationsirrtümer,
in: JZ 2002, S. 446-450

Bleckmann, Albert	Probleme der Auslegung von EWG-Richtlinien in: RIW 1987, S. 929-935
Bleckmann, Albert	Zu den Auslegungsmethoden des europäischen Gerichtshofs, in: NJW 1982, S. 1177-1182
Bleckmann, Albert	Zu den Methoden der Gesetzesauslegung in der Rechtsprechung des BVerfG, in: JuS 2002, S. 942-947
Bleckmann, Albert	Probleme der Auslegung europäischer Richtlinien, in: ZGR 1992, S. 364-375
Bleckmann, Albert	Europarecht, 6. Auflage, Köln, Berlin, Bonn, München, 1997; zitiert: Bleckmann-Bearbeiter, Europarecht
Blume, Matthias; Hammerl, Alexandra	Kommentar zum E-Commerce-Gesetz ECG, Wien, 2002; zitiert: Blume/Hammerl, ECG
Boemke, Burkhard	Höhe der Verzugszinsen für Entgeltforderungen des Arbeitnehmers, in: BB 2002, S. 96-97
Boente, Walter Riehm, Thomas	Besondere Vertriebsformen im BGB in: Jura 2002, S. 222-230
Borges, Georg	Verbraucherschutz beim Internet-Shopping, in: ZIP 1999, S. 130-136
Borges, Georg	Weltweite Geschäfte per Internet und deutscher Verbraucherschutz, in: ZIP 1999, S. 565-573
Brandner, Hans-Erich	Abnehmerschutz im Wettbewerbsrecht, in: Lutter, Marcus; Stimpel, Walter, Wiedemann, Herbert; Festschrift für Robert Fischer, Berlin, New York, 1979, S. 19 - 30; zitiert: Brander, in: FS-Fischer

Brauner, Karl-Ernst — Das Erklärungsbewußtsein beim Einsatz von elektronischen Datenverarbeitungsanlagen,
Bonn, 1988; Zugl.: Bielefeld, Univ., Diss., 1986;
zitiert: Brauner, Das Erklärungsbewußtsein beim Einsatz von elektronischen Datenverarbeitungsanlagen

Brechmann, Winfried — Die richtlinienkonforme Auslegung,
München, 1994, Zugl.: München, Univ., Diss., 1993;
zitiert: Brechmann, Die richtlinienkonforme Auslegung

Breidenbach, Stephan — Die Voraussetzungen von Informationspflichten beim Vertragsschluß,
München, 1989; Zugl.: München, Univ., Diss., 1988;
zitiert: Breidenbach, Die Voraussetzungen von Informationspflichten beim Vertragsschluß

Brenner, Walter; Zarnekow, Rüdiger; Wittig, Hartmut — Intelligente Softwareagenten,
Berlin, Heidelberg, New York, 1998;
zitiert: Brenner/Zarnekow/Wittig, Intelligente Softwareagenten

Brisch, Klaus M. — EU-Richtlinienvorschlag zum elektronischen Geschäftsverkehr,
in: CR 1999, S. 235-244

Brors, Christiane — Das Widerspruchsrecht des Arbeitnehmers,
in: DB 2002, S. 2046-2048

Brox, Hans — Allgemeiner Teil des BGB,
25. Auflage, Köln, 2001;
zitiert: Brox, AT

Brüggemeier, Gert; Reich, Norbert — Europäisierung des BGB durch große Schuldrechtsreform?,
in: BB 2001, S. 213-222

Buchner, Benedikt — E-Commerce und effektiver Rechtsschutz - oder: Wer folgt wem wohin?,
in: EWS 2000, 147-156

Büchner, Wolfgang; Ehmer, Jörg; Geppert, Martin; Kerkhoff, Bärbel; Piepenbrock, Hermann-Josef; Schütz; Raimund; Schuster, Fabian
Beck´scher TKG-Kommentar: (Telekommunikationsgesetz), 1. Auflage, München, 1997 ;
zitiert: Beck´scher TKG1-Kommentar-Bearbeiter

Büchner, Wolfgang; Ehmer, Jörg; Geppert, Martin; Kerkhoff, Bärbel; Piepenbrock, Hermann-Josef; Schütz; Raimund; Schuster, Fabian
Beck'scher TKG-Kommentar,
2. Auflage, München 2000;
zitiert: Beck'scher TKG2-Kommentar-Bearbeiter

Buehler, Michael
Fernunterrichtsvertrag und Fernunterrichtsschutzgesetz, Frankfurt, 1984; Zugl.: Genf, Univ., Diss., 1983;
zitiert: Buehler, Fernunterrichtsvertrag und Fernunterrichtsschutzgesetz

Bullinger, Martin
Ordnung oder Freiheit für Multimediadienste,
in: JZ 1996, S. 385-391

Bullinger, Martin
Der Rundfunkbegriff in der Differenzierung kommunikativer Dienste,
in: AfP 1996, S. 1-8

Bülow, Peter
Einseitiger Verzicht des Verbrauchers auf sein Widerrufsrecht,
in: ZIP 1998, S. 945-948

Bülow, Peter
Heidelberger Kommentar zum Verbraucherkreditrecht, 5. Auflage, Heidelberg, 2002;
zitiert: Bülow, Verbraucherkredit

Bülow, Peter; Artz, Markus
Fernabsatzverträge und Strukturen eines Verbraucherprivatrechts im BGB,
in: NJW 2000, S. 2048-2056

Bultmann, Fritz; Rahn, Gerd-Jürgen
Rechtliche Fragen des Teleshopping,
in: NJW 1988, S. 2432-2438

Burgard, Ulrich Das Wirksamwerden empfangsbedürftiger Willenserklärungen im Zeitalter moderner Telekommunikation, in: AcP 195 (1995), S. 74-135

Burgard, Ulrich Kurzkommentar zu BGH, Urt. v. 7.11.2001, in: EWiR 2002, S. 139-140

Burgard, Ulrich Online-Marktordnung und Inhaltskontrolle, in: WM 2001, S. 2102-2113

Bydlinski, Franz System und Prinzipien des Privatrechts, Wien, 1996; zitiert: Bydlinski, System und Prinzipien des Privatrechts

Bydlinski, Franz Möglichkeiten und Grenzen der Präzisierung aktueller Generalklauseln, in: Behrends, Okko, Dießelhorst; Malte; Dreier, Ralf (Hrsg.), Rechtsdogmatik und praktische Vernunft: Symposium zum 80. Geburtstag von Franz Wieacker, Göttingen, 1990; zitiert: Bydlinski, in: FS-Wieacker

Bydlinski, Franz Juristische Methodenlehre und Rechtsbegriff, 2. Auflage, Wien, New York, 1991; zitiert: Bydlinski, Methodenlehre und Rechtsbegriff

Caglayan, Alper K.; Harrison, Colin G. Intelligente Software-Agenten, München, Wien, 1998; zitiert: Caglayan/Harrison, Intelligente Software-Agenten

Calliess, Christian Nach dem "Tabakwerbung-Urteil" des EuGH: Binnenmarkt und gemeinschaftsrechtliche Kompetenzverfassung im neuen Licht, in: Jura 2001, S. 311-318

Calliess, Christian Subsidiaritäts- und Solidaritätsprinzip in der Europäischen Union, 2. Auflage, Baden-Baden, 1999; zitiert: Calliess, Subsidiaritäts- und Solidaritätsprinzip in der Europäischen Union

Calliess, Christian; Ruffert, Matthias Kommentar des Vertrages über die europäische Union und des Vertrages zur Gründung der Europäischen Gemeinschaft – EUV/EGV, 2. Auflage, Neuwied, Kriftel, 2002;
zitiert: Calliess/Ruffert-Bearbeiter, EUV/EGV

Canaris, Claus-Wilhelm Anmerkung zu BGH NJW 1984,
in: NJW 1984, S. 2281-2282

Canaris, Claus-Wilhelm Grundrechte und Privatrecht,
in: AcP 184 (1984), S. 201-246

Canaris, Claus-Wilhelm Die Feststellung von Lücken im Gesetz,
2. Auflage, München, 1983; Zugl.: München, Univ., Diss., 1965;
zitiert: Canaris, Die Feststellung von Lücken im Gesetz

Canaris, Claus-Wilhelm Anmerkung zu BGH JZ 1976, S. 132,
in: JZ 1976, S. 132-134

Canaris, Claus-Wilhelm Die Vertrauenshaftung im deutschen Privatrecht, München, 1971; Zugl.: München, Univ., Habil.-Schr., 1967;
zitiert: Canaris, Die Vertrauenshaftung im deutschen Privatrecht

Canaris, Claus-Wilhelm Schutzgesetze – Verkehrspflichten – Schutzpflichten,
in: Canaris, Claus-Wilhelm; Diederichsen, Uwe; Festschrift für Karl Larenz zum 80. Geburtstag, München, 1983, S. 27-110;
zitiert: Canaris, in: FS-Larenz

Canaris, Claus-Wilhelm Grundrechte und Privatrecht: eine Zwischenbilanz; Berlin, 1999;
zitiert: Canaris, Grundrechte und Privatrecht: eine Zwischenbilanz

Canaris, Claus-Wilhelm Wandlungen des Schuldvertragsrechts - Tendenzen zu seiner „Materialisierung“,
in: AcP 200 (2000), S. 273-364

Canaris, Claus-Wilhelm Sondertagung Schuldrechtsmodernisierung,
in: JZ 2001, S. 499-528

Casper, Matthias Die Zusendung unbestellter Waren nach § 241 a BGB, in: ZIP 2000, S. 1602-1609

Cichon, Caroline Zur Anwendbarkeit des HWiG auf im Internet geschlossene Verträge, in: CR 1998, S. 773-776

Clement, Michel; Runte, Matthias Internet-Agenten, in: Albers, Sönke; Clement, Michael; Peters, Kay (Hrsg.), Marketing mit Interaktiven Medien - Strategien zum Markterfolg, 3. Auflage, Frankfurt am Main, 2001, S. 175-190; zitiert: Clement/Runte, in: Albers/Clement/Peters (Hrsg.), Marketing mit Interaktiven Medien – Strategien zum Markterfolg

Clement, Michel; Runte, Matthias Intelligente Software-Agenten im eCommerce in: der markt, 2000, S. 18-35

Cornelius, Kai Vertragsabschluß durch autonome elektronische Agenten, in: MMR 2002, S. 353-358

Danco, Anne Die Novellierung der Verbraucherkreditrichtlinie, in: WM 2003, S. 853-861

Däubler, Wolfgang Die Auswirkungen der Schuldrechtsmodernisierung auf das Arbeitsrecht, in: NZA 2001, S. 1329 – 1337

Däubler-Gmelin, Herta Die Entscheidung für die so genannte Große Lösung bei der Schuldrechtsreform, in: NJW 2001, S. 2281-2289

Dauner-Lieb, Barbara Heidel, Tomas Lepa, Manfred Gerhard, Ring; (Hrsg.) Anwaltskommentar Schuldrecht, Erläuterungen der Neuregelungen zum Verjährungsrecht, Schuldrecht, Schadensersatzrecht und Mietrecht, Bonn, 2002; zitiert: AnwKom-Bearbeiter

Dauner-Lieb, Barbara Konzen, Horst Schmidt, Karsten; (Hrsg.) Das neue Schuldrecht in der Praxis: Akzente, Brennpunkte, Ausblick, Köln, 2003; zitiert: Dauner-Lieb/Konzen/Schmidt (Hrsg.)-Bearbeiter, Das neue Schuldrecht in der Praxis

Dauner-Lieb, Barbara Verbraucherschutz durch Ausbildung eines Sonderprivatrechts für Verbraucher, Berlin, 1983, Zugl.: Tübingen, Univ., Diss., 1982-1983;
zitiert: Dauner-Lieb, Verbraucherschutz durch Ausbildung eines Sonderprivatrechts für Verbraucher

Dauner-Lieb, Barbara Kodifikation von Richterrecht,
in: Ernst, Wolfgang; Zimmermann, Reinhard (Hrsg.), Zivilrechtswissenschaft und Schuldrechtsreform, Tübingen, 2001, S. 305-328;
zitiert: Dauner-Lieb, in: Ernst/Zimmermann (Hrsg.), Zivilrechtswissenschaft und Schuldrechtsreform

Dauner-Lieb, Barbara (Hrsg.) Das neue Schuldrecht: Fälle und Lösungen, Bonn, 2002;
zitiert: Dauner-Lieb, Das neue Schuldrecht: Fälle und Lösungen

Dauner-Lieb, Barbara; Heidel, Thomas; Ring, Gerhard Das neue Schuldrecht,
Heidelberg, 2002;
zitiert: Dauner-Lieb/Heidel/Ring-Bearbeiter, Das neue Schuldrecht

Determann, Lothar Abgrenzung gesetzlicher Medienkategorien,
in: RTkom 2000, S. 11-22

Dethloff, Nina Europäisierung des Wettbewerbsrechts,
Tübingen, 2000; Zugl.: Tübingen, Univ., Habil-Schr., 1999/2000;
zitiert: Dethloff, Europäisierung des Wettbewerbsrechts

Deutsch, Erwin Allgemeines Haftungsrecht,
2. Auflage, Köln, Berlin, Bonn, München, 1996;
zitiert: Deutsch, Allgemeines Haftungsrecht

Deutsch, Erwin; Ahrens, Hans-Jürgen Deliktsrecht,
4. Auflage, Köln, 2002;
zitiert, Deutsch/Ahrens, Deliktsrecht

Dilger, Petra Verbraucherschutz bei Vertragsabschlüssen im Internet, München, 2002; Zugl.: München, Univ., Diss., 2000/01;
zitiert: Dilger, Verbraucherschutz bei Vertragsabschlüssen im Internet

Dörner, Heinrich
Schulze, Reiner;
Bürgerliches Gesetzbuch: Handkommentar, 2. Auflage, Baden-Baden, 2002;
zitiert: HK-Bearbeiter, BGB

Dörner, Heinrich
Rechtsgeschäfte im Internet,
in: AcP 202 (2002), S. 363-396

Dörner, Heinrich
Die Integration des Verbraucherrechts in das BGB,
in: Schulze, Reiner; Schulte-Nölke, Hans (Hrsg.),
Die Schuldrechtsreform vor dem Hintergrund des Gemeinschaftsrechts, Tübingen, 2001, S. 177-188;
zitiert: Dörner in: Schulze/Schulte-Nölke, Die Schuldrechtsreform vor dem Hintergrund des Gemeinschaftsrechts

Dougan, Michael
Minimum Harmonization and the Internal Market,
In: CMLR 2000, S. 853-885

Downes, Noemi;
Heiß, Helmut
Sprachregulierungen im Vertragsrecht: Europa- und internationalprivatrechtliche Aspekte,
in: ZVglRWiss, 98 (1999), S. 23-53

Dreher, Meinrad
Der Verbraucher-Das Phantom in den opera des europäischen und deutschen Rechts?,
in: JZ 1997, S. 167-178

Drexl, Josef
Die wirtschaftliche Selbstbestimmung des Verbrauchers, Tübingen, 1998; Zugl.: München, Univ., Habil.-Schr., 1996;
zitiert: Drexl, Die wirtschaftliche Selbstbestimmung des Verbrauchers

Duden
Das große Wörterbuch der deutschen Sprache,
3. Auflage, 1999;
zitiert: Duden

Ebnet, Peter
Rechtsprobleme bei der Verwendung von Telefax,
in: NJW 1992, S. 2985-2991

Eckert, Jörn
Der Begriff der Freiheit im Recht der unerlaubten Handlungen,
in: JuS 1994, S. 625-631

Ehlers, Dirk; Wolffgang, Hans-Michael; Pünder,Hermann	Rechtsfragen des Electronic Commerce, Köln, 2001; zitiert: Ehlers/Wolffgang/Pünder (Hrsg.)-Bearbeiter, Rechtsfragen des Electronic Commerce
Ehricke, Ulrich	Die richtlinienkonforme und die gemeinschaftsrechtskonforme Auslegung nationalen Rechts in: RabelsZ (1995), S. 598-644
Eichmann, Helmut	Der Vorsprung durch eigenen Rechtsbruch, in: GRUR 1967, S. 564-572
Ekey, Friedrich L.	Heidelberger Kommentar zum Wettbewerbsrecht, Heidelberg, 2000; zitiert: Heidelberger Kommentar-Bearbeiter, Wettbewerbsrecht
Elßner, Christof; Schirmbacher, Martin	Die Gesellschaft bürgerlichen Rechts als Verbraucher?, in: VuR 2003, S. 247-253
Emmerich, Volker	Unlauterer Wettbewerb: ein Studienbuch, 6. Auflage, München, 2002; zitiert: Emmerich, Unlauterer Wettbewerb
Ende, Lothar; Klein, Alexander	Grundzüge des Vertriebsrechts im Internet, München, 2001; zitiert: Ende/Klein, Grundzüge des Vertriebsrechts im Internet
Engel-Flechsig, Stefan; Maennel, Frithjof A.; Tettenborn, Alexander	Das neue Informations- und Telekommunikationsdienstegesetz des Bundes und der MDStV der Länder; in: NJW 1997, S. 2981-2992
Engel-Flechsing, Stefan; Maennel, Frithjof A.; Tettenborn, Alexander	Neue gesetzliche Rahmenbedingungen für Multimedia, Heidelberg, 1997; zitiert: Engel-Flechsing/Maennel/Tettenborn, Neue gesetzliche Rahmenbedingungen für Multimedia
Engel-Flechsing, Stefan; Maennel, Frithjof A.; Tettenborn, Alexander	Beck'scher IuKDG-Kommentar, München, 2001; zitiert: Engel-Flechsing/Maennel/Tettenborn-Bearbeiter, Beck'scher IuKDG-Kommentar

Ennecerus, Ludwig; Nipperdey, Hans Carl — Allgemeiner Teil des Bürgerlichen Rechts, 15. Auflage, Tübingen, 1959; zitiert: Ennecerus/Nipperdey, AT

Epiney, Astrid — Umgekehrte Diskriminierung, Köln, Berlin, Bonn, München, 1995; Zugl.: Mainz, Univ., Habil.-Schr., 1994

Erman, Walter; Westermann, Harm Peter (Hrsg.) — Bürgerliches Gesetzbuch mit Nebengesetzen, Band I, 10 Auflage, Münster 2000; zitiert: Erman-Bearbeiter

Ernst, Stefan — Verbraucherschutzrechtliche Aspekte des EU-Richtlinienvorschlags zum Electronic Commerce, in: VuR 1999, S. 397-405

Ernst, Stefan — Wirtschaftsrecht im Internet, in: BB 1997, S. 1057-1062

Ernst, Stefan — Die Online-Versteigerung, in: CR 2000, S. 304-312

Ernst, Stefan — Verbraucherschutzrechtliche Aspekte des Internets, in: VuR 1997, S. 259-264

Ernst, Stefan — Verbraucherschutz bei Rechtsgeschäften im Internet, in: Hohl, Michael; Leible, Stefan,Sosnitza, Olaf (Hrsg.), Vernetztes Recht: das Internet als Herausforderung an eine moderne Rechtsordnung, Stuttgart u. a., 2001, S. 71-95; zitiert: Ernst, in: Hohl/Leible/Sosnitza (Hrsg.), Vernetztes Recht: das Internet als Herausforderung an eine moderne Rechtsordnung

Esser, Josef; Schmidt, Eike — -Schuldrecht, Band I Allgemeiner Teil, Teilband 1 8. Auflage, Heidelberg, 1995; zitiert: Esser/Schmidt, SchuldR I/1
-Schuldrecht, Band I Allgemeiner Teil, Teilband 2 8. Auflage, Heidelberg, 2000; zitiert: Esser/Schmidt, SchuldR I/2

Everling, Ulrich	Subsidiaritätsprinzip und "ausschließliches" Gemeinschaftsrecht – ein „faux problème" der Verfassungsauslegung –, in: Burmeister, Joachim (Hrsg.), Verfassungsstaatlichkeit, Festschrift für Klaus Stern zum 65. Geburtstag, S. 1227-1237; zitiert: Everling, in: FS-Stern
Faber, Wolfgang	Elemente verschiedener Verbraucherbegriffe in EG-Richtlinien, zwischenstaatlichen Übereinkommen und nationalem Zivil- und Kollisionsrecht, in: ZEuP 1998, S. 854-892
Fastenrath, Ulrich	Inländerdiskriminierung, in: JZ 1987, 170-178
Fezer, Karl-Heinz	Modernisierung des deutschen Rechts gegen den unlauteren Wettbewerb auf der Grundlage einer Europäisierung des Wettbewerbsrechts, Gutachten für das Bundesinnenministerium, 2001 http://www.bmj.bund.de/images/10919.pdf.; zitiert: Fezer, Modernisierung des deutschen Rechts gegen den unlauteren Wettbewerb auf der Grundlage einer Europäisierung des Wettbewerbsrechts
Fezer, Karl-Heinz	Das wettbewerbsrechtliche Vertragsauflösungsrecht in der UWG-Reform, in: WRP 2003, S. 127-143
Fezer, Karl-Heinz	Anmerkung zu EuGH JZ 1994, S. 623, in: JZ 1994, S. 623-625
Fezer, Karl-Heinz	Europäisierung des Wettbewerbsrechts, in: JZ 1994, S. 317-326
Fiebig, Andreas	Der Arbeitnehmer als Verbraucher, in: DB 2002, S. 1608-1610
Fikentscher, Wolfgang	Methodenlehre des Rechts in vergleichender Darstellung, Band IV, Dogmatischer Teil, Tübingen, 1977; zitiert: Fikentscher, Methodenlehre des Rechts, Bd. IV

Fikentscher, Wolfgang Lehrbuch zum Schuldrecht, 9. Auflage, Berlin, 1997; zitiert: Fikentscher, SchuldR

Fischer, Ansgar; Machunsky, Jürgen Haustürwiderrufsgesetz, 2. Auflage, Neuwied, Kriftel, Berlin, 1995; zitiert: Fischer/Machunsky, Haustürwiderrufsgesetz

Fischer, Nikolaj Europäischer Verbraucherschutz im deutschen Privatrecht – Einige kritische Anmerkungen –, in: VuR 2003, S. 20-25

Fischer, Nikolaj Das verbraucherschützende Widerrufsrecht und die Schuldrechtsreform, in: DB 2002, S. 253-258

Fleischer, Holger Vorvertragliche Pflichten im Schnittfeld von Schuldrechtsreform und Gemeinschaftsprivatrecht; in: Schulze, Reiner; Schulte-Nölke, Hans (Hrsg.), Die Schuldrechtsreform vor dem Hintergrund des Gemeinschaftsrechts, Tübingen, 2001, S. 243-267; zitiert: Fleischer, in: Schulze/Schulte-Nölke (Hrsg.), Die Schuldrechtsreform vor dem Hintergrund des Gemeinschaftsrechts

Fleischer, Holger Vertragsabschlußbezogene Informationspflichten im Gemeinschaftsprivatrecht, in: ZEuP 2000, S. 772-798

Fleischer, Holger Konkurrenzprobleme um die culpa in contrahendo: Fahrlässige Irreführung versus arglistige Täuschung, in: AcP 200 (2000), S. 91-120

Flume, Werner Vom Beruf unserer Zeit für Gesetzgebung, in: ZIP 2000, S. 1427-1430

Flume, Werner Allgemeiner Teil des Bürgerlichen Rechts; Bd. 2: Das Rechtsgeschäft, 4. Auflage, Berlin, 1992; zitiert: Flume, AT II

Franzen, Martin Auslegung und Fortbildung von privatrechtsgestaltenden Richtlinien, in: Jahrbuch Junger Zivilrechtswissenschaftler 1997, S. 285-306

Franzen, Martin Privatrechtsangleichung durch die Europäische Gemeinschaft, Berlin, 1999, Zugl.: Berlin, Freie Univ., Habil.-Schr., 1998-1999;
zitiert; Franzen, Privatrechtsangleichung durch die Europäische Gemeinschaft

Freitag, Robert Sprachenzwang, Sprachrisiko und Formanforderungen im IPR,
in: IPRax 1999, S. 142-148

Frenz, Walter Verbraucherinformation durch Gesetz und Selbstverpflichtungen,
in: ZG 2002, S. 226-244

Freytag, Stefan Providerhaftung im Binnenmarkt,
in: CR 2000, 600-609

Frings, Michael Das neue Verbraucherschutzrecht im BGB 2002,
in: VuR 2002, S. 390-398

Fritzsche, Jörg Anmerkung zu BGH JZ 1995, S. 628,
in: JZ 1995, S. 630-631

Fritzsche, Jörg; Malzer, Hans M. Ausgewählte zivilrechtliche Probleme elektronisch signierter Willenserklärungen,
in: DNotZ 1995, S. 3-25

Furrer, Andreas Die Sperrwirkung des sekundären Gemeinschaftsrechts auf die nationalen Rechtsordnungen : die Grenzen des nationalen Gestaltungsspielraums durch sekundärrechtliche Vorgaben unter besonderer Berücksichtigung des „nationalen Alleingangs", Baden-Baden, 1994; Zugl.: St. Gallen, Hochschule für Wirtschafts- und Sozialwissenschaft, Diss., 1994;
zitiert: Furrer, Die Sperrwirkung des sekundären Gemeinschaftsrechts auf die nationalen Rechtsordnungen

Fuchs, Andreas Das Fernabsatzgesetz im neuen System des Verbraucherschutzrechts,
in: ZIP 2000, S. 1273 – 1287

Fuchs, Andreas Zur Disponibilität gesetzlicher Widerrufsrechte im Privatrecht,
in: AcP 196 (1996), S. 312-394

Gaertner, Reinhard; Gierschmann, Sibylle — Das neue Fernabsatzgesetz, in: DB 2000, S. 1601-1606

Gamerith, Helmut — Neue Herausforderungen für ein europäisches Lauterkeitsrecht, in: WRP 2003, S. 143-172

Gaul, Björn; Otto, Björn — Das Widerrufsrecht bei Aufhebungsverträgen, in: DB 2002, S. 2049-2050

Geiger, Andrea Elisabeth — Der Wandel im Berufsrecht des deutschen Rechtsanwalts unter dem Einfluß der europäischen Integrationsprozesse, München, 1995, Zugl.: München, Univ., Diss., 1995; zitiert: Geiger, Der Wandel im Berufsrecht des deutschen Rechtsanwalts unter dem Einfluß der europäischen Integrationsprozesse

Geiger, Rudolf — EUV-EGV, Vertrag über die Europäische Union und Vertrag zur Gründung der Europäischen Gemeinschaft, 3. Auflage, München, 2000; zitiert: Geiger, EUV-EGV

Geis, Ivo (Hrsg.) — Rechtsaspekte des elektronischen Geschäftsverkehrs, Auf dem Weg zur Informationsgesellschaft, Kryptographietechnologien: Digitale Signatur, Verschlüsselung, Rechtliche Rahmenbedingungen Eschborn, 1999; zitiert: Geis (Hrsg.), Rechtsaspekte des elektronischen Geschäftsverkehrs

Gellermann, Martin — Beeinflussung des bundesdeutschen Rechts durch Richtlinien der EG dargestellt am Beispiel des europäischen Umweltrechts, Köln, 1994; zitiert: Gellermann, Beeinflußung durch Richtlinien

Gernhuber, Joachim — Das Schuldverhältnis, Tübingen, 1989; zitiert: Gernhuber, Das Schuldverhältnis

Gernhuber, Joachim — Die Erfüllung und ihre Surrogate sowie das Erlöschen der Schuldverhältnisse aus anderen Gründen, 2. Auflage, Band 3, Tübingen, 1994; zitiert: Gernhuber, Die Erfüllung und ihre Surrogate

Gierschmann, Sibylle — Die E-Commerce-Richtlinie, in: DB 2000, S. 1315-1319

Giesen, Dieter — Grundsätze der Konfliktlösung bei fehlerhaften Rechtsgeschäften (Fallgruppe A: Nichtigkeit), in: Jura 1981, S. 505-513

Gitter, Rotraud; Roßnagel, Alexander — Rechtsfragen mobiler Agentensysteme im E-Commerce, in: K&R 2003, S. 64-72

Glatt, Christoph — Vertragsschluß im Internet, Baden-Baden, 2002; Zugl.: Freiburg, Univ., Diss., 2001; zitiert: Glatt, Vertragsschluß im Internet

Glatt, Christoph — Vertragsschluß im Internet, in: ZUM 2001, S. 390-397

Göckel, Andreas — Telefonieren im Internet: Das regulatorische Umfeld, in: K&R 1998, S. 250-254

Goetz, Volkmar — Anmerkung zu EuGH JZ 2001, S. 32, in: JZ 2001, S. 34-36

Görlitz, Niklas — Tabakwerbung und Europa: Im zweiten Anlauf endlich am Ziel, in: ZUM 2002, S. 97-106

Gounalakis, Georgios; Rhode, Lars — Das Informations- und Kommunikationsdienste-Gesetz, in: K&R 1998, S. 321-331

Gounalakis, Georgios; Rhode, Lars — Elektronische Kommunikationsangebote zwischen Telediensten, Mediendiensten und Rundfunk, in: CR 1998, S. 487-492

Grabitz, Eberhard; Hilf, Meinhard — Das Recht der Europäischen Union, Band I und II: EUV/EGV, Band III: Sekundärrecht, München, 20. Lieferung, Stand: August 2002; zitiert: Grabitz/Hilf-Bearbeiter

Gramlich, Ludwig; Zerres, Thomas — Umgehungsverbote im Verbraucherschutz – zur Auslegung des §5 Abs. 1 HWiG, in: ZIP 1998, S. 1299-1305

Greger, Reinhard Neue Regeln für die Verbandsklage im Verbraucherschutz- und Wettbewerbsrecht, in: NJW 2000, S. 2457-2463

Greger, Reinhard Verbandsklagen und Prozeßrechtsdogmatik – Neue Entwicklungen in einer schwierigen Beziehung, in: ZZP 2000, S. 399-412

Grigoleit, Hans Christoph Reformperspektiven der vorvertraglichen Informationshaftung, in: Schulze, Reiner; Schulte-Nölke, Hans (Hrsg.), Die Schuldrechtsreform vor dem Hintergrund des Gemeinschaftsrechts, Tübingen, 2001, S. 269-294; zitiert: Grigoleit, in: Schulze/Schulte-Nölke (Hrsg.), Die Schuldrechtsreform vor dem Hintergrund des Gemeinschaftsrechts

Grigoleit, Hans Christoph Besondere Vertriebsformen im BGB, in: NJW 2002, S. 1151-1158

Grigoleit, Hans Christoph Rechtsfolgenspezifische Analyse „besonderer" Informationspflichten am Beispiel der Reformpläne für den E-Commerce, in: WM 2001, S. 597-604

Grigoleit, Hans-Christoph Vorvertragliche Informationshaftung: Vorsatzdogma, Rechtsfolgen, Schranken, München, 1997, Zugl.: München, Univ., Diss., 1996; zitiert: Grigoleit, Vorvertragliche Informationshaftung

Groeben, Hans von der Kommentar zum EU-/EG-Vertrag 5. Auflage, Baden-Baden, 1997; zitiert: Groeben/Thiesing/Ehlermann-Bearbeiter

Grundmann, Stefan Privatautonomie im Binnemarkt, JZ 2000, S. 1133-1143

Grundmann, Stefan EG-Richtlinie und nationales Privatrecht, in: JZ 1996, S. 274-287

Grundmann, Stefan Europäisches Schuldvertragsrecht: das europäische Recht der Unternehmensgeschäfte Berlin, 1999; zitiert: Grundmann, Europäisches Schuldvertragsrecht

Grundmann, Stefan Harmonisierung, Europäischer Kodex, Europäisches System der Vertragsrechte,
in: NJW 2002, S. 393-396

Grundmann, Stefan Das Internationale Privatrecht der E-Commerce-Richtlinie - was ist kategorial anders im Kollisionsrecht des Binnenmarktes und warum?,
in: RabelsZ 67 (2003), S. 246-297

Grunewald, Barbara Die Beweislastverteilung bei der Verletzung von Aufklärungspflichten,
in: ZIP 1994, S. 1162-1166

Grünwald, Andreas Analoger Switch-Off, zur Verwaltung terrestrischer Rundfunkfrequenzen im
Zeichen der Digitalisierung der Fernsehübertragung in Deutschland und den
U.S.A., München, 2001; Zugl.: Münster (Westfalen), Univ., Diss., 2000;
zitiert: Grünwald, Analoger Switch-Off

Haas, Lothar; Medicus, Dieter; Rolland, Walter; Schäfer, Carsten; Wendtland, Holger Das neue Schuldrecht in der Praxis,
München, 2002
zitiert: Haas/Medicus/Rolland/Schäfer/Wendtland-Bearbeiter, Das neue Schuldrecht

Habersack, Mathias Fehlendes Erklärungsbewußtsein mit Wirkung zu Lasten des Erklärungsempfängers? BGH, NJW 1995, 953,
in: JuS 1996, S. 585-588

Hahn, Anne-Catherine Vertragsschluß im Internet: Ausgewählte Fragen,
in: Hoeren, Thomas; Queck, Robert (Hrsg.), Rechtsfragen der Informationsgesellschaft, 1999;
zitiert: Hahn, Vertragsschluß im Internet

Hailbronner, Kay Nachbaur, Andreas Die Dienstleistungsfreiheit in der Rechtssprechung des EuGH,
in: EuZW 1992, S. 105-113

Hailbronner, Kay; Klein, Eckhart; Magiera, Siegfried; Müller-Graf, Peter Handkommentar zum Vertrag über die Europäische Union (EUV/EGV),
8. Lieferung 2000;
zitiert: Handkommentar-Bearbeiter, EUV/EGV

Halfmeier, Axel Der Anspruch der Verbraucherverbände auf Kostenerstattung anläßlich der Durchsetzung von Unterlassungsansprüchen nach UWG und AGB-Gesetz, in: Brönneke, Tobias (Hrsg.), Kollektiver Rechtsschutz im Zivilprozeßrecht, Baden-Baden, 2001, S. 137-161; zitiert: Halfmeier, in: Brönneke (Hrsg.), Kollektiver Rechtsschutz im Zivilprozeßrecht

Hamann, Andreas Der Entwurf einer E-Commerce-Richtlinie unter rundfunkrechtlichen Gesichtspunkten, in: ZUM 2000, S. 290-297

Hammer, Volker; Bizer, Johann Beweiswert elektronisch signierter Dokumente, in: DuD 1993, S. 689-699

Hansen, Udo Die Substantiierungslast, in: JuS 1991, S. 588-590

Härting, Niko Gesetzesentwurf zur Umsetzung der E-Commerce-Richtlinie, in: CR 2001, S. 271-277

Härting, Niko Internetrecht, Köln, 1999; zitiert: Härting, Internetrecht

Härting, Niko Fernabsatzgesetz: Kurzkommentar; Köln, 2000; zitiert: Härting, FernAbsG

Härting, Niko Informationspflichten der Anbieter von Mehrwertdiensten, in: CR 2003, S. 204-209

Härting, Niko; Schirmbacher, Martin Finanzdienstleistungen im Fernabsatz, in: CR 2002, S. 809-817

Härting, Niko; Schirmbacher, Martin Fernvertrieb von Finanzdienstleistungen an Verbraucher: Umsetzung der Fernabsatzrichtlinie für Finanzdienstleistungen, DB 2003, 1777-1782

Hartung, Stephanie; Hartmann, Alexander „Wer bietet mehr?“ – Rechtssicherheit des Vertragsschlusses bei Internetauktionen, in: MMR 2001, S. 278-286

Hasselblatt, Gordian (Hrsg.) Münchener Anwaltshandbuch, Gewerblicher Rechtsschutz, München, 2001; zitiert: Münchener Anwaltshandbuch-Bearbeiter, Gewerblicher Rechtsschutz

Hassemer, Michael Elektronischer Geschäftsverkehr im Regierungsentwurf zum Schuldrechtsmodernisierungsgesetz in: MMR 2001 S. 635-640

Heermann, Peter W. Vertrags- und wettbewerbsrechtliche Probleme bei der E-Mail Nutzung, in: K&R 1999, S. 6-16

Heidemann-Peuser, Helke Neues Klagerecht der Verbraucherverbände nach dem Rechtsberatungsgesetz, in: VuR 2002, S. 455-458

Heiderhoff, Bettina Internetauktionen als Umgehungsgeschäfte, in: MMR 2001, S. 640-643

Heinrich, Christian Formale Freiheit und materiale Gerechtigkeit, Tübingen, 2000, Zugl.: Passau, Univ., Habil.-Schr., 1999; zitiert: Heinrich, Formale Freiheit und materiale Gerechtigkeit

Heinrichs, Helmut Das Gesetz zur Änderung des AGB-Gesetzes, in: NJW 1996, S. 2190-2197

Heiss, Helmut Die Richtlinie über den Fernabsatz von Finanzdienstleistungen an Verbraucher aus der Sicht des IPR und IZVR, in: IPRax 2003, S. 100-104

Helmke, Robin; Müller, Björn; Neumann, Andreas Internet-Telefonie zwischen TKG, IuKDG und Mediendienste-Staatsvertrag, - Ein Modell zur Einordnung individualkommunikativer Dienste in das deutsche Multimediarecht - in: JurPC Web-Dok. 93/1998, Abs. 1 – 49 (http://www.jura.uni-sb.de/jurpc/aufsatz/19980093.htm)

Henckel, Wolfram Vorbeugender Rechtsschutz im Zivilrecht, in: AcP 174 (1974), S. 97-166

Henß, Olaf Obliegenheit und Pflicht im Bürgerlichen Recht, Frankfurt am Main, 1988, Zugl.: Gießen, Univ., Diss., 1987; zitiert: Henß, Obliegenheit und Pflicht im Bürgerlichen Recht

Henssler, Martin Überblick über das Schuldrechtsmodernisierungsgesetz, in: ZAP 22 (2001), S. 1391-1404

Henssler, Martin Arbeitsrecht und Schuldrechtsreform, in: RdA 2002, S. 129 -140

Henssler, Martin Gewerbe, Kaufmann und Unternehmen- Herkunft und Zukunft der subjektiven Anknüpfung des Handelsrechts in: ZHR 161 (1997), S. 13-51

Henssler, Martin Risiko als Vertragsgegenstand, Tübingen, 1994; Zugl.: Konstanz, Univ., Habil-Schr., 1989-1990; zitiert: Henssler, Risiko als Vertragsgegenstand

Heß, Burkhard Das geplante Unterlassungsklagengesetz, in: Ernst, Wolfgang; Zimmermann, Reinhard (Hrsg.), Zivilrechtswissenschaft und Schuldrechtsreform, Tübingen, 2001, S. 527-548; zitiert: Heß, in: Ernst/Zimmermann (Hrsg.), Zivilrechtswissenschaft und Schuldrechtsreform

Heun, Sven-Erik Die elektronische Willenserklärung, in: CR 1994, S. 595-600

Heun, Sven-Erik Elektronisch erstellte oder übermittelte Dokumente und Schriftform, in: CR 1995, S. 2-7

Heyl, Cornelius von Teledienste und Mediendienste nach Teledienstgesetz und Mediendienste-Staatsvertrag, in: ZUM 1998, S. 115-120

Hilf, Meinhard Die Richtlinie der EG – ohne Richtung, ohne Linie?, in: EuR 1993, S. 1-22

Hochstein, Rainer Teledienste, Mediendienste u. Rundfunkbegriff – Anmerkungen zur praktischen Abgrenzung multimedialer Erscheinungen,
in: NJW 1997, S. 2977-2981

Hoenike, Mark, Hülsdunk, Lutz Rechtliche Vorgaben für Fernabsatzangebote im elektronischen Geschäftsverkehrs bei und nach Vertragsschluß,
in: MMR 2002, S. 516-520

Hoeren, Thomas Internet und Recht - Neue Paradigmen des Informationsrechts,
in: NJW 1998, 2849-2854

Hoeren, Thomas Vorschlag für eine EU-Richtlinie über E-Commerce (Eine erste kritische Analyse),
in: MMR 1999, S. 192-207

Hoeren, Thomas Rechtsfragen im Internet: ein Leitfaden für die Praxis, Köln, 1998;
zitiert: Hoeren, Rechtsfragen im Internet

Hoeren, Thomas Netiquette im Internet – Prolegomena zu einer kartellrechtlichen Kontrolle von Verhaltenskodizes,
in: Geis, Ivo, Die digitale Kommunikation, Eschborn, 1997;
zitiert: Hoeren, in: Geis, Die digitale Kommunikation

Hoeren, Thomas Die Electronic Commerce-Richtlinie der Europäischen Gemeinschaft, in: Ehlers, Dirk; Wolffgang, Hans-Michael; Pünder, Hermann (Hrsg.), Rechtsfragen des E-Commerce, Köln, 2001, S. 7-24;
zitiert: Hoeren, in: Ehlers/Wolffgang/Pünder (Hrsg.), Rechtsfragen des E-Commerce

Hoeren, Thomas Der Vertragsschluß im Internet und die digitale Signatur – einige ungelöste Fragen,
in: Schulze, Reiner; Schulte-Nölke, Hans (Hrsg.), Die Schuldrechtsreform vor dem Hintergrund des Gemeinschaftsrechts, Tübingen, 2001, S. 315-327;
zitiert: Hoeren, in: Schulze/Schulte-Nölke (Hrsg.), Die Schuldrechtsreform vor dem Hintergrund des Gemeinschaftsrechts

Hoeren, Thomas; Oberscheidt, Jörn Verbraucherschutz im Internet, in: VuR 1999, S. 371-387

Hoeren, Thomas; Sieber, Ulrich (Hrsg.) Handbuch Multimedia-Recht: Rechtsfragen des elektronischen Geschäftsverkehrs, Loseblattsammlung, München, 5. Lieferung, Mai 2003
zitiert: Hoeren/Sieber-Bearbeiter, Handbuch Multimedia-Recht

Hoffmann, Helmut Entwicklung des Internet-Rechts, in: NJW Beilage zu Heft 14, S. 1-39

Hofmann, Herwig Normenhierarchien im europäischen Gemeinschaftsrecht, Berlin, 2000, Zugl.: Hamburg, Univ., Diss., 1998;
zitiert: Hofmann, Normenhierarchien im europäischen Gemeinschaftsrecht

Hohl, Michael; Leible, Stefan; Sosnitza, Olaf (Hrsg.) Vernetztes Recht: Das Internet als Herausforderung an eine moderne Rechtsordnung, Stuttgart, 2001;
zitiert: Bearbeiter in: Hohl/Leible/Sosnitza, Vernetztes Recht, Das Internet als Herausforderung an eine moderne Rechtsordnung

Höland, Armin Leitbilder des Europäischen Verbraucherrechts, in: Krämer, Ludwig; Micklitz, Hans-W.; Tonner, Klaus (Hrsg.), Recht und diffuse Interessen in der Europäischen Rechtsangleichung, Liber amoricum Norbert Reich, Baden-Baden, 1997, S. 195-219
zitiert: Höland, in FS-Reich

Hollerbach, Tobias Die rechtlichen Rahmenbedingungen für Internet-Auktionen, in: DB 2000, S. 2001-2007

Hombrecher, Lars Der Begriff der Sittenwidrigkeit in §1 UWG – Eine Einführung in das Wettbewerbsrecht, in: Jura 2003, S. 153-159

Hommelhoff, Peter Zivilrecht unter dem Einfluß europäischer Rechtsangleichung
in: AcP 192 (1992), S. 71-107

Horn, Christian Verbraucherschutz bei Internetgeschäften, in: MMR 2002, S. 209-214

Hosenfeld, Friedhelm; Brauer, Kai Kommunikation ohne Grenzen, in: c't 12/1995, S. 330-336

Hromadka, Wolfgang Schuldrechtsmodernisierung und Vertragskontrolle im Arbeitsrecht, in: NJW 2002, S. 2523-2530

Huber, Peter; Faust, Florian Schuldrechtsmodernisierung: Einführung in das neue Recht, München, 2002; zitiert: Huber/Faust-Bearbeiter, Schuldrechtsmodernisierung

Huber, Ulrich Savignys Lehre von der Auslegung der Gesetze in heutiger Sicht, in: JZ 2003, S. 1-17

Huber, Ulrich Das geplante Recht der Leistungsstörungen, in: Ernst, Wolfgang; Zimmermann, Reinhard (Hrsg.), Zivilrechtswissenschaft und Schuldrechtsreform, Tübingen, 2001, S. 31-183; zitiert: Huber, in: Ernst/Zimmermann (Hrsg.), Zivilrechtswissenschaft und Schuldrechtsreform

Hübner, Heinz Allgemeiner Teil des Bürgerlichen Gesetzbuches, 2. Auflage, Berlin, 1996; zitiert: Hübner, AT

Hümmerich, Klaus; Holthausen, Joachim Der Arbeitnehmer als Verbraucher, in: NZA 2002, S. 173-181

Jacobs, Rainer; Lindacher, Walter F.; Teplitzky, Otto UWG, Großkommentar zum Gesetz gegen den unlauteren Wettbewerb mit Nebengesetzen, Einl., 9. Lieferung, März, 1994

Janik, Viktor Rundfunkregulierung auch im Internet in: K&R 2001, S. 572 – 582

Janik, Viktor Der deutsche Rundfunkbegriff im Spiegel technischer Entwicklungen, in: AfP 2000, S. 7-16

Jarass, Hans Folgen der innerstaatlichen Wirkung von EG-Richtlinien,
in: NJW 1991, S. 2665-2669

Jauernig, Othmar (Hrsg.) Kommentar zum Bürgerlichen Gesetzbuch, 10. Auflage, München, 2003;
zitiert: Jauernig-Bearbeiter

Jhering, Rudolf Culpa in contrahendo oder Schadenersatz bei nichtigen oder nicht zur Perfection gelangten Verträgen,
in: Rudolf von Jhering, Gesammelte Aufsätze aus den Jahrbüchern für Dogmatik des heutigen römischen und deutschen Privatrechts,
Aalen, 1981, S. 327 ff.;
zitiert: Jhering, Gesammelte Aufsätze aus den Jahrbüchern für Dogmatik des heutigen römischen und deutschen Privatrechts

John, Uwe Grundsätzliches zum Wirksamwerden empfangsbedürftiger Willenserklärungen,
in: AcP 184 (1984), S. 385-412

Junker, Abbo Die einheitliche europäische Auslegung nach dem EWG-Schuldvertragsübereinkommen
in: RabelsZ 55 (1991), S. 674-696

Kaiser, Dagmar Die Rückabwicklung gegenseitiger Verträge wegen Nicht- und Schlechterfüllung nach BGB, Tübingen, 2000,
Zugl.: Freiburg i.Br., Univ., Habil.-Schr., 1998;
zitiert: Kaiser, Die Rückabwicklung gegenseitiger Verträge wegen Nicht- und Schlechterfüllung nach BGB

Kallenborn, Manfred Das Sprachenproblem bei Vertragsabschlüssen mit ausländischen Verbrauchern,
Rostock, Univ., Diss.,1997;
zitiert, Kallenborn, Das Sprachenproblem bei Vertragsabschlüssen mit ausländischen Verbrauchern

Kamanabrou, Sudabeh Die Umsetzung der Fernabsatzrichtlinie,
in: WM 2000, S. 1417-1426

Kamanabrou, Sudabeh Vorgaben der E-Commerce-RL für die Einbeziehung von AGB bei Online-Rechtsgeschäften,
in: CR 2001, S. 421-425

Kemper, Rainer Verbraucherschutzinstrumente, Baden-Baden, 1994; Zugl.: Münster (Westfalen), Univ., Diss., 1993; zitiert: Kemper, Verbraucherschutzinstrumente

Kerr, Ian R. Providing for Autonomous Electronic Devices in the Uniform electronic Commerce Act, S. 23 ff. (http://www.law.ualberta.ca/alri/ulc/current/ekerr.pdf) zitiert: Kerr, Providing for Autonomous Electronic Devices in the Uniform electronic Commerce Act

Kibele, Beate Multimedia im Fernsehen: die gesetzlichen Grundlagen audiovisueller Informations- und Kommunikationsdienste auf der Basis des deutschen und europäischen Medienrechtes, München, 2001, Zugl.: Münster (Westfalen), Univ., Diss., 2000-2001; zitiert: Kibele, Multimedia im Fernsehen

Kilian, Wolfgang; Heussen, Benno (Hrsg.) Computerrechts-Handbuch, Loseblattsammlung, München, 19. Lieferung, Stand September 2002 zitiert: Kilian/Heussen-Bearbeiter

Kimmelmann, Wolfgang; Winter, Ralf E-Commerce: Keine Herausforderung für das BGB! – AG Butzbach, NJW-RR 2003, 54

Kindler, Peter Die sachliche Rechtfertigung des aktienrechtlichen Bezugsrechtsausschlusses im Lichte der Zweiten Gesellschaftsrechtlichen Richtlinie der Europäischen Gemeinschaft, in: ZHR 158 (1994), 339-370

Klees, Andreas Vertragsverhältnisse bei der Nutzung von Mehrwertdiensterufnummern, in: CR 2003, S. 331-338

Klingsporn, Burkhard Zum Widerruf telefonisch angebahnter Haustürgeschäfte, in: NJW 1997, S. 1546-1548

Klute, Nikolai Anmerkung zu OLG Hamburg, MMR 2003, S. 105, in: MMR 2003, S. 107-108

Knobbe-Keuk, Brigitte Zum Erdbeben „Video“, in: DB 1992, S. 1461-1465

Knobbe-Keuk, Brigitte | Niederlassungsfreiheit: Diskriminierungs- oder Beschränkungsverbot?, in: DB 1990, S. 2573-2584

Koch, Christian; Maurer, Peter | Rechtsfragen des Online-Vertriebs von Bankprodukten, Teil I, WM 2002, S. 2443-2453, Teil II, WM 2002, S. 2481-2495

Koch, Frank | Internet-Recht, München, 1998; zitiert: Koch, Internet-Recht

Koch, Harald | Die Verbandsklage in Europa, in: ZZP 2000, S. 413-441

Koehler, Philipp | Allgemeine Geschäftsbedingungen im Internet, in: MMR 1998, S. 289-294

Koenig, Christian | Regulierungsoptionen für die Neuen Medien in Deutschland, in: MMR 1998, Beilage zu Heft 12, S. 1-16

Köhler, Helmut | BGB Allgemeiner Teil, München, 2002; zitiert: Köhler, AT

Köhler, Helmut | Vorvertragliche Unterlassungspflichten, in: AcP 190 (1990), S. 496-537

Köhler, Helmut | Wettbewerbsrecht im Wandel: Die neue Rechtsprechung zum Tatbestand des Rechtsbruchs, in: NJW 2002, S. 2761-2763

Köhler, Helmut | Die Rechte des Verbrauchers beim Teleshopping (TV-Shopping, Internet-Shopping), in: NJW 1998, S. 185-190

Köhler, Helmut | UWG-Reform und Verbraucherschutz, in: GRUR 2003, S. 265-272

Köhler, Helmut; Piper, Henning | Kommentar zum Gesetz gegen den unlauteren Wettbewerb mit Preisangabenverordnung, 3. Auflage, München, 2002; zitiert: Köhler/Piper-Bearbeiter

Köhler, Markus; Arndt, Hans-Wolfgang Recht des Internet, Heidelberg, 2001; zitiert: Köhler/Arndt, Recht des Internet

Kohler-Gehrig, Eleonora Europarecht und nationales Recht-Auslegung und Rechtsfortbildung in: JA 1998, S. 807-812

Köndgen, Johannes Die Positivierung der culpa in contrahendo als Frage der Gesetzgebungsmethodik, in: Schulze, Reiner; Schulte-Nölke, Hans (Hrsg.), Die Schuldrechtsreform vor dem Hintergrund des Gemeinschaftsrechts, Tübingen, 2001, S. 232-242; zitiert: Köndgen, in: Schulze/Schulte-Nölke (Hrsg.), Die Schuldrechtsreform vor dem Hintergrund des Gemeinschaftsrechts

Köndgen, Johannes Mindestharmonisierung im europäischen Bankrecht – konzeptionelle Grundlagen, in: Everling, Ulrich/Roth, Wulf-Henning (Hrsg.), Mindestharmonisierung im Binnenmarkt, S. 111-139; zitiert: Köndgen, in: Everling/Roth (Hrsg.), Mindestharmonisierung im Binnenmarkt

Koppenfels, Katharina von Das Widerrufsrecht bei Verbraucherverträgen im BGB – eine Untersuchung des §355 Abs.1 BGB-RE, in: WM 2001, S. 1360-1369

Kotthoff, Jost Der Schutz des Euro-Marketings über Art. 30 EGV, in: WRP 1996, S. 79-84

Krebs, Peter Verbraucher, Unternehmer oder Zivilpersonen, in: DB 2002, S. 517-520

Krebs, Peter Sonderverbindung und außerdeliktische Schutzpflichten, München, 2000; Zugl.: Köln, Univ., Habil.-Schr.,1998/1999; zitiert: Krebs, Sonderverbindung und außerdeliktische Schutzpflichten

Kroeger, Detlef Gimmy, Marc Andre Handbuch zum Internetrecht, Electronic Commerce-Informations-,Kommunikations-und Mediendienste, Berlin, 2002; zitiert: Kroeger/Gimmy- Bearbeiter, Handbuch zum Internetrecht

Krusche, Matthias Neue EU-Partner – mit grenzenlosem Harmonisierungsbedürfnis?, in: ZfRV 2000, S. 173-177

Kuhn, Matthias Rechtshandlungen mittels EDV und Telekommunikation, München, 1991, Zugl.: Regensburg, Univ., Diss., 1990; zitiert: Kuhn, Rechtshandlungen mittels EDV und Telekommunikation

Lakkis, Panajotta Der kollektive Rechtsschutz der Verbraucher in der Europäischen Union: dargestellt an der Verbandsklage der Verbraucherverbände nach dem AGBG, dem UWG und dem griechischen Verbraucherschutzgesetz, Bielefeld, 1997, Zugl.: Bonn, Univ., Diss., 1996; zitiert: Lakkis, Der kollektive Rechtsschutz der Verbraucher in der Europäischen Union

Landfermann, Hans-Georg Der Richtlinienvorschlag „Elektronischer Geschäftsverkehr" – Ziele und Problem, in: ZUM 1999, S. 795-802

Lang, Volker Die Beweislastverteilung im Falle der Verletzung von Aufklärungs- und Beratungspflichten bei Wertpapierdienstleistungen, in: WM 2000, S. 450-467

Lange, Danny B. Objects and Mobile Agents: The Future of Distributed Computing? 1998, http://www.moe-lange.com/danny/; zitiert: Lange, Objects and Mobile Agents: The Future of Distributed Computing?

Langner, Olaf Das Kaufrecht auf dem Prüfstand der Warenverkehrsfreiheit des EG-Vertrages, in: RabelsZ 65 (2001), S. 222-244

Larenz, Karl Methodenlehre der Rechtswissenschaft, 6. Auflage, Berlin, Heidelberg, New York, Tokyo, 1991; zitiert: Larenz, Methodenlehre der Rechtswissenschaft

Larenz, Karl Allgemeiner Teil des deutschen Bürgerlichen Rechts, 7. Auflage, München, 1989; Zitiert: Larenz, AT7

Larenz, Karl	Lehrbuch des Schuldrechts, Erster Band, Allgemeiner Teil, 14. Auflage, München, 1987; Zitiert: Larenz, SchuldR I
Larenz, Karl; Canaris, Claus-Wilhelm	Methodenlehre der Rechtswissenschaft, 3. Auflage, Berlin, 1995; zitiert: Larenz/Canaris, Methodenlehre der Rechtswissenschaft
Larenz, Karl; Canaris, Claus-Wilhelm	Lehrbuch des Schuldrechts, Zweiter Band, Besonderer Teil, 2. Halbband; Zitiert: Larenz/Canaris, SchuldR BT II/2
Larenz, Karl; Wolf, Manfred	Allgemeiner Teil des Bürgerlichen Rechts, 8. Auflage, München, 1997; Zitiert: Larenz/Wolf, AT
Lauktien, Annette-Tabea; Varadinek, Brigitta	Der Vertragsabschluß im Internet, in: ZUM 2000, S. 466-472
Laumen, Hans-W	Die „Beweiserleichterung bis zur Beweislastumkehr" - Ein beweisrechtliches Phänomen, in: NJW 2002, S. 3739-3746
Lehmann, Michael	Electronic Commerce und Verbraucherschutz in Europa, in: EuZW 2000, S. 517-521
Lehmann, Michael	Rechtsgeschäfte und Verantwortlichkeit im Netz - Der Richtlinienvorschlag der EU-Kommission, in: ZUM 1999, S. 180-184
Lehmann, Michael	Electronic Business in Europa, München, 2002; zitiert: Lehmann-Bearbeiter, Electronic Business in Europa
Lehne, Klaus-Heiner; Haak, Andreas Max	Quo Vadis Europäisches Schuldrecht?, in: Dauner-Lieb, Barbara; Konzen, Horst; Schmidt, Karsten (Hrsg.), Das neue Schuldrecht in der Praxis, Köln u. a., 2003, S. 41-59; zitiert: Lehne/Haak, in: Dauner-Lieb/Konzen/Schmidt, Das neue Schuldrecht in der Praxis

Leible, Stefan Kfz-Parallelimporte und deutsches Irreführungsverbot, in: WRP 1997, S. 517-525

Leible, Stefan Die Mitteilung der Kommission zum Europäischen Vertragsrecht - Startschuß für ein Europäisches Vertragsgesetzbuch?, in: EWS 2001, 471-481

Leible, Stefan; Sosnitza, Olaf Kommentar zu BGH K&R 2001, S. 86 ff., in: K&R 2001, S. 89-91

Leible, Stefan; Sosnitza, Olaf Telefonwerbung und Fernabsatzrichtlinie, in: K&R 1998, S. 283-292

Leipold, Dieter Beweismaß und Beweislast im Zivilprozeß, Berlin, New York, 1985; zitiert: Leipold, Beweismaß und Beweislast im Zivilprozeß

Leipold, Dieter BGB I: Einführung und Allgemeiner Teil: ein Lehrbuch mit Fällen und Kontrollfragen, Tübingen, 1999; zitiert: Leipold, BGB I

Lenz, Otto Kommentar zum EG Vertrag 2. Auflage, Köln, 1999; zitiert: Lenz-Bearbeiter, EG-Vertrag

Lettl, Tobias, Versteigerung im Internet - BGH, NJW 2002, 363, in: JuS 2002, S. 219-224

Leupold, Andreas; Bräutigam, Peter; Pfeiffer, Markus, Von der Werbung zur kommerziellen Kommunikation - Die Vermarktung von Waren und Dienstleistungen im Internet, in: WRP 2000, S. 575-598

Libertus, Michael Kommunikationsrechtliche Einordnung neuer nichtlinearer Dienste, in: ZUM 2000, S. 555-563

Lieb, Manfred Cic und rechtsgeschäftliche Entscheidungsfreiheit, in: Festschrift für Dieter Medicus zum 70. Geburtstag, Köln, Berlin, Bonn, München, 1999, S. 337-352; zitiert: Lieb, in: FS-Medicus

Lieb, Manfred Vertragsaufhebung oder Geldersatz?, in: Festschrift der Rechtswissenschaftlichen Fakultät zur 600-Jahr-Feier der Universität zu Köln, Köln, 1988, S. 251 - 270; zitiert: Lieb, in: FS-Universität Köln

Lindacher, Walter F. Die internationale Verbandsklage in Wettbewerbssachen, in: Prütting, Hans; Rüssmann, Helmut (Hrsg.), Verfahrensrecht am Ausgang des 20. Jahrhunderts, Festschrift für Gerhard Lüke zum 70. Geburtstag, München, 1997; zitiert: Lindacher, in: FS-Lüke

Lindblom, Per Henrik Group Actions in Civil Procedure, in: Am.J.Comp.L. 45 (1997), S. 805-831

Lobinger, Thomas Irrtumsanfechtung und Reuerechtsausschluß, in: AcP 195 (1995), S. 274-282

Lodder, Arno R.; Kaspersen, Henrik W.K. eDirectives: Guide to European Union Law on E-Commerce, The Hague/London/New York, 2002; zitiert: Lodder/Kaspersen-Bearbeiter, edirectives: Guide to European Union Law on E-Commerce

Löhnig, Martin "Zusendung unbestellter Waren" und verwandte Probleme nach Inkrafttreten des § 241 a BGB in: JA 2001, S. 33-36

Löhnig, Martin Die Einbeziehung von AGB bei Internet-Geschäften, in: NJW 1997, S. 1688-1689

Löhnig, Martin Irrtumsrecht nach der Schuldrechtsmodernisierung, in: JA 2003, S. 516-522

Lorenz, Stephan Der Schutz vor dem unerwünschten Vertrag: Eine Untersuchung der Möglichkeiten der Abschlußkontrolle im geltenden Recht, München, 1997; Zugl.: München, Univ., Habil.-Schr., 1996-1997; zitiert: Lorenz, Der Schutz vor dem unerwünschten Vertrag

Lorenz, Stephan Im BGB viel Neues: Die Umsetzung der Fernabsatzrichtlinie,
in: JuS 2000, S. 833-843

Lorenz, Stephan Die Lösung vom Vertrag, insbesondere Rücktritt und Widerruf,
in: Schulze, Reiner; Schulte-Nölke, Hans (Hrsg.), Die Schuldrechtsreform vor dem Hintergrund des Gemeinschaftsrechts, Tübingen, 2001, S. 329-355;
zitiert: Lorenz, in: Schulze/Schulte-Nölke (Hrsg.), Die Schuldrechtsreform vor dem Hintergrund des Gemeinschaftsrechts

Lorenz, Stephan Haftungsausfüllung bei der culpa in contrahendo: Ende der Minderung durch cic?,
in: NJW 1999, S. 1001-1002

Lorenz, Stephan; Riehm, Thomas Lehrbuch zum neuen Schuldrecht,
München, 2002;
zitiert: Lorenz/Riehm, Lehrbuch zum neuen Schuldrecht

Lüke, Gerhard; Wax, Peter Münchener Kommentar zur Zivilprozessordnung mit Gerichtsverfassungsgesetz und Nebengesetzen, Band 1: §§ 1 - 354, 2. Auflage, München, 2000,
zitiert: M/K-Bearbeiter, ZPO

Lütcke, Jens Fernabsatzrecht: Kommentar zu den §§ 312f BGB
München, 2002;
zitiert: Lütcke, Fernabsatzrecht, § 312

Lutter, Marcus Die Auslegung angeglichenen Rechts
in: JZ 1992, S. 593-607

Lutter, Marcus Zum Umfang der Bindung durch Richtlinien,
in: Due, Ole/Lutter Marcus/Schwarze, Jürgen, Festschrift für Ulrich Everling Bd. I, Baden-Baden, 1995, S. 765-782;
zitiert: Lutter, in: FS-Everling

Lutter, Marcus Die Auslegung angeglichenen Rechts,
in: JZ 1992, S. 593-607

Maennel, Frithjof Die Electronic Commerce-Richtlinie der Europäischen Gemeinschaft, in: Ehlers, Dirk; Wolffgang, Hans-Michael; Pünder, Hermann (Hrsg.), Rechtsfragen des E-Commerce, Köln, 2001, S. 29-51;
zitiert: Maennel, in: Ehlers/Wolffgang/Pünder (Hrsg.), Rechtsfragen des E-Commerce

Maennel, Frithjof A. Elektronischer Geschäftsverkehr ohne Grenzen – der Richtlinienvorschlag der Europäischen Kommission, in: MMR 1999, S. 187-192

Manger, Hans Robert Richtlinienkonforme Auslegung im Privatrecht in Literatur und Rechtsprechung unter Heranziehung ausgewählter Entscheidungen des zweiten Senats des BGH in Zivilsachen und des House of Lords,
Berlin (www.dissertation.de), 2001, Zugl.: Hannover, Univ., Diss., 2000;
zitiert: Manger, Richtlinienkonforme Auslegung

Mankowski, Peter Fernabsatzrecht - Information über das Widerrufsrecht und Widerrufsbelehrung bei Internetauftritte,
in: CR 2001, S. 767-775

Mankowski, Peter Der Nachweis der Unternehmereigenschaft,
VuR 2004, S. 79-85

Mankowski, Peter Für einen Anscheinsbeweis hinsichtlich der Identität des Erklärenden bei E-Mails,
in: CR 2003, S. 44-50

Mankowski, Peter Anmerkung zu LG Bonn, MMR 2004, S. 179,
in: MMR 2004, S. 180-183

Mankowski, Peter Schwebende Wirksamkeit unter §361a BGB – Teil 1,
in: WM 2001, S. 793-802

Mankowski, Peter Widerrufsfrist und Rückgaberechte,
in: Schulze, Reiner; Schulte-Nölke, Hans (Hrsg.), Die Schuldrechtsreform vor dem Hintergrund des Gemeinschaftsrechts, Tübingen, 2001, S. 357-377;
zitiert: Mankowski, in: Schulze/Schulte-Nölke (Hrsg.), Die Schuldrechtsreform vor dem Hintergrund des Gemeinschaftsrechts

Mankowski, Peter Anmerkung zu LG Berlin, MMR 2001, S. 249, in: MMR 2001, S. 251-255

Mankowski, Peter Das Herkunftslandprinzip als Internationales Privatrecht der e-commerce-Richtlinie, in: ZVglRWiss 100 (2001), S. 137-181

Mankowski, Peter Welche Bedeutung hat das Fernabsatzrecht für die Wohnungswirtschaft?, in: ZMR 2002, S. 317-326

Mankowski, Peter Schwebende Wirksamkeit unter § 361a BGB, Teil 2, in: WM 2001, S. 833-843

Mankowski, Peter E-Commerce und Internationales Verbraucherschutzrecht, in: MMR 2000 Beilage zu Heft 7, S. 22-37

Martinek, Michael Das neue Teilzeit-Wohnrechte-Gesetz – mißratener Verbraucherschutz bei Time-Sharing-Verträgen, in: NJW 1997, S. 1393 (1399)

Medicus, Dieter Grenzen der Haftung für culpa in contrahendo, in: JuS 1965, S. 209-218

Medicus, Dieter Allgemeiner Teil des BGB, 8. Auflage, Heidelberg, 2002; zitiert: Medicus, AT

Medicus, Dieter Schuldrecht: ein Studienbuch, Teil 1 Allgemeiner Teil, 14. Auflage, München, 2003; zitiert: Medicus, SchuldR I

Medicus, Dieter Bürgerliches Recht, 19. Auflage, Köln, 2002; zitiert: Medicus, BR

Medicus, Dieter Schuldrecht: ein Studienbuch, Teil 2 Besonderer Teil, 11. Auflage, München, 2003; zitiert: Medicus, SchuldR II

Medicus, Dieter Die Grenzen der Haftung aus culpa in contrahendo, in: JuS 1965, S. 209-218

Meents, Jan Geert — Verbraucherschutz bei Rechtsgeschäften im Internet, Köln, 1998; Zugl.: Münster, Univ., Diss., 1998; zitiert: Meents, Verbraucherschutz bei Rechtsgeschäften im Internet

Mehrings, Josef — Vertragsabschluß im Internet, in: MMR 1998, S. 30-33

Mehrings, Josef — Verbraucherschutz im Cyberlaw: Zur Einbeziehung von AGB im Internet, in: BB 1998, S. 2373-2380

Meilicke, Wienand — "Verschleierte" Sacheinlage und EWG-Vertrag, in: DB 1990, 1173-1179

Mertens, Christoph — Regulatorische Behandlung der Internet-Telefonie, in: MMR 2000, S. 77-82

Meub, Michael H. — Fernabsatz und E-Commerce nach neuem Recht, in: DB 2002, S. 359-363

Micklitz, Hans-Wolfgang — Perspektiven eines Europäischen Privatrechts, in: ZEuP 1998, 253-276

Micklitz, Hans-Wolfgang — Die Rechtsbruchklage nach §22 AGBG, in: Brönneke, Tobias (Hrsg.), Kollektiver Rechtsschutz im Zivilprozeßrecht, Baden-Baden, 2001, S. 87-135; zitiert: Medicus, in: Brönneke (Hrsg.), Kollektiver Rechtsschutz im Zivilprozeßrecht

Micklitz, Hans-Wolfgang — Vertragsschlußmodalitäten im Diskussionsentwurf eines Schuldrechtsmodernisierungsgesetzes, in: VuR 2001, S. 71-78

Micklitz, Hans-Wolfgang — Vertragsschlußmodalitäten, in: Micklitz, Hans-W.; Pfeiffer, Thomas; Tonner, Klaus; Willingmann, Armin (Hrsg.), Schuldrechtsreform und Verbraucherschutz, Baden-Baden, 2001, S. 191-247; zitiert: Micklitz, in: Micklitz/Pfeiffer/Tonner/Willingmann (Hrsg.), Schuldrechtsreform und Verbraucherschutz

Micklitz, Hans-Wolfgang	Gemeinschaftsrechtliche Vorgaben für ein Verbrauchervertriebsrecht oder für eine Regelung der Vertragsschlußmodalitäten?, in: Schulze, Reiner; Schulte-Nölke, Hans (Hrsg.), Die Schuldrechtsreform vor dem Hintergrund des Gemeinschaftsrechts, Tübingen, 2001, S. 189-211; zitiert: Micklitz, in: Schulze/Schulte-Nölke (Hrsg.), Die Schuldrechtsreform vor dem Hintergrund des Gemeinschaftsrechts
Micklitz, Hans-Wolfgang	Zur Notwendigkeit eines neuen Konzepts für die Fortentwicklung des Verbraucherrechts in der EU, in: VuR 2003, S. 2-12
Micklitz, Hans-Wolfgang	Fernabsatz und E-Commerce im Schuldrechtsmodernisierungsgesetz, in: EuZW 2001, S. 133-143
Micklitz, Hans-Wolfgang	Kommentar zu EuGH, EWS 2001, S. 484, in: EWS 2001, S. 486-487
Micklitz, Hans-Wolfgang	Anmerkung zu EuGH EuZW 1998, S. 252, in: EuZW 1998, S. 253-254
Micklitz, Hans-Wolfgang; Keßler, Jürgen	Europäisches Lauterkeitsrecht, in: GRURInt 2002, S. 885-901
Micklitz, Hans-Wolfgang; Ebers, Martin	Der Abschluß von privaten Versicherungsverträgen im Internet, in: VersR 2002, S. 641-660
Micklitz, Hans-Wolfgang; Tonner, Klaus	Vertriebsrecht, Baden-Baden, 2002; zitiert: Micklitz/Tonner-Bearbeiter, Vertriebsrecht
Micklitz, Hans-Wolfgang; Reich, Norbert	Die Fernabsatzrichtlinie im deutschen Recht, 1. Auflage, Baden-Baden, 1998; zitiert: Micklitz/Reich, Die Fernabsatzrichtlinie im deutschen Recht

Mitglieder des Bundesgerichtshofes — Das Bürgerliche Gesetzbuch mit besonderer Berücksichtigung der Rechtssprechung des Reichsgerichts und des Bundesgerichtshofes, Band 1: §§1-240, 12. Auflage, Berlin, 1982;
zitiert: RGRK-Bearbeiter

Möllers, Thomas — Europäische Richtlinien zum Bürgerlichen Recht,
in: JZ 2002, S. 121-134

Moritz, Hans-Werner — Quo vadis elektronischer Geschäftsverkehr?,
in: CR 2000, S. 61-72

Moritz, Hans-Werner; Niebler, Angelika — Internet-Telefonie im Spannungsfeld zu Sprachtelefondienst und Lizenzpflicht,
in: CR 1997, S. 697-703

Möschel, Wernhard — Dogmatische Strukturen des bargeldlosen Zahlungsverkehrs,
in: AcP 186 (1986), S. 187-236

Möschel, Wernhard — Zum Subsidiaritätsprinzip im Vertrag von Maastricht,
in: NJW 1993, S. 3025-3028

Mülbert, Peter O. — Privatrecht, die EG-Grundfreiheiten und der Binnenmarkt,
in: ZHR 159 (1995), S. 2-33

Müller-Graff; Peter-Christian — Europäisches Gemeinschaftsrecht und Privatrecht,
in: NJW 1993, S. 13-23

Muscheler, Karlheinz; Schewe, Markus — Die invitatio ad offerendum auf dem Prüfstand,
in: Jura 2000, S. 565-570

Musielak, Hans-Joachim — Grundkurs BGB,
7. Auflage, München, 2002;
zitiert: Musielak, Grundkurs BGB

Musielak, Hans-Joachim — Die Grundlagen der Beweislast im Zivilprozeß,
Berlin, 1975; Zugl.: Köln, Univ., Habil-Schr., 1972;
zitiert: Musielak, Die Grundlagen der Beweislast im Zivilprozeß

Musielak, Hans-Joachim (Hrsg.) Kommentar zur Zivilprozessordnung: mit Gerichtsverfassungsgesetz, 3. Auflage, München, 2002; zitiert: Musielak-Bearbeiter, ZPO

Natzel, Ivo Schutz des Arbeitnehmers als Verbraucher?, in: NZA 2002, S. 595-597

Neumann, Daniela Bargeldlose Zahlungen über Mobilfunknetze, in: BKR 2002, S. 157-163.

Neumann, Daniela; Schmidt-Kessel, Martin Tagung „Europäisches Vertragsrecht in EG-Richtlinien“ der Europäischen Rechtsakademie am 27./28. September 2001 in Trier, in: VuR 2002, S. 145-147

Nordhausen, Annette Die E-Commerce-Richtlinie 2000/31 und ihre Auswirkungen auf das deutsche und schweizerische Recht, insbesondere das Verbraucherrecht, in: Jahrbuch Junger Zivilrechtswissenschaftler 2001, S. 287-307

Ohly, Ansgar Herkunftslandprinzip und Kollisionsrecht, in: GRURInt 2001, S. 899-908

Olzen, Dirk Zur Anfechtbarkeit einer vertraglichen Willenserklärung wegen Irrtums über das Bestehen einer Umsatzsteuerpflicht, in: JR 1978, S. 237-239

Oppermann, Thomas Europarecht: ein Studienbuch, 2. Auflage, München, 1999; zitiert: Oppermann, Europarecht

Ory, Stephan Internet-Radio-Lizenz für Private, Gebühr für Anstalten? in: AfP 1997, S. 845-849

Ott, Stephan Informationspflichten im Internet und ihre Erfüllung durch das Setzen von Hyperlinks, in: WRP 2003, S. 945-955

Paefgen, Walter Haftung für mangelhafte Aufklärung aus culpa in contrahendo,
Baden-Baden, 1999;
zitiert: Paefgen, Haftung für mangelhafte Aufklärung aus culpa in contrahendo

Palandt, Otto Bürgerliches Gesetzbuch
-61. Auflage, München, 2002
-63. Auflage, München, 2004;
zitiert: Palandt-Bearbeiter

Pauly, Holger Die wettbewerbsrechtliche Abmahnung in der Praxis,
DB 2002, S. 1426-1430

Pawlowski, Hans-Martin Die Kalkulationsirrtümer - Fehler zwischen Motiv und Erklärung,
in: JZ 1997, S. 741-747

Pawlowski, Hans-Martin Methodenlehre für Juristen,
3. Auflage, Heidelberg, 1999

Pfeiffer, Thomas Der Verbraucher nach § 13 BGB,
in: Schulze, Rainer; Schulte-Nölke, Hans (Hrsg.), Die Schuldrechtsreform vor dem Hintergrund des Gemeinschaftsrechts, Baden Tübingen, 2001, S. 133-141;
zitiert: Pfeiffer, in: Schulze/ Schulte-Nölke (Hrsg.), Die Schuldrechtsreform vor dem Hintergrund des Gemeinschaftsrechts

Pfeiffer, Thomas Die Bürgschaft unter dem Einfluß des deutschen und europäischen Verbraucherrechts,
in: ZIP 1998, S. 1129-1138

Pfeiffer, Thomas Der Verbraucherbegriff als zentrales Merkmal im europäischen Privatrecht,
in:; Schulte-Nölke, Hans; Schulze, Reiner (Hrsg.), Europäische Rechtsangleichung und nationale Privatrechte,
Baden-Baden, 1999, S. 21-43;
zitiert: Pfeiffer, in: Schulte-Nölke/Schulze (Hrsg.), Europäische Rechtsangleichung und nationale Privatrechte

Pützhoven, Andreas	Europäischer Verbraucherschutz im Fernabsatz, München 2001; Zugl.: Greifswald, Univ., Diss., 2000/01; zitiert: Pützhoven, Europäischer Verbraucherschutz im Fernabsatz
Ranke, Johannes	M-Commerce – Einbeziehung von AGB und Erfüllung von Informationspflicht, in: MMR 2002, S. 509-515
Rayermann, Marcus; Zimmer, Mathias	Rechtliche Grundlagen des M-Commerce, in: Gora, Walter; Röttger-Gerigk, Stefanie (Hrsg.), Handbuch des Mobile-Commerce, Berlin, Heidelberg, New York, 2002, S. 91-113; zitiert: Gora; Röttger-Gerigk (Hrsg.)-Bearbeiter, Handbuch Mobil-Commerce
Recker, Wilfried	Schadenersatz statt der Leistung – oder: Mangelschaden oder Mangelfolgeschaden, in: NJW 2002, S. 1247-1248
Rehbinder, Manfred; Schmaus, Stefan	Rechtsprobleme beim Vertragsschluß im Internet, in: UFITA 2000, S. 313-351
Reich, Norbert	Die neue Richtlinie 97/7/EG über den Verbraucherschutz bei Vertragsabschlüssen im Fernabsatz, in: EuZW 1997, S. 581-589
Reich, Norbert	Rechtsangleichung im Binnenmarkt – Marktöffnung oder Sozialschutz?, in: VuR 2001, S. 203-206
Reich, Norbert	Kreditbürgschaft und Transparenz, in: NJW 1995, S. 1857-1861
Reich, Norbert	Zur Theorie des Europäischen Verbraucherrechtes, in: ZEuP 1994, S. 381-407
Reich, Norbert	Mindestharmonisierung im Verbraucherschutzrecht – Stellungnahme -, in: Everling, Ulrich/Roth, Wulf-Henning (Hrsg.), Mindestharmonisierung im Europäischen Binnenmarkt, 1. Auflage, 1997, S. 175-179; zitiert: Reich, in: Everling/Roth (Hrsg.), Mindestharmonisierung im Europäischen Binnenmarkt

Reich, Norbert EG-Kommission für eine Richtlinie des Europaparlaments und des Rates über bestimmte rechtliche Aspekte des elektronischen Geschäftsverkehrs im Binnenmarkt vom 23.12.1998 und seine Auswirkung seine Auswirkung auf das Vertragsrecht, S. 79-106,
in: Schulte-Nölke, Hans; Schulze, Reiner (Hrsg.), Europäische Rechtsangleichung und nationale Privatrechte, Baden Baden, 1999;
zitiert: Reich, in: Schulte-Nölke/Schulze (Hrsg.), Europäische Rechtsangleichung und nationale Privatrechte

Reich, Norbert Handelsvertreterrichtlinie unabdingbar gegenüber Drittlandprinzipal (f.),
Anmerkung zum Urteil des EUGH vom 09.11.2000 (RS.C-381/98-Ingmar GB etd./Eaton Leonhard Technologies Inc.),
in: EuZW 2001, S. 51-52

Reich, Norbert; Nordhausen, Annette Verbraucher und Recht im elektronischen Geschäftsverkehr, 1. Auflage, Baden Baden, 2000;
zitiert: Reich/Nordhausen-Bearbeiter, Verbraucher und Recht im elektronischen Geschäftsverkehr

Reich, Norbert; Micklitz, Hans-W. Europäisches Verbraucherrecht,
4. Auflage, Baden-Baden, 2003;
zitiert: Reich/Micklitz, Europäisches Verbraucherrecht

Reinecke, Gerhard Kontrolle Allgemeiner Geschäftsbedingungen nach dem Schuldrechtsmodernisierungsgesetz,
in: DB 2002, S. 583-588

Reiner, Günter Der verbraucherschützende Widerruf im Recht der Willenserklärungen,
in: AcP 203 (2003), S. 1-45

Reischl, Klaus Grundfälle zum neuen Schuldrecht,
in: JuS 2003, S. 250-257

Remien, Oliver AGB-Gesetz und Richtlinie über mißbräuchliche Verbrauchervertragsklauseln in ihrem europäischen Umfeld,
in: ZEuP 1994, S. 34-66

Remien, Oliver Verbraucherrecht oder allgemeines Privatrecht für die Europäische Union?,
in: Schulte-Nölke, Hans; Schulze, Reiner (Hrsg.), Europäische Rechtsangleichung und nationale Privatrechte, Baden-Baden, 1999, S. 107-117;
zitiert: Remien, in: Schulte-Nölke/Schulze (Hrsg.), Europäische Rechtsangleichung und nationale Privatrechte

Remien, Oliver Grenzen der gerichtlichen Privatrechtsangleichung mittels der Grundfreiheiten des EG-Vertrages,
in: JZ 1994, S. 349-353

Rieble, Volker Die Kodifikation der culpa in contrahendo,
in: Dauner-Lieb/Konzen/Schmidt (Hrsg.), Das neue Schuldrecht in der Praxis,
Köln, 2003

Rieble, Volker Die Kodifikation der culpa in contrahendo,
in: Dauner-Lieb, Barbara; Konzen, Horst, Schmidt, Karsten (Hrsg.), Das neue Schuldrecht in der Praxis, Köln u.a. , 2003, S. 137-157;
zitiert: Rieble, in: Dauner-Lieb/Konzen/Schmidt (Hrsg.), Das neue Schuldrecht in der Praxis

Ring, Gerhard Besondere Vertriebsformen im BGB nach der Schuldrechtsreform,
in: AnwBl. 2001, S. 620-621

Rohe, Mathias Netzverträge: Rechtsprobleme komplexer Vertragverbindungen, Tübingen, 1998, Zugl.: Tübingen, Univ., Habil.-Schr., 1996-1997;
zitiert: Rohe, Netzverträge

Römermann, Volker; Hartung, Wolfgang Anwaltliches Berufsrecht,
München, 2002;
zitiert: Römermann/Hartung, Anwaltliches Berufsrecht

Roßnagel, Alexander Kommentar zum IuKDG und zum MDStV
Recht der Multimediadienste,
Loseblattsammlung, 3. Lieferung, Stand: Dezember 2000;
zitiert: Roßnagel-Bearbeiter, Recht der Multimediadienste

Roßnagel, Alexander Neues Recht für Multimediadienste,
in: NVwZ, 1998, S. 1 – 8

Roßnagel, Alexander Kommentar zu OLG Köln v. 6.9.2002,
in: K&R 2003, S. 84-86

Roßnagel, Alexander Der Beweiswert von E-Mail,
in: NJW 2003, S. 1209-1214

Roßnagel, Alexander Weltweites Internet – globale Rechtsordnung?,
in: MMR 2002, S. 67-70

Roßnagel, Alexander; Pfitzmann, Andreas; Garstka, Hansjürgen Modernisierung des Datenschutzrechts, Gutachten für das Bundesinnenministerium, 2001 (abrufbar unter http://www.bmi.bund.de/downloadde/11659/Download.pdf);
zitiert: Roßnagel/Pfitzmann/Garstka, Modernisierung des Datenschutzrechts

Roth, Herbert Das Fernabsatzgesetz,
in: JZ 2000, S. 1013-1019

Roth, Wulf-Henning Europäischer Verbraucherschutz und BGB,
in: JZ 2001, S. 475-490

Roth, Wulf-Henning Die Europäisierung des Bürgerlichen Gesetzbuchs,
in: Dauner-Lieb, Barbara; Konzen, Horst; Schmidt, Karsten (Hrsg.), Das neue Schuldrecht in der Praxis, Köln u. a., 2003, S. 25-39;
zitiert: Roth, in: Dauner-Lieb/Konzen/Schmidt (Hrsg.), Das neue Schuldrecht in der Praxis

Roth, Wulf-Henning "Video"-Nachlese oder das (immer noch) vergessene Gemeinschaftsrecht,
in: ZIP 1992, S. 1054-1057

Rott, Peter Informationspflichten in Fernabsatzverträgen als Paradigma für die Sprachenproblematik im Vertragsrecht,
in: ZVglRWiss 98 (1999), S. 382-409

Rott, Peter Die Auswirkungen des Signaturgesetzes auf die rechtliche Behandlung von elektronischem Datenmanagement und Datenaustausch - eine Prognose,
in: NJW-CoR 1998, S. 420-429

Ruess, Peter
Die E-Commerce-Richtlinie und das deutsche Wettbewerbsrecht,
München 2003; Zugl.: Bayreuth, Univ., Diss., 2002;
zitiert: Ruess, Die E-Commerce-Richtlinie und das deutsche Wettbewerbsrecht

Ruoff, Axel
E-Commerce und Verbraucherschutz – Zur Anwendbarkeit des Haustürwiderrufsgesetzes im Internet,
in: NJW-CoR 2000, S. 38-42

Sack, Rolf
Die Berücksichtigung der Richtlinie 97/55/ EG über irreführende und vergleichende Werbung bei der Anwendung der §§ 1 und 3 UWG
in: WRP 1998, S. 241-244

Sack, Rolf
Die Präzisierung des Verbraucherleitbildes durch den EuGH,
in: WRP 1999, S. 399-402

Sack, Rolf
Regierungsentwurf einer UWG-Novelle – ausgewählte Probleme,
in: BB 2003, S. 1073-1081

Säcker, Franz Jürgen; Rebmann; Kurt (Hrsg.)
Münchener Kommentar zum Bürgerlichen Gesetzbuch
-Band 1 Allgemeiner Teil, §§1-240 und AGBG,
4. Auflage, München, 2001
-Band 2 a Schuldrecht Allgemeiner Teil, §§241-432,
4. Auflage, München, 2003
-Band 3, Schuldrecht Besonderer Teil, §§705-853, 3. Auflage, München, 1997;
Band 10, Einführungsgesetz zum Bürgerlichen Gesetzbuch: (Art. 1 - 38), Internationales Privatrecht, 3. Auflage, München, 1998
zitiert M/K-Bearbeiter

Savigny, Friedrich Carl von
System des heutigen Römischen Rechts, Band I,
Berlin, 1840

Schäfer, Hans-Bernd; Ott, Claus
Lehrbuch der ökonomischen Analyse des Zivilrechts,
3. Auflage, Berlin, 2000;
zitiert: Schäfer/Ott, Lehrbuch der ökonomischen Analyse des Zivilrechts

Schaumburg, Ellen	Die neue Verbandsklage, in: DB 2002, S. 723-727
Scherzberg, Arno	Mittelbare Rechtsdurchsetzung durch Gemeinschafts-recht, in: Jura 1992, S. 572-578
Scheuerle, Klaus-Dieter; Mayen, Thomas	Telekommunikationsgesetz (TKG), München 2002; zitiert: Scheuerle/Mayen, TKG-Bearbeiter
Schilling, Theodor	Gleichheitssatz und Inländerdiskriminierung, in: JZ 1994, S. 8-17
Schippan, Martin	Electronic Commerce - wie fit ist das sekundäre Gemeinschaftsrecht?, in: ZUM 1997, S. 813-821
Schmid, Christoph	Legitimitätsbedingungen eines Europäischen Zivilgesetzbuchs, in: JZ 2001, S. 674-683
Schmidt, Andrea	Rechtsfiguren der Selbstbedienung im Zivilrecht, Zugl.: München, Univ., Diss., 1985; zitiert: Schmidt, Rechtsfiguren der Selbstbedienung im Zivilrecht
Schmidt, Eike	Verbraucherschützende Verbandsklagen, in: NJW 2002, S. 25-30
Schmidt, Karsten	Gesellschaftsrecht, 4. Auflage, Köln, 2002; zitiert: Schmidt, Gesellschaftsrecht
Schmidt, Karsten	Handelsrecht, 5. Auflage, Köln, 1999; zitiert: Schmidt, Handelsrecht
Schmidt, Marek	Standesrecht und Standesmoral, Baden-Baden, 1993, Zugl.: Hamburg, Univ., Diss. 1992; zitiert: Schmidt, Standesrecht und Standesmoral

Schmidt, Reimer	Die Obliegenheiten, Veröffentlichungen des Seminars für Versicherungswissenschaften an der Universität Hamburg und des Versicherungswissenschaftlichen Vereins e.V., Neue Folge Heft 9, Karlsruhe, 1953, zitiert: Schmidt, Die Obliegenheiten
Schmidt-Räntsch, Jürgen	Das neue Schuldrecht: Anwendung und Auswirkungen in der Praxis, Köln, 2002; zitiert: Schmidt-Räntsch, Das neue Schuldrecht- Anwendung und Auswirkungen in der Praxis
Schmidt-Räntsch, Jürgen	Änderungen bei der Klagebefugnis von Verbänden durch das Schuldrechtsmodernisierungsgesetz, in: DB 2002, S. 1595 (1598)
Schmittmann, Michael; Busemann, Jan Rudolf	Die Zukunft des E-commerce in Europa, in: AfP 1999, S. 239-242
Schneider, Annette	Auktionsrecht, Baden-Baden, 1999; Zugl.: Erlangen, Nürnberg, Univ., Diss., 1998; zitiert: Schneider, Auktionsrecht
Schneider, Christian	Zur Umsetzung der E-Commerce-Richtlinie im Regierungsentwurf zur Schuldrechtsmodernisierung in: K&R 2001, S. 344-348
Schneider, Uwe H	Mindestharmonisierung im Bankrecht – Stellungnahme -, in: Everling, Ulrich/Roth, Wulf-Henning (Hrsg.), Mindestharmonisierung im Europäischen Binnenmarkt, 1. Auflage, 1997, S. 141-145; zitiert: Schneider, in: Everling/Roth (Hrsg.), Mindestharmonisierung im Europäischen Binnenmarkt
Schoch, Friedrich	Konvergenz der Medien - Sollte das Recht der Medien harmonisiert werden?, in: JZ 2002, S. 798-807
Schrick, Alexandra	Direktmarketing mittels E-Mail und seine Entwicklung, in: MMR 2000, S. 399-404

Schröder, Christof | Tele-Shopping: ausgewählte Rechtsprobleme bei der Durchführung des Einkaufs beim Fernsehen, Frankfurt am Main, 2000, Zugl.: Heidelberg, Univ., Diss., 1998; zitiert: Schröder, Tele-Shopping

Schroeder, Michael | Agenten im Kaufrausch, in: c't 6/1999, S. 166-170

Schroeder, Werner | Teleshopping & Rundfunkfreiheit, in: ZUM 1994, S. 471-482

Schultz, Michael | Beweislast für fremde Willensentschlüsse nach Aufklärungsfehlern, in: VersR 1990, S. 808-814

Schulz, Wolfgang; Leopoldt, Swaantje | Horizontale Regulierung?, in: K&R 2000, S. 439-442

Schuster, Fabian; Kemper, Birgit; Schlegel, Ralf Oliver; Schütze, Marc; Schulze zur Wiesche, Jens; Sodtalbers, Axel | Entwicklung des Internet- und Multimediarechts im Jahre 2002, in: MMR 2003 Beilage zu Heft 5, S. 1-48

Schütz, Raimund; Attendorn, Thorsten | Das neue Kommunikationsrecht der Europäischen Union – Was muss Deutschland ändern?, in: MMR 2002, Beilage zu Heft 4, S. 1-56

Schwab, Dieter | Einführung in das Zivilrecht, Heidelberg, 2002; zitiert: Schwab, Einführung in das Zivilrecht

Schwab, Karl Heinz | Das Beweismaß im Zivilprozeß, in: Holzhammer, Richard; Jelinek, Wolfgang; Böhm, Peter (Hrsg.), Festschrift für Hans W. Fasching zum 65. Geburtstag, Wien, 1988, S. 451-462; zitiert: Schwab, in: FS-Fasching

Schwarze, Jürgen | EU-Kommentar, Baden Baden, 2000; zitiert: Schwarze-Bearbeiter, EU-Kommentar

Schwarze, Jürgen Medienfreiheit und Medienvielfalt im Europäischen Gemeinschaftsrecht,
in: ZUM 2000, S. 779-800

Schwarze, Jürgen Grenzen der Harmonisierungskompetenz der EG im Presserecht,
in: ZUM 2002, S. 89-97

Schwarze, Roland Vorvertragliche Verständigungspflichten,
Tübingen, 2001; Zugl.: Göttingen, Univ., Habil.-Schr., 2000;
zitiert: Schwarze, Vorvertragliche Verständigungspflichten

Schwintowski, Hans-Peter Vertragsschluß für Waren und Dienstleistungen im europäischen Verbraucherrecht: Form- und Inhaltsbindungen kontra Privatautonomie,
in: EWS 2001, S. 201-208

Schwintowski, Hans-Peter Auf dem Wege zu einem Europäischen Zivilgesetzbuch,
in: JZ 2002, S. 205-211

Seidel, Martin Mindestharmonisierung im Binnenmarkt – Stellungnahme,
in: Everling, Ulrich; Roth, Wulf-Henning (Hrsg.), Mindestharmonisierung im Binnenmarkt, S. 39-50;
zitiert: Seidel, in: Everling/Roth, Mindestharmonisierung im Binnenmarkt

Seifert, Bernd Kommentar zu OLG Oldenburg, K&R 2003, S. 243,
in: K&R 2003, S. 244-246

Sester, Peter Vertragsabschluß bei Internet-Auktionen,
in: CR 2001, S. 98-108

Singer, Reinhard Selbstbestimmung und Verkehrsschutz im Recht der Willenserklärungen,
München, Univ., Habil.-Schr., 1993/1994;
zitiert, Singer, Selbstbestimmung und Verkehrsschutz im Recht der Willenserklärungen

Singer, Reinhard Das Verbot widersprüchlichen Verhaltens,
München, 1993, Zugl.: München, Univ., Diss., 1992;
zitiert: Singer, Das Verbot widersprüchlichen Verhaltens

Soergel, Hans Theodor Kommentar zum Bürgerlichen Gesetzbuch,
-Band 2, Allgemeiner Teil (§§104-240), 13. Auflage, Stuttgart, Stand: März 1999,
-Band 2, Schuldrecht 1 (§§241-432), 12. Auflage, Stuttgart, Stand: Juli 1990;
-Band 2a, Allgemeiner Teil 3 (§§13, 14, 126a-127; 194-225), 13. Auflage, Stuttgart, Stand: Herbst 2002
zitiert: Soergel-Bearbeiter

Sonnenberger, Hans Jürgen Der Entwurf eines Europäischen Vertragesgesetzbuchs der Akademie Europäischer Privatrechtswissenschaftler – ein Meilenstein,
in: RIW 2001, S. 409-416

Sonnenberger, Hans Jürgen Der Ruf unserer Zeit nach einer europäischen Ordnung des Zivilrechts,
in: JZ 1998, S. 982-991

Spetzler, Eugen Die Kollision des Europäischen Gemeinschaftsrechts mit nationalem Recht und deren Lösung
in: RIW 1990, S. 286-290

Spindler, Gerald E-Commerce in Europa (Die E-Commerce Richtlinie in ihrer endgültigen Fassung),
in: MMR 2000, Beilage zu Heft 7, S. 4-21

Spindler, Gerald Internationales Verbraucherschutzrecht im Internet,
in: MMR 2000, S. 18-25

Spindler, Gerald Verantwortlichkeit von Diensteanbietern nach dem Vorschlag der E-Commerce Richtlinie
in: MMR 1999 S. 199-207

Spindler, Gerald Vertragsschluß und Inhaltskontrolle bei Internet-Auktionen,
in: ZIP 2001, S. 809-819

Spindler, Gerald Herkunftslandprinzip und Kollisionsrecht – Binnenmarktintegration ohne Harmonisierung?,
in: RabelsZ 66 (2002), S. 633-709

Spindler, Gerald
Wiebe, Andreas Internet-Auktionen: rechtliche Rahmenbedingungen, München, 2001, S. 53-95;
zitiert: Spindler/Wiebe, Internet-Auktionen

Spindler, Gerald Schuldrechtsreform und elektronischer Geschäftsverkehr,
in: Dauner-Lieb, Barbara; Konzen, Horst; Schmidt, Karsten (Hrsg.), Das neue Schuldrecht in der Praxis, Köln u. a., 2003, S. 459-475;
zitiert: Spindler, in: Dauner-Lieb/Konzen/Schmidt (Hrsg.), Das neue Schuldrecht in der Praxis

Stadler, Astrid Bündelung von Verbraucherinteressen im Zivilprozeß,
in: Brönneke, Tobias (Hrsg.), Kollektiver Rechtsschutz im Zivilprozeßrecht; S. 1-51;
zitiert: Stadler, in: Brönneke (Hrsg.), Kollektiver Rechtsschutz im Zivilprozeßrecht

Staudenmayer, Dirk Die Richtlinien des Verbraucherprivatrechts – Bausteine für ein europäisches Privatrecht?,
in:; Schulte-Nölke, Hans; Schulze, Reiner (Hrsg.), Europäische Rechtsangleichung und nationale Privatrechte, Baden-Baden, 1999, S. 63-78;
zitiert: Staudenmayer, in: Schulte-Nölke/Schulze, Europäische Rechtsangleichung und nationale Privatrechte

Staudinger, Julius v. Kommentar zum BGB mit Einführungsgesetz und Nebengesetzen,
-Buch 1, Allgemeiner Teil, §§90-240, 12. Auflage, Berlin, 1980
-Buch 1, Allgemeiner Teil, §§134-163, Berlin, 2003
-Buch 2, Recht der Schuldverhältnisse, Einleitung zu §§ 241 ff.; §§241, 242; AGBG, 12. Auflage, Berlin, 1983
-Buch 2, Recht der Schuldverhältnisse, §§255-314, Berlin,
2001
-Buch 2, Recht der Schuldverhältnisse, §§328-361 b, Berlin, 2001
-Buch 2, Recht der Schuldverhältnisse, §§823-825,
13. Auflage, Berlin, 1999
- Buch 2, Recht der Schuldverhältnisse, §§ 826-829. Produkthaftungsgesetz, Berlin, 2003
-AGBG, 13. Auflage, Berlin, 1998;
zitiert: Staudinger-Bearbeiter

Stein, Torsten Keine Europäische Verbots-Gemeinschaft - das Urteil des EuGH über die Tabakwerbeverbot-Richtlinie,
in: EWS 2001, 12-17

Steinbeck, Anja Aleatorische Reize beim Community-Shopping, in: WRP 2002, 604-608

Steindorff, Ernst Unvollkommener Binnenmarkt, in: ZHR 158 (1994), S. 149-169

Steins, Clemens Tobias Zu den Anforderungen an die Erfüllung der Informationspflichten beim Fernabsatzvertrag, in: MMR 2001, S. 530-531

Steins, Tobias Anmerkung zu OLG Frankfurt, MMR 2001, 529, in: CR 2001, S. 530-531

Stodolkowitz, Heinz Dieter Beweislast und Beweiserleichterungen bei der Schadensursächlichkeit von Aufklärungspflichtverletzungen, in: VersR 1994, S. 11-15

Stögmüller, Thomas Auktionen im Internet, in: K&R 1999, S. 391-396

Stoll, Hans Schädigung durch Vertragsschluß, in: Ahrens, Jürgen; v. Bar, Christian; Fischer, Gerfried; Spickhoff, Andreas; Taupitz, Jochen (Hrsg.), Festschrift für Erwin Deutsch zum 70. Geburtstag, Köln, Berlin, Bonn, München, 1999, S. 361-372; zitiert: Stoll, in: FS-Deutsch

Streinz, Rudolf Mindestharmonisierung im Binnenmarkt, in: Everling, Ulrich; Roth, Wulf-Henning (Hrsg.), Mindestharmonisierung im Binnenmarkt, S. 9-32; zitiert: Streinz, in: Everling/Roth (Hrsg.), Mindestharmonisierung im Binnenmarkt

Sturm, Fritz Der Entwurf eines Europäischen Vertragsgesetzbuchs, in: JZ 2001, S. 1097-1102

Stürner, Rolf Der Anspruch auf Erfüllung von Treue- und Sorgfaltspflichten, in: JZ 1976, S. 384-392

Sujecki, Bartosz Internetpräsentation und elektronischer Vertragsabschluß nach dem niederländischen Gesetzentwurf zur Umsetzung der E-Commerce-Richtlinie, in: MMR 2003, S. 378-384

Süßenberger, Christoph Das Rechtsgeschäft im Internet, Frankfurt am Main, 2000; Zugl.: Frankfurt am Main, Univ., Diss., 2000; zitiert: Süßenberger, Das Rechtsgeschäft im Internet

Taeger, Jürgen Kundenprofile im Internet, in: K&R 2003, S. 220-227

Taschner, Hans Claudius Mindestharmonisierung im Verbraucherschutzrecht, in: Everling, Ulrich/Roth, Wulf-Henning (Hrsg.), Mindestharmonisierung im Europäischen Binnenmarkt, 1. Auflage, 1997, S. 159-174; zitiert: Everling/Roth (Hrsg.), Mindestharmonisierung im Europäischen Binnenmarkt

Taupitz, Jochen; Kritter, Thomas Electronic Commerce – Probleme bei Rechtsgeschäften im Internet, JuS 1999, S. 839-846

Tettenborn, Alexander Auf dem Weg zu einem einheitlichen Rechtsrahmen für den elektronischen Geschäftsverkehr-der zweite Versuch…, in: K&R 1999 S. 442-444

Tettenborn, Alexander Europäischer Rechtsrahmen für den elektronischen Geschäftsverkehr, in: K&R 1999, S. 252-258

Tettenborn, Alexander E-Commerce-Richtlinie: Politische Einigung in Brüssel erzielt, in: K&R 2000, S. 59-63

Tettenborn; Bender; Lübben; Karenfort Rechtsrahmen für den elektronischen Geschäftsverkehr, in: BB 2001, Beilage 10 zu Heft 50, S. 1-40

Thünken, Alexander Die EG-Richtlinie über den elektronischen Geschäftsverkehr und das internationale Privatrecht des unlauteren Wettbewerbs, in: IPRax 2001, S. 15-22

Tonner, Klaus Die Rolle des Verbraucherrechts bei der Entwicklung eines europäischen Zivilrechts, in: JZ 1996, S. 533-541

Troberg, Peter Mindestharmonisierung im Bankrecht – Stellungnahme, in: Everling, Ulrich; Roth, Wulf-Henning (Hrsg.), Mindestharmonisierung im Binnenmarkt, S. 147-155; zitiert: Troberg, in: Everling/Roth (Hrsg.), Mindestharmonisierung im Binnenmarkt

Tschentscher, Axel Beweis und Zugang bei Telefaxdokumenten, in: CR 1991, S. 141-149

Ullmann, Eike Die Europäische Union und das nationale Wettbewerbs- und Urheberrecht, in: JZ 1994, S. 928-937

Ulmer, Detlef, Online-Vertragsschluß - ein Verfahren wird populär?, in: CR 2002, S. 208-213

Ulmer, Peter Zur Anpassung des AGB-Gesetzes an die EG-Richtlinie über mißbräuchliche Klauseln in Verbraucherverträgen, in: EuZW 1993, S. 337-347

Ulmer, Peter; Brandner, Erich; Hensen, Horst-Diether Kommentar zum Gesetz zur Regelung der Allgemeinen Geschäftsbedingungen, 9. Auflage, Köln, 2001; zitiert: Ulmer/Brandner/Hensen-Bearbeiter, AGBG

Ultsch, Michael L. Zivilrechtliche Probleme elektronischer Erklärungen – dargestellt am Beispiel der Electronic Mail, in: DZWir 1997, S. 466-473

Ultsch, Michael L. Zugangsprobleme bei elektronischen Willenserklärungen, in: NJW 1997, S. 3007-3009

Vander, Sascha Verhaltenskodizes im elektronischen Geschäftsverkehr, in: K&R 2003, S. 339-344

Vehslage, Thorsten Anmerkung zu OLG Frankfurt, CR 2001, S. 782, in: CR 2001, S. 783

Viebcke, Volker Durch Datenverarbeitungsanlagen abgegebene Willenserklärungen und ihre Anfechtung, Marburg, Univ., Diss., 1972; zitiert: Viebcke, Durch Datenverarbeitungsanlagen abgegebene Willenserklärungen und ihre Anfechtung

Wagner, Rolf Verfahrens- und internationalprivatrechtliche Fragen beim Teleshopping,
in: WM 1995, 1129 – 1137

Wagner, Matthias Das Konzept der Mindestharmonisierung,
Berlin, 2001; Zugl.: Bayreuth, Univ., Diss., 1999;
zitiert: Wagner, Das Konzept der Mindestharmonisierung

Waldenberger, Arthur Grenzen des Verbraucherschutzes beim Abschluß von Verträge im Internet,
BB 1996, S. 2365-2371

Waldenberger, Arthur Electronic Commerce: der Richtlinienvorschlag der EG-Kommission,
in: EuZW 1999, S. 296-303

Weiler, Frank Die beeinflußte Willenserklärung,
Bielefeld, 2002; Zugl.: Bielefeld, Univ., Diss., 2001/2002;
zitiert: Weiler, Die beeinflußte Willenserklärung

Weiler, Frank Ein lauterkeitsrechtlichen Vertragslösungsrecht des Verbrauchers?,
in: WRP 2003, S. 423-431

Weis, Hubert Inländerdiskriminierung zwischen Gemeinschaftsrecht und nationalem Verfassungsrecht,
in: NJW 1983, S. 2721-2726

Wendehorst, Christiane Das neue Gesetz über Fernabsatzverträge und andere Fragen des Verbraucherrechts,
in: DStR 2000, S. 1311-1318

Wetzel, Uwe Die Dienstleistungsfreiheit nach den Artikeln 59-66 des EWG-Vertrages – Ein Beitrag zu Inhalt und Wirkungen des Primärrechts, Zugl.,: Münster, Univ., Diss.,1992;
zitiert: Wetzel, Dienstleistungsfreiheit

Wicher, Hans Der Versteigerer - Systematischer Kommentar zu den einschlägigen gewerberechtlichen Vorschriften,
Hamburg, 1961;
zitiert: Wicher, Der Versteigerer

Wiebe, Andreas Vertragsschluß bei Online-Auktionen, in: MMR 2000, S. 323-329

Wiebe, Andreas Die „guten Sitten" im Wettbewerb – eine europäische Regelungsaufgabe?, in: WRP 2002, S. 283-293

Wiebe, Andreas Die elektronische Willenserklärung: Kommunikationstheoretische und rechtsdogmatische Grundlagen des elektronischen Geschäftsverkehrs, Tübingen, 2002, Zugl.: Hannover, Univ.,Habil-Schr., 2001; zitiert: Wiebe, Die elektronische Willenserklärung

Wiecker, Martin Breitbandige, kabellose Übertragungstechnologien, in: Gora, Walter; Röttger-Gerigk, Stefanie (Hrsg.), Handbuch des Mobile-Commerce, Berlin, Heidelberg, New York, 2002, S. 427-440; zitiert: Wiecker, in: Gora/Röttger-Gerigk (Hrsg.), Handbuch des Mobile-Commerce

Wieling, Hans Josef Venire contra factum proprium und Verschulden gegen sich selbst, in: AcP 176 (1976), S. 334-355

Willingmann, Armin; Hirse, Thomas Schuldrechtsmodernisierung und allgemeines Schuldrecht, in: Micklitz/Pfeiffer/Tonner/Willingmann (Hrsg.), Schuldrechtsreform und Verbraucherschutz, Baden-Baden, 2001, S. 45-131; zitiert: Willingmann/Hirse, in: Micklitz/Pfeiffer/Tonner/Willingmann (Hrsg.), Schuldrechtsreform und Verbraucherschutz

Wilmer, Thomas; Hahn, Harald J. Th. Fernabsatzrecht: Kommentar und systematische Darstellung, Heidelberg, 2002, zitiert: Wilmer/Hahn, Fernabsatzrecht

Wilmowsky, Peter von Pflichtverletzungen im Schuldverhältnis - Die Anspruchs- und Rechtsgrundlagen des neuen Schuldrechts, in: JuS 2002, Beilage zu Heft 1, S. 1-15

Wimmer, Norbert
Michael, Gerhard
Der Online-Provider im neuen Multimediarecht
1. Auflage, Baden-Baden, 1998;
zitiert: Wimmer/Michael, Der Online-Provider im neuen Multimediarecht

Windthorst, Kai;
Franke, Nicole
Internet-Telefonie – Sprengsatz im System der Telekommunikationsregulierung?,
in: CR 1999, S. 14-22

Winter, Wolf
Anmerkung zu AG Butzbach, VuR 2003, S. 34 ff.,
in: VuR 2003, S. 36-37

Wolf, Manfred;
Horn, Norbert;
Lindacher, Walter
AGBG, 4. Auflage, München, 1999;
zitiert: Wolf/Horn/Lindacher-Bearbeiter, AGBG

Wolff, Inke
Die Verteilung der Konkretisierungskompetenz für Generalklauseln in privatrechtsgestaltenden Richtlinien,
Baden-Baden, 2002, Zugl.: Bonn, Univ., Diss., 2000;
zitiert: Wolff, Die Verteilung der Konkretisierungskompetenz für Generalklauseln in privatrechtsgestaltenden Richtlinien

Zimmer, Daniel
Das neue Recht der Leistungsstörungen,
in: NJW 2002, S. 1-12

Zimmermann, Reinhard
Schuldrechtsmodernisierung?,
in: Ernst, Wolfgang; Zimmermann, Reinhard (Hrsg.),
Zivilrechtswissenschaft und Schuldrechtsreform, Tübingen, 2001, S. 1-24;
zitiert: Zimmermann, in Ernst/Zimmermann (Hrsg.),
Zivilrechtswissenschaft und Schuldrechtsreform

Zöller, Richard (Begr.)
Zivilprozeßordnung,
23. Auflage, 2002;
zitiert: Zöller-Bearbeiter, ZPO

Zweigert, Konrad;
Kötz, Hein
Einführung in die Rechtsvergleichung,
3. Auflage, Tübingen, 1996;
zitiert: Zweigert/Kötz, Einführung in die Rechtsvergleichung

Einleitung

A. Einführung

„Lesen Sie schnell, denn nichts ist beständiger als der Wandel im Internet!“[1] Diesen Rat muß man jedem Leser auf den Weg geben, der ein Buch über den elektronischen Geschäftsverkehr – wie das vorliegende– in den Händen hält. Denn die rasante technische Fortentwicklung der elektronischen Kommunikationsmittel und das beständige Auftauchen neuer Kommunikationsformen bedingt notwendig eine damit einhergehende ständige Anpassung des rechtlichen Regelungsrahmens. So ist ungewiß, wie lange eine Vorschrift wie §312e BGB[2], die sich mit Pflichten der Unternehmer beim elektronischen Vertragsschluß befaßt, in ihrer aktuellen Fassung Bestand haben kann. Diese Unbeständigkeit ist kein Geheimnis für die „Generation @“, die das Internet noch selbst in seinen Kinderschuhen erlebt hat. Gleichwohl darf die derzeitige Veränderlichkeit des technologischen und gesellschaftlichen Umfelds den rechtswissenschaftlichen Diskurs nicht von einer fortlaufenden Auseinandersetzung mit der Thematik abhalten, die den Weg für die Zukunft bereiten muß. Dies gilt jedenfalls verstärkt bis zu jenem Tag, an welchem der „Cyberspace“ für uns ebenso selbstverständlich geworden sein wird wie der „Realspace“, auf welchem die über 100 Jahre alten Regeln des BGB fußen. So bemüht sich die vorliegende Arbeit zunächst um eine gründliche Exegese des §312e in seiner bei Drucklegung geltenden Fassung. Darüber hinaus will sie aber auch Verbesserungsvorschläge für eine revidierte Fassung von §312e bzw. übergreifende, neuartige Regelungskonzepte aufzuweisen. Vor allem wird dabei versucht, das Augenmerk auf (im Vergleich zum ca. 15 Jahre alten WWW) junge Kommunikationsformen zu lenken, die bei der Gestaltung der in §312e enthaltenen Pflichten noch nicht hinreichend berücksichtigt wurden. Verallgemeinerungsfähig über den Spezialfall des §312e hinaus sind sicherlich auch die praktischen Fragen, wie der Unternehmerschaft durch Gesetz auferlegte (Informations-)Pflichten sanktioniert werden können und wie die Konkurrenzsituation zwischen (Informations-)Pflichten europäischen und nationalen Ursprungs beschaffen ist.

I. §312e im System des bestehenden Verbraucherschutzrechts

Bevor die Frage aufgeworfen werden kann, welche Funktion §312e BGB im Rahmen des zivilrechtlichen Verbraucherschutzes europäischer Herkunft zukommen soll, muß zunächst kurz das auf EU-Ebene bereits existierende Verbraucherrecht beleuchtet werden. Entsprechend ihrer Grundsatzprogramme zum Schutz und zur Unterrichtung der Verbraucher[3] hat die europäische Gemeinschaft vor allem im Zuge der Anerken-

---

[1] Anita Berres, dt. Publizistin.

[2] alle §§ ohne nähere Bezeichnung sind solche des BGB.

[3] Erstes Programm der Europäischen Wirtschaftsgemeinschaft für eine Politik zum Schutz und zur Unterrichtung der Verbraucher, Abl. C 92 vom 25.4.1975; Entschließung des Rates vom 19. Mai 1981 betreffend ein zweites Programm der Europaeischen Wirtschaftsgemeinschaft für eine Politik zum Schutz und zur Unterrichtung der Verbraucher, Abl. C 133 vom 3.6.1981. Dort sind die 5 Fundamentalrechte des Verbrauchers definiert als (1.) Recht auf Schutz seiner Gesundheit und Sicherheit, (2.)

nung des Verbraucherschutzes als Rechtfertigungsgrund für einzelstaatliche Verkehrsbeschränkungen durch die Cassis-Entscheidung des EuGH im Jahre 1979[4] zahlreiche Richtlinien auf dem Gebiet des wirtschaftlichen Verbraucherschutzes erlassen.[5] Als Allgemeiner Teil des Verbraucherprivatrechts können die Richtlinien über besondere Vertragsschlußmodalitäten gelten. [6] Dazu zählen die Haustürwiderrufs-Richtlinie 85/577/EWG[7], die Fernabsatzrichtlinie 97/7/EG[8] und die Fernabsatzrichtlinie für Finanzdienstleistungen 2002/65/EG[9]. Die Klauselrichtlinie 93/13/EWG ermöglicht zudem eine allgemeine Inhaltskontrolle für Allgemeine Geschäftsbedingungen.[10] Der Besondere Teil des Verbraucherrechts besteht aus spezifischen Regelungen für einzelne Vertragstypen und dem Produkthaftungsrecht. Hierzu zählen die Verbrauchergüterkaufrichtlinie 99/44/EG[11], die Pauschalreiserichtlinie 90/314/EWG[12], die Timesharingrichtlinie 94/47/EG[13], die Verbraucherkreditrichtlinie 87/102/EWG[14] und die Produkthaftungsrichtlinie 87/374/EWG[15]. Diese europäischen Richtlinien haben nachhaltigen Einfluß auf das deutsche Schuldrecht und die Diskussion über den Verbraucherschutz in Deutschland gehabt.[16]

Recht auf Schutz seiner wirtschaftlichen Interessen, (3.) Recht auf Wiedergutmachung erlittenen Schadens, (4.) Recht auf Unterrichtung und Bildung, (5.) und Recht auf Vertretung.

[4] EuGH Rs. 120/78 (REWE-Zentral AG ./. Bundesmonopolverwaltung für Branntwein, Slg. 1979, 649.

[5] vgl. zur Entwicklung Höland, in: FS-Reich, S. 195 ff.; Drexl, Die wirtschaftliche Selbstbestimmung des Verbrauchers, S. 44 ff.; Reich/Micklitz-Reich, Europäisches Verbraucherrecht, §1; Grabitz/Hilf-Wolf, A1, Grundzüge.

[6] vgl. zu dieser Unterteilung Micklitz, VuR 2003, S. 2 (6). Zu einer alternativen Systematisierung des Verbraucherrechts nach den Phasen der Vertragsanbahnung, des Vertragsabschlusses, der Vertragsabwicklung und der außervertraglichen Haftung siehe Mitteilung der Kommission an den Rat und das Europäische Parlament zum Europäischen Vertragsrecht vom 11.07.2001, KOM (2001) 398 endg., S. 59 ff.

[7] Richtlinie 85/577/EWG des Rates vom 20.12.1985 betreffend den Verbraucherschutz im Falle von außerhalb von Geschäftsräumen geschlossenen Verträgen, Abl. L 372 vom 31.12.1985, S. 31.

[8] Richtlinie 97/7/EG des Rates vom 20.5.1997 über den Verbraucherschutz bei Verträgen im Fernabsatz , Abl. L 144 vom 4.6.1997, S. 19.

[9] Richtlinie 2002/65/EG des Europäischen Parlaments und des Rates vom 23.09.2002 über den Fernabsatz von Finanzdienstleistungen an Verbraucher und zur Änderung der Richtlinie 90/619/EWG des Rates und der Richtlinien 97/7/EG und 98/27/EG, Abl. L 271 vom 9.10.2002, S. 16.

[10] Richtlinie 93/13/EWG vom 5.4.1993 über mißbräuchliche Klauseln in Verbraucherverträgen, Abl. L 95 vom 21.4.1993, S. 29.

[11] Richtlinie 99/44/EG des Europäischen Parlaments und des Rates vom 25.5.1999, Abl. L 171 vom 7.7.1999, S.12.

[12] Richtlinie 90/314/EWG des Rates vom 13. Juni 1990 über Pauschalreisen, Abl. L 158 vom 23.6.1990, S. 59.

[13] Richtlinie 94/47/EG des Europäischen Parlaments und des Rates vom 26. Oktober 1994 zum Schutz der Erwerber im Hinblick auf bestimmte Aspekte von Verträgen über den Erwerb von Teilzeitnutzungsrechten an Immobilien, Abl. L 280 vom 29.10.1994, S. 83.

[14] Richtlinie des Rates vom 22.12.1986 zur Angleichung der Rechts- und Verwaltungsvorschriften der Mitgliedsstaaten zum Verbraucherkredit, Abl. L 42 vom 12.2.1987, S. 48.

[15] Richtlinie 85/374/EWG des Rates vom 25. Juli 1985 zur Angleichung der Rechts- und Verwaltungsvorschriften der Mitgliedstaaten über die Haftung für fehlerhafte Produkte, Abl. L 210 vom 7.8.1985, S. 29.

[16] vgl. zur Verbraucherschutzdebatte im Schrifttum M/K-Micklitz, Vor §§ 13, 14, Rn. 17 ff., Drexl, Die wirtschaftliche Selbstbestimmung des Verbrauchers, S. 25 ff.

§312e BGB dient der Umsetzung von Art. 10 und 11 der Richtlinie über den elektronischen Geschäftsverkehr 2000/31/EG (ECRL).[17] Da es sich dabei um Regelungen zur Harmonisierung einer bestimmten Vertriebsform handelt, muß ihre Bestimmung in der Ausfüllung von Schutzlücken im Allgemeinen Teil des Europäischen Verbraucherrechts liegen. Fraglich ist deshalb, mit welcher besonderen Situation Anbieter und Nachfrager beim elektronischen Vertragsschluß konfrontiert sind, die von den Richtlinien über Vertragsschlußmodalitäten berücksichtigt werden muß. Bei wirtschaftlicher Betrachtung birgt der elektronische Handel ein erhebliches Wachstumspotential, weil die Anbieter gerade im Bereich des Internet als dem Leitbild der elektronischen Kommunikationsmedien ihre Leistungen ohne zeitliche oder örtliche Grenzen offerieren können. So finden Daten in Millisekunden ihren Weg über den gesamten Kontinent, und Internetshops können dank automatisierter Bestellsysteme rund um die Uhr geöffnet bleiben. Man kann deshalb von einer Exterritorialisierung und Extemporalisierung des Vertragsschlusses sprechen.[18] Der elektronische Geschäftsverkehr entspricht mithin dem Idealbild eines Binnenmarkts ohne Grenzen, wie es in Art. 14 EG niedergelegt ist. Für die Anbieter eröffnet der elektronische Geschäftsverkehr über die Möglichkeit zur Erweiterung der Vertragsabschlußgelegenheiten und des potentiellen Kundenkreises hinaus zahlreiche weitere Vorteile.[19] Er sorgt für eine erhebliche Senkung von Transaktionskosten[20], da nur ein geringer Einsatz von Human- und Sachkapital für die Geschäftsabwicklung notwendig ist. Insbesondere die anfänglichen Marktzutrittskosten sind drastisch verringert, was die Chancen für Kleinunternehmer erheblich verbessert. Sämtliche Transaktionen können im übrigen beschleunigt abgewickelt werden bis hin zur Vertragserfüllung, falls diese ebenfalls online stattfindet. Im Gegensatz zu Versandkatalogen können Websites zudem jederzeit aktualisiert und just-in-time den Lagerbeständen bzw. der Marktsituation angepaßt werden, d. h. die Möglichkeit zur flexiblen Angebotsgestaltung ist wesentlich höher. Wegen dieser Vorteile für die Anbieterseite wurde von der Kommission im ersten Vorschlag der ECRL prognostiziert, daß das Geschäftsvolumen des elektronischen Handels in Europa von einer Mrd. US-Dollar im Jahre 1998 auf 30 Mrd. US-Dollar bis zum Jahre 2001 anwachsen werde.[21] Dies entspricht einem Zuwachs von 3000% in drei Jahren! Im eEurope Benchmarking-Bericht von 2002 mußte die Kommission allerdings einräumen, daß diese Zahlen etwas an der Realität vorbeigingen. Es heißt dort, daß der Anteil der Nutzer, die in Europa Waren über das Internet gekauft haben, von 31% im Oktober 2000 bis November

---

[17] Richtlinie 2000/31/EG des Europäischen Parlaments und des Rates vom 8. Juni 2000 über bestimmte rechtliche Aspekte der Dienste der Informationsgesellschaft, insbesondere des elektronischen Geschäftsverkehrs, im Binnenmarkt („Richtlinie über den elektronischen Geschäftsverkehr"), Abl. L 178 vom 17.07.2000, S. 1.

[18] so Hoeren, NJW 1998, S. 2849 (2851).

[19] vgl. Köhler, NJW 1998, S. 185 (185); Borges, ZIP 1999, S. 565 (565); Grundmann, RabelsZ 67 (2003), S. 246 (250).

[20] zum Begriff Schäfer/Ott, Lehrbuch der ökonomischen Analyse des Zivilrechts, S. 89 ff.

[21] Vorschlag für eine Richtlinie des Europäischen Parlaments und des Rates über bestimmte rechtliche Aspekte des elektronischen Geschäftsverkehrs im Binnenmarkt vom 18.11.1998, KOM (1998) 586 endg., S. 60.

2001 nur auf 36% gestiegen ist.[22] Das verlangsamte Wachstum wird insbesondere auf hohe Versandkosten und den Vertrauensmangel der Verbraucher gegenüber dem elektronischen Handel zurückgeführt.[23] Zudem scheint sich die Verbreitung von Internet-Zugängen zu verlangsamen.[24]
Wenn unter anderem mangelndes Marktvertrauen der Nachfragerseite für das Wachstumsdefizit verantwortlich gemacht wird, stellt sich die Frage, welche Faktoren dieses Vertrauen beeinträchtigen können.[25] Das gewichtigste Risiko für die Kunden im elektronischen Handel besteht in der Anonymität des Vertragspartners. Da der Kunde den Kontrahenten weder in dessen Geschäftsräumen aufsuchen muß noch diesen überhaupt je zu Gesicht bekommt, hat er ohne weitere Informationen keine Anhaltspunkte über dessen Identität oder Seriosität. Damit droht ihm der Abschluß eines nachteiligen Geschäfts bzw. Schwierigkeiten bei der Rückabwicklung des Vertrages, falls sich der Vertragsgegner als unzuverlässig erweist. Außerdem wird insbesondere für den Bereich des Warenverkehrs darauf hingewiesen, daß der Nutzer keine Möglichkeit hat, die gewünschte Ware vor dem Kauf zu besichtigen oder zu erproben. Die genannten Probleme sind allerdings nicht spezifisch für den elektronischen Geschäftsverkehr, sondern betreffen den Fernabsatz im allgemeinen, also auch fernschriftliche oder – mündliche Vertragsschlüsse.
Angenommen hat sich die Kommission dieser Risiken mit der Fernabsatzrichtlinie 97/7/EG, wonach der Lieferer gem. Art. 4 über seine Identität und die wesentlichen Eigenschaften der Ware informieren muß. Außerdem ist gem. Art. 6 ein befristetes Widerrufsrecht vorgesehen, das dem Verbraucher ein nachträgliches Überdenken seines Willensentschlusses ermöglichen soll (vgl. Erwägungsgrund 14). Die Fernabsatzvorschriften haben im deutschen Recht nach der Schuldrechtsreform ihren Platz in den §§312b ff. gefunden. Ähnliche Informationspflichten sieht auch die Richtlinie über den Fernabsatz von Finanzdienstleistungen 2002/65/EG nach Art. 3 vor. Auch sie verlangt nach Art. 6 die Schaffung eines Widerrufsrechts für die Verbraucher. Ihre Umsetzung steht aber bislang im deutschen Recht noch aus. Die zentralen Schutzinstrumente, die die beiden Fernabsatzrichtlinien gebrauchen, sind also Informationspflichten über den Vertragspartner und den Vertragsgegenstand zur Beseitigung der typischen Informationsasymmetrien sowie ein nachträgliches Widerrufsrecht zur Gewährleistung einer fehlerfreien Willensbildung.
In den Stellungnahmen der Literatur zum Vertragsschluß im Internet wurde die Fernabsatzrichtlinie überwiegend begrüßt und als Lösung für die wesentlichen Probleme im elektronischen Geschäftsverkehr empfunden.[26] Da die beiden Fernabsatzrichtlinien

---

[22] Mitteilung der Kommission an den Rat; das Europäische Parlament; den Wirtschafts- und Sozialausschuß und den Ausschuß der Regionen über den eEurope Benchmarking-Bericht vom 5.2.2002, KOM (2002) 62 endg., S. 15 f.
[23] KOM (2002) 62 endg., S. 15 f.
[24] KOM (2002) 62 endg., S. 5.
[25] vgl. Köhler, NJW 1998, S. 185 (186); Borges, ZIP 1999, S. 565 (565); M/K-Wendehorst, Vor §312b, Rn. 4.
[26] Borges, ZIP 1999, S. 565 (566); Dilger, Verbraucherschutz bei Vertragsabschlüssen im Internet, S. 227; keinen zusätzlichen Schutzbedarf für den elektronischen Geschäftsverkehr sieht auch Waldenberger, EuZW 1999, S. 299 (300); kritisch aber Meents, Verbraucherschutz im Internet, S. 238 f.: „Daß die Fernabsatzrichtlinie jedoch tatsächlich effektiven Verbraucherschutz bei Rechtsgeschäften

jedoch nicht mit dem Hauptaugenmerk auf dem elektronischen Geschäftsverkehr erlassen wurden, stellt sich die Frage, ob dort nicht spezifische Probleme ungelöst geblieben sind, für die ein weiterer Regelungsakt notwendig war.

II. Bedürfnis nach zusätzlichem Schutz beim elektronischen Vertragsschluß

Hier schlägt die Stunde von §312e und der diesem zugrundeliegenden Artt. 10 und 11 ECRL, die als Vertriebsregelungen für den elektronischen Geschäftsverkehr ihre Legitimation aus dem dort gegebenen, spezifischen Regelungsbedarf beziehen müssen.
Ausgeblendet werden können zunächst die Problembereiche der elektronischen Signaturen und des Datenschutzes, die im wesentlichen bereits durch spezielle Rechtsakte gelöst wurden.[27] Gewisse rechtliche Sicherheitslücken besteht aber noch beim Schutz elektronischer Bestellungen oder anderer sensibler Datenübermittlungen (z. B. von Zahlungsdaten) gegen den Zugriff unbefugter Dritter.[28]
Besonders ins Auge springt zunächst die komplexere Technik der elektronischen Kommunikationsmittel im Vergleich zu herkömmlichen Fernkommunikationsmitteln. Die Nutzer sind auf fehlerträchtige Eingabemedien wie Tastatur und Maus angewiesen und müssen sich bei Bestellungen zumeist mit fremden Bedienungsoberflächen und Programmen auseinandersetzen, die ihnen von den Anbietern zur Verfügung gestellt werden. Deshalb besteht die Gefahr von Eingabefehlern und der Nutzer weiß häufig nicht, ob seine Bestellung ihren Empfänger erreicht hat. Außerdem besteht aufgrund der kulturell noch nicht fest verwurzelten elektronischen Abschlußprozeduren häufig Unsicherheit darüber, wann rechtlich ein verbindliches Angebot oder ein Vertragsschluß zustande gekommen ist. Dieser Gefahr von Eingabefehlern und tatsächlichen oder rechtlichen Unklarheiten muß ein Regelungsansatz für den elektronischen Vertragsschluß besonders Rechnung tragen.
Ein weiteres spezifisches Problem des elektronischen Handels ist das Sprachenproblem mit dem die Nutzer im grenzüberschreitenden Verkehr konfrontiert werden.[29] Gerade die Internetsuchmaschinen werfen häufig Verweise auf ausländische Websites aus, deren Angebote der Nutzer wahrnehmen könnte, weil diese auch ins Ausland liefern. Bei mehrsprachigen Angebotsseiten ist es oft vom Zufall abhängig, welche Sprache dem Nutzer von der Suchmaschine als Ergebnis präsentiert wird. Der Kunde wird, wenn er die Sprache der Website nicht verstehen kann, im schlimmsten Fall von einer Bestellung Abstand nehmen oder Zeit und Geld für eine Übersetzung aufwenden müs-

---

im Internet garantieren kann, scheitert an ihren unklaren Formulierungen und der Tatsache, daß die technischen Besonderheiten des Internet zu geringe Beachtung finden. Wird bei der Umsetzung auf die besonderen Umstände des Electronic Commerce und auf internetspezifische Vertragstypen Rücksicht genommen, werden die bereits bestehenden Verbraucherschutzgesetze ideal ergänzt".

[27] Richtlinie 1999/93/EG des Europäischen Parlaments und des Rates vom 13. Dezember 1999 über gemeinschaftliche Rahmenbedingungen für elektronische Signaturen, Abl. L 119 vom 7.5.2002, S. 4 und Richtlinie des Europäischen Parlaments und des Rates vom 12. Juli 2002 über die Verarbeitung personenbezogener Daten und den Schutz der Privatsphäre in der elektronischen Kommunikation (Datenschutzrichtlinie für elektronische Kommunikation), Abl. L 201 vom 31.7.2002, S. 37.

[28] dazu s. u. Teil 3 C.II.

[29] dazu näher s. u. Teil 1 C.I.5.

sen. Das Sprachenproblem ist ein spezifisches des elektronischen Handels, das sich nicht in größerem Umfang im herkömmlichen Fernabsatz stellt, weil letzterer nur in seltenen Fällen grenzüberschreitend stattfindet. Meistens werden Versandkataloge von europaweit tätigen Versandunternehmen in den jeweiligen Landessprachen distribuiert. Außerdem finden sich in den lokalen Telefonbüchern gewöhnlich keine ausländischen Anbieter. Allerhöchstens beim Rundfunk ergeben sich ähnliche Probleme, weil dieser über die Landesgrenzen hinweg empfangen werden kann.[30]
Häufig auftreten werden im elektronischen Geschäftsverkehr auch Beweisschwierigkeiten, da kein Schriftwechsel in Papierform zwischen den Vertragsparteien stattfindet. Wenn der Nutzer eine elektronische Bestellung getätigt hat, bleiben in der Regel von der Kommunikation auf seinem Endgerät keine Spuren zurück. Die Angebotsseiten, über die der elektronische Geschäftsverkehr schwerpunktmäßig abgewickelt wird, sind zudem ständigen Änderungen unterworfen, so daß der Nutzer letztlich keinen Beleg über die Vertragsbestimmungen hat. Ähnliche Probleme können zwar auch beim telefonischen Vertragsschluß auftreten; allerdings ist den Parteien das Risiko hier eher bewußt, so daß sie eine schriftliche Fixierung nachfolgen lassen. Die Bereitstellung eines Vertragsformulars in Papierform verbietet sich selbstverständlich für den elektronischen Geschäftsverkehr, der eine rasche orts- und zeitunabhängige Abwicklung erlauben soll. Hier ist also eine alternative Lösung erforderlich.
Besonders verschärft stellt sich im elektronischen Geschäftsverkehr auch das Problem, daß die Seriosität des Geschäftspartners ungewiß ist. Denn der Anonymitätsgrad ist hier sehr hoch, was neben den technischen Gegebenheiten, die in der Regel einen individuellen Kontakt nicht ermöglichen, durch die Anbieterstruktur begünstigt wird, die sich aus unzähligen Kleinunternehmern zusammensetzt. Der Kunde bedarf daher zusätzlicher Vertrauenssymbole, die im Internet in der Form von Gütesiegeln oder anderen Verhaltenskodizes, denen sich Unternehmer verpflichten, besonders häufig zu finden sind. Aber auch bei rechtspolitischer und makroökonomischer Betrachtung sind Maßnahmen der Selbstregulierung für die flexible Entwicklung und rasche Anpassung der Rahmenbedingungen im jungen Zweig des elektronischen Handels besonders wichtig. Dem Kunden muß allerdings eine Möglichkeit an die Hand gegeben werden, die Einhaltung dieser Kodizes zu kontrollieren.
Diesen genannten Problemen müssen §312e bzw. Artt. 10 und 11 ECRL als spezifische Regelungsansätze für den elektronischen Vertragsschluß Rechnung tragen. Im Unterschied zu den Risiken, die sich allgemein bei Fernabsatzgeschäften auftun, liegt der Schutzbedarf beim elektronischen Vertragsschluß in erster Linie im prozeduralen Bereich. Der Nutzer bedarf also nicht zusätzlicher Informationen über den Vertragsgegner- oder gegenstand, also über den Vertragsinhalt, sondern über den Vertragsschlußprozeß. Deswegen kann man dem ermittelten Schutzbedürfnis auch nicht entgegenhalten, daß die Position des Kunden im Internet so stark geworden sei, daß generell kein Schutz mehr nötig sei.[31] Natürlich sind im Internet die Quellen zur Erlangung vertragsrelevanter Informationen, die über Suchmaschinen zugänglich sind, umfang-

[30] vgl. Wagner, WM 1995, S. 1129 ff.
[31] so aber Buchner, EWS 2000, S. 147 (152 f.); Ruess, Die E-Commerce-Richtlinie und das deutsche Wettbewerbsrecht, S. 124 ff.

reich. Mittels Preissuchmaschinen[32] kann der Nutzer z. B. Warenpreise vergleichen. Zudem steigt der wirtschaftliche Druck auf die Anbieterseite, weil im Internet eine Vielzahl gleichförmiger Angebote verfügbar ist, die beliebig austauschbar sind.[33] Auch haben die Kunden im Internet die Möglichkeit ihre Nachfragermacht durch Power- bzw. Communityshopping zu bündeln.[34] Insgesamt verbessern sich also die Chancen für die Nachfragerseite, im Internet günstige Geschäftsabschlüsse zu tätigen. Das alles ändert aber nichts an der Tatsache, daß der einzelne Nutzer im Hinblick auf die konkrete Vertragsschlußprozedur schutzwürdig bleibt, weil diese mit spezifischen Gefahren behaftet ist.[35] Diese Gefahren sind sogar so beschaffen, daß ihnen nicht allein durch Informationspflichten der Anbieter abgeholfen werden kann, sondern darüber hinaus besondere Verhaltenspflichten[36] für die Anbieter wie etwa Bereitstellungs- oder Bestätigungspflichten notwendig sind.

Eine Besonderheit bei den genannten Problemfeldern ist zudem, daß sie nicht nur den spezifischen Schutz einer besonderen Gruppe von „Verbrauchern" im B2C („Business-To-Consumer)-Verkehr erfordern, sondern den Schutz aller Nutzer, d. h. auch im B2B („Business-To-Business")-Sektor. Sofern man nicht die Notwendigkeit eines besonderen Schutzes der wirtschaftlichen Selbstbestimmung gänzlich ablehnt, gibt es im wesentlichen zwei Verbraucherkonzepte, nämlich das des strukturell unterlegenen und das des situativ schutzbedürftigen Verbrauchers.[37] Der Schutz des strukturell unterlegenen Verbrauchers orientiert sich an der jeweiligen ökonomischen Rolle, in der eine Person am Markt auftritt, nämlich entweder als Privatperson oder als Gewerbetreibender.[38] Der situationsbezogene Schutz hingegen knüpft an Situationen an, in denen

---

[32] z. B. www.guenstiger.de, www.geizkragen.de; http://www.evendi.de und www.ucompare.de.

[33] Ruess, Die E-Commerce-Richtlinie und das deutsche Wettbewerbsrecht, S. 126.

[34] z. B. unter www.letsbuyit.com. Beim Powershopping müssen sich ausreichend Käufer zu einer virtuellen Käufergemeinschaft zusammenschließen, damit für ein Produkt ein bestimmter Preis zustande kommt. Die wettbewerbsrechtliche Zulässigkeit ist nach wie vor wegen möglicher aleatorischer Reize umstritten, vgl. Steinbeck, WRP 2002, S. 604 ff.; Schuster/Kemper/Schlegel/Schütze/Schulze zur Wiesche/Sodtalbers, MMR 2003, Beilage zu Heft 5, S. 10. Ob Powershopping in der Praxis zu günstigeren Preisen führt, ist allerdings eher fraglich, da die Anzahl der notwendigen Käufer zur Erzielung des „besten Preises" in der Regel zu niedrig ist, um relevante Rabattvorteile vermuten zu können. Großversender im Internet wie Amazon.com, Inc. dürften wesentlich höhere Rabatte erzielen können.

[35] Mankowski, MMR Beilage 2000 zu Heft 7, S. 22 (36) bezweifelt ganz allgemein, daß die Nachfrageseite im elektronischen Geschäftsverkehr einen Vorsprung gewinnen könne, da die Anbieter „Repeat Player" blieben und als solche im Hinblick auf den konkreten Vertrag immer einen Erfahrungsvorsprung hätten.

[36] unter Verhaltenspflichten sollen solche Pflichten verstanden werden, die vom Unternehmer nicht nur eine Information, sondern bestimmte Handlungen darüber hinaus erfordern.

[37] vgl. dazu M/K-Micklitz, Vor §§ 13, 14, Rn. 61 ff.; Soergel-Pfeiffer, §13, Rn. 18: der situative Ansatz entspricht dabei einem liberalen Informationsmodell, welches lediglich die Möglichkeit privatautonomer Entscheidung sichern will, und der personale Ansatz einem sozialen Schutzmodell, welches wirtschaftliche Ungleichgewichtslagen kompensieren will.

[38] Reich, ZEuP 1994, S. 381 (389); für ein Kombinationsmodell von rollen- und situationsspezifischem Schutz M/K-Micklitz, Vor §§ 13, 14, Rn. 62 ff., wobei das aus der sozialen Rolle gefolgerte strukturelle Ungleichgewicht als typisierender Vermutungstatbestand begriffen wird, der durch situationsspezifische Erwägungen ergänzt werden muß; für einen gemischten Ansatz auch Elßner/Schirmbacher, VuR 2003, S. 247 (250), die allerdings die Funktion der rollenbezogenen Kompo-

Ausnahmen von der formalen Privatautonomie zugunsten materieller Entscheidungsfreiheit gemacht werden müssen, weil die Geschäftskompetenz des Verbrauchers eingeschränkt ist.[39] Letzterer Ansatz ist also nicht an eine bestimmte Personengruppe geknüpft, d. h. nach ihm kann zum Verbraucherrecht nicht nur Sonderrecht gezählt werden, sondern jede Vorschrift, die dem Versagen formaler Privatautonomie vorbeugt. Einem gemischt rollen- und situationsspezifischen Ansatz können die oben genannten EG-Verbraucherschutzrichtlinien zugeordnet werden, da sie beide Aspekte integrieren.[40] Nun ist der elektronische Geschäftsverkehr stark durch seine technische Komplexität geprägt. Dies ruft aber durch technische Intransparenz bedingte Informationsasymmetrien hervor, die durch Geschäftserfahrung nicht kompensiert werden können.[41] Demzufolge bedarf es eines allgemeinen Nutzerschutzes im elektronischen Geschäftsverkehr, der nicht eine bestimmte wirtschaftliche Nachfragerrolle, sondern die konkrete Kommunikationssituation berücksichtigt und den man deshalb einem rein situativen Schutzkonzept zuordnen kann.[42] Ein solches Schutzkonzept hat der deutsche Gesetzgeber bereits mit der Nutzerdefinition in §3 Nr. 2 TDG bzw. §3 Nr. 2 MDStV[43] verwirklicht, die seit 1997 in Kraft sind und damit eine Vorreiterrolle unter den Gesetzgebungswerken zum elektronischen Geschäftsverkehr einnehmen. Der von *Hoeren* gesuchte virtuelle Yeti[44], der zu schützende elektronische Verbraucher, ist also nicht ein seltenes Schneewesen, sondern im Grundsatz jeder Nutzer. Schutzabstufungen zwischen Privat- und Geschäftsleuten können im einzelnen aber z. B. beim noch Transparenzgebot notwendig sein, d. h. bei der Form, in der die Informationen erteilt werden müssen. Die Loslösung des Schutzes der materiellen Selbstbestimmung vom personellen Anknüpfungspunkt wird in der Literatur auch über den Bereich des elektronischen Geschäftsverkehrs hinaus als allgemeines Prinzip gefordert.[45]

---

nente nicht als Vermutung eines strukturellen Ungleichgewichts ansehen, sondern als Vermutung für fehlende Geschäftskompetenz bei privaten Nachfragern.

[39] Pfeiffer, in: Schulte-Nölke/Schulze (Hrsg.), Europäische Rechtsangleichung und nationale Privatrechte, S. 21 (27 ff.); Drexl, Die wirtschaftliche Selbstbestimmung des Verbrauchers, S. 284 ff.

[40] so auch Pfeiffer, in: Schulte-Nölke/Schulze (Hrsg.), Europäische Rechtsangleichung und nationale Privatrechte, S. 21 (29); M/K-Micklitz, Vor §§ 13, 14, Rn. 70 f.

[41] so auch Grabitz/Hilf-Marly, A4, Vorbem., Rn. 44; Wiebe, Die elektronische Willenserklärung, S. 511 ff.

[42] vgl. zum Konzept eines „erweiterten" Verbraucherschutzes als Kundenschutz Reich/Micklitz-Reich, Europäisches Verbraucherrecht, §1, Rn. 3.

[43] danach ist „Nutzer" jede natürliche oder juristische Person, die zu beruflichen oder sonstigen Zwekken Teledienste in Anspruch nimmt, insbesondere um Informationen zu erlangen oder zugänglich zu machen.

[44] Hoeren, in: Ehlers/Wolffgang/Pünder (Hrsg.), Rechtsfragen des Electronic Commerce, S. 7 (23).

[45] Fleischer, ZEuP 2000, S. 772 (796 ff.); Grundmann, JZ 2000, S. 133 (1137); Roth, JZ 2001, S. 475 (487 f.); Remien, in Schulte-Nölke/Schulze (Hrsg.), Europäische Rechtsangleichung und nationale Privatrechte, S. 107 ff.; Wiebe, Die elektronische Willenserklärung, S. 513: auch für die Einbeziehung von AGB und die Anwendung des FernAbsG sollte eine Erweiterung vorgenommen werden. Plastisch Bydlinski, System und Prinzipien des Vertragsrechts, S. 746: es macht keinen Unterschied, ob sich ein Anwalt privat oder geschäftlich Fenster verglasen läßt, weil er in beiden Fällen außerhalb seines Geschäftsbereichs handelt.

III. Geschichte des §312e und der ECRL

Die mit der Schuldrechtsreform neugeschaffene Norm für den elektronischen Vertragsschluß ist §312e. Da dieser aber nur die Umsetzungsnorm für einen Teil der ECRL darstellt, muß zum besseren Verständnis zunächst die Entstehungsgeschichte der Richtlinie dargestellt werden.
Den entscheidenden Anstoß für die rechtlichen Maßnahmen zur Förderung des elektronischen Geschäftsverkehrs auf europäischer Ebene gab die Kommission mit ihrer Mitteilung über eine „Europäische Initiative für den elektronischen Geschäftsverkehr" vom 14.04.1997.[46] In diesem Dokument formulierte die Kommission die wesentlichen Eckpunkte für die Entwicklung eines rechtlichen Rahmens für den elektronischen Geschäftsverkehr: 1. Förderung von technischer Infrastruktur und ungehindertem Zugang zu dieser, 2. Schaffung eines kohärenten ordnungspolitischen Rahmens zur Vertrauensbildung bei Verbrauchern und Unternehmern z. B. durch elektronische Signaturen, 3. Förderung eines günstigen unternehmerischen Umfeldes va. durch Aufklärung von Verbrauchern und Unternehmern über die Möglichkeiten des elektronischen Geschäftsverkehrs, 4. Hinwirken auf einen globalen Konsens.[47] Mit diesen Zielvorgaben sollten für den europäischen Binnenmarkt die Vorteile der neuen Informationstechnologie erschlossen werden. In seiner billigenden Stellungnahme zu dieser Mitteilung forderte das Europäische Parlament die Kommission auf „den Prozeß der Vorlage eines Vorschlags für eine Richtlinie über Dienstleistungen der Informationsgesellschaft einschließlich des elektronischen Geschäftsverkehrs zu beschleunigen".[48]
Bis zum 18.11.1998 erarbeitete die EU-Kommission daraufhin einen „Vorschlag für eine Richtlinie des Europäischen Parlaments und des Rates über bestimmte rechtliche Aspekte des elektronischen Geschäftsverkehrs im Binnenmarkt"[49], der im Dezember 1998 an das Parlament und den Rat übermittelt wurde. Dieser Vorschlag sollte als Herzstück der europäischen Regelungsinitiative für Online-Dienste für fünf zentrale Bereiche Lösungen anbieten: 1. für die Niederlassung von Anbietern von Diensten der Informationsgesellschaft, 2. für die kommerzielle Kommunikation (Werbung, Direktmarketing etc.), 3. für den Online-Abschluß von Verträgen, 4. für die Verantwortlichkeit der Vermittler, 5. für die Rechtsdurchsetzung. Diese fünf Regelungsbereiche entsprechen den Stufen, die ein Diensteanbieter bei seiner Wirtschaftstätigkeit durchläuft von der Niederlassung über die Werbung und den elektronischen Vertragsschluß bis hin zur Beilegung von Rechtsstreitigkeiten.[50] Dieses Konzept der ECRL kann man als

---

[46] Mitteilung an das Europäische Parlament, den Rat, den Wirtschafts- und Sozialausschuß und den Ausschuß der Regionen über eine „Europäische Initiative für den elektronischen Geschäftsverkehr" vom 14.4.1997, KOM (1997) 157 endg.
[47] KOM (1997) 157 endg., S. 6 f.
[48] Entschließung des Europäischen Parlamentes über die Mitteilung der Kommission „Europäische Initiative für den europäischen Geschäftsverkehr" vom 14.5.1998, A4-0173/98, S. 11, Nr. 14.
[49] Vorschlag für eine Richtlinie des Europäischen Parlaments und des Rates über bestimmte rechtliche Aspekte des elektronischen Geschäftsverkehrs im Binnenmarkt, KOM (1998) 586 endg., Abl. C 30 vom 5.2.1999, S. 4.
[50] KOM (1998) 586 endg., S. 4.

Horizontal- oder Querschnittsansatz bezeichnen.[51] Mit ihm sollte allgemein den Zielen des Binnenmarktes (Art. 14 EG) und insbesondere der Niederlassungsfreiheit (Art. 43 EG) und der Dienstleistungsfreiheit (Art. 49 EG) gedient werden.[52] Zudem sollte ein sog. Herkunftslandprinzip, welches bestimmt, daß jeder Diensteanbieter nur den Regeln seines Niederlassungsstaates unterworfen ist, die Rechtsunsicherheit der Anbieter über das für sie maßgebliche Recht beseitigen. Neben der Schaffung von Rechtssicherheit für Anbieter betont der Richtlinienentwurf insbesondere den Schutz der Verbraucher durch Vertrauensstärkung in den elektronischen Handel, verallgemeinert diesen aber zu einem Vertrauensschutz aller Nutzer elektronischer Dienste.[53] Wichtig ist, daß die Richtlinie nach dem von ihr gewählten Regelungsansatz einen Ausgleich zwischen Anbieter- und Nachfragerinteressen schaffen will. So heißt es im Richtlinienvorschlag: „Der elektronische Geschäftsverkehr bietet dem europäischen Dienstleistungssektor enorme Möglichkeiten, und seine Entwicklung steht erst am Anfang; daher kommt es darauf an, das Wachstum des Wirtschaftszweiges nicht zu drosseln, sondern zu fördern, gleichzeitig aber auch die Ziele des Allgemeininteresses, wie den Schutz der Verbraucher, in vollem Umfang zu verwirklichen."[54]
Im März 1999 gaben der zuständige Parlamentsausschuß für Recht und Bürgerrechte und die beteiligten Ausschüsse für Wirtschaft, Währung und Industriepolitik, für Kultur, Jugend, Bildung und Medien und für die Umwelt, Gesundheit und Verbraucherschutz ihre Stellungnahmen ab. Am 22.4.1999 verabschiedete daraufhin der Rechtsausschuß unter Berücksichtigung der übrigen Stellungnahmen einstimmig seinen Bericht.[55] Eine Stellungnahme des Wirtschafts- und Sozialausschusses wurde am 29.4.1999 beschlossen.[56]
Am 6.5.1999 verabschiedete das Europäische Parlament in erster Lesung im Mitentscheidungsverfahren nach Art. 251 EG eine legislative Entschließung.[57] Insgesamt sah diese Entschließung 68 Änderungsanträge vor, die in erster Linie bloße Klarstellungen in den Erwägungsgründen und den Formulierungen der Richtlinienartikel betrafen.[58]

---

[51] Tettenborn/Bender/Lübben/Karenfort, BB 2001, Beilage 10 zu Heft 50, S. 1 (2); Grundmann, RabelsZ 67 (2003), S. 246 (249).
[52] KOM (1998) 586 endg., S. 7.
[53] KOM (1998) 586 endg., S. 11. Grabitz/Hilf-Marly, A4, Vorbem., Rn. 44 bedauert zu Recht, daß dieser konstituierende Grundsatz der ECRL keinen deutlichen Niederschlag im endgültigen Richtlinientext gefunden hat.
[54] KOM (1998) 586 endg., S. 19.
[55] Bericht über den Vorschlag für eine Richtlinie des Europäischen Parlaments und des Rates über bestimmte rechtliche Aspekte des elektronischen Geschäftsverkehrs im Binnenmarkt, A4-0248/99 vom 23.4.1999, Berichterstatterin Christine Margaret Oddy.
[56] Stellungnahme des Wirtschafts- und Sozialausschusses zu dem „Vorschlag für eine Richtlinie des Europäischen Parlaments und des Rates über bestimmte rechtliche Aspekte des elektronischen Geschäftsverkehrs im Binnenmarkt vom 29.4.1999, Abl. C 169 vom 16.9.1999, S. 36.
[57] Legislative Entschließung mit der Stellungnahme des Europäischen Parlaments zu dem Vorschlag für eine Richtlinie des Europäischen Parlaments und des Rates über bestimmte rechtliche Aspekte des elektronischen Geschäftsverkehr im Binnenmarkt vom 6.5.1999, Abl. C 279 vom 1.10.1999, S. 389.
[58] vgl. Tettenborn, K&R 1999, S. 442 (442).

Am 17.08.1999 nahm die Europäische Kommission einen geänderten Vorschlag an, in dem sie die meisten Änderungsvorschläge des Parlaments berücksichtigte.[59] Die Zahl der Erwägungsgründe steigerte sich dabei allerdings von anfänglichen 25 auf 41. Offensichtlich bestand hinsichtlich des Richtlinieninhalts einiger Klarstellungsbedarf.[60] Geändert wurde die Definition der Dienste der Informationsgesellschaft – der Leitbegriff der ECRL – in eine Verweisung auf die „Transparenzrichtlinie" 98/34/EG [61], womit zwar keine inhaltliche Änderung verbunden war, aber auf den Beispielskatalog im Anhang V dieser Richtlinie Bezug genommen werden konnte. Im übrigen wurden eher „halbherzige" Änderungen vorgenommen.[62]
Bereits bis zum 7.12.1999 gelang es dem Rat, eine politische Einigung zu erzielen, bei der sich Belgien als einziger Mitgliedsstaat enthielt.[63] Offenbar stand der Einigungsprozeß unter erheblichem Zeitdruck. Am 28.2.2000 legte der Rat nach Art. 251 II EG einen Gemeinsamen Standpunkt fest.[64] Dieser enthielt nunmehr nicht weniger als 65 (!) Erwägungsgründe, in denen weitere Klarstellungen eingefügt worden waren. Änderungen gab es vor allem im Hinblick auf den Anwendungsbereich der Richtlinie und die Reichweite des Herkunftslandprinzips, wo von den Mitgliedsstaaten neue Ausnahmeregelungen ausgehandelt wurden. Auch im Abschnitt über den elektronischen Vertragsschluß wurde auf Initiative der finnischen Ratspräsidentschaft[65] eine wesentliche Änderung vorgenommen, die die Neutralität der ECRL gegenüber den einzelstaatlichen Vertragsschlußmechanismen sicherstellen sollte. Der Titel des Richtlinienvorschlags wurde geändert in „Richtlinie des Europäischen Parlaments und des Rates über bestimmte rechtliche Aspekte *der Dienste der Informationsgesellschaft,* insbesondere des elektronischen Geschäftsverkehrs". Dadurch wurde dem Leitbegriff der Dienste der Informationsgesellschaft zusätzliche Betonung verliehen.
Am 29.2.2000 stimmte die Europäische Kommission dem Gemeinsamen Standpunkt zu. Auch das europäische Parlament nahm den Vorschlag am 4.5.2000 in zweiter Lesung ohne eine Gegenstimme an. Am 5.5.2000 wurde der Gemeinsame Standpunkt vom Rat in zweiter Lesung gebilligt und am 8.6.2000 gemeinsam durch das Europäische Parlament und den Rat unterzeichnet.[66] Die ECRL war geboren.
Thematisch eingebettet ist die ECRL in die „Initiative eEurope", die von der Kommission im Dezember 1999 ins Leben gerufen wurde. Hauptziele dieses Projekts sind laut dem Aktionsplan „eEurope 2002" 1. ein billigerer und schnellerer Internet-Zugang, 2. Investitionen in Menschen und Fertigkeiten und 3. die Förderung der Nutzung des In-

---

[59] Geänderter Vorschlag für eine Richtlinie über bestimmte rechtliche Aspekte des elektronischen Geschäftsverkehrs im Binnenmarkt vom 17.08.1999, KOM (1999) 427 endg., Abl. C 248 vom 29.8.2000, S. E/69.
[60] Grabitz/Hilf-Marly, A4, Vorbem., Rn. 50.
[61] Richtlinie 98/34/EG vom 22.6.1998 über des Europäischen Parlaments und des Rates über ein Informationsverfahren auf dem Gebiet der Normen und technischen Vorschriften und der Vorschriften für die Dienste der Informationsgesellschaft, Abl. L 204 vom 21.7.1998, S. 37 in der Fassung der Richtlinie 98/48/EG, Abl. L 217 vom 5.8.1998, S. 18.
[62] Tettenborn, K&R 1999, S. 442 (444).
[63] vgl. Tettenborn, K&R 2000, S. 59 (59).
[64] Gemeinsamer Standpunkt (EG) Nr. 22/2000 vom 28.2.2000, Abl. C 128 vom 8.5.2000, S. 32.
[65] vgl. Tettenborn, K&R 2000, S. 59 (62).
[66] Abl. L 178 vom 17.7.2000, S. 1.

ternet.[67] Letzteres Ziel enthält als Unterpunkt auch die Förderung des elektronischen Geschäftsverkehrs.[68] Im diesem Aktionsplan wurde die Notwendigkeit eines schnellen Erlasses einer Richtlinie über den elektronischen Geschäftsverkehr und vor allem auch einer unverzüglichen Umsetzung in den Mitgliedsstaaten unterstrichen.[69] Mittlerweile ist ein zweiter Aktionsplan „eEurope 2005" veröffentlicht worden, der einen Gipfel zum elektronischen Geschäftsverkehr ankündigt, auf dem die Angleichung der Wettbewerbsbedingungen von Online- und Offline-Handel geprüft werden soll.[70]
Eine Umsetzung der ECRL in das nationale Recht war gem. Art. 22 I ECRL bis zum 17.1.2002 vorzunehmen. Die Rahmenbedingung für eine rasche Umsetzung in Deutschland waren günstig, da die Schuldrechtsmodernisierung auf der Agenda stand. Dieses erstmals von Hans Jochen Vogel 1978 im Deutschen Bundestag und auf dem 52. Deutschen Juristentag vorgeschlagene Reformwerk hatte neuen Antrieb durch zahlreiche zur Umsetzung anstehende europäische Zivilrechtsrichtlinien gefunden. Insbesondere wurde im Zuge der Reform eine Integration der alten und neuen europäischen Verbraucherschutzvorschriften in das BGB intendiert. Diese hatte mit der Schaffung der Verbraucher- und Unternehmerdefinition in den §§13 und 14 sowie der allgemeinen Regelung des Widerrufs- und Rückgaberechts in den §§361 a und b BGB durch das Gesetz über Fernabsatzverträge und andere Fragen des Verbraucherrechts sowie zur Umstellung von Vorschriften auf Euro[71] bereits vorsichtig begonnen.[72]
Am 4. August 2000 legte das Bundesjustizministerium einen ersten Diskussionsentwurf für ein Schuldrechtsmodernisierungsgesetz (SMG) vor (DiskE).[73] In diesem waren die Vorschriften über „Elektronische Bestellungen" in §305b DiskE, d. h. im Allgemeinen Schuldrecht direkt hinter dem Grundsatz der Vertragsfreiheit angeordnet. Die Vertriebsregeln für Haustür- und Fernabsatzgeschäfte fanden sich hingegen in den §§477 ff. DiskE, d. h. im Besonderen Teil des Schuldrechts unmittelbar im Anschluß an die Vorschriften über den Kaufvertrag. Die Informationspflichten für Fernabsatzverträge sollten gem. §479 II i.V.m. Art. 240 EGBGB DiskE in eine Informationsverordnung (InfoV) ausgelagert werden, während dies für die Informationspflichten bei elektronischen Bestellung nicht vorgesehen war. Dieser Diskussionsentwurf für ein SMG erntete heftige Kritik, vor allem auf einer von den Professoren Wolfgang Ernst (Bonn) und Reinhard Zimmermann (Regensburg) organisierten Tagung in Regensburg im November 2000 und einer weiteren von den Professoren Reiner Schulze und Hans Schulte-Nölke (Münster) initiierten Tagung in Münster im Januar 2001. Anläßlich dieser Kritik wurden zahlreiche hochrangig besetze Arbeitsgruppen gebildet, die die kritisierten Ansätze prüfen und Verbesserungen vorschlagen sollten.

---

[67] eEurope 2002, Eine Informationsgesellschaft für alle, Aktionsplan vom 14.6.2000 (abrufbar unter http://www.europa.eu.int/information_society/eeurope/action_plan/pdf/actionplan_de.pdf).
[68] eEurope 2002, Aktionsplan, S. 19.
[69] eEurope 2002, Aktionsplan, S. 20.
[70] Mitteilung der Kommission an das Europäische Parlament, den Rat, den Wirtschafts- und Sozialausschuß und den Ausschuß der Regionen „eEurope 2005: Eine Informationsgesellschaft für alle" vom 28.5.2002, KOM (2002) 263 endg., S. 17.
[71] BGBl. 2000 I Nr.28 vom 29.6.2000, S.897.
[72] vgl. Fuchs, ZIP 2000, S. 1273 (1287); v. Koppenfels, WM 2001, S. 1360 (1360); Lorenz, JuS 2000, S. 833 (835).
[73] abrufbar unter http://www.lrz-muenchen.de/~Lorenz/schumod/diske/eschurmo.pdf.

Als Destillat dieser Vorschläge erarbeitete das Bundesjustizministerium bis zum 6.3.2001 die „Konsolidierte Fassung eines Diskussionsentwurfs eines Schuldrechtsmodernisierungsgesetzes“ (KonsDiskE).[74] In dieser fand sich im allgemeinen Teil des Schuldrechts ein Untertitel 2 über „Pflichten beim Direktvertrieb von Waren oder Dienstleistungen“. In den dort eingegliederten §§311 d-f KonsDiskE sollten sämtliche Regelungen über besondere Vertragsschlußmodalitäten, d. h. gem. §311 d I KonsDiskE „für Verträge, die im wesentlichen außerhalb von Geschäftsräumen angebahnt und abgeschlossen werden und durch die sich ein Unternehmer gegenüber einem Verbraucher gegen Entgelt zur Lieferung von Waren oder zur Erbringung einer Dienstleistung gleich welcher Art verpflichtet (Verträge im Direktvertrieb)“. In §311 f KonsDiskE waren „zusätzliche Pflichten beim Vertragsschluß im elektronischen Geschäftsverkehr“ zusammengefaßt. §311 f II KonsDiskE verwies für die Informationspflichten jetzt auch auf die InfoV. Etwas unübersichtlich wurde schließlich im Anschluß an die Vorschriften über das Widerrufs- und Rückgaberecht durch §312c S.1 KonsDiskE die notwendige Erweiterung des Anwendungsbereichs der Pflichten beim elektronischen Vertragsschluß auf den B2B-Sektor ergänzt.
Nach weiterer Kritik und Beratungen auf einer Sondertagung der Zivilrechtslehrervereinigung im März 2001 in Berlin schließlich wurde von der Bundesregierung[75] sowie von Abgeordneten der Bundestagsfraktionen der SPD und der Fraktion des Bündnis 90/Die Grünen[76] parallel ein gleichlautender erster Gesetzgebungsvorschlag eingereicht (Erster Regierungsentwurf). Der Vorschlag der Regierung wurde im weiteren Verfahren vom Bundestag für erledigt erklärt.[77] Er enthielt eine Stellungnahme des Bundesrates, der unter anderem konstruktive Kritik an den Regelungen über den elektronischen Vertragsschluß geübt hatte[78], und die Rückäußerung der Bundesregierung dazu.[79] Die Vorschriften über den elektronischen Vertragsschluß waren nunmehr in ihrer endgültigen Position in §312e angelangt, zusammengefaßt mit den Regeln über Haustür- und Fernabsatzgeschäfte in einem Untertitel 2 über „Besondere Vertriebsformen“. Alle Informationspflichten für die besonderen Vertriebsformen waren in die InfoV ausgelagert worden.
Der Vorschlag wurde schließlich in der Fassung des Beschlußentwurfs des Rechtsausschusses des Deutschen Bundestags vom 9.10.2001[80], die einige marginale Änderungen von §312e enthielt, um die Stellungnahme des Bundesrats und weitere Kritik aus der Literatur zu reflektieren, am 11.10.2001 verabschiedet. Das Gesetz passierte sodann am 9.11.2001 den Bundesrat und wurde am 29.11.2001 im Bundesgesetzblatt[81] verkündet. Am 1.1.2002 ist das SMG und damit auch §312e in Kraft getreten.

---

[74] abrufbar unter http://www.lrz-muenchen.de/~Lorenz/schumod/diske/entwurf.pdf.
[75] Entwurf eines Gesetzes zur Modernisierung des Schuldrechts mit Stellungnahme des Bundesrates und Gegenäußerung der Bundesregierung, BT-Druck 14/6857.
[76] Entwurf eines Gesetzes zur Modernisierung des Schuldrechts, BT-Druck 14/6040.
[77] BT-Druck 14/7100.
[78] BT-Druck 14/6857, S. 20 f.
[79] BR-Druck 338/01.
[80] BT-Druck 14/7052.
[81] BGBl. Teil I Nr. 61 vom 29.11.2001, S. 3138.

Die übrigen Vorschriften der ECRL sind durch das Gesetz über rechtliche Rahmenbedingungen für den elektronischen Geschäftsverkehr[82] sowie durch das Gesetz zur Anpassung der Formvorschriften des Privatrechts und anderer Vorschriften an den modernen Rechtsgeschäftsverkehr[83] und das Signaturgesetz[84] in das deutsche Recht umgesetzt worden.

B. Gang der Untersuchung

Gegenstand der vorliegenden Arbeit ist die Vorschrift des §312e BGB über die „Pflichten im elektronischen Geschäftsverkehr“, die auf die Artt. 10 und 11 der ECRL zurückgeht.
Im ersten Teil der Arbeit wird die Auslegung von §312e behandelt, die wegen ihres technischen Hintergrunds viele Unklarheiten hervorruft. Da §312e Transformationsnorm für europäisches Sekundärrecht ist, stellt sich insbesondere die Frage nach einer richtlinienkonformen bzw. gemeinschaftsfreundlichen Umsetzung. Angesichts einiger Wortlautabweichungen ist unsicher, ob die Transformation noch den Vorgaben der Richtlinie entspricht. Außerdem soll untersucht werden, inwieweit die geschaffenen Pflichten für die oben genannten Gefahren des elektronischen Geschäftsverkehrs Abhilfe bieten. Am Ende dieses Abschnitts soll schließlich der Frage nachgegangen werden, ob §312e und die ECRL aktuelle oder zukünftige Kommunikationsformen ausreichend berücksichtigen oder ob gegebenenfalls Anpassungen nötig sind. Vor allem der Geschäftsverkehr über Handy (M-Commerce) und der Geschäftsverkehr über das Fernsehen (T-Commerce), sollen dabei näher untersucht werden.
Eine neue Problemdimension eröffnet sich vor dem Hintergrund der Integration der vertragsschlußbezogenen Pflichten der aus ECRL in das BGB. So bedarf es einer Untersuchung, wie sich §312e in das System des BGB einfügt. Ins Blickfeld rücken dabei vor allem die Sanktionsmechanismen des BGB für Pflichtverletzungen und die Konkurrenz zu anderen Pflichtenquellen des BGB.
Aufgrund der Einfügung in das BGB werden Pflichtverletzungen nach §312e grundsätzlich von dessen Sanktionsmechanismen erfaßt. Deshalb bedarf es der Klärung, ob damit einerseits eine ausreichende Sanktionierung i.S.v. Art. 20 ECRL geschaffen wurde, andererseits aber auch, ob eine Übersanktionierung droht. Diesen Fragen soll im zweiten Teil der Arbeit nachgegangen werden.
Im Hinblick auf die Konkurrenzsituation ist schließlich im dritten Teil der Untersuchung zu prüfen, wie sich §312e in das System der besonderen Vertriebsregelungen des BGB in den §§312 ff. einfügt, die ebenfalls europäischen Ursprungs sind, und inwieweit sonstige allgemeine Pflichten des BGB neben §312e bestehen können. Dafür muß insbesondere geklärt werden, ob mit den Artt. 10 und 11 ECRL eine Vollharmonisierung oder eine Teil- bzw. Mindestharmonisierung beabsichtigt ist. Je nach Harmonisierungsgrad stellt sich die überdies Frage, welche Pflichten konkret gesperrt sind und welcher Regelungsspielraum den Mitgliedsstaaten verbleibt. Bei Vorliegen eines Regelungsspielraums müßte untersucht werden, ob dieser nur für den parlamentari-

---

[82] BGBl. Teil I Nr.70 vom 14.12.2001, S. 3721.
[83] BGBl. Teil I Nr. 35 vom 13.7.2001, S. 1542.
[84] BGBl. Teil I Nr. 22 vom 16.5.2001, S. 876.

schen Gesetzgeber gilt oder ob auch die Gerichte im Einzelfall zur Herleitung zusätzlicher Pflichten ermächtigt sind.

1. Teil: Pflichten nach §312e

A. Grundsätze der Auslegung

I. Richtlinienkonforme Auslegung

Bei der Auslegung des §312e sind zunächst einige Besonderheiten zu bedenken. Da die Norm der Umsetzung der ECRL dient und letztere Bestandteil des europäischen Gemeinschaftsrechts ist, gilt der Grundsatz der richtlinienkonformen Auslegung.[85] Das Gebot richtlinienkonformer Auslegung ist Ausfluß der Umsetzungsverpflichtung der Mitgliedsstaaten und folgt aus Art. 249 III i. V. m. Art. 10 EG.[86] Es erfaßt die Auslegung der Umsetzungsnormen, aber auch darüber hinausgehend des sonstigen nationalen Rechts[87] im Licht der Richtlinie ab dem Zeitpunkt ihrer Bekanntgabe[88]. Ausgangspunkt dieser Auslegung ist, da es sich um innerstaatliches Recht handelt, der savignysche Auslegungskanon[89]. Innerhalb der nach diesem Auslegungssystem zulässigen Auslegungsalternativen ist stets diejenige zu wählen, die den Zielen der Richtlinie am besten entspricht.[90] Grenze muß auf jeden Fall der eindeutige Wortlaut der Norm

---

[85] ständige Rspr. seit EuGH 14/83 (Colson./.Kamann), Slg. 1984, I-1891, Rz. 26; EuGH Rs. C-185/97 (Coote./.Granada Hospitality), Slg. 1998, I-5199, Rz. 18; BGH NJW 2001, S. 1881 (1881 ff.); vgl. allgemein zur richtlinienkonformen Auslegung Brechmann, Die richtlinienkonforme Auslegung.

[86] EuGH Rs. C-185/97 (Coote./.Granada Hospitality), Slg. 1998, I-5199, Rz. 18; Calliess/Ruffert-Kahl, EUV/EGV, Art. 10 EG, Rn. 40; Grabitz/Hilf-Nettesheim, Art. 249 EG, Rn. 153; nur Art. 249 III EG: Brechmann, Die richtlinienkonforme Auslegung, S. 256 ff; Manger, Richtlinienkonforme Auslegung, S. 106 ff.; als Bestandteil telelogischer Auslegung: Sack, WRP 1998, 241 (243), was aber nicht überzeugt, wenn es an einem Umsetzungsgesetz fehlt.

[87] EuGH, Rs. C-106/89 (Marleasing), Slg. 1990, I-4135, Rz. 8; Manger, Richtlinienkonforme Auslegung, S. 79 ff.

[88] EuGH, Rs. C-129/96 (Inter-Environnement Wallonie ASBL ./. Régionne Wallonne), Slg. 1997, I-7411, Rz. 41; Manger, Richtlinienkonforme Auslegung, S. 94 ff.; a. A. Grabitz/Hilf-Nettesheim, Art. 249 EG, Rn. 153.

[89] Savigny, System Bd. 1, 1840, S. 206 f.; dazu Huber, JZ 2003, S. 1 ff., der darauf hinweist, daß die teleologische Auslegung nicht Bestandteil des savignyschen Auslegungskanons ist, sondern von diesem nur zur Korrektur der Auslegungsergebnisse verwendet wurde, S. 8 f. Heute ist sie nach h. A. eine eigenständige Auslegungsmethode.

[90] Brechmann, Die richtlinienkonforme Auslegung, S. 259 ff.; Calliess/Ruffert-Ruffert, EUV/EGV, Art. 249 EG, Rn. 108 f.; zur Gegenauffassung siehe die Nachweise bei Brechmann, Die richtlinienkonforme Auslegung, S. 131 ff.; differenzierend: Grundmann, Europäisches Schuldvertragsrecht, Teil 1, Rn. 160 ff., der von einem grundsätzlichen Vorrang der richtlinienkonformen Auslegung vor den nationalen Auslegungsmethoden ausgeht, sofern der Gesetzgeber den Willen zur richtlinienkonformen Auslegung hatte. Diese Auffassung kann aber nicht überzeugen, da die Richtlinie als zweistufiges Regelungsinstrument insgesamt die bestehenden mitgliedstaatlichen Normstrukturen schützen will, zu denen auch die von ihnen untrennbaren Auslegungsgrundsätze zählen, und nicht nur den gesetzgeberischen Willen im Einzelfall; a. A. auch Spetzler, RIW 1990, 286 (289), der einen Vorrang der richtlinienkonformen Auslegung auf den nach herrschender Ansicht geltenden Anwendungsvorrang des Gemeinschaftsrechts stützt. Hierbei wird aber übersehen, daß die Richtlinie gerade keine unmittelbare Wirkung im nationalen Recht hat und deshalb nicht von einem Vorrang vor dem nationalen Auslegungskanon ausgegangen werden kann (vgl. Brechmann, Die richtlinienkonforme Auslegung, S. 212).

sein.[91] Darüber hinaus besteht aber auch eine Verpflichtung, auf die Methoden der Rechtsfortbildung, d. h. Analogie, teleologische Extension[92], teleologische Reduktion[93] usw., zurückzugreifen.[94]
Da für die richtlinienkonforme Auslegung des §312e die ECRL entscheidend ist, muß diese ihrerseits interpretiert werden. Aufgrund ihrer Zugehörigkeit zur Gemeinschaftsrechtsordnung ist die Richtlinie europäisch-autonom auszulegen, so daß nationale Auslegungsmethoden nur bedingt Anwendung finden können. Der EuGH wendet aber ebenfalls die traditionellen Auslegungsmethoden der grammatischen, systematischen und teleologischen Auslegung an.[95] Er berücksichtigt - anders als bei der Auslegung des Primärrechts – auch die Entstehungsgeschichte der Norm.[96] So zieht er zum Vergleich für die Auslegung der endgültigen Fassung einer Richtlinie, die unterschiedlichen Vorfassungen bzw. die verschiedenen Vorentwürfe heran.[97] Zu beachten ist außerdem, daß alle verschiedenen Sprachfassungen in gleicher Weise verbindlich sind.[98] Aus diesem Grund mißt der EuGH dem Wortlaut einer Vorschrift in der Regel auch keine entscheidende Bedeutung zu.[99] Begrifflichkeiten in europäischen Normen gibt der EuGH vielmehr zur Erreichung des Vereinheitlichungsziels der Richtlinie regelmäßig einen übergreifenden europäischen Sinn, um eine einheitliche Rechtsanwendung in den Mitgliedsstaaten zu gewährleisten.[100] Dafür bedient er sich in der Regel der teleologischen und systematischen Auslegung[101], die bei der Deutung von Gemeinschaftsrecht ein Übergewicht besitzen.[102] Ganz maßgebliche Bedeutung kommt

---

[91] EuGH, Rs. C-106/89 (Marleasing ./. La Commercial International de Almentatión), Slg. 1990, I-4135 Rz. 8; EuGH Rs. C-185/97 (Coote./.Granada Hospitality), Slg. 1998, I-5199, Rz. 18; EuGH, Rs. C-91/92 (Faccini Dori ./. Recreb Srl.), Slg. 1994, I-3325, Rz. 26; Manger, Richtlinienkonforme Auslegung, S. 151; Reich/Micklitz-Reich, Europäisches Verbraucherrecht, §1, Rn. 35. Bei Pflicht zur Auslegung contra legem würde es faktisch zu einer unmittelbare Anwendbarkeit der Richtlinie kommen, die nicht dem Wesen der Richtlinie entspricht.

[92] vgl. dazu allgemein Canaris, Die Feststellung von Lücken im Gesetz, S. 89 ff.

[93] vgl. dazu allgemein Larenz, Methodenlehre der Rechtswissenschaft, S. 375 ff.

[94] Hommelhoff, AcP 192 (1992), S. 71 (98); Baldus/Becker, ZEuP 1997, S. 874 (882); Kohler-Gehrig, JA 1998, S. 807 (811); Calliess/Ruffert-Kahl, EUV/EGV, Art. 10 EG, Rn. 42; Franzen, Privatrechtsangleichung durch die Europäische Gemeinschaft, S. 405 ff.; a. A. wohl Gellermann, Beeinflußung durch Richtlinien, S. 112 f.

[95] Franzen, JJZ 1997, S. 285 (286); Bleckmann, RIW 1987, S. 929 (930).

[96] EuGH Rs. 94/75 (Süddeutsche Zucker-Aktiengesellschaft ./. Hauptzollamt Mannheim „Fegezukker"), Slg. 1976, 153, Rz. 5; Bleckmann, RIW 1987, S. 929 (930).

[97] EuGH Rs. C-468/93 (Gerechtshof Leeuwarden ./. Niederlande), Slg. 1996, I-1721, Rz. 21; Lutter, JZ 1992, S. 593 (600); Bleckmann, NJW 1982, S. 1177 (1178 f.).

[98] EuGH Rs. 283/81 (Srl C.I.L.F.I.T und Lanificio di Gavardo SpA ./. Ministero della Sanità), Slg. 1982, 3415, Rz. 18; Grabitz/Hilf-Marly, A4, Vorbem. 60.

[99] Franzen, JJZ 1997, 285 (286 f.); Kohler-Gehrig, JA 1998, S. 807 (809).

[100] EuGH Rs. 327/82 (Ekro BV Vee-en Vleeshandel ./. Produktschap voor Vee en Vles), Slg. 1984, 107, Rz. 11; Kohler-Gehrig, JA 1998, S. 807 (809). Eine Auslegung nach innerstaatlichem Recht ist nur im Fall einer ausdrücklichen oder stillschweigenden Verweisung auf das nationale Recht gestattet, EuGH, Rs. 49/71 (Hagen ./. Einfuhr- und Vorratsstelle für Getreide und Futtermittel), Slg. 1972, 23, Rn. 6; vgl. zur Notwendigkeit einheitlicher Auslegung auch Mitteilung der Kommission zum europäischen Vertragsrecht, KOM (2001) 398 endg., S. 12.

[101] Kohler-Gehrig, JA 1998, S. 807 (809).

[102] Grundmann, Europäisches Schuldvertragsrecht, S. 104 ff.

im Rahmen einer subjektiv-teleologischen Auslegung den in der Präambel einer Richtlinie aufgeführten Erwägungsgründen zu.[103] Diese gewinnen aufgrund der Bindungswirkung, die sie bei der Auslegung entfalten, sogar einen gewissen rechtsetzenden Charakter vergleichbar den eigentlichen Richtlinienbestimmungen, insbesondere wenn sie Lücken im Richtlinientext ausfüllen sollen und entsprechend präzise gefaßt sind.[104] Die ECRL umfaßt einen Katalog von nicht weniger als 65 Erwägungsgründen, der vom Umfang dem eigentlichen Inhalt der Richtlinie gleichkommt.[105] Im Rahmen der systematischen Auslegung von EG-Richtlinien, die ein ähnliches Regelungsziel verfolgen, ist von einer gegenseitigen Ausstrahlungswirkung auszugehen, so daß systematische Bezüge zwischen den Richtlinien hergestellt werden müssen.[106]
Zu beachten ist hinsichtlich des Grades der Verbindlichkeit einer Richtlinie, daß sie – im Gegensatz zu den in allen Teilen verbindlichen Verordnungen – die Mitgliedsstaaten bei der Umsetzung nur hinsichtlich des zu erreichenden Ziels bindet, während sie ihnen die Wahl der Form und Mittel zur Umsetzung überläßt (Art. 249 III EG). Mit dem Begriff des „Ziels" sind dabei die Rechtswirkungen gemeint, die sich aus dem Inhalt der Richtlinie selbst ableiten lassen.[107] Durch diese Zweistufigkeit soll die Integration der Richtlinienvorgaben in bestehende mitgliedsstaatliche Regelungsstrukturen gefördert werden, was Ausdruck des Gedankens der Subsidiarität ist.[108] Das hindert den europäischen Gesetzgeber aber nicht, in Richtlinien soweit erforderlich abschließende Regelungen zu treffen, die den Mitgliedsstaaten keinen Umsetzungsspielraum belassen, sondern wörtlich zu übernehmen sind.[109] Deshalb ist besondere Vorsicht bei der Auslegung geboten, soweit der deutsche Gesetzgeber Systembegriffe der Richtlinie durch solche des deutschen Rechts ersetzt hat.

II. Gemeinschaftskonforme bzw. –freundliche Auslegung

Über die dargestellten Grundsätze der richtlinienkonformen Auslegung hinaus, wird des weiteren auch die Notwendigkeit einer gemeinschaftskonformen Auslegung betont.[110] Während sich die richtlinienkonforme Auslegung auf die Harmonisierung mit

---

[103] Bleckmann, NJW 1982, S. 1177 (1178); Bleckmann RIW 1987, S. 929 (931).
[104] z. B. enthält Erwägungsgrund 16 ECRL eine Definition von „Gewinnspielen", die nach Art. 1 V lit. d ECRL vom Anwendungsbereich der Richtlinie ausgeschlossen sind – eine etwas eigenwillige Regelungstechnik, wenn man beachtet, daß Begriffsbestimmungen eigentlich in Art. 2 ECRL stehen.
[105] Tettenborn, K&R 1999, S. 442 (443) weist mit Recht darauf hin, daß offensichtlich ein erheblicher Klarstellungsbedarf zur Richtlinie bestand.
[106] vgl. Bleckmann, ZGR 1992, S. 364 (369); Grundmann, Europäisches Schuldvertragsrecht, 1. Teil, Rn. 146; vgl. Schlußanträge des Generalanwalts Tiziano in der Rs. C-168/00 (Simone Leitner/TUI Deutschland GmbH & Co KG, Slg. 2002, I-2631, Rz. 34 ff.
[107] Scherzberg, Jura 1992, S. 572 (574); Schwarze-Biervert, EU-Kommentar, Art. 249 EG, Rn. 25; Calliess/Ruffert-Ruffert, EUV/EGV, Art. 249 EG, Rn. 43.
[108] Hilf, EuR 1993, S. 1 (6 f.); Scherzberg, Jura 1992, S. 572 (575); Grundmann, Europäisches Schuldvertragsrecht, Teil 1, Rn. 33; Calliess/Ruffert-Ruffert, EUV/EGV, Art. 249 EG, Rn. 43.
[109] Scherzberg, Jura 1992, S. 572 (574); Bleckmann-Bleckmann, Europarecht, Rn. 429; Calliess/Ruffert-Ruffert, EUV/EGV, Art. 249 EG, Rn. 45; Schwarze-Biervert, EU-Kommentar, Art. 249 EG, Rn. 26; a. A. Hilf, EuR 1993, S. 1 (7).
[110] Ehricke, RabelsZ 1995, 598 (603 f.); Junker, RabelsZ 1991, 674 (683); Brechmann, Die richtlinienkonforme Auslegung, S. 63; Manger, Richtlinienkonforme Auslegung, S. 56 ff.

den Vorgaben einer konkreten nach Art. 249 III EG ergangenen Richtlinie beschränkt, greift die gemeinschaftskonforme Auslegung darüber hinaus. Sie verlangt eine Interpretation des nationalen Rechts gemäß Sinn, Zweck und Ziel des gesamten Gemeinschaftsrechts. Die Anwendung bzw. Rechtsfolge einer Norm muß mit den gesamten im primären und sekundären Recht verankerten Interessenentscheidungen und Wertungen in Einklang stehen. Hier ist vor allem an das Gebot des „effet utile" gem. Art. 10 EG zu denken. Aber auch eine Beeinträchtigung der Grundfreiheiten, wie der Waren- und Dienstleistungsfreiheit, ist zu vermeiden.

B. Anwendungsbereich des §312e

I. Persönlicher Anwendungsbereich

1. Unternehmer

a) Begriffsbedeutung nach §14

Gemäß §312e I 1 muß eine der beiden Parteien ein Unternehmer sein. Die Begriffsbedeutung muß nach dem Regelungszusammenhang des BGB im Wege einer stillschweigenden Verweisung aus der Legaldefinition des §14 entnommen werden. Danach muß es sich um eine natürliche oder juristische Person oder eine rechtsfähige Personengesellschaft handeln, die bei Abschluß eines Rechtsgeschäfts in Ausübung ihrer gewerblichen oder selbständigen beruflichen Tätigkeit handelt. Erfaßt davon ist jedes planmäßige und dauerhafte Angebot von Leistungen gegen Entgelt[111] bzw. – gemäß der Rechtsprechung zum Handelsrecht – mit Gewinnerzielungsabsicht[112]. Wenn man das Erfordernis der Gewinnerzielungsabsicht als Kriterium in den Vordergrund rückt, sind öffentliche oder gemeinnützige Unternehmen vom Anwendungsbereich des §14 ausgenommen, während sie bei bloßem Abstellen auf die Entgeltlichkeit der Tätigkeit erfaßt sind.[113] Ausgeschlossen ist in jedem Fall die Bewertung einer einzelnen entgeltlichen Tätigkeit als unternehmerisch, falls darüber hinaus kein Gewerbe bzw. keine selbständige berufliche Tätigkeit ausgeübt wird. Der einmalige Verkauf eines Gebrauchtwagens durch eine natürliche Person fällt also nicht darunter.[114] Im Bereich der Vorschrift liegen aber auch Kleingewerbetreibende, die nicht im Handelsregister eingetragen sind.[115]

Bei Abgrenzungsproblemen im Rahmen von atypischen Geschäften oder Hilfsgeschäften liegt nach dem Rechtsgedanken des §344 HGB im Zweifel ein Unternehmerge-

---

[111] so M/K-Micklitz, §14, Rn. 17; Palandt-Heinrichs, §14, Rn. 2; Bamberger/Roth-Schmidt-Räntsch, §14, Rn. 6; Ulmer/Brandner/Hensen-Ulmer, AGBG, §24a, Rn. 16; Schmidt, Handelsrecht, §9 IV, S. 280 ff.; Faber, ZEuP 1998, S. 854 (870); Henssler, ZHR 161 (1997), S. 13 (20 f.).

[112] BGHZ 36, 273 (276); BGHZ 49, 258 (260); BGHZ 53, 222 (224).

[113] kritisch hierzu M/K-Micklitz, §14, Rn. 17.

[114] vgl. Krebs, DB 2002, S. 516 (519); M/K-Micklitz, §14, Rn. 13. Eine andere Auslegungsvariante zeigt Krebs DB 2002, S. 517 (519) auf, der die Möglichkeit erörtert, §14 weit auszulegen, so daß jede einzelne Tätigkeit – auch das einmalige anbietende Handeln eines Privaten - eine selbständige unternehmerische bzw. gewerbliche Tätigkeit sein kann. Diese Lesart wird aber unter Hinweis auf die Formulierung „in Ausübung" sowie Wertungsgesichtpunkte verworfen. Dem ist beizupflichten.

[115] Palandt-Heinrichs, §14, Rn. 2.

schäft vor.[116] Bei gemischten Zwecken (dual use) ist auf den Schwerpunkt der Tätigkeit abzustellen.[117] Die Beweislast für das Vorliegen der Unternehmereigenschaft trägt der Geschäftsgegner, der sich zu seinen Gunsten auf diese beruft. Zur Effektivierung des Kunden- bzw. Verbraucherschutzes müssen deshalb bestimmte Indizien einen Anscheinsbeweis für die Unternehmereigenschaft begründen können.[118]

b) „Diensteanbieter" nach der ECRL

Eine direkte Entsprechung für den Unternehmerbegriff des deutschen Rechts findet sich in der ECRL nicht. Die europäischen Richtlinien verwenden aber ohnehin vielfältige Bezeichnungen (Art. 2 Nr. 3 Fernabsatzrichtlinie 97/7/EG[119]: Lieferer, Art. 2 lit. c. Klauselrichtlinie 93/13/EWG[120]: Gewerbetreibender; Art. 1 II lit. c Verbrauchergüterkaufrichtlinie 99/44/EG [121] : Verkäufer; Art. 2 Haustürwiderrufsrichtlinie 85/577/EWG [122] : Gewerbetreibender; Art. 2 lit. b Verbraucherkreditrichtlinie 87/102/EWG[123]: Kreditgeber). Der Kreativität der europäischen Richtlinienverfasser scheinen keine Grenzen gesetzt zu sein. Leitbegriff im Rahmen der ECRL ist gem. Art. 2 lit. b ECRL der Diensteanbieter. Dieser wird definiert als natürliche oder juristische Person, die einen Dienst der Informationsgesellschaft anbietet. Augenscheinlich fehlt dieser Definition die in §14 enthaltene Beschränkung auf eine Tätigkeit im Rahmen einer ausgeübten, gewerblichen oder selbständig beruflichen Tätigkeit. Würde man den Wortlaut streng auslegen, müßte deshalb auch eine Privatperson erfaßt sein, die einmalig einen Gebrauchtwagen auf elektronischem Weg verkauft. Genauso befänden sich auch Angebote von Universitäten, Kirchen oder anderen nichtkommerziellen Organisationen im Anwendungsbereich der Richtlinie, die nach der Rechtsprechung zum Handelsrecht mangels Gewinnerzielungsabsicht an sich keine gewerbliche Tätigkeit ausüben.
Ob der persönliche Anwendungsbereich der ECRL auf gewerblich oder beruflich tätige, d. h. kommerzielle Anbieter beschränkt ist, ist in der Literatur umstritten. Teilwei-

---

[116] Wendehorst, DStR 2000, S. 1311 (1312); Dauner-Lieb/Heidel/Ring-Ring, Das neue Schuldrecht, §12, Rn. 10.
[117] Palandt-Heinrichs, §14, Rn. 2 u. §13, Rn. 3; Wendehorst, DStR 2000, S. 1311 (1311); Dauner-Lieb/Heidel/Ring-Ring, Das neue Schuldrecht, §12, Rn. 8.
[118] vgl. dazu im einzelnen Mankowski, VuR 2004, S. 79 (81 ff.), der insbesondere den typischerweise gewerblichen Geschäftsgegenstand, das vom Gegner abgewickelte Geschäftsvolumen und den scheinbar gewerblichen Auftritt des Gegners nennt.
[119] Richtlinie 97/7/EG des Rates vom 20.5.1997 über den Verbraucherschutz bei Verträgen im Fernabsatz , Abl. L 144, S. 19 vom 4.6.1997.
[120] Richtlinie 93/13/EWG vom 5.4.1993 über mißbräuchliche Klauseln in Verbraucherverträgen, Abl. L 95, S. 29 vom 21.4.1993
[121] Richtlinie 99/44/EG des Europäischen Parlaments und des Rates vom 25.5.1999, Abl. L 171, S.12 vom 7.7.1999.
[122] Richtlinie 85/577/EWG des Rates vom 20.12.1985 betreffend den Verbraucherschutz im Falle von außerhalb von Geschäftsräumen geschlossenen Verträgen, Abl. L 372, S. 31 vom 31.12.1985.
[123] Richtlinie des Rates vom 22.12.1986 zur Angleichung der Rechts- und Verwaltungsvorschriften der Mitgliedsstaaten zum Verbraucherkredit, Abl. L 42, S. 48 vom 12.2.1987.

se wird eine solche Beschränkung abgelehnt oder gar nicht in Betracht gezogen.[124] Dafür ließe sich anführen, daß die Anbieterdefinitionen in anderen europäischen Richtlinien stets mit dem Zusatz „im Rahmen ihrer gewerblichen oder beruflichen Tätigkeit" versehen waren.[125] In diesem Zusammenhang ist allerdings eine Besonderheit bei der Entstehungsgeschichte der ECRL zu berücksichtigen. Die bestehenden Verbraucherschutzrichtlinien sind unter Federführung der Generaldirektion XXIV (Verbraucherschutz) entstanden, wohingegen die ECRL aus der Feder der Generaldirektion XV (Binnenmarkt und Finanzdienstleistungen) stammt. Deshalb wird man mit Wortlautvergleichen zu anderen Verbraucherschutzrichtlinien vorsichtig sein müssen. Möglicherweise hat die GD XV die Einschränkung etwas verklausulierter zum Ausdruck gebracht. Immerhin verlangt die Definition des „niedergelassenen Diensteanbieters" in Art. 2 lit. c ECRL eine *tatsächlich ausgeübte Wirtschaftstätigkeit auf unbestimmte Zeit*. Hieraus könnte man ableiten, daß Art. 2 lit. c ECRL eine nähere Erläuterung von Art. 2 lit. b ECRL ist, weil Anbieter ohne Niederlassung in der Praxis die absolute Ausnahme sind.[126] Der Begriff des „niedergelassenen" Diensteanbieters würde demnach lediglich der Zuordnung der Aufsichtskompetenz gem. Art. 3 I ECRL zu einem bestimmten Staat dienen. Allerdings scheint auch ein Umkehrschluß möglich, daß Diensteanbieter ohne feste Niederlassung – mögen sie auch selten sein – gerade keiner Einschränkung unterliegen sollen. Damit läßt sich aus dem Wortlaut alleine eine Interpretation in beide Richtungen vertreten.
Ein systematisches Argument für eine Beschränkung könnte sich aus der Stellung der Artt. 10 u. 11 im Abschnitt „Abschluß von Verträgen auf elektronischem Weg" ergeben, weil Art. 9 II lit. d auch Verträge im Bereich des Familien und Erbrechts erwähnt.[127] Dagegen läßt sich jedoch anführen, daß Art. 9 rechtliche Hindernisse für alle

---

[124] Hassemer, MMR 2001, S. 635 (638 f.), der die Umsetzung in §312e aber trotzdem als richtlinienkonform ansieht, weil der geschäftlich handelnde Privatmann nicht das typische Schutzbedürfnis auslöse; unklar: Grabitz/Hilf-Marly, der unter Art. 2, Rn. 12 das Angebot eines privaten Pkw im Internet nicht erfassen will, aber bei Art. 10, Rn. 5 auch private Dienstanbieter in der Pflicht zur Informationserteilung sieht; wohl auch Lehmann-Drexl, Electronic Business in Europa, P., Rn. 45; Glatt, Vertragsschluß im Internet, S. 93; Micklitz/Tonner-Micklitz, Vertriebsrecht, §312e, Rn. 13 will §312e gemeinschaftskonform auslegen und alle Fälle erfassen, in denen eine Privatperson „am Markt auftritt", d. h. kostenpflichtige Leistungen „regelmäßig" gegen Entgelt anbietet. Dabei wird das Merkmal „in der Regel gegen Entgelt" aus der Definition des Dienstes der Informationsgesellschaft gem. Art. 2 lit. a ECRL i.V.m. Art. 1 Nr. 2 der Transparenzrichtlinie 98/34/EG scheinbar fälschlicherweise auf die Entgeltlichkeit der generellen Tätigkeit des Anbieters bezogen, obwohl es systematisch zur Entgeltlichkeit der konkreten Leistung gehört.
[125] vgl. Art. 2 Nr.3 Fernabsatzrichtlinie 97/7/EG; Art. 2 lit. c Klauselrichtlinie 93/13/EWG; Art. 1 II lit. c Verbrauchergüterkaufrichtlinie 1999/44/EG, Art. 2 Haustürwiderrufsrichtlinie 85/577/EWG.
[126] vgl. Spindler, MMR 1999, S. 199 (200). Interessant ist, daß der Rechtsausschuß in Art. 2 lit. c bei der Definition des niedergelassenen Diensteanbieters die „Wirtschaftstätigkeit" als verwirrend ansah (A4-0248 vom 6-5-1999, S. 1 (38)) und diese deshalb gem. Änderungsantrag 30 des Parlaments gestrichen werden sollte (ABl. C 279 v. 1.10.1999, S. 389 (397)). Dies könnte darauf hindeuten, daß das Parlament den Begriff des Diensteanbieters weiter fassen wollte. Allerdings wurde dieser Änderungsvorschlag von der Kommission zurückgewiesen, weil er eine zu unklare Zielsetzung habe und zu Mißverständnissen Anlaß gebe (KOM(1999)427, S. 1 (8)).
[127] MK-Wendehorst, §312e, Rn. 14.

Arten von elektronischen Verträgen abbauen will. Konkrete Pflichten für *Diensteanbieter* werden hingegen erst in den Folgeartikeln aufgestellt.
Entscheidend für eine Beschränkung auf eine gewerbliche oder berufliche Tätigkeit könnte aber die Leitdefinition des Dienstes der Informationsgesellschaft gem. Art. 2 lit. a ECRL i.V.m. Art. 1 Nr. 2 der Transparenzrichtlinie 98/34/EG sein, die von einer „in der Regel gegen Entgelt" erbrachten Tätigkeit spricht.[128] Man könnte hier einen Vergleich zu dem ähnlich lautenden Art. 50 EG ziehen[129], der eine selbständig ausgeübte, erwerbswirtschaftliche Tätigkeit verlangt.[130] Art. 50 EG bestimmt aber nicht ausdrücklich, daß der Anbieter eine *dauerhafte* Wirtschaftstätigkeit mit Erwerbszweck ausüben muß, wie es der Definition des §14 BGB entspricht[131], sondern verlangt nur, daß die konkret in Frage stehende Dienstleistung nach ihrer Beschaffenheit in der Regel gegen Entgelt erbracht wird. Der Bezugspunkt des Regelmäßigkeitserfordernisses ist also nicht die generelle Tätigkeit des Anbieters, sondern die konkrete Einzelleistung. Die Aufzählung der Tätigkeiten in Art. 50 S.2 ist nur eine beispielhafte, wie die Formulierung „insbesondere" verdeutlicht und schließt andere Wirtschaftstätigkeiten nicht aus.[132] Im Rahmen der aufgezählten Tätigkeiten werden vielmehr typischerweise Dienstleistungen gegen Entgelt erbracht[133]. Am Wirtschaftsleben im Sinne von Art. 2 EG nimmt im weitesten Sinne aber auch Teil, wer nur einmalig oder gelegentlich als Privatmann entgeltliche Leistungen anbietet und damit einen wirtschaftlichen Ertrag anstrebt.[134] Eine eindeutige Beschränkung auf dauerhafte berufliche oder gewerbliche Tätigkeiten läßt sich aus einer Parallele zu Art. 50 EG also nicht herleiten. Vielmehr beschreibt das Merkmal „in der Regel gegen Entgelt" nur den sachlichen Anwendungsbereich der ECRL, nicht aber den persönlichen.
Verschiedentlich gibt es auch Hinweise in der ECRL, daß der Dienst der Informationsgesellschaft eine wirtschaftliche Tätigkeit darstellen muß, wie etwa in Erwägungsgrund 18, Satz 1. Vor allem aus Erwägungsgrund 3 des ersten Entwurfs der Kommission geht hervor, daß diese den Dienst der Informationsgesellschaft nur als wirtschaftliche Tätigkeit verstehen wollte.[135] Auch dies läßt sich jedoch nicht so interpretieren, daß damit eine *dauerhafte* Wirtschaftstätigkeit des Anbieters – mithin gewerbliches

---

[128] Boente-Riehm, Jura 2002, S. 222 (226 Fn. 54); MK-Wendehorst, §312e, Rn. 16.
[129] so Boente-Riehm, Jura 2002, S. 222 (226 Fn. 54); MK-Wendehorst, §312e, Rn. 16.
[130] Groeben/Thiesing/Ehlermann-Troberg, Art. 60 EG, Rn. 6 f.:„unternehmerische Tätigkeit"; Tätigkeiten, die einen Teil des Wirtschaftslebens im Sinne von Art. 2 EG ausmachen: Geiger, EUV/EGV, Art. 50 EG, Rn. 4; Lenz-Hakenberg, EG-Vertrag, Art. 49/50 EG, Rn. 15; Schwarze-Holoubek, EU-Kommentar, Art. 50 EG, Rn. 7; Grabitz/Hilf-Randelzhofer/Forsthoff, Art. 49/50 EG, Rn. 34; Calliess/Ruffert-Kahl, EUV/EGV, Art. 50 EG, Rn. 5 ff.; vgl. auch für den notwendigen Bezug zum Wirtschaftsleben EuGH, Rs. 36/74 (B.N.O. Walrave ...), Slg. 1974, 1405, Rz. 4/10; EuGH, Rs. C-415/93 ("Bosman"), Slg. 1995, I-4921, Rz. 73.
[131] so auch Wetzel, Dienstleistungsfreiheit, S. 27 f. Vgl. zum im Hinblick auf Art. 2 EG weit auszulegenden Begriff der erwerbswirtschaftlichen Tätigkeit Grabitz/Hilf-Randelzhofer/Forsthoff, Art. 43 EG, Rn. 14 ff.
[132] vgl. Handkommentar-Hailbronner, EUV/EGV, Art. 60 EG, Rn. 4; Groeben/Thiesing/Ehlermann-Troberg, Art. 60 EG, Rn. 6.
[133] vgl. Schwarze-Holoubek, EU-Kommentar, Art. 50 EG, Rn. 19.
[134] vgl. zur gebotenen weiten Auslegung des Begriffs „Erwerbstätigkeit" Grabitz/Hilf-Randelzhofer/Forsthoff, Art. 43 EG, Rn. 15 ff.
[135] KOM (1998) 586 endg., S. 38.

oder berufliches Handeln – gemeint ist.[136] Die Formulierung betrifft vielmehr den sachlichen Anwendungsbereich und fordert die Binnenmarktrelevanz des konkret erbrachten Dienstes, d. h. entspricht dem Kriterium der Entgeltlichkeit.
Bei subjektiv-teleologischer Betrachtung fällt jedoch der Blick auf Erwägungsgrund 18, Satz 8 der ECRL, in dem es heißt: „Die Verwendung elektronischer Post oder gleichwertiger individueller Kommunikation *zum Beispiel durch natürliche Personen außerhalb ihrer gewerblichen, geschäftlichen oder beruflichen Tätigkeit*, einschließlich ihrer Verwendung für den Abschluß von Verträgen zwischen derartigen Personen, ist kein Dienst der Informationsgesellschaft." Hieraus läßt sich – in Zusammenschau mit der Definition des niedergelassenen Diensteanbieters – ein (wenn auch sehr versteckter) Anhaltspunkt ableiten, daß der Richtliniengeber nichtkommerzielle Tätigkeiten vom Anwendungsbereich ausnehmen wollte.[137] Dies muß vor allem vor dem Hintergrund gesehen werden, daß der EuGH der Auslegung anhand der Erwägungsgründe besonderes Gewicht zukommen läßt. Letztlich wird dieser Anhaltspunkt also ausreichen müssen, um in Zusammenschau mit der Definition des niedergelassenen Diensteanbieters in Art. 2 lit. c ECRL Dienste von Privatleuten oder gemeinnützigen Organisationen von Anwendungsbereich auszuschließen. Zwar mögen Informationsverpflichtungen auch für Privatleute sinnvoll sein, weil beim Vertragspartner im elektronischen Geschäftsverkehr in der Regel unabhängig davon ein Schutzbedürfnis besteht, ob er einem Unternehmer oder einem Privatmann gegenübersteht. Allerdings entspricht eine Verpflichtung von Privatleuten nicht dem typischen Bild des Verbraucherschutzrechts, welches auf der Anbieterseite einen gewerblich Handelnden voraussetzt, denn einem Privatmann ist die Erteilung komplexer Informationen nicht ohne weiteres wirtschaftlich zumutbar.[138] Das Bild des Verbraucherschutzrechts würde geradezu auf den Kopf gestellt, wenn ein Verbraucher einen Unternehmer aufklären müßte.[139] Die ECRL beschränkt ihren persönlichen Anwendungsbereich daher auf die Tätigkeit kommerzieller Diensteanbieter.[140]
Der Ausschluß abhängig beruflicher Tätigkeiten aus der Definition des Diensteanbieters kann schließlich aus Erwägungsgrund 18, Satz 9 abgeleitet werden, wonach „die vertragliche Beziehung zwischen einem Arbeitnehmer und seinem Arbeitgeber" kei-

---

[136] so wohl auch Lehmann-Drexl, Electronic Business in Europa, P., Rn. 45.
[137] so Spindler, MMR 2000, Beilage zu Heft 7, S. 4 (4 f.); auch MK-Wendehorst, §312e, Rn. 15, die allerdings auf die Widersprüchlichkeit dieses Satzes hinweist, weil Art. 10 IV und 11 III deutlich machten, daß individuelle Kommunikation sehr wohl einen Dienst der Informationsgesellschaft darstelle. Außerdem erschwere die exemplarische Darstellung „zum Beispiel" eine Generalisierung. Dagegen ist jedoch einzuwenden, daß der Schwerpunkt der Aussage in diesem Satz nicht auf dem Ausschluß *individueller Kommunikation* liegt, da der Vorsatz gerade elektronische Post (=typischerweise individuelle Kommunikation) als Dienst der Informationsgesellschaft bezeichnet. Der Schwerpunkt liegt vielmehr auf der Ausnahme bestimmter Anbieter vom persönlichen Anwendungsbereich. *Private Personen* dienen dabei nur nur als Beispiel; ebenso sind mit diesem Satz sonstige nichtkommerzielle Anbieter gemeint.
[138] vgl. Soergel-Pfeiffer, §13, Rn. 23.
[139] Ähnlich Hassemer, MMR 2001, S. 635 (639).
[140] so auch die Regierungsbegründung zur Umsetzung des Herkunftslandprinzips in §4 TDG, BT-Druck 14/6098, S. 17, die deshalb dort eine Beschränkung auf geschäftsmäßiges Handeln vorsieht.

nen Dienst der Informationsgesellschaft darstellt.[141] Setzt also ein Arbeitnehmer im Rahmen seines Arbeitsverhältnisses einen Tele- oder Mediendienst ein, ist die ECRL für ihn nicht einschlägig. Etwas anderes gilt selbstverständlich für den Arbeitgeber im Hintergrund, auf dessen Weisung der Arbeitnehmer handelt.

c) Richtlinienkonformität der Umsetzung

Angesichts der verklausuliert aus der ECRL zu entnehmenden Beschränkung des Begriffes „Diensteanbieter" auf natürliche oder juristische Personen, die einer gewerblichen oder selbständigen beruflichen Tätigkeit nachgehen, ist die Umsetzung mit dem Begriff „Unternehmer" in §312e als richtlinienkonform anzusehen.

2. *„Kunde"*

a) Begriffsbedeutung nach §312e

Der Begriff des Kunden ist ein dem BGB bisher fremder Begriff. Im Regierungsentwurf verwandte §312e noch die Bezeichnung „Empfänger". [142] Die Begründung wollte darunter Unternehmer und Verbraucher verstehen.[143] Diese Formulierung wandelte der Rechtsausschuß in seinem endgültigen Beschlußentwurf ab in „Kunde".[144] Begründung dafür war, daß keine Verwechslungsgefahr zwischen dem Empfänger eines Tele- oder Mediendienstes und dem Empfänger einer Willenserklärung entstehen sollte.[145] Erwogen wurde auch, die Bezeichnung „Nutzer" von der ECRL zu übernehmen. Allerdings wollte man nicht unnötig einen weiteren Begriff in das BGB einführen[146], sondern statt dessen auf den Begriff des Kunden zurückgreifen, da dieser schon in §675a II a. F. (jetzt §12 InfoV) verwendet wurde. Inhaltlich war aber keine Abweichung von den Vorgaben der ECRL beabsichtigt.

b) „Nutzer" nach der ECRL

Die ECRL verwendet in Art. 10 I und 11 I den Begriff „Nutzer". Dieser wird in Art. 2 lit. d definiert als „jede natürliche oder juristische Person, die zu beruflichen oder sonstigen Zwecken einen Dienst der Informationsgesellschaft in Anspruch nimmt, insbesondere um Informationen zu erlangen oder zugänglich zu machen. Damit ist – einfacher ausgedrückt - jedermann gemeint, der auf irgendeine Weise einen Dienst der Informationsgesellschaft in Anspruch nimmt.[147] Wie sich aus Erwägungsgrund 20 der

---

[141] Grabitz/Hilf-Marly, A4, Art. 2, Rn. 12; M/K-Wendehorst, §312e, Rn. 15.
[142] Begründung Regierungsentwurf, BT-Druck 14/6040, S. 14.
[143] Begründung Regierungsentwurf, BT-Druck 14/6040, S. 169.
[144] Beschlußempfehlung Rechtsausschuß, BT-Druck 14/7052, S. 30.
[145] Beschlußempfehlung Rechtsausschuß, BT-Druck 14/7052, S. 192.
[146] Beschlußempfehlung Rechtsausschuß, BT-Druck 14/7052, S. 192; kritisch Lütcke, Fernabsatzrecht, §312, Rn. 21, der zutreffend auf die ohnehin schon existierende Definition des Nutzers in §3 Nr. 2 TDG hinweist, die mit der Definition in Art. 2 lit. d ECRL nahezu identisch ist. Über §312e I S.1 verweist ja ohnehin auf das TDG.
[147] Tettenborn/Bender/Lübben/Karenfort, BB 2001, Beilage 10 zu Heft 50, S. 7.

ECRL ergibt, kann auch ein Diensteanbieter zugleich Nutzer sein. Die Diensteanbietereigenschaft schließt also die Nutzereigenschaft nicht aus.

c) Richtlinienkonformität der Umsetzung

Teilweise wird §312e dahingehend verstanden, daß er „jede natürliche oder juristische Person oder Personenvereinigung, die Tele- oder Mediendienste nachfragt" erfaßt.[148] Teils wird Kunde auch definiert als „Unternehmer oder Verbraucher"[149] bzw. schlicht als „zukünftiger Vertragspartner".[150] Am einfachsten dürfte es sein, den Kunden als jeden Nutzer eines Tele- oder Mediendienstes zu verstehen. Zu Definitionszwecken wird die Verwendung des Begriffs Nutzer zulässig sein. Es wird ja dadurch kein neuer Begriff ins BGB eingeführt. Mit einem so verstandenen Kundenbegriff ist die Umsetzung richtlinienkonform. §312e erfaßt also nicht nur den Vertragsschluß im B2C-, sondern auch im B2B-Sektor.

3. Dritte Personen bzw. Personenmehrheiten auf Seiten des Unternehmers oder Kunden

Fraglich ist, welche Auswirkungen es auf den Anwendungsbereich hat, wenn dritte Personen am Vertragsschluß beteiligt sind.
Eine Personenmehrheit auf Unternehmer- bzw. Kundenseite führt zu einer Gesamtschuld gem. §421 bzw. einer Gesamtgläubigerschaft gem. §428. Es muß für die Unternehmer-/Kundeneigenschaft auf jeden einzelnen Beteiligten ankommen, denn jeder vertraglich Verpflichtete trägt auch das volle wirtschaftliche Risiko des Vertrags. Die Rechte und Pflichten aus §312e verteilen sich demgemäß ebenfalls nach den Grundsätzen der Gesamtschuld/-gläubigerschaft.[151]
Die Rechte und Pflichten des §312e gelten im übrigen für den aus dem Vertrag Berechtigten bzw. Verpflichteten, d. h. für denjenigen, der die wirtschaftlichen Konsequenzen aus dem Vertrag trägt oder tragen würde. Wenn also ein Vertreter oder Verhandlungsgehilfe beim Vertragsschluß tätig wird, kommt es auf die Unternehmer-/Kundeneigenschaft des Hintermanns an. Der falsus procurator kann hingegen gem. §179 I selbst Träger von vertraglichen Rechten und Pflichten sein und somit auch unmittelbar berechtigt und verpflichtet aus §312e.
Bedient sich allerdings ein Privatmann eines Unternehmers als Vertreter, entstehen für den Vertretenen nicht schon deshalb die Pflichten aus §312e. Zwar hat der Privatmann in diesen Fällen die Möglichkeit, sich der Kenntnisse des Unternehmers zu bedienen, um die Pflichten zu erfüllen. Jedoch übt er selbst keine planmäßige unternehmerische Tätigkeit aus, die die Belastung mit Pflichten wirtschaftlich rechtfertigen würde.

---

148 Lütcke, Fernabsatzrecht, §312, Rn. 21.
149 Palandt-Heinrichs, §312e, Rn. 4. Diese Definition birgt freilich die Gefahr, daß Rechtssubjekte, die weder Unternehmer noch Verbraucher sind, nicht erfaßt werden.
150 Anwkom-Ring, §312e, Rn. 8.
151 M/K-Wendehorst, §312e, Rn. 59 ff.

II. Sachlicher Anwendungsbereich

1. *„im elektronischen Geschäftsverkehr"*

a) Begriffsbedeutung nach §312e

§312e regelt den Vertrag im elektronischen Geschäftsverkehr. Dabei bedient er sich zur Definition der zentralen Begriffe „Tele- oder Mediendienst". Diese beiden Begriffe sind im Sinne von §2 I TDG und §2 I1 MDStV zu verstehen.[152]

§2 I TDG definiert den Teledienst als „alle elektronischen Informations- und Kommunikationsdienste, die für eine individuelle Nutzung von kombinierbaren Daten wie Zeichen, Bilder oder Töne bestimmt sind und denen eine Übermittlung mittels Telekommunikation zugrunde liegt".

§2 I1 MDStV gilt hingegen „für das Angebot und die Nutzung von an die Allgemeinheit gerichteten Informations- und Kommunikationsdiensten in Text, Ton oder Bild, die unter Benutzung elektromagnetischer Schwingungen ohne Verbindungsleitung oder längs oder mittels eines Leiters verbreitet werden". Gemeinsamer Ausgangspunkt beider Definitionen ist, daß es sich um einen Informations- und Kommunikationsdienst handelt. Darüber hinaus treffen die Leitmerkmale „individuell" und „an die Allgemeinheit gerichtet" eine dichotomische Aufteilung – so zumindest die Theorie. Erfaßt werden soll damit einerseits die Individual- und andererseits die Massenkommunikation.[153] Die Anwendungsbereiche der beiden Gesetzeswerke haben also keine Überschneidungspunkte.

Die Abgrenzung zwischen beiden Bereichen ist freilich trotzdem schwierig und umstritten.[154] Zumeist wird nach den Kriterien der „individuellen interaktiven Nutzung" (für Teledienste; aus §2 I TDG abgeleitet) und der „redaktionellen Gestaltung zur Meinungsbildung für die Allgemeinheit" (für Mediendienste; vgl. zur Formulierung §2 II Nr. 2 TDG) abgegrenzt.[155] Die Definition erfolgt also beim TDG aus der Sicht des Empfängers, beim MDStV aus der Sicht des Anbieters.[156] Die formale Abgrenzung nach dem Begriffspaar individuell-allgemein führt wegen des unterschiedlichen Beurteilungshorizonts selten zu einer Unterscheidbarkeit.[157] So werden z. B. Websites im Internet für die Allgemeinheit bereitgestellt, ihr Inhalt aber individuell abgerufen. Aus diesem Grund muß verstärkt nach der inhaltlichen Funktion des Dienstes abgegrenzt werden, d. h. nach der interaktiven Nutzbarkeit bzw. der Relevanz für die redaktionelle Meinungsbildung.[158] Interaktivität muß dabei enger gefaßt werden, als das bloße Abrufen einer Internetseite.[159] Die Daten müssen vielmehr vielfältig

---

[152] Begründung Regierungsentwurf, BT-Druck 14/6040, S. 170 f.; Palandt, §312e, Rn. 3.
[153] Lütcke, Fernabsatzrecht, §312e, Rn. 8; v. Heyl, ZUM 1998, S. 115 (118).
[154] vgl. Roßnagel-Meier, Recht der Multimediadienste, §2 MDStV, Rn. 53.
[155] Wimmer/Michael, Online-Provider, S. 34 ff.; Heyl, ZUM 1998, S. 115 (118)
[156] Roßnagel, NVwZ 1998, S. 1 (3).
[157] Determann, Rtkom 2000, S. 11 (19).
[158] Engel-Flechsig/Maennel/Tettenborn-Tettenborn, Beck'scher IuKDG-Kommentar, §2 TDG, Rn. 41 ff.
[159] Wimmer/Michael, Online-Provider, S. 36; Kröger/Gimmy-Moos, Handbuch zum Internetrecht, S. 279.

kombinierbar und multimedial nutzbar sein. Redaktionelle Meinungsbildung wird nach den Grundsätzen des Presserechts definiert[160], d. h. offensichtlich unpolitische Angebote, die nur dem Gewerbe oder Verkehr dienen, sowie bloße Mitteilungen werden nicht erfaßt.[161] Letztlich wird die Abgrenzung aufgrund der Konvergenz der Medien immer schwerer fallen[162], weshalb auch vorgeschlagen wird, die kompetenzrechtlichen Streitigkeiten zwischen Bund und Ländern im Bereich der Medien beizulegen und ein einheitliches Multimediagesetz für Tele- und Mediendienste zu schaffen.[163] Für die Anwendung von §312e ist eine Unterscheidung jedoch überflüssig, da dieser beide Kommunikationsformen gleichermaßen einbezieht.
Da Teledienste- und Mediendienste gleichermaßen erfaßt werden, müßte man für die Auslegung von §312e zum Ausgangspunkt der gemeinsamen Definition gehen und alle elektronischen Informations- und Kommunikationsdienste erfassen.
Dieses weite Verständnis entspricht allerdings nicht dem Willen des Gesetzgebers, der die Begriffe Tele- und Mediendienst im Lichte der ECRL verstanden wissen will, wie sich aus der Regierungsbegründung ergibt.[164] Nicht erfaßt werden sollen bloße Verteildienste, also Tele- oder Mediendienste, die im Wege einer Übertragung von Daten ohne eine individuelle Anforderung gleichzeitig für eine unbegrenzte Zahl von Nutzern erbracht werden (§3 Nr. 3 TDG). Es handelt sich dabei um Punkt-zu-Mehrpunkt-Übertragungen, die kontinuierlich an eine Vielzahl von Empfängern ausgesendet werden, so daß sich die Einwirkungsmöglichkeit des Rezipienten auf das Ein- und Ausschalten beschränkt.[165] Der Gesetzgeber ist der Meinung, diese Einschränkung ergebe sich von selbst aus dem Tatbestandsmerkmal „zum Zwecke des Abschlusses eines Vertrags" sowie aus dem Gesamtzusammenhang der Regelung, die auf eine Vertragsschlußsituation zwischen Unternehmer und Kunde abstellt und deshalb den individuellen Abruf des Dienstes, dessen sich der Unternehmer bedient, voraussetze.[166]
Des weiteren wollte der Gesetzgeber „Telekommunikation" (der Gesetzgeber hatte dabei wohl Dienste, die über Telefon oder Fax angeboten werden im Sinn) und Rundfunk dem Anwendungsbereich des §312e entziehen. Um dies zu erreichen, soll §312e nicht bloß auf die *Definition* der Tele- und Mediendienste verweisen, sondern auf den *Anwendungsbereich* des TDG und des MDStV.[167] Der Anwendungsbereich des TDG ist nach §2 IV Nr. 1 nicht für Telekommunikationsdienstleistungen und das ge-

---

[160] Engel-Flechsig/Maennel/Tettenborn, NJW 1997, S. 2981 (2983).
[161] Lütcke, Fernabsatzrecht, §312e, Rn. 13.
[162] so auch Heyl, ZUM 1998, S. 115 (120); Ruess, Die E-Commerce-Richtlinie und das deutsche Wettbewerbsrecht, S. 32 f.; Janik, K&R 2001, S. 572 (580 ff.).
[163] Hoeren, MMR 1999, S. 192 (199): die Trennung von zwischen Medien- und Telediensten wird obsolet; Hoffmann, NJW 2001, Beilage zu Heft 14, S. 1 (6 f.); Janik, K&R 2001, S. 572 (580 ff.); Kibele, Multimedia im Fernsehen, S. 233 f.
[164] Begründung Regierungsentwurf, BT-Druck 14/6040, S. 171.
[165] Kroeger/Gimmy-Moos, Handbuch zum Internetrecht, S. 272.
[166] Begründung Regierungsentwurf, BT-Druck 14/6040, S. 170 und 171.
[167] für letzteres ist der Regierungsentwurf BT-Druck 14/6040, S. 171; möglicherweise auch Lütcke, Fernabsatzrecht, §312e, Rn. 7 und Anwkom-Ring, §312e, Rn. 9, die in die Definition des Mediendienstes zugleich den Ausschluß des Rundfunks hineinlesen. Von Helmke/Müller/Neumann JurPC Web-Dok. 93/1998, Abs. 23 werfen sogar allgemein zum TDG die Frage auf, ob §2 IV TDG den Teledienst definiert oder lediglich den Anwendungsbereich des TDG beschränkt.

schäftsmäßige Erbringen von Telekommunikationsdiensten sowie nach §2 IV Nr. 2 nicht für den Rundfunk eröffnet. Gleiches gilt gem. §2 I 2 MDStV für die Vorschriften über den Rundfunk und nach §2 I3 MDStV für Telekommunikation.
Eine weitere Einschränkung des Anwendungsbereichs von §312e gegenüber den Begriffen Tele- und Mediendienst schien dem Gesetzgeber hinsichtlich der nichtkommerziellen Dienste angebracht, die vom TDG und MDStV uneingeschränkt erfaßt werden. So soll sich die gewerbsmäßige Ausrichtung der Verträge daraus ergeben, daß sie von einem Unternehmer abgeschlossen werden.[168]
Ob und welche Einschränkungen des Anwendungsbereichs von §312e tatsächlich notwendig sind und auf welchem Wege sie zu bewerkstelligen ist, kann erst nach einer Auslegung der Anwendungsbereichsdefinitionen der ECRL entschieden werden.

b) „Dienst der Informationsgesellschaft" nach der ECRL

Die ECRL bedient sich zur Bestimmung ihres sachlichen Anwendungsbereichs des Begriffs „Dienst der Informationsgesellschaft". §2 lit. a ECRL verweist für die Definition auf Art. 1 Nr. 2 der Richtlinie 98/34/EG in der Fassung der Richtlinie 98/48/EG („Transparenzrichtlinie").[169] Dort wird der Dienst der Informationsgesellschaft bezeichnet als „jede in der Regel gegen Entgelt elektronisch im Fernabsatz und auf individuellen Abruf eines Empfängers erbrachte Dienstleistung". Die einzelnen Begriffsmerkmale werden in Art. 1 Nr. 2 a. E. näher erläutert sowie im Anhang V mit Beispielen belegt. Schon bei oberflächlicher Betrachtung dieser Definition liegt die Vermutung nahe, daß die ECRL einen rein technisch orientierten Definitionsansatz gewählt hat. Dies wird im folgenden näher zu untersuchen sein.

aa) „Dienstleistung"

Ein Leitbegriff, der nicht in Art. 1 Nr. 2 Transparenzrichtlinie 98/34/EG definiert wird, ist der Begriff der Dienstleistung. Aufgrund seiner europäischen Herkunft liegt es nahe, diesen Begriff im Sinne der Dienstleistungsfreiheit gem. Art. 50 EG zu verstehen. Nach diesem werden Dienstleistungen als Wirtschaftsgüter angesehen, die vom Güterverkehr und Kapitalverkehr abzugrenzen sind. Für diese Auslegung spricht auch Erwägungsgrund 19 S.1 der Transparenzrichtlinie 98/48/EG, der Dienstleistungen ausdrücklich im Sinne von Art. 50 EG (ex. Art. 60 EG) definiert. In dieselbe Richtung deutet Erwägungsgrund 5 S.1 der ECRL, der feststellt, daß „die Weiterentwicklung der Dienste der Informationsgesellschaft in der Gemeinschaft ... durch eine Reihe von rechtlichen Hemmnissen für das reibungslose Funktionieren des Binnenmarktes behindert [wird], die die Ausübung der *Niederlassungsfreiheit und des freien Dienstleistungsverkehrs* weniger attraktiv machen". Daraus könnte man folgern, daß der elektronische Warenvertrieb, der unter die Warenverkehrsfreiheit gem. Art. 28 EG fällt,

---

[168] Begründung Regierungsentwurf, BT-Druck 14/6040, S. 170.
[169] Der erste Vorschlag zur ECRL enthielt noch eine eigene Definition der Dienste der Informationsgesellschaft, die allerdings inhaltlich Art. 1 Nr. 2 der Richtlinie 98/34/EG entsprach, KOM (1998) 586 endg., S. 44. Die Beschränkung auf einen Verweis auf die Definition der Transparenzrichtlinie, der sich in der endgültigen Richtlinienfassung findet, geht auf einen Änderungsvorschlag des Parlaments zurück, Abl. C 279 vom 1.10.1999, S. 389 (396), Änderungsvorschlag 29.

nicht vom Anwendungsbereich der ECRL erfaßt wird.[170] Zu diesem Ergebnis kommt man insbesondere, wenn man auf die Schwerpunktregel des EuGH zur Abgrenzung von Dienstleistungs- und Warenverkehrsfreiheit abstellt und das Gewicht beim Online-Vertragsschluß auf den Warenabsatz legt.[171] Das würde bedeuten, daß das im Internet vorherrschende Teleshopping über Websites aus dem Anwendungsbereich der ECRL herausfiele.
Diese Auslegung wäre aber zu eng, wie Erwägungsgrund 18 S.1 der ECRL beweist. Dieser versteht unter Diensten der Informationsgesellschaft „wirtschaftliche Tätigkeiten“, wobei ausdrücklich der Online-Verkauf von Waren einbezogen wird.[172] Man könnte deshalb abweichend von der Dienstleistungsdefinition des Art. 50 EG den Begriff des Dienstes untechnisch als jede „Tätigkeit“ verstehen, die „anläßlich des Abschlusses oder der Durchführung eines anderen Geschäfts geleistet werden muß“.[173] Möglich erscheint allerdings auch eine Einordnung im Sinne der gemeinschaftsrechtlichen Grundfreiheiten. Man könnte sich einerseits mit einem schlichten Hinweis auf die Verschmelzung der Grundfreiheiten im Internet begnügen, die sich z. B. beim elektronischen Direktvertrieb digitaler Güter (Musik, Zeitungen, Bücher etc.) über das Internet zeigt, bei dem eine Zuordnung zur Waren- oder Dienstleistungsfreiheit schwierig ist.[174] Wenngleich es aber zu einer Konvergenz der Regelungssysteme kommen mag, so hat der EuGH doch bislang stets eine Trennung der Grundfreiheiten in seinen Entscheidungen vorgenommen. Er hat allerdings nicht immer die Schwerpunktregel zur Abgrenzung der Dienst- und Warenverkehrsfreiheit herangezogen, sondern so weit wie möglich beide Bereiche zu trennen versucht.[175] So erscheint auch im Rahmen der ECRL eine Differenzierung zwischen der Bereitstellung eines elektronischen Bestellsystems und dem Vertrieb einer Ware im Sinne dieser Rechtsprechung möglich. Der Dienst der Informationsgesellschaft besteht nach dem Ansatz des Richtliniengebers in der Bereitstellung von Informationen (vgl. Erwägungsgrund 20 ECRL), d. h. technisch gesehen von Daten, zum individuellen elektronischen Abruf. Erwägungsgrund 18 S. 4 der ECRL nennt beispielhaft die kommerzielle Kommunikation (=Werbung), die Bereitstellung von Instrumenten zur Datensuche sowie die elektronische Vertragsschlußmöglichkeit als Dienste der Informationsgesellschaft. Alle genannten Informati-

[170] so offenbar Waldenberger, EuZW 1999, S. 296 (297); Glatt, Der Vertragsschluß im Internet, S. 72 sieht diese Schlußfolgerung als zumindest naheliegend an, lehnt sie jedoch im Ergebnis ab; von Unklarheit bez. der Regelung des Internet-Kaufs spricht Tettenborn, K&R 1999, 442 (443).
[171] so insbesondere Waldenberger, EuZW 1999, S. 296 (297). vgl. zur Schwerpunktregel EuGH Rs. C-202/88 (Frankreich ./. Kommission), Slg. 1991, I-1223, Rn. 41 ff. für Einrichtung, Inbetriebnahme und Wartung von Telekommunikationsendgeräten; Schwarze-Holoubek, EU-Kommentar, Art. 50 EG, Rn. 15.
[172] vgl. Hoeren, MMR 199, S. 192 (193); Glatt, Vertragsschluß im Internet, S. 71 f.
[173] so M/K-Wendehorst, §312e, Rn. 25. ; ähnlich Glatt, ZUM 2001, S. 390 (390 f.).
[174] so wohl Lehmann-Drexl, Electronic Business in Europa, P., Rn. 25; Ruess, Die E-Commerce-Richtlinie und das deutsche Wettbewerbsrecht, S. 67 ff.; vgl. zur Konvergenz z. B. EuGH Rs. C-384/93 (Alpine Investments BV ./. Minister van Financien), Slg. 1995, I-1141, Rn. 36 ff., wo der EuGH anmerkt, in einem Verbot des cold calling liege nicht nur eine bloße Verkaufsmodalität im Sinne der Keck-Rechtsprechung zur Warenverkehrsfreiheit; zur Konvergenz der Bereiche vgl. auch Dethloff, Europäisierung des Wettbewerbsrechts, S. 235 ff.
[175] vgl. EuGH, Rs. 155/73 (Sacchi), Slg. 1974, S. 409, Rz. 5 ff.; Schwarze-Holoubek, EU-Kommentar, Art. 50 EG, Rn. 15; Calliess/Ruffert-Kluth, EUV/EGV, Art. 50 EG, Rn. 15.

onsangebote können als echte Dienstleistungen im Sinne von Art. 50 EG angesehen werden.[176] Denn selbst wenn es nicht dem Verständnis von „Dienstleistung" im allgemeinen Sprachgebrauch entsprechen mag[177], liegt in all diesen Tätigkeiten ein Informationsvorteil für den Nutzer, der diesem zum bequemen und schnellen elektronischen Abruf verfügbar gemacht wird.[178] Die Möglichkeit zum Informationsabruf ist ein geltwerter Vorteil, für den der Anbieter seinerseits Webspace anmieten bzw. Übertragungsentgelte an einen Provider entrichten muß. Insofern sind die erfaßten Tätigkeiten durchaus auch als fremdnützig anzusehen.[179] Es handelt sich bei der Informationsvermittlung auch um eine unkörperliche Tätigkeit, wie es für Dienstleistungen im Sinne von Art. 50 EG charakteristisch ist.[180] Angesichts der Gelegenheit, zahlreiche über den einzelnen Vertragsschluß hinausgehende Informationen im Rahmen eines elektronischen Bestellsystems anzubieten, tritt die darin enthaltene Dienstleistung selbst bei Anwendung der Schwerpunktregel nicht als bloßer Annex hinter dem Warenabsatz zurück. Eine Dienstleistung im Sinne der ECRL ist also technisch betrachtet jede Bereitstellung von Informationen bzw. Daten, egal ob sie zum Absatz von Dienstleistungen oder Waren dient oder bloße Informationszwecke erfüllt.

bb) „in der Regel gegen Entgelt"

Die Transparenzrichtlinie 98/34/EG benennt in Art. 1 Nr. 2 als weiteres Merkmal, daß die Dienstleistung „in der Regel gegen Entgelt" erbracht werden muß, ohne dies aber näher zu erläutern. Aufgegriffen wird dieses Merkmal durch Erwägungsgrund 18 S.1 der ECRL, der eine „wirtschaftliche" Tätigkeit verlangt. Entgeltlichkeit bedeutet also, daß mit dem konkreten Dienstangebot ein wirtschaftlicher Nutzen angestrebt werden muß. Dadurch wird deutlich, daß mit der Beschränkung auf entgeltliche Tätigkeiten die Binnenmarktrelevanz im Sinne von Art. 2 EG der von der ECRL geregelten wirtschaftlichen Sachverhalte sichergestellt werden soll[181], zumal die ECRL sich als Ermächtigungsgrundlage u. a. auf Binnenmarktharmonisierungskompetenzen in Artt. 47 II, 47 II i.V.m. 55 und 95 EG stützt.[182]
Unerheblich ist im Grundsatz, wer die Vergütung für die Dienstleistung erbringt.[183] Dies ergibt sich aus Erwägungsgrund 18 S.4 der ECRL. Es reicht, daß die Vergütung nicht vom Empfänger der Leistung, sondern von einem Dritten stammt. Deshalb zählt

---

[176] so auch Maennel, MMR 1999, S. 187 (188); auch die Kommission beruft sich im ersten Richtlinienvorschlag ausdrücklich auf die Definition in Art. 60 EG, KOM (1998) 586 endg., S. 21.
[177] M/K-Wendehorst, §312e, Rn. 25.
[178] bei werbefinanzierten Diensten liegt die Dienstleistung schon in der Erbringung der Werbeleistung gegenüber den Sponsoren, vgl. EuGH, Rs. C-51/96 u. C-191/97 (Christelle Deliège ./. Ligue ...), Slg. 2000, I-2549, Rn. 57.
[179] a. A. Maennel, MMR 1999, S. 187 (188); M/K-Wendehorst, §312e, Rn. 25.
[180] allgemein zum Unkörperlichkeitskriterium: Calliess/Ruffert-Kluth, EUV/EGV, Art. 50 EG, Rn. 1; Groeben/Thiesing/Ehlermann-Müller-Graf, Art. 30 EG, Rn. 274; Groeben/Thiesing/Ehlermann-Troberg, Vorbemerkungen Artikel 59 ff. EG, Rn. 25; Schwarze-Holoubek, EU-Kommentar, Art. 50 EG, Rn. 6.
[181] so auch Freytag, CR 2000, S. 600 (602); Spindler, MMR 1999, S. 199 (200).
[182] vgl. Grabitz/Hilf-Marly, A4, Vorbem. 57.
[183] vgl. Grabitz/Hilf-Marly, A4, Art. 2, Rn. 7; M/K-Wendehorst, §312e, Rn. 26.

zu den Diensten der Informationsgesellschaft auch das Angebot von Suchmaschinen oder Online-Informationsseiten, die sich von dritter Seite – z. B. durch Werbebanner - finanzieren.[184]

Fraglich ist aber, wie das Definitionselement „in der Regel" verstanden werden muß. Nach dem Wortlaut denkbar wäre hier, entweder eine generelle[185] Entgeltlichkeit zu fordern, die im Einzelfall auch fehlen kann, oder eine Entgeltlichkeit im Einzelfall zu verlangen, die über den konkreten Fall hinaus auch generell vorliegen muß. Erheblich kann diese Unterscheidung werden, wenn es im Einzelfall ausnahmsweise an einer konkreten Gegenleistung fehlt, die Dienstleistung aber generell gegen Entgelt angeboten wird. Als Beispiel könnte man kostenlose Zeitungsabonnements oder Warenproben anführen.[186] Allerdings ist hier zu differenzieren: Warenproben oder Probehefte kann man als unentgeltlich ansehen, wenn sie ohne weitere Verbindlichkeit geliefert werden. Wenn allerdings gleichzeitig ein innerhalb einer bestimmten Frist widerruflicher Bezugsvertrag geschlossen wird, bei dem lediglich die ersten Einzelleistungen kostenlos sind, wird man auch im konkreten Fall nicht von Unentgeltlichkeit ausgehen können. Gleiches muß für alle unentgeltlichen Leistungen innerhalb einer entgeltlichen Rahmenbeziehung gelten, z. B. auch für Informationsangebote als Nebenleistungspflicht in entgeltlichen Providerverträgen. Problematisch ist nach beiden Ansätzen, wie man die Regelfälle der Entgeltlichkeit festlegen will. Zwar sind Zeitungen oder sonstige Waren geldwerte Gegenstände, die grundsätzlich gegen Entgelt auf dem Markt veräußert werden. Ebenso regelmäßig werden sie aber auch als Gratisleistungen unentgeltlich erbracht. Letztlich wird man auf den generellen Geldwert der Leistung abzustellen haben, da nur bei Vorliegen eines solchen regelmäßig wirtschaftliche Zwecke mit der Leistung verfolgt werden können.

Für die Entscheidung, ob konkrete Entgeltlichkeit erforderlich ist oder auch generelle ausreicht, bietet sich ein systematischer Vergleich zur Dienstleistungsdefinition in Art. 50 EG[187] an, die den Verfassern der Richtlinie offensichtlich zur Orientierung diente. Der EuGH hat zu dieser Frage bisher nicht Stellung bezogen, sondern allenfalls drittfinanzierte Dienstleistungen als erfaßt angesehen.[188] Überwiegend wird dazu vertreten, daß es auf die Entgeltlichkeit im Regelfall ankommt, die aber nicht auch im Einzelfall vorliegen muß.[189] Anderer Auffassung nach kommt es auf die generelle Entgeltlichkeit über den Einzelfall hinaus an, d. h. im konkreten Fall muß immer Entgeltlichkeit ge-

---

[184] vgl. Erwägungsgrund 18 S.4 ECRL; vgl. auch Begründung des Rechtsausschusses des EP, A4-0248 v. 6.5.1999, S. 37.

[185] so wohl: Grabitz/Hilf-Marly, A4, Art. 2, Rn. 7; M/K-Wendehorst, §312e, Rn. 26 und 28; Freytag, CR 2000, S. 600 (602).

[186] so MK-Wendehorst, §312e, Rn. 18 im Rahmen des Vertragsgegenstands bei §312e.

[187] vgl. Hoeren, MMR 1999, S. 192 (193).

[188] z. B. EuGH, Rs. C-51/96 & C-191/97 (Christelle Deliège ./. Ligue ...), Slg. 2000, I-2549, Rn. 56.

[189] Calliess/Ruffert-Kluth, EUV/EGV, Art. 50 EG, Rn. 11; Handkommentar-Hailbronner, EUV/EGV, Art. 60 EG, Rn. 11; Lenz-Hakenberg, EG-Vertrag, Art. 50 EG, Rn. 15; Reich/Micklitz-Reich, Europäisches Verbraucherrecht, §3 Rn. 6 unter Berufung auf EuGH, 11.4.2000, Rs. C-51/96 & C-191/97 (Deliège), Slg. 2000, I-2549, Rz. 56. Dort bestätigt der EuGH indes nur, daß unter Entgeltlichkeit auch im Einzelfall drittfinanzierte Leistungen fallen. Es wird jedoch nicht entschieden, ob die konkrete Leistung entgeltlich sein muß oder nicht.

geben sein, weil es ansonsten an der notwendigen Binnenmarktrelevanz der Tätigkeit i.S.v. Art. 2 EG fehle.[190]
Grundsätzlich ist davon auszugehen, daß unentgeltliche Leistungen im Internet, die weder direkt- oder drittfinanziert sind noch einer Vermarktungsstrategie dienen, keinerlei Binnenmarktrelevanz aufweisen, auch wenn sie einen generellen Geldwert besitzen (z. B. Kochrezepte auf einer frei zugänglichen Homepage), so daß schlicht keine Regelungskompetenz der EU vorhanden ist. Für diese Sichtweise läßt sich auch anführen, daß Erwägungsgrund 18 S.3 ECRL eine „Vergütung" für die Dienste der Informationsgesellschaft verlangt, womit mehr als der bloß abstrakte Geldwert bzw. die generelle wirtschaftliche Vermarktungsfähigkeit gemeint sein muß. Die Formulierung „in der Regel gegen Entgelt" bedeutet also, daß die Leistung über den Einzelfall hinaus nur gegen Entgelt angeboten wird.[191] Wann diese Entgeltlichkeit gegeben ist, ist allerdings nach dem speziellen Kontext zu beurteilen, in dem der Dienstleistungsbegriff in der ECRL verwendet wird: Die Grundfreiheiten des EG-Vertrags sind grundsätzlich aufgrund ihrer Schutzfunktion zugunsten der Anbieter weit auszulegen, d. h. die Binnenmarktrelevanz einer Tätigkeit großzügig zu beurteilen. Soweit die ECRL allerdings anknüpfend an den Dienstleistungsbegriff Pflichten für die Anbieter begründet wie in den Artt. 5,6, 10 und 11 ECRL stellt dies einen Eingriff in die Grundfreiheiten dar, für den es einer besonderen teleologischen Rechtfertigung bedarf, da Eingriffe gem. Art. 5 III EG dem Verhältnismäßigkeitsprinzip unterliegen. Schließlich soll die ECRL im Binnenmarkt auch als ein Instrument zum Ausgleich von Anbieter- und Nachfragerinteressen fungieren.
Für die allgemeinen Informationspflichten nach Artt. 5 und 6 ECRL, die Transparenzanforderungen – im Fall von Art. 5 ECRL auch gegenüber Behörden – aufstellen, gilt, daß diese immer dann eingreifen müssen, wenn die betreffende Homepage irgendeinen Binnenmarktbezug aufweist. Denn diese Informationspflichten sind schon dadurch gerechtfertigt, daß der Unternehmer die Vermarktungsvorteile des elektronischen Mediums nutzen kann, wohingegen der Schutz der Nutzer nicht konkret situationsbezogen ist, sondern bloß abstrakt. Im Eventualfall soll der verantwortliche Anbieter für Rechtsverstöße haftbar gemacht werden können. Die betreffenden Internetseiten müssen deshalb lediglich konkret durch ihre Besucher oder Dritte finanziert werden oder einer Marktpenetrationsstrategie des Unternehmers dienen. Es reicht hingegen nicht aus, wenn für eine Website dieser Art nur in der Regel ein Entgelt erhoben wird, weil die auf ihr angebotenen Informationen oder Daten einen Geldwert besitzen.
Anders aber beim elektronischen Vertragsschluß, den die Artt. 10 und 11 ECRL mit Pflichten für den Diensteanbieter belegen: hier steht die Schutzbedürftigkeit der Nutzers in einer bestimmten Situation im Vordergrund. Deswegen muß der Kreis der erfaßten elektronischen Vertragsabschlüsse teleologisch begründet werden. Man könnte

---

[190] Grabitz/Hilf-Randelzhofer/Forsthoff, Art. 49/50, Rn. 37.
[191] so im Ergebnis für den Bereich des elektronischen Vertragsschlusses auch Reich/Micklitz-Micklitz, Europäisches Verbraucherrecht, §16, Rn. 16, der auf den Sinn des Begriffs „Bestellung" rekurriert; wohl auch Palandt-Heinrichs, §312e, Rn. 3 i.V.m. §312b, Rn. 10 zu §312e, der nur bestimmte entgeltliche Vertragstypen als erfaßt ansieht. Bedenkenswert wäre allerdings eine Einschränkung wie sie Lütcke, Fernabsatzrecht, Rn. 56 zu §312 b vorschlägt: Eine Leistung soll dann als nicht unentgeltlich angesehen werden, wenn sie entgeltliche Nebenfolgen hat, wie z. B. Versandkosten.

diesen wie bei den allgemeinen Informationspflichten weit ziehen und auch unentgeltliche Vertragsschlüsse erfassen, sofern die Internetseite, auf der die Vertragsabschlußmöglichkeit angeboten wird, oder das dort angebotene Produkt von Drittwerbung finanziert wird oder die Internetseite langfristigen Markterschließungsstrategien des Unternehmers dient.[192] Die Rechtfertigung dafür könnte man hier in Schutzerwägungen zugunsten der Nutzer sehen. Besonderes im Hinblick auf Artt. 10 und 11 ECRL ließe sich argumentieren, daß die Erfüllung der Informationspflichten auch bei konkreter Unentgeltlichkeit einen Sinn macht, weil auch unentgeltliche Verträge Pflichten (wenngleich nicht synallagmatische) für den Empfänger begründen können.[193] Außerdem ist der Kunde auch bei unentgeltlichen Verträgen den von der Leistung ausgehenden Gefahren ausgesetzt, für die der Anbieter vertraglich haftet. Der Schutz der Nutzer könnte also für eine weite Auslegung des Dienstleistungsbegriffs im vorliegenden Kontext sprechen. Die Pflichten des Kunden bei unentgeltliche Verträgen führen aber regelmäßig nur zu geringen wirtschaftlichen Belastungen, und die vertraglichen Haftungsvorschriften enthalten sogar eher Haftungserleichterungen für den Unternehmer, die die Verschuldensanforderungen des Deliktsrechts zum Nachteil des Kunden modifizieren.[194] Der Schutz vor Produktgefahren ist außerdem bereits Thema spezieller europäischer Richtlinien. Die Geltung vertraglicher Vorschriften ändert nichts daran, daß der Nutzer grundsätzlich keine Gegenleistung für die ihm zufließenden wirtschaftlichen Vorteile erbringen muß und deswegen kein für den elektronischen Geschäftsabschluß spezifischer Schutz nötig ist. Nur wo der Empfänger ein wirtschaftliches Opfer erbringt, muß sein Vertrauen in den elektronischen Geschäftsverkehr gestärkt werden und er vor ungewollten Vertragsschlüssen geschützt werden. Es wäre auch nicht einzusehen, warum der besondere Schutz des Vertragspartners teleologisch von der Zufälligkeit abhängen soll, ob eine Drittfinanzierung vorliegt oder nicht. Der Schutzbedarf basiert vielmehr auf dem finanziellen Opfer, das der Nutzer selbst für den Vertragsschluß erbringen muß. Im übrigen müßte man, wenn man auch bei unentgeltlichen Verträgen die Erfüllung der Pflichten verlangen wollte, alle Internetseiten, die Freeware oder kostenlos testbare Shareware zum Download anbieten oder kostenlosen Zugang zu Datenbanken eröffnen, dem vollen Pflichtenkatalog unterwerfen. Damit würde der unentgeltliche Datenaustausch in der Praxis in einer Weise gehemmt, die für die Herstellung eines starken Binnenmarktes nicht zuträglich sein kann. Zudem käme man in die unangenehme Situation, unentgeltliche Verträge und reine Gefälligkeiten abgrenzen zu müssen[195], was sich gerade im Internet, das als unentgeltliches Austauschmedium gewachsen ist und von der Wirtschaft erst langsam erschlossen wird, äußerst schwierig gestalten dürfte (z. B. zweifelhaft bei Suchmaschinen). Es läßt sich deshalb nicht mit der ratio legis der ECRL in Einklang bringen, den Anbieter bei unentgeltlichen Verträgen dem Pflichtenkatalog der Artt. 10 u. 11 zu unterwerfen. Wie

---

[192] so Spindler, in: Dauner-Lieb/Konzen/Schmidt (Hrsg.), Das neue Schuldrecht in der Praxis, S. 459 (463).

[193] vgl. z. B. die §§601, 603 und 604 beim Leihvertrag.

[194] Palandt-Heinrichs, §276, Rn. 56 f.; BGH 9, 293 (305). Freilich ergibt sich eine persönliche Haftungsverschärfung durch das Einstehenmüssen für Erfüllungsgehilfen gem. §278.

[195] vgl. zu den Kriterien, nach denen dies zu bewerkstelligen ist BGHZ 21, 102 (107); Larenz/Wolf, AT, §22, Rn. 40; Palandt-Heinrichs, Einl. v. §241, Rn. 5.

auch Erwägungsgrund 18 S.4 der ECRL deutlich erkennen läßt, muß sich vielmehr beim Vertragsschluß im elektronischen Geschäftsverkehr die Entgeltlichkeit aus der Gegenleistung des Vertragspartners ergeben.[196]

cc) „elektronisch erbracht"

Unter „elektronisch erbrachter" Dienstleistung versteht die Transparenzrichtlinie 98/34/EG in Art. 1 Nr. 2 Spiegelstrich 2 „eine Dienstleistung die mittels Geräten für die elektronische Verarbeitung (einschließlich digitaler Kompression) und Speicherung von Daten am Ausgangspunkt gesendet und am Endpunkt empfangen wird und die vollständig über Draht, über Funk, auf optischem oder anderem elektromagnetischem Wege, gesendet, weitergeleitet oder empfangen wird".
Elektronisch erbracht werden nach dieser Definition die Übermittlung von E-Mails oder die Abfrage von Datenbanken.
Nicht erfaßt sein sollen nach Anhang V Nr. 2 Spiegelstrich 2 „Offline-Dienste" wie der Vertrieb von CD-Rom oder Software auf Disketten.[197] Fraglich ist, ob damit der Anwendungsbereich der Richtlinie auf vollständig online erbrachte Leistungen beschränkt werden sollte, d. h. nur solche Verträge erfaßt sind, bei denen auch die Erfüllung elektronisch abgewickelt wird.[198] Dies ist aber nicht der Fall, wie sich aus der Begründung des ersten Vorschlags der ECRL ergibt, wo ausdrücklich klargestellt wird, daß interaktives Teleshopping ein Dienst der Informationsgesellschaft ist, auch wenn die Ware nicht online geliefert werden kann.[199] Erwägungsgrund 18 S.2 u. 3 der ECRL weisen dann noch einmal darauf hin, daß die ECRL zwischen dem Vertragsschluß als solchem und der Auslieferung der Waren differenziert. Elektronische Abschlußmöglichkeiten stellen also stets einen Dienst der Informationsgesellschaft dar. Die Warenauslieferung in physischer Form fällt hingegen in den Bereich des autonomen nationalen Rechts. Vollständig online gelieferte Güter und virtuell erbrachte Dienstleistungen (z. B. Video-, Musik- und Bücher-Downloads) zählen hingegen zu den Diensten der Informationsgesellschaft, was zu einer durchgehenden Ungleichbehandlung von On- und Offline-Aktivitäten führt.[200] Allerdings hat die Kommission im Aktionsplan eEurope 2005 einen Gipfel zum elektronischen Geschäftsverkehr ankündigt, auf dem die

[196] vgl. Erwägungsgrund 18 S.4 ECRL: „Die Dienste der Informationsgesellschaft beschränken sich *nicht nur auf Dienste, bei denen online Verträge geschlossen werden können*, sondern erstrecken sich, soweit es sich überhaupt um eine wirtschaftliche Tätigkeit handelt, *auch auf Dienste, die nicht von denjenigen vergütet werden, die sie empfangen*, wie etwa Online-Informationsdienste, kommerzielle Kommunikation oder Dienste, die Instrumente zur Datensuche, zum Zugang zu Daten und zur Datenabfrage bereitstellen."
[197] so auch Erwägungsgrund 18 S.3 ECRL.
[198] in dieser Richtung, Spindler/Wiebe-Wiebe, Internet-Auktionen, D., Rn. 96.
[199] KOM (1998) 586 endg., S. 16.
[200] Tettenborn,K&R 2000, S. 59 (61), zu Recht kritisch deshalb Tettenborn/Bender/Lübben/Karenfort, BB 2001, Beilage 10 zu Heft 50, S. 1 (13); Spindler, RabelsZ 66 (2002), S. 633 (645 f.).

Angleichung der Wettbewerbsbedingungen von Online- und Offline-Handel diskutiert werden soll.[201]
Nicht unter „elektronisch erbrachte Dienstleistungen sollen nach Anhang V Nr. 2 Spiegelstrich 1 der Transparenzrichtlinie auch Dienste fallen, die „zwar mit elektronischen Geräten aber in materieller Form erbracht werden". Als Beispiele werden genannt unter lit. a „Geldausgabe oder Fahrkartenautomaten" sowie unter lit. b „der Zugang zu gebührenpflichtigen Straßennetzen oder Parkplätzen, auch wenn elektronische Geräte bei der Ein- und/oder Ausfahrt den Zugang kontrollieren und/oder die korrekte Gebührenentrichtung gewährleisten". Verständlich ist diese Ausnahme für Automaten, die lediglich elektronisch Bestelldaten verarbeiten, ohne vernetzt zu sein. Bei diesen fehlt es ohnehin schon am individuellen Abruf von Daten. Inkonsequent ist die Ausnahme aber, wenn ein Automat Bestellanfragen weiterleitet und damit quasi als Eingabegerät dient, so daß der Vertragsschluß ähnlich abläuft, wie vom heimischen PC aus.[202] Gerade Fahrkartenautomaten müssen Reservierungsdaten online vom Verkehrsunternehmen beziehen. Worin besteht also der relevante Unterschied zwischen dem Vertragsschluß am Automaten und am PC? Soll der Aufenthaltsort des Nutzers entscheidend sein, d. h. ob er sich am Bahnhof oder zu Hause befindet? Das wäre unter Schutzwürdigkeitserwägungen nicht einleuchtend. Auch die materielle Form der Leistungserbringung kann keinen Unterschied ausmachen, denn Erwägungsgrund 18 S.3 verdeutlicht, daß die Auslieferung der Ware in materieller Form die Anwendbarkeit der ECRL auf den Vertragsschluß nicht hindert. Auch daß der Fahrkartenautomat zugleich als Eingabegerät und Leistungsersteller fungiert ist keine Besonderheit, denn auch beim Verkauf von Software über das Internet materialisiert sich die Leistung erst auf dem Computer des Nutzers. Gegenstand der Ausnahme können deshalb sinnvollerweise nur solche Automaten sein, die selbständig elektronische Bestellungen innerhalb bestimmter Parameter verarbeiten und damit dem Nutzer quasi als „Verhandlungspartner" persönlich gegenübertreten, nicht aber solche, die zentral vernetzt sind und als bloße Terminals für elektronische Bestellungen fungieren.
Ausgenommen nach Anhang V Nr. 2 Spiegelstrich 3 der Richtlinie sind des weiteren „Dienste, die nicht über elektronische Verarbeitungs- und Speicherungssysteme erbracht werden". Darunter sollen vor allem Sprachtelefondienste, Telefax- und Telexdienste fallen. Nicht erfaßt von der Ausnahme wird allerdings die technische Zugangsvermittlung (Access Providing).[203] Ebenso reicht nicht die bloße Nutzung eines Sprachtelefonnetzes (z. B. für die Modemeinwahl ins Internet), sondern es muß sich um eine Sprachdienstleistung handeln, damit die Ausnahme greift.[204] In technischer Hinsicht kann diese Ausnahme nicht überzeugen, da z. B. auch bei ISDN[205] oder beim Faxdienst (Faxdaten werden akustisch durch Töne codiert) eine elektronische Verar-

---

201 Mitteilung der Kommission an das Europäische Parlament, den Rat, den Wirtschafts- und Sozialausschuß und den Ausschuß der Regionen „eEurope 2005: Eine Informationsgesellschaft für alle" vom 28.5.2002, KOM (2002) 263 endg., S. 17.
202 M/K-Wendehorst, §312e, Rn. 32.
203 Erwägungsgrund 18 S.5 ECRL; Spindler, MMR 2000, Beilage zu Heft 7, S. 4(5).
204 Freytag, CR 2000, S. 600 (603).
205 Hoeren MMR 1999, S. 192 (194).

beitung von Daten im Gerät stattfindet, das die Daten decodiert, puffert etc.[206] Gerade die digitale Datenkompression[207], die aufgrund der Knappheit der Bandbreiten notwendig ist, erfordert eine digitale Verarbeitung. Auf der anderen Seite sind auch vielfach Arbeitsstationen in Netzwerken nicht mehr mit Festplatten zur Speicherung ausgestattet, sondern arbeiten nur mit im Hauptspeicher gehaltenen Daten, die bei Abschalten des Rechners verlorengehen. Aber auch andere – vor allem mobile - Geräte verfügen grundsätzlich über keinen Festspeicher. Ein Punkt der Definition, den man deshalb nicht zu eng fassen sollte ist das „Gerät...zur Speicherung". Man wird es daher als ausreichend ansehen müssen, wenn die Daten temporär in einem RAM-Speicher gelagert werden.

Man könnte vermuten, daß es der Sinn dieser Bereichsausnahmen ist, speziellere europäische Telekommunikationsrichtlinien unberührt zu lassen.[208] In den europäischen Telekommunikationsrichtlinien, insbesondere also im neuen Richtlinienpaket für einen Rechtsrahmen für elektronische Kommunikationsnetze[209], ist allerdings bisher weder die Haftung von Content Providern, noch die Pflicht der Content Provider zur Erteilung von Informationen gegenüber Nutzern geregelt. Das neue Richtlinienpaket betrifft vielmehr nur die Transportleistungen, nicht aber die transportierten Inhalte.[210] Die Begründung von Informationspflichten der Anbieter beim Vertragsschluß über „traditionelle Kommunikationsmittel" wurde bisher lediglich der Fernabsatzrichtlinie überlassen[211]. In Zukunft wird sich eine einheitliche Regelung auch der inhaltlichen Aspekte der Telekommunikation und des elektronischen Geschäftsverkehrs angesichts der Medienkonvergenz als notwendig erweisen.

Jedenfalls im Bereich der vorvertraglichen Pflichten bleibt als Erklärung für die Bereichsausnahmen aber die Vermutung, daß der Richtliniengeber keinen Bedarf für zusätzlichen Schutz der Nutzer sah, weil er sich am Leitbild der Bestellung über eine Internethomepage[212] – mithin an elektronischen Bestellformularen - orientiert hat. Der Vertragsschluß über die traditionellen Kommunikationsformen der Sprachtelefonie u. des Telefax erfordert nämlich in der Regel – anders als der elektronische Vertragsschluß im Internet – keine vertieften technischen Kenntnisse und Sprachkommunikation sowie Fernkopien sind weniger anfällig für Eingabefehler. Auch praktische Erwä-

---

[206] a. A. offenbar Reich/Micklitz-Micklitz, Europäisches Verbraucherrecht, §16, Rn. 4: nur bei „Zwischenspeicherung" von Daten, die bei Sprachtelefonie über das Internet notwendig sei, nicht aber bei leitungs- oder paketvermittelter Telefon- oder Faxkommunikation, liege ein Dienst der Informationsgesellschaft vor.

[207] durch Formate wie Divx von DivXNetworks, Inc. (http://www.divxnetworks.com/) oder Microsoft Media Encoder von Microsoft Inc. (http://www.microsoft.com/windows/windowsmedia/9series/encoder/default.aspx).

[208] M/K-Wendehorst, §312e, Rn. 33.

[209] Richtlinie 2002/21/EG des europäischen Parlamentes und des Rats über einen gemeinsamen Rahmen für elektronische Kommunikationsnetze und –dienste (Rahmenrichtlinie); Richtlinie 2002/19/EG über Zugang und Zusammenschaltung; Richtlinie 2002/20/EG über Genehmigungen; Richtlinie 2002/22/EG über Universaldienste und Nutzerrechte; vgl. dazu Schütz/Attendorn, MMR 2002, Beilage zu Heft 4, S. 1-56.

[210] vgl. Art. 2 b) der Rahmenrichtlinie.

[211] vgl. Grabitz/Hilf-Marly, A4, Art. 2, Rn. 10.

[212] vgl. Tettenborn, K&R 1999, S. 252 (253).

gungen mögen eine Rolle gespielt haben, denn beim traditionellen Telefongespräch lassen sich schlecht vorab umfassende Informationen wie nach Art. 10 und 11 der ECRL erteilen oder die Vertragsbestimmungen in speicherbarer Form darbieten. Freilich hat der Richtliniengeber mit dieser pauschalen Ausnahmeregelung auch Fälle, in denen durchaus ein materielles Schutzbedürfnis besteht wie z. B. bei tastatur- oder sprachmenügesteuerten Mehrwertdiensten über Telefon oder Fax ausgeschlossen.[213] Unklar bleibt auch die Einordnung der Internet-Telefonie.[214]
Einordnungsprobleme ergeben sich auch bei sogenannten Hybrid-Mails. Dabei handelt es sich um einen mittlerweile vielerorts angebotenen Service, der vorsieht, daß elektronisch abgesandte Dokumente beim Serviceanbieter ausgedruckt und von dort aus in Papierform dem Empfänger zugestellt werden. Die Definition in Art. 1 Nr. 2 spricht von *„vollständiger(m)* Sendung, Weiterleitung oder Empfang auf elektronischem Weg", was bei Hybrid-Mails, die zu einem Teil nichtelektronisch übermittelt werden, nicht gegeben ist. Es gibt neben dem Wortlaut der Definition aber weitere Gründe dafür, solche Hybrid-Mails aus dem Begriff der Dienste der Informationsgesellschaft herauszunehmen.: Zum einen liegt eigentlich schon keine „Dienstleistung" vor, da die Daten dem Nutzer nicht auf dem bequemen elektronischen Weg zur Verfügung gestellt werden. Für den Absender mag Hybrid-Mail eine technologische Erleichterung bieten, nicht jedoch für den Empfänger, der nur eine herkömmliche Postzustellung erhält. Dies führt auch zu Schwierigkeiten beim Merkmal des „individuellen Abrufs"[215], da eben kein technischer Datenabruf seitens des Nutzers stattfindet. Der Empfänger ist schließlich auch nicht unter teleologischen Gesichtspunkten schutzwürdig, da aus seiner Sicht eine konventionelle Übermittlung vorliegt und er nicht den spezifischen Gefahren des elektronischen Geschäftsverkehrs ausgesetzt ist. Erforderlich ist für einen elektronisch erbrachten Dienst also eine vollständige elektronische Übermittlung, die bei Hybrid-Mails nicht vorliegt.

dd) „im Fernabsatz"

Eine „im Fernabsatz" erbrachte Dienstleistung soll nach der Transparenzrichtlinie 98/34/EG Art. 1 Nr. 2 Spiegelstrich 1 „eine Dienstleistung, die ohne gleichzeitige physische Anwesenheit der Vertragsparteien erbracht wird", sein.
Im Fernabsatz wird deswegen insbesondere der Online-Verkauf von Waren erbracht[216]. Dazu zählen aber auch Bestellangebote von Online-Versendern, Datenbankangebote, Informations- und Suchsysteme sowie Online-Spielangebote.[217]
In Anhang V Nr. 1 benennt die Transparenzrichtlinie einige Dienste, die nicht im Fernabsatz erbracht werden. Dies sollen Dienste sein, „bei deren Erbringung der Erbringer und der Empfänger gleichzeitig physisch anwesend sind, selbst wenn dabei elektronische Geräte benutzt werden". Als Beispiele nennen Nr. 1 a) die ärztliche Untersuchung mit elektronischen Geräten im Beisein des Patienten, Nr. 1 b) und c) die

[213] s. u. 1. Teil B.II.1.d)gg).
[214] s. u. 1. Teil B.II.1.d)cc).
[215] dazu s. u. 1. Teil B.II.1.b)ee).
[216] Erwägungsgrund 18 S.2 ECRL.
[217] vgl. Grabitz/Hilf-Marly, A4, Art. 2, Rn. 11.

Konsultation eines elektronischen Katalogs bzw. die Buchung von Flugtickets im Geschäft in Anwesenheit des Kunden. Nr. 1 d) verweist des weiteren auf die Bereitstellung elektronischer Spiele in einer Spielhalle im Beisein des Benutzers. Die Anwendung der Artt. 10 und 11 ECRL wird aber nicht dadurch ausgeschlossen, daß nach einem elektronischen Vertragsschluß eine unmittelbare persönliche Leistungserbringung erfolgt. Entscheidend ist nur der elektronische Charakter des Bestellvorgangs, nicht aber die vollständig elektronische Leistungsabwicklung.
Gewisse Abgrenzungsprobleme entstehen bei der Ermittlung, was „physische Anwesenheit" bedeutet. Man könnte darunter den Aufenthalt innerhalb derselben Räumlichkeit verstehen. Weitergehend könnte man aber auch darauf abstellen, ob noch eine natürliche Verständigungsmöglichkeit über Sprache möglich ist, d. h. auf die Hörweite. Man könnte aber sogar die bloße Sichtweite genügen lassen, weil mittels Sichtkontakt auch auf natürliche Weise ein Vertrag geschlossen werden kann, z. B über Handzeichen. Relevant werden könnte diese Abgrenzung, wenn z. B. bei einer traditionellen Auktion i.S.d. §156 alle Auktionsteilnehmer sich – ebenso wie der Auktionator – eines Laptops bedienen, um vernetzt zu bieten. Da die Negativbeispiele vornehmlich Räumlichkeiten benennen, in denen die Vertragspartner gleichzeitig anwesend sind, wird auf die physische Präsenz innerhalb eines Raumes abzustellen sein. Dieses relativ eindeutige Kriterium vermeidet unnötige Abgrenzungsprobleme. Der Sinn für die Beschränkung des Pflichtkatalogs auf Fälle der Fernkommunikation liegt darin, daß die Parteien bei persönlichem Kontakt die Informationen direkt vom Vertragspartner erfragen können. Der Nachteil dieser Ausnahme ist freilich, daß der Kunde immer noch der Gefahr von Eingabefehlern ausgesetzt ist, wenn der Vertragsschlußprozeß gleichwohl elektronisch stattfindet.[218]
Für die Eröffnung des Anwendungsbereichs der Artt. 10 und 11 ECRL ist anders als nach der Fernabsatzrichtlinie kein Fernabsatzsystem nötig.[219] Dies ergibt sich aus dem Wortlaut der ECRL und der Transparenzrichtlinie sowie aus den Materialien zur Entstehung, wo sich kein Anhaltspunkt dafür findet. Man wird auch keinesfalls generell annehmen können, daß bei Dienstleistungs- und Warenangeboten im Internet *stets* ein Fernabsatzsystem vorliegt.[220] Diese Annahme trifft vielleicht auf elektronische Bestellsysteme zu, nicht aber auf alle Formen von Angeboten im Internet. Ein Fernabsatzsystem verlangt nämlich, daß objektiv die personellen, sachlichen und organisatorischen Voraussetzungen für einen regelmäßigen Abschluß von Distanzgeschäften gegeben sind.[221] Wer nur ausnahmsweise im Wege des Fernabsatzes tätig wird, verwen-

---

[218] Lodder/Kaspersen-Lodder, edirectives: Guide to European Union Law on E-Commerce, S. 71 f. will deshalb trotz physischer Anwesenheit eines Repräsentanten des Unternehmers einen Dienst der Informationsgesellschaft annehmen, wenn der Vertragsschluß nur elektronisch möglich ist.
[219] so auch zu §312e: Lorenz/Riehm, Lehrbuch zum neuen Schuldrecht, 5. Kapitel; Rn. 138; M/K-Wendehorst, §312e, Rn. 40; zu Art. 10 ECRL: Grabitz/Hilf-Marly, A4, Art. 10, Rn. 4; zu §305b DiskE: Micklitz EuZW 2001, S. 133 (137); a. A. Meub, DB 02, 359 (362); Blume/Hammerl, ECG, §3, Rn. 5.
[220] so aber Boente/Riehm, Jura 2002, S. 222 (226 Fn. 66); Hoeren/Sieber-Waldenberger, Handbuch Multimedia-Recht, Teil 13.4, Rn. 46.
[221] Regierungsbegründung zum FernAbsG, BT-Druck 14/2658, S. 30; Fuchs, ZIP 2000, S. 1272 (1275); Lorenz, JuS 2000, S. 833 (838); Meents, Verbraucherschutz bei Rechtsgeschäften im Internet, S. 185; Pützhoven, Europäischer Verbraucherschutz im Fernabsatz, S. 47 ff.; M/K-Wendehorst, §312e, Rn. 49; einschränkend für das Angebot auf einer Internet-Homepage Mankowski, ZMR 2002, S. 317

det kein Fernabsatzsystem.[222] Im elektronischen Geschäftsverkehr wird es jedoch auch häufig vorkommen, daß der Anbieter sich nur einmalig oder gelegentlich elektronischer Kommunikationsmittel zum Absatz bedient, ohne eine Organisationsstruktur für regelmäßige elektronische Geschäfte zu schaffen (wie z. B. durch permanente Einrichtung einer Homepage mit Bestellsystem). Als Beispiel dafür braucht man nur auf gelegentliche Angebote von Händlern ihm Rahmen von Online-Auktionen zu verweisen. Im elektronischen Geschäftsverkehr reicht vielmehr schon die einmalige Verwendung eines Tele- oder Mediendienstes zum Zweck des Vertragsschlusses, um die Pflichten aus Art. 10 und 11 ECRL auszulösen.

ee) „auf individuellen Abruf eines Empfängers"

Der Dienst muß nach der Transparenzrichtlinie 98/34/EG „auf individuellen Abruf eines Empfängers" erbracht werden, was nach Art. 1 Nr. 2 Spiegelstrich 3 bedeuten soll, daß die Dienstleistung „durch die Übertragung von Daten auf individuelle Anforderung erbracht wird". Mit dieser Erläuterung ist allerdings noch nicht viel gewonnen, denn sie wiederholt letztlich nur die Definition.
Teilweise wird das Merkmal so verstanden, daß der Nutzer im *konkreten* Fall seine Bestellung oder sonstige Eingaben auf elektronischem Wege über einen Rückkanal in unmittelbarer „Interaktion" mit dem bereitgestellten Programm des Anbieters abgeben muß.[223] Diese Voraussetzung erinnert an die „individuelle Nutzung", die §2 I TDG als Merkmal eines Teledienstes verlangt und die die Regierungsbegründung zum IuKDG etwas undurchsichtig im Sinne einer „interaktiv verwendbaren Darstellungsform" verstanden wissen will.[224] Für diese Auffassung wird angeführt, daß nur bei einer konkreten Interaktion des Kunden mit dem elektronischen Medium die spezifische Gefahrenlage der Art. 10 und 11 ECRL entstehe[225]. Nur dann gebe es auch ein Bedürfnis für die besonderen Pflichten des Unternehmers beim elektronischen Vertragsschluß. Gegen eine solche Interpretation spricht aber neben dem Wortlaut, daß sie keine Stütze in der Systematik der ECRL findet, weil diese nicht nur Vertragsschlußsituationen mit aktiver Beteiligung zweier Parteien regelt, sondern auch an einseitige Kommunikation des Unternehmers Pflichten knüpft (wie etwa in Art. 5 und 6 ECRL), die nicht in einem interaktiven Prozeß stattfinden muß. Insofern ist sie auf ein allgemeineres Verständnis des Merkmals „individueller Abruf" angewiesen. Auch im Bereich des elektronischen Vertragsschlusses läßt sich eine entsprechende Einschränkung teleologisch nicht begründen, weil die spezifischen Gefahren des elektronischen Geschäftsverkehrs in der Komplexität des elektronischen Mediums bestehen, die nicht schon deshalb entfällt,

---

(323): eine hinter dem Angebot stehende personelle oder sachliche Organisation ist nicht erforderlich; für eine subjektive Betrachtung allerdings Reich, EuZW 1997, S. 581 (583).
[222] BT-Druck 14/2658, S. 30; Bülow/Artz, NJW 2000, S. 2049 (2052); Lorenz JuS 2000, S. 833 (836); Micklitz/Tonner-Micklitz, Vertriebsrecht, §312b, Rn. 50; M/K-Wendehorst, §312b, Rn. 49.
[223] Grigoleit, NJW 2002, S. 1151 (1152); Lorenz/Riehm, Lehrbuch zum neuen Schuldrecht, Rn. 139; in dieser Richtung auch Boente/Riehm Jura 2002, S. 222 (226); Bamberger/Roth-Schmidt-Räntsch, §312e, Rn. 14.
[224] BT-Druck 13/7385, S. 16 (17).
[225] so auch Grigoleit, NJW 2002, S. 1151 (1152).

weil die Bestellung nicht interaktiv über das vom Unternehmer bereitgestellte Programm abgegeben wird.[226]
„Individuelle Anforderung" wird teils aber auch so verstehen, daß – *abstrakt* betrachtet – bei der betreffenden Kommunikationsform Daten in der Regel nur auf Anforderung des individuellen Empfängers übertragen werden, ohne daß es im *konkreten* Fall auf eine tatsächliche Anforderung durch rechtsgeschäftliche oder geschäftsähnliche Handlung ankommt.[227] Nach dieser Ansicht wird „individueller Abruf" also generell als Willensakt des Nutzers verstanden, auch wenn dieser Willen nicht im Einzelfall vorliegen muß. Diese Ansicht verträgt sich besser mit dem Wortlaut und dem System der ECRL, denn sie läßt eine singuläre Punkt-zu-Punkt-Übertragung genügen, anstatt auf einen interaktiven Kommunikationsvorgang abzustellen. Allerdings stößt auch sie auf systematische Probleme, denn Art. 7 ECRL verlangt mitgliedsstaatliche Regelungen über nicht angeforderte kommerzielle Kommunikation (z. B. Spam-Mails). Diese Vorschrift befindet sich in der ECRL auch nicht nur aufgrund eines äußeren Zusammenhangs mit dem elektronischen Geschäftsverkehr, sondern kommerzielle Kommunikation soll selbst ein Dienst der Informationsgesellschaft sein, wie Erwägungsgrund 18 S.4 ECRL klarstellt. Daraus folgt, daß unter die ECRL auch generell ohne Willensbetätigung abgerufene Dienste fallen, denn Spam-Mails werden regelmäßig ohne willentliche Anforderung versandt. Es läßt sich auch kein allgemeiner Satz aufstellen, daß jedenfalls „normale" Mails üblicherweise nur auf Anfrage verschickt werden, weil Spam-Mails zahlenmäßig die „normale" E-Mail-Kommunikation längst überholt haben und selbst bereits faktisch zur Regel geworden sind.[228]. Gleichwohl muß die ungewollte Übertragung von Daten (z. B. auch das Öffnen von Pop-Up-Fenstern) natürlich von der ECRL – auch im Bereich von Art. 10 und 11 ECRL – erfaßt werden, denn der Nutzer ist erst recht schutzwürdig, wenn er ungefragt mit elektronischen Diensten konfrontiert wird.
Geeigneter, als auf den Willen des Nutzers abzustellen, erscheint deshalb eine rein technische Betrachtungsweise. So kann man ungezwungen einen individuellen Abruf im technisch notwendigen Download der Spam-Mails vom Mail-Server sehen, auch wenn die Spam-Mails dem Nutzer unerwünscht sind.[229] Dies findet auch eine Stütze

---

[226] im einzelnen zur Schutzbedürftigkeit s. u. 1. Teil B.II.4.
[227] M/K-Wendehorst, §312e, Rn. 34.
[228] nach Computerwoche, vom 15. Februar, 2002, Produkte und Technologien, S. 24, „Netzwerkmesse Comnet: Sicherheit und Breitbandnetze im Vordergrund; Werbe-Spam bringt User und ISPs auf die Palme" sind bei vielen Providern bereits über 50% aller Mails Spam. Man kann natürlich darauf abstellen, daß E-Mails *rechtmäßigerweise* nur auf individuelle Anforderung versandt werden, so M/K-Wendehorst, §312e, Rn. 34. Dann wäre eine rechtliche Regelmäßigkeit (=Rechtmäßigkeit) und nicht eine faktische Regelmäßigkeit der Maßstab.
[229] a. A. M/K-Wendehorst, §312e, Rn. 34: bei kommerzieller Kommunikation überhaupt kein Abruf gegeben; zur technischen Notwendigkeit eines Abrufs von E-Mails vgl. Schneider, Über die Wirksamkeit der Sperrung von Internet-Zugriffen (http://www.gwdg.de/~gschnei2/publikationen/dfn-gba.html), der erläutert, daß E-Mail ebenfalls auf dem TCP/IP-Protokoll (genauer auf dem SMTP-Protokoll, das zur TCP/IP-Protokollreihe gehört; vgl. www.netlexikon.akademie.de unter Suchbegriff „SMTP" (http://netlexikon.akademie.de/query;q=SMTP)) basiert, welches technisch so ausgelegt ist, daß die Daten stets durch einen Client vom Server abgerufen werden. Das WWW ist nämlich kein Transportsystem, sondern eine Applikation zum Datenabruf. Grund dafür ist die Datensicherheit, d. h. der Schutz vor unbefugten Zugriffen auf die Endgeräte und die Sicherstellung, daß die gesendeten

im Wortlaut der Richtlinie, denn diese *fingiert* in Art. 11 I, Spiegelstrich 2 ECRL Bestellung und Empfangsbestätigung beim elektronischen Vertrags als eingegangen, wenn diese vom Server des Mail-Providers abrufbar sind. Daraus wird deutlich, daß die ECRL den „individuellen Abruf" erst mit dem Eingang auf dem Endgerät des Nutzers als vollendet ansieht (vgl. auch Art. 7 I „Eingang beim Nutzer") und nicht schon, wenn die Daten auf dem E-Mail-Server eingegangen sind. Der Begriff des individuellen Abrufs ist im Bereich der ECRL deshalb als *technischer Datenabruf* zu verstehen. Er liegt immer dann vor, wenn der Empfänger das Ob und Wann des Datenübertragungsvorgangs bestimmt, d. h. diesen selbst initiiert, (Punkt-zu-Punkt-Übertragung) nicht aber, wenn die Daten ohne sein Zutun permanent an die Allgemeinheit ausgesendet werden, ohne daß beobachtbar ist, von wem die Daten empfangen werden (Punkt-zu-Mehrpunkt-Übertragung). Ein irgendwie gearteter persönlicher Wille des Nutzers – insbesondere eine Bestellung - ist dafür nicht erforderlich. Der abrufende Empfänger kann auch ein autonom agierendes Empfangsgerät bzw. eine Clientsoftware sein. Eine Interaktivität in dem Sinne, daß Daten nach dem Abruf des Dienstes unmittelbar über einen bestehenden Rückkanal zum Absender zurückgeschickt werden müssen, ist nicht notwendig. Mithin beschränkt sich die Funktion des Begriffsmerkmals „individueller Abruf" auf die Festlegung der technischen Übertragungsweise der Daten vom Diensteanbieter zum Nutzer. Bei Verwendung des Internetprotokolls TCP/IP liegt stets ein individueller Abruf vor, da dieses für eine Datenübertragung die Anfrage eines Clients bei einem Server erfordert.

Nicht unter die Definition des individuellen Abrufs fallen nach Anhang V Nr.3 der Transparenzrichtlinie „Dienste, die im Wege einer Übertragung von Daten ohne individuellen Abruf gleichzeitig für eine unbegrenzte Zahl von Empfängern erbracht werden (Punkt-zu-Mehrpunkt-Übertragung). Dies entspricht der Definition von Verteildiensten nach §3 Nr. 3 TDG/MDStV. Dazu sollen nach lit. a-c Fernsehdienste einschließlich zeitversetzten Video-Abrufs nach Art. 1 lit. a der Richtlinie 89/552/EWG[230], Hörfunkdienste und Teletext über Fernsehsignal zählen. Hier zeigt sich die wohl hauptsächlich vom Richtliniengeber intendierte Funktion des Merkmals „individueller Abruf", die die oben gefundene Auslegung untermauert: die Abschichtung von Diensten der Informationsgesellschaft und Rundfunkdiensten.[231] Technischer Daten*abruf* bedeutet mehr als nur Daten*empfang* am Endgerät. Herkömmliche Fernseh- und Hörfunkdienste werden terrestrisch, über Kabel oder Satellit an die Allgemeinheit übertragen und müssen nur noch durch Einschalten des Endgeräts empfangen werden. Die Daten werden ständig gesendet und müssen deshalb nicht mehr individuell vom Empfänger angefordert werden. Dies gilt auch für den Fernsehvideotext, da

---

Daten ihr Ziel erreichen. Ein verbindungsloses Protokoll ist demgegenüber UDP (User Datagram Protocol), das Daten nur in eine Richtung sendet, ohne daß der Empfang bestätigt werden muß. Zum TCP/IP- und zum UDP-Protokoll vgl. Hosenfeld/Brauer, c't 12/1995, S. 330 ff.

[230] Richtlinie 89/552/EWG des Rates vom 3.10.1989 zur Koordinierung bestimmter Rechts- und Verwaltungsvorschriften der Mitgliedstaaten über die Ausübung der Fernsehtätigkeit, Abl. L 298 vom 17.10.1989, S. 23, geändert durch die Richtlinie 97/36/EG des Europäischen Parlamentes und des Rates vom 30.6.1997 zur Änderung der Richtlinie 89/552/EWG zur Koordinierung bestimmter Rechts- und Verwaltungsvorschriften der Mitgliedstaaten über die Ausübung der Fernsehtätigkeit.

[231] so auch Landfermann, ZUM 1999, S. 795 (797); Hamann, ZUM 2000, S. 290 (293 ff.).

auch bei dieser Technik alle Informationsseiten gleichzeitig übertragen werden, selbst wenn der Nutzer nur eine bestimmte anzeigen läßt. Im Bereich der traditionellen Rundfunkdienste hat die ECRL mit dem gewählten formal-technischen Abgrenzungskriterium des „individuellen Abrufs“ eine eindeutige Zuordnung geschaffen. Ausgeschlossen wurde z. B. das Teleshopping per Fernsehen in traditioneller (nichtinteraktiver) Form – egal ob es sich um einzelne Sendungen im Rahmen von publizistisch relevanten Unterhaltungsprogrammen oder um spezielle Shoppingkanäle handelt. Dies gilt auch, wenn die betreffende Sendung elektronische Bestellmöglichkeiten ausweist (z. B. eine Internetadresse eingeblendet wird). Zweifel ergeben sich aber hinsichtlich der Einordnung von Rundfunk und Verteildiensten, die über Rückkanal eine interaktive elektronische Bestellmöglichkeit eröffnen. Im Zuge der Konvergenz der Medien wird auch der Fernseher in Zukunft über eine Internetanbindung verfügen, die elektronisch versandte Bestellungen ermöglicht. Diese Technologie wird noch gesondert zu untersuchen sein.[232] Schwierigkeiten bereitet auch die Zuordnung des Internet-Rundfunks, der später behandelt werden soll.[233] Es stellt sich bei diesen Sonderformen der elektronischen Kommunikation die Frage, ob das rein technische Abgrenzungskriterium des „individuellen Abrufs“ dort sachgerechte Ergebnisse erlaubt.

Gewisse Unklarheiten verbleiben auch im Hinblick auf den Begriff des „zeitversetzten Video-Abrufs“, der nach Anhang V Nr. 3 lit. a der Transparenzrichtlinie kein Abrufdienst sein soll. Gemeint sein dürfte damit vor dem dargestellten technischen Hintergrund das traditionelle Video-Near-on-Demand, bei dem verschiedene Fernsehprogramme bzw. Filme auf mehreren Kanälen von einer Rundfunkanstalt zeitversetzt gesendet werden, um den Zuschauern einen weitgehend unabhängigen Einsteig in ein laufendes Programm zu ermöglichen. Die Tätigkeit des Abonnenten beschränkt sich dabei nur auf das Einschalten des Fernsehgeräts zu einer bestimmten Fixzeit. Moderne Formen des „echten“ Video-on-Demand nutzen allerdings die Verbreitungsmöglichkeiten des Internets, um den Kunden tatsächlich die volle Freiheit über den Abrufzeitpunkt zu lassen. Bei ihnen ergeben sich dieselben Einordnungsschwierigkeiten wie beim Internet-Rundfunk allgemein.[234] Für ihre Erfassung durch die Richtlinie spricht Erwägungsgrund 18 S.7 ECRL.[235]

Fraglich ist, ob durch das Merkmal des „individuellen Abrufs“ neben den sog. Pull-Diensten, bei denen Daten auf Grund einer Einzelanfrage gesendet werden, auch sog. Push-Dienste im Internet von der ECRL ausgeschlossen werden, die auf einer automatisierten Datenübertragung nach Abonnement beruhen.[236] Darunter fällt z. B. Microsoft Active Desktop, ein Technik die über vorher ausgewählte Channels in regelmäßigen Abständen aktualisierte Informationen auf die Windowsoberfläche überträgt. Es zählen im weiteren Sinn aber auch automatische Softwareupdates oder Mailinglisten dazu. Da der Datenversand bei Push-Diensten automatisch erfolgt, könnten sie aus der

---

[232] s. u. 1. Teil B.II.1.d)bb).
[233] s. u. 1. Teil B.II.1.d)aa).
[234] s. u. 1. Teil B.II.1.d)aa).
[235] ählich Reich/Micklitz-Micklitz, Europäisches Verbraucherrecht, §16, Rn. 5; Freytag, CR 2000, S. 600 (602).
[236] zur Definition siehe www.netlexikon.akademie.de unter Suchbegriff „Push-Technologie“ (http://netlexikon.akademie.de/query;q=Push%2DTechnologie).

Definition herausfallen. Jedoch ist zu beachten, daß jedenfalls im Zeitpunkt des Abonnements dieser Dienste ein willensgesteuerter Abruf des Nutzers vorliegt. Von der technischen Seite her betrachtet findet aber sogar bei jeder einzelnen Aktualisierung der Informationen nach dem Abonnement ein Datenabruf durch die Clientsoftware auf dem Rechner des Empfängers vom Server-Rechner statt, aufgrund dessen erst die aktualisierten Daten übertragen werden.[237] Man kann insoweit von einem automatisierten Client-Pull sprechen, der lediglich die manuelle Steuerung des Datenabrufs über den Client entbehrlich macht. Daß bei Push-Diensten nicht einfach Daten gesendet werden hat seine Gründe in technischen Sicherheitsstandards, die eine ungefragte Zugriffsmöglichkeit auf das Empfangsgerät vermeiden wollen. Folglich zählen auch Push-Dienste zu den Diensten der Informationsgesellschaft.[238]
Es drängt sich die Frage auf, wieso der Richtliniengeber sämtliche Rundfunk und Verteildienste durch das Merkmal des „individuellen Abrufs" vom Anwendungsbereich der Richtlinie ausgenommen hat. Fernsehen wollte der Richtliniengeber höchstwahrscheinlich ausschließen, weil in der Fernsehrichtlinie bereits zahlreiche binnenmarktrelevante Regelungen dazu getroffen wurden, die sich mit dem Regelungsbereich der ECRL überschneiden (z. B. bez. Werbung, Herkunftslandprinzip etc). Haftungsregeln für fremde Inhalte bzw. Informationspflichten der Anbieter gegenüber den Nutzern finden sich in dieser Richtlinie jedoch nicht. Diese bislang ungeregelten Bereiche sind also wohl dem Querschnittsansatz der ECRL zum Opfer gefallen. Über den Bereich des Fernsehens hinaus könnte man allgemein vermuten, der Richtliniengeber habe den Schutz der kulturellen Selbstbestimmung der einzelnen Mitgliedstaaten durch die Aussparung von Rundfunk und Verteildiensten berücksichtigen wollen, denn Art. 151 IV EG verpflichtet die Gemeinschaft zur Rücksichtnahme auf die kulturellen Interessen der Mitgliedstaaten.[239] Diese Rücksichtnahmepflicht beachtet die ECRL ausdrücklich in Art. 1 VI, der den Schutz der kulturellen und sprachlichen Vielfalt gewährleisten soll. Aus dieser Gewährleistung läßt sich auch die Anerkennung der Kultur- und Rundfunkhoheit folgern.[240] Überzeugen kann diese Begründung aber nicht für die in der ECRL getroffenen Regelungen, die sich bestenfalls im Randbereich der kulturellen Kompetenz der Mitgliedsstaaten bewegen, zumal sie keine inhaltlichen Beschränkungen für Dienstangebote vorsehen.[241] Der EuGH hat den Rundfunk vielmehr in ständiger Rechtssprechung der Dienstleistungsfreiheit unterstellt und damit den Weg für binnenmarktbezogene Regelungen, die diesen Bereich tangieren, geebnet.[242] Diese

---

[237] dies verkennt Reich/Micklitz-Micklitz, Europäisches Verbraucherrecht, §16, Rn. 5.
[238] so auch M/K-Wendehorst, §312e, Rn. 34; Spindler, MMR 2000, Beilage zu Heft 7, S. 4 (6); Glatt, Vertragsschluß im Internet, S. 74; Reich/Micklitz-Reich, Europäisches Verbraucherrecht, §3, Rn. 42; a. A. Waldenberger EuZW 1999, S. 296 (296); wohl auch Grabitz/Hilf-Marly, A4, Art. 2, Rn. 14.
[239] vgl. zur kulturellen Selbstbestimmung Calliess/Ruffert-Blanke,EUV/EGV, Art. 151 EG; Schwarze-Sparr, EU-Kommentar, Art. 151 EG.
[240] so Spindler, MMR 2000, Beilage zu Heft 7, S. 4 (6), Tettenborn, K&R 2000, S. 59 (60); Blume/Hammerl, ECG, §3, Rn. 27.
[241] Der Ermessenspielraum der Gemeinschaft im Rahmen der Verhältnismäßigkeitsprüfung gem. Art. 5 III EG wird erst im Kernbereich staatlicher Kulturkompetenz deutlich enger, Schwarze, ZUM 2002, S. 89 (94 f.).
[242] EUGH Rs. 155/73 (Giuseppe Sacci), Slg. 174/409, Rz. 6; EuGH Rs. 352/85 (Bond van Adverteerders ./. Niederlande), Slg. 1988, S. 2085, Rz. 12 ff.; Balda/Schmits, CR 1998, S. 421 (422).

Kompetenz hat der europäische Gesetzgeber genutzt, wie das Beispiel der Fernsehrichtlinie zeigt. Auch die Fernabsatzrichtlinie erfaßt nach Art. 2 Nr. 4 i.V.m. Anhang I ausdrücklich Fernsehen, Hörfunk und Videotext und unterstellt sie den Informationspflichten bei Fernabsatzgeschäften. Die kulturelle Rücksichtnahme kann also die Restriktion der ECRL auf Abrufdienste nicht plausibel erklären.
Zumindest im Hinblick auf den elektronischen Vertragsschluß liegt aber die Vermutung nahe, daß der europäische Gesetzgeber der Meinung war, durch die Fernabsatzrichtlinie für Verteildienste bereits ausreichende Informationspflichten vorgesehen zu haben, um den Geschäftsverkehr im Binnenmarkt zu ordnen und Verbraucherschutz zu gewährleisten. Eine Berührung der Nutzer mit den Unwägbarkeiten des elektronischen Geschäftsverkehrs hielt er bei Rundfunk und Verteildiensten wohl für ausgeschlossen, weil mit den herkömmlichen Rundfunkdiensten vor Augen generell fehlende Rückkanalfähigkeit unterstellt wurde. Dies verkennt jedoch die fortschreitende Erweiterung solcher Dienste um interaktive Reaktionsmöglichkeiten der Nutzer. Durch die Verknüpfung von Rundfunk und Verteildiensten mit komplexen elektronischen Medien entstehen für den Nutzer vergleichbare Gefahren wie im regulären Internetverkehr. Hier drohen ungerechtfertigte Privilegierungen, wenn nicht eine einheitliche Regelung der Telekommunikationsdienste auf EU-Ebene erfolgt. [243]

c) Deckungsgleichheit der Begriffe „Tele- oder Mediendienst“ und „Dienst der Informationsgesellschaft“?

Fraglich ist, ob die „Tele- oder Mediendienste“ nach §312e identisch mit den „Diensten der Informationsgesellschaft“ sind. Dies sah der Gesetzgeber selbst als zweifelhaft im Bereich der Verteildienste an.[244] Verteildienste können nach §2 II Nr. 1-3 MDStV entweder als Mediendienste oder Rundfunk einzuordnen sein.[245] Von der ECRL werden sie hingegen gänzlich durch das Begriffsmerkmal „auf individuellen Abruf“ ausgeschlossen.
Die Gesetzesbegründung möchte Verteildienste über das Tatbestandsmerkmal „zum Zwecke des Abschlusses eines Vertrags“ vom Anwendungsbereich des §312e ausnehmen.[246] Auch in der Literatur wird überwiegend dieses Merkmal als Aufhänger für eine Beschränkung des Anwendungsbereichs genommen.[247] Dieser Ansatz erweist

---

[243] im einzelnen s. u. 1. Teil B.II.1.d)bb).
[244] Begründung Regierungsentwurf, BT-Druck 14/6040, S. 170 und 171.
[245] Gounalakis/Rhode, CR 1998, S. 487 (489 ff.) ; Kröger/Gimmy-Moos, Handbuch zum Internetrecht, S. 272 ff: Verteildienste werden zwar auch vom TDG in seinen Anwendungsbereich einbezogen und in §2 IV Nr. 3 TDG nur meinungsrelevante Verteildienste ausgenommen. Jedoch kommt es für die „individuelle Nutzung“ nach §2 I TDG auf eine Interaktivität an, die bei Verteildiensten schon *technisch* nicht gegeben ist, so daß diese generell aus dem TDG herausfallen; a. A. Engel-Flechsing/Maennel, Tettenborn, Neue Gesetzliche Rahmenbedingungen für Multimedia, S. 13.
[246] Begründung Regierungsentwurf, BT-Druck 14/6040, S. 170 und 171.
[247] Lorenz/Riehm, Lehrbuch zum neuen Schuldrecht, Rn. 139; Schmidt-Räntsch, Das neue Schuldrecht – Anwendung und Auswirkungen in der Praxis, Rn. 1061 u. 1066; AnwKom-Ring, §312e, Rn. 3; Dauner-Lieb/Heidel/Ring-Ring, §12, Rn. 92; Micklitz in: Micklitz/Pfeiffer/Tonner/Willingmann (Hrsg.), Schuldrechtsreform und Verbraucherschutz, S. 191 (212 ff.); Huber/Faust-Huber, 19. Kapitel, Rn. 70; Griogleit NJW 2002, 1151 (1152); Boente/Riehm, Jura 2002, S. 222 (226); Bamberger/Roth-Schmidt-Räntsch, §312e, Rn. 10.

sich jedoch als ungeeignet, denn auch Verteildienste dienen dem Abschluß von Verträgen, wenn sie Produkte darstellen oder bewerben.[248] Die Ausstrahlung einer Teleshopping-Sendung im Fernsehen kann ebenso eine invitatio ad offerendum sein und auf den Vertragsschluß abzielen wie die Unterhaltung einer Homepage mit Warenangeboten. Alternativ verweist die Gesetzesbegründung auf den Gesamtzusammenhang des §312e, der auf eine Vertragsschlußsituation zwischen Unternehmer und Kunde abstelle und deshalb den individuellen Abruf des Dienstes, dessen sich der Unternehmer bedient, voraussetzte.[249] Daran ist unverkennbar richtig, daß §312e eine Vertragsschlußsituation regelt, was aus dem eben diskutierten Merkmal „zum Abschluß eines Vertrages" und der systematischen Stellung des §312e im Buch 2, Abschnitt 3 „Schuldverhältnisse aus Verträgen" des BGB ergibt. Es bleibt aber ein Rätsel, woraus sich die Notwendigkeit eines individuellen Abrufs des Dienstes ergeben soll.
Aufgrund der eindeutigen Stellungnahmen des Gesetzgebers, den Anwendungsbereich des §312e durch den Begriff der „Tele- und Mediendienste" nicht über die „Dienste der Informationsgesellschaft" hinaus ausweiten zu wollen, wird man diesem Willen Rechnung tragen müssen. In der Literatur wird deshalb vorgeschlagen, den Begriff bzw. die Verweisung auf das TDG und den MDStV teleologisch zu reduzieren.[250] Mit einer teleologischen Reduktion werden einer Norm Fälle entzogen, die eigentlich nach ihrer Zwecksetzung nicht erfaßt werden sollen.[251] Sie wird gleichsam um ungeschriebene Ausnahmetatbestände ergänzt.[252] Fraglich ist, ob nicht durch eine historische Auslegung dasselbe Ziel erreicht werden kann. So könnte man auf den aus den Materialien eindeutig hervortretenden Willen des Gesetzgebers rekurrieren. Die historische Auslegungsmethode ist allerdings nach dem BVerfG, das die nationalen Auslegungsmethoden verbindlich festlegt[253], gegenüber den übrigen Auslegungsmethoden subsidiär.[254] Ein Rückgriff ist nur zulässig, um ein durch andere Auslegungsmethoden gefundenes Ergebnis zu bestätigten.[255] Der Wille des Gesetzgebers muß sich in der Norm zumindest objektiviert haben, d. h. der Wortlaut muß für die entsprechende Auslegung zumindest Anhaltspunkte bieten.[256] Nach dem oben Dargelegten gibt es aber keinen Fingerzeig, der auf eine entsprechende Beschränkung hindeuten würde. Da die historische Auslegung somit nicht isoliert stehen kann, muß man sich in den Bereich der Rechtsfortbildung bewegen, um den Willen des Gesetzgebers zu respektieren, und auf

---

[248] so auch M/K-Wendehorst, §312e, Rn. 22.
[249] Begründung Regierungsentwurf, BT-Druck 14/6040, S. 170 und 171; so auch Schmidt-Räntsch, Das neue Schuldrecht – Anwendung und Auswirkungen in der Praxis, Rn. 1066.
[250] M/K-Wendehorst, §312e, Rn. 7; HK-Schulte-Nölke, BGB, §312e, Rn. 3.
[251] Larenz/Canaris, Methodenlehre der Rechtswissenschaft, S. 210 f.; Bydlinski, Juristische Methodenlehre und Rechtsbegriff, S. 480 f.
[252] Larenz/Canaris, Methodenlehre der Rechtswissenschaft, S. 210 f.; Bydlinski, Juristische Methodenlehre und Rechtsbegriff, S. 480 f.; Canaris, Die Feststellung von Lücken im Gesetz, S. 151 f.
[253] Bleckmann, JuS 2002, S. 942 (942).
[254] Kohler-Gehrig, JA S. 807 (807).
[255] BVerfGE 34, 269 (288); BGHZ 47, 324 (336).
[256] BVerfGE 8, 274 (307); BVerfGE 24, 75 (92); BVerfGE 59, 128 (153); Bleckmann, JuS 2002, S. 942 (943).

die teleologische Reduktion zurückgreifen.[257] Zu den „Tele- oder Mediendiensten" i.S.d. §312e II zählen also nicht die Verteildienste.
Eine weitere Unstimmigkeit zwischen dem Begriffspaar „Tele- und Mediendienste" und den „Diensten der Informationsgesellschaft" sah der Regierungsentwurf bei den nichtwirtschaftlichen Informations- und Kommunikationsdiensten.[258] Die ECRL beschränkt nach Erwägungsgrund 18 ihren persönlichen Anwendungsbereich mehr oder weniger deutlich auf die Tätigkeit beruflicher oder gewerblicher Anbieter. Das TDG und der MDStV erfassen hingegen auch von Privaten oder nichtkommerziellen Anbietern erbrachte Dienste, wie sich aus §2 III TDG und dem Regelungszusammenhang des MDStV ergibt. Die Gesetzesbegründung geht zutreffend davon aus, daß sich die gewerbs- bzw. berufsmäßige Ausrichtung des Tele- oder Mediendienstes aus der notwendigen Beteiligung eines Unternehmers ergibt.[259] Die Substitution des Begriffs des Diensteanbieters durch den Begriff des Unternehmers i.S.d. §14 BGB war insofern zulässig.
Vom sachlichen Anwendungsbereich der ECRL werden durch das Merkmal „in der Regel gegen Entgelt" - wie oben gezeigt - aber auch unentgeltliche Verträge ausgeschlossen. Die Unternehmerdefinition in §14 BGB enthält zwar personelle, funktionelle und sachliche Anknüpfungsmomente, denn Unternehmer ist nur, wer *in Ausübung* seiner gewerblichen oder beruflichen Tätigkeit ein Rechtsgeschäft schließt.[260] Der sachlichen Beschränkung der ECRL auf entgeltliche Verträge wird indes nur dann Rechnung getragen, wenn man die *Entgeltlichkeit* des konkreten Rechtsgeschäfts als Voraussetzung für die Anwendung von §14 ansieht.[261] Wenn man hingegen – richtigerweise – nur auf irgendeine Tätigkeit im sachlichen Zusammenhang mit der global auf Entgelterzielung ausgerichteten Erwerbstätigkeit abstellt[262] oder nur eine mittelbare *Gewinnerzielungsabsicht* im Einzelfall verlangt, könnten auch unentgeltliche Zuwendungen eines Unternehmers wie Warenproben o.ä. in den Anwendungsbereich von §312e fallen. Dann wäre §312e weiter als der Anwendungsbereich der Richtlinie. Ob die sachliche Beschränkung des Anwendungsbereichs auf entgeltliche Verträge aus dem Begriff der „Bestellung" in §312e herausgelesen werden kann[263], ist eher zweifelhaft. Man muß deshalb ebenfalls auf die teleologische Reduktion zurückgreifen – hier nicht nur, um den Willen des Gesetzgebers zu respektieren, sondern auch zur Ge-

---

[257] zur Zulässigkeit BVerfGE 35, 263 (279 f.); 88, 145 (166 f.).
[258] Begründung Regierungsentwurf, BT-Druck 14/6040, S. 170.
[259] Begründung Regierungsentwurf, BT-Druck 14/6040, S. 170.
[260] Faber, ZEuP 1998, S. 854 (858); M/K-Micklitz, §14, Rn. 3.
[261] so wohl Ende/Klein, Grundzüge des Vertriebsrechts im Internet, S. 134. Spindler, in: Dauner-Lieb/Konzen/Schmidt (Hrsg.), Das neue Schuldrecht in der Praxis, S. 459 (463) sieht den Unternehmerbegriff des §14 als zu eng an und will ihn erweiternd interpretieren, um dritt- oder quersubventionierte Angebote einzubeziehen. Dies ist jedoch gerade nicht notwendig, weil die ECRL – im Gegensatz zu Werbung oder reinen Informationsangeboten – drittfinanzierte unentgeltliche *Verträge* nicht erfassen will (s.o 1. Teil B.II.1.b)bb)).
[262] so wohl z. B. Bauer/Kock, DB 2002, S. 42 (43); Elßner/Schirmbacher, VuR 2003, S. 247 (251): für die Anwendung des §14 reicht ein mittelbarer Bezug zum Geschäftszweck.
[263] so Reich/Micklitz-Micklitz, Europäisches Verbraucherrecht,§16, Rn. 16.

währleistung der Richtlinienkonformität, da der Binnenmarktverkehr beim Abschluß unentgeltlicher Verträge nicht durch Pflichten belastet werden soll.[264]
Fraglich ist, ob der Gesetzgeber auch – wie beabsichtigt - Sprachtelefonie und Telefax vom Anwendungsbereich des §312e ausgenommen hat. Dafür muß untersucht werden, ob die Verweisung auf den Anwendungsbereich des TDG und des MDStV den gewünschten Erfolg herbeiführen kann. Der Bereich des Rundfunks i.S.d. §2 RStV ist nach §2 IV TDG und §2 I 2 MDStV gänzlich vom Anwendungsbereich der beiden Gesetze ausgenommen. Dies gilt auch für sämtliche *über* dieses Medium verbreitete Inhalte. Nicht so ist dies bei der Telekommunikation. §2 IV Nr. 1 TDG nimmt „Telekommunikationsdienstleistungen und das geschäftsmäßige Erbringen von Telekommunikationsdiensten nach § 3 des Telekommunikationsgesetzes" vom Anwendungsbereich des TDG aus. Damit sind §3 Nr. 5 und 18 TKG gemeint. Nach Nr. 18 sind Telekommunikationsdienstleistungen „das gewerbliche Angebot von Telekommunikation einschließlich des Angebots von Übertragungswegen an Dritte". Aus dieser Definition ergibt sich, daß das TKG nur die Transportleistung erfaßt, nicht jedoch die Inhaltsleistung.[265] Auch §2 II Nr.3 TDG meint entgegen seines scheinbaren Wortlauts nicht die Zugangsvermittlung, sondern ausweislich der Gesetzesbegründung[266] die Bereitstellung von Online-Hilfsmitteln für die Nutzung von Diensten wie z. B. Navigationshilfen.[267] Die Diensterbringung *über* Telefon und Telefax, die die ECRL von ihrem Anwendungsbereich ausschließt, ist jedoch gerade keine Transportleistung und fällt deshalb nicht unter die Ausnahme. Völlig unbegründet ist daher die Sorge, daß durch die Verweisung auf das TDG und den MDStV elektronisch abgeschlossene Verträge über die technische Bereitstellung von Telekommunikationsdiensten (Access Providing) vom Anwendungsbereich ausgenommen seien[268], was nicht dem Zweck der ECRL entspräche.[269] Wie gerade dargestellt, unterfällt zwar das Access Providing selbst tatsächlich nicht dem TDG, sondern dem TKG. Ganz unabhängig davon, erfaßt §312e aber in jedem Fall den elektronischen Vertragsschluß *über* Access Providing, weil das elektronische Vertragsschlußangebot eine Inhaltsleistung darstellt, die mittels eines Tele- oder Mediendienstes erbracht wird.[270] Nach Art. 20 der Universaldienstrichtlinie 2002/22/EG unterliegt der Anbieter zusätzlich bei Providerverträgen einer ganzen Reihe von spezifischen Informationspflichten.
Möglicherweise ergibt sich der Ausschluß von Diensten, die über Telefon- oder Telefax erbracht werden, aber schon aus der Definition des Teledienstes in §2 I TDG. Nach dieser Definition muß es sich um einen „elektronischen" Informations- und Kommunikationsdienst handeln. Schon hier könnte man Telefon- und Telefaxdienste aus-

---

[264] a. A. Hoeren/Sieber-Waldenberger, Handbuch Multimedia-Recht, Teil 13.4, Rn. 14, der der Kulturklausel des Art. 1 VI ECRL einen Umsetzungsspielraum für den deutschen Gesetzgeber entnimmt.
[265] Scheuerle/Mayen-Lünenbürger, TKG, §3, Rn. 62; Beck'scher TKG-Kommentar-Schütz, §3, Rn. 21b.
[266] BT-Druck 13/7385, S. 19.
[267] Roßnagel-Spindler, Recht der Multimedia-Dienste, §2 TDG, Rn. 86; Koenig, MMR 1998, Beilage zu Heft 12, S. 1 (7); a. A. Beucher/Leyendecker/Rosenberg, §2 TDG, Rn. 6.
[268] Glatt, Vertragsschluß im Internet, S. 93f u. 96.
[269] s. o. 1. Teil B.II.1.b)cc).
[270] s. o. 1. Teil B.II.1.b)aa).

scheiden lassen[271]. Es findet sich zwar im TDG keine Definition, was „elektronisch“ bedeuten soll. Jedoch versteht die Begründung zum IuKDG unter Telediensten sog. „neue Dienste“.[272] Dies verdeutlicht auch die Beispielliste in §2 II TDG. Diese Abgrenzung ist aber sehr vage, denn es gibt durchaus auch im Bereich der herkömmlichen Telekommunikation elektronische Datenverarbeitung, wie z. B. bei ISDN-Anlagen oder Faxgeräten, aber auch neue elektronische Übermittlungsarten wie Voice-Mail. Eine Begrenzung der erfaßten Dienste könnte sich aber aus der Notwendigkeit einer „individuellen interaktiven Nutzung“ ergeben, wie sie für das TDG verlangt wird.[273] Die Gesetzesbegründung umschreibt dieses Merkmal etwas nebulös mit „hierdurch [durch solche Dienste] möglichen Anwendungen im Sinne eines individuellen und frei kombinierbaren Umgangs mit digitalisierten Informationen verschiedener (interaktiv verwendbarer) Darstellungsformen (z. B. Text, Grafik, Sprache, Bild, Bildfolgen usw.)“. Auch die Abgrenzung anhand dieses Merkmals kann nicht gänzlich überzeugen. Kombinierte Darstellungsformen bietet auch die Bildtelefonie über ISDN, die gleichzeitig Sprach- und Bildinformationen an den Gesprächspartner überträgt. Dieser kann auch interaktiv mit den Daten umgehen, sie digital speichern und weiterverarbeiten sowie Dokumente, Entwürfe, Pläne oder Skizzen an den Anrufer zurücksenden. Letztlich kann man aus den für die Individualkommunikation in §2 II Nr. 1 TDG gegebenen Beispielen Telebanking und Datenaustausch erahnen, daß der Gesetzgeber gewöhnliche Erscheinungsformen der Sprachtelefonie und der Telefaxkommunikation nicht zu den Telediensten zählt. Sie sind folglich auch vom Anwendungsbereich des §312e ausgeschlossen.

d) Einordnung einzelner Zweifelsfälle

aa) Internet-Rundfunk

Einige Zweifelsfälle bedürfen noch näherer Betrachtung, um ihre Zugehörigkeit zu §312e festzustellen. Um einen Grenzfall handelt es sich beim Internet-Rundfunk. Dieser benutzt das Internet als Informationsträger, verbreitet aber meinungsrelevante Inhalte. Von der technischen Seite betrachtet werden die Daten dabei in einem sog. Streaming-Verfahren übertragen.[274] Aufgrund eines ununterbrochenen Datenflusses vom Server zu einem Client-Programm können dabei Sendungen in Echtzeit übertragen werden. Der Datenfluß wird aber von einem Client-Programm gesteuert, das die Daten anfordert und decodiert. Somit ist der Internet-Rundfunk in technischer Hinsicht ein Abrufdienst.[275] Abrufdienste sind grundsätzlich von §312e erfaßt, da die ECRL nur einen Ausschluß der Verteildienste vom Anwendungsbereich des §312e erfordert. Je-

---

[271] so Palandt-Heinrichs, §312e, Rn. 3.

[272] BT-Druck 13/7385, S. 16 (17).

[273] so Engel-Flechsing/Maennel/Tettenborn-Tettenborn, Beck'scher IuKDG-Kommentar, §2 TDG, Rn. 57.

[274] zur Definition siehe www.netlexikon.akademie.de unter Suchbegriff „Streaming“ (http://netlexikon.akademie.de/query;q=Streaming). Beispielprogramme sind Real Audio, Real Video, Quick Time und Streaming Media von Microsoft.

[275] so auch Kröger/Gimmy-Moos, Handbuch zum Internetrecht, S. 277; Libertus, ZUM 2000, S. 555 (556).

doch erscheint fraglich, ob diese Übertragungstechnik nicht wegen ihrer Rundfunkähnlichkeit vom Anwendungsbereich der ECRL und §312e ausgenommen werden muß. Im deutschen Medienrecht wird der Internet-Rundfunk noch überwiegend den Mediendiensten zugeordnet.[276] Aufgrund der unzureichenden Übertragungsqualität wird den Internet-Radio- und Videoangeboten eine rundfunkgleiche Suggestionskraft abgesprochen.[277] Damit wird auf die Rechtsprechung des BVerfG Bezug genommen, nach der sich der Rundfunk aus den Wesensmerkmalen „Breitenwirkung, Aktualität und Suggestivkraft" zusammensetzt.[278] Eine Breitenwirkung läßt sich auch Abrufdiensten im Internet nicht absprechen.[279] Zwar ist die Zahl der Angebote viel größer, so daß eine Zersplitterung der Aufmerksamkeit zu vermuten ist. Das bedeutet aber nicht, daß nicht einzelne besonders bekannte Angebote intensiv genutzt werden. Lokalsendern wird schließlich auch nicht die Rundfunkqualität abgesprochen. Auch die Aktualität der Angebote kann gewährleistet werden, weil moderne Datenkompressionstechniken die Datenmenge reduziert und gleichzeitig Precaching-Mechanismen für einen ununterbrochenen Datenfluß in Echtzeit sorgen. Entscheidend ist daher letztlich, ob es wirklich an der Suggestivkraft fehlt. Suggestivkraft bedeutet, daß durch ein kontinuierlich ablaufenden Gesamtprogramm, das eine künstliche „virtuelle" Welt schafft und die Zuschauer mit ihrer ganzen Persönlichkeit einbindet, der Zuhörer zum Einschalten angeregt und vom Abschalten abgehalten wird.[280] Internethörfunk und –fernsehen werden vielfach als Gesamtprogramm angeboten. Schon allein die Faszination des Mediums Internet macht für den Nutzer einen Reiz aus, der durch schlechte Übertragungsqualität nicht beeinträchtigt wird.[281] Angesichts der stetig verbesserten Kompressionsalgorithmen, die die Datenmenge reduzieren und der steigenden Verbreitung von Breitband-Internetanbindungen über x-DSL, Kabel oder Satellit[282], kann auch (bald) nicht mehr von einem Qualitätsunterschied zum herkömmlichen Rundfunk gesprochen werden. Der Empfang von Hörfunk ist mittlerweile sogar in CD-Qualität möglich.[283] Microsoft ist es mit dem Windows Media Encoder gelungen, durch moderne Kompressionsalgorithmen Videostreams in DVD-Qualität schon ab Transferraten von 500 Kbit/s zu ermöglichen.[284] Aus diesem Grund versteht eine vordringende

[276] Zweites Strukturpapier der Direktorenkonferenz der Landesmedienanstalten vom 9. September 1998, Ziff. 2.2.2.4.2.; Hochstein, NJW 1997, S. 2977 (2980); Ory, AfP 1997, S. 845 (847).
[277] Hochstein, NJW 1997, S. 2977 (2980); Ory, AfP 1997, S. 845 (847).
[278] BVerfGE 90, 60 (87); Libertus, ZUM 2000, S. 555 (559).
[279] Kröger/Gimmy-Moos, Handbuch zum Internetrecht, S. 288.
[280] Bullinger JZ 1996, S. 385 (387); Bullinger AfP 1996, S. 1 (7).
[281] Kröger/Gimmy-Moos, Handbuch zum Internetrecht, S. 288.
[282] nach der Mitteilung der Kommission „Hochgeschwindigkeitsverbindungen für Europa: Neue Entwicklungen in der elektronischen Kommunikation" vom 3.2.2004, KOM(2004) 61 endg., S. 9 hat sich die Zahl der Breitband-Anschlüsse in Europa von Juli 2002 bis Oktober 2003 von 10 auf 20 Mio. verdoppelt.
[283] Janik, K&R 2001, S. 572 (576); Janik AfP 2000, S. 7 (12).
[284] Informationen unter http://www.microsoft.com/windows/windowsmedia/9series/.

Auffassung Internet-Fernsehen und –Rundfunk als Rundfunk im Sinne von §2 I RfStV.[285] Diese Auffassung ist vorzuziehen.
Fraglich ist aber, ob sich diese Auslegung im Einklang mit den Vorgaben der ECRL befindet. Man könnte vermuten, daß den nationalen Gesetzgebern im Rundfunkbereich ein gewisser Definitionsspielraum eingeräumt wurde, der sich auf Art. 1 VI ECRL stützen läßt, wonach „Maßnahmen auf gemeinschaftlicher oder einzelstaatlicher Ebene, die unter Wahrung des Gemeinschaftsrechts der Förderung der kulturellen und sprachlichen Vielfalt und dem Schutz des Pluralismus dienen“ von der Richtlinie unberührt bleiben.[286] Dafür könnte auch sprechen, daß der Internet-Rundfunk in der ECRL keine explizite Erwähnung findet.
Zu beachten ist aber, daß auf Gemeinschaftsebene trotz Respektierung der mitgliedstaatlichen Kulturinteressen für Binnenmarktbelange eine autonome Rundfunkdefinitionen verwendet wird.[287] Der EuGH ordnet nämlich Rundfunk- und Fernsehen zu Werbezwecken der Dienstleistungsfreiheit zu.[288] Dies gab der EG die Kompetenz zum Erlaß der Fernsehrichtlinie 89/552/EWG und zur Schaffung einer eigenen Definition für Fernsehdienste in Art. 1 lit. a dieser Richtlinie. Auf diese Definition verweist die Transparenzrichtlinie in Anhang V Nr.3 lit. a für den Ausschluß des Fernsehens. Die Definition bestimmt gem. Art. 1 lit. a S.3 spiegelbildlich zur Definition der Dienste der Informationsgesellschaft in der Transparenzrichtlinie, daß die Informationsübermittlung auf „individuellen Abruf“ keine Fernsehsendung ist. Die ECRL und die Fernsehrichtlinie grenzen also übereinstimmend ihren Anwendungsbereich über das Kriterium des „individuellen Abrufs“ voneinander ab. Deutlich wird daran, daß zwischen Fernsehdiensten und Diensten der Informationsgesellschaft eine Trennlinie verläuft, die durch das Kriterium der „individuellen Abrufbarkeit“ bestimmt wird. Im Sinne der Definition für Fernsehdienste wird auch der Begriff der Hörfunkdienste in Anhang V Nr.3 lit. b zu verstehen sein, der ebenfalls europäisch autonom auszulegen ist, ohne daß den Mitgliedsstaaten ein Spielraum verbliebt. Definitionshoheit im Rundfunkbereich kann den Mitgliedsstaaten nur außerhalb des von der ECRL vereinheitlichten Bereichs verbleiben.
Wie die Abgrenzung zwischen Diensten der Informationsgesellschaft und Rundfunkdiensten im einzelnen definitorisch zu treffen ist, ist bislang nicht hinreichend geklärt. Insbesondere stellt sich die Frage, ob materiell-inhaltliche Faktoren die Abgrenzung mitbestimmen sollen oder ob diese rein formal-technisch nach dem Merkmal des „individuellen Abrufs“ zu erfolgen hat, wie dies der Wortlaut der Definitionen nahelegt. Möglicherweise wird eine Revision der Fernsehrichtlinie Klarheit schaffen.[289] Der vierte Bericht der Kommission zur Fernsehrichtlinie verweist insoweit zur Abgrenzungsfrage leider nur auf den „acquis communitaire“ ohne zur Klärung der Frage bei-

---

[285] Janik, K&R 2001, S. 572 (576); Janik AfP 2000, S. 7 (12); Hochstein, NJW 1997, S. 2977 (2980; Kröger/Gimmy-Moos, Handbuch zum Internet-Recht, S. 288; Kibele, Multimedia im Fernsehen, S. 162.
[286] Blume/Hammerl, ECG, §3, Rn. 27.
[287] Schwarze, ZUM 2000, S. 779 (781); Schroeder, ZUM 1994, S. 471 (480).
[288] s. o. 1. Teil B.II.1.b)ee).
[289] Tettenborn, K&R 2000, S. 59 (61).

zutragen.[290] Für den Augenblick bedarf es daher einer Untersuchung, wie die ECRL selbst als jüngere Richtlinie die Abgrenzung trifft, d. h. ob sie mit ihrer Verweisung auf die Transparenzrichtlinie Internet-Rundfunk als elektronischen Abrufdienst erfassen wollte.

Ausdrücklich Stellung bezog der erste Entwurf der Kommission zur ECRL, wo es heißt, daß Internet-Rundfunk dann nicht unter den Anwendungsbereich der Richtlinie fallen soll, „wenn dies allein ein zusätzliches Mittel der Ausstrahlung von einer integralen oder unveränderten Zusammenstellung von bereits drahtlos, über Draht bzw. Kabel oder Satellit ausgestrahlten Fernsehprogrammen, wie in Artikel 1 a) der Richtlinie 89/552/EG definiert, darstellt“. [291] Dies könnte bedeuten, daß Rundfunkangebote im Internet nicht zu den Diensten der Informationsgesellschaft zählen sollen, sofern sie inhaltlich identisch mit auf herkömmliche Weise ausgestrahlten Programmen sind (sog. Simulcast).[292] Damit wäre für Rundfunkdienste ein materielles Kriterium anzulegen, nämlich die inhaltliche Identität mit herkömmlichen Rundfunksendungen. Das europäische Parlament schlug daraufhin in der ersten Lesung vor, ausdrücklich "rundfunkähnliche Dienste" vom Anwendungsbereich auszunehmen.[293]

Im weiteren Entstehungsprozeß der Richtlinie wurden dieser materielle Abgrenzungsansatz jedoch nicht weiter verfolgt. Im geänderten Richtlinienvorschlag der Kommission findet sich in Erwägungsgrund 2c S.4 statt dessen die Formulierung: „Nicht unter diese Definition fallen die Dienstleistungen, auf die in der Liste von Anhang V der Richtlinie 98/34/EG Bezug genommen wird und die ohne Verarbeitung und Speicherung von Daten erbracht werden“. [294] Bei dieser Formulierung ist nicht mehr klar, ob die Simulcast-Verbreitung auch vom Anwendungsbereich ausgeschlossen ist, denn bei ihr werden zumindest kurzfristig Daten zwischengespeichert.[295] In der endgültigen Fassung der Richtlinie schließlich tauchen entsprechende Wendungen überhaupt nicht

---

[290] Vierter Bericht der Kommission an den Europäischen Rat, das Europäische Parlament, Wirtschafts- und Sozialausschuß und den Ausschuß der Regionen über die Anwendung der Richtlinie 89/552/EWG „Fernsehen ohne Grenzen“ vom 6.1.2003, KOM (2002) 778 endg., S. 33. Allerdings heißt es in der Mitteilung der Kommission an das Europäische Parlament, den Rat, den Europäischen Wirtschafts- und Sozialauschuß und den Ausschuß der Regionen über Hemmnisse für den breiten Zugang zu neuen Diensten und Anwendungen der Informationsgesellschaft durch offene Plattformen beim digitalen Fernsehen und beim Mobilfunk der dritten Generation vom 9.7.2003, S. 10 Fn. 9: „Es werden regelmäßige Untersuchungen durchgeführt, z. B. im vierten Bericht über die Anwendung der Richtlinie 89/552/EWG, in dem die Kommission erklärt, dass sie nicht die Absicht hat, die im *Acquis communautaire* getroffene Unterscheidung zwischen den Diensten der Informationsgesellschaft und den unter die Richtlinie „Fernsehen ohne Grenzen“ fallenden Diensten in Frage zu stellen, KOM(2002) 778 endgültig. Angesichts der Konvergenz (Zusammenfließen der Technologien), die immer mehr zur Marktrealität wird, sollten die Vorschriften vom politischen Grundsatz her technologisch neutral sein. Das bedeutet, dass die Begriffsbestimmungen möglichst auf Dienstarten (z. B. audiovisuelle Dienste, Datenübertragung) anstatt auf Netzen oder Plattformen (z. B. digitales Fernsehen, Mobilfunk) beruhen sollten.“ Womöglich wird damit die Einführung materieller Abgrenzungskriterien angedacht.

[291] KOM (1998) 586 endg., S. 21.

[292] Hamann, ZUM 2000, S. 290 (290). Das veranlaßt Grabitz/Hilf-Marly, A4, Art. 2, Rn. 13 diese vermittelnde Auffassung auch für die endgültige Fassung der ECRL zu vertreten.

[293] Abl. C 279 v. 1. 10. 1999, S. 398 (402), Änderungsvorschlag 63.

[294] KOM (1999) 427 endg., S. 11.

[295] Hamann, ZUM 2000, S. 290 (294).

mehr auf, was dafür spricht, daß der Richtliniengeber sie bewußt hat fallen lassen. In ihrer endgültigen Fassung grenzt die ECRL unter Berufung auf die Transparenzrichtlinie 98/34/EG nur noch nach dem technischen Kriterium des „individuellen Abrufs" ab, ohne materiell-inhaltliche Kriterien zu erwähnen. [296]. Damit wird der Gleichlauf mit Art. 1 a) der Fernsehrichtlinie gewahrt, die ebenfalls klar auf eine technische Abgrenzung ausgerichtet scheint. Die Feststellung, ob eine Online-Übertragung mit einer herkömmlichen Sendung inhaltlich identisch ist oder nicht, würde ohnehin zu erheblichen Abgrenzungsschwierigkeiten führen. Selbst wenn ein Anbieter Programmsequenzen aus dem herkömmlichen Rundfunkprogramm im Internet zum Abruf bereithält, liegt kein unverändertes Angebot vor, wenn sie in ein umfassendes Online-Informationsangebot eingebettet sind.[297]
Mangels weiterer Hinweise in den Richtlinientexten wird man deshalb davon ausgehen müssen, daß alle Angebote, die technisch als Abrufdienst verbreitet werden, Dienste der Informationsgesellschaft sind und nicht zum Rundfunk zählen.[298] Dies gilt für den Internet-Rundfunk und – wie sich aus Erwägungsgrund 18 S.7 ECRL schließen läßt – auch für das echte Video-on-Demand über das Internet. Gesendete Video-Near-on-Demand-Dienste werden hingegen nach Anhang V Nr. 3 a der Transparenzrichtlinie als Fernsehdienste von der ECRL nicht erfaßt.
Allerdings muß man einige unangenehme Implikationen in Kauf nehmen, wenn man den Internet-Rundfunk als Dienst der Informationsgesellschaft betrachtet. Nach Art. 4 I ECRL sind nämlich alle Anbieter von Internet-Rundfunk von der Zulassungspflicht befreit. Dies ist eine unerwünschte Konsequenz, weil sich die großen Medienkonzerne aufgrund der steigenden Übertragungsqualität und Verbreitung von Breitbandanschlüssen verstärkt auf das Medium Internet konzentrieren werden.[299] Vor allem die Telekom zeigt in dieser Richtung viel Initiative über das zunehmend wachsende Angebot von Internet-Fernsehen ihrer Tochter T-Online.[300] Beim elektronischen Vertragsschluß hingegen haben nach geltender Rechtslage die Anbieter von Teleshoppingsendungen im Internet Nachteile gegenüber Offline-Anbietern hinzunehmen, da

---

[296] so auch Kibele, Multimedia im Fernsehen, S. 226 f.; kritisch zu einer solchen Abgrenzung nach dem Verbreitungsweg: Hamann, ZUM 2000, S. 290 (295); sie widerspricht dem Ansatz der Kommission Dienste inhaltlich und nicht technisch zu regulieren, s. Mitteilung der Europäischen Kommission, Grundsätze und Leitlinien für die audiovisuelle Politik der Gemeinschaft im digitalen Zeitalter v. 14.12.99, KOM (99) 657 endg; den rein technischen Ansatz der ECRL beklagt auch Waldenberger, EuZW 1999, S. 296 (296 f.).
[297] Kibele, Multimedia im Fernsehen, S. 226 f.
[298] so auch M/K-Wendehorst, §312e, Rn. 36 mit Hinweis auf die Abgrenzungsschwierigkeiten, die eine Differenzierung zwischen Simulcast- und sonstiger Multicast-Verbreitung schaffen würde; offengelassen: Gierschmann, DB 2000, S. 1315 (1315); unklar: Hoeren, MMR 1999, S. 192 (194), der die Anmerkung im ersten Vorschlag der Kommission als das Produkt von Lobbyismus ansieht; a. A. Micklitz/Tonner-Micklitz, Vertriebsrecht, §312e, Rn. 33; Arndt/Köhler, EWS 2001, S. 102 (104); Brisch, CR 1999, S. 235 (236).
[299] vgl. Hamann, ZUM 2000, S. 290 (293 f.), der an die Beteiligung von Bertelsmann an AOL-Europe und die Übernahme von Warner Brothers durch AOL erinnert, was auf die künftige verstärkte Verbreitung von Video-Angeboten im Internet spricht.
[300] das Angebot findet sich unter http://www.t-online-vision.de/; vgl. dazu Frankfurter Allgemeine Zeitung vom 14. März 2003, Wirtschaft, S. 20, „Berichte von der Cebit in Hannover – Telekom bringt das Internet auf das Fernsehen".

sie den Pflichten nach Art.5-11 der ECRL unterliegen. Exemplarisch für die entstehende Schieflage ist die Behandlung von Video-on-Demand, das sowohl technisch als Sendung als auch als Abrufdienst ausgestaltet sein kann.
Die technische Abgrenzung zwischen Diensten der Informationsgesellschaft und Rundfunk führt zu Ungleichbehandlungen, die durch eine Nachbesserung der Richtlinienwerke behoben werden müssen. Erwägenswert wäre es, die technische Bestimmung von Diensten der Informationsgesellschaft, die formal anhand des individuellen Abrufs erfolgt, um materielle Kriterien zu ergänzen, um die augenfälligsten Schieflagen zu vermeiden. So könnte man z. B. für das Vorliegen eines Dienstes der Informationsgesellschaft fordern, daß der Nutzer durch den Abruf inhaltliche Elemente auswählen oder den Ablauf des Dienstes interaktiv bestimmen kann.[301] Maßgeblich wäre dann also der interaktiv-gestaltende, individuelle Abruf. Ein Abruf von Internet-Rundfunk-Sendungen, bei dem sich die Einwirkungsmöglichkeiten auf das Einklinken in einen laufenden redaktionell gestalteten Datenstrom beschränken, wären dann nicht von der ECRL erfaßt, wohl aber einzeln abrufbare Videobeiträge, die der Nutzer beliebig anschauen und kombinieren kann. Denn Dienste, die keinen individuell gestaltenden Abruf zulassen, ähneln von ihrer Erscheinungsform her eher der herkömmlichen Rundfunkübertragung.[302] In der aktuellen Richtlinienfassung finden sich für eine solche Auslegung allerdings noch keine Anhaltspunkte. Auch können die genannten materiellen Kriterien nicht darüber hinweghelfen, daß es zumindest beim elektronischen Vertragsschluß für die Schutzbedürftigkeit des Kunden keine Rolle spielt, ob er das Angebot über einen rundfunkähnlichen oder sonstigen Abrufdienst erhalten hat, solange er nur selbst eine elektronische Bestellung abgibt.
Für die Zukunft wird sich die Frage stellen, ob ein unterschiedlicher Regelungsrahmen für Rundfunk und Dienste der Informationsgesellschaft überhaupt noch einen Sinn hat, denn es wird zu einer Konvergenz von Endgeräten (Fernseher, PC, Telefon), Übertragungswegen (Kabel, x-DSL, Satellit, Funk) und Inhalten beim Rundfunk kommen.[303] Es steht zu erwarten, daß das digitale Abruffernsehen das bislang vorherrschende programmbasierte und an die Allgemeinheit gesendete Fernsehen ablösen wird. Rechnung getragen hat die Kommission der Konvergenz der Medien bislang nur beim neuen Richtlinienpaket zum Kommunikationsrecht der EU, das einen technologieunabhängigen Ansatz verfolgt. Dieses betrifft allerdings nur die Dienstübermittlung und nicht Dienstinhalte, macht die ECRL und die Fernsehrichtlinie mithin nicht obsolet.
De lege lata gilt, daß das Merkmal der „Tele- und Mediendienste" gemäß den Wünschen des deutschen Gesetzgebers auf den Bereich der „Dienste der Informationsgesellschaft" teleologisch zu reduzieren ist. Internet-Rundfunk fällt also unter §312e,

---

[301] etwas ähnliches meint wohl Micklitz/Tonner-Micklitz, Vertriebsrecht, §16, Rn. 5, wenn er davon spricht, daß Internet-Programme nur von der Richtlinie erfaßt sein sollen, wenn der Nutzer „inhaltlichen und zeitlichen Einfluß auf 'sein' Programm hat".
[302] a. A. Libertus, ZUM 2000, S. 555 (560): es mache für die Suggestivkraft des Internet-Rundfunks keinen großen Unterschied, ob der Zuschauer ein Gesamtprogramm abrufe oder einzelne Programmbeiträge selbst zusammenstelle, solange der Inhalt der Einzelbeiträge vorselektiert und damit sein gestalterischer Einfluß begrenzt sei.
[303] näher zu Konvergenzproblemen im Bereich des Rundfunks s. u. 1. Teil B.II.1.d)bb).

obwohl er eigentlich als Rundfunk gem. §2 RfStV vom Anwendungsbereich des TDG und des MDStV ausgenommen wäre.

bb) Integration von Rundfunk und Internet (Konvergenz der Medien)

In der aktuellen Entwicklung des Medienmarktes werden zunehmend Innovationen zur technischen Integration von Rundfunk und Internetzugang auf dem Markt vorgestellt. Ziel ist es, dem Nutzer Zugang zum Internet und den Fernsehempfang über ein Endgerät zu bieten. Dadurch wird es für den Empfänger noch einfacher und bequemer, zusätzliche Informationen zum laufenden Programm abzurufen oder Geschäfte zu tätigen, ohne auf kostspielige PC-Hardware zurückgreifen bzw. sich überhaupt an einen PC begeben zu müssen. Der Fernseher wird dafür entweder mit einer zusätzlich erhältlichen Set-Top-Box ausgerüstet oder hat den Internetzugang bereits integriert.[304] Mittels dieser Geräte ist es möglich, eine Onlineverbindung via Telefonleitung (per ISDN- oder x-DSL-Übertragungsstandard) zum Internet aufzubauen. Der Nutzer kann über die integrierte Browsersoftware Internetseiten abrufen und diese sogar parallel zum Fernsehbild darstellen. Die Internet-Boxen ermöglichen also Zugang zu den gewöhnlichen Internet-Diensten, die unter §312e und die ECRL fallen. Neben den herkömmlichen Fernsehprogrammen stehen dem Zuschauer so auch Internet-Rundfunkprogramme zu Verfügung.
Seit einiger Zeit werden auch die breitbandigen TV-Kabelnetze als Übertragungsmedium für das Internet nutzbar gemacht.[305] Dafür wird einer Hochfrequenzschwingung mit einer von den Fernsehdiensten nicht benutzten Frequenz das Datensignal aufmoduliert. Mit dieser Technologie sind auch interaktive Anwendungen möglich, wenn das Kabelnetz mit einem Rückkanal versehen wird. Bei der Planung der deutschen Kabelnetze der Telekom wurde zwar das interaktive Fernsehen als mögliche zukünftige Anwendung vorhergesehen, so daß die Kabelnetze mit einem Rückkanal ausgestattet wurden. Da die Technologie jedoch bislang keine breite Anwendung fand, wurden die erforderlichen Rückkanalverstärker nicht eingebaut bzw. die Kabelfrequenzen vollständig an Fernsehprogramme vergeben. Eine Umrüstung ist jedoch in überschaubarer Zeit möglich. Der Datenaustausch ist möglich über ein Kabelmodem[306] am PC oder eine Set-Top-Box am Fernseher, d. h. es können Daten wahlweise am Fernseher oder PC abgerufen werden. Nutzen lassen sich die Übertragungsmöglichkeiten für einen Internetzugang im herkömmlichen Sinne über das Kabelnetz. Pilotprojekte dazu existieren bereits in mehreren großen Städten.[307] Es kommt dabei zu einer Konvergenz der Übertragungswege für Fernsehen und Internet.
Bei der bloßen Bereitstellung eines Internetzugangs auf Rundfunkendgeräten wird die Entwicklung aber nicht stehenbleiben. Durch technische Konvergenz von Rundfunk-

[304] zur Technik vgl. unter vielen www.grundig.de; www.webtv.com; www.loewe.de (bieten Geräte mit integrierter Set-Top-Box).
[305] zur Technik vgl. ComputerTipps 06/00 des Bayerischen Rundfunks, http://www.br-online.de/wissenschaft/wimfs/tref00/tr0006.html.
[306] zur Technik der Kabelmodems vgl. www.cablemodems.com.
[307] das InfoCity-Projekt (www.infocity.de) bietet Zugänge in Rostock, Berlin, NRW, Wolfsburg, Dresden, Stralsund und Wolgast. In München existiert das Surfcity-Projekt (www.surfcity.de). Beide bieten Internet-Flatrates über das Kabelnetz an.

übertragung und Internetzugang auf einem Endgerät bzw. einem Übertragungsweg ist vielmehr auch mit einer fortschreitenden inhaltlichen Verknüpfung von Fernseh- und Internetdiensten zu rechnen. Medienkonzerne werden die digitalen Kommunikationsnetze in Zukunft verstärkt für die Bereitstellung von interaktivem Fernsehen mit Spiel- oder Einkaufsmöglichkeiten nutzen.[308] Beim interaktiven Fernsehen können Zusatzinformationen zum Fernsehprogramm derzeit auf zwei unterschiedlichen technischen Wegen erfolgen. Illustriert werden soll dies am Beispiel des MSN TV von Microsoft, einem der ersten und bisher größten Anbieter von interaktivem Fernsehen.
Der MSN TV-Service von Microsoft bietet eine echte Verknüpfung von Rundfunk und Internetinhalten.[309] Der WebTV Plus Service nutzt die vertikale Austastlücke bzw. das digitale Fernsehsignal zur Implementierung von interaktiven Links (sog. Crossover-Links), die auf eine das Fernsehprogramm begleitende Seite verweisen.[310] Durch den Internet-Rückkanal wird interaktives Fernsehen möglich. Der Zuschauer kann an Rateshows, Umfragen etc. aktiv teilnehmen und eben auch Teleshopping betreiben. Zurückgegriffen wird dafür auf den ATVEF-Standard (Advanced Television Enhancement Forum).[311] Unterstützt werden zwei verschiedene Übertragungsmodi.[312] Nach

---

[308] vgl. Sueddeutsche Zeitung vom 9. Oktober, 2001, Seite V2/16, „Mit einem Klick auf die Malediven Breitbandwelt"; mit Bedenken hinsichtlich der zukünftigen Chancen des Kabelnetzes allerdings der ehemalige Chef der mittlerweile geschlossenen Bertelsmann Broadband Group Werner Lauff angesichts der Vorstöße der Telekom mit ADSL-Technik auf dem Fernseher nach dem Verkauf ihres Kabelnetzes, Interview in: medien aktuell, vom 10. Februar 2003, S. 9 „Käufer haben keine andere Wahl, als Kabel nicht aufzurüsten".

[309] vgl. http://resourcecenter.msn.com/access/MSNTV/default.asp und http://developer.msntv.com/Default.asp.

[310] Dies ist eine Technik, die bereits durch Intercast verwendet wurde. Es handelt sich dabei um eine von Intel 1996 entwickelte Technologie, die es ermöglicht, über die vertikale Austastlücke des analogen Fernsehsignals Daten zu übertragen, die mittels einer TV-Karte und entsprechender Software auf dem PC dargestellt werden können. Die Software stellt die übertragenen programmbegleitenden HTML-Seiten auf dem Monitor in einem Browserfenster neben dem Programmfenster dar, in dem das TV-Programm läuft. Durch diese Technologie wird eine Datenübertragungsgeschwindigkeit von 20 Kbit pro Sekunde, was etwas weniger als die Hälfte der Übertragungsgeschwindigkeit eines Standardmodems mit 56 Kbit ist. So lassen sich immerhin ca. 300 HTML-Seiten pro Stunde anzeigen. Intercast konnte deswegen technisch als „Supervideotext" auf HTML-Basis bezeichnet werden. In Deutschland hat das ZDF als erster Fernsehsender 1997 mit der Ausstrahlung begonnen. Die Übertragung wurde allerdings in Deutschland 2000 eingestellt. Wegen der technischen Übertragung der Daten ohne Abruf wäre Intercast als Dienst der Informationsgesellschaft einzuordnen gewesen.

[311] Infos unter http://www.atvef.com/library/spec1_1a.html; ein Anwendungsbeispiel findet sich unter http://developer.msntv.com/Overview/inttvexp.asp. Es handelt sich um einen Konkurrenzstandard zum DVB, das die MHP favorisiert (näher s. u. 1. Teil D.3).

[312] diese Übertragungsmodi finden beim DVB ihre Entsprechung im „Enhanced TV" und „Interactive TV"/„Internet Access" (s. u. 1. Teil D.3). Vgl. dazu jetzt die Kommission, Mitteilung der Kommission an das Europäische Parlament, den Rat, den Europäischen Wirtschafts- und Sozialauschuß und den Ausschuß der Regionen über Hemmnisse für den breiten Zugang zu neuen Diensten und Anwendungen der Informationsgesellschaft durch offene Plattformen beim digitalen Fernsehen und beim Mobilfunk der dritten Generation vom 9.7.2003, S. 17: „Zu den interaktiven Diensten im Digitalfernsehen werden im Allgemeinen sowohl das „erweiterte Fernsehen" als auch die „echte Interaktivität" gezählt. Das „erweiterte Fernsehen" umfasst Anwendungen, Daten- und Multimediadienste, die in den Videostrom (genau einmal oder in einer Endlosschleife) integriert werden und dann entweder auf Wunsch des Zuschauers in Echtzeit angezeigt oder aber auf einer Festplatte gespeichert werden und damit eine

Transport Type A wird über die Austastlücke des Fernsehsignals nur ein sogenannter broadcast data trigger, der einen Internet-Link (URL) enthält gesendet. Die Daten (z. B. der zugehörigen HTML-Seite) werden dann (auf Knopfdruck des Users) über den Internet-Rückkanal abgerufen. Transport Type B sieht hingegen eine direkte digitale Übertragung des broadcast data triggers und der Daten selbst über ein Einweg-Protokoll vor. Die Daten werden in einem Speicher gepuffert und laufend gegen neuere ausgetauscht oder in einer Endlosschleife gesendet. Der Internet-Rückkanal wird lediglich für die Rücksendung der Daten des Nutzers benötigt. Man kann bei dieser Übertragungstechnik von „simulierter Interaktivität" sprechen. Fraglich ist, ob das Angebot solcher Daten und Links einen Dienst der Informationsgesellschaft i.S.d. ECRL darstellt. Die parallel zum TV-Programm ausgestrahlten Links selbst zählen nicht zu den Diensten der Informationsgesellschaft, denn es fehlt am Merkmal des individuellen Abrufs. Die Daten werden nämlich – ähnlich wie bei Intercast – zusammen mit dem Fernsehsignal an den Empfänger gesendet. Die nach Transport Type A über den Rückkanal angeforderten Daten sind als echter Abrufdienst zu qualifizieren, denn sie werden erst auf Client-Anfrage übertragen. Daran ändert sich auch nichts, wenn die Datenanforderung durch die Browsersoftware automatisch geschieht und nicht erst auf Knopfdruck des Nutzers, denn es kommt beim individuellen Abruf nicht auf den Willen des Nutzers an. Bei Transport Type B können umfangreiche Daten hingegen vollständig mitgesendet werden, ohne daß ein technischer Datenabruf durch einen Client nötig wäre. Bei Teleshoppingsendungen kann z. B. eine Internetseite mit Bestellformular parallel zur Fernsehsendung übertragen werden. Der Nutzer kann seine Bestellung anschließend über den Internet-Rückkanal abschicken. Das Angebot der Bestellmöglichkeit nach Transport Type B fällt eindeutig nicht unter die technischen Anforderungen der ECRL an einen individuellen Abruf, da die Daten mit dem Fernsehsignal permanent hochgeladen werden. Der Nutzer entscheidet lediglich, ob er sie auf dem Fernsehgerät anzeigen läßt oder nicht.

Unterschiedliche Übertragungsstandards können also entscheiden, ob ein Dienst unter die ECRL fällt oder nicht, obwohl die praktischen Auswirkungen für den Nutzer völlig identisch sind und seine Schutzbedürftigkeit beim elektronischen Vertragsschluß vergleichbar ist. Die technisch-formale Leitdefinition der Dienste der Informationsgesellschaft führt also teilweise zu völlig willkürlichen Ergebnissen. Hier wird die unzureichende Berücksichtigung neuer Medientechnologien und insbesondere der Medienkonvergenz bei der Schaffung der ECRL deutlich.[313] Das Zusammenwachsen von

---

„lokale Interaktivität" möglich machen. Dieser Dienst erfüllt nicht das Kriterium des „individuellen Abrufs", das für die Dienste der Informationsgesellschaft gilt. Die „echte Interaktivität" setzt voraus, dass ein individueller Abruf über einen „Rückkanal" erfolgt ist, auf den der Diensteanbieter reagiert, indem er die individuell angeforderten Daten und Dienste getrennt vom Hauptfernsehprogramm überträgt. Der Wechsel zwischen echter und simulierter Interaktivität wird allerdings immer einfacher, so dass die Unterscheidung für den Nutzer immer schwerer nachzuvollziehen sein wird."

[313] vgl. auch die Stellungnahme des Wirtschafts- und Sozialausschusses zu dem „Vorschlag für eine Richtlinie des Europäischen Parlaments und des Rates über bestimmte rechtliche Aspekte des elektronischen Geschäftsverkehrs im Binnenmarkt", Abl. C 169 vom 16.6.1999, S. 36 (39), 4.1.1, wo darauf hingewiesen wird, daß der Markt hybride Dienste hervorbringen wird, die die Merkmale verschiedener klassischer Dienstekategorien auf sich vereinigen (wie etwa TV-Geräten mit Internet-Browsern, Computer mit TV- bzw. Radioempfang, Funktelefonie, Internetsprachtelefonie) und die Grenzen zwischen

Endgeräten, Übertragungswegen und Inhalten führt zur Notwendigkeit einer einheitlichen Regulierung von Rundfunk- und Informationsdiensten. Nach dem Willen des Gesetzgebers ist §312e jedoch entsprechend den Richtlinienvorgaben auszulegen.

cc) Internet-Telefonie

Einordnungsprobleme ergeben sich auch bei der Internet-Telefonie. Internet-Telefonie ist die Bezeichnung für unterschiedliche Verfahren, Telefonverbindungen anstatt über das öffentliche Telefonnetz über das Internet herzustellen.[314] Die Teilnehmer müssen dabei über Computer und Modem mit dem Internet verbunden sein. Insgesamt gibt es vier verschiedene Varianten der Internet-Telefonie: a) das Telefonieren von Rechner zu Rechner mittels der IP-Adresse, b) Telefonieren nach dem Chat-Prinzip (IRC[315]), das um Audio und Video erweitert wird (die Anmeldung auf Kommunikationsservern macht dabei auch Konferenzschaltungen möglich), c) Telefonieren vom Computer in das Telefonnetz, d) Telefonieren über das herkömmliche Telefonnetz, wobei das Internet als Transportmedium genutzt wird.
Beim Telefonieren von PC zu PC müssen beide Nutzer eine entsprechende Software benutzen. Der Sender-PC steuert dann direkt die IP-Adresse des Empfängers an und stellt so eine Verbindung her. Bei dieser Unterart der Internet-Telefonie übernehmen die Teilnehmer die Informationsvermittlung selbst durch die verwendete Software. Es bedarf lediglich der Bereitstellung der Software durch einen Customers Premises Equipment Provider sowie der Netzvermittlung durch einen Access Provider.[316]
Die Internet-Telefonie vom PC zum Telefon bzw. von Telefon zu Telefon setzt hingegen die Einschaltung von sog. Telefon-Computern (Voice Gateway) voraus, die die Schnittstelle zwischen dem Internet und dem herkömmlichen Leitungsnetz bilden.[317]
Die Anbieter von Gateways haben die Funktion sog. Application Service Provider, da sie für die Informationsvermittlung zuständig sind.[318] Darüber hinaus bedarf es auch einer Netzvermittlung durch die jeweiligen Internet Access Provider. Nicht zu verwechseln ist sie deshalb mit der IP-gestützten Sprachübermittlung (Voice over Internet Protocol – VoIP), die allein im öffentlichen Fernsprechnetz stattfindet.[319] Bei ihr wird das Internet-Protokoll lediglich als Übertragungsstandard benutzt.

Individual- und Massenkommunikation verwischen werden. Deshalb könne die Definition der Dienste der Informationsgeschaft bald obsolet sein, wenn sie nicht technologieoffen gefaßt werde. Unter 4.1.2 wird deshalb vorgeschlagen eine Positiv- oder Negativliste einzuführen, um die Definition genauer zu spezifizieren. Vgl. auch den Hinweis in der Entschließung des Europäischen Parlaments über die Mitteilung der Kommission über eine Initiative zum elektronischen Geschäftsverkehr, S. 24.
[314] zur Definition siehe www.netlexikon.akademie.de unter Suchbegriff „Internet-Telefonie“ (http://netlexikon.akademie.de/query;q=Internet%2DTelefonie).
[315] Internet Relay Chat.
[316] Windthorst/Franke, CR 1999, S. 14 (16 f.).
[317] Moritz/Niebler, CR 1997, S. 697 (697); Windthorst/Franke, CR 1999, S. 14 (14).
[318] Windthorst/Franke, CR 1999, S. 14 (14).
[319] vgl. Mitteilung der Kommission über den Status der Sprachübermittlung im Internet unter Berücksichtigung des Gemeinschaftsrechts und insbesondere der Richtlinie 90/388/EWG, Abl. C 369 vom 22.12.2000, S. 3 (4).

Nach einem anderen Prinzip funktioniert die Internet-Telefonie nach dem Chat-Prinzip. Hier melden sich die Nutzer mit einer Client-Software bei einem zentralen Server an und können über diesen an einer Konferenzschaltung teilnehmen.
Allen Formen der Internet-Telefonie gemeinsam ist die paketweise Übermittlung der Daten. Im Gegensatz zur herkömmlichen leitungsgebundenen Übermittlung werden die Sprachdaten beim Webphoning zunächst digitalisiert und komprimiert. Diese Technik wird auch bei der ISDN-Telefonie verwendet. Dann aber werden sie einzelne Datenpakete aufgeteilt und über Router durch das Internet geleitet. Welchen Weg jedes einzelne Datenpaket nehmen wird, ist dabei nicht vorherbestimmt und auch nicht bei jeder einzelnen Übertragung identisch. Am Endpunkt werden die Daten schließlich wieder in analoge Informationen zurückgewandelt. Die Dauer der *Umwandlung* ist relativ gering und von den Nutzern nicht zu bemerken (< 20 ms).[320] Bei der *Versendung* der Datenpakete treten allerdings regelmäßig Verzögerungen auf.
Fraglich ist, ob diese Kommunikationsformen von §312e bzw. der ECRL erfaßt werden. Die ECRL müßte die Internet-Telefonie nach der Ausgangsdefinition eigentlich technisch in allen Schattierungen erfassen, da stets elektronisch versandte Daten individuell vom Empfänger abgerufen werden und dabei Geräte zur elektronischen Speicherung und Verarbeitung von Daten eingesetzt werden. Jedoch nimmt Anhang V Nr. 2 Spiegelstrich 3 lit. a der Transparenzrichtlinie Sprachtelefondienste an sich und über diese erbrachte Dienste vom Anwendungsbereich der ECRL aus. Dies soll nach dem Wortlaut der Vorschrift zwar vor allem deshalb geschehen, weil diese Dienste nicht über elektronische Verarbeitungs- und Speicherungssysteme erbracht würden. Die elektronische Speicherung und Verarbeitung ist allerdings als Abgrenzungskriterium völlig untauglich, da sie auch bei ISDN- und Mobilfunkübertragung regelmäßig stattfindet. Die Internet-Telefonie könnte aber wegen ihrer Ähnlichkeit zur herkömmlichen Sprachtelefonie unter die Ausnahme gem. Anhang V Nr. 2 Spiegelstrich 3 lit. a der Transparenzrichtlinie fallen.
Dagegen könnte jedoch die Entstehungsgeschichte der ECRL sprechen. Der erste Entwurf der ECRL ordnete nämlich nach Erwägungsgrund 3 „online ausgeführte Aktivitäten per Telefon oder Telefax“ ausdrücklich den Diensten der Informationsgesellschaft zu.[321] Dieser Hinweis findet sich jedoch in späteren Fassungen der Richtlinie nicht mehr. In seiner Pauschalität ist er auch nicht ansatzweise geeignet, eine Aussage über die vielfältigen Formen der Internet-Telefonie zu treffen. Eine Erkenntnis kann deswegen nur unabhängig von der Entstehungsgeschichte durch eine Auslegung der ECRL in ihrer endgültigen Fassung gewonnen werden.
Es muß also entschieden werden, ob sich die Internet-Telefonie als Sprachdienst qualifizieren läßt. Eine vorwiegend technische Definition der Sprachtelefondienste findet sich nicht in der Transparenzrichtlinie selbst, dafür aber in der Richtlinie 98/10/EG über die Anwendung des offenen Netzzugangs (ONP) beim Sprachtelefondienst und den Universaldienst im Telekommunikationsbereich in einem wettbewerbsorientierten

[320] Moritz/Niebler, CR 1997, S. 697 (698).
[321] KOM (1998) 586 endg., S. 38.

Umfeld.[322] Diese Richtlinie ist zwar seit dem 25. Juli 2003 gem. Art. 26 der neuen Rahmenrichtlinie für Telekommunikation 2002/21/EG nicht mehr in Kraft; es ist aber davon auszugehen, daß sich der europäische Gesetzgeber beim Erlaß der ECRL noch an ihr orientiert hat. Erwägungsgrund 10 der neuen Rahmenrichtlinie hebt zudem ausdrücklich hervor, daß für Sprachtelefoniedienste, jedenfalls soweit es um die Signalübertragung geht, die Telekommunikationsrichtlinien und nicht die ECRL maßgeblich sind. Art. 2 II lit. e der Richtlinie 98/10/EG versteht unter Sprachtelefondienst: „einen der Öffentlichkeit für die kommerzielle Bereitstellung des direkten Transports von Sprache in Echtzeit über das (die) öffentliche(n) vermittelte(n) Netz(e) verfügbaren Dienst, so daß jeder Nutzer das an einem Netzabschlußpunkt an einem bestimmten Standort angeschlossene Endgerät zur Kommunikation mit dem Nutzer eines an einem anderen Netzabschlußpunkt angeschlossenen Endgeräts verwenden kann". Diese Definition ersetzt die ursprüngliche Fassung in der Richtlinie 90/388/EWG über den Wettbewerb auf dem Markt der Telekommunikationsdienste und ist insofern moderner, als nicht mehr zusätzlich die Vermittlung des Transports nötig ist – eine Änderung, die auf die Öffnung der Telekommunikationsmärkte zurückgeht.[323] Zur Wahrung einer einheitlichen europäischen Auslegung ist davon auszugehen, daß auch der ECRL ein entsprechendes Begriffsverständnis zugrundeliegt, obwohl sich keine ausdrückliche Inbezugnahme findet. Die Definition entspricht inhaltlich derjenigen in §3 Nr. 15 TKG, so daß auf die dort entwickelten Abgrenzungen zurückgegriffen werden kann.

Es muß sich um die „kommerzielle Bereitstellung" eines Telekommunikationsdienstes handeln. Dafür ist eine gewisse Dauer der Bereitstellung und Gewinnerzielungsabsicht erforderlich.[324] Dieses Kriterium ist bei der Vermittlung von Gesprächen über Gateways sicherlich ohne weiteres gegeben, da sich die Vermittler die Gespräche entweder bezahlen lassen oder über Werbung refinanzieren, die die Nutzer vor oder während des Gesprächs abrufen müssen. Bereits an dieser Stelle scheidet allerdings die Form a) der Internet-Telefonie aus, denn es findet keine Übermittlung der Informationen durch einen Provider statt.[325] Eingeschlossen dürfte allerdings noch die Internet-Telefonie nach b), d. h. über Chat sein, denn hier vermittelt ein Serveranbieter den Informationsverkehr zwischen den Chat-Teilnehmern.

Des weiteren muß der Dienst „der Öffentlichkeit" verfügbar sein. Damit ist gemeint, daß jede natürliche oder juristische Person potentiell Zugang zu diesem Dienst hat.[326] Die ist der Fall, wenn keine geschlossene Benutzergruppe i.S.v. §4 TVerleihV vorliegt.[327] Daß die Öffentlichkeit schon ausgeschlossen ist, wenn für die Kommunikation

---

[322] Richtlinie 98/10/EG des Europäischen Parlamentes und des Rates vom 26. Februar 1998 über die Anwendung des offenen Netzzugangs (ONP) beim Sprachtelefondienst und den Universaldienst im Telekommunikationsbereich in einem wettbewerbsorientierten Umfeld, Abl. L 101 vom 1.4.1998, S. 24.

[323] Windthorst/Franke, CR 1999, S. 14 (18).

[324] Engel-Flechsing/Maennel/Tettenborn-Tettenborn, Beck'scher IuKDG-Kommentar, §4 TDG, Rn. 28.

[325] Windthorst/Franke, CR 1999, S. 14 (18).

[326] Windthorst/Franke, CR 1999, S. 14 (18).

[327] Moritz/Niebler, CR 1997, S. 697 (699); Göckel, K&R 1998, S. 250 (251 f.).

eine bestimmte Software erforderlich ist, ist nicht anzunehmen, sofern sich auch die Software käuflich erwerben läßt.[328]

Im übrigen muß eine Übermittlung „über das (die) öffentliche(n) vermittelte(n) Netz(e)“ stattfinden. Teilweise wird angenommen, daß es sich beim Internet um kein öffentliches Kommunikationsnetz handele, so daß – da bei der Internet-Telefonie die eigentliche Vermittlung über das Internet erfolge – diese nicht erfaßt sei.[329] Diese Auffassung bedarf jedoch einer Überprüfung. Es ist zwar richtig, daß das Internet sich aus einer Vielzahl kleiner Netze zusammensetzt, die alle unterschiedliche Eigentümer haben. Die Eigentumsverhältnisse können jedoch nicht entscheidend sein, sondern es muß auf die Zugangsmöglichkeit der Öffentlichkeit zum Netz ankommen. [330] Diese Möglichkeit ist aber auch beim Internet gegeben, nicht allerdings bei einem Intranet.

Es muß aber ferner „jeder Nutzer das an einem Netzabschlußpunkt an einem bestimmten Standort angeschlossene Endgerät zur Kommunikation mit dem Nutzer eines an einem anderen Netzabschlußpunkt angeschlossenen Endgeräts verwenden“ können. Dieses Merkmal setzt voraus, daß jeder Nutzer des Kommunikationsnetzes den anderen erreichen kann. An dieser Voraussetzung fehlt es bei der Internet-Telefonie vom PC zum Telefon nach Variante c). Denn hier kann nicht jeder Nutzer das Endgerät ohne Software verwenden, d. h. es fehlt an kommunikationskompatiblen Endgeräten.[331] Dasselbe dürfte für den Chat-Austausch nach b) gelten. Damit bleibt nur noch die Internet-Telefonie von Telefon zu Telefon über das Internet als Transportmedium nach d) übrig.

Schließlich muß ein „direkter Transport von Sprache in Echtzeit“ erfolgen. Sprache setzt sich zusammen aus wahrnehmbaren Zeichen (Wörter, Töne), die Informationen verkörpern.[332] Das trifft auf die per Internet-Telefonie vermittelten Daten zu. Die Übermittlung muß auch direkt sein. Eine direkte Übermittlung findet zwischen zwei gleichzeitig vorhandenen Netzabschlußpunkten statt, wenn technisch unnötige Verzögerungen und Veränderungen der Daten vermieden werden.[333] Es fehlt an der direkten Übermittlung nicht schon wegen der „store and forward“-Technik, d. h. der paketweisen Übermittlung der Daten bei der Internet-Telefonie[334], weil es sich trotzdem um Übermittlung von Sprache handelt. Die bei der Versendung der Daten auftretenden Verzögerungen sind technikbedingt und nehmen der Übertragung nicht ihren direkten Charakter. Der Verlust einzelner Datenpakete bei der Übermittlung führt nicht zu einer Veränderung der Daten, sondern zu einer Unvollständigkeit.

---

[328] wohl a. A. Engel-Flechsing/Maennel/Tettenborn-Tettenborn, Beck'scher IuKDG-Kommentar, §4 TDG, Rn. 30.

[329] Moritz/Niebler, CR 1997, S. 697 (702).

[330] vgl. Windthorst/Franke, CR 1999, S. 14 (19).

[331] Mitteilung der Kommission über den Status der Sprachübermittlung im Internet unter Berücksichtigung des Gemeinschaftsrechts und insbesondere der Richtlinie 90/388/EWG vom 10.1.1998, Abl. C 6 vom 10.6.1998, S. 4 (6), bestätigt von der Mitteilung der Kommission über den Status der Sprachübermittlung im Internet unter Berücksichtigung des Gemeinschaftsrechts und insbesondere der Richtlinie 90/388/EWG, Abl. C 369 vom 22.12.2000, S. 3 (3 ff.).

[332] Windthorst/Franke, CR 1999, S. 14 (19).

[333] Windthorst/Franke, CR 1999, S. 14 (19).

[334] so aber Moritz/Niebler, CR 1997, S. 697 (701).

Problematisch ist aber das Kriterium der Übermittlung „in Echtzeit". Darunter ist eine Übertragung zu verstehen, die objektiv zeitgleich, dialogfähig und ohne Veränderungen erfolgt und subjektiv noch als direkt und unmittelbar empfunden wird.[335] Hier stellt sich die Frage, ob diese Voraussetzungen von der Internet-Telefonie gewährleistet werden. Kein Problem sollte die Sprachqualität darstellen, da diese mittlerweile durch die Geschwindigkeit der Rechner und Güte der Kompressionsprogramme ohne weiteres die Qualität von Mobilfunkübertragungen erreicht.[336] Allerdings führt die paketgebundene Informationsübermittlung im Internet zu Einbußen. Durch starken Net-Traffic kann es zur Stockung des Datenflusses kommen. Auch Datencaching kann hieran nichts ändern, da die Daten nicht wie beim Internet-Rundfunk nur in einer Richtung übertragen werden, sondern für ein Telefongespräch Interaktivität nötig ist, d. h. ein schneller Wechsel der Übertragungsrichtung. Verbreitet wird angenommen, daß Verzögerungen größer als 300 ms im Datenfluß nicht mehr als Echtzeit gelten.[337] Neben diesen Verzögerungen, die subjektiv als unangenehm empfunden werden, kommt es auch regelmäßig zu Datenverlust, wenn einzelne Pakete den Empfänger nicht erreichen.

Diesen Limitationen des Webphoning wird aber zusehends auf verschiedenen Ebenen abgeholfen.[338] Einerseits wird die Kommunikationssoftware stetig weiterentwickelt. Besonders die Datenkompression wird dadurch effektiver, während gleichzeitig schnellere Rechenkapazitäten zur Verfügung stehen, um die Kompressionsalgorithmen in Echtzeit anzuwenden. Auf der anderen Seite wird auch die Technik des Internets selbst ständig weiterentwickelt. Die Telekommunikationsnetze werden von den Telekommunikationsunternehmen erweitert, um die zur Verfügung stehenden Bandbreiten zu erhöhen. Das bewirkt eine Entlastung der Netze und schnelleren Datenverkehr. Dies macht es auch möglich, in Zukunft nahezu allen Haushalten Breitband-Internetzugänge über x-DSL, Kabel oder Satellit zur Verfügung zu stellen.[339] Außerdem wird in Zukunft eine erweiterte Version des Internet-Protokolls (IPv6) für einen optimierten Datenfluß sorgen.[340] Es werden mittlerweile auch schon Breitbandnetze aufgebaut, die den Sprachpaketen Vorrang vor den Datenpaketen einräumen, so daß ein zügiger Fluß gewährleistet ist.[341] Aus diesen Gründen steht zu erwarten, daß die Internet-Telefonie in Kürze den Standard normaler Sprachtelefonie erreicht haben wird. Im Augenblick gilt allerdings, daß mangels Echtzeit-Übermittlung auch die In-

---

[335] Engel-Flechsing/Maennel/Tettenborn-Tettenborn, Beck'scher IuKDG-Kommentar, §4 TDG, Rn. 29; Windthorst/Franke, CR 1999, S. 14 (19 f.).

[336] Mertens, MMR 2000, S. 77 (78).

[337] Göckel, K&R 1998, S. 250 (253); Engel-Flechsing/Maennel/Tettenborn-Tettenborn, Beck'scher IuKDG-Kommentar, §4 TDG, Rn. 29; vgl. Bekanntmachung der Kommission zum Status der Sprachübermittlung in Bezug auf die Richtlinie 90/338/EWG, Abl. C 140 v. 7.5.1997.

[338] vgl. Göckel, K&R 1998, S. 250 (252); Windthorst/Franke, CR 1999, S. 14 (20).

[339] daran arbeitet auch die Europäische Kommission: Manuscript for information brochure for general public: „Towards a knowledge-based Europe", S. 15 (http://europa.eu.int/information_society/newsroom/documents/catalogue_en.pdf).

[340] Informationen zu Internet Protokoll Version 6 unter http://www.v6.wide.ad.jp/.

[341] OTS Originaltextservice, 6. August 2002: Gemeinsame IP-Telefonie-Loesung von broadnet mediascape und Cisco / Neues Produkt zur Sprachkommunikation im Test, Hamburg.

ternet-Telefonie von Telefon zu Telefon nach Variante d) kein Sprachtelefondienst ist.[342]

Fraglich ist allerdings, ob dieses Ergebnis teleologisch dem Kundenschutzkonzept der ECRL für den elektronischen Geschäftsverkehr entspricht. Gerade bei der Internet-Telefonie von PC zu Telefon oder von Telefon zu Telefon stellt sich ein so getätigter Anruf aus der Perspektive des Empfängers – abgesehen von den technischen Limitationen – als gewöhnlicher Telefonanruf dar. Es ist deshalb nicht ersichtlich, daß der Empfänger den spezifischen Gefahren des elektronischen Geschäftsverkehrs ausgesetzt wäre und insbesondere des Schutzes der Artt. 10 und 11 ECRL bzw. des §312e bedürfte. Im übrigen ist auch in praktischer Hinsicht die Erfüllung der Informationspflichten bei diesen Varianten der Internet-Telefonie ebenso schwierig wie beim herkömmlichen Telefongespräch. Wiederum droht also durch die formale Definition der Dienste der Informationsgesellschaft eine unnötige Schieflage zu entstehen. Da der europäische Richtliniengeber im Anhang V der Transparenzrichtlinie allerdings nicht ausdrücklich auf die Definition der Sprachtelefondienste in der Richtlinie 98/10/EG verweist, wird jedenfalls für den Bereich des elektronischen Vertragsschlusses eine vorsichtige Korrektur durch teleologische Auslegung zulässig sein. Die Varianten c) und d) der Internet-Telefonie von PC zu Telefon und Telefon zu Telefon, die der herkömmlichen Sprachtelefonie von ihrem Erscheinungsbild aus Sicht des Empfängers stark ähneln, sind für diesen Bereich von der ECRL auszunehmen.

Der deutsche Gesetzgeber hat nicht hinreichend deutlich gemacht, ob er unter „Angeboten im Bereich der Individualkommunikation“ nach §2 II Nr. 1 TDG auch Formen der Internet-Telefonie fassen wollte. Die Verweisung in §312e I muß jedenfalls nach dem Willen des Gesetzgebers so verstanden werden, daß entsprechend der Auslegung der ECRL die Varianten c) und d) der Internet-Telefonie ausgenommen bleiben.[343]

dd) WAP, SMS/MMS

Der wachsende Bereich des M-Commerce, d. h. des Geschäftsverkehrs über das Handy hat in den Begründungen zur ECRL keine Erwähnung gefunden.[344] Im wesentlichen gibt es drei verschiedene Möglichkeiten, im Mobilfunk Dienste anzubieten, die einer näheren Betrachtung bedürfen: die Sprachkommunikation über Handy, WAP und SMS/MMS.

Fraglich ist zunächst, ob die Sprachkommunikation über Mobilfunk unter §312e bzw. die ECRL fällt. Es handelt sich bei ihr um eine „elektronische“ Übermittlungstechnik, da der Mobilfunk wegen der Frequenzknappheit durchgängig Datenkompressionstechnik verwendet und die Endgeräte deswegen auch über Verarbeitungs- und Speichermöglichkeiten verfügen. Die Übertragung erfolgt auch auf individuellen Abruf, d.h. nach Annahme des Gesprächs. Die technischen Gegebenheiten eines Dienstes der In-

---

[342] vgl. Mitteilung der Kommission über den Status der Sprachübermittlung im Internet unter Berücksichtigung des Gemeinschaftsrechts und insbesondere der Richtlinie 90/388/EWG, 98/C6/04, S. 6.

[343] a. A. wohl Reich/Micklitz-Micklitz, Europäisches Verbraucherrecht, §16, Rn. 4, der Sprachtelefonie über das Internet nur dann als Dienst der Informationsgesellschaft ansehen will, wenn die Informationen „zum Zwecke der späteren Sendung zwischengespeichert werden“.

[344] vgl. die Kritik bei Grabitz/Hilf-Marly, A4, Vorbem. Rn. 75.

formationsgesellschaft liegen also eigentlich vor. Entscheidend ist deshalb, ob die Mobilfunktelefonie zur unter Anhang V Nr. 2 Spiegelstrich 3 lit. a der Transparenzrichtlinie vom Anwendungsbereich der ECRL ausgenommenen Sprachtelefonie zählt. Bis auf den Übertragungsweg über Funk ist die mobile Sprachübermittlung der herkömmlichen Sprachtelefonie sehr ähnlich, zumal auch bei Sprachtelefondiensten im Leitungsnetz mittlerweile Datenkompressionstechnik und IP-vermittelte Übertragung eingesetzt werden. Eine unterschiedliche Behandlung kann deshalb nicht intendiert sein, weshalb die Sprachverständigung über Mobilfunk zur Sprachtelefonie zu zählen ist.
Eine Technologie, die bei der Entstehung der ECRL offensichtlich überhaupt nicht reflektiert wurde, ist WAP (Wireless Application Protocol), ein Übertragungsstandard, der für Handys eingesetzt wird.[345] WAP ermöglicht es, über kabellose Endgeräte per Funk auf externe Dienstleistungen und Anwendungen zurückzugreifen, z. B. Websites abzurufen. Aufgrund der begrenzten Darstellungsmöglichkeiten der Handy-Displays wird allerdings für die Seitendarstellung nicht die übliche HTML-Sprache verwendet, sondern WML (Wireless Markup Language). Zur Kommunikation mit den Internetknoten werden kleine binär kodierte Datenpakete über WAP-Gateways geschleust. In WML aufbereitete Seiten sind mittlerweile im Internet sehr verbreitet. Über WAP ist es auch möglich, E-Mails abzurufen und Geschäfte im Online-Banking zu tätigen. Mit neueren Handygenerationen, die einen schnelleren Zugriff auf WAP-Dienste bieten, ist ein rapides Wachstum der Dienstangebote wahrscheinlich. Letztlich entspricht die WAP-Übertragungstechnik dem Internet in miniaturisierter Form. Sie erfüllt dieselben technischen Voraussetzungen wie das Internet selbst mit der einzigen Ausnahme, daß ein Teil des Übermittlungsweges über Funk verläuft. Die ECRL erfaßt mit „elektronisch erbrachten" Diensten aber grundsätzlich auch solche, die über Funk vermittelt werden.[346] Dasselbe gilt für die Begriffsbestimmung in §2 I TDG, die ausnahmslos alle „elektronischen" Dienste einschließt. Technisch werden WAP-Dienste daher von der ECRL und §312e erfaßt. Allerdings stellen sich aufgrund der technischen Gegebenheiten beim elektronischen Vertragsschluß über WAP einige Probleme bei der Erfüllung der Pflichten nach §312e. Darauf wird später noch einzugehen sein.[347]
Eine weitere Möglichkeit der Diensterbringung im Mobilfunk ist SMS (Short Message Service)[348]. Dabei handelt es sich um einen Kurz-Nachrichtendienst, der nach dem nach CEPT-Standard die Darstellung von Nachrichten von bis zu 160 Zeichen in Textform auf dem Display erlaubt. SMS lassen sich als Point-to-Point-Dienst an einen individuellen Empfänger verschicken oder als Cell-Broadcasting-Dienst an alle Mitglieder einer zuvor bestimmten Gruppe (Cell). Dieser Standard wird mittlerweile durch MMS (Multimedia Message Service)[349] ergänzt, über den multimediale Nachrichteninhalte verschickt werden können. Durch schnellere Übertragungsstandards wie GPRS

[345] zur Definition siehe www.netlexikon.akademie.de unter Suchbegriff „WAP" (http://netlexikon.akademie.de/query;q=WAP).
[346] s. o. 1. Teil B.II.1.b)cc).
[347] s. u. 1. Teil D.3.
[348] zur Definition siehe www.netlexikon.akademie.de unter Suchbegriff „SMS" (http://netlexikon.akademie.de/query;q=SMS).
[349] zur Definition siehe www.netlexikon.akademie.de unter Suchbegriff „MMS" (http://netlexikon.akademie.de/query;q=MMS).

(General Packet Radio Service), HSCSD (High Speed Circuit Switched Data), UMTS (Universal Mobile Telecommunications System) und EDGE (Enhanced Data GSM Environment/ Enhanced Datarate for GSM Evolution) wird es in Zukunft zunehmend möglich sein, auch umfangreichere Nachrichten mit Sound, Video und angehängten Dateien zu versenden.[350] MMS erlaubt auch die Versendung von Nachrichten an E-Mail-Adressen und umgekehrt den Empfang von E-Mails auf dem Handy. Durch die Erweiterung auf multimediale Inhalte kann MMS zumindest ansatzweise die Funktion der E-Mail im mobilen Funkverkehr übernehmen. Die Grenzen zwischen E-Mail und den mobilen Nachrichtenservicen verschwimmen zunehmend, zumal auch E-Mails über Funk übertragen werden können, wenn Computer in ein Funknetzwerk eingebunden sind. SMS und MMS unterfallen deshalb der ECRL und §312e. Wie bei WAP-Diensten können allerdings bestimmte Probleme bei der Erfüllung der Pflichten aus §312e entstehen, auf die später eingegangen werden soll.[351]

ee) Paybox

Eine interessante neue Zahlungsform für den Internet- und Mobilfunkverkehr stellt das Paybox-System[352] der paybox.net AG dar, deren Geschäftsbetrieb kürzlich von der Moxmo Deutschland AG übernommen wurde. Auch Vodafone und T-Mobile arbeiten bereits an ähnlichen Bezahlmechanismen für den mobilen Zahlungsverkehr[353]. Das Paybox-System kann aber als Modellbeispiel für mobile Zahlungsmechanismen dienen. Im Internet funktioniert das Paybox-System folgendermaßen: Auf der Website eines Warenanbieters, auf der Nutzer etwas gekauft hat, wird vom Händler das Paybox-Symbol eingeblendet. Wenn der Nutzer dieses anwählt, wird eine Software gestartet, die der Händler zuvor von Paybox lizenziert hat. Der Nutzer gibt in dieses Programm seine Mobilfunknummer ein. Der Händler schickt diese Nummer, ergänzt um eine eigene Identifikation und den Zahlungsbetrag mittels der Software an Paybox. Der Kunde wird daraufhin vom Paybox-System angerufen, und es werden ihm der Betrag und der Händler genannt. Der Nutzer muß dann nur noch die Ansage mit Eingabe seiner PIN über die Tastatur bestätigen.
Die Bereitstellung von Paybox auf der Internetseite eines Vertragshändlers ist zwar dem Paybox-Anbieter als Tele- und Mediendienst i.S.v. §312e I1 zuzuordnen, jedoch dient sie nicht dem Abschluß eines Vertrages. Bereits zu Beginn der Geschäftsbeziehung mit dem Paybox-Anbieter wird nämlich ein Dauerschuldverhältnis begründet, durch das der Nutzer den Paybox-Anbieter und dessen Partnerbank zur Vornahme der bestätigten Transaktionen ermächtigt und entsprechende Einzugsermächtigungen erteilt.[354] Bei den späteren Zahlungsbestätigungen handelt es sich nur noch um Weisungen im Rahmen des vorab geschlossenen Dauerschuldverhältnisses, für die die Pflich-

---

[350] vgl. zu diesen Übertragungsstandards Wiecker, Gora/Röttger-Gerigk (Hrsg.)-Wiecker, Handbuch Mobile-Commerce, S. 427 ff.
[351] s. u. 1. Teil D.3.
[352] Informationen unter www.paybox.de.
[353] vgl. Spiegel-Online, „HANDY ALS KREDITKARTE, Vodafone und T-Mobile starten neuen Versuch" (http://www.spiegel.de/wirtschaft/0,1518,237789,00.html).
[354] vgl. Vertragsformular der paybox.net AG unter http://www.paybox.de/files/Antrag-NEU-paybox-130-.pdf ; Neumann, BKR 2002, S. 157 ff.

ten beim elektronischen Vertragsschluß nicht mehr einschlägig sind. Diese Auslegung entspricht Art. 1 II der Richtlinie über den Fernabsatz von Finanzdienstleistungen 2002/65/EG[355], der vorsieht, daß die Informationspflichten bei Dauerschuldverhältnissen (z. B. bei Verträgen über Online-Banking) nicht im Rahmen jeder einzelnen Transaktion erfüllt werden müssen. Das Paybox-System hat also keine Relevanz im Bereich von §312e.

ff) Online-Fax

Fraglich ist, ob Online-Faxdienste dem elektronischen Geschäftsverkehr zuzuordnen sind. Beim Online-Fax gibt der Nutzer einen Text auf einer Internetseite ein und sendet diesen über das Internet ab. Die Daten werden dann über einen Gateway ins herkömmliche Telefonnetz geschleust, wo sie auf einem herkömmlichen Faxgerät empfangen werden können. Nicht zu verwechseln ist das Online-Fax mit dem Computer-Fax. Letzteres wird lediglich am Computer mit einem Softwareprogramm erstellt, aber anschließend per Modem über das Telefonnetz verschickt. Dabei handelt es sich also nur um eine komfortablere Methode zur Faxerstellung, die sich aber hinsichtlich des Übermittlungswegs nicht vom normalen Fax unterscheidet und deshalb nicht dem elektronischen Geschäftsverkehr unterfällt. Das Online-Fax hingegen erfüllt alle technischen Kriterien eines Dienstes der Informationsgesellschaft: Es wird mittels Geräten zur Verarbeitung und zur Speicherung von Daten vollständig per Draht, Funk etc. übermittelt, d. h. es ist ein elektronischer Dienst. Es wird auch im Fernabsatz eingesetzt, und die abgesandten Faxdaten werden durch das Empfangsgerät individuell abgerufen, indem es den Anruf des Sendegeräts beantwortet und dieses zur Sendung der Daten auffordert.

Laut Erwägungsgrund 3 des ursprünglichen Entwurfs der ECRL sollten online ausgeführte Aktivitäten per Telefon oder Fax außerhalb des Anwendungsbereichs bleiben[356], was einen deutlichen Hinweis auf den Ausschluß vom elektronischen Geschäftsverkehr bedeutet hätte. Schon im geänderten Vorschlag der ECRL wurde diese Passage jedoch gestrichen und durch die viel allgemeinere Formulierung ersetzt, daß Dienste der Informationsgesellschaft auch solche seien, „die darin bestehen, daß Informationen über ein Kommunikationsnetz übermittelt werden“.[357] Damit ist die Erläuterung der Definition so stark verwässert worden, daß nunmehr alles gemeint sein könnte, was auch nur irgendwie mit Kommunikation zu tun hat, u. a. auch Sprachtelefonie, herkömmlicher Faxversand etc. Folglich hat der Hinweis jede Bedeutungskraft verloren.

Es kommt deshalb darauf an, ob Online-Faxdienste nicht unter die ECRL fallen, weil sie mit den beispielhaft aufgeführten Ausnahmen in Anhang V Nr. 2 Spiegelstrich 3 der Transparenzrichtlinie vergleichbar sind, wonach Telefaxdienste bzw. über Telefax erbrachte Dienste zu den nicht elektronisch erbrachten Diensten zählen. Kein Unterschied zu diesen Diensten besteht darin, daß das Online-Fax technisch gesehen eine Datenspeicherung und -verarbeitung verlangt, da dies auch bei herkömmlichen Fax-

[355] Richtlinie 2002/65/EG des Europäischen Parlaments und des Rates vom 23.9.2002, Abl. L 271, S. 16 vom 9.10.2002.

[356] KOM (1998) 586 endg., S. 38.

[357] KOM (1999) 427 endg., S.11.

diensten der Fall ist. Entscheidend ist aber, daß der Empfänger die Faxdaten auf dieselbe Art und Weise wie beim gewöhnlichen Faxversand erhält. Technische Besonderheiten bestehen nur auf Seiten des Absenders. Der Empfänger wird also bei teleologischer Betrachtung nicht den spezifischen Gefahren des elektronischen Geschäftsverkehrs ausgesetzt, da er sich nicht aus den gewohnten Gefilden der herkömmlichen Faxkommunikation hinausbegibt. Für den Bereich des elektronischen Vertragsschlusses besteht deshalb teleologisch kein Grund, das Online-Fax als Dienst der Informationsgesellschaft anzusehen, sondern es ist den im Anhang der Transparenzrichtlinie ausgenommenen Telefaxdiensten gleichzustellen.
Aus dem deutschen TDG erschließt sich nicht zweifelsfrei, ob §2 II Nr. 1 TDG mit „Angebote im Bereich der Individualkommunikation" auch Online-Faxdienste erfassen will. §312e muß aber entsprechend dem Willen des Gesetzgebers im Sinne der ECRL ausgelegt werden, so daß mit der Verweisung auf §2 I TDG Online-Faxdienste nicht gemeint sind.

gg) Mehrwertdienste

Einer näheren Beleuchtung bedarf auch die Frage, inwieweit Mehrwertdienste zu den Diensten der Informationsgesellschaft zählen. Mehrwertdienste sind Leistungen, die über die bloße Herstellung einer Kommunikationsverbindung einen „Mehrwert" in Form einer Dienstleistung bieten. Dies können Informations- und Buchungsdienste, Online-Datenbanken oder ähnliche Leistungen sein. Mehrwertdienste können auf verschiedenen technischen Wegen erbracht werden. So gibt es telefonische Mehrwertdienste (z. B. telefonische Auskunftsdienste), Faxabrufdienste und Internetdienste (z. B. über Dialer-Software). Gerade letzterer Bereich erfreut sich im Internet einer wachsenden Konjunktur, wenngleich die Mißbrauchsgefahr durch heimlich in das System des Nutzers eingeschmuggelte Dialer hoch ist und entsprechend oft für Schlagzeilen sorgt.[358] Der Vertragsschluß bei Mehrwertdiensten findet regelmäßig in der Form statt, daß der Nutzer über das Telefon oder über ein Softwareprogramm eine Kommunikationsverbindung aufbaut und damit gleichzeitig ein Angebot zum Vertragsschluß gegenüber dem Content-Provider bzw. dem Telekommunikationsanbieter abgibt.[359] Die Annahme erfolgt konkludent durch Erbringung der Dienstleistung.
Keinem Zweifel unterliegt, daß Mehrwertdienstleistungen, die im Internet angeboten werden, in den Anwendungsbereich von §312e und der ECRL fallen. D. h. erfaßt sind vor allem Dialer-Programme, die auf Homepages beworben und dort heruntergeladen werden können. Der Dienst der Informationsgesellschaft bzw. der Tele- oder Mediendienst liegt in diesen Fällen im Online-Angebot, in das der Dialer eingebettet ist, weil

---

[358] vgl. z. B. Der Spiegel vom 10. März 2003, S. 120 „Sex macht mobil".
[359] zu den umstrittenen Vertragsbeziehungen zwischen Kunde und Content-Provider sowie Kunde und Telekommunikationsanbieter vgl. Klees, CR 2003, S. 331 ff. Vertreten wird z. B., daß ein Vertrag nur mit dem Telekommunikationsanbieter zustande komme und der Content Provider lediglich dessen Erfüllungsgehilfe sei. Umgekehrt gibt es aber auch eine Ansicht, die einen Vertrag über den eigentlichen Mehrwertdienst, d. h. die inhaltliche Zusatzleistung, nur zwischen Kunde und Content Provider annehmen will, während mit dem Telekommunikationsanbieter nur ein Vertrag über die technische Vermittlungsleistung zustande kommen soll.

es sich dabei regelmäßig schon um eine invitatio ad offerendum handelt.[360] Aber auch, wenn der Dialer nicht direkt von einer Homepage stammt, stellt die Einwahlsoftware einen Dienst der Informationsgesellschaft dar, da ein vom Mehrwertdiensteanbieter bereitgestelltes Programm verwendet wird, um eine Vertragsbeziehung herzustellen – was technisch keinen großen Unterschied zum Vertragsschluß über eine HTML-Bestellformular darstellt. Die Software muß also entsprechend den Vorgaben für den elektronischen Vertragsschluß ausgestaltet werden. Wenn der Diensteanbieter kein spezielles Einwahlprogramm verwendet, sondern nur eine DFÜ-Verbindung erstellt, muß er sicherstellen, daß die Vertragsbeziehung zwischen ihm und dem Nutzer erst nach Erfüllung der Anbieterpflichten zustande kommt. Sonst würde er seine Pflichten aus §312e verletzten. Bei sog. Auto-Dialern, die unbemerkt eine Verbindung herstellen, fehlt es hingegen in der Regel schon an einer Bestellung, d. h. Vertragserklärung, des Kunden, so daß der Kunde keines Schutzes bedarf. Gem. dem durch das Gesetz zur Bekämpfung des Mißbrauchs von 0190er-/0900er-Mehrwertdiensterufnummern[361] geänderten §43 b V TKG dürfen Dialer im übrigen nur noch eingesetzt werden, wenn sie zuvor bei der Regulierungsbehörde für Telekommunikation und Post (RegTP) registriert wurden und die in Verfügung Nr. 39/2003 der RegTP aufgestellten Mindestvoraussetzungen erfüllt sind. Unter anderem wird als Voraussetzung auch eine vorherige ausdrückliche Zustimmungserklärung des Nutzers zum Einsatz des Dialers zuverlangt. Nicht registrierte Dialer, die die Mindestvoraussetzungen nicht erfüllen, könnten gem. §134 BGB die Vertragsnichtigkeit zur Folge haben.

Wie ist es aber um Sprachtelefon- oder Telefaxdienste bestellt? Im Bereich des deutschen Kommunikationsrechts, wurden Mehrwertdienste teilweise grundsätzlich unter §3 Nr. 18 TKG gefaßt und damit dem Bereich der Telekommunikation zuordnet, weil §3 Nr. 16 TKG schon die technische Seite des Telekommunikationsvorganges regele.[362] Nach heutiger Auffassung fallen diese Dienste jedoch unter das TDG, da die Verantwortlichkeit für Inhalte gerade dessen Regelungsgegenstand ist und es auch als späteres Gesetz gegenüber dem TKG Vorrang hat.[363] Die ECRL knüpft jedoch für die Beurteilung, ob ein Dienst der Informationsgesellschaft vorliegt, stets an die technische Seite des Kommunikationsvorgangs und nicht an die inhaltliche an. Alle im Wege der Sprachtelefonie und per Telefax erbrachten Dienste klammert die ECRL über den Negativkatalog in Anhang V Nr. 2 der Transparenzrichtlinie als nichtelektronische Dienste aus. Diese Ausnahme gilt auch für den elektronischen Vertragsschluß bei der Erbringung von Mehrwertdiensten über Telefon oder Telefax.[364] Entsprechend ist also auch die Verweisung in §312e I auf das TDG und den MDStV einschränkend auszulegen.

---

[360] zur Erfassung der invitatio ad offerendum von §312e und der ECRL s. u. 1. Teil B.II.4.

[361] BGBl. 2003 I Nr.40 vom 14.8.2003, S.1590.

[362] Beck'scher TKG^1-Kommentar-Schuster, §4 TKG, Rn. 5; Engel-Flechsing/Maennel/Tettenborn-Tettenborn, Beck'scher IuKDG-Kommentar, §2 TDG, Rn. 71.

[363] Beck'scher TKG^2-Kommentar-Schuster, §4 TKG, Rn. 4 ff.; Roßnagel-Spindler, Recht der Multimediadienste, §3, Rn. 36; Gounalakis/Rhode, K&R 1998, S. 321 (322).

[364] so wohl auch Spindler, MMR 2000, Beilage zu Heft 7, S. 4 (5); a. A. Härting, CR 2003, S. 204 (207).

Teleologisch ist die Ausklammerung von Sprachtelefon- und Telefaxdiensten freilich nicht vollständig zu rechtfertigen. Im Bereich des elektronischen Vertragsschlusses ist es kaum einsichtig, warum tastatur- oder sprachmenügesteuerte Dienste über Telefon oder Fax (z. B. Fax-Polling) nicht den Pflichten nach Art. 10 und 11 ECRL unterfallen sollen, denn sie unterscheiden sich häufig in ihrer Komplexität und Fehlerträchtigkeit nicht wesentlich von elektronischen Diensten.[365] Die für die Nutzer bestehenden Gefahren sind auch bei ihnen nicht gering zu einschätzen, wofür man nur auf die Unsicherheit über die technischen Schritte zum Vertragsschluß bei menügesteuerten Systemen und das Risiko von Eingabefehlern bei Tastatur- oder Mauseingaben verweisen muß. Es wäre deshalb vorzugswürdig, wenn die ECRL – zumindest im Bereich des elektronischen Vertragsschlusses – nicht so sehr auf technische Aspekte bei der Festschreibung ihres Regelungsbereichs abgestellt hätte, sondern vielmehr auf materielle Kriterien, die sich an der spezifischen Schutzwürdigkeit des Nutzers beim konkreten Kommunikationsvorgang orientieren.

2. *Vertragsgegenstand: „Lieferung von Waren oder Erbringung von Dienstleistungen"*

Den Vertragsgegenstand umschreibt §312e mit der „Lieferung von Waren oder Erbringung von Dienstleistungen". Dies legt es nahe, die Definition im Sinne der Grundfreiheiten des Waren- und Dienstleistungsverkehrs gem. Art. 28 und Art. 50 EG zu verstehen. Fraglich ist, ob damit der Kapitalverkehr (Art. 56 EG), d. h. die Übertragung von Geld- oder Sachkapital insbesondere zu Anlagezwecken, ausgeschlossen werden sollte.[366] Dagegen spricht aber die Auffangfunktion der Dienstleistungsfreiheit gem. Art. 50 I a. E. EG. Der Kapitalverkehr ist bloß als spezieller Dienstleistungsbereich separat geregelt worden.[367] Die Warenverkehrsfreiheit und die Dienstleistungsfreiheit ergänzen sich hingegen komplementär, weil nach herkömmlichem Verständnis die erstere körperliche und letztere unkörperliche Produkte betrifft.[368] Mit der Umschreibung „Lieferung von Waren oder Erbringung von Dienstleistungen" wird deshalb das gesamte Spektrum aller möglichen Vertragstypen erfaßt.[369] Offensichtlich wollte der Gesetzgeber eine Parallele zu §312 b I schaffen, der ebenfalls nach seinem Wortlaut zwischen beiden Leistungsarten unterscheidet. Den Gesetzesmaterialien läßt sich jedenfalls nicht entnehmen, daß bestimmte Vertragsarten ausgeschlossen werden sollten.

Auch die ECRL enthält in den Artt. 10 und 11 keine Beschränkungen hinsichtlich bestimmter Vertragstypen. Lediglich in Art. 2 lit. f bei der Definition der kommerziellen Kommunikation findet sich die Formulierung Absatz von „Waren und Dienstleistun-

---

[365] kritsch deswegen auch Spindler MMR 2000, Beilage zu Heft 7, S. 4 (5).

[366] mit dieser Befürchtung: M/K-Wendehorst, §312e, Rn. 17; ohne nähere Ausführungen wird die Anwendbarkeit auf den Kapitalverkehr offenbar angenommen von Koch/Maurer, Rechtsfragen des Online-Vertriebs von Bankprodukten, Teil II, WM 2002, S. 2481 (2486).

[367] Schwarze-Holoubek, EU-Kommentar, Art. 50 EG, Rn. 18; Geiger, EUV-EGV, Art. 50 EG, Rn. 1.

[368] Calliess, Ruffert-Kluth, EUV/EGV, Art. 50 EG, Rn. 1; Hailbronner/Nachbaur, EuZW 1992, S. 105 (106).

[369] so auch Lütcke, Fernabsatzrecht, §312e, Rn. 22; Bamberger/Roth-Schmidt-Räntsch, §312e, Rn. 8; Hoeren/Sieber Handbuch Multimedia-Recht, Teil 13.4, Rn. 17.

gen", allerdings in einem völlig anderen Kontext. Somit sind nach der ECRL ebenfalls alle Vertragstypen erfaßt.
§312e deckt also ebenso wie die ECRL alle Vertragsarten ab, um optimalen Schutz und Rechtssicherheit zu gewährleisten. Die Umsetzung ist daher richtlinienkonform.

3. *Instrumentalisierung des Tele- oder Mediendienstes: „bedient sich"*

Nach §312e muß sich der Unternehmer zum Vertragsschluß eines Tele- oder Mediendienstes „bedienen". Diese Formulierung war vielfach Anlaß für Kritik, da sie nicht mit Art. 2 lit. b ECRL zu harmonieren scheint, der voraussetzt, daß der Diensteanbieter den Dienst der Informationsgesellschaft „anbietet".[370] Einen noch schärferen Kontrast bot §305b im ersten Diskussionsentwurf zur Schuldrechtsmodernisierung, der voraussetzte, daß sich der Unternehmer eines Dienstes der Informationsgesellschaft „bedient", also genau die umgekehrte Formulierung der ECRL wählte.[371] Daraus könnte der Eindruck stehen, es sei hier der Anbieter und dort der Nutzer verpflichtet. Dies trifft aber nicht zu. Die unterschiedliche Formulierungsweise wird verständlich, wenn man die Verwendung des Begriffs „Dienst der Informationsgesellschaft" in der ECRL und „Tele- und Mediendienst" in §312e gegenüberstellt. Die ECRL legt mit „Dienst der Informationsgesellschaft" ihren sachlichen Regelungsgegenstand fest, nämlich welche Leistung der Anbieter im elektronischen Geschäftsverkehr offerieren muß, um bestimmten Rechten oder Pflichten unterworfen zu sein. Dazu zählt unter anderem der elektronische Vertragsschluß. In §312e ist diese Leistung des Unternehmers schon explizit festgelegt: er bietet eine Vertragsschlußmöglichkeit an. Es kann also nicht mehr Aufgabe des Begriffs „Tele- und Mediendienst" sein, den Regelungsgegenstand zu umschreiben. Vielmehr dient der Begriff nur noch dazu, das technische Medium festzulegen, *über* das der Unternehmer seine Leistung anbietet bzw. das er das er zur Leistungserbringung *benutzt.* Daß dieses Medium ein „Tele- oder Mediendienst" sein muß, bedeutet lediglich, daß es sich um ein elektronisches Telekommunikationsmittel handeln muß.
Nicht gemeint ist mit der Formulierung des §312e hingegen, daß der Unternehmer sich selbst eines *fremden* Tele- oder Mediendienstes bedienen muß.[372] Dies würde zu Problemen führen, weil ein fremder Access Provider, der dem Unternehmer den Internetzugang vermittelt, selbst keinen Tele- oder Mediendienst erbringt, sondern eine Telekommunikationsdienstleistung. §312e meint nur die Verwendung eines *eigenen* Tele- oder Mediendienstes als Content Provider. Natürlich kann die Erbringung dieses Tele- oder Mediendienstes auch aufgrund einer vertraglichen Sonderverbindung durch einen Dritten als Erfüllungsgehilfen geschehen. Eine Abweichung von der ECRL ist also mit der abweichenden Formulierung des §312e nicht verbunden.
Die Formulierung setzt im übrigen auch nicht voraus, daß die Initiative für den Einsatz des Tele- oder Mediendienstes vom Unternehmer ausgeht , weil es für die Schutzwür-

---

[370] Micklitz, EuZW 2001, S. 133 (137); Glatt, Vertragsschluß im Internet, S. 93 f.; M/K-Wendehorst, §312e, Rn. 37.
[371] abrufbar unter http://www.lrz-muenchen.de/~Lorenz/schumod/diske/eschurmo.pdf, S. 21.
[372] so aber Glatt, Vertragsschluß im Internet, S. 93 f.

digkeit des Kunden irrelevant ist, von wem der Datenaustausch begonnen wird.[373] Es macht keinen Unterschied, ob sich eine Internetseite mit einem Warenkatalog ohne Zutun des Kunden öffnet oder von ihm gezielt angesteuert wird. In beiden Fällen sieht er sich mit den technischen Schwierigkeiten der Bedienung konfrontiert. Außerdem ist bei vielen elektronischen Kommunikationsmitteln aufgrund technischer Feinheiten die Abgrenzung, wer den Fernkommunikationsvorgang initiiert hat, kaum vollziehbar.
Der Unternehmer muß den Tele- oder Mediendienst zur Erbringung einer Dienstleistung i.S.d. ECRL verwenden. Da diese nach den Vorgaben der ECRL „in der Regel gegen Entgelt" erbracht werden muß und dieses Merkmal beim elektronischen Vertragvertragsschluß die Entgeltlichkeit des Vertrags selbst verlangt[374], muß der Dienst funktionell für einen entgeltlichen Vertrag eingesetzt werden. Von wem die vertragscharakteristische Leistung erbracht wird, spielt dabei aber keine Rolle, denn §312e und die ECRL treffen diesbezüglich keine Regelung.[375] Das ist auch insofern sinnvoll, als die Informationspflichten des §312e neutral gehalten und nicht wie in §312c II Nr. 1, II i.V.m. §1 InfoV auf die vertragscharakteristische Leistung bezogen sind. Grund dafür ist, daß die Pflichten im elektronischen Geschäftsverkehr in erster Linie technische Hilfen für den Vertragsschlußprozeß bieten und keine Informationsasymmetrien hinsichtlich des Vertragsgegenstands beseitigen sollen. So wird auch der Fall erfaßt, daß ein Unternehmer elektronische Kommunikationsmittel einsetzt, um selbst Einkäufe zu tätigen. Nicht ausreichend ist aber, daß der Unternehmer lediglich eine fremde Homepage abruft, denn damit ist kein Einsatz eines eigenen Tele- oder Mediendienstes verbunden.
Nicht erfaßt wird auch der Fall, daß der Unternehmer lediglich offline seine E-Mail-Adresse für Bestellungen angibt, weil dann nicht er, sondern der Vertragspartner, der die E-Mail sendet, sich eines Tele- oder Mediendienstes bedient.
Ein Sich-Bedienen kann im übrigen nur vorliegen, wenn der Unternehmer den Tele- oder Mediendienst zurechenbar einsetzt, d. h. den Einsatz veranlaßt hat und auf die inhaltliche Gestaltung – gegebenenfalls auch über eine Sonderbeziehung zu Dritten (Access Provider, Webspace Provider) - Einfluß nehmen kann.[376] Andernfalls wäre der Unternehmer gar nicht oder nur sehr eingeschränkt in der Lage, die Informationspflichten aus §312e zu erfüllen. Eine Pflichtenstellung ließe sich zudem ohne Veranlassung durch den Unternehmer teleologisch nicht rechtfertigen. Wenn also Dritte durch eine Homepage oder mittels einer Suchmaschine für Waren oder Dienstleistungen des Unternehmers ohne dessen Veranlassung werben, bestehen für den Unternehmer nicht die Pflichten aus §312e. Er ist dann nur Nutznießer, nicht aber Benutzer eines Tele- oder Mediendienstes.
Somit erfüllt das Tatbestandsmerkmal „bedient sich" zwei Funktionen: einerseits legt es das technische Medium der elektronischen Dienstleistung fest, andererseits dient es

---

[373] dagegen vermutet Micklitz/Tonner-Micklitz, Vertriebsrecht, §312b, Rn. 41 ,daß das Merkmal „auf individuellen Abruf" nach Art. 1 Nr. 2 der Transparenzrichtlinie festlegen soll, daß die Geschäftsinitiative vom Unternehmer ausgehen muß.
[374] s. o. 1. Teil B.II.1.b)bb).
[375] MK-Wendehorst, §312e, Rn. 19 mit dem Beispiel eines Antiquitätenhändlers, der sich auf seiner Homepage an die Allgemeinheit wendet und sie zum Angebot wertvoller Stücke auffordert.
[376] so auch M/K-Wendehorst, §312e, Rn. 38.

als Vorfilter für die Zurechnung einer elektronischen Dienstleistung. Als Filter zweiter Stufe dient das Merkmal „zum Zwecke des Vertragsabschlusses", das die Verknüpfung zwischen der elektronischen Dienstleistung und dem Vertragsschluß herstellt. Beide Kriterien gemeinsam legen den Pflichtigen aus §312e fest. Es reicht also nicht isoliert das Informationsangebot als elektronische Dienstleistung ohne Vertragsschlußabsichten und nicht die Vertragsschlußabsicht ohne zurechenbar veranlaßte elektronische Dienstleistung.

4. *Finalität des Diensteinsatzes: „zum Zwecke des Abschlusses eines Vertrages"*

Der Einsatz des Tele- und Mediendienstes muß dem Abschluß eines Vertrages dienen, d. h. final zu diesem Zweck eingesetzt werden. Dieses Kriterium erfüllt – wie eben erläutert – eine Filterfunktion, indem es den Zusammenhang zwischen der elektronischen Dienstleistung und dem Vertragsschluß herstellt, an den letztlich die Pflichten anknüpfen.

Es stellt sich zunächst die Frage, ob es im Rahmen des §312e für die Entstehung der Pflichten wirklich zum Vertragsschluß kommen muß. Dies kann für die Sanktionierung wichtig werden, wenn nämlich vorvertragliche Pflichten verletzt werden, ohne daß später ein Vertrag geschlossen wird. Es ist durchaus denkbar, daß dem Kunden schon bis zur Absendung seiner Bestellung ein Schaden entsteht. So könnte z. B. auch das Scheitern des Vertragsschlusses einen liquidationsfähigen Schaden darstellen, wenn aufgrund unzureichender technischer Anleitung die Bestellung des Kunden nicht korrekt übermittelt wird oder keinen sinnvollen Inhalt hat und ihm dadurch ein lukrativer Vertrag entgeht. §312e verlangt nur den Einsatz elektronischer Kommunikationsmittel *zum Zwecke* des Vertragsabschlusses, nicht *beim* Vertragsschluß. Die Formulierung des §312e deutet also darauf hin, daß die Pflichten unabhängig von einem späteren Vertragsschluß bestehen sollen. Dies deckt sich auch mit Art. 10 und 11 ECRL, die nur eine „Bestellung" des Nutzers verlangen, nicht aber einen Vertragsschluß voraussetzen. Die Pflichten des §312e entstehen also schon im Moment eines geschäftlichen Kontakts zwischen Unternehmer und Kunde und sind unabhängig von einem nachfolgenden Vertragsschluß. Es bedarf aber zumindest der Abgabe – oder des erfolglosen Versuchs der Abgabe – einer Bestellung durch den Kunden, damit sich die Pflichten im konkreten Fall aktualisieren, d. h. Rechtsfolgen zeitigen können. Ob allerdings Schadenersatz bei einem Scheitern des Vertragsschlusses geltend gemacht werden kann, wird noch zu untersuchen sein.[377]

Fraglich ist, welche Informationsdienste dem Vertragsschluß dienen. Vertragsschlußbezogen ist ohne Zweifel das Angebot des Unternehmers, denn dieses ist als vertragliche Willenserklärung selbst Bestandteil des Vertrags.

Ist aber auch die bloße Warenanpreisung bzw. invitatio ad offerendum eines Unternehmers erfaßt? Daran könnten Zweifel bestehen, weil noch im geänderten Richtlinienvorschlag der Kommission in Art. 11 von einem Angebot des Diensteanbieters die Rede war.[378] Grund dafür war aber, daß zu dieser Zeit noch die gemeinschaftsrechtli-

---

[377] s. u. 2. Teil D.III.5.

[378] KOM (1999) 427 endg., S. 26.

che Vereinheitlichung der Regeln über den Vertragsschluß vorgesehen war.[379] Diese Vereinheitlichung sollte aber sowieso nur für den Spezialfall gelten, daß der Unternehmer ein verbindliches Angebot unterbreitet.[380] Im übrigen sollten die Pflichten beim elektronischen Vertragsschluß aber auch einen Unternehmer treffen, der eine bloße Angebotsaufforderung abgibt. Im Gemeinsamen Standpunkt des Rats wurde die umstrittene Passage später geändert und vertragsschlußneutral gestaltet, weil man nicht unnötig in die Zivilrechtssysteme der Mitgliedsstaaten hineinregieren wollte.[381] Gerade um diesen Gestaltungsspielraum zu respektieren ist nunmehr davon auszugehen, daß Art. 10 und 11 ECRL nicht nur die verbindliche Vertragserklärung des Unternehmers nach dem Verständnis des deutschen Rechts betreffen, sondern auch unverbindliche Warenanpreisungen im Vorfeld, deren Rechtsverbindlichkeit die einzelnen EG-Mitgliedsstaaten ja unterschiedlich beurteilen können. Maßgeblich ist, ob der Unternehmer aufgrund seines elektronischen Informationsangebots unmittelbar mit konkreten vertragsschlußbezogenen Willenserklärungen des Kunden rechnen muß. Ansonsten würde es nämlich dazu kommen, daß in einem Mitgliedsstaat die Informationspflichten für Bestellkataloge im Internet gelten und in einem anderen nicht, was die beabsichtigte Rechtsvereinheitlichung und Vertrauensschaffung zunichte machen würde. Dafür spricht auch die Entstehungsgeschichte des §312e, denn im konsolidierten Regierungsentwurf hieß es in §311 f I KonsDiskE noch: „bei der Anbahnung oder beim Abschluß von Verträgen“[382]. „Bei der Anbahnung“ wurde offensichtlich später aus sprachlichen Gründen gestrichen, weil der Begriff „beim Abschluß“ des Vertrages eine ausreichend weite Auslegung zuläßt. Das bedeutet für §312e, daß eine Warenanpreisung bzw. invitatio ad offerendum als vertragsschlußbezogene Leistung ausreicht. Unklar ist aber, ob darüber hinaus auch Werbemaßnahmen für ein Produkt oder Unternehmen zur allgemeinen Verkaufsförderung, ohne gleichzeitige Ausweisung einer konkreten Vertragsschlußgelegenheit dem Zweck des Vertragsabschlusses i.S.d. §312e dienen.[383] Ein finaler Vertragsschlußbezug kann aber – wie eben festgestellt - nur angenommen werden, wenn der Unternehmer aufgrund seines elektronischen Informationsangebots unmittelbar mit konkreten vertragsschlußbezogenen Willenserklärungen des Kunden rechnen muß. Dies kann aber nur der Fall sein, wenn über das elektronische Kommunikationsmittel entweder eine invitatio ad offerendum oder ein Angebot des Unternehmers übermittelt wird.[384] Allgemeine Werbeaktivitäten mögen den Kun-

---

[379] im einzelnen dazu s. u. Teil 1C.II.1.a).

[380] Ursprünglicher Vorschlag der Kommission KOM (1998) 586 endg., S. 29.

[381] Abl. C 128 v. 8.5.2000, S. 32 (49).

[382] Konsolidierte Fassung des Diskussionsentwurfs eines Schuldrechtsmodernisierungsgesetzes, abrufbar unter http://www.lrz-muenchen.de/~Lorenz/schumod/diske/entwurf.pdf, S. 26.

[383] dagegen: Micklitz, EuZW 2001, S. 133 (138), Micklitz in: Micklitz/Pfeiffer/Tonner/Willingmann (Hrsg.), Schuldrechtsreform und Verbraucherschutz, S. 191 (216).

[384] etwas anders: Micklitz/Tonner-Micklitz, Vertriebsrecht, §312e, Rn 20, der eine Anknüpfung an die Begriffe Werbung, invitatio ad offerendum, Angebot und Annahme wegen des gemeinschaftsrechtlichen Hintergrundes ablehnt und statt dessen auf die Finalität des Informationsangebots zum Vertragsschluß abstellt. Dabei bleibt allerdings unklar, wann eine solche Finalität vorliegen soll. §312e findet sich im BGB, so daß eine Anwendung der üblichen Terminologie des BGB zulässig ist. Finalität im hier vertretenen Sinne liegt aber gerade nur dann vor, wenn vom Unternehmer eine invitatio ad offe-

den darüber hinaus zwar zu einem konkreten Vertragsschluß motivieren, jedoch fehlt es an einen ausreichend engen Zusammenhang, um eine Pflichtenstellung des Unternehmers begründen zu können. Es gäbe vielmehr ohne Bezug zu einer konkreten Vertragsschlußgelegenheit keinen sinnvollen Gehalt für die Pflichten des §312e.
Des weiteren ist fraglich, ob die elektronische Präsentation des Unternehmers eine integrierte Reaktionsmöglichkeit („Rückkanal") für den Kunden bereithalten muß, damit ein Einsatz zu Vertragsschlußzwecken erfolgt.[385] Muß also der Kunde zwingend sein Angebot interaktiv mittels des vom Unternehmer bereitgestellten Programms erzeugen, d. h. bspw. ein vom diesem bereitgestelltes HTML-Formular ausfüllen können? Diese Frage ist zu verneinen, denn sonst wäre nicht der Fall erfaßt, daß der Kunde auf einen an die Allgemeinheit gerichteten Dienst des Unternehmers mit einer E-Mail reagiert, die er mit einem separaten Programm erzeugt. Dies kann aber nicht richtig sein, denn auch in diesem Fall ist es teleologisch geboten, dem Unternehmer die Pflichten aus §312e aufzuerlegen. Zu beachten ist nämlich, daß der Kunde auch bei einer selbständig erstellen Bestellung zunächst durch ein elektronisches Informationssystem des Unternehmers navigieren muß, welches ihm als Grundlage für seine Bestellung dient. Hierfür bedarf er der technischen Hinweise gem. §3 Nr. 1 und 3 InfoV und der Information über die möglichen Vertragssprachen gem. §3 Nr. 4 InfoV. Auch die Pflicht zur Information über Verhaltenskodizes (§3 Nr. 5 InfoV), denen sich der Unternehmer unterwirft, ist gerechtfertigt, wenn der Unternehmer einen an die Allgemeinheit gerichteten Tele- oder Mediendienst zur kostengünstigen Erweiterung seines kommerziellen Einzugsbereichs einsetzt. Insbesondere wird der Kunde auch an einer speicherbaren Vertragsversion bzw. einer Speicherung durch den Unternehmer interessiert sein (§3 Nr. 2 u. 4 InfoV), weil er sich im Rahmen seiner Vertragserklärung lediglich auf das Informationsangebot des Unternehmers als Referenz beziehen wird („Ich bestelle Artikel Nr. 233"). Da die Homepage des Unternehmers ständigem Wandel unterliegen wird, besteht nämlich sonst die Gefahr, daß kein Dokument mehr über den Vertragsschluß existiert. Teilweise wird aber die Bereitstellung einer Korrekturmöglichkeit (312e II Nr. 1) für unmöglich angesehen, wenn die Bestellung nicht interaktiv erfolge.[386] Sie läßt sich in diesen speziellen Fällen aber doch mit dem Modell der doppelten Rückbestätigung aus dem ersten Kommissionsvorschlag[387] realisieren, nach welchem der Unternehmer dem Kunden den Text seiner Bestellung noch einmal unter Hervorhebung der vertragswesentlichen Informationen zurückschicken muß und erst die Rückbestätigung des Kunden als verbindliche Erklärung werten darf. Dies würde das – im übrigen zu Recht als Hemmnis für den Binnenmarktverkehr kritisierte – Modell der

---

rendum oder ein Angebot ausgeht, denn nur dann muß er unmittelbar mit vertragsschlußbezogenen Willenserklärungen des Kunden rechnen.

385 Grigoleit, NJW 2002, S. 1151 (1152); Frings, VuR 2002, S. 390 (396); etwas weiter wohl Spindler, in: Dauner-Lieb/Konzen/Schmidt (Hrsg.), Das neue Schuldrecht in der Praxis, S.459 (462 f.), der eine „sofortige Reaktionsmöglichkeit" fordert im Sinne einer engen Verknüpfung von Angebot und Bestellung, die auch bei Homepages mit einer *integrierten* E-Mail-Funktion zur Kontaktaufnahme gegeben sein soll; in diesem Sinne wohl auch so Schneider, K&R 2001, S. 344 (345).

386 Grigoleit, NJW 2002, S. 1151 (1152); Spindler, in: Dauner-Lieb/Konzen/Schmidt (Hrsg.), Das neue Schuldrecht in der Praxis, S.459 (463).

387 dazu s. u. 1. Teil C.II.1.a).

doppelten Rückbestätigung nur für einen überschaubaren Bereich wiederaufleben lassen, in welchem es aus praktischen Gründen notwendig ist. Die Wertung, daß ein an die Allgemeinheit adressierter Tele- oder Mediendienst des Unternehmers stets pflichtenbegründend wirkt, findet auch eine systematische Bestätigung im Umkehrschluß zu §312e III, der die Informationspflichten nur für die Fälle der individuellen Kommunikation ausschließt. Individualkommunikation liegt aber bei einem an die Allgemeinheit gerichteten Tele- oder Mediendienst gerade nicht vor.[388]

In diesem Zusammenhang stellt sich auch die Frage, ob die Bestellung des Kunden ebenfalls auf elektronischem Weg erfolgen muß oder ob es z. B. ausreicht, wenn der Kunde nach Anschauen einer elektronisch abgerufenen Website seine Bestellung per Brief verschickt.[389] Da sich §312e diesbezüglich keine eindeutige Aussage entnehmen läßt, muß die ECRL untersucht werden. Für die Notwendigkeit einer elektronischen Bestellung läßt sich als systematisches Argument die Überschrift „elektronischer Vertragsschluß" über den Artt. 9 ff. ECRL anführen. Allerdings ist nicht wirklich klar, ob damit nicht auch ein bloß teilweise elektronischer Vertragsschluß gemeint sein kann. Nach dem Wortlaut der Artt. 10 und 11 ECRL fordert nur Art. 11 I ECRL eine Abgabe der Bestellung auf „*elektronischem* Wege", was darauf hinweisen könnte, daß für die Pflichten nach Art. 11 ECRL, nicht aber für die aus Art. 10 ECRL eine elektronische Bestellung nötig ist.[390] Das Argument verliert aber seine Kraft, wenn man den Zusammenhang zwischen Art. 10 und 11 ECRL betrachtet. Art. 10 ECRL regelt nach seiner Überschrift „Informationspflichten" vor Abgabe einer Bestellung und Art. 11 ECRL die „Abgabe einer Bestellung", was deutlich macht, daß diese beiden Normen zu einem einheitlichen Regelungszusammenhang gehören. Insbesondere wird dies deutlich an Art. 10 I lit. c) ECRL, der die Pflicht zur Information über technische Mittel zur Korrektur von Eingabefehlern aufstellt und Art. 11 II ECRL, der die dazugehörige Verhaltenspflicht des Unternehmers zur Bereitstellung dieser Mittel regelt. Somit gilt das Erfordernis einer elektronischen Bestellung nicht nur für Art. 11 ECRL, sondern auch für Art. 10 ECRL. Bestätigt wird dieses Ergebnis durch die Entwicklungsgeschichte der Richtlinie, der der typische Vertragsschluß im Internet als Leitbild diente, bei dem die Bestellung üblicherweise auf elektronischem Weg erfolgt.

Ob dieses Ergebnis teleologisch überzeugen kann, ist jedoch nicht immer unzweifelhaft. In vieler Hinsicht ist der Nutzer auch bei Offline-Bestellungen den Gefahren des elektronischen Geschäftsverkehrs ausgesetzt, sofern er zuvor einen Tele- oder Mediendienst elektronisch abgerufen hat. So weiß er z.B. nicht, ob eine Internetseite ein verbindliches Angebot enthält (§3 Nr. 1 InfoV), welchen Verhaltenskodizes sich der Unternehmer unterworfen hat (§3 Nr. 5 InfoV), ob der Vertragstext in elektronischer Form dauerhaft zur Verfügung stehen wird (§3 Nr. 3 InfoV) und in welchen Sprachen er mit dem Unternehmer kommunizieren kann (§3 Nr. 4 InfoV). Auch Eingabefehler drohen, wenn er zur Ausfüllung eines elektronischen Bestellformulars aufgefordert

---

[388] s. u. 1. Teil B.IV.1. Freilich ist die Frage, was individuelle Kommunikation bedeutet, auch nicht unumstritten und wird deshalb von Spindler, in: Dauner-Lieb/Konzen/Schmidt (Hrsg.), Das neue Schuldrecht in der Praxis, S.459 (463) auch als Beleg für seine abweichende Position herangezogen.

[389] für Notwendigkeit einer elektronischen Bestellung: Boente/Riehm, Jura 2002, 222 (226); M/K-Wendehorst, §312e, Rn. 42.

[390] so Schneider, K&R 2001, S. 344 (345 Fn. 19).

wird, welches anschließend ausgedruckt und per Post versandt werden soll. Hier sollte der Kunde Gelegenheit zur Fehlerkorrektur vor dem Ausdruck haben und auf die Notwendigkeit hingewiesen werden müssen, das gedruckte Dokument selbst noch einmal auf Fehler durchzusehen. Die ECRL sollte deshalb dahingehend überdacht werden, ob ihr nicht auch Offline-Bestellungen bei vorherigem elektronischen Abruf eines Dienstes der Informationsgesellschaft unterstellt werden sollten. Eine Empfangsbestätigung ließe sich in diesen Fällen z. B. über einen Code realisieren, mit dem sich der Kunde auf der Homepage des Unternehmers einloggen und dort den Bestellungsstatus abfragen kann. De lege lata ist §312e aber entsprechend den Vorgaben der ECRL teleologisch auf elektronische Bestellungen zu reduzieren, da der deutsche Gesetzgeber keine von der Richtlinie abweichende Regelung treffen wollte.

Nicht erforderlich ist im übrigen, daß der Unternehmer den Tele- oder Mediendienst von vornherein bewußt im Hinblick auf *elektronische* Bestellungen bereitstellt. Denn es ist keineswegs so, daß Bestellinformationen im Internet immer mit dem Gedanken an eine *elektronische* Bestellung zur Verfügung gestellt werden.[391] Oftmals soll das Onlineinformationsangebot – vergleichbar einem gedrucktem Warenkatalog oder einer Zeitungsannonce – nur zur Anbahnung eines nichtelektronischen Vertragsschlusses z. B. per Telefon oder im Ladengeschäft dienen. Solche Fälle, in denen der Anbieter zwar nicht *gezielt* mit elektronischen Bestellungen rechnet, sie aber trotzdem entgegennimmt, werden von der ECRL auch erfaßt. Sonst könnte der Anbieter häufig versuchen, sich seinen Pflichten mit der Behauptung zu entziehen, er habe den Tele- oder Mediendienst nur für die elektronische Warenanpreisung einsetzen wollen, nicht aber auch zur Förderung elektronischer Bestellungen. Entscheidend ist deshalb nur, ob im konkreten Fall vom Unternehmer eine elektronische Bestellung entgegengenommen wurde.

Nicht ausreichen kann es aber, wenn der Unternehmer erst zeitlich nach der Bestellung des Kunden einen Tele- oder Mediendienst einsetzt. Hier ist der Wortlaut des §312e zu weit geraten. In diesem Fall hat der Unternehmer nämlich keine Gelegenheit, die Pflichten nach §312e Nr. 1, 2 und 4 vor Abgabe der Bestellung zu erfüllen. §312e ist insoweit teleologisch zu reduzieren.

III. Räumlich-zeitlicher Anwendungsbereich

1. Zeitlicher Anwendungsbereich

Der zeitliche Anwendungsbereich des §312e wird durch Art. 229 §5 EGBGB geregelt. Nach dieser Vorschrift sind gem. S. 1 auf Schuldverhältnisse, die vor dem 1. Januar 2002 entstanden sind, das bisherige BGB und die verbraucherschützenden Nebengesetze in der Fassung bis zum 31.12.2001 anzuwenden. Mithin findet die Regelung des §312e, die erst durch die Schuldrechtsreform aufgenommen wurde, erst für Bestellungen ab dem 1. Januar 2002 Anwendung. Eine Sonderregelung gilt allerdings gem. S. 2 für bereits am 1.1.2002 bestehende Dauerschuldverhältnisse, auf die das BGB in der neuen Fassung erst ab dem 1.1.2003 anzuwenden ist. Dies soll den Parteien die Mög-

---

[391] daran ändert auch die Formulierung „zum Zwecke des Vertragsschlusses" in §312e nichts, da aus ihr nicht hervorgeht, daß ein *elektronischer* Vertragsschluß angestrebt werden muß.

lichkeit geben, ihre Verträge an das neue Recht anzupassen, und gleichzeitig verhindern, daß altes und neues Recht auf unbestimmte Zeit parallel heranzuziehen ist.[392] Fraglich ist, ob hierdurch die in Art. 22 I ECRL bis zum 17. Januar 2002 gewährte Umsetzungsfrist verletzt wird. Dies steht jedoch nicht zu befürchten, da die ECRL lediglich Pflichten in unmittelbarem zeitlichen Kontext des Vertragsschlusses begründet, nicht jedoch im Rahmen eines bereits laufenden Dauerschuldverhältnisses. Die Umsetzung ist mithin fristgemäß erfolgt.

2. *Räumlicher Anwendungsbereich*

Der räumliche Anwendungsbereich wird von §312e nicht eindeutig festgelegt. In jedem Fall erfaßt die Richtlinie grenzüberschreitende Dienstleistungen im elektronischen Geschäftsverkehr. Denn hier verpflichtet Art. 3 I ECRL die Mitgliedsstaaten zur Aufsicht über die im Inland niedergelassenen Diensteanbieter. Aber auch rein innerstaatliche Vorgänge müssen in ihrem Anwendungsbereich liegen, auch wenn Art. 1 I ECRL mißverständlich von der Förderung des freien Verkehrs von Diensten „zwischen den Mitgliedsstaaten" spricht. Denn eine unterschiedliche Behandlung wäre kaum praktikabel und widerspräche dem Konzept eines homogenen Binnenmarkts.[393] Auch die Fernabsatzrichtlinie 97/7/EG kennt keinen Unterschied zwischen grenzüberschreitenden und innerstaatlichen Verträgen.

Es stellt sich aber die Frage, ob die Vorschrift auch auf die Dienste von Anbietern aus Drittstaaten Anwendung findet oder ob sie nur für Anbieter aus den Mitgliedstaaten der EU gelten soll. Die ECRL enthält zwar viele belastende Informations- und Verhaltenspflichten für die Anbieter, die den Nutzern die Scheu vor dem elektronischen Geschäftsverkehr nehmen sollen. Sie soll nach ihrer Zielsetzung aber vor allem auch der Stärkung der Wettbewerbsfähigkeit der europäischen Wirtschaft dienen.[394] Insofern finden sich in ihr auch zahlreiche für die Anbieterseite günstige Regelungen zur Sicherung des freien Dienstleistungsverkehrs und der Niederlassungsfreiheit wie z. B. das Herkunftslandprinzip gem. Art. 3 ECRL, das sicherstellt, daß sich ein Anbieter trotz grenzüberschreitender Wirkung seines elektronischen Dienstes nur auf die Rechtsordnung des Staates einstellen muß, in dem er niedergelassen ist. Außerdem gilt gem. Art. 4 ECRL für alle Dienste der Informationsgesellschaft Zulassungsfreiheit und Art. 12-15 ECRL gewähren Dienstanbietern mit Vermittlerstellung Haftungserleichterungen. Wahrscheinlich wegen dieser begünstigenden Regelungen findet sich in Erwägungsgrund 58 ECRL der Hinweis, daß die Richtlinie keine Anwendung auf Dienstanbieter findet, die in Drittstaaten niedergelassen sind.[395] Dies spiegelt sich im ersten Richtlinienvorschlag der Kommission wieder, wo es in der Begründung heißt: „Dienstanbieter, die nicht in der Gemeinschaft niedergelassen sind, können nicht von den Möglichkeiten des Raumes ohne Binnengrenzen profitieren".[396] Angesichts der globalen Dimen-

---

[392] Begründung Regierungsentwurf, BT-Druck 14/6040, S. 273.
[393] näher dazu s. u. 3. Teil C.III.2.b)dd)(2); ebenso Landfermann, ZUM 1999, S. 795 (797 f.); Grabitz/Hilf-Marly, A4, Art. 1, Rn. 7.
[394] Erwägungsgrund 2 ECRL.
[395] dazu auch Spindler, MMR 2000, Beilage zu Heft 7, S. 4 (8).
[396] KOM (1998) 586 endg., S. 18.

sion des elektronischen Geschäftsverkehrs wird dieser Hinweis allerdings ergänzt um die Absicht, die gemeinschaftsrechtlichen Vorschriften mit den internationalen Vorschriften zukünftig in Einklang zu bringen. In der Mitteilung der Kommission an den Rat und das europäische Parlament über den elektronischen Geschäftsverkehr und Finanzdienstleistungen wird ebenfalls angedeutet, daß in Zukunft eine koordinierte Vorgehensweise gegenüber Dienstanbietern aus Drittstaaten auf EU-Ebene nötig werden kann.[397] Den einzelnen Mitgliedsstaaten muß es jedoch unbenommen bleiben, in der Zwischenzeit eigenständige Regelungen gegenüber Drittstaaten zu treffen. Insofern ist es kein Richtlinienverstoß, wenn §312e auch für Anbieter aus Drittstaaten gilt.[398]

IV. Ausnahmen vom Anwendungsbereich

1. ausschließlich individuelle Kommunikation

Der Anwendungsbereich des §312e ist durch den Gesetzgeber in zweierlei Hinsicht beschränkt worden. Die erste Ausnahme findet sich in §312e III1, wonach §312e I Nr. 1-3 keine Anwendung auf Verträge finden, die ausschließlich durch individuelle Kommunikation geschlossen wurden. Dieser Satz setzt fast wortgleich Art. 10 IV und 11 III ECRL um, die sich einzig und allein dadurch unterscheiden, daß sie die individuelle Kommunikation durch den „Austausch elektronischer Post" näher exemplifizieren. Gemeint sein dürfte damit die Kommunikation über E-Mails. Erst im gemeinsamen Standpunkt des Rats wurden diese Änderungen in die ECRL aufgenommen.[399]
Laut Begründung des Regierungsentwurfs zu §312e soll diese Ausnahme Vertragsabschlüsse von den Pflichten des elektronischen Geschäftsverkehrs ausschließen, die nicht den spezifischen Besonderheiten des Online-Einkaufs entsprechen.[400] Für den Online-Vertragsschluß sei es typisch, daß ein Unternehmer sich durch elektronische Kommunikationsmittel an einen unbegrenzten Kreis von nicht individualisierten potentiellen Kunden wendet, indem er z. B. einen Verkaufskatalog ins Internet stellt. Diesem Leitbild entsprächen nicht die Vertragsschlüsse, bei denen der Unternehmer direkt mit dem Kunden Kontakt aufnimmt, indem er ihm z. B. ein Verkaufsangebot an die E-Mail-Adresse übersendet. Sie ähnelten eher den Vertragsabschlüssen über Telefon oder Brief.[401]
Diese Feststellung ist insofern interessant, als sich der „Online-Einkauf" eigentlich in erster Linie dadurch auszeichnet, daß er über ein elektronisches Medium stattfindet. Daher würde man erwarten, daß bei sämtlichen Vertragsschlüssen, die unter Verwendung elektronischer Kommunikation zustande kommen, ein ähnlicher Schutzbedarf bestehen müßte. So würde die Erläuterung der technischen Schritte, die zum Vertrags-

---

[397] KOM (2001) 66 endg., S. 6.
[398] Reich, EuZW 2001, S. 51 (52) will über Art. 34 EGBGB die vertragsspezifischen Informationspflichten der ECRL auch auf Drittlandsunternehmen anwenden. Man könnte an eine Eingliederung der ECRL in Art. 29a EGBGB denken, der zur Vereinheitlichung der Drittstaatenklauseln in Verbraucherschutzrichtlinien geschaffen wurde.
[399] Abl. C 128 vom 8.5.2000, S. 32 (43); vgl. dazu Mitteilung der Kommission an das europäische Parlament SEK/2000/0386 endg. v. 29.2.2000, unter 3.2.5.
[400] Begründung Regierungsentwurf, BT-Druck 14/6040, S. 172.
[401] so auch Grabitz/Hilf-Marly, A4, Art. 10, Rn. 16.

schluß führen, durchaus auch beim Austausch von E-Mails Sinn machen[402]. Zweifelhaft ist nämlich, ob jeder User wirklich sicher über die Grundfunktionen hinaus mit einem E-Mail-Programm umgehen kann, so daß hier vielleicht gewisse Anleitungen (z. B. bzgl. Öffnen von Attachments; Verschlüsselung; digitaler Signatur) durch den Unternehmer erforderlich wären. Außerdem ist beim Einsatz von E-Mails oft unklar, ob Echtzeitkommunikation oder verzögerte Kommunikation vorliegt (was bei telefonischer oder postalischer Kommunikation nicht der Fall ist), was Bedeutung für die Bindungsfrist des Angebots gem. §147 sowie für die Frage des Zugangs nach §130 I hat.[403] Natürlich müßten die gewährten Informationen längst nicht so ausführlich sein wie beim Einsatz elektronischer Bestellsysteme, deren Bedienungsablauf der Unternehmer durch eigene Programmierung festgelegt hat. Im übrigen wird der Kunde oft *gerade wegen der individuellen Adressierung* darüber verwirrt sein, ob die E-Mail des Unternehmers ein Angebot oder eine bloße invitatio ad offerendum enthält, insbesondere wenn sie z. B. in Form einer Angebotsliste verfaßt ist. Es könnte im übrigen sogar der Eindruck beim Kunden vorherrschen, daß elektronische Verträge nicht verbindlich wären, sondern noch einer späteren schriftlichen Fixierung bedürften (was noch immer gelegentlich im elektronischen Geschäftsverkehr aus Beweisgründen so praktiziert wird) und er mithin nur eine Absichtserklärung abgäbe. Angesichts der Internationalität des elektronischen Mailverkehrs wird es den Kunden ebenfalls interessieren, welche Sprachen für seine Bestellung in Frage kommen. Viele E-Maildienste, an deren Mitglieder Werbe-E-Mails verschickt werden, wie z. B. Hotmail[404] oder Yahoo[405] werden in vielen Ländern angeboten und enthalten demzufolge fremdsprachliche Angebote. Auch Eingabefehler können bei Tastatur- oder Mauseingaben (insbesondere unter dem Druck einer nach Zeit abgerechneten Onlineverbindung), bei falscher Bedienung der E-Mail-Software oder bei der elektronischen Übermittlung der Erklärung entstehen.[406] Eine Korrekturmöglichkeit für Eingabefehler wäre auch im reinen E-Mail-Verkehr über das Modell der doppelten Rückbestätigung realisierbar.[407] Des weiteren ist kein Grund ersichtlich, weshalb der Kunde beim Vertragsschluß über E-Mail keine Empfangsbestätigung erhalten sollte, weil auch dabei die Gefahr von Doppelbestellungen besteht (E-Mail-Dienste sind längst nicht so zuverlässig bei der Übermittlung wie z. B. die Post).[408] Eine separate Bereitstellung der Vertragsbestimmungen zur Speicherung ist zwar im E-Mail-Verkehr entbehrlich, weil eingehende und ausgehende Nachrichten ohnehin auf dem Rechner des Kunden abgelegt werden. Sie wäre aber

---

402 so auch Mankowski, ZMR 2002, S. 317 (326 Fn. 150); Micklitz, EuZW 2001, S. 133 (137 f.), Micklitz/Tonner-Micklitz, Vertriebsrecht, §312e, Rn. 40.

403 im einzelnen s. u. 1. Teil C.I.2.

404 www.hotmail.com.

405 www.yahoo.com.

406 die Möglichkeit zur Überprüfung eines Ausdrucks wie beim Einsatz eines Textverarbeitungsprogramms fehlt bei der Bestellung über E-Mail wie Wiebe, Die elektronische Willenserklärung, S. 511 zutreffend feststellt.

407 s. o. 1. Teil B.II.4.

408 Wiebe, Die elektronische Willenserklärung, S. 510 meint, bei E-Mails bekomme der Versender ohnehin eine Fehlermeldung, wenn die Empfängeradresse nicht existiert, so daß eine Empfangsbestätigung überflüssig sei. Damit ist aber nur ein Bruchteil der Fehlerrisiken abgedeckt, die bei individueller Kommunikation auftreten können.

sinnvoll, wenn Individualkommunikation ohne dauerhafte Verkörperung stattfindet, wie z. B. beim Online-Chat. Insgesamt zeigt sich also, daß ein gewisses Schutzbedürfnis des Kunden durchaus auch beim Vertragsschluß über E-Mail oder andere elektronische Individualkommunikationsdienste gegeben ist.[409] Um das erklärte Ziel der Vertrauensstärkung in den elektronischen Geschäftsverkehr zu erreichen, wäre eine Einbeziehung aller elektronischen Vertragsschlußformen durch die ECRL und §312e konsequent gewesen.[410]
Verstärkt wird das Unbehagen über die Anwendungsbereichsausnahme für Individualkommunikation, wenn man sich die Manipulationsmöglichkeiten vor Augen führt, die damit verbunden sind. So kann ein Unternehmer E-Mails im HTML-Format versenden oder eine HTML-Seite als Attachment an eine E-Mail heften und damit dem Kunden sozusagen seine Website per E-Mail zukommen lassen. Der Kunde kann dann seine Bestellung genauso durch Ausfüllen eines Bestellformulars oder Füllen eines elektronischen Warenkorbes vornehmen wie beim Besuch einer Internetseite. Die Gefahren für den Kunden und die Schutzbedürftigkeit seines Vertrauens wären um nichts geringer als beim „gewöhnlichen" Internet-Vertragsschluß. Der Weg, diese Vertragsschlüsse bei materieller Betrachtungsweise[411] als nicht durch individuelle Kommunikation geschlossen einzuordnen[412], dürfte versperrt sein, da die Bestellung des Kunden nach Form und Inhalt immer individuellen Charakter hat, weil sie stets nur an eine Zielperson gerichtet ist, selbst wenn der Kunde durch ein Bestellformular des Unternehmers geleitet wird.[413] Die Übersendung einer HTML-Seite durch den Unternehmer verliert ihrerseits nicht schon die Individualität dadurch, daß ein Bestellformular verschickt wird, solange dieses nicht für eine Vielzahl von Verträgen verwendet werden soll.[414] Man könnte sich deshalb höchstens über die Annahme eines Umgehungstatbestands nach §312f behelfen bzw. §312e II S.1 für die Fälle teleologisch reduzieren[415], in denen die zugesandte HTML-Seite dem Erscheinungsbild eines elektronischen Bestellsystems ähnelt.
Erklären läßt sich die vom Richtliniengeber getroffene Ausnahme für Individualkommunikation angesichts des durchaus vorhandenen Schutzbedürfnisses der Kunden deshalb lediglich mit der geringeren Binnenmarktrelevanz, die an individuelle Personen

[409] a. A. Wiebe, Die elektronische Willenserklärung, S. 510 f.
[410] a. A. Lehmann-Drexl, Electronic Business in Europa, P., Rn. 76.
[411] dazu gleich.
[412] so M/K-Wendehorst, §312e, Rn. 48.
[413] davon geht wohl auch die Regierungsbegründung aus, die die Konstellationen individueller Kommunikation von der Unternehmerseite her betrachtet, BT-Druck 14/6040, S. 172.
[414] a. A. möglicherweise Jauernig-Berger, §312e, Rn. 7: Pflichten nach §312e II Nr. 1-3 sind auf vom Unternehmer vorstrukturierte Kommunikationsabläufe ausgerichtet, die dem Kunden insoweit keinen wesentlichen Gestaltungsspielraum belassen.
[415] Es ist umstritten, ob das gesetzliche Umgehungsverbot (überwiegend) nur deklaratorischen Charakter hat, also den Richter anhält, die analoge Anwendung oder teleologische Reduktion/Extension der Vorschrift zu prüfen (dafür M/K-Wendehorst, §312f, Rn. 2; Palandt-Heinrichs, §312 f., Rn. 2) oder ob es kraft gesetzlicher Anordnung die Rechtsfortbildung gerade ausschließt (so allgemein M/K-Mayer-Maly/Armbrüster, §134, Rn. 11 ff.). Allerdings ist der Streit nicht entscheidend, da nach beiden Ansichten eine planwidrige Regelung bzw. Nichtregelung im Gesetz Voraussetzung ist, so zutreffend Micklitz/Tonner-Micklitz, Vertriebsrecht, §312b, Rn. 45; ähnlich Gramlich/Zerres, ZIP 1998, S. 1299 (1305).

adressierte Dienste wegen ihres kleineren Adressatenkreises im Vergleich zu Abrufdiensten für die Allgemeinheit besitzen.[416] Zudem kommen individuelle Angebote von kommerziellen Anbietern in der Praxis sehr selten vor, und in diesen seltenen Fällen ist dem Kunden eine individuelle Nachfrage zur Erlangung der nötigen Informationen wohl eher zumutbar als bei Massenkommunikation. Trotz bestehender Zweifel an der Ausnahme dürfte es nicht vom Willen des europäischen Gesetzgebers gedeckt sein, unter Berufung auf Erwägungsgrund 39 ECRL, der die Umgehung der Bereichsausnahme für Individualkommunikation verbietet, im B2C-Verkehr generell auch bei individueller Kommunikation die Erfüllung der Pflichten zu verlangen.[417] Ausreichender Schutz der Kunden läßt sich nur durch eine sachgerechte Begrenzung des Begriffs der „individuellen Kommunikation" erreichen.
So stellt sich also insbesondere das Problem, was unter „individueller Kommunikation" zu verstehen ist. Betrachtet werden muß dafür der vom Unternehmer verwendete Tele- oder Mediendienst, da die Bestellung des Kunden immer individueller Natur ist. Man könnte dabei einerseits formal-technisch auf die gewählte Kommunikationsform abstellen.[418] Individuelle Kommunikationsmittel wären dann solche, die technisch die individuelle Bestimmung eines Empfängers voraussetzen.[419] So nennt die Gesetzesbegründung als Beispiel E-Mails, und man könnte noch Online-Chats hinzufügen.[420] Eine solche Auslegung entspricht dem Verständnis von Art. 10 der Fernabsatzrichtlinie 97/7/EG, der die Kontaktaufnahme über Fernkommunikationstechniken, die eine individuelle Kommunikation erlauben, nur bei Duldung durch den Verbraucher zuläßt.[421] Die andere Variante wäre eine materiell-inhaltliche Bewertung vorzunehmen. In Anlehnung an §305 I1 wäre dann darauf abzustellen, ob der Kommunikationsgehalt des Tele- oder Mediendienstes seitens des Unternehmers für den individuellen Kunden gestaltet wurde oder für eine Vielzahl von Empfängern bestimmt ist.[422] Eine Literaturauffassung scheint zudem anthropologisch darauf abzustellen, ob Kommunikation zwischen zwei Menschen stattfindet oder auf einer Seite eine Software eingesetzt wird.[423] Denkbar ist schließlich auch eine Kombination der formalen und materiellen

[416] eine andere Erklärung hat Lodder/Kaspersen-Lodder, eDirectives: Guide to European Union Law on E-Commerce, S. 84: die nötigen Informationen könnten bei individueller Kommunikation leicht erfragt werden. Dies ist jedoch keine überzeugende Begründung, da die Möglichkeit zur Nachfrage in der Regel auch bei Massenkommunikation besteht, weil dort meistens auch eine individuelle Kontaktadresse (E-Mail) angegeben wird. Ein beachtlicher Aspekt ist aber die *Zumutbarkeit* individueller Nachfrage, die bei individueller Kommunikation eher gegeben ist.
[417] so aber Lodder/Kaspersen-Lodder, eDirectives: Guide to European Union Law on E-Commerce, S. 85.
[418] so Lütcke, Fernabsatzrecht, §312e, Rn. 24.
[419] Eine Variante der formalen Abgrenzung wäre darauf abzustellen, ob der Kunde mit dem „Programm" des Unternehmers in Interaktion tritt, so Grigoleit, NJW 2002, S. 1151 (1152). Eine solches Interaktionserfordernis läßt sich aber aus dem Wortlaut des §312e schlecht ableiten und ist auch teleologisch nicht sinnvoll.
[420] Tettenborn/Bender/Lübben/Karenfort, BB 2001, Beilage 10 zu Heft 50, S. 1 (25); Spindler, MMR 2000, Beilage zu Heft 7, S. 4 (11).
[421] Richtlinienvorschlag 1992, Abl. C 156 v. 23.6.1992, S. 14-19 und Gemeinsamer Standpunkt des Rats, Abl. C 288 v. 30.19.1995, S. 1 (11).
[422] M/K-Wendehorst, §312e, Rn. 47.
[423] Gitter/Roßnagel, K&R 2003, S. 64 (68).

Betrachtungsweise in einer zweistufigen Prüfung, wobei die individuelle Kommunikationsform einen individuellen Kommunikationsinhalt indiziert.[424] Für die formale Abgrenzung spricht, daß sie in den meisten Fällen Einordnungsschwierigkeiten vermeidet.[425] Jedoch kann es auch bei technischer Betrachtung gewisse Zweifelsfälle geben. Z. B. sind Online-Chats durchaus vielgestaltig. Es gibt dabei virtuelle Räume, in denen sich größere Diskussionsgruppen zu einem Thema versammeln (Public Chat Rooms) oder solche, in denen nur zwei Teilnehmer kommunizieren (Personal Chat Rooms). Hier stellt sich die Frage, ob eine Informationsübermittlung in einem großen Public Chat Room noch die Individualisierung eines Empfängers voraussetzt. In kleineren Chat Rooms kann der Unternehmer den Empfängerkreis vielleicht noch überblicken. Wie verhält es sich aber bei sehr großen Räumen mit unbeschränkter Teilnehmerzahl? Letztlich wird man nach dem formalen Ansatz auch bei großen Chat Rooms von individueller Kommunikation ausgehen müssen, da die Zahl der Empfänger im Zeitpunkt des Abschickens der Nachricht zumindest *technisch bestimmbar* ist, auch wenn der Unternehmer selbst keine Individualisierung vornimmt. Das Problem bei einer rein technischen Betrachtungsweise sind aber die vielfältigen Umgehungsmöglichkeiten z. B. durch massenhafte Versendung von Verkaufskatalogen per E-Mail, die einen technisch individualisierten Empfänger voraussetzen. Erwägungsgrund Nr. 39 ECRL weist deshalb explizit darauf hin, daß die Ausnahmen in Art. 10 IV und 11 II ECRL nicht dazu gedacht waren, Umgehungsmöglichkeiten für die Anbieter zu schaffen.[426] Denn Massen-E-Mails erreichen dieselbe Binnenmarktrelevanz wie allgemein zugängliche elektronische Bestellkataloge. Die Schutzbedürftigkeit der Kunden ist bei Massen-E-Mails genauso gegeben wie bei der Bestellung über eine Homepage mit Eingabemaske. Es macht nämlich vom Ablauf her kaum einen Unterschied, ob er einen Verkaufskatalog von einer Internetseite aufruft und dann in einem Textfenster auf der Homepage seine Bestellung eingibt, die dann intern als E-Mail über einen Mailserver verschickt wird oder ob er einen Verkaufskatalog per E-Mail geschickt bekommt und seine Bestellung über ein separates E-Mail-Programm abgibt.[427] Des weiteren spricht gegen eine rein technische Betrachtungsweise, daß sich der Anbieter über ein technisch für die Allgemeinheit bestimmtes Kommunikationsmittel trotzdem inhaltlich an einen bestimmten Empfänger wenden und so individuell kommunizieren kann. Ein Beispiel hierfür sind die zahlreichen Diskussionsforen[428] bzw. Newsgroups[429] im Internet, die technisch gesehen eine Plattform für Mitteilungen an die Öffentlichkeit sind, auf der jedermann Zugriff auf alle erbrachten Beiträge hat. Jedoch kann sich ein Anbieter

---

[424] M/K-Wendehorst, §312e, Rn. 48, die allerdings auf der zweiten Stufe nach einer „vergleichbaren Gefährdungslage wie beim typischen Online-Einkauf" fragt.

[425] Lütcke, Fernabsatzrecht, §312e, Rn. 24.

[426] Tettenborn/Bender/Lübben/Karenfort, BB 2001, Beilage 10 zu Heft 50, S. 1 (25); M/K-Wendehorst, §312e, Rn. 47.

[427] Hoeren, in: Schulze/Schulte-Nölke (Hrsg.), Die Schuldrechtsreform vor dem Hintergrund des Gemeinschaftsrechts, S. 315 (318) weist deshalb zurecht darauf hin, daß eine zu enge Auslegung zur Ineffektivität des §312e führen würde.

[428] zur Definition siehe www.netlexikon.akademie.de unter Suchbegriff „Foren" (http://netlexikon.akademie.de/query;q=Foren).

[429] zur Definition siehe www.netlexikon.akademie.de unter Suchbegriff „Newsgroup" (http://netlexikon.akademie.de/query;q=Newsgroup).

durch die Formulierung seines Angebots inhaltlich auch nur an einen bestimmten Empfänger wenden, indem er ihn im Text individuell bezeichnet. Alle Formen materiell-inhaltlich individualisierter Kommunikation, die wegen der direkten Kontaktaufnahme ebenfalls eine geringere Binnenmarktrelevanz aufweisen als Formen der Massenkommunikation, würden bei einer rein technischen Betrachtungsweise ausgeschlossen. Die formale Betrachtungsweise führt also zu Ergebnissen, die teilweise zu eng und teilweise zu weit sind, um der Vielgestaltigkeit der Kommunikationsformen gerecht zu werden. Eine gute Lösung dürfte deshalb eine zweistufige Prüfung auf formaler und materieller Ebene sein. Auf der ersten Stufe wird dabei lediglich eine Vorauswahl getroffen, die die Abgrenzung erleichtert, weil mit der technischen Individualisierung eines Empfänger meistens auch dieser inhaltlich angesprochen wird. Notwendige und hinreichende Bedingung für Individualkommunikation ist hingegen die materielle Prüfungsstufe. Für einen bei materieller Betrachtung individuell adressierten Dienst genügt hier aber nicht schon die bloße ad-hoc Gestaltung einer Homepage für jeden einzelnen Kunden entsprechend seiner Konsumpräferenzen, indem lediglich beim Abruf die Cookies des Kunden ausgelesen werden und die Website automatisch angepaßt wird. [430] Gegenüber Umgehungsversuchen durch die Versendung von Massen-E-Mails dient die materielle Prüfungsstufe als Korrektiv genauso wie gegenüber technisch an die Allgemeinheit gerichteter Kommunikation, die aber inhaltlich einen bestimmten Empfänger bezeichnet. Durchaus sinnvoll ist es, auf der materiellen Ebene die Frage einzubeziehen, ob eine Möglichkeit zu individuellen Nachfragen gegenüber einem Menschen besteht, wobei auch die Auskünfte einer mit hinreichender Intelligenz ausgestatteten Software ausreichend sein sollten. An der Steigerung der Intelligenz von elektronischen Auskunftssystemen wird stetig weiter geforscht.
Eine andere im Hinblick auf Umgehungsgefahren zu klärende Frage bei §312e ist, was mit „Vertragsschluß" gemeint ist. Man könnte hier als Vertragsschluß im engeren Sinne nur die korrespondieren Willenserklärungen verstehen, die unmittelbar zum Vertragsschluß führen.[431] Bei einer solchen Auslegungsweise wäre aber der Manipulation durch die Anbieter Tür und Tor geöffnet. So könnte der Unternehmer die vom Kunden auf der Homepage eingegebene Bestellung stets über einen Mailserver und nicht über einen Webserver verschicken lassen und seinerseits die Vertragsannahme per E-Mail oder konkludent durch Zusendung der Ware erklären. Der Vertragsschluß wäre auf diese Weise vollständig durch individuelle Kommunikation entstanden. Vertreter dieser Ansicht wollen jedoch eine Ausnahme machen, wenn auf der Homepage ein Bestellformular verwendet wird, das die Daten über einen Mailserver verschickt.[432] Mit dieser Ausnahme werden aber noch längst nicht alle Gestaltungsmöglichkeiten des Unternehmers erfaßt. Dieser kann auch ein interaktives Feld auf seine Homepage legen, das die auf dem Computer des Nutzers installierte E-Mail-Software startet. Dabei

---

[430] Cookies sind kleine Textdateien, die auf der Festplatte des Users, und in denen der Browser Informationen über Webanfragen ablegt, d. h. wie oft und welche Webseiten ein User aufruft; zur Definition siehe www.netlexikon.akademie.de unter Suchbegriff „Cookies" (http://netlexikon.akademie.de/query;q=Cookie).
[431] so Glatt, ZUM 2001, S. 390 (391); Glatt, Vertragsschluß im Internet, S. 79 f; Lütcke, Fernabsatzrecht, §312e, Rn. 24; Wilmer/Hahn, Fernabsatzrecht, 2 A VI, Rn. 18.
[432] Glatt, ZUM 2001, S. 390 (391).

kann er den Mailtext dem Programm schon als Parameter mit übergeben, so daß der Kunde die E-Mail nur noch vervollständigen muß. Soll diese Vorgehensweise die individuelle Kommunikation ebenfalls ausschließen? Welchen Unterschied macht es außerdem, ob der Kunde eine E-Mail versendet oder ein Textfeld auf einer Internetseite ausfüllt? Soll Individualkommunikation vorliegen, wenn der Kunde seine komplette Bestellung in einem Textfeld verfassen muß? Aber wie soll dann abgegrenzt werden was noch Textfeld ist und was schon Formular? Es zeigt sich, daß der Ansatz, den Vertragsschluß nur im Sinne der korrespondierenden Willenserklärungen zu verstehen, nicht zu sinnvollen Abgrenzungen führen kann.
Richtigerweise ist die Bestellung des Kunden immer als individuelle Erklärung anzusehen, unabhängig davon, ob der Kunde beim Bestellprozeß von Formularen geleitet wird, und unabhängig von der Versendungsweise der Bestellung über Mail- oder Webserver, denn die Bestellung setzt stets eine formale oder materielle Individualisierung des Empfängers voraus. Man muß vielmehr den Begriff des Vertragsschlusses ausdehnen, um solchen Fallgestaltungen Herr zu werden. Zum Vertragsschluß müssen alle Informationsangebote zählen, aufgrund derer der Unternehmer unmittelbar mit konkreten vertragsschlußbezogenen Willenserklärungen des Kunden rechnen muß, die also dem Vertragsschluß unmittelbar vorgelagert sind.[433] Dies gilt insbesondere für Verkaufskataloge auf deren Basis der Kunde seine Bestellung vornimmt. Ein Verkaufskatalog hat nämlich gerade nicht einen individualisierten Kunden zum Ziel, sondern richtet sich an die Allgemeinheit. Er prägt aber die gesamte spätere Vertragsabwicklung, weil die nachfolgenden Vertragserklärungen nur noch den Verkaufskatalog in Bezug nehmen werden.[434] Deshalb ist es angemessen, dem Vertragsschluß vorgelagerte Informationsangebote des Unternehmers einzubeziehen. Etwas anderes kann aber – in entfernter Anlehnung an die Rechtsprechung zu §305 I3[435] - gelten, wenn die Parteien trotz Verwendung eines Warenkatalogs die Vertragsbedingungen abweichend im einzelnen per E-Mail aushandeln.[436]
Nicht von der Ausnahme für Individualkommunikation berührt wird die Pflicht des Unternehmers nach §312e I1 Nr. 4 bzw. Art. 11 I Spiegelstrich 1 ECRL, dem Kunden die Vertragsbestimmungen abruf- und speicherbar zur Verfügung zu stellen. Seltsam erscheint es aber, daß die korrespondierende Pflicht zur Information, ob der Vertragstext dem Kunden zugänglich sein bzw. vom Unternehmer gespeichert wird gem. §312e I1 Nr. 2 i.V.m. §3 Nr. 2 InfoV bzw. Art. 10 I lit. b, von der Ausnahme erfaßt wird. Vielleicht ist man davon ausgegangen, daß die Pflicht zur Bereitstellung einer abruf- und speicherbaren Vertragsversion durch den Eingang einer E-Mail beim Kunden automatisch erfüllt ist, so daß sich ein Hinweis darauf erübrigt. Dies muß jedoch

[433] so auch M/K-Wendehorst, §312e, Rn. 50; nicht ganz deutlich Spindler, MMR 2000, Beilage zu Heft 7, S. 4 (11).
[434] Der Bestelldialog per Mail sieht dann im Extremfall so aus: „Ich bestelle Art. 239398...“; „Wir bestätigen, daß sie Art. 239398 bestellt haben“.
[435] vgl. z. B. BGH NJW 1985, S. 305, (308); NJW 1988, S. 410 (410 f.); NJW 1991, S. 1678 (1678 f.); NJW 1992, S. 2759 (2760). Nach dieser Rechtsprechung liegen keine AGB vor, wenn der Kunde die ernsthafte und reale Möglichkeit zur Einflußnahme auf den Vertragstext hatte.
[436] so auch Micklitz/Tonner-Micklitz, Vertriebsrecht, §312e, Rn. 38.

nicht bei jeder Individualkommunikation der Fall sein, wie z. B. beim flüchtigen Online-Chat. Eine Hinweispflicht hätte also durchaus einen Sinn ergeben.

2. *Abbedingung unter Nichtverbrauchern*

a) persönlicher Geltungsbereich

aa) §13 BGB

Eine weitere Anwendungsbereichsbeschränkung ergibt sich aus §312e II2, wonach §312e I1 Nr. 1-3 und S.2 keine Anwendung finden, wenn zwischen Vertragsparteien, die nicht Verbraucher sind, etwas anderes vereinbart wird. Diese Bereichsausnahme geht zurück auf Art. 10 I, II und Art. 11 I, II ECRL.
Fraglich ist, wann die Parteien im Rahmen von §312e II2 nicht als Verbraucher anzusehen sind. Nach der Systematik des BGB verweist §312e II2 für den Verbraucherbegriff auf §13, wo der Verbraucher definiert ist als „jede natürliche Person, die ein Rechtsgeschäft zu einem Zweck abschließt, der weder ihrer gewerblichen noch ihrer selbständigen beruflichen Tätigkeit zugerechnet werden kann". Ursprünglich sah der Regierungsentwurf für §312e II2 eine positive Formulierung vor, nach der eine Abbedingung durch Unternehmer im Sinne von §14 zulässig sein sollte.[437] Dies wurde vom Bundesrat in seiner Stellungnahme zum Entwurf kritisiert und statt dessen vorgeschlagen, den Wortlaut der Richtlinie zu übernehmen.[438] Hintergrund war, daß man zwischen §13 und §14 eine Lücke klaffen sah: Idealvereine, gemeinnützige Stiftungen und öffentliche Einrichtungen, deren Leistungsbeziehungen ausschließlich öffentlich-rechtlich ausgestaltet sind, handeln nämlich weder als Verbraucher noch als Unternehmer.[439] Der Grund für die Lücke zwischen §13 und §14 ist, daß die Verbraucherdefinition neben dem sachlichen Vertragszweckkriterium auch ein personales Element enthält, das eine Beschränkung auf natürliche Personen vorsieht.[440] Im Rahmen von §14 hingegen ist die Person des Unternehmers gleichgültig, und es kommt nur auf den gewerblichen Vertragszweck an.[441] Somit fallen juristische Personen ohne gewerbliche Zwecksetzung unter keine der beiden Vorschriften. Wegen dieses Niemandslandes sah man eine negative Formulierung als notwendig an. Diesem Änderungsvorschlag schloß sich die Bundesregierung in ihrer Stellungnahme an.[442]
Die vom Gesetzgeber gewählte Formulierung ist freilich etwas unglücklich, da auf einer Seite des Vertrages nach §312e zwingend ein Unternehmer stehen muß. Einfacher hätte man also formulieren können: „Absatz 1 Satz 1 Nr. 1 bis 3 findet keine Anwendung, wenn mit einem Kunden, der nicht Verbraucher ist, etwas anderes vereinbart wird". Man hat sich hier unnötig eng am Richtlinientext gehalten.

---

437 Begründung Regierungsentwurf, BT-Druck 14/6040, S. 172.
438 BR-Druck 338/01, S. 37, Nr. 64.
439 EuGH NJW 2002, S. 205 (205); Palandt-Heinrichs, §13, Rn. 2; AnwKom-Ring, §13, Rn. 12 und §14, Rn. 26.
440 dazu kritisch Flume, ZIP 2000, S. 1427 (1428).
441 vgl. Pfeiffer, in: Schulze/Schulte-Nölke (Hrsg.), Die Schuldrechtsreform vor dem Hintergrund des Gemeinschaftsrechts, S. 133 (139).
442 BT-Druck 14/6857, S. 56.

Einige Punkte der Definition in §13 sind bislang zweifelhaft geblieben. Sie müssen aber im Hinblick auf mögliche Spannungen zum Verbraucherbegriff der ECRL untersucht werden.
Unklar ist, ob Mehrheiten natürlicher Personen Verbraucher sein können. Insbesondere ist umstritten, ob die GbR nach dem konkreten Inhalt ihrer Tätigkeit Verbraucher sein kann.[443] Dagegen wird die neuere Rechtsprechung des BGH als Beleg angeführt, die der GbR Teilrechtsfähigkeit zuspricht[444], so daß eine „rechtsfähige Personengesellschaft" i.S.d. §14 II vorliege. Außerdem spricht dafür der Wortlaut des §13, der als Verbraucher nur „natürliche Personen" bezeichnet. Der BGH hält dem entgegen, daß auch natürliche Personen, die sich zu einer GbR zusammenschließen, schutzwürdig bleiben, sofern sie nicht gewerblich oder in sonstiger Weise beruflich tätig werden.[445] Eine Analogie in diesem Sinne dürfte vom Wortlaut des §13 noch gedeckt und teleologisch durchaus sinnvoll sein, da die starre Anknüpfung an den Status als natürliche Person der Verwirklichung des Schutzzwecks hinderlich ist.
Nicht abschließend geklärt ist auch, inwieweit Arbeitnehmer unter §13 fallen. Einigkeit besteht zumindest darüber, daß Verträge, die der Arbeitnehmer außerhalb des Arbeitsverhältnisses abschließt, nicht die Verbrauchereigenschaft ausschließen.[446] Ansonsten ergäbe die Beschränkung des §13 auf *selbständige* berufliche Tätigkeiten keinen Sinn, sondern es hätten auch alle unselbständigen beruflichen Tätigkeiten ausgeschlossen werden können. Gleiches soll gelten für Verträge, die zum Zweck des Arbeitsverhältnisses geschlossen werden (z. B. Kauf von Arbeitskleidung, Kauf eines Pkw für die Fahrt zur Arbeit) und damit einen Bezug zur abhängigen Beschäftigung aufweisen.[447] Umstritten ist jedoch, ob Arbeitnehmer beim Abschluß oder bei der Änderung eines Arbeitsvertrages als Verbraucher anzusehen sind.[448] Dafür spricht der Wortlaut des §13, der uneingeschränkt nur die selbständige Berufstätigkeit vom Verbraucherbegriff ausnimmt. Historisch läßt sich dafür auch die Streichung der Bereichsausnahme für Arbeitsverträge des §23 AGBG a. F. im neuen §310 anführen, obwohl die Verbraucherdefinition des §13 wortgleich mit der in §24a S1 AGBG a. F. ist.[449] Hätte der Gesetzgeber weiterhin zwischen Arbeitnehmer- und Verbraucher-

---

[443] dafür: BGH NJW 2002, S. 368 (368 f.); Soergel-Pfeiffer, §13, Rn. 48; dagegen: Palandt-Heinrichs, §14, Rn. 3; Krebs, DB 2002, S. 517 ff.; Elßner/Schirmbacher, VuR 2003, S. 247 (252).
[444] Krebs, DB 2002, S. 517 (518).
[445] BGH NJW 2002, S. 368 (368 f.).
[446] Henssler, RdA 2002, S. 129 (134).
[447] AnwKom-Ring, §312e, Rn. 14; Palandt-Heinrichs, §13, Rn. 3; Hromadka, NJW 2002, S. 2523 (2524); Fiebig, DB 2002, S. 1608 (1609); Bauer/Kock DB 2002, S. 43 (44); Soergel-Pfeiffer, §13, Rn. 42.
[448] dafür: Reinecke, DB 2002, S. 583 (587); Däubler, NZA 2001, S. 1329 (1333); Boemke BB 2002, S. 96 (97); Reim DB 2002, S. 2434 (2434); Hümmerich/Holthausen, NZA 2002, S. 173 (175); dagegen: Hromadka, NJW 2002, S. 2523 (2524); Gaul/Otto, DB 2002, S. 2049 (2049); Brors, DB 2002, S. 2046 (2047 f.); differenzierend: Bamberger/Roth-Schmidt-Räntsch, §13, Rn. 6: Arbeitnehmer ist beim Abschluß eines Arbeitsvertrags grundsätzlich geschützt, aber der Schutzbedarf muß immer aus der Art des jeweiligen Geschäfts begründet werden.
[449] a. A. Fiebig, DB 2002, S. 1608 (1609); Bauer/Kock, DB 2002, S. 42 (44) die davon ausgehen, daß die Bereichsausnahme gem. §23 AGBG a. F. Beleg dafür sei, daß der Gesetzgeber nach der früheren Rechtslage den Arbeitnehmer nicht als Verbraucher angesehen habe. Dieses Begriffsverständnis habe der Gesetzgeber bei der Schuldrechtsmodernisierung beibehalten wollen.

schutz differenzieren wollen, hätte er die Bereichsausnahme beibehalten und verallgemeinern können. Jedoch wollte der Gesetzgeber nach eigener Begründung eine Angleichung des Schutzniveaus bei Arbeitsverträgen zu dem des allgemeinen Zivilrechts schaffen.[450] Laut der Begründung zu §474 BGB sollen deshalb auch die „Rechtsbeziehungen des Arbeitnehmers zu seinem Arbeitgeber“ dem allgemeinen Verbraucherschutz des Zivilrechts unterfallen.[451] Außerdem besteht bei teleologischer Betrachtung zwischen den Partnern eines Arbeitsvertrages ein Verhandlungsungleichgewicht, das eine Anwendung des Verbraucherschutzes teleologisch sinnvoll macht. Der Arbeitgeber beschäftigt nämlich i.R. mehrere Arbeitnehmer und verfügt daher über eine entsprechende Infrastruktur, die ihm einen Informationsvorsprung sichert. Ferner ist der Arbeitnehmer in einer schwächeren Position aufgrund des Angebotsüberhangs auf dem Arbeitsmarkt und des oft für die Existenzsicherung wichtigen Erwerbs bzw. der Sicherung eines Arbeitsplatzes. Dem wird aber entgegengehalten, daß der Arbeitnehmerschutz in zahlreichen zwingenden Bestimmungen, Tarifverträgen und Betriebsvereinbarungen speziell und ausreichend geschützt sei.[452] Jedoch ist das Arbeitsrecht Bestandteil des BGB, und die Rechtsprechung hat vor der Schuldrechtsreform Arbeitsverträge einer Inhaltskontrolle nach den §§138 u. 242 unterzogen, um der Schutzbedürftigkeit der Arbeiternehmer Rechnung zu tragen, wobei sie ähnliche Ergebnisse wie bei einer AGB-Klauselkontrolle erzielt hat.[453] Besonders im hier relevanten Bereich des elektronischen Vertragsschlusses ist nicht ersichtlich, daß der Arbeitnehmer durch besondere arbeitsrechtliche Regelungen weniger schutzbedürftig als andere Verbraucher wäre. Deshalb ist der Arbeitnehmer jedenfalls im Bereich des §312e als Verbraucher anzusehen.

Schließlich könnte man Kleingewerbetreibende als vom Verbraucherbegriff erfaßt ansehen, weil sie nicht gewerblich tätig sind. Die Definitionen des Unternehmers nach §14 und des Kaufmanns gem. §1 HGB verwenden beide den Begriff der „gewerblichen“ Tätigkeit, so daß man erwägen könnte, wie bei §1 II HBG Kleingewerbetreibende vom Unternehmerbegriff auszunehmen und damit dem Verbraucherbereich zuschlagen. Jedoch hat der Gesetzgeber bei der Schaffung der §§13, 14 keinen Bezug auf die Negativdefinition in §1 HGB genommen.[454] Aus Sicht der Verbraucher ist es auch für die Schutzbedürftigkeit unerheblich, ob sie einem Groß- oder Kleinunternehmer gegenüberstehen.[455] Kleingewerbetreibende können deshalb keine Verbraucher sein.[456]

Unklarheit besteht auch darüber, ob Existenzgründungsgeschäfte für den Aufbau einer gewerblichen Tätigkeit §13 unterfallen. Die Formulierung der §§13 und 14 ist insoweit undeutlich. §13 spricht von „Zurechnung“ zur unternehmerischen Tätigkeit, §14 von

---

[450] Gegenäußerung der Bundesregierung zur Stellungnahme des Bundesrats, BT-Druck 14/6857, S. 54.

[451] Regierungsbegründung, BT-Druck 14/6040, S. 243; Auch der Rechtsausschuß des Bundestages sah beim SMG den Arbeitnehmer als Verbraucher an: „Der Arbeitnehmer als Verbraucher...“, Beschlußempfehlung Rechtsausschuß, BT-Druck 14/7052, S. 190.

[452] Bauer/Kock, DB 2002, S. 43 (44); Natzel, NZA 2002, S. 595 (595 f.); Soergel-Pfeiffer, §13, Rn. 44.

[453] vgl. Gegenäußerung der Bundesregierung zur Stellungnahme des Bundesrats, BT-Druck 14/6857, S. 54; zutreffend Reim DB 2002, S. 3434 (3437).

[454] M/K-Micklitz, Vor §§13, 14, Rn. 50.

[455] so auch M/K-Micklitz, §14, Rn. 26.

[456] i. E. auch Soergel-Pfeiffer, §14, Rn. 15; a. A. zum gleichlautenden §24 AGBG a. F. OLG Oldenburg, NJW-RR 2002, S. 641 (641).

„in Ausübung“ der unternehmerischen Tätigkeit. Zu §6 HausTWG a. F. hat der BGH entschieden, daß „in Ausübung“ gewerblicher Tätigkeit auch zukünftige unternehmerische Tätigkeiten betrifft.[457] Ein systematisches Argument gegen die Erfassung von Existenzgründern könnte man §507 entnehmen, der die Vorschriften über Verbraucherdarlehen ausdrücklich auf die Personengruppe der Existenzgründer erstreckt.[458] Im Umkehrschluß könnte daraus gefolgert werden, daß §13 Existenzgründer gerade nicht erfaßt. Dafür wird auch die Gesetzgebungsgeschichte des §507 angeführt, wo sich der Bundesrat für eine von §13 separate Regelung für Existenzgründerdarlehen aussprach, um eine Aufweichung des Verbraucherbegriffs zu vermeiden.[459] Dem stimmte die Bundesregierung in ihrer Stellungnahme pauschal zu.[460] Genausogut läßt sich §507 aber auch als bloße Klarstellung verstehen, die den Regelungsgehalt des §13 noch einmal unterstreicht.[461] Die Stellungnahme der Bundesregierung kann auch so interpretiert werden, daß die Reichweite von §13 offengelassen werden sollte. Für die Einbeziehung von Existenzgründern wird hingegen die situative Schutzbedürftigkeit derselben angeführt.[462] In der Tat verfügen in der Regel auch Existenzgründer noch nicht über die Erfahrung eines typischen Unternehmers, sondern gewinnen diese erst im Rahmen ihrer späteren Tätigkeit. Dem zukünftigen Unternehmer fehlt somit beim Abschluß von Existenzgründungsgeschäften die bereichsspezifische Geschäftskompetenz.[463] Auch ist er noch nicht in die spezifische Unternehmerrolle geschlüpft, so daß man auch bei konsequenter rollensoziologischer Betrachtung die Schutzbedürftigkeit bejahen muß. Eine Gleichstellung mit den Verbrauchern ist daher gerechtfertigt.[464]

bb) Art. 2 lit. e ECRL

Die ECRL verwendet in Art. 2 lit. e eine vom Wortlaut des §13 leicht abweichende Formulierung. Nach ihr ist Verbraucher „jede natürliche Person, die zu Zwecken handelt, die nicht zu ihren gewerblichen, geschäftlichen oder beruflichen Tätigkeiten gehören“.[465]

Wie nach §13 gilt der Verbraucherschutz im Ausgangspunkt nur für natürliche Personen. Entsprechend hat der EuGH kürzlich zur Klauselrichtlinie entschieden, daß der Begriff des Verbrauchers keine juristischen Personen betrifft.[466] Damit kann die Rechtslage auf europäischer Ebene als geklärt betrachtet werden. Versuche der euro-

---

[457] BGH NJW 1994, 2759 (2759).

[458] Soergel-Pfeiffer, §13, Rn. 35.

[459] BR-Druck 338/01, S. 65 f., Nr. 112.

[460] BT-Druck 14/6857, S. 64 f.

[461] nach Auffassung von Micklitz/Tonner-Tonner, Vertriebsrecht, §312, Rn. 20 hat der Gesetzgeber die Frage offengelassen.

[462] M/K-Micklitz, §13, Rn. 41; Palandt-Heinrichs, §13, Rn. 3; Pfeiffer, in: Schulte-Nölke/Schulze (Hrsg.), Europäische Rechtsangleichung und nationale Privatrechte, S. 21 (36).

[463] so auch Pfeiffer, in: Schulte-Nölke/Schulze (Hrsg.), Europäische Rechtsangleichung und nationale Privatrechte, S. 21 (36).

[464] a. A. bez. §24 AGBG a. F. OLG Koblenz NJW 1987, S. 74 (74); OLG Düsseldorf, MDR 1996, S. 465 (465); Härting, FernAbsG, Einl, Rn. 53; M/K-Wendehorst, §312b, Rn. 12.

[465] kritisch zu dieser Definition im Hinblick auf die Abweichungen zu Art. 2 Nr. 2 der Fernabsatzrichtlinie: Tettenborn, K&R 1999, S. 442 (443).

[466] EuGH NJW 2002, S. 205 (205).

päischen Kommission, den Anwendungsbereich der Verbraucherschutzvorschriften in persönlicher Hinsicht zu erweitern, sind bislang auf den Widerstand der Mitgliedstaaten gestoßen.[467] Eine Erstreckung auf juristische Personen würde aber auch nicht mit dem neueren Verbraucherleitbild der Gemeinschaft vom selbstbewußt handelnden Verbraucher, der funktional zur Verwirklichung des Binnenmarkts beiträgt, harmonisieren.[468] Denn dabei kann es sich nur um eine natürliche Person handeln. Da zudem die meisten EG-Mitgliedstaaten eine Unterscheidung zwischen rechtsfähigen Personengesellschaften und juristischen Personen nicht kennen[469], zählen alle rechtsfähigen Personengesellschaften und –verbände zu den juristischen Personen im europäischen Sinne.[470] Demzufolge kann die GbR nicht von Art. 2 lit. e ECRL erfaßt sein.
Fraglich ist des weiteren, wie der Ausschluß aller beruflichen Tätigkeiten aus dem Verbraucherbegriff der ECRL zu verstehen ist. Teilweise wird in Formulierungen dieser Art ein genereller Ausschluß aller Arbeitnehmer aus dem Verbraucherbegriff gesehen, soweit die von diesen geschlossenen Verträge irgendeinen Bezug zum Arbeitsverhältnis aufweisen.[471] Nach anderer Ansicht sind mit beruflicher Tätigkeit nur selbständig berufliche Tätigkeiten wie in §13 gemeint.[472] Für den Ausschluß unselbständiger beruflicher Tätigkeiten, spricht zunächst der Wortlaut, der nicht zwischen selbständiger und unselbständiger beruflicher Tätigkeit differenziert. Anders verstehen könnte man aber die englische Sprachfassung, die von „profession" spricht, was nach dem englischen Sprachgebrauch eher eine selbständige Berufstätigkeit meint.[473] Ein historisches Argument für den gänzlichen Ausschluß von Arbeitnehmern könnte sich aber aus Erwägungsgrund 18, S. 9 ECRL zu ergeben, wonach die „vertragliche Beziehung zwischen einem Arbeitnehmer und seinem Arbeitgeber" kein Dienst der Informationsgesellschaft ist. Diese Einschränkung bezieht sich aber nach dem Kontext auf den Ausschluß abhängig Beschäftigter aus dem Begriff des Diensteanbieters.[474] Über die Schutzwürdigkeit des Nutzers beim Abschluß von Arbeitsverträgen oder Hilfsge-

---

[467] M/K-Micklitz, §13, Rn. 12 (s. auch Fn. 17); Faber, ZEuP 1998, S. 854 (860); Aktionsplan der Kommission 1993-1995 zur Verbraucherpolitik, KOM (93) 378 endg. Erwägungsgrund bezieht natürliche und juristische Personen ein.
[468] vgl. zu diesem Leitbild Dreher, JZ 1997, S. 167 (170 f.); Reich, ZEuP 1994, S. 381 (389); Staudenmayer, in: Schulte-Nölke/Schulze (Hrsg.), Europäische Rechtsangleichung und nationale Privatrechte, S. 63 (75); M/K-Micklitz, §13, Rn. 3 und Vor §§ 13, 14, Rn. 85.
[469] M/K-Basedow, §24a AGB-Gesetz, Rn. 43.
[470] Krebs, DB 2002, S. 517 (518).
[471] AnwKom-Ring, §312e, Rn. 14; Bülow/Artz NJW 2000, 2049 (2050); Bauer/Kock, DB 2002, S. 42 (43); Fiebig, DB 2002, S. 1608 (1609); Hummerich/Holthausen, NZA 2002, S. 173 (174); Soergel-Pfeiffer, §13, Rn. 44; speziell zur ECRL Grabitz/Hilf-Marly, A4, Art. 2, Rn. 27.
[472] Faber, ZEuP 1998, S. 854 (871 ff.); M/K-Micklitz §14, Rn. 25; ebenso für die Klauselrichtlinie 93/13/EWG: M/K-Basedow, §310, Rn. 44.
[473] Faber, ZEuP 1998, S. 854 (874); Definition von profession nach *Cambridge International Dictionary of English*: "any type of work which needs a special training or a particular skill, often one which is respected because it involves a high level of education; Some types of work which need special training and skill, such as being a doctor or lawyer, but not work in business or industry, are sometimes called the professions", zu finden unter http://dictionary.cambridge.org, Suchwort: "profession" (http://dictionary.cambridge.org/define.asp?key=profession*1+0)
[474] anders insofern die Klauselrichtlinie in Erwägungsgrund 10, wonach Arbeitsverträge gänzlich vom Anwendungsbereich ausgenommen sind.

schäften ist damit nichts ausgesagt. Teleologisch spricht einiges dafür, „beruflich" nur als „selbständig beruflich" zu verstehen, wenn man einen Vergleich zur gewerblichen Tätigkeit anstellt. Gewerbliche Tätigkeit verlangt ein planmäßiges Handeln nach betriebswirtschaftlichen Grundsätzen, wobei der Handelnde das wirtschaftliche Risiko von Fehlentscheidungen trägt. Der unselbständige Arbeitnehmer trägt hingegen ein solches Risiko nicht und behält typischerweise nicht immer die Risiken seiner Handlungen im Blick[475], so daß er nicht weniger schutzwürdig ist als jeder andere Verbraucher. Deshalb muß auch bei der Berufstätigkeit ein planmäßiges bzw. selbständiges Handeln verlangt werden, um einen ausreichenden Verbraucherschutz zu gewährleisten. Dafür spricht auch, daß bei ökonomischer Betrachtung nur der selbständig Tätige mit niedrigeren Transaktionskosten Informationen beschaffen und zur Verfügung stellen kann und damit Cheapest-Cost-Avoider ist. Außerdem vermag der Selbständige Vermögensrisiken beim Abschluß von Geschäften als Kostenfaktor auf die Preise von Waren und Dienstleistungen überzuwälzen, was der unselbständige Arbeitnehmer, der an Arbeitsverträge gebunden ist, üblicherweise nicht kann.[476] Nicht zuletzt spricht im speziellen Kontext des elektronischen Vertragsabschlusses die Schutzwürdigkeit des Arbeitnehmers, dem keine besonderen arbeitsrechtlichen Vorschriften helfen, für seine Einbeziehung in den Verbraucherbegriff. Die Abdingbarkeit der Pflichten gem. Art. 10 I, II und 11 I, II ECRL dient vielmehr hauptsächlich der Beschleunigung des Handelsverkehrs.[477] Man sollte deshalb die ECRL so auslegen, daß nur selbständig Berufstätige aus dem Verbraucherbegriff herausfallen. Letztlich harrt die Bedeutung des Begriffs der „beruflichen Tätigkeit" noch einer Klarstellung durch den EuGH.

Unklar ist außerdem, ob Kleinunternehmer Verbraucher nach der ECRL sind. Dagegen spricht der Wortlaut des Art. 2 lit. e ECRL, der bestimmt, daß „geschäftsmäßig" handelnde Personen nicht als Verbraucher anzusehen sind. Die Funktion dieses in europäischen Richtlinien bislang unbekannten Begriffs der „Geschäftsmäßigkeit" kann man im Ausschluß von Kleinunternehmern sehen, deren Geschäftsumfang nicht den eines Handelsgewerbes erreicht.[478] Im Rahmen von Art. 10 und 11 ECRL wird der Vertragsabschluß zwischen Kleinunternehmern also offensichtlich dem Bereich des B2B-Verkehrs zugeordnet, der einer vereinfachten und schnellen Abwicklung bedarf. Kleinunternehmern wird damit als Nutzern ein höheres Maß an Eigenverantwortung zugemutet als Verbrauchern. Auch hier ist die Auslegung allerdings nicht zweifelsfrei und sollte durch den EuGH geklärt werden.

Zweifelhaft ist auch die Einbeziehung von Existenzgründern. Der Wortlaut von Art. 2 lit. e ECRL ist undeutlich, weil er vom Handeln „zum Zweck" einer beruflichen, geschäftlichen oder gewerblichen Tätigkeit spricht. Der EuGH hat zu §13 EUGVÜ entschieden, daß mit dieser Formulierung auch zukünftige Tätigkeiten beruflicher oder gewerblicher Art gemeint sind.[479] Diese Ansicht wird teilweise bei der Auslegung von

---

[475] Faber, ZEuP 1998, S. 854 (873).
[476] Faber, ZEuP 1998, S. 854 (874).
[477] s. u. Teil 1 B.IV.2.c).
[478] a.A.: Lehmann-Drexl, Electronic Business in Europa, P., Rn. 44 ff.: „geschäftsmäßig" meine unentgeltliche, aber dennoch „wirtschaftlich geprägte Tätigkeiten", wozu quersubventionierte Tätigkeiten und gelegentliche Angebote von Privatleuten zählen würden.
[479] EuGH Rs. C-269/95 (Francesco Benincasa ./. Dentalkit Srl), Slg. 1997, I-3788, Rn. 15-18.

Art. 2 lit. e ECRL favorisiert.[480] Es erscheint jedoch zweifelhaft, ob diese Entscheidung des EuGH verallgemeinerungsfähig ist, weil sie zum vereinheitlichten Prozeßrecht und nicht zum materiellen Recht ergangen ist.[481] Die Schutzerfordernisse in beiden Rechtsgebieten können nämlich durchaus unterschiedlich gelagert sein. Eine weitere Entscheidung des EuGH erging bereits vorher zu Art. 2 der Haustürwiderrufsrichtlinie 85/577/EWG.[482] Jedoch drehte es sich bei diesem Urteil um die Frage, ob die Beendigung einer gewerblichen Tätigkeit unter den Verbraucherbegriff fällt. Hier kann aber durchaus eine geschäftliche Erfahrung des Unternehmers unterstellt werden kann, da er sich schon zuvor im Geschäftsverkehr betätigt hat.[483] Der Rechtsprechung des EuGH läßt sich also bislang keine eindeutige Aussage zu der Frage entnehmen. Für die Einbeziehung des Existenzgründers in den Verbraucherbegriff sprechen letztlich Schutzwürdigkeitserwägungen[484], wenn man von einem rollenspezifischen bzw. situativen Verbraucherschutzkonzept ausgeht, denn der Existenzgründer handelt weder schon in der Rolle eines Gewerbetreibenden noch besitzt er eine spezifische Geschäftskompetenz.

cc) Richtlinienkonformität der Umsetzung

Aufgrund der Auslegungsergebnisse muß über die Richtlinienkonformität des Verbraucherbegriffs nach §13 BGB entschieden werden. Es hat sich gezeigt, daß die Verbraucherbegriffe einen Unterschied im Hinblick auf die vom BGH befürwortete Einbeziehung rechtsfähiger Personengesellschaften aufweisen. Je nach Auslegung von §13 bzw. Art. 2 lit. e ECRL drohen weitere Abweichungen bei der Einbeziehung unselbständiger Arbeitnehmer, Kleingewerbetreibender und Existenzgründer. Soweit die europäischen Richtlinien lediglich Mindeststandards[485] für die Umsetzung aufstellen bzw. als Verbraucherschutzrichtlinien den Bereich des B2B-Verkehrs gegenständlich gar nicht erfassen, ist eine Erweiterung des Verbraucherbegriffs völlig unbedenklich.[486] Der Gesetzgeber hat insofern einen Gestaltungsspielraum, der eine Ausweitung des Verbraucherschutzes ermöglicht. Die ECRL regelt hingegen ausdrücklich auch den B2B-Sektor, so daß eine Erweiterung des Verbraucherschutzes durch §13 allen-

---

[480] Grabitz/Hilf-Marly, A4, Art. 2, Rn. 27 unter Berufung auf vorgenannte Entscheidung.
[481] M/K-Micklitz, §13, Rn. 39.
[482] EuGH Rs. C-361/89 (Strafverfahren ./. Patrice di Pinto), Slg. 1991 I-1189.
[483] a. A. damals Generalanwalt Mischo, Schlußanträge, Rs. C-361/89, Slg. 1991, I-1201, Rz. 21-30.
[484] Faber, ZEuP 1998, S. 854 (890) will eine Schutzwürdigkeit nur annehmen, wenn bereits konkrete Vorbereitungsgeschäfte einen planmäßigen Mitteleinsatz nach sich ziehen. Dem kann aber nicht beigepflichtet werden, da gerade die hohen Summen, die für die Existenzgründung ausgegeben werden, eine besondere Schutzbedürftigkeit des Unternehmers begründen. Daß sich Verluste bei der Existenzgründung ggf. durch die spätere Unternehmertätigkeit amortisieren ist irrelevant, da schon die bloße Gefahr einer (späteren) Existenzvernichtung des Betriebs durch ungünstige Existenzgründungsverträge für die Schutzbedürftigkeit genügt. Von einer unternehmerischen Tätigkeit kann erst ausgegangen werden, wenn die Geschäfte einen gewissen Routinecharakter bekommen, was in den seltensten Fällen schon in der Gründungsphase der Fall ist.
[485] vgl. die Mindestklauseln in Art. 14 der Fernabsatzrichtlinie 97/7/EG, Art. 15 der Verbraucherkreditrichtlinie 87/102/EWG, Art. 8 der Haustürgeschäftsrichtlinie 85/577/EWG.
[486] Krebs, DB 2002, S. 517 (518); AnwKom-Ring, §14, Rn. 14; Bülow/Artz, NJW 2002, S. 2048 (2050).

falls durch Öffnungs- oder Mindestklauseln gestattet sein könnte.[487] Welchen Regelungsansatz die ECRL verfolgt, wird später noch zu klären sein.[488] Hier kann nur soviel gesagt werden: Hinsichtlich der Auslegung des Verbraucherbegriffs bedarf es dringend einer Klärung durch den EuGH, weil die Richtlinienformulierungen nicht die notwendige Auslegungssicherheit schaffen. Sollte diese so ausfallen, daß eine Abweichung zwischen §13 und Art. 2 lit. e ECRL vorliegt, muß §312e II2 gegebenenfalls von den Gerichten richtlinienkonform ausgelegt bzw. rechtsfortbildend korrigiert werden.

Nicht unproblematisch ist es für den Unternehmer, in der Praxis zu erkennen, ob er sich beim Vertragsschluß einem Verbraucher oder einem Nichtverbraucher gegenübersieht. Objektive Anhaltspunkte wird er dafür in der Regel nicht haben. Dieses Problem läßt sich nur lösen, indem der Unternehmer entweder eine Routineabfrage über den Zweck des Vertrags vornimmt[489] oder gesonderte Angebotsseiten nur für Unternehmer bereitstellt, die Verbraucher nicht betreten dürfen. Der Kunde wird sich in jedem Fall an seinen Angaben festhalten lassen müssen. Allerdings muß der Hinweis, daß es sich auf für den B2B-Verkehr beschränkte Seiten handelt, an für den Kunden unübersehbarer Stelle plaziert und unmittelbar vor Abgabe der Bestellung wiederholt werden, damit §312e II2 nicht umgangen werden kann.

b) sachliche und zeitliche Voraussetzungen der Abbedingung

Als weitere Voraussetzung verlangt der Tatbestand des §312e II2 bzw. Art. 10 IV, 11 II ECRL eine Vereinbarung zwischen den Vertragsparteien. Darunter ist eine vertragliche Vereinbarung zu verstehen. Fraglich ist, zu welchem Zeitpunkt diese Vereinbarung getroffen werden kann.

Nach dem Willen des Gesetzgebers soll eine Abbedingung durch einen Rahmenvertrag oder durch AGB-Rahmenvereinbarung gem. §305 III im voraus möglich sein.[490] In der ECRL finden sich dazu keine näheren Erwägungen. Unter Schutzwürdigkeitsgesichtspunkten spricht nichts gegen eine solche Auslegung.[491]

Zweifelhaft ist hingegen der späteste Zeitpunkt, zu dem eine Abbedingung zulässig ist. Man könnte einerseits annehmen, daß die Abbedingung bereits vor dem Vertragsschluß erfolgen muß, soweit sich die Pflichten auf den vorvertraglichen Bereich beziehen, wie etwa §312e I1 Nr. 1 und Nr. 2.[492] Denkbar ist es aber auch, auf den Zeitpunkt

---

[487] so auch Bülow/Artz, NJW 2000, S. 2048 (2051): Verweis auf §13 ist nur dann möglich, wenn Mindestregelung vorgesehen ist.

[488] s. u. 3. Teil C.III.2.b).

[489] Reich, in: Schulte-Nölke/Schulze (Hrsg.), Europäische Rechtsangleichung und nationale Privatrechte, S. 79, (88 f.)

[490] Begründung Regierungsentwurf, BT-Druck 14/6040, S. 172.

[491] so auch Koch/Maurer, WM 2002, S. 2443 (2488).

[492] so M/K-Wendehorst, §312e, Rn. 56; Lütcke, Fernabsatzrecht, §312e, Rn. 26; eine Pflicht zur vorherigen Abbedingung in allen Fällen wollte der Ausschuß für Wirtschaft, Währung und Industriepolitik im EP, vgl. A4-0248 v. 6.5.1999, S. 59 f., Änderungsvorschlag 17 und 18.

des Vertragsschlusses selbst abzustellen.[493] Die Begründung des Regierungsentwurfs deutet auf eine Vereinbarung vor dem Vertragsschluß hin, denn dort heißt es: „soll eine abweichende Vereinbarung individuell getroffen werden, müßten sich die Beteiligten *zunächst* über die Vertragsprozedur einigen und *dann* den eigentlichen Vertragsschluß vornehmen".[494] Präziser ausgedrückt müssen die Pflichten, die vor der Bestellung des Kunden zu erfüllen sind, auch vor dem Zeitpunkt der *Bestellung* abbedungen werden. Denn danach haben diese Pflichten bereits ihren Sinn erfüllt, und Versäumnisse des Unternehmers können Schadenersatzansprüche des Kunden begründet haben. Diese zeitliche Beschränkung gilt jedenfalls, wenn sich die Bedeutung der Pflichten mit der Abgabe der Bestellung erschöpft hat. Man sollte jedoch auch Pflichten noch später abdingbar sein lassen, deren Erfüllung auch nach dem für sie bestimmten Leistungszeitpunkt noch sinnvoll ist, d. h. auf die auch danach noch ein Erfüllungsanspruch besteht, wie etwa die Angabe der Verhaltenskodizes gem. §312e I1 Nr. 2 i.V.m. §3 Nr. 5 InfoV, die Information über die unternehmerseitige Archivierung der Vertragsdaten gem. §312e I1 Nr. 2 i.V.m. §3 Nr. 2 InfoV oder die Bereitstellung der Vertragsdaten zum Abruf gem. §312e I1 Nr. 4.[495] Die vertragliche Vereinbarung hat dann aber nur noch Einfluß auf den primären Erfüllungsanspruch, nicht aber auf bis dahin bereits entstandene Sekundäransprüche.

Gegen einen vertraglichen Pflichtenausschluß durch AGB wird allerdings vorgebracht, daß bei einer formularmäßigen Abdingbarkeit §312e leerlaufen würde.[496] Dem ist aber entgegenzuhalten, daß die ECRL, soweit sie eine Abdingbarkeit von Pflichten im B2B-Verkehr vorsieht, ihren Schutz nicht aufdrängen will, um Hemmnisse im Handelsverkehr zu vermeiden. Im Handelsverkehr werden vertragliche Vereinbarungen aber üblicherweise über AGB geschlossen. Der Ausschluß der Pflichten unterliegt im übrigen auch zwischen Unternehmern der AGB-Kontrolle gem. §§310 I, 307, so daß sich z. B. die Ungültigkeit der Abbedingungsklausel aus §307 I2 ergeben kann, wenn sie nicht hinreichend deutlich formuliert ist.[497] Deshalb kann ein Ausschluß der Pflichten auch im Rahmen der Nutzungsbedingungen einer Homepage erfolgen, die der Unternehmerkunde durch Betreten der Homepage akzeptiert.[498] Will der Kunde dies vermeiden, ist von ihm als Nichtverbraucher eine höhere Aufmerksamkeit gefordert, und er muß eben die Nutzungsbedingungen durchlesen.

---

[493] Micklitz, in: Micklitz/ Pfeiffer/Tonner/Willingmann, Schuldrechtsreform und Verbraucherschutz, S. 191 (214); für §10 IV ECRL: Grabitz/Hilf-Marly, A4, Art. 10, Rn. 5; Lehmann-Drexl, Electronic Business in Europa, P., Rn. 59; unklar: Boente/Riehm, Jura 2002, S. 222 (227).

[494] Begründung Regierungsentwurf, BT-Druck 14/6040, S. 172.

[495] s. u. 2. Teil D.IV.

[496] Lütcke, Fernabsatzrecht, §312e, Rn. 27; a. A. Bamberger/Roth-Schmidt-Räntsch, §312e, Rn. 39M; Hoeren/Sieber-Waldenberger, Handbuch Multimedia-Recht, Teil 13.4, Rn. 33.

[497] für eine Kontrolle nach §307 I auch Bamberger/Roth-Schmidt-Räntsch, §312e, Rn. 39; Spindler, in: Dauner-Lieb/Konzen/Schmidt (Hrsg.), S. 474 will darüber hinaus §312e insgesamt als gesetzliches Leitbild ansehen mit der Konsequenz, daß ein erhebliches Abweichen von diesem Leitbild zur Unzulässigkeit der entsprechenden Klausel führt. Problematisch ist diese Annahme aber, wenn sie dazu führen soll, daß z. B. eine vollständige Abbedingung von §312e I Nr. 1-3 unzulässig wäre, denn dies wird in der Praxis häufig vorkommen. Da 312e II2 den Ausschluß der Pflichten gerade erlaubt, ist die Abdinbarkeit im Unternehmensverkehr selbst auch Teil des gesetzlichen Leitbildes.

[498] Boente/Riehm, Jura 2002, S. 222 (226).

c) Reichweite der Abdingbarkeit

In allen nicht von §312e II2 erfaßten Fällen, sind die Pflichten im elektronischen Geschäftsverkehr unabdingbar. Dies folgt aus einem Umkehrschluß zu §312e II2 und aus §312 fl. Allerdings hat §312e nur halbzwingenden Charakter – wie sich aus §312 fl ergibt – , d. h. Abweichungen zugunsten des Kunden sind ohne weiteres zulässig. In erster Linie dienen die Pflichten der Behebung eines Informationsgefälles zwischen Verbrauchern und Unternehmern[499], so daß sie vor allem bei Vertragsschlüssen mit Verbrauchern zwingend sind. Ob der zwingende Charakter der Informationspflichten gegenüber Verbrauchern wirklich zu deren Schutz notwendig ist, darf bei Zugrundlegung des Leitbilds vom mündigen, aufgeklärten und selbstverantwortlichen Verbraucher allerdings bezweifelt werden. Immerhin beugt bei einer Vereinbarung in AGB auch schon die vertragliche Inhaltskontrolle nach §§310 III, 307 Mißbräuchen durch den Anbieter vor[500] und einer individuell ausgehandelten Abbedingung werden auch Verbraucher kritisch gegenüberstehen.
Auch im B2B-Verkehr können Informationsgefälle bestehen, denen §312e abhelfen soll.[501] Allerdings steht dort die Schnelligkeit und Leichtigkeit des Wirtschaftsverkehrs im Vordergrund.[502] Der Schutz wird deshalb abgeschwächt, indem er zur Disposition der Parteien gestellt wird.[503] Nichtverbraucher, die den Schutz des §312e wünschen, müssen eigenverantwortlich auf die Erfüllung der Pflichten gegenüber dem Anbieter bestehen. Gänzlich unabdingbar auch zwischen Nichtverbrauchern ist die Pflicht zur Bereitstellung der Vertragsbestimmungen in abruf- oder speicherbarer Form gem. §312e I Nr. 4. Der zwingende Charakter dieser Vorschrift ist systematisch aus Art. 10 ECRL abgeleitet, der nur in Abs. 1 und 2 ausdrücklich eine Abbedingung der Pflichten gestattet, nicht aber in Abs. 3. Offensichtlich ist diese Pflicht besonders wichtig für die Wahrung der Rechtssicherheit im Geschäftsverkehr, durch die allein ein funktionsfähiger Binnenmarkt gewährleistet werden kann.[504] Also sah der Richtliniengeber durch ihre unbedingte Geltung den Binnenmarkt weniger beeinträchtigt als durch ihre Abdingbarkeit.
Im ersten Regierungsentwurf wurde von der Abdingbarkeit noch nicht §312e I2, also die Zugangsfiktion, erfaßt.[505] Dies ist verwunderlich, da mit dieser Regelung offensichtlich keine von §130 abweichende Vorschrift über den Zugang von elektronischen

[499] Hassemer, MMR 2001, S. 635 (635 f.).
[500] so der zutreffende Hinweis von Spindler, in: Dauner-Lieb/Konzen/Schmidt (Hrsg.), Das neue Schuldrecht in der Praxis, S. 459 (474).
[501] Micklitz/Tonner-Micklitz, Vertriebsrecht, §312e, Rn. 45 geht davon aus, daß den vertragsschließenden Unternehmen regelmäßig die Informationen nach §3 InfoV bekannt sein werden. Allerdings ist der Inhalt der Informationen einzelfallabhängig und je nach technischer Ausgestaltung des elektronischen Angebots anders, so daß in der Regel ein Informationsbedarf bestehen wird.
[502] Lehmann-Drexl, Electronic Business in Europa, P., Rn. 58 ff. spricht sich allerdings dafür aus, die Vorschrift für alle Parteien zwingend auszugestalten, weil eine unterschiedliche Schutzbedürftigkeit nicht erkennbar sei. Es passe vielmehr nicht zum gesetzlichen Charakter vorvertraglicher Pflichten, diese abdingbar sein zu lassen.
[503] Wiebe, Die elektronische Willenserklärung, S. 512 spricht von einer Art „umgekehrter Beweislast".
[504] vgl. Erwägungsgrund 7 ECRL.
[505] Begründung Regierungsentwurf, BT-Druck 14/6040, S. 15.

Willenserklärungen geschaffen werden sollte[506], die einen zwingenden Charakter erfordert hätte. Möglicherweise sah man eine Abbedingung aber ohnehin als überflüssig an, da die Zugangsfiktion sinnlos ist, wenn die Pflicht zur Erteilung einer Empfangsbestätigung nach §312e I1 Nr. 3 entfällt. Im Bundestag wurde im weiteren Verlauf des Gesetzgebungsverfahrens die Abdingbarkeit klargestellt[507], wie sich jetzt aus §312e II2 ergibt.

C. Auslegung der Pflichten gem. §312e

I. Pflichten vor der Bestellung des Kunden

1. Allgemeine Anforderungen an die Erfüllung dieser Pflichten

a) Zeitpunkt der Informationserteilung: rechtzeitig vor Abgabe der Bestellung (§312e I1 Nr. 2)

aa) „Bestellung“

Bevor mit der Auslegung der Pflichten des Unternehmers im elektronischen Geschäftsverkehr begonnen werden kann, muß zunächst der Begriff der Bestellung geklärt werden. Dieser Begriff taucht in §312e I1 Nr. 1 und 2 auf, um den Zeitpunkt zu bezeichnen, in dem die Pflichten zu erfüllen sind, die mit dem geschäftlichen Kontakt entstehen. Die Pflichten lassen sich daher zeitlich danach aufteilen, ob sie vor oder nach der Bestellung des Kunden zu erfüllen sind. Dem Begriff der Bestellung kommt eine erhebliche Relevanz zu, weil dem Unternehmer mit Verstreichenlassen des Zeitpunkts der Bestellung Pflichtverletzungen drohen.
In §312e findet sich keine Begriffsdefinition. Die Bezeichnung wurde von Art. 10 I und 11 I ECRL übernommen, die aber ebenfalls eine Erläuterung schuldig bleiben. Im ersten Regierungsentwurf wollte der Gesetzgeber Klarheit über diesen Begriff schaffen und wagte eine Definition als „auf den Vertragsschluß gerichtete Willenserklärung“.[508] Mit dieser Definition kann nur das vertragliche Angebot oder die Annahme des Kunden i.S.d. §§145 ff. gemeint sein, was die Frage aufwirft, warum der Entwurf nicht gleich diese Begrifflichkeiten verwendete. Diese Definition wurde in der Literatur kritisiert und als im Hinblick auf die Richtlinienkonformität zu eng bezeichnet[509]. Teilweise wurde aber auch eine Beschränkung auf vertragliche Willenserklärungen befürwortet.[510] Im späteren Gesetzgebungsverfahren wurde die Kritik an der Definition aufgegriffen und diese gestrichen.[511] Die Begründung dafür lautete, daß es für den

---

506 s. u. 1. Teil C.II.1.d).
507 Beschlußempfehlung Rechtsausschuß, BT-Druck 14/7052, S. 192.
508 Begründung Regierungsentwurf, BT-Druck 14/6040, S. 14. Im Diskussionentwurf zum SMG findet sich diese Definition noch nicht.
509 Schneider, K&R 2001, 344 (344 ff.);
510 Lehmann, EuZW 2000, 517 (519); wohl auch Micklitz, EuZW 2001, S. 133 (142) und Hoffmann, NJW 2001, Beilage zu Heft 14, S. 1 (7).
511 Beschlußempfehlung Rechtsausschuß, BT-Druck 14/7052, S. 192.

Laien nicht ersichtlich sei, ob es sich bei seiner Erklärung um eine Vertragserklärung handele oder nicht.[512]
Aufgrund dieser Unsicherheiten im Gesetzgebungsprozeß stellt sich die Frage, welchen Rechtscharakter die Bestellung unter Berücksichtigung der Zwecksetzung der ECRL haben muß. Bei der Auslegung kann als gesichert vorausgesetzt werden, daß die auf den Vertragsschluß gerichteten Willenserklärungen des Kunden jedenfalls unter den Bestellungsbegriff fallen. Darüber hinaus könnte man jede invitatio ad offerendum des Kunden als Bestellung auffassen[513] bzw. noch weitergehend jede den Vertragsgegenstand betreffende Datenübermittlung vom Kunden zum Unternehmer, also auch bloße Verfügbarkeitsanfragen oder Bestellungen zur Ansicht[514].
Der Wortlaut „Bestellung“ deutet nach dem allgemeinen Sprachverständnis auf eine verbindliche Erklärung hin.[515] Rechtstechnische Begriffe können aber selbstverständlich vom Wortlaut abweichen, so daß der Hinweis nur schwach ist.
Die historische Auslegung gibt hier keinen Aufschluß, da der Begründung des Rechtsausschusses nur zu entnehmen ist, daß der Gesetzgeber die Bestellung nicht notwendig auf die Vertragserklärungen des Kunden beschränken wollte. Wie weit der Begriff der Bestellung darüber hinaus reichen soll, erschließt sich aus der Begründung nicht. Offensichtlich wollte der Gesetzgeber nur sicherstellen, daß die Definition nicht zu eng gerät, so daß Verstöße gegen die Richtlinie drohen, und die Feinausgestaltung des Begriffs der Praxis überlassen. Der europäische Richtliniengeber selbst hat auch keine ausdrücklichen Hinweise in den Erwägungsgründen gegeben. Aus dem Gesetzgebungsprozeß folgt zumindest ein Indiz für die Beschränkung auf Vertragserklärungen, da der ursprüngliche Richtlinienentwurf in Art. 10 Informationspflichten „vor Abschluß des Vertrages“ aufstellte[516] und zudem in Art. 11 von „Annahme“ sprach. Der Begriff der Bestellung wurde erst im gemeinsamen Standpunkt des Rates aufgenommen und ist wohl als Klarstellung dahingehend zu verstehen, daß nicht mehr der Vertragsschlußmechanismus durch Art. 11 ECRL geregelt werden sollte und daß die Informationen rechtzeitig vor der verbindlichen Erklärung des Nutzers und nicht zu

---

[512] Beschlußempfehlung Rechtsausschuß, BT-Druck 14/7052, S. 192.
[513] Schneider, K&R 2001, S. 344 (346); AnwKom-Ring, §312e, Rn. 18; Palandt-Heinrichs, §312e, Rn. 6; Bamberger/Roth-Schmidt-Räntsch, §312e, Rn. 21; Hoeren/Sieber-Waldenberger, Handbuch Multimedia-Recht, Teil 13.4, Rn. 19.
[514] M/K-Wendehorst, §312e, Rn. 63: nicht „bloße Zwischenspeicherungen“ ohne „den Vertragsgegenstand betreffende Datenübermittlung“; allgemeiner Lütcke, Fernabsatzrecht, §312e, Rn. 32 „alle Konstellationen“; Micklitz/Tonner-Micklitz, Vertriebsrecht, §312e, Rn. 72; differenzierend: Spindler, in: Dauner-Lieb/Konzen/Schmidt (Hrsg.), Das neue Schuldrecht in der Praxis, S. 459 (466): Pflichten, die den Kunden vor den Rechtsfolgen bestimmter Handlungen schützen, sollen erst zu erfüllen sein, wenn diese Handlungen vorgenommen werden. Also soll z. B. die Pflicht zur Bereitstellung von Korrekturmöglichkeiten nur bei einer verbindlichen Bestellung greifen. Dagegen ist aber einzuwenden, daß alle Pflichten in §312e dazu konzipiert sind, den Kunden vor den Rechtsfolgen eines unerwünschten oder mangelhaft dokumentierten Vertragsschlusses zu schützen – seien es die technischen Hilfs- und Informationspflichten vor dem Vertragsschluß oder die Bereitstellungspflicht des §312e II Nr. 4 nach dem Vertragsschluß.
[515] Duden, Stichwort „Bestellung“: „Auftrag zur Lieferung von etw.“.
[516] KOM (1998) 586 endg., S. 48.

einem beliebigen Zeitpunkt vor dem Vertragsschluß erteilt werden sollen.[517] Nach wie vor geht es auch laut der Überschrift über den Artt. 9 ff. ECRL ausdrücklich um den Schutz beim Abschluß von Verträgen auf elektronischem Weg und nicht bei unverbindlichen Angebotsaufforderungen oder Voranfragen.
Fraglich ist, ob sich systematisch aus anderen Vorschriften des BGB mit europäischem Hintergrund Aufschlüsse ergeben, wie der deutsche Gesetzgeber den Bestellungsbegriff verstanden wissen will. Dieser findet sich auch noch in §241a und §312 III Nr. 1. Nach §241a, der auf Art. 9 der Richtlinie 97/7/EG über den Fernabsatz zurückgeht, sollen unbestellte Sachen oder Leistungen keine Ansprüche gegen den Verbraucher begründen. Zum Begriff der Bestellung werden hier zwei Auffassungen vertreten. Nach einer Auffassung soll nur das verbindliche Angebot des Verbrauchers eine Bestellung sein[518], nach anderer Ansicht auch eine bloß unverbindliche Anfrage[519]. Es spricht bei §241a vieles dafür, auch in einer unverbindlichen Anfrage des Verbrauchers eine Bestellung zu sehen, da dieser laut Erwägungsgrund 5 der Fernabsatzrichtlinie nur vor aggressiven Verkaufsmethoden geschützt werden soll. Laut der Regierungsbegründung ist auch das Sanktionssystem mit dem Ausschluß der Ansprüche aus §985 und §812 auf die Sanktionierung von Wettbewerbsverstößen ausgerichtet.[520] Von einem Wettbewerbsverstoß kann aber bei einer vorangegangen invitatio ad offerendum durch den Verbraucher nicht die Rede sein.[521] Es fragt sich aber, ob der Begriff der Bestellung in §241a eine ähnliche Funktion wie der in §312e hat. Dagegen spricht, daß §241a den Verbraucher vor den Rechtsfolgen einer ungewollten Leistung schützen will, denen er bei der Rückabwicklung ausgesetzt wäre. Insbesondere bei Vernichtung des erhaltenen Leistungsgegenstands könnten ihm sonst die Rechtsfolgen eines Vertrages quasi aufgezwungen werden, wenn er vollen Ersatz für den objektiven Markwert leisten müßte. Im Unterschied dazu drohen dem Kunden bei einer unverbindlichen invitatio ad offerendum oder Anfrage im Vorfeld des elektronischen Vertragsschlusses keinerlei negative Rechtsfolgen, vor denen er geschützt werden müßte. Insofern können aus §241a keine Erkenntnisse für die Auslegung des Merkmals der Bestellung in §312e gewonnen werden.
Möglicherweise gibt aber §312 III Nr. 1 mehr Aufschluß, der auf Art. 1 II i.V.m Art. 3 III der Richtlinie 85/577/EWG über Haustürgeschäfte basiert. Diese Norm schließt das Widerrufsrecht des Verbrauchers bei Haustürgeschäften aus, wenn die Vertragsabschlußsituation durch eine vorherige Bestellung des Verbrauchers entstanden ist. Hierzu wird – enger als bei §241a – vertreten, daß damit die Aufforderung zu einem kon-

---

[517] zur „Klarstellungsfunktion" des Begriffs vgl. Mitteilung der Kommission an das Europäische Parlament zum gemeinsamen Standpunkt des Rates SEK/2000/0386 endg. v. 29.2.2000 unter 3.2.5.
[518] Löhnig, JA 2001, S. 33 (33); Casper, ZIP 2000, 1602 (1604).
[519] M/K-Kramer, §241a, Rn. 7; AnwKom-Krebs, §241a, Rn. 12; Bamberger/Roth-Grüneberg, §241a, Rn. 6; Berger, JuS 2001, S. 649 (651); wohl auch der Rechtsausschuß des Bundestags, BT-Druck 14/3195, S. 32: „...einem Verbraucher Waren zusendet, obwohl ihn dieser dazu nicht aufgefordert hat...".
[520] BT-Druck 14/2658, S. 46.
[521] Schneider K&R 2001, S. 344 (346); Baumbach/Hefermehl, Wettbewerbsrecht, §1, Rn. 72 ff.: die Sittenwidrigkeit bei unbestellten Zusendungen entstehe durch die Unanehmlichkeit und die psychische Zwangslage. Diese Wirkungen können jedoch bei vorheriger unverbindlicher Anforderung ausgeschlossen werden.

kreten Vertragsangebot oder zu einem Kostenvoranschlag gemeint ist, nicht jedoch die bloße Information oder Warenpräsentation.[522] Diese Auffassung entspricht dem Erwägungsgrund 5 der Richtlinie 85/577/EWG, wo es heißt, daß der Verbraucher auf die Vertragsverhandlungen nicht vorbereitet sein darf. Vorbereitet ist er aber nicht schon, wenn er nur eine unverbindliche Präsentation oder Information verlangt.[523] Jedoch ist auch bei dieser Regelung ein Bezug zu §312e fraglich. Denn bei §312 III Nr. 1 wird an die Bestellung ein Ausschluß von Rechten des Verbrauchers geknüpft, während bei §312e für den Kunden durch die Bestellung Rechte entstehen sollen. Auch hier verfolgt der Bestellungsbegriff also völlig unterschiedliche Zwecke.

Es zeigt sich also, daß das BGB unterschiedliche Begriffe der Bestellung verwendet, ohne daß diese dieselbe Zwecksetzung verfolgen. Für die Auslegung ergibt sich aus den Einzelregelungen also kein systematischer Zusammenhang. Die mangelnde Harmonisierung der Begriffe kann man mit Recht bedauern, da sie für Unklarheit beim Rechtsanwender sorgt.[524] Solche Unklarheiten könnten durch die Verwendung unterschiedlicher Begriffe in den einzelnen Regelungszusammenhängen leicht vermieden werden.

Die Reichweite des Begriffs muß also durch teleologische Erwägungen bestimmt werden. Wenn man unter einer Bestellung auch jede unverbindliche vertragsschlußbezogene Erklärung versteht, wäre zumindest sichergestellt, daß die Bestellung einen Bezug zum Vertragsschluß hat, wie ihn Art. 10 und 11 ECRL erfordern. Jedoch muß man sich fragen, weshalb der Kunde bei Abgabe einer Erklärung, die nicht Teil des eigentlichen Vertragsschlusses ist, überhaupt schutzwürdig sein soll. Immerhin drohen ihm bei unverbindlichen Erklärungen keine vertraglichen Verpflichtungen. Warum soll er also Eingabefehler korrigieren können bzw. eine Eingangsbestätigung für seine Anfrage bekommen? Warum soll er außerdem schon zu diesem Zeitpunkt wissen, ob der Vertragstext gespeichert wird, wenn dieser doch erst durch die vertraglichen Willenserklärungen fixiert wird? Es reicht aus, wenn ihm diese Informationen und Rechte aus §312e erst zum späteren Zeitpunkt der verbindlichen Willenserklärung zustehen, wenn es also „ernst wird“. Die Pflichten nach §312e sind erkennbar auf den Schutz bei der endgültig verbindlichen Vertragserklärung zugeschnitten. Im unverbindlichen Vorfeld schützen den Kunden ausreichend die allgemeinen Informationspflichten aus §6 TDG und §10 MDStV. Es wäre auch für den Unternehmer nicht zumutbar, wenn bereits durch vorgelagerte Erklärungen die Sanktionen für Pflichtverletzungen ausgelöst würden. Soll wirklich die Widerrufsfrist gem. §312 III2 nicht zu laufen beginnen, wenn dem Unternehmer bereits bei einer bloßen Voranfrage des Kunden ein Fehler unterläuft bzw. der Unternehmer Schadenersatzansprüchen ausgesetzt werden? Außerdem ist nicht klar, welche unverbindlichen Datenübermittlungen als Bestellung aufzufassen wären. Im Grunde stellt jedes Anklicken eines Artikels im Rahmen eines Online-Katalogs eine Voranfrage des Kunden über den potentiellen Vertragsgegenstand (z. B.

---

[522] BGH NJW 01, S. 509 (510); BGH NJW 1990, S. 181 (183); Palandt-Heinrichs, §312, Rn. 23; M/K-Ulmer, §312, Rn. 70; AnwKom-Ring, §312, Rn. 21.

[523] so auch Bamberger/Roth-Ann, §312, Rn. 28.

[524] Kritisch zur Begriffsverschiedenheit: Micklitz/Ebers, VersR 2002, S. 641 (645 Fn. 44); Schneider, K&R 2001, 344 (346).

über Preis, Eigenschaften oder Verfügbarkeit) dar.[525] Es wäre jedoch eine logistische Überforderung, den Unternehmer bei jeder einzelnen Eingabe zur Pflichterfüllung zu zwingen. Auch unter praktischen Erwägungen kann man deshalb nur verlangen, daß der Unternehmer seine Pflichten rechtzeitig vor dem letztentscheidenden Klick oder der letztentscheidenden Eingabe des Kunden erfüllt. Das Merkmal der Rechtzeitigkeit kann allerdings durch zeitliche Vorverlagerung des Leistungszeitpunkts einzelner Pflichten, die bereits im Vorfeld der rechtsverbindlichen Bestellung Relevanz besitzen, ausreichend dafür sorgen, daß der Verbraucher nicht orientierungslos ist und insbesondere weiß, wann er eine verbindliche Erklärung abgibt.[526] Auch wenn also die Vertragserklärung des Kunden Anknüpfungspunkt für die Pflichten ist, können diese bereits zu einem deutlich früheren Zeitpunkt zu erfüllen sein. Dies gilt aber nicht in vollem Umfang und nicht für alle Pflichten. Der Begriff der Bestellung ist deshalb so zu interpretieren, daß damit nur die vertraglichen Willenserklärungen des Kunden gemeint sind.[527]

Es besteht allerdings bei dieser Auslegungsweise – in seltenen Einzelfällen – eine gewisse Umgehungsgefahr[528], wenn nämlich der Unternehmer dem Kunden die Möglichkeit einer elektronischen Bestellung entzieht, indem er ihn nur zu einer elektronischen invitatio ad offerendum auffordert und der Vertragsschluß dann offline durch Zusendung der Ware und Annahme gem. §151 zustande kommt. Ähnliche Probleme könnten auftreten, wenn der Unternehmer das verbindliche Angebot des Kunden nicht bloß annimmt, sondern die Annahmeerklärung mit Änderungen versieht und sie dem Kunden mit der Ware übersendet. Dann liegt in seiner Annahme nämlich nach §150 II ein neues Angebot und gleichzeitig eine Ablehnung des ursprünglichen Angebots des Kunden, so daß der Kunde das Angebot des Unternehmers erneut gem. §151 – diesmal aber offline – annehmen muß. Beim Offline-Vertragsschluß würden dem Kunden aber die Informationspflichten aus §312e vorenthalten, da diese nur bei einer *elektronischen* Bestellung relevant werden.[529] Es handelt sich wohlgemerkt um Sonderkonstellationen, die einige besondere Überlegungen erfordern, jedoch nicht maßgeblich für die generelle Auslegung des Bestellungsbegriffs sein dürfen.

Im ersten der genannten Fälle liegt eine klare Gesetzesumgehung vor, die etwa mit den Konstellationen vergleichbar ist, in denen der Unternehmer beim Fernabsatzgeschäft die Annahmeerklärung durch einen Mitarbeiter des Logistik-Unternehmens überbringen läßt, so daß der Vertrag nicht ausschließlich durch Fernkommunikationsmittel geschlossen wurde[530]. Demzufolge ist in den betreffenden Einzelfällen entweder der Umgehungstatbestand des §312 f2 anzuwenden oder der Begriff der Bestellung teleo-

---

[525] einige Anbieter zeigen dem Nutzer z. B. auch beim Klick auf den Knopf „in den Einkaufskorb" die aktuelle Verfügbarkeit der Ware an, so daß der Nutzer eine Verfügbarkeitsanfrage vornimmt.

[526] s. u. 1. Teil C.I.1.a)bb).

[527] so wohl auch Grabitz/Hilf-Marly, A4, Art. 11, Rn. 5; Lehmann, EuZW 2000, 517 (519); Micklitz, EuZW 2001, S. 133 (142); Hoffmann, NJW 2001, Beilage zu Heft 14, S. 1 (7); Glatt, Vertragsschluß im Internet, S. 78. Dies entspricht auch der Formulierung in Art. 10 I des österreichischen E-Commerce-Gesetzes (ECG): „vor Abgabe seiner elektronischen Vertragserklärung".

[528] vgl. Schneider K&R 2001, S. 344 (344 f.).

[529] s. o. 1. Teil B.II.4.

[530] Für Tatbestandsvermeidung und damit Umgehung in diesen Fällen: M/K-Wendehorst, §312f, Rn. 16.

logisch zu reduzieren und zwar für die Fälle, in denen eine invitatio ad offerendum des Kunden die letzte elektronische Erklärung ist, der aber durch ausreichende Konkretisierung des Vertragsgegenstands schon ein vorweggenommener Rechtsfolgewille zu entnehmen ist. Erfolgt in solchen Fällen noch eine spätere elektronische Vertragserklärung des Kunden, ist für die Pflichtenbegründung allerdings an diese und nicht an die vorangegangene invitatio ad offerendum anzuknüpfen. Dies ist auch der Weg, auf dem der Unternehmer den Vorwurf der Umgehung vermeiden kann. Im zweiten der oben beschriebenen Fälle sind hingegen die Pflichten des §312e für die elektronische Bestellung ohnehin einschlägig, wenn diese nach dem objektiven Empfängerhorizont gem. §§133, 157 ein verbindliches Angebot darstellt. Denn schon das verbindliche Angebot löst die Schutzwürdigkeit des Kunden aus, da er mit der Abgabe das Geschehen aus der Hand gibt und dem Unternehmer die Entscheidung über die Herbeiführung des Vertrages überläßt. Es kommt also nicht darauf an, ob diese Bestellung tatsächlich zum späteren Vertragsschluß führt. Für die spätere offline erfolgende Annahmeerklärung des geänderten Angebots bedarf der Kunde im übrigen nicht mehr des Schutzes vor den spezifischen Gefahren des elektronischen Geschäftsverkehrs.

bb) „rechtzeitig vor Abgabe“

Nach §312e II Nr. 2 hat der Unternehmer dem Kunden rechtzeitig vor Abgabe der Bestellung die in §3 InfoV benannten Informationen zu erteilen. Dieses Erfordernis wurde vom deutschen Gesetzgeber hinzugefügt und findet sich nicht in der ECRL wieder. Es gilt auch für §312 II Nr. 1, da dieser eine einheitliche Pflicht bildet mit §312e II Nr. 2 i.V.m. §3 Nr. 3 InfoV.[531]
Die Formulierung entspricht derjenigen in §312c I, die auf Art. 4 I der Fernabsatzrichtlinie beruht, so daß es naheliegt, daß der Gesetzgeber die Rechtzeitigkeit in demselben Sinne verstanden wissen wollte. Im Regierungsentwurf zu §2 II FernAbsG a. F. wird die Auslegung bewußt der Rechtsprechung überlassen, wobei sichergestellt werden soll, daß der Verbraucher die übermittelten Informationen zur Kenntnis nehmen und eine informierte Entscheidung treffen kann.[532] Für die Rechtzeitigkeit soll es ausreichen, wenn die Informationen in Werbeprospekten, Katalogen oder auf Web-Seiten im Internet enthalten sind, auf Grund derer sich der Verbraucher zur Bestellung entschließt. In der Literatur wird angenommen, daß eine rechtzeitige Information nur vorliegt, wenn kein unzulässiger Druck auf den Verbraucher ausgeübt wird, z. B. durch blinkende Icons, die auf eine zeitliche Begrenzung des Angebots hinweisen.[533] Teilweise wird aber sogar verlangt, daß der Verbraucher eine Mindestüberlegungsfrist von drei Tagen vor Vertragsschluß haben müsse.[534]
Fraglich ist, ob das Erfordernis der Rechtzeitigkeit in §312e II genauso verstanden werden kann wie in §312c I bzw. und ob seine Ergänzung auch dem Sinn der ECRL entspricht. Ersteres ist grundsätzlich zu bejahen. Zwar sind die Pflichten des §312e etwas anders beschaffen als die des §312c, da sie sich überwiegend auf technische und

---

[531] s. u. 1. Teil C.I.4.; ebenso Micklitz/Tonner-Micklitz, Vertriebsrecht, §312e, Rn. 74 f.
[532] BT-Druck 14/2658, S. 38.
[533] Fuchs, ZIP 2000, S. 1273 (1277).
[534] Micklitz/Reich, Die Fernabsatzrichtlinie im deutschen Recht, S. 21.

rechtliche Aspekte des Vertragsschlußprozesses beziehen und nicht auf den Vertragsinhalt. Bei beiden Vorschriften geht es aber darum, dem Kunden einen informierten Vertragsschluß zu ermöglichen.[535] Die inhaltliche und die technisch-rechtliche Seite ergänzen sich gegenseitig. Für die Auslegung kann deshalb unbedenklich auf §312 c zurückgegriffen werden. Nicht zu folgen ist der Ansicht, daß der Kunde eine bestimmte Mindestüberlegungsfrist haben muß, denn dies würde zu einer unangebrachten Bevormundung des Kunden führen[536] und vor allem auch den elektronischen Handel bremsen, der besonders auf Schnelligkeit angewiesen ist. Der Kunde muß lediglich eine angemessene Entscheidungszeit haben, was i.R. der Fall bei frühzeitiger Informationserteilung auf einer Website sein wird. Da die Geschwindigkeit, mit der der einzelne Kunde auf einer Website navigiert, individuell ist, ist das Rechtzeitigkeitsgebot weniger temporal als eher lokal zu verstehen. Das bedeutet, die Informationen müssen auf der Internetseite so plaziert werden, daß der Kunde entsprechend früh darauf stößt. Wichtig ist jedenfalls, daß die Informationen dem Kunden zu einem Zeitpunkt gegeben werden, zu dem bei ihm noch nicht der Eindruck entstanden sein kann, nicht mehr von der Bestellung Abstand nehmen zu können.[537] Denn sonst besteht die Gefahr, daß er die gegebenen Informationen nicht mehr in seinen Willensbildungsprozeß einbezieht.

Das Rechtzeitigkeitserfordernis entspricht auch dem Sinn und Zweck der ECRL, denn die Informationen müssen selbstverständlich auch so wirkungsvoll erteilt werden, daß sie dem Kunden nützlich sind. Dazu gehört neben der in der ECRL vorgeschriebenen Wahrung der Transparenz auch die rechtzeitige Informationserteilung. Das Transparenzgebot und das Rechtzeitigkeitsgebot lassen sich zusammenfassen zu einem Effektivitätsgebot der Informationserteilung. Das Erfordernis rechtzeitiger Informationserteilung in §312e I1 Nr. 2 ist also richtlinienkonform.

Für die Rechtzeitigkeit der Pflichterfüllung ist nach den einzelnen Pflichten des §312e zu differenzieren. So müssen z. B. bei Interaktion des Kunden mit einem elektronischen Bestellsystem bereits im Vorfeld der eigentlichen Bestellung durch Information über die technischen Schritte zum Vertragsschluß (§312e I1 Nr. 2 i.V.m. §3 Nr. 1 InfoV) Zweifel des Kunden darüber vermieden werden, ob er bereits eine verbindliche Vertragserklärung abgibt oder noch nicht. Denn als Laie kann er dies rechtlich nicht ohne weiteres beurteilen, und er hat auch keine technischen Einblicke in die Programmierung der Homepage. Es besteht insbesondere Aufklärungsbedarf bei mißverständlichen Bezeichnungen von Links oder Buttons wie „Bestellung abschließen" o. ä., denn damit kann sowohl die endgültige Absendung der Bestellung als auch bloß der Eintritt in die Abschlußphase des Bestellvorgangs gemeint sein. Keiner näheren Erläuterung bedarf hingegen die Bezeichnung „in den Warenkorb", denn bei Waren im Warenkorb geht der Kunde nach allgemeiner Vorstellung noch nicht von einer Bindung aus. Sehr frühzeitig zu erteilen ist auch die Information über die für den Vertragsschluß zur Verfügung stehenden Sprachen (§312e I1 Nr. 2 i.V.m. §3 Nr. 4), damit sich der Kunde nicht erst unnötigerweise durch eine fremdsprachliche Website mühen muß,

---

[535] so auch M/K-Wendehorst, §312e, Rn. 69.
[536] so auch Fuchs, ZIP 2000, S. 1273 (1277).
[537] M/K-Wendehorst, §312e, Rn. 70.

um erst am Ende des Bestellvorgangs zu erfahren, daß alle Informationen auch in seiner Muttersprache verfügbar gewesen wären.[538] Die Rechtzeitigkeit verlagert also die Informationspflichten, die eigentlich erst bei der Abgabe der vertraglichen Willenserklärung zu erfüllen sind, teilweise auf einen früheren Zeitpunkt des Bestellprozesses. Wichtig ist aber, daß unmittelbar vor Abgabe der Bestellung noch einmal ein Hinweis auf alle Informationen erfolgt. Denn die Informationen müssen dem Kunden in diesem Moment zur Verfügung stehen, ohne daß er nochmals auf die Startseite zurückblättern muß.

b) Form der Informationserteilung: „klar und verständlich"

aa) allgemeines

Um eine effektive Informationserteilung sicherzustellen, verlangt §312e II Nr. 2, daß die Hinweise klar und verständlich gegeben werden müssen. Diese Voraussetzung entstammt Art. 10 I der ECRL, wo die Formulierung allerdings „klar, verständlich und unzweideutig" lautet. Im ursprünglichen Richtlinienentwurf war nur von „klar und unzweideutig" die Rede.[539] In Art. 4 II der Fernabsatzrichtlinie und Art. 3 II der Richtlinie über den Fernabsatz von Finanzdienstleistungen heißt es hingegen „klar und verständlich". Man wird all diesen unterschiedlichen Begriffen, von stilistischen Erwägungen abgesehen[540], keine eigenständige Bedeutung zumessen können[541], sondern sie als Synonyme des Transparenzgebots verstehen müssen. Jede andere Auslegungsweise würde zu künstlichen Differenzierungen führen, die der normale Sprachgebrauch nicht hergibt.
Das Transparenzgebot erstreckt sich auf verschiedene Merkmale der Informationserteilung, die untersucht werden müssen. So sind besondere Anforderungen zu stellen an die Art der Darstellung, d. h. ob die Informationen zwingend abgerufen werden müssen, an die äußerliche Verortung der Hinweise auf einer einzelnen Internetseite oder in einem Seitenkomplex und an die innere Gestaltung der Information, d. h. insbesondere die Lesbarkeit.
Für die Bewertung, ob ein Angebot klar und verständlich ist, muß jedoch zunächst entschieden werden, ob eine objektive oder eine subjektive Perspektive für die Bewertung zugrundgelegt wird. Bei subjektiver Betrachtung müßte man fragen, ob der konkrete Kunde die Information verstehen konnte. Bei objektiver Sicht[542] würde die Frage lauten, ob ein objektivierter Durchschnittskunde die Information zur Kenntnis nehmen könnte. Die erstgenannte Auslegungsvariante würde den Kundenschutz im Einzelfall maximieren. Dies ginge jedoch zulasten der Schnelligkeit und Rechtssicherheit des

[538] Micklitz/Tonner-Micklitz, Vertriebsrecht, §312e, Rn. 76.
[539] KOM (1998) 586 endg., S. 48
[540] Das Hendiadyoin ist ein klassisches rhetorisches Stilmittel, durch das eine besondere Betonung erreicht werden soll, z. B. auch bei „immer und ewig".
[541] ebenso Grabitz/Hilf-Marly, A4, Art. 10, Rn. 6.
[542] Zu einem objektiven Bewertungsmaßstab bekennt sich der Regierungsbegründung zum Fernabsatzgesetz a. F., BT-Druck 14/2658, S. 38, wo es heißt der Unternehmer muß davon ausgehen können, daß die Informationen „für den in Frage kommenden Kundenkreis verständlich sind". Es liegt nahe, daß der Gesetzgeber §312e II Nr. 2 ebenfalls in diesem Sinne verstanden wissen wollte.

elektronischen Handels und würde somit ein Binnenmarkthindernis aufstellen. Dem Unternehmer ist es nämlich kaum möglich und zumutbar, im Einzelfall zu ermitteln, welche Verständnismöglichkeiten beim einzelnen Kunden vorhanden sind. Auch eine Rückbestätigung des Kunden, ob er die Information tatsächlich zur Kenntnis nehmen konnte, ist abzulehnen, da sie eine Bevormundung des Kunden bedeuten würde. Häufig wird der Kunde nämlich die Informationen bewußt *nicht* zur Kenntnis nehmen wollen, sondern sich auf den gesetzlichen Schutz verlassen. Fraglich ist, ob sich aus der Formulierung des §312e II Nr. 2 „hat...mitzuteilen" bzw. des Art. 10 I ECRL „erteilt werden" ergibt, daß eine tatsächliche Kenntnisnahme erforderlich ist, die einen subjektiven Verständnismaßstab erfordern würde. Zum Vergleich heißt es in Art. 4 I der Fernabsatzrichtlinie 97/7/EG „der Verbraucher muß über folgende Informationen ... verfügen". Man könnte also vermuten, daß hier eine tatsächliche Kenntnisnahme nötig ist und dort eine potentielle Kenntnisnahme genügt. Teleologisch macht es allerdings keinen Sinn, nach dem Wortlaut der beiden Vorschriften einen unterschiedlichen Maßstab zu unterstellen, da sich ihr Schutzzweck nicht wesentlich unterscheidet. Vielmehr ist davon auszugehen, daß in jedem Fall eine tatsächliche Kenntnisnahme nicht gefordert ist, um den Geschäftsverkehr nicht zu behindern und die Entscheidungsfreiheit des Kunden zu wahren. Gegen einen objektiven Ansatz könnte aber in praktischer Hinsicht sprechen, daß sich insbesondere bei elektronischer Informationserteilung kein objektiver Verständlichkeitsmaßstab finden läßt. So ist z. B. die Frage, ob eine Informationserteilung im Microsoft Word-Format (*.doc), im Acrobat Reader-Format (*.pdf) oder im ASCII-Format[543] ausreichend ist. Nicht jeder Kunde wird über die entsprechenden Programme zur Darstellung verfügen. Selbst das ASCII-Format ist unter Windows und Linux unterschiedlich definiert.[544] Dies darf man aber nicht als Hindernis ansehen, einen objektiven Standard zur Erleichterung des Rechtsverkehrs aufzustellen. Jedenfalls bei Darstellung einer Seite in einem Markup Language-Format wie HMTL wird man von einer universellen Lesbarkeit ausgehen können, da diese Dateiformate unter allen Betriebssystemen unterstützt werden und konstitutiv für das WWW sind.[545] Aber auch bei den anderen genannten Dateiformaten mit statistisch sehr hoher Verbreitung, wird man eine objektive Verständlichkeit annehmen können, da für sie ausreichend kostenlose Konvertierungsprogramme und Datei-Viewer verfügbar sind und der Aufwand zur Erlangung dieser Software für den Kunden zur Gewährleistung eines reibungslosen Geschäftsverkehrs zumutbar ist. Wenn der Unternehmer pdf-Dokumente verwenden will, kann er die Lesbarkeit sicherstellen, indem er den kostenlos erhältlichen Acrobat Reader zum Download bereitstellt. Es ist also ein objektiver Ansatz für das Transparenzerfordernis zu wählen.

---

[543] "American Standard Code for Information Interchange" ist eine 7-Bit-Codierung, mit der 128 Zeichen darstellbar sind; vgl. www.netlexikon.akademie.de unter Suchbegriff „ASCII" (http://netlexikon.akademie.de/query;q=ASCII).

[544] Der Zeilenumbruch ist unter Windows und Linux unterschiedlich definiert, was im Extremfall dazu führen kann, daß ein Dokument, das für eines der beiden Betriebssysteme erstellt wurde, unter dem jeweilig anderen in einer einzigen langen Zeile dargestellt wird, vgl. http://www.selflinux.org/selflinux/html/win_vs_linux03.html#d15e249.

[545] Dies umfaßt z. B. HTML und WML, aber auch neue erweiterte Formen wie XML.

Fraglich ist, welches Maß an Kundenverständnis dieser objektiven Beurteilung zugrundezulegen ist. Man könnte daran denken, einen einheitlichen Maßstab für alle Kunden anzulegen. Jedoch ist §312e und Artt. 10 und 11 ECRL eine Schutzwürdigkeitsdifferenzierung zwischen Verbrauchern und Nichtverbrauchern immanent, die sich aus der Abdingbarkeit der Informationspflichten gegenüber Nichtverbrauchern ergibt. Diese Differenzierung ist auch beim Transparenzmaßstab beizubehalten. Von einem Nichtverbraucher mit unterstellter Geschäftsroutine wird grundsätzlich erwartet werden können, daß er auch seltenere technische Formate und komplexere Informationen versteht bzw. sich notfalls um Informationen selbst bemüht. Geringere Anforderungen sind beim Verbraucher zu stellen. Zugrundzulegen ist hier das europäische Leitbild eines aufmerksamen und vernünftigen Durchschnittsverbrauchers, wie es der Rechtsprechung des EuGH entspricht.[546] Allerdings wird teilweise vertreten, daß bei Nutzern elektronischer Kommunikationsmittel höhere Anforderungen zu stellen seien, weil der durchschnittliche Internetnutzer über einen erweiterten Verständnishorizont verfüge.[547] Dagegen spricht jedoch, daß die Nutzung elektronischer Kommunikationsmittel zunehmend eine Massenerscheinung wird und die intellektuelle Herausforderung durch vereinfachte Softwareoberflächen gesenkt wird.[548] Ein so verschärfter Maßstab würde deshalb in unzulässiger Weise zwischen Online- und Offline-Handel differenzieren.

bb) Art der Darstellung

Bei der Art der Darstellung stellt sich die Frage, ob die Informationen so präsentiert werden müssen, daß der Kunde sie zwingend im Volltext abrufen muß, oder ob die bloße Möglichkeit des Abrufs aufgrund eines Hinweises oder Links ausreicht. Zum Fernabsatzgesetz wird teilweise vertreten, daß der Verbraucher vor Vertragsschluß zwingend die Informationen angezeigt bekommen muß[549]. Teilweise wird sogar eine

---

[546] EuGH ZIP 1995, S. 1285 (1286) („Mars"); EuGH WRP 1998, S. 848 (851) („6-Korn-Eier"); Sack, WRP 1999, S. 399 ff.; Fleischer, ZEuP 2000, S. 772 (780 f.); Lütcke, Fernabsatzrecht, §312e, Rn. 44, der dieses Erfordernis allerdings für alle Kunden aufstellt. Das frühere Verbraucherleitbild des BGH vom „flüchtigen Durchschnittsverbraucher" (vgl. Micklitz, Vor §§13, 14, Rn. 9 f.) stellte einen etwas niedrigeren Maßstab dar, der aber im Hinblick auf das Gebot richtlinienkonformer Auslegung nicht unbedenklich wäre. Allenfalls bei einer Mindestharmonisierung wäre ein abweichendes Leitbild zulässig. Mittlerweile stellt auch der BGH auf den durchschnittlich informierten, aufmerksamen und verständigen Durchschnittsverbraucher ab, BGH NJW 2003, 894 (894 f.); WRP 2000, 517 (517 ff.). Für dieses Leitbild läßt sich zur Begründung anführen, daß eine zu enge Fassung dem Verbraucher eventuell wichtige Informationen vorenthalten würde, weil diese sonst dem wettbewerbsrechtlichen Irreführungsverbot zum Opfer fallen würden, vgl. Wiebe, WRP 2002, S. 283 (287). Es geht also letztlich beim Verbraucherleitbild darum, die Grenze zu ziehen, wo eigenverantwortliche Informationsverarbeitung dem Verbraucher zumutbar ist und wo er des Fremdschutzes bedarf.

[547] so Reich, EuZW 1997, S. 581 (584), der den Internetnutzern eine höhere „Rechercheleistung" zumuten will.

[548] so auch Meents, Verbraucherschutz bei Rechtsgeschäften im Internet, S. 193; Kamanabrou WM 2000, S. 1417 (1423); Wiebe, Die elektronische Willenserklärung, S. 421 f.

[549] OLG Frankfurt, MMR 2001, S. 529 (529 f.); Gaertner/Gierschmann, DB 2000, S. 1601 (1602); Ende/Klein, Grundzüge des Vertriebsrechts im Internet, S. 1; Bamberger/Roth-Schmidt-Räntsch, §312c, Rn. 10.

tatsächliche Kenntnisnahme des Inhalts verlangt, deren sich der Unternehmer vergewissern muß[550]. Vor allem Stimmen in der Literatur wollen es dagegen genügen lassen, wenn der Kunde analog §305 II über einen Hinweis oder Link die Möglichkeit zum Informationsabruf hat.[551]

Abzulehnen sind alle Maßnahmen, die den Verbraucher übermäßig bevormunden. Deswegen muß sich der Unternehmer keinesfalls durch Rückbestätigung vergewissern, ob der Verbraucher die Hinweise tatsächlich zu Kenntnis genommen hat. Ein solches Vorgehen ist allenfalls auf freiwilliger Basis zu Zwecken der Beweissicherung empfehlenswert.[552] Fraglich ist aber, ob der Verbraucher zumindest zwingend die Informationen abrufen muß.[553] Bei der Fernabsatzrichtlinie, die Online- und Offlinehandel erfaßt, ließ sich als Gegenargument darauf verweisen, daß man den Online-Handel nicht gegenüber den Printmedien benachteiligen dürfe. In Printmedien sei nämlich auch keine zwingende Konfrontation mit den Informationen möglich[554], weil der Verbraucher einen Verkaufsprospekt nicht gerade auf der Seite aufschlagen werde, wo die Informationspflichten abgedruckt sind. Dieses Argument greift bei der ECRL aber nicht durch, da diese allein den elektronischen Geschäftsverkehr regelt und bei diesem davon ausgegangen werden kann, daß es stets technisch möglich ist, den Kunden zum Abruf der Informationen zu zwingen. Es läßt sich auch nicht entgegenhalten, daß eine Zwangsführung unübersichtlicher ist als der bloße Hinweis durch einen Link.[555] Die Informationen können nämlich unter Rubriken sortiert auf einer separaten vor den Bestellungsprozeß geschalteten Seite dargestellt werden. Auch ist mit einer solchen Darstellung der Informationen keine im Hinblick auf die Selbstbestimmung bedenkliche Bevormundung des Kunden verbunden, solange dieser die Informationen nur abrufen, nicht aber auch zwingend lesen muß. Gegen eine zwingende Präsentation der Informationen spricht aber entscheidend das Verbraucherleitbild des EuGH, das auch die Auslegung der verbraucherschützenden Richtlinien prägt.[556] Ein vernünftiger Verbraucher hat eine gewisse Selbstinformationsobliegenheit und ist in der Lage, die Informationen aufgrund eines Hinweises oder Links selbst aufzufinden und sich anzueignen.[557] Dies muß erst recht für Nichtverbraucher gelten. Es genügt demnach ein mit einem Link versehener und dem Bestellvorgang zwingend vorgeschalteter Hinweis durch den Un-

---

[550] Arnold, CR 1997, S. 526 (530).

[551] Fuchs, ZIP 2000, S. 1273 (1277); Vehslage, CR 2001, S. 783 (783); Steins, MMR 2001, S. 530 (531); Kamanabrou WM 2000, 1417 (1422); Lütcke, Fernabsatzrecht, §312c, Rn. 68; Meents, Verbraucherschutz bei Rechtsgeschäften im Internet, S.189.

[552] Fuchs, ZIP 2000, S. 1273 (1277).

[553] Realisieren läßt sich das, indem die Informationen z. B. auf derselben Webseite plaziert werden wie der Bestellknopf oder bereits vor der eigentlichen Bestellseite eine separate Informationsseite eingeblendet wird.

[554] Meents, Verbraucherschutz bei Rechtsgeschäften im Internet, S. 189; Kamanabrou, WM 2000, S. 1417 (1422).

[555] so Ott, WRP 2003, S. 945 (954).

[556] Der Gesetzgeber hat nicht deutlich gemacht, daß er von diesem Verbraucherleitbild beim Transparenzgebot abweichen wollte.

[557] vgl. zu einer begrenzten Selbstinformationsobliegenheit der Nachfrager: Fleischer, ZeuP 2000, S. 772 (791 f.): ein Mindestmaß an Nachfrageraufmerksamkeit sei für einen funktionsfähigen Binnenmarkt unabdingbar; vgl. auch Micklitz, VuR 2003, S. 2 (11): Verantwortungsgedanke des Verbraucherleitbilds.

ternehmer, aufgrund dessen der Kunde die Möglichkeit zum Abruf der Informationen hat.[558] Dabei können durchaus Verschärfungen gegenüber dem AGB-rechtlichen Transparenzgebot auftreten[559], da das Transparenzgebot den Möglichkeiten des jeweiligen Mediums angepaßt werden muß.
Es ist im übrigen speziell beim elektronischen Vertragsschluß erforderlich, daß zumindest essentielle technische Informationen auf Websites mit automatischen Bestellsystemen als beschreibender Text neben den Bedienungselementen des Interfaces verankert werden. Die programminterne Funktionsweise der Homepage kennt nämlich nur der Unternehmer selbst, so daß ein verstärkter Hinweisbedarf besteht, der nicht allein durch eine verlinkte Informationsseite gedeckt werden kann. Vielmehr muß der Kunde gewissermaßen „an die Hand genommen werden". So wird der Unternehmer z. B. neben den Eingabefeldern eines Bestellformulars kurz erläutern müssen, für welche Art von Informationen diese gedacht sind, und Schaltflächen müssen so beschriftet werden, daß ihre Funktion unmißverständlich für den Kunden erkennbar ist. Das bedeutet, daß Informationsangaben und Bestellvorgang nicht immer strikt getrennt werden dürfen[560], sondern teilweise Hand in Hand gehen müssen.

cc) Verortung und Gestaltung der Informationen

Der Hinweis auf die Informationen muß analog §305 II Nr. 1 so deutlich gestaltet und plaziert sein, daß er für den Durchschnittskunden bei flüchtiger Betrachtung und durchschnittlicher Aufmerksamkeit nicht zu übersehen ist.[561] Er muß so beschaffen sein, daß er sich optisch quasi aufdrängt, wofür die technischen Möglichkeiten des Mediums auszunutzen sind. Insbesondere durch eine auffällige Farbgebung und Schriftgröße kann der Hinweispflicht genügt werden. Darüber hinaus muß der Link in einer Terminologie bezeichnet werden, die für den Nutzer verständlich ist und sich speziell als Hinweis auf die dahinter verborgenen Informationen nach §312e verstehen läßt.[562] Der Hinweis auf die Informationen muß auf einer Website so angeordnet sein, daß der Kunde ihn mühelos zur Kenntnis nehmen kann. Er darf also z. B. nicht in einem Bereich angeordnet sein, den der Kunde erst durch Betätigung der Bildlaufbalken erreichen kann, weil sonst die Gefahr eines Übersehens zu groß ist.[563] Nicht ausrei-

---

[558] vgl. M/K-Wendehorst, §312e, Rn. 73; Grabitz/Hilf-Marly, A4, Art. 10, Rn. 8; Ranke, MMR 2002, S. 509 (513); ebenso für §2 II FernAbsG: Steins, MMR 2001, S. 530 (531); Mankowski, CR 2001, S. 767 (770 f.).
[559] von teilweise schärferen Anforderungen geht auch die Regierungsbegründung zum FernAbsG aus, BT-Druck 14/2658, S. 38.
[560] a. A. Mankowski, ZMR 2002, S. 317 (326); Ernst, VuR 1999, 397 (404).
[561] vgl. BGH NJW-RR 1987, S. 112 (113); M/K-Basedow, ,§305, Rn. 54; Palandt-Heinrichs, §305, Rn. 29. Dafür soll ein Hyperlink auf der Startseite eines Online-Händlers ausreichen: Wilmer/Hahn, Fernabsatzrecht, 1 II, Rn. 49; OLG Köln NJW-RR 1998, S. 1277 (1278); dem ist jedoch nicht zu folgen; so auch Köhler/Arndt, Recht des Internet, Rn. 132; Ernst, in: Hohl/Leible/Sosnitza (Hrsg.), Vernetztes Recht: das Internet als Herausforderung an eine moderne Rechtsordnung, S. 71 (76).
[562] OLG Hamburg, MMR 2003, S. 105 (105).
[563] so auch zu §6 TDG OLG Hamburg, MMR 2003, S. 105 (105 f.); a. A. zu §6 TDG: Klute, MMR 2003, S. 107 (108): einem aufmerksamen Verbraucher könne abverlangt werden, selbständig auf der Homepage nach Angaben zu suchen; a. A. auch Ott, WRP 2003, S. 945 (946 f. u. 954): wie eine Website auf dem Bildschirm des einzelnen Nutzers erscheine, sei wegen Abhängigkeit von vielen indivi-

chend ist auch die Darstellung der Informationen in einem Fenster, das sich automatisch ohne Aufruf durch den Nutzer öffnet. Solche sog. Pop-Up-Fenster werden nämlich im Internet vorwiegend zu Werbezwecken eingesetzt, weshalb eine großer Teil der Nutzer auf ihren Computern eine sog. Pop-Up-Killer-Software installiert hat, die diese Fenster automatisch für sie schließt. Auch in Browsern sind Pop-Up-Blocker teilweise schon integriert. Die Gefahr, daß auf diese Weise Informationen verloren gehen, ist deshalb zu groß. Es ist hingegen nicht erforderlich, daß die Informationen auf jeder einzelnen Website eines Bestellsystems wiederholt werden.[564] Es reicht vielmehr, wenn der Verbraucher die Informationen einmal rechtzeitig vor seiner Bestellung abrufen kann. Allerdings muß der Hinweis auf die Informationspflichten jedenfalls auf der Bestellseite noch einmal zwingend eingeblendet werden. Dies ist notwendig, damit der Kunde im entscheidenden Zeitpunkt der Vertragserklärung direkten Zugriff auf die Informationen hat. Es reicht also nicht bloß ein Link auf der Startseite, an den sich der Kunden im Zweifel bei der Bestellung schon gar nicht mehr erinnern wird.

Der Informationstext selbst muß analog §305 II Nr. 2 so gestaltet sein, daß der Kunde die Möglichkeit erhält, ihn in zumutbarer Weise zur Kenntnis zu nehmen. Dafür muß er mühelos lesbar sein und die Darstellung zeitlich so lange erfolgen, daß der Kunde ausreichende Gelegenheit zur Kenntnisnahme hat. Für die Präsentation der Informationen kann der Unternehmer aus allen multimedialen Möglichkeiten der technischen Medien schöpfen. Neben der Information in Schriftform kann er auf Audiodateien zurückgreifen oder eine graphische Darstellung z. B. durch Piktogramme oder Videodateien wählen. Die Informationen müssen dabei aber immer leicht verständlich und technisch zugänglich bleiben.

Fraglich ist, ob dem Transparenzgebot auch genügt ist, wenn die Informationen im Rahmen von AGB erteilt werden. Für die Erteilung außerhalb von AGB könnte sprechen, daß die Klarheit der Informationserteilung leiden kann, wenn die Informationen in einen überlangen AGB-Text eingebettet werden.[565] Dies ist jedoch nicht zwingend, solange die Informationen innerhalb der AGB entsprechend abgesetzt sind von den Vertragsbestimmungen und eine mühelose Kenntnisnahme möglich ist.[566] Dann kann es sogar sinnvoll sein, die vorwiegend technischen Informationen über den Vertragsschluß dem Kunden zusammen mit den inhaltlichen Vertragsbestimmungen zur Verfügung zu stellen, da erst durch beide Aspekte des Vertragsschlusses ein Gesamtbild entsteht. Wie eng verknüpft technische und rechtliche Gesichtspunkte sind, zeigt sich nämlich bei der Informationspflicht über die technischen Schritte zum Vertragsschluß (§3 Nr. 1 InfoV)[567].

---

duellen Faktoren unberechenbar. Jedoch ist ein am oberen Rand einer Internetseite plazierter Link unter allen denkbaren Umständen ohne Scrollen des Bildausschnitts einsehbar.

564 so aber Micklitz, in: Micklitz/Pfeiffer/Tonner/Willingmann (Hrsg.), Schuldrechtsreform und Verbraucherschutz, S. 191 (222) zu Art. 4 II Fernabsatzrichtlinie.

565 Lütcke, Fernabsatzrecht ,§312e, Rn. 45.

566 so auch M/K-Wendehorst, §312e, Rn. 74. Eine Erteilung der Informationen in AGB hält auch Hoeren/Sieber-Waldenberger, Handbuch Multimedia-Recht, Teil 13.4, Rn. 22 für möglich.

567 s. u. 1. Teil C.I.2.

Für die inhaltliche Gestaltung der Hinweise kann man sich an der Rechtsprechung zum Transparenzgebot bei AGB[568] nach §307 I2 orientieren. Die Informationen müssen so formuliert sein, daß ein rechtsunkundiger Durchschnittskunde in der Lage ist, diese zu verstehen.[569] Es ist insbesondere auf für Laien unverständliche Rechtsbegriffe zu verzichten. Aber auch bei technischen Informationen ist von einem Durchschnittskunden auszugehen, der lediglich die Grundbegriffe der Bedienung des elektronischen Kommunikationsmittels kennt.[570] Zu beachten ist nämlich, daß die Nutzer elektronischer Kommunikationsmittel diese häufig intuitiv nach der trial-and-error Methode bedienen – was moderne Interfaces auch gerade bezwecken wollen – ohne sich dabei ein Vokabular für die technischen Abläufe zu anzueignen.

Fraglich ist, ob der Unternehmer den Kunden in einer bestimmten Sprache zu informieren hat, d. h. etwa in einer der Amtssprachen der Union, in Englisch, in der Sprache des Aufenthaltsorts des Kunden oder in der Verhandlungssprache. Diese Frage ist im Zusammenhang mit der Informationspflicht über die für den Vertragsschluß zur Verfügung stehenden Sprachen näher zu behandeln (§312e I1 Nr. 2 i.V.m §3 Nr. 4 InfoV).[571] Hier soll nur gesagt werden, daß die Zurverfügungstellung einer bestimmten Sprache für den Vertragsschluß gleichzeitig zur Information in dieser Sprache verpflichtet. Die Information in einer bestimmten Sprache kann aber umkehrt vom Unternehmer nicht verlangt werden, es sei denn er bietet freiwillig einen Vertragsschluß in dieser Sprache an. Läßt sich der Kunde auf eine fremde Verhandlungssprache ein, muß er vielmehr hinnehmen, daß die Informationen nur in dieser Sprache zu Verfügung stehen.[572] Eine Pflicht zur Bereitstellung der Informationen in derjenigen Sprache, die dem zu erwartenden Kundenkreis entspricht, kann angesichts des grenzübergreifenden Charakters des elektronischen Geschäftsverkehrs schlechterdings nicht verlangt werden.[573] Auch eine Pflicht des Unternehmers zur Beschränkung seines Angebots auf Kunden mit Wohnsitz in einem bestimmten Staat[574] ist eine unnötige Binnenmarktbeschränkung, da sie den ausgeschlossenen Kunden die freie Entscheidung nimmt, sich auf eine fremde Verhandlungssprache einzulassen. Ebenso gibt es keinen Grund, die

[568] früher hergeleitet aus Art. 5 I der Klauselrichtlinie direkt; jetzt Gesetz in §307 I2.

[569] BGH NJW 1998, 454 (456); BGH NJW 1999, 2279 (2280); zur Verallgemeinerungsfähigkeit des Transparenzmaßstabs bei AGB für alle Informationspflichten: Fleischer, ZEuP 2002, S. 772 (786 f.).

[570] Man wird dem Kunden sicherlich nicht erklären müssen, was ein Mausklick oder eine E-Mail ist, wohl aber z. B. die Begriffe „Java Applet" oder „Attachment". A.A. möglicherweise Micklitz/Ebers, VersR 2002, S. 641 (644): Maßstab soll der „technisch versierte" Durchschnittsverbraucher sein. Dies deutet in der Richtung der Auffassung, daß bei Nutzern elektronischer Kommunikationsmittel bessere Verständnismöglichkeiten unterstellt werden können. Im Zuge der Vereinfachung der Softwarebenutzeroberflächen und Bedienung elektronischer Kommunikationsmittel nehmen aber gerade die technischen Kenntnisse der Nutzer ab.

[571] s. u. 1. Teil C.I.5.

[572] so auch die Kommission im Richtlinienvorschlag zur Fernabsatzrichtlinie von 1992, Abl. C 156 v. 23.6.1992, S. 14-19. Ebenso die Rechtsprechung zum AGBG BGH NJW 1983, 1489 (1489); Wolff/Horn/Lindacher, AGBG, §2, Rn. 28

[573] so versteht Reich, EuZW 1997, S. 581 (584) das Transparenzgebot in dem Sinne, daß eine Information in der typischen Sprache am Ort des Verbrauchers zu erteilen sei.

[574] so Fuchs, ZIP 2000, S. 1273 (1277 f.) zu §2 II FernAbsG a. F.

Angaben insbesondere in Englisch bereitzustellen[575], auch wenn es sich dabei um die „lingua franca" des Internet handelt. Amtssprache der Europäischen Union gem. Art. 290 EG i.V.m. VO Nr. 1 vom 15.4.1958[576] - fortgeschrieben bei jedem neuen Beitritt eines Staates zur EG - ist jede Sprache, die den Status einer Amtssprache in einem Mitgliedsstaat hat. Aufgrund des Diskriminierungsverbots gem. Art. 12 EG wird man eine zwingende Bereitstellung von Informationen in englischer Sprache ablehnen müssen, da dadurch englische Staatsangehörige als „native speakers", die die Sprache als ihre Muttersprache besser beherrschen, bevorzugt wären.

2. *Information über technische Schritte, die zum Vertragsschluß führen (§312e I1 Nr. 1 i.V.m. §3 Nr. 1 InfoV)*

Nach §312e I1 Nr. 1 i.V.m §3 Nr. 1 InfoV bzw. Art. 10 I lit. a ECRL muß der Kunde über die einzelnen technischen Schritte, die zu einem Vertragsschluß führen, informiert werden.

Unklar ist, worauf diese Pflicht genau abzielt. Eine ähnliche Informationspflicht findet sich auch in §312c II i.V.m. §1 I Nr. 3 InfoV, wonach der Kunde darüber in Kenntnis gesetzt werden muß, „wie der Vertrag zustande kommt".[577] Bedeutet die Formulierung, daß der Unternehmer bloß über die technischen Abläufe des Bestellprozesses informiert werden muß[578] oder zielt die Informationspflicht auch auf rechtliche Aspekte des Vertragsschlusses hin?[579]

Selbstverständlich ist, daß Sinn und Zweck der Vorschrift nicht die Belehrung über die technologischen Grundlagen einer Online-Bestellung sein kann, da diese Informationen zwar von akademischem Interesse für den Kunden wären, ihm aber beim Vertragsabschluß nicht wirklich weiterhelfen würden.[580]

Der Wortlaut von §3 Nr. 1 InfoV deutet darauf hin, daß sowohl über technische als auch über rechtliche Aspekte informiert werden muß. Denn der Unternehmer soll aufklären über „die technischen Schritte", die zum „Vertragsschluß" führen. Das kann man so verstehen, daß der Unternehmer über die technischen Elemente des Bestellvorgangs und gleichzeitig über deren rechtliche Bedeutung für den Vertragsabschluß in-

---

[575] so aber Meents, Verbraucherschutz bei Rechtsgeschäften im Internet, S. 192 zu §2 II FernAbsG a. F; Micklitz/Tonner-Micklitz, Vertriebsrecht, §312c, Rn. 45.

[576] Abl. 1958 Nr. 17/385; 1972 L 73/122; 1973 L 2/27; 1979 L 291/17, 1985 L 302/242; 1994 C 241/9.

[577] im Regierungsentwurf war diese Formulierung noch gar nicht vorgesehen, sondern wurde erst später eingefügt. Ursprünglich lautete die entsprechende Pflicht in §2 II Nr. 2 FernAbsG „*wann* der Vertrag zustande kommt".

[578] in dieser Richtung Grigoleit, NJW 2002, S. 1151 (1157); Grigoleit, WM 2001, 597 (601): Information über technische Abläufe, um zu verhindern, daß der Kunde ohne Erklärungsbewußtsein eine verbindliche Erklärung abgibt; wohl auch Lehmann-Maennel, Electronic Business in Europa, S. 63; Maennel, in: Ehlers/Wolfgang/Pünder, Rechtsfragen des Electronic Commerce, S. 46.

[579] so M/K-Wendehorst, §312e, Rn. 78; Lütcke, Fernabsatzrecht, §312e, Rn. 35; Grabitz/Hilf-Marly, A4, Art. 10, Rn. 9; Dörner, AcP 202 (2002), S. 363 (377 f.); Micklitz/Ebers, VersR, 2002, S. 641 (644 f.); Micklitz, in: Micklitz/Pfeiffer/Tonner/Willingmann (Hrsg.), Schuldrechtsreform und Verbraucherschutz, S. 191 (233).

[580] so auch Tettenborn/Bender/Lübben/Karenfort, BB 2001, Beilage 10 zu Heft 50, S. 1 (24); Lütcke, Fernabsatzrecht, §312e, Rn. 35. Der Kunde muß also z. B. nicht wissen, wie der Quellcode einer HTML-Seite aufgebaut ist und wie seine Bestellungsdaten physikalisch übermittelt werden.

formieren muß. Auch die Entstehungsgeschichte der ECRL weist auf ein solches Verständnis hin, denn Art. 10 I des ersten Kommissionsentwurfs sah noch vor „... daß das Verfahren für das Zustandekommen eines elektronischen Vertrages vom Diensteanbieter vor Abschluß des Vertrages klar und unzweideutig erläutert wird...“. Dieser Hinweis ist später offensichtlich als überflüssig gestrichen worden. [581]
Die Erläuterung der technischen Schritte ist teleologisch notwendig, damit sich der Kunde überhaupt im Angebot des Unternehmers zurechtfindet. Den internen Programmablauf einer Website oder eines anderen Tele- oder Mediendienstes bestimmt nämlich der Unternehmer, und nur er allein weiß darüber Bescheid. So verwenden viele Websites eigene (teilweise sogar patentierte[582]) Bestellmechanismen, die dem Kunden nicht aus seiner allgemeinen Erfahrung mit elektronischen Medien bekannt sein dürften und auch nicht unbedingt aus sich selbst heraus verständlich sind. Notwendig sind deshalb technische Kenntnisse über diese Bestellverfahren für den Kunden, damit er in der Lage ist, überhaupt die tatsächlichen Konsequenzen seiner Eingaben zu erfassen. So müssen interaktive Schaltflächen und Weblinks als solche kenntlich gemacht werden, damit der Kunde überhaupt weiß, daß er mit Betätigung einen Datentransfer zum Unternehmer auslöst. Die Informationspflicht sorgt also dafür, daß der Kunde nicht versehentlich eine Erklärung ohne Erklärungsbewußtsein abgibt. Außerdem muß der Bedeutungsgehalt, der den Eingaben des Nutzers z. B. bei Aktivierung einer Schaltfläche oder eines Links gemäß der Programmierung der Homepage beigelegt wird, vom Unternehmer offengelegt gemacht werden, damit sich der Nutzer über den Inhalt seiner Eingaben im Klaren ist. Zusätzlich sorgt die Informationspflicht dafür, daß der Kunde beim Bestellvorgang nicht verwirrt oder überrascht wird. Denn durch mangelndes Verständnis der technischen Abläufe kann der Kunde zu unbedachten Handlungen veranlaßt werden, deren rechtlichen Bedeutungsgehalt er zwar erkennt, von denen er aber unter normalen Umständen Abstand genommen hätte.
Hinzutreten muß aber auch ein rechtlicher Informationsaspekt, damit der Kunde die volle Tragweite seiner Handlungen erfassen kann. Dies zeigt der Vergleich zu §312c II i.V.m. §1 I Nr. 3 InfoV, der ebenfalls auf eine rechtliche Informationspflicht abzielt, wie vor allem seine ursprüngliche Formulierung „*wann* der Vertrag zustande kommt“ belegt.[583] Die Notwendigkeit für einen rechtlichen Einschlag der Informationspflicht ergibt sich aus dem Ziel der ECRL, den Nutzer vor den Gefahren des elektronischen Geschäftsverkehrs umfassend zu schützen. Zu den typischen Gefahren zählt vor allem auch die durchweg noch herrschende Unsicherheit über die rechtliche Bewertung von Bestellvorgängen im elektronischen Handel – insbesondere soweit es um die Übertragung bereits bestehender Vorschriften auf die Bedürfnisse des neuen Mediums geht. Die Abläufe im elektronischen Handel sind nämlich sehr vielgestaltig und

---

[581] KOM (1998) 586 endg., S. 47.

[582] Patentiert ist bspw. das 1-Click Verfahren, das die Amazon.de GmbH u. a. als vereinfachtes Bestellverfahren anbietet. Danach können Bestellungen nach vorheriger Anmeldung und Angabe der persönlichen Daten mit einem Mausklick abgesendet werden (http://www.amazon.de/exec/obidos/tg/browse/-/504894/302-2467998-0099239). Die Bestellung tritt 90 Minuten später in Kraft.

[583] für eine Deutung der neuen Fassung in diesem rechtlichen Sinne – allerdings mit Einschränkungen - auch Härting, CR 2003, S. 204 (205).

kulturell noch nicht hinreichend verfestigt. Der Unternehmer hat dem Kunden deshalb mitzuteilen, welche rechtlichen Wirkungen er seinen Handlungen und Erklärungen bzw. denen des Kunden beimißt. Dies muß allerdings in laiengerechter Form geschehen, weil der Kunde an rechtstechnischen Einzelheiten kein Interesse hat und diese auch nicht ohne weiteres verstehen kann. Insbesondere hat der Unternehmer dazulegen, welche Erklärungen er als rechtsverbindlich auffaßt und welche als bloße Informationsanfragen oder -übermittlungen. So muß er den Kunden darüber informieren, ob er mit der Bereitstellung des Dienstes ein verbindliches Angebot (an einen unbestimmten Persönlichkeitskreis = offerte ad incertas personas) nach §145 oder lediglich eine unverbindliche Angebotsaufforderung (invitatio ad offerendum) abgibt. In logischer Konsequenz muß dem Kunden außerdem mitgeteilt werden, ob dieser seinerseits ein Angebot oder eine Annahme erklärt, was Konsequenzen für den Vertragsschlußzeitpunkt hat. Insbesondere muß der Unternehmer auch darüber aufklären, ob in seiner Empfangsbestätigung nach §312e II Nr. 3 gleichzeitig eine vertragliche Willenserklärung liegt, d. h. mit ihr z. B. die Annahme erklärt wird, oder ob sie reinen Informationscharakter hat. In gewisser Hinsicht übernimmt die Information über die technischen Schritte zum Vertragsschluß damit dieselbe Funktion, die der umständlichen Vertragsschlußregelung in Art. 11 I des ersten Vorschlags der ECRL zugedacht war[584]: Der Kunde soll rechtlich genau wissen, durch welche Handlungen oder Erklärungen der Vertrag geschlossen wird. Deshalb war die Regelung in Art. 11 I des Entwurfs nicht nur zu kompliziert, sondern auch überflüssig. Sie ist deshalb zu Recht gestrichen worden.

Diese Form der rechtlichen Informationserteilung wird teilweise als Novum angesehen.[585] Jedoch muß der Unternehmer z. B auch im Rahmen des Fernabsatzes nach §312c I Nr. 1 i.V.m. §1 I Nr. 9 InfoV über das Bestehen eines Widerrufsrechts bzw. nach §1 III Nr. 3 InfoV über die geltenden Gewährleistungsregeln informieren, was auch einer rechtlichen Hinweispflicht entspricht. Noch weitergehen werden die rechtlichen Belehrungspflichten nach der Umsetzung von Art. 3 I Nr. 3 lit. a der Richtlinie über den Fernabsatz von Finanzdienstleistungen 2002/65/EG.[586] Bedenklich ist bei Informationspflichten über die objektive Gesetzeslage, daß eine Partei einseitig belastet wird, obwohl es sich um von ihr unbeeinflußte Regelungen handelt, denen sie genauso neutral gegenübersteht, wie die andere Partei auch. Jedoch bleibt noch zu untersuchen, inwiefern der Unternehmer bei der Information über die technischen Vertragsschritte wirklich eine objektive Rechtsauskunft gibt oder ob er nicht vielmehr nur Auskunft über die von ihm selbst geschaffenen rechtlichen Bedingungen gibt.

Die Abgrenzung, ob ein Angebot oder nur eine Angebotsaufforderung vorliegt, muß nach allgemeinen Grundsätzen erfolgen. Empfangsbedürftige Willenserklärungen sind nach §§133, 157 so auszulegen, wie der Erklärungsempfänger die Erklärung nach Treu

---

[584] dazu s. u. 1. Teil C.I.4.b).

[585] Micklitz/Ebers, VersR, 2002, 641 (644 f.); Micklitz, in: Micklitz/Pfeiffer/Tonner/Willingmann (Hrsg.), Schuldrechtsreform und Verbraucherschutz, S. 191 (222); Reich/Nordhausen-Reich, Verbraucher und Recht im elektronischen Geschäftsverkehr, S. 136.

[586] nach dieser muß der Anbieter auch über das Nichtbestehen eines Widerrufsrechts bzw. die Modalitäten der Ausübung und die Folgen einer Nichtausübung eines bestehenden Widerrufsrechts informieren.

und Glauben und mit Rücksicht auf die Verkehrssitte verstehen mußte.[587] Auch der Rechtsbindungswille ist konsequenterweise aus objektiver Sicht zu ermitteln.[588] Als objektives Indiz für eine invitatio ad offerendum entsprechend der Verkehrssitte wird oft angeführt, daß der Anbieter nur über vorrätige Waren kontrahieren, sich eine Bonitätsprüfung vorbehalten und außerdem keinem Kontrahierungszwang ausgeliefert sein möchte.[589] Zumeist wird nach diesen Kriterien bei unechten Online-Geschäften, bei denen die Ware nur elektronisch bestellt, nicht aber elektronisch ausgeliefert wird, in einem Bestellkatalog eine bloße invitatio ad offerendum gesehen.[590] Beim echten Online-Geschäft hingegen, bei dem die Ware auch elektronisch geliefert wird (z. B. beim Softwareverkauf mit Direktdownload), wird überwiegend eine verbindliche offerte ad incertas personas angenommen.[591] Hier sei die Ware beliebig reproduzierbar und es drohe keine mangelnde Lieferfähigkeit.[592] Es wird allerdings häufig auch darauf hingewiesen, daß es stets auf die konkreten Umstände des Einzelfalls ankommt.[593] Letzterer Auffassung ist beizupflichten, denn die Variationsmöglichkeiten für Warenofferten im Internet sind zu vielfältig, um pauschale Regeln aufzustellen. So ergeben sich bereits Unterschiede dadurch, inwieweit der Katalog des Anbieters schon Konkretisierungen bezüglich der essentialia negotii des zukünftigen Vertrages enthält oder, ob diese Konkretisierung erst durch Eingaben des Kunden erfolgt. Ein Angebot für einen gesetzlich vertypten Vertrag setzt nämlich schon eine ausreichende Bestimmtheit bzw. Bestimmbarkeit voraus, damit die Zuordnung zum gesetzlichen Vertragstypus möglich ist.[594] Des weiteren macht es einen Unterschied, ob der Anbieter für den Kunden erkennbar eine Verfügbarkeitsprüfung vornimmt (oder dies zumindest suggeriert), bevor der Kunde seine Bestellung aufgibt. Wenn eine elektronische Verfügbarkeitsprüfung erfolgt, dann drohen dem Anbieter erkennbar keine Lieferschwierigkeiten, die auf ei-

---

[587] BGH NJW 1992, S. 1146 (1146 f.); M/K-Mayer-Maly/Busche, §133, Rn. 10; Palandt-Heinrichs, §133, Rn. 9.

[588] Palandt-Heinrichs, §145, Rn. 2; Medicus, AT, Rn. 193; Waldenberger, BB 1996, S. 2365 (2365); Taupitz/Kritter, JuS 1999, 839 (840); Muscheler, Jura 2000, S. 565 (565); a. A. Geis, Rechtsaspekte des elektronischen Geschäftsverkehrs, S. 245: es ist auf den Willen des Serverbetreibers abzustellen, nach dem regelmäßig eine invitatio ad offerendum vorliegt.

[589] vgl. Süßenberger, Das Rechtsgeschäft im Internet, S. 214 ff.; Muscheler/Schewe, Jura 2000, 565 (566); Koch, Internet-Recht, S. 135.

[590] M/K-Kramer, §145, Rn. 10; Waldenberger, BB 1996, S. 2365 (2365); Taupitz/Kritter, JuS 1999, 839 (840); a. A. Kimmelmann/Winter, JuS 2003, S. 532 (533): Käufer darf ohne weitere Hinweise von verbindlichem Angebot ausgehen; Süßenberger, Das Rechtsgeschäft im Internet, S. 215: der Anbieter habe technisch die Möglichkeit, seine Web-Seite mit einer elektronischen Datenbank zu verbinden und nichtvorhandene Artikel zu löschen. Deswegen dürfe der Kunde von einem verbindlichen Angebot ausgehen. Diese Auffassung ist zu weitgehend und entspricht nicht dem Empfängerhorizont. Nur dort, wo der Unternehmer die Vornahme eines Datenabgleichs erkennen läßt, wird der Kunde von einem verbindlichen Angebot ausgehen.

[591] Kröger/Gimmy-Thot/Gimmy, Handbuch zum Internet-Recht, S. 5; Glatt, Vertragsschluß im Internet, S. 43; a. A. Taupitz/Kritter, JuS 1999, S. 839 (840 f.); Ultsch, DZWir 1997, 466 (467).

[592] OLG Oldenburg, CR 1993, S. 558 (558); LG Aachen, CR 1997, S. 153 (154); Kröger/Gimmy-Thot/Gimmy, Handbuch zum Internet-Recht, S. 5; Hahn, Vertragsschluß im Internet, S. 151 f.

[593] Glatt, Vertragsschluß im Internet, S. 44; Hoeren/Sieber-Mehrings, Handbuch Multimedia-Recht, Teil 13.1, Rn. 61; Süßenberger, Das Rechtsgeschäft im Internet, S. 213 ff; Koch, Internet-Recht, S. 135; Muscheler, Jura 2000, S. 565 (569).

[594] M/K-Kramer, §145, Rn. 4; Palandt-Heinrichs, §145, Rn. 1.

nen fehlenden Rechtsbindungswillen schließen lassen. Auch das Bonitätsargument ist einzelfallabhängig. So kann sich der Anbieter zuverlässiger Kunden versichern, indem er seine Website mit einem elektronischen Identifikationssystem versieht, das nur bekannten und geprüften Kunden zutritt gewährt. Auch bei echten Online-Verträgen gibt es unterschiedliche Konstellationen. Bspw. könnte man davon ausgehen, daß der Anbieter sich den Vertragsschluß für die Fälle vorbehält, in denen der Download auch technisch möglich ist.[595]

Jedoch ist eine objektive Auslegung anhand von Indizien erst geboten, wenn keine ausdrückliche oder konkludente Erklärung des Anbieters vorliegt, durch die er seine Offerte rechtlich qualifiziert.[596] An dieser Stelle ergibt sich ein Wechselspiel mit der Informationspflicht über die technischen Schritte, die zum Vertragsschluß führen. Der Unternehmer hat nämlich den Kunden ausdrücklich zu informieren, welchen Rechtscharakter seine Erklärungen und Handlungen besitzen. Indem er diese Information erteilt, legt er aber gleichzeitig durch ausdrückliche Erklärung deren rechtliche Bedeutung selbst fest. *Informiert* er also z. B. darüber, daß seine Website nur unverbindliche Angebotsaufforderungen enthält, dann *bestimmt* dieser Hinweis gleichzeitig auch deren unverbindlichen Charakter. Letztlich wird dem Unternehmer also keine Belehrungspflicht über die objektive Rechtslage aufgebürdet, sondern er informiert nur über die Rechtswirkungen, die er selbst seinen Erklärungen beimessen will. Ganz allgemein bedeutet das, daß sich sämtliche Abgrenzungsversuche hinsichtlich der Rechtsverbindlichkeit von Waren- oder Dienstleistungsofferten anhand objektiver Kriterien erübrigen, sofern der Unternehmer seine Informationspflicht aus §312e erfüllt.

Muß der Kunde aber auch darüber informiert werden, ob die Kommunikation während des Bestellvorgangs in Echtzeit stattfindet, d. h. der Unternehmer die Bestellungen ohne nennenswerte zeitliche Verzögerung bearbeitet? Diese Information ist entscheidend für die Beurteilung, ob die Bestellung eine Erklärung unter Anwesenden oder Abwesenden ist. Die Abgrenzung ist im elektronischen Geschäftsverkehr schwierig und ohne Kenntnis des technischen Hintergrunds oftmals nicht zu bewerkstelligen. Sie spielt eine Rolle für die Feststellung der Bindungsfrist eines Angebots gem. §147[597]und für die Frage, ob eine Willenserklärung nach §130 zugegangen ist[598]. Für

---

[595] Bei Warenautomaten wird vielfach von einem Angebot unter der Bedingung der Funktionsfähigkeit ausgegangen, Medicus AT, Rn. 362; Schmidt, Rechtsfiguren der Selbstbedienung im Zivilrecht, S. 43 ff.; a. A. Erman-Hefermehl, §145, Rn. 5.

[596] in dieser Richtung BGH NJW 2002, 363 (364): Heranziehung von AGB aus einem Drittverhältnis, die dem Empfänger aber bekannt waren, zur Auslegung eines Angebots im Rahmen einer Internetauktion; Süßenberger, Das Rechtsgeschäft im Internet, S. 218; Muscheler/Schewe, Jura 2000, S. 565 (568); Wilmer/Hahn, Fernabsatzrecht, 1 II, Rn. 18; Kimmelmann/Winter, JuS 2003, S. 532 (533).

[597] Umstritten ist, ob es sich bei elektronischen Willenserklärungen um solche unter Anwesenden, §147 I, oder Abwesenden, §147 II, handelt. Der Gesetzgeber folgt in seiner Begründung zu §147 I2 n. F. (BT-Druck 14/4987, S. 21) einer Lösung, die zwischen Echtzeitkommunikation und verzögerter Kommunikation differenziert. So sollen z. B. Online-Chats als Erklärungen unter Anwesenden gelten, weil der Austausch „ohne nennenswerte zeitliche Verzögerung" erfolge, E-Mails dagegen als Erklärungen unter Abwesenden (zustimmend Palandt-Heinrichs, §§147, 148, Rn. 6; Köhler/Arndt, Recht des Internet, Rn. 115). Ähnlich wird in der Literatur oft zwischen Einweg- und Dialogkommunikation unterschieden (Fritsche/Malzer, DNotZ, 1995, S. 3 (11); Heun, CR 1994, S. 595 (597), Koch, Internet-Recht, S. 139 f.). Nach anderer Auffassung werden elektronische Erklärungen immer unter Abwesenden abgegeben (Ernst, BB 1997, S. 1057 (1057); Mehrings, MMR 1998, S. 30 (32); Hoeren, Rechts-

die Abgrenzung kommt es darauf an, ob die Kommunikationsdaten ohne Verzögerung gesendet und empfangen werden oder ob individuelle Nachfragen (an einen Menschen[599]) möglich sind. Der E-Mail-Verkehr kann demnach teils als Austausch unter Anwesenden einzuordnen sein, wenn er die technisch erreichbaren Geschwindigkeiten voll ausschöpft, die eine chatähnliche Echtzeitkommunikation zulassen. Er kann aber auch dem herkömmlichen Briefverkehr unter Abwesenden gleichkommen, wenn die Kommunikationsteilnehmer nicht gleichzeitig am Computer sitzen. Insbesondere ist auch von Bedeutung, ob der Unternehmer einen Autoresponder[600] zur Bearbeitung der

---

fragen im Internet, S. 232) Dies wird inbesondere damit begründet, daß der Zweck des §147 I darin liege, die Bindung unter Anwesenden kurzfristig erlöschen zu lassen, weil ein Zögern für den Antragenden eine konkludente Ablehnung bedeute. Für eine solche Verhaltensanalyse werde aber ein visueller oder akkustischer Kontakt vorausgesetzt (Dörner, AcP 202 (2002), S. 363 (374 ff.); Staudinger-Bork, §147, Rn. 4). Ob diese Interpretation zutreffend ist, ist allerdings fraglich, weil auch der anwesende Empfänger oft eine Bedenkzeit in Anspruch nehmen möchte, aber trotzdem zum Vertragsschluß geneigt sein kann. Die ratio des §147 I dürfte vielmehr darin zu sehen sein, daß bei sofortiger Antwortmöglichkeit, die bei Echtzeitkommunikation auch ohne visuellen oder akkustischen Kontakt gegeben ist, der Antragende typischerweise auch nicht länger als nötig an sein Angebot gebunden sein will. Am sinnvollsten erscheint deshalb die Differenzierung des Gesetzgebers, da bei Echtzeitkommunikation sowohl unmittelbare als auch interaktive Kommunikation vorliegt, die eine Anwendung des §147 I2 rechtfertigt.
Bei §147 spielt der Streit jedoch keine allzu große Rolle, da beim Chat und E-Mail-Verkehr die Bindungsfrist „unter regelmäßigen Umständen" wegen der raschen elektronischen Übermittlung auch bei Kommunikation unter Abwesenden nach §147 II auf ein Minimum verkürzt sein dürfte (so auch Dörner, AcP 202 (2002), S. 363 (376); Moritz, CR 2000, S. 61 (62)). Identisch sind die Fristen jedoch nicht immer, zumal bei §147 II zusätzlich eine Bedenkzeit („Deliberationsfrist") zu berücksichtigen ist (vgl. M/K-Kramer, §147, Rn.6).

[598] Nach einer Auffassung werden elektronische Erklärungen immer unter Abwesenden abgegeben, und ihr Zugang ist daher nach der Empfangstheorie zu beurteilen (Ernst, BB 1997, S. 1057 (1057); Mehrings, MMR 1998, S. 30 (32)). Nach anderer Auffassung wird – wie bei §147 I2 – zwischen Einweg- und Dialogkommunikation differenziert, wobei erstere nach den Regeln über die Kommunikation unter Abwesenden, letztere nach denen unter Anwesenden beurteilt wird, so daß die Vernehmungstheorie zur Anwendung kommen muß (Fritzsche/Malzer, DnotZ 1995, S. 3 (11); Heun, CR 1994, S. 595 (599); Koch, Internet-Recht, S. 139 f.). Eine dritte Auffassung differenziert unter Zugrundelegung der zweiten Ansicht – insofern abweichend von §147 I2 – weiter nach der Risikoverteilung: Eine Erklärung unter Anwesenden soll abweichend nach der Empfangstheorie zu beurteilen sein, wenn die Erklärungsdaten auf Empfängerseite gespeichert werden (Süßenberger, Das Rechtsgeschäft im Internet, S. 154 u. 161; John, AcP 184 (1984), S. 385 (403 ff.)). Dies entspricht der h.A. zum Zugang von schriftlich verkörperten Willenserklärungen unter Anwesenden (Palandt-Heinrichs, §130, Rn. 13; Medicus, AT, Rn. 274; M/K-Einsele, §130, Rn. 27). Der dritten Auffassung ist beizupflichten, da sie eine angemessene Risikoverteilung erlaubt, die sich an den anerkannten Regeln über den Zugang im Schriftverkehr bzw. im Dialogverkehr unter Anwesenden oder über Fernsprecher orientiert. Eine sofortige Kenntnisnahme bei Direktkommunikation wird dabei zutreffend als entbehrlich angesehen, wenn eine spätere, wiederholte Kenntnisnahme möglich ist.

[599] teilweise wird eine Kommunikation Mensch/Computer, Computer/Computer nicht als Kommunikation unter Anwesenden beurteilt, weil keine Rückfragen möglich sind, Koch/Maurer, WM 2002, S. 2481 (2484); Heun CR 1994, S. 595 (597). Selbst für den Fall, daß dies zuträfe (was angesichts der Fähigkeiten elektronischer Agenten zunehmend fraglich wird), ist zumindest die Bindungsfrist des Angebots nach §147 II wegen der schnellen Antwortmöglichkeit nahezu auf Null reduziert.

[600] zur Definition siehe www.netlexikon.akademie.de unter Suchbegriff „Autoresponder" (http://netlexikon.akademie.de/query;q=Autoresponder).

Bestellungen einsetzt Es handelt sich dabei um Programme, die E-Mails automatisch beantworten. Bei Verwendung eines Autoresponders kann der Kunde mit einer Antwort des Unternehmers ohne nennenswerte zeitliche Verzögerung rechnen, d. h. die Bindungsfrist nach §147 I bzw. II reduziert sich auf ein Minimum und der Zugang nach §130 erfolgt auch außerhalb der Geschäftszeiten[601]. Nach der ratio des §312e und der ECRL ist ein Hinweis auf die technischen Gegebenheiten der Kommunikation, d. h. ob diese in Echtzeit erfolgt oder ein Autoresponder verwendet wird etc., notwendig, damit der Kunde den Vertragsschlußprozeß in seiner technischen und rechtlichen Bedeutung ausreichend erfassen kann. Dies gilt zumindest dann, wenn die Einordnung für den Kunden nicht offensichtlich ist. Nur mit diesen Informationen kann der Kunde beurteilen, ab wann und für wie lange seine Erklärung verbindlich ist und ein Vertragsschluß zustande kommen kann und ob er sie gegebenenfalls noch gem. §130 I2 BGB widerrufen kann.

Sind auch technische Anleitungen für die Erstellung einer digitalen Signatur oder für die Verschlüsselung der Bestellung nötig? Dies wird teils befürwortet[602], teils abgelehnt[603]. Wenn man §312e I1 Nr. 2 i.V.m. §3 Nr. 1 InfoV wörtlich versteht, dann bilden die digitale Signatur und die Datenverschlüsselung auch technische Schritte, die zum Vertragsschluß führen. Allerdings wäre es unbillig, dem Unternehmer die volle Informationslast aufzuerlegen, soweit diese technischen Sicherheitsvorkehrungen vom Gesetzgeber vorgeschrieben wurden. Der Gesetzgeber sollte vielmehr durch staatliche Informationsmaßnahmen dafür sorgen, daß solche Standards für die Privatkonsumenten verständlich gemacht werden. Anders verhält es sich jedoch, wenn der Unternehmer eigenmächtig die Einhaltung von Sicherheitsstandards für die Bestellung verlangt, ohne daß dies gesetzlich für den konkreten Vertrag vorgesehen wäre, also wenn er z. B. nach §127 I i.V.m. §126a die elektronische Form durch rechtsgeschäftliche Vereinbarung dem Vertrag zugrunde legen will. In diesen Fällen muß der Unternehmer sein Sicherheitsbedürfnis mit einer erhöhten Informationspflicht erkaufen.

3. *Information über Speicherung und Zugänglichkeit des Vertragstextes (§312e I1 Nr. 1 i.V.m. §3 Nr. 2 InfoV)*

§3 Nr. 2 InfoV verlangt, daß der Kunde darüber informiert wird, ob der Vertragstext nach dem Vertragsschluß vom Unternehmer gespeichert wird und ob er dem Kunden zugänglich ist. Diese Vorschrift übernimmt nahezu wortgleich Art. 10 I lit. b.[604]
Fraglich ist, welcher Regelungsgehalt dieser Vorschrift neben §312e I1 Nr. 4 zukommt. Dort ist die Pflicht des Unternehmers geregelt, dem Kunden die Vertragsbestimmungen und die allgemeinen Geschäftsbedingungen bei Vertragsschluß abruf- und speicherbar zur Verfügung zu stellen.

---

[601] so auch Süßenberger, Das Rechtsgeschäft im Internet, S. 175; Heun, CR 1994, S. 595 (598): mit der Automatisierung der Kenntnisnahme (nicht nur des Empfangs!) verzichtet der Empfänger zur Rationalisierung und Flexibilisierung seiner Geschäftstätigkeit auf die Einhaltung von Geschäftszeiten.
[602] Tettenborn/Bender/Lübben/Karenfort, BB 2001, Beilage 10 zu Heft 50, S. 1 (24).
[603] M/K-Wendehorst, §312e, Rn. 78.
[604] kritisch zu dieser Vorschrift Ernst, VuR 1999, S. 397 (404).

Der erste Halbsatz des §3 Nr. 2 InfoV gebietet einen Hinweis des Unternehmers, ob er seinerseits den Vertragstext digital sichert. Im Zusammenhang mit §312e II Nr. 4, der nur dem Kunden selbst eine Speichermöglichkeit verschaffen will, bekommt der Kunde damit die Möglichkeit zu entscheiden, ob er selbst den Vertragstext speichern oder die Speicherung dem Unternehmer überlassen möchte.[605] Diese Entscheidung ist für den Kunden nicht unwichtig, da gerade bei umfangreichen Vertragsbestimmungen für ihn erhebliche Downloadkosten und Kapazitätsprobleme entstehen können. Zu Bedenken ist nämlich, daß der Begriff Vertragstext weit ausgelegt werden muß. Erfaßt wird damit nicht nur digitaler Text, sondern auch Audio- oder Videodateien, sofern sie vertragsbezogene Informationen enthalten. Es würde nämlich den elektronischen Geschäftsverkehr erheblich behindern, wenn das Trägermedium für die Vertragsbestimmungen auf Text festgelegt wäre. Die Stärke des elektronischen Mediums liegt gerade in seiner Multimediafähigkeit. Insbesondere bei Kaufverträgen kann die Beschaffenheit der Kaufsache sehr effektiv durch Videodateien festgelegt werden, auf die die Vertragserklärungen Bezug nehmen. Gerade bei Audio- oder Videodateien entstehen aber umfangreiche Dateien, deren Download je nach Verbindungsart einige Zeit in Anspruch nehmen und entsprechend hohe Kosten verursachen kann. Außerdem kann die Information für den Kunden in Fällen nützlich sein, in denen er die Daten bei sich nur mit größerem Aufwand speichern kann, weil auf dem verwendeten Endgerät – z. B. auf einem Handy – keine ausreichende Speicherkapazität vorhanden ist und die Daten deshalb erst auf ein anderes Gerät – z. B. auf einen Laptop – transferiert werden müßten. Man könnte darüber hinaus vermuten, daß die Information über die Speicherung auch einen datenschutzrechtlichen Gehalt hat.[606] Als Nebeneffekt mag dies zutreffen, da die Information über die Speicherung der Vertragsdaten unzweifelhaft dem Kunden zu erkennen gibt, ob seine persönlichen Daten in diesem Rahmen mitgespeichert werden. Jedoch sieht §312e keine Hinweispflicht darüber vor, ob persönliche Daten isoliert vom Vertragstext gespeichert werden, so daß dem Kunden in datenschutzrechtlicher Hinsicht nicht viel mit der Information geholfen ist. Die Entstehungsgeschichte spricht auch eher dagegen, daß ein Datenschutzanliegen Gegenstand der Vorschrift ist, da die ECRL in Erwägungsgrund 14 die Datenschutzrichtlinien 95/46/EG und 97/66/EG als ausschließlich maßgeblich für Fragen der Verarbeitung personenbezogener Informationen bezeichnet.[607] Auch der deutsche Gesetzgeber hat einen entsprechenden Regelungswillen nicht erkennen lassen. Der Sinn des ersten Halbsatzes erschöpft sich also darin, dem Kunden mitzuteilen, ob die Vertragsdaten vom Unternehmer für die spätere Referenz gespeichert werden oder ob der Kunde dies selbst erledigen muß.

Etwas unklarer ist die Bedeutung von Halbsatz 2, der einen Hinweis über die Zugänglichkeit des Vertragestextes für den Kunden vorsieht. Denkbar ist, daß §3 Nr. 2 InfoV

[605] so auch Grabitz/Hilf-Marly, A4, Art. 10, Rn. 10.

[606] M/K-Wendehorst, §312e, Rn. 80; Micklitz/Tonner-Micklitz, Vertriebsrecht, Rn. 88: Erweiterung der Rechte aus §§33 I BDSG u. §3 V2 TDDSG (seit dem EGG in §4 TDDSG geregelt). Jedoch sieht §4 I TDDSG bereits eine Unterrichtungspflicht des Diensteanbieters über die Verwendung personenbezogener Daten vor, so daß eine zusätzliche Regelung nicht notwendig erscheint.

[607] für Datenschutzneutralität der ECRL auch Lehmann-Schneider, Electronic Business in Europa, R., Rn. 22 ff.

sich auf §312 I1 Nr. 4 bezieht und sich in einer Anleitung erschöpft, wie die Vertragsbestimmungen technisch gespeichert werden können und wann dies möglich ist.[608] Darauf könnte die Formulierung des zweiten Halbsatzes „zugänglich *ist*“ hindeuten. Dann wäre die Vorschrift allerdings neben §312e I1 Nr. 4 überflüssig, da die dort verlangte Möglichkeit zur Speicherung ohnehin nur gegeben ist, wenn die technischen Voraussetzungen der Speicherung erläutert werden, und Nr. 4 damit schon eine entsprechende Informationspflicht impliziert.[609] Diese Auslegungsweise wäre also systematisch wenig sinnvoll. Der Wortlaut des §3 Nr. 2 InfoV trägt diese Auslegung auch allenfalls indirekt, da er nur eine Information über das „Ob“ der Zugänglichkeit, nicht über das „Wie“ vorsieht. Die Entstehungsgeschichte von Art. 10 ECRL mahnt ebenfalls, keinen so engen Zusammenhang zwischen der Information über die Zugänglichkeit des Vertragstextes und der Pflicht zur Zugänglichmachung der Vertragsbestimmungen in speicherbarer Form anzunehmen. Letztere Pflicht findet sich nämlich noch nicht im ersten Richtlinienvorschlag der Kommission[610], sondern sie wurde erst im geänderten Richtlinienvorschlag in Art. 11 II2 eingefügt[611] und später im gemeinsamen Standpunkt des Rats in Art. 10 III ECRL integriert.[612] Deshalb wird man ihr einen von Art. 10 I lit. b unabhängigen Regelungsgehalt zuschreiben müssen.

Näher liegt eine am Wortlaut des Richtlinientextes orientierte Auslegung. Aus der Formulierung des Art. 10 I lit. b ECRL „zugänglich sein *wird*“ und „gespeichert *wird*“ wird deutlich, daß die Informationspflicht einen auf die Zukunft gerichteten Gehalt hat.[613] Danach muß der Unternehmer nur darüber informieren, ob der Vertragstext aus seiner Sphäre abrufbar und zugänglich bleibt, d. h. ob der Kunde sich darauf verlassen kann, auch *nach* dem Vertragsschluß jederzeit die Möglichkeit zur Einsicht in den Vertragstext zu haben. Der Unterschied zwischen §312e I1 Nr.4 und §312e I1 Nr. 1 i.V.m. §3 Nr. 2 InfoV liegt also in der zeitlichen Dimension.[614] Erstere Pflicht sieht vor, daß im Zeitpunkt des Vertragsschlusses dem Kunden die Möglichkeit zur Einsicht und zur Speicherung des Vertragstextes gegeben wird. Zu einem späteren Zeitpunkt besteht keine Pflicht zur Speicherung mehr. Letztere Pflicht dient der Information des Kunden, ob der Vertragstext über den Zeitpunkt des Vertragsschlusses hinaus noch beim Unternehmer gespeichert bleibt und ihm dort zugänglich sein wird. Offenbar hat man zum Schutz des Kunden beim ersten Entwurf der ECRL die Speicherung in der Unternehmersphäre als ausreichend angesehen und dann später zusätzlich die Option zur kundenseitigen Speicherung im Vertragsschlußzeitpunkt für nötig befunden. Die beiden Pflichten ergänzen sich daher in zeitlicher Hinsicht und stehen selbständig nebeneinander. Freilich ist die Formulierung von §3 Nr. 2 InfoV unglücklich gewählt,

[608] Lütcke, Fernabsatzrecht, §312e, Rn. 37.
[609] M/K-Wendehorst, §312e, Rn. 81.
[610] KOM (1998) 586 endg., S. 48 f.
[611] KOM (1999) 427 endg., S. 8; Berücksichtigung fand damit der Vorschlag des Parlaments, dem Nutzer den Vertragstext zum Ausdruck zu Verfügung zu stellen, Abl. C 279 v. 1.10.1999, S. 389 (399), da mit der Speichermöglichkeit gleichzeitig auch eine Ausdruckmöglichkeit sichergestellt ist.
[612] Abl. C 128 v. 8.5.2000, S. 32 (43).
[613] eine zukunftsbezogenen Wortlaut haben auch die englische und die italienische Sprachfassung „will be filed“ und „will be accessible“ resp. „sarà archiviato“ und „potrà accedervi“; etwas anders allerdings die französische Fassung „est archivé“ und „est accessible“.
[614] so auch Micklitz/Tonner-Micklitz, Vertriebsrecht, §312e, Rn. 86; Grigoleit NJW 2002, 1151 (1157).

denn sie verlangt, daß dem Kunden mitgeteilt wird, ob der Vertragstext gespeichert „*wird*“ und ob er ihm zugänglich „*ist*“. Aus den Indikativformen läßt sich nicht eindeutig ableiten, daß die Pflicht zukunftsbezogen ist und über die unmittelbare Zeit nach dem Vertragsschluß hinausreicht. Die Formulierung läßt aber ausreichend Raum für eine richtlinienkonforme Auslegung.
Bei dieser Auslegungsweise der Vorschrift ergibt es auch einen Sinn, daß der Unternehmer die freie Wahl hat, ob er den Vertragstext nach dem Vertragsschluß speichern möchte oder nicht.[615] Würde man §3 Nr. 2 InfoV keinen eigenständigen, auf längerfristige Speicherung abzielenden Gehalt geben, wäre die von ihm suggerierte Entscheidungsfreiheit „*ob* der Vertragstext...gespeichert wird“ schlicht sinnlos, weil der Unternehmer für die Bereitstellung des Vertragstextes beim Vertragschluß nach. §312 I1 Nr. 4 bis zu diesem Zeitpunkt ohnehin selbst eine Kopie bewahren muß. Vielmehr ist die längerfristige unternehmerseitige Speicherung eine freiwillige Dienstleistung des Unternehmers, die dem Kunden Downloadkosten und Opferung eigenen Speicherplatzes erspart. Deswegen ist die Pflicht, den Kunden über die Speicherung des Vertragstextes zu informieren auch kein Hemmnis für den Online-Vertragsschluß.[616]
Damit die unternehmerseitige Speicherung auch ihren Zweck, dem Kunden Daten zu Beweiszwecken zu erhalten, erfüllen und damit einer kundenseitigen Speicherung gleichkommen kann, ist es unbedingt erforderlich, daß der Unternehmer mitteilt, für welchen Zeitraum die Daten bei ihm gespeichert bleiben werden. Sollte diese Frist vor Ablauf der Gewährleistungsdauer enden, wird sich der Kunde in der Regel zu einer selbsttätigen Speicherung entschließen. Wichtig ist außerdem, daß der Unternehmer die Integrität der Daten gewährleistet, damit die Beweisinteressen des Kunden nicht gefährdet werden. Des weiteren impliziert die Pflicht natürlich auch eine Information des Kunden darüber, wie er technisch Zugriff auf die Vertragsbestimmungen nehmen kann.

4. Information über die technischen Mittel zur Korrektur von Eingabefehlern (§312e I1 Nr. 1 i.V.m. §3 Nr. 3 InfoV) und Pflicht zu ihrer Bereitstellung (§312e I1 Nr. 1)

a) Inhalt und Zweck der Pflicht

Zum Schutz des Kunden vor Fehleingaben sieht §312e I1 Nr. 1 die Pflicht des Unternehmers vor, „angemessene, wirksame und zugängliche technische Mittel zur Verfügung zu stellen, mit deren Hilfe der Kunde Eingabefehler vor Abgabe seiner Bestellung erkennen und berichtigten kann“. Ergänzt wird diese Bereitstellungspflicht durch die Pflicht zur Information nach §312e I1 Nr. 2 i.V.m. §3 Nr. 3 InfoV „darüber, wie er [der Kunde] mit den gem. §312e I1 Nr. 1 zur Verfügung gestellten technischen Mitteln, Eingabefehler vor Abgabe der Bestellung erkennen und berichtigten kann“. Diese Bestimmungen finden ihren Ursprung in Art. 11 II ECRL, der wortgleich mit §312e I1 Nr.

---

[615] Lütcke, Fernabsatzrecht, §312e, Rn. 37, Grigoleit WM 2001, S. 597 (602) und M/K-Wendehorst, §312e, Rn. 80 sehen den Unternehmer zur Speicherung verpflichtet unter der Annahme, daß §312e I1 Nr. 2 i.V.m. §3 Nr. 2 InfoV sich auf §312e I1 Nr. 4 bezieht.
[616] so aber Ernst, VuR 1999, S. 397 (404).

1 ist und Art. 10 I lit. c ECRL, der eine Informationspflicht über „die technischen Mittel zur Erkennung und Korrektur von Eingabefehlern vor Abgabe der Bestellung“ vorsieht. Das zeitliche Erfordernis wurde erst durch den geänderten Richtlinienvorschlag auf Vorschlag des Parlaments eingeführt, wo es dann zunächst hieß „vor Vertragsschluß“[617], was im gemeinsamen Standpunkt des Rats zu „vor Abgabe der Bestellung“ präzisiert wurde.[618] Wäre letztere Einschränkung durch den Rat nicht eingefügt worden, hätte dies im deutschen Recht einen Eingriff in die Verbindlichkeit des Angebots gem. §145 bedeutet. Denn wäre das Angebot – wie im Regelfall - vom Kunden ausgegangen, hätte der Unternehmer diesem bei Eingabefehlern einen Widerruf bis zum Vertragsschluß, d. h. auch nach dem Zugang der Angebotserklärung gem. §130 I, ermöglichen müssen. Damit wäre gleichzeitig auch das Anfechtungsrecht unterlaufen worden, denn dieses sieht ein Lösungsrecht von fehlerhaften Willenserklärungen nach dem Zugang der Erklärung nur gegen Ersatz des Vertrauensschadens gem. §122 vor. Dem Anbieter wäre also ein Teil des Irrtumsrisikos zugewiesen worden.[619] Mit der neuen Fassung drohen solche kompletten Systemverschiebungen allerdings nicht mehr. Im Vergleich zu §312e fällt auf, daß die ECRL keinen Bezug zwischen den beiden Pflichten aufstellt, sondern sie unverknüpft nebeneinanderstellt. Fraglich ist deshalb, in welchem Verhältnis die beiden Pflichten tatsächlich stehen. In der Literatur wird teilweise eine strikte Trennung der Informationspflicht von der Bereitstellungspflicht vorgeschlagen[620], teilweise aber werden die beiden Pflichten im Zusammenhang gesehen.[621] Der Gesetzgeber hat sich in der endgültigen Fassung von §312e für eine inhaltliche Verknüpfung der Pflichten entschieden. Deswegen wird die Informationspflicht teilweise gegenüber der Bereitstellungspflicht als überflüssig kritisiert oder sogar angenommen, daß überhaupt nur eine einheitliche Pflicht besteht.[622] Letztere Auffassung ist zutreffend, denn die Pflicht zur Bereitstellung von Korrekturmitteln wird nur dann vollständig erfüllt, wenn gleichzeitig auch auf das Bestehen der Korrekturmöglichkeit hingewiesen und ihre Bedienung erläutert wird. §312e I Nr. 1 impliziert also bereits eine entsprechende Pflicht zur Information über die bestehenden Mittel zur Fehlerkorrektur, so daß eine zusätzliche Informationspflicht überflüssig ist. Man könnte zwar versuchen der Informationspflicht aus §3 Nr. 3 InfoV insofern einen eigenständigen Gehalt zu geben, als der Unternehmer zusätzlich zu den technischen Mitteln, die er selbst gem. §312e I 1 Nr. 1 bereitgestellt hat, auch auf solche Korrekturhilfen hinweisen müßte, die dem Nutzer durch die von ihm verwendete Browsersoftware zur Verfügung stehen. So könnte man an einen Hinweis auf die Zurück-Taste des Browsers

---

[617] KOM (1999) 427 endg., S. 26 auf Anregung des Parlaments, Abl. C 279 v. 1.10.1999, S. 389 (399), Änderung 73.
[618] Abl. C 128 v. 8.5.2000, S. 32 (43); kritisch zum ersten Vorschlag Waldenberger, EuZW 1999, S. 296 (300).
[619] so der zutreffende Hinweis von Süßenberger, Das Rechtsgeschäft im Internet, S. 226.
[620] Micklitz, in: Micklitz/Pfeiffer/Tonner/Willingmann (Hrsg.), Schuldrechtsreform und Verbraucherschutz, S. 191 (214 f.) zu §305b des Diskussionsentwurfs zur Schuldrechtsmodernisierung; jetzt eine inhaltliche Verknüpfung einräumend Micklitz/Ebers VersR 2002, S. 641 (645); Micklitz/Tonner-Micklitz, Vertriebsrecht, §312e, Rn. 54.
[621] Grabitz/Hilf-Marly, A4, Art. 11, Rn. 9.
[622] M/K-Wendehorst, §312e, Rn. 62: überflüssig; Grigoleit, NJW 2002, S. 1151 (1157), Grigoleit, WM 2001, S. 597 (602 f.) will beide als einheitliche Pflicht auffassen.

denken, die es dem Internetnutzer ermöglicht, auf eine zuvor besuchte Seite zurückzukehren, d. h. den Bestellvorgang abzubrechen. Jedoch erübrigt sich ein entsprechender Hinweis, da eine Kenntnis des Durchschnittsnutzers von diesen Korrekturfunktionen vorausgesetzt werden kann. Außerdem bezieht sich §3 Nr. 3 InfoV ausdrücklich nur auf die gem. §312e II Nr. 1 vom Unternehmer zu schaffenden Korrekturmittel. Da diese vom Unternehmer „bereitgestellt" werden müssen, darf er sich nicht mit einem Hinweis auf die Funktionen von Drittsoftware beschränken. Eine Bereitstellung verlangt vielmehr von Seiten des Unternehmers verfügbar gemachte Korrekturmechanismen. Dem Unternehmer bleibt es deswegen sogar unbenommen, die Korrekturhilfen in einer Drittsoftware zu deaktivieren, solange er seinerseits äquivalente Hilfsmittel bereitstellt.[623] Die Regelungen in §312e II Nr. 1 und §312e II Nr. 2 i.V.m. §3 Nr. 3 InfoV bilden also eine einheitliche Pflicht.
Zweck dieser Pflicht ist es, den Kunden vor Falscheingaben über die verwendeten Eingabemedien von vornherein zu bewahren und ihn auf bereits unterlaufene Eingabefehler aufmerksam zu machen. Die Gefahr solcher Eingabefehler besteht besonders im elektronischen Geschäftsverkehr, da die verwendeten mechanischen Eingabemedien – Tastatur und Maus – für ihre hohe Fehlerrate bekannt sind. Außerdem wird der Nutzer mit im Vergleich zum herkömmlichen Papierformular wesentlich komplizierteren Benutzeroberflächen konfrontiert wird, deren programminterne Abläufe nur dem Unternehmer bekannt sind. Gerade Mausklicks sind abstrakte mechanische Handlungen, die erst durch die vom Unternehmer gesteuerte Programmführung ihre symbolische Bedeutung gewinnen. Deshalb muß der Unternehmer den Nutzer bei der Bedienung der von ihm geschaffenen Interfaces besonders lenken und ihm die Bedeutung seiner Eingaben erläutern. Die für eine Bestellung notwendigen Eingaben beschränken sich außerdem oft auf wenige Mausklicks, denen aber jeweils erheblicher Erklärungsgehalt und damit ein hohes Fehlerpotential zukommt. Wenn der Besteller bereits Kunde des Unternehmers ist, dann ist oft eine erneute Eingabe der persönlichen Daten bei späteren Bestellvorgängen überhaupt nicht mehr erforderlich. Deshalb ist es besonders wichtig, daß der Kunde bei jeder Bestellung zur Überprüfung der vormals eingegebenen Daten aufgefordert wird. Zudem befindet sich der Kunde bei Benutzung eines elektronischen Mediums oft in Eile, weil er Online-Kosten vermeiden will, so daß auch zeitdruckbedingte Fehleingaben nicht selten sind. Zwar unterliegt der Unternehmer bereits der Pflicht gem. §312e II Nr. 2 i.V.m. §3 Nr. 1 InfoV, die technischen Schritte zum Vertragsschluß offenzulegen, so daß der Kunde nach Kenntnisnahme dieser Informationen weitgehend selbst im Stande sein sollte, sich vor Eingabefehlern zu schützen. Diese Informationen schaffen aber keine Prophylaxe für Tippfehler oder fehlgesteuerte Mausklicks, die nicht auf Verständnisfehler des Kunden zurückgehen.

[623] So ist es technisch möglich, die Funktionalität der Zurück-Taste im Browser zu unterbinden. Dies kann nötig sein, wenn Daten von Internetseite A auf Internetseite B als Parameter benötigt werden und diese Daten nicht durch einen Rücksprung von Seite B auf A verfälscht werden sollen. Technisch läßt sich dies realisieren, indem nicht direkt von Seite A auf B verwiesen wird, sondern Seite C zwischengeschaltet wird, die auf Seite B verweist. Betätigt der Nutzer nun die Zurück-Taste, dann gelangt er auf Seite C, die wieder auf Seite B umleitet, welche unverändert aus dem Browsercache geladen wird. Dies kann sinnvoll sein, wenn sich auf Seite A ein Eingabeformular befindet und der Browser beim Rücksprung von Seite B auf Seite A automatisch alle Eingaben im Formular zurücksetzt.

Außerdem bietet eine unmittelbar der Bestellung vorgelagerte Korrekturmöglichkeit für Eingabefehler zusätzlichen Schutz und kann für den Kunden effektiver sein, als eine bloße Textinformation zu einem früheren Zeitpunkt.

b) „Eingabefehler"

Zu ermitteln ist, wann ein „Eingabefehler" vorliegt. Hier liegt zunächst ein Vergleich zu den Irrtumskonstellationen des Anfechtungsrechts nahe. Denn die Anfechtungstatbestände schaffen Vertragslösungsrechte im nachvertraglichen Bereich, wenn der rechtsgeschäftliche Wille des Kunden vor dem Vertragsschluß durch Irrtümer negativ beeinflußt war, wobei ihm allerdings eine Pflicht zum Ersatz des Vertrauensschadens gem. §122 I BGB droht. Sie greifen also ein, wenn das Kind quasi schon in den Brunnen gefallen ist. Eine Gelegenheit zur Fehlerkorrektur im vorvertraglichen Bereich in Korrespondenz zu den Konstellationen des Anfechtungsrechts kann die Entstehung eines Vertrauensschadens aber schon von vornherein vermeiden. Vorvertragliche Korrekturhilfen und nachträgliches Anfechtungsrecht ergänzen sich also gegenseitig.
In Betracht kommen vor allem Erklärungsirrtümer gem. §119 I 2.Alt[624], die bei einem Vertippen, Verschreiben oder Versprechen vorliegen, also wenn schon der äußere Erklärungstatbestand nicht dem Willen des Erklärenden entspricht.[625] „Eingabefehler" läßt sich nach dem Wortsinn jedenfalls so interpretieren, daß Fehler bei der Eingabehandlung dazu zählen. Auch teleologisch fallen Erklärungsirrtümer unter den Schutzzweck der Norm, weil mechanische Fehleingaben besonders typisch für den elektronischen Geschäftsverkehr sind. Nicht ganz unproblematisch ist allerdings, ob Schreibfehler auf Tablet-PCs erfaßt sein sollen. Tablet-PCs sind nämlich Laptops, die keine Tastatur benötigen, sondern handschriftliche Eingaben direkt auf dem Display entgegennehmen, die sie mit Hilfe von Schrifterkennungssoftware interpretieren.[626] Erfaßt sind jedenfalls Eingabefehler, die auf einer falschen Erkennung der Handschrift durch die Software beruhen. Bei bloßen Schreibfehlern hingegen realisiert sich nicht die Gefahr des elektronischen Geschäftsverkehrs, so daß diese nicht unter §312e II Nr. 1 i.V.m. §3 Nr. 3 InfoV fallen.
Nicht ganz klar ist die Rechtslage bei Übermittlungsfehlern, die auf technische Störungen des vom Unternehmer betriebenen Servers zurückgehen. Richtigerweise ist bei elektronisch übermittelten Willenserklärungen §120 analog anzuwenden[627], weil die EDV-Anlagen die Funktion eines Boten übernehmen. Nach der Änderung des Wortes „Anstalt" in „Einrichtung" in §120 durch das Formanpassungsgesetz kann dieser sogar direkt angewendet werden.[628] Fraglich ist, ob solche Übermittlungsfehler auch als Eingabefehler i.S.d. §312e bzw. der ECRL qualifiziert werden können. Dies kann ange-

---

[624] so die Regierungsbegründung BT-Druck 14/6040, S. 173; Löhnig, JA 2003, S. 516 (520); Wilmer/Hahn, Fernabsatzrecht, 2 A VI, Rn. 13; Spindler, in: Dauner-Lieb/Konzen/Schmidt (Hrsg.), Das neue Schuldrecht in der Praxis, S. 459 (469); Wiebe, Die elektronische Willenserklärung, S. 510.
[625] Palandt-Heinrichs, §119, Rn. 10; M/K-Kramer, §119, Rn. 46.
[626] Informationen unter http://www.microsoft.com/windowsxp/tabletpc/default.asp.
[627] Hoeren, Rechtsfragen im Internet, S. 231; Koch, Internet-Recht, S. 134 u. 147.
[628] vgl. Regierungsbegründung zum Gesetz zur Anpassung der Formvorschriften des Privatrechts an den modernen Rechtsgeschäftsverkehr, BT-Druck 14/4987, S. 14.; Köhler/Arndt, Recht des Internet, Rn. 125.

nommen werden, weil die Übermittlung nach dem Wortsinn der Vorschrift noch als Teil der Eingabe angesehen werden kann, so daß auch im Übermittlungsprozeß Eingabefehler entstehen können. So wird §120 wird teilweise auch als Spezialfall des Erklärungsirrtums eingeordnet, weil er im weiteren Sinne auch den äußeren Erklärungstatbestand betrifft.[629] Diese Auslegung ist auch teleologisch geboten, weil der Unternehmer den Kunden vor allem vor Falscheingaben schützen soll, die aus seiner technischen Sphäre stammen und für ihn zudem unschwer zu erkennen sind. Insbesondere bei unternehmerseitigen Serverstörungen ist es deswegen zumutbar, daß der Unternehmer dem Kunden Gelegenheit zur erneuten korrekten Übermittlung bietet. Dazu ist er aber nur dann verpflichtet, wenn die Bestellung offenkundig unvollständig oder teilweise unleserlich ist. Die Formulierung „Abgabe“ der Bestellung muß in diesem Kontext großzügiger ausgelegt werden, d. h. mit Abgabe ist nicht nur die willentliche Entäußerung in den Rechtsverkehr durch Absendung der Daten gemeint[630], sondern auch der Übermittlungsprozeß.

Aus dem Wortlaut nicht klar ersichtlich ist, ob auch Inhaltsirrtümer nach §119 I 1. Alt Eingabefehler sein können.[631] Ein Inhaltsirrtum liegt immer dann vor, wenn der äußere Erklärungstatbestand zwar dem Willen des Erklärenden entspricht, dieser aber über Bedeutung und Tragweite der Erklärung irrt.[632] In diesen Fällen ist also die Erklärungshandlung nur mit einem inneren Mangel behaftet. Fraglich ist deshalb, ob mit „Eingabefehlern“ auch Fehler gemeint sind, die nur den inneren Erklärungstatbestand betreffen. Vom Wortlaut der Vorschrift scheint diese Auslegung noch gedeckt zu sein, denn nach dem gewöhnlichen Sprachgebrauch muß sich „Eingabe“ nicht nur auf die Eingabetätigkeit beziehen, sondern es können auch die eingegebenen Daten und Informationen gemeint sein.[633] Es lassen sich aber auch teleologische Gründe für eine Erfassung solcher Fehler anführen. So werden Inhaltsirrtümer oft durch die technische Gestaltung des elektronischen Warenangebots bedingt sein, denn erst durch softwaremäßige Verarbeitung, gewinnen die mechanischen Eingaben des Kunden ihren Erklärungsgehalt. Insbesondere Irrtümer über die Identität und den Umfang des Geschäftsgegenstandes können im elektronischen Geschäftsverkehr vorkommen, wenn der Kunde genau weiß, daß er mit seiner Eingabe ein Erklärungszeichen setzt, aber nicht was es bedeutet.[634] Die Grenzen zwischen dem Erklärungsirrtum und dem Inhaltsirr-

---

[629] Erman-Palm, §119, Rn. 33.

[630] vgl. allgemein zur Abgabe einer Erklärung im elektronischen Rechtsverkehr Ultsch, NJW 1997, S. 3007 (3007); Taupitz/Kritter, JuS 1999, S. 839 (840); Glatt, Vertragsschluß im Internet, S. 61.

[631] dafür offenbar Grigoleit, NJW 2002, S. 1151 (1157); Grigoleit, WM 2001, S. 597 (601); Micklitz/Tonner-Micklitz, Vertriebsrecht, §312e, Rn. 55 ff; Reich/Nordhausen-Reich, Verbraucher und Recht im elektronischen Geschäftsverkehr, S. 139.

[632] Palandt-Heinrichs, §119, Rn. 11; M/K-Kramer, §119, Rn. 55.

[633] Duden, Stichwort „Eingabe“: „3. (EDV) a) <o.Pl.> das Eingeben (2): die E. von Daten in Datenbanken; b) Daten, Informationen, die einem Computer eingegeben u. von ihm verarbeitet werden; Input.“.

[634] z. B. kann eine Homepage so programmiert sein, daß der Kunde mehrfach einen Knopf betätigen muß, um einen gewünschten Gegenstand in mehrfacher Anzahl zu kaufen. Die Programmierung kann nun vorsehen, daß z. B. ein Klick die Anzahl in Zehnerschritten erhöht. Der Kunde mag aber damit rechnen, daß die Erhöhung in Einerschritten erfolgt, weil er die beistehende Erläuterung nicht gelesen

tum sind außerdem fließend[635]. Gerade im elektronischen Bereich, wo Erklärungen durch einzelne Tastendrücke oder Mausklicks gebildet werden, läßt sich kaum die eine von der anderen Irrtumsart abgrenzen. Fehlerhafte Bedienung und fehlerhafter Eingabeinhalt liegen zu dicht beieinander. Auch die Konstellation eines Inhaltsirrtums fällt deshalb unter den Begriff „Eingabefehler".
Häufig vorkommen werden im elektronischen Rechtsverkehr außerdem Fälle fehlenden Erklärungsbewußtseins, in denen der Kunde sich überhaupt nicht bewußt ist, eine rechtsverbindliche Erklärung abgegeben zu haben[636].[637] Ein Beispiel dafür ist, daß der Kunde einen Bereich der Website betritt, der kostenpflichtig ist[638], dabei aber von der Unentgeltlichkeit ausgeht. Innerhalb der überwiegenden Auffassung, die das Erklärungsbewußtsein nicht als notwendigen Bestandteil der Willenserklärung ansieht und so eine Vertragsbindung für möglich hält[639], werden die Fälle fehlenden Erklärungsbewußtseins allgemein den Irrtümern nach §119 I gleichgestellt[640], teilweise speziell dem Erklärungsirrtum nach §119 I Alt. 2[641]. Sie haben nämlich Ähnlichkeit mit dem Erklärungsirrtum und mit dem Inhaltsirrtum zugleich. Gerade beim fehlenden Erklärungsbewußtsein bedarf der Kunde besonderen Schutzes, da er Gefahr läuft, an einen völlig ungewollten Vertrag gebunden zu sein. Der Schutz des §312e greift deshalb ein.
Zur Kategorie der Eingabefehler zählen selbstverständlich auch täuschungsbedingte Irrtümer im Sinne von §123, wenn der Unternehmer dem Kunden den wahren Sinn seiner Eingaben verschleiern will.
Fraglich ist aber, ob nur vor Eingabefehlern im engen Sinne des deutschen Anfechtungsrechts geschützt werden soll oder ob die Vorgaben der ECRL darüber hinausgehen, d. h. auch vor Fehleingaben geschützt werden soll, die kein nachträgliches Anfechtungsrecht geben. Hier droht dem Kunden nicht nur der Ersatz des Vertrauensschadens, sondern sogar eine unlösbare vertragliche Bindung. Der europäische Richtlinienverfasser hat sich auf europäischer Ebene natürlich nicht nur an der Ausgestaltung und Auslegung des deutschen Anfechtungsrechts orientiert, sondern eigene Wertungen getroffen. Deshalb muß untersucht werden, ob unter §312e auch Konstellationen fallen, die im Rahmen des Anfechtungsrechts dem Bereich des unbeachtlichen Motivirrtums zugeordnet werden.

---

hat. Hier liegt ein Inhaltsirrtum vor, dessen Ursache technisch bedingt ist. (Diese Konstellation entspricht in etwa dem Fall „25 Gros Toilettenpapier", LG Hanau, NJW 1979, 721).
[635] Palandt-Heinrichs, §119, Rn. 10.
[636] Palandt-Heinrichs, Einf v §116, Rn. 17.
[637] zur Abgrenzung von der Fallgruppe der abhandengekommenen Erklärungen s. u. 2. Teil D.II.1.
[638] konkretes Beispiel sind kostenpflichtige Artikel im Angebot von Online-Zeitungen und -magazinen, wie etwa auf www.spiegel.de.
[639] allgemein zum fehlenden Erklärungsbewußtsein: keine Bindung aber Haftung aus cic bzw. §122: Canaris, NJW 1984, S. 2281 (2281); Bindung, wenn der Erklärende fahrlässig Vertrauen beim Empfänger hervorgerufen hat, aber Anfechtbarkeit analog §119: M/K-Kramer, §119, Rn. 93 ff.; Medicus, AT, Rn. 607; Larenz/Wolf, AT, §36, Rn. 34; BGHZ 91, 324 (327 ff.); 109, 171 (177); Köhler, AT, §7, Rn. 5; wenn der Empfänger auf Erklärung Vertrauen durfte: Härting, Internetrecht, Rn. 72; Koch, Internet-Recht, S. 137.
[640] Erman-Palm, Vor § 116, Rn. 3; Habersack, JuS 1996, S. 585 (587); Larenz/Wolf, AT, §36, Rn. 92 geben Beispiele, die teils dem Inhaltsirrtum, teils dem Erklärungsirrtum zugeordnet werden.
[641] BGH NJW 1984, S. 2279 (2280); Palandt-Heinrichs, v §116, Rn. 17; M/K-Kramer, §119, Rn. 100.

Vor allem bei automatisch erzeugten Computererklärungen werden überwiegend menschliche Fehler, die bei der Programmierung unterlaufen sind – sei es, daß falsches Datenmaterial verwendet wurde, sei es, daß Tippfehler bei der Eingabe der Daten passiert sind – im Vorfeld der eigentlichen Willensbildung angesiedelt und als unbeachtlich angesehen.[642] Eine Computererklärung ist eine Erklärung, die von einem Computerprogramm automatisch generiert und an den Empfänger übermittelt wird.[643] Sowohl die Herstellung als auch die Übermittlung der Erklärung erfolgen ohne menschliche Einwirkung. Keine Computererklärungen sind deshalb solche, bei denen der Mensch sich lediglich des Computers als Hilfsmittel zur Erzeugung der Erklärung bedient (z. B. eines Textverarbeitungsprogramms), den Erstellungsvorgang dabei aber beherrscht und auch nicht solche Erklärungen, bei denen der Computer lediglich zur Übermittlung eingesetzt wird. Solche Computererklärungen sind mittlerweile fast durchgehend als zurechenbare Willenserklärungen anerkannt[644], weil die Arbeitsteilung zwischen Mensch und Computer nicht der Abgabe rechtswirksamer Willenserklärungen im We-

---

[642] Hoeren/Sieber-Mehrings, Handbuch Multimedia-Recht, Teil 13.1, Rn. 108; Hoeren, Rechtsfragen im Internet, S. 231; Köhler/Arndt, Rn. 128, Koch, Internet-Recht, S. 147; Heun, CR 1994, S. 595 (596 f.); LG Frankfurt, CR 1997, 738 (739); Süßenberger, Das Rechtsgeschäft im Internet, S. 88 f.

[643] Mehrings, MMR 1998, S. 30 (31); Kuhn, Rechtshandlungen mittels EDV und Telekommunikation, S. 56.

[644] wohl implizit AG Hannover, MMR 2002, S. 262 (Abgabe eines Gebots durch Bietagenten); Kuhn, Rechtshandlungen mittels EDV und Telekommunikation, S. 69 f.; Mehrings, MMR 1998, S. 30 (31); Cornelius MMR 2002, S. 353 (354 f.); Koch, Internet-Recht, S. 133 f.; Härting, Internetrecht, Rn. 59: Zurechnung nach allgemeinen Grundsätzen der Willenserklärungslehre, weil a) Mitwirkung des Menschen im Vorfeld der Willensbildung als Erklärungshandlung und b) Rechtsfolgewillen des Menschen; a. A. Fritschel/Malzer, DNotZ, 1995, S. 1 (7): Zurechnung über die Figur offerte ad incertas personas; a. A. Kilian/Heussen-Kilian, Kapitel 20, Rn. 13 u. 17; Möschel AcP 186 (1986), S. 187 (196): Zurechnung über eine vorab geschlossene Rahmenvereinbarung; a. A. Spindler/Wiebe-Wiebe, Internet-Auktionen, D., Rn.39; Brauner, Das Erklärungsbewußtsein beim Einsatz von elektronischen Datenverarbeitungsanlagen, S. 51 ff.; Staudinger[12]-Dilcher, Vorbem. Zu §§116-144, Rn. 6: analoge Anwendung von §§164 ff. bzw. Gleichsetzung mit Blanketterklärung. Überzeugend ist die erste Auffassung, weil sie der zunehmenden elektronischen Unterstützung bei der Abgabe von Willenserklärungen im elektronischen Geschäftsverkehr ausreichend Rechnung trägt und sie fördert. Die Notwendigkeit vorab geschlossener Rahmenvereinbarungen würde hingegen den Vertragsschluß hemmen und wäre im Hinblick auf den Ermöglichungsgrundsatz von Art. 9 I ECRL bedenklich. Nicht überzeugen kann auch die (analoge) Anwendung des Vertretungsrechts. Das Vertretungsrecht verlangt vielmehr, daß gem. §165 eine beschränkt geschäftsfähige Personen handelt, die kraft ihrer Rechtsfähigkeit eine eigene Erklärung für den Vertretenen abgibt. Einem elektronischen Agenten kann deshalb mangels Rechtssubjektivität auch keine Vertretungsmacht übertragen werden. Auch eine analoge Anwendung macht wenig Sinn, da die §§177 ff. von einer haftungsfähigen Vertreterperson ausgehen; vgl. Cornelius, MMR 2002, S. 353 (354 f.); Wiebe, Die elektronische Willenserklärung, S. 131. Deshalb ist der zutreffende Ansatz die Aufstellung von allgemeinen Zurechnungsregeln unabhängig von bereits bestehenden rechtlichen Konstruktionen. Moderne Rechtsordnungen tragen dem Einsatz elektronischer Agenten bei der Abgabe von Willenserklärungen bereits Rechnung wie in Kanada mit Sec. 21, 22 und 23 des Uniform Electronic Commerce Acts (abrufbar unter: http://www.law.ualberta.ca/alri/ulc/current/euecafin.htm) oder in den USA mit Sec. 14 des Uniform Electronic Transactions Act der National Conference of Commissioners on Uniform State Laws (NCCUSL) von 1999 (abrufbar unter http://www.law.upenn.edu/bll/ulc/fnact99/1990s/ueta99.pdf) bzw. Sec. 202 des Uniform Computer Information Transcations Act der NCCUSL von 2002 (abrufbar unter http://www.law.upenn.edu/bll/ulc/ucita/2002final.pdf).

ge stehen darf. Diese Rechtsauffassung ist auch im Lichte von Art. 9 I ECRL geboten, der Hemmnisse für den elektronischen Vertragsschluß vermeiden will.[645] Dies gilt selbst, wenn die Computeranlage eine fehlerhafte Erklärung erstellt, weil auch in diesem Fall die automatische Erklärungserstellung und -abgabe der Willensrichtung des Anlagenbetreibers entspricht.[646] Nicht zuletzt ist der Empfänger einer computergenerierten Erklärung schutzwürdig, da solche Erklärungen ihre automatisierte Entstehung nicht immer erkennen lassen. Eine Computererklärung ist im elektronischen Geschäftsverkehr etwa denkbar, wenn der Nutzer für seine Bestellung lediglich Parameter vorgibt, aus denen ein Programm des Unternehmers die endgültige Erklärung erzeugt und für den Nutzer übermittelt.[647] Wenn ihm dabei im Vorfeld der Bestellung bei der Eingabe der Daten in das Computerprogramm Eingabefehler unterlaufen sind, dann darf er nach dem Schutzzweck der ECRL nicht schutzlos gestellt werden. Denn teleologisch will die ECRL den Nutzer vor allen Eingabefehlern schützen, die Bestandteil der späteren Erklärung werden, auch wenn die Eingaben bereits im Vorfeld der Erklärungshandlung getätigt wurden. Tippfehler oder die Verwendung falschen Datenmaterials durch den Erklärenden im Vorfeld einer Computererklärung fallen also auch unter den Begriff der Eingabefehler.

Will die ECRL aber generell vor jeglichen Motivirrtümern schützen, d. h. dem Nutzer immer dann ein Korrekturrecht einräumen will, wenn subjektiv Gewolltes und objektiv Erklärtes auseinanderfallen?[648] Motivirrtümer sind vor allem solche, die der Willenserklärung vorgelagert und im Bereich der Beweggründe anzusiedeln sind.[649] Schon vom Wortsinn lassen sich solche Irrtümer nicht ohne Probleme erfassen. Zwar führen sie mittelbar zu einer falschen Eingabe. Es handelt sich bei ihnen aber eigentlich um Willensbildungsfehler, nicht um Eingabefehler. Sie manifestieren sich war in der Eingabe, sind aber bei ihrer Entstehung nicht mit der Eingabe verbunden. Die Formulierung in §312e und der ECRL spricht auch nicht von „Änderung von Eingaben", sondern von „Korrektur von Eingabe*fehlern*".[650] Zudem ist es unter teleologischen Erwägungen zweifelhaft, ob dem Kunden eine Korrekturmöglichkeit für jegliche fehlerhafte Willensbildung eingeräumt werden sollte. Die Regelungen über den elektronischen Geschäftsverkehr haben nämlich nicht nur die Seite des Kunden im

---

[645] in dieser Richtung auch Brisch, CR1999, S. 235 (240).

[646] Hoeren/Sieber-Mehrings, Handbuch Multimedia-Recht,Teil 13.1, Rn. 105; Kuhn, Rechtshandlungen mittels EDV und Telekommunikation, S. 80 f.; Wilmer/Hahn, Fernabsatzrecht, 1 II, Rn. 28. Die Vorschläge der NCCUSL wurden den Mitgliedsstaaten der USA zur Annahme empfohlen.

[647] Denkbar ist dies z. B. bei der Bestellung von Software, die anhand bestimmter Parameter wie Hardware, Betriebssystem etc. ausgewählt werden muß.

[648] so Micklitz/Tonner-Micklitz, Vertriebsrecht, §312e, Rn. 57; Reich/Micklitz-Micklitz., §16, Rn. 19, der unter „Eingabefehler" jedes durch die Nutzung des Dienstes der Informationsgesellschaft dokumentierte Auseinanderfallen von subjektiv Gewolltem und objektiv Erklärtem versteht.

[649] Palandt-Heinrichs, §119, Rn. 29.

[650] Micklitz/Tonner-Micklitz, Vertriebsrecht, §312e, Rn. 115 bzw. Reich/Micklitz-Micklitz., §16, Rn. 19 will dem Kunden zwar kein fehlerunabhängiges Lösungsrecht zugestehen, müßte dies aber faktisch doch, wenn Eingabefehler so extensiv definiert werden. Denn ein Motivirrtum liegt schon vor, wenn der Kunde das Geschäft doch aus irgendeinem Grund innerlich nicht gewollt hat. Wo der Kunde hingegen seine Meinung nicht geändert hat, bedarf es schon von vornherein keines Korrekturrechts.

Auge, sondern berücksichtigen auch die Interessen des Anbieters.[651] Ansonsten wäre eine Schwächung des Binnenmarkts durch zu starke Beeinträchtigung der Anbieterfreiheit zu befürchten. Deshalb können nur solche Eingabefehler Anbieterpflichten und vor allem Sanktionen auslösen, die in seinem Risikobereich liegen, weil er durch den Einsatz des elektronischen Mediums für sein Dienstangebot die typischen Fehlerquellen schafft, aus denen sie entstehen. Da er auf der einen Seite die wirtschaftlichen Vorteile des elektronischen Geschäftsverkehrs genießt, muß er auf der anderen Seite auch in gewissen Umfang die Lasten tragen. Zum Risikobereich des Unternehmers zählen – wie oben ausgeführt – „technische Versehen“[652] des Bestellers bei der Handhabung des elektronischen Mediums, die unmittelbar den äußeren oder inneren Erklärungstatbestand beeinträchtigen. Motivirrtümer bleiben jedoch dem Risikobereich des Bestellers zugeordnet.[653] Auch mit dem Stichwort fehlenden Übereilungsschutzes im Internet, weil der Nutzer oft mit wenigen Eingabeschritten zum Ziel kommt, kann die Berücksichtigung von Motivirrtümern deswegen nicht begründet werden.[654] Zweifelhaft ist zudem, ob Übereilungsgefahr überhaupt – wie häufig angenommen[655] – besonders im elektronischen Geschäftsverkehr vorherrscht, weil der Kunde jederzeit innehalten, offline gehen und später zur Angebotsseite zurückkehren kann und das sogar regelmäßig, ohne das Bestellformular neu ausfüllen zu müssen. Ganz im Gegenteil tätigen die Kunden in der Regel im Internet umfangreiche Recherchen über Preissuchmaschinen o.ä., bevor sie sich zum Kauf entschließen. Der Übereilungsschutz wird im übrigen bereits beim verbraucherschützenden Widerrufsrecht für Fernabsatzgeschäfte gem. §312d – zumindest faktisch – mitberücksichtigt.[656] Gegenüber Nichtverbrauchern wird ein Übereilungsschutz ohnehin nicht notwendig sein.

Nicht zu den Eingabefehlern zählen deshalb auch Eigenschaftsirrtümer nach §119 II, egal ob darunter sog. „geschäftliche Eigenschaftsirrtümer“, die sich auf rechtsgeschäftlich vereinbarte Eigenschaften des Geschäftsgegenstands beziehen[657] oder ausnahmsweise beachtliche Motivirrtümer über bloß vorgestellte Eigenschaften von Personen

---

[651] so vor allem Erwägungsgründe 2 und 5 ECRL.

[652] Grigoleit, NJW 2002, S. 1151 (1157); Maennel, in: Ehlers/Wolffgang/Pünder (Hrsg.), Rechtsfragen des Electronic Commerce, S. 46.

[653] so im Ergebnis auch Grigoleit, WM 2001, S. 597 (601).

[654] Micklitz/Tonner-Micklitz, Vertriebsrecht, §312e, Rn. 52; so wohl auch Bamberger/Roth-Schmidt-Räntsch, §312e, Rn. 1; Wiebe, Die elektronische Willenserklärung, S. 510 meint zwar, die Fehlerkorrektur solle zusätzliche Überlegungszeit schaffen, die bei herkömmlichen Erklärungen durch den andersartigen Kodierungsvorgang und die zeitliche Abfolge des Kommunikationsvorgangs auf Absenderseite gewährleistet ist. Er scheint allerdings nicht die Konsequenz zu ziehen, daß auch Motivirrtümer Eingabefehler sein können.

[655] Arnold, CR 1997, S. 526 (526); Köhler, NJW 1998, S. 185 (187 f.); Ruoff, NJW-CoR 2000, S. 38 (39).

[656] vgl. Fuchs, ZIP 2000, S. 1273 (1280 f.); M/K-Wendehorst, §312d, Rn. 2.

[657] Flume, AT II, §24 II b, S. 477 f.; Medicus, AT, Rn. 770; ähnlich BGHZ 88, 240 (246): „in irgendeiner Weise erkennbar dem Vertrag zugrunde gelegt. Ähnlich auch Birk, JZ 2002, S. 446 ff., der eine Anpassung an §434 BGB versucht und in §119 II Kommunikationsirrtümer über Umstände sieht, die aus der Sicht eines objektiven Erklärungsempfängers bei dem konkreten Geschäft als stillschweigend miterklärt gelten können.

oder Sachen außerhalb des Vertrages fallen sollen.[658] Diese Irrtümer betreffen nämlich Vorstellungen ohne Bezug zum Eingabevorgang.
Dennoch profitiert der Kunde faktisch natürlich auch bei bloßen Motiv- oder Eigenschaftsirrtümern von den Korrekturhilfen, die der Unternehmer für Eingabefehler bereitstellen muß. Der Unterschied ist aber, daß bei einem Fehlen der Korrekturmöglichkeit im Fall eines Motivirrtums keine Schadenersatzansprüche oder sonstige individualrechtliche Sanktionen – mit Ausnahme der verlängerten Widerrufsfrist gem. §312e III2 – gegen den Unternehmer geltend gemacht werden können, da es am nötigen Schutzzweckzusammenhang fehlt.
Insgesamt zeigt sich, daß die Fallgruppen des Anfechtungsrechts aus §§119 und 120 dem Merkmal des „Eingabefehlers" im wesentlichen entsprechen. Ausgenommen sind lediglich Eigenschaftsirrtümer gem. §119 II. Erweiterungen sind hingegen nötig im Hinblick auf Falscheingaben im Vorfeld von Computererklärungen, weil hier zwar der Irrtum der eigentlichen Willenserklärung vorgelagert ist, jedoch trotzdem auf einen Eingabefehler zurückgeht.
Zu ermitteln ist des weiteren, auf welche inhaltlichen Umstände sich Eingabefehler beziehen können. In der Literatur wird angedacht, §312e I Nr. 1 auf vertragswesentliche Angaben teleologisch zu beschränken, d. h. auf die essentialia negotii und die vertragliche Bindung.[659] Indes ergeben sich aus dem Wortlaut kein Anhaltspunkte für eine solche Beschränkung. Adresse, Bankverbindung und Versandmodalitäten werden Bestandteil des Vertrages und sind sowohl für den Kunden als auch für den Unternehmer von Bedeutung. Zur vollständigen rechtlichen Absicherung ist es unerläßlich, daß alle zukünftigen Vertragsbestimmungen der Korrektur zugänglich sind. Darüber hinaus ist es jedoch nicht erforderlich, daß der Kunde Daten korrigieren kann, die nicht Bestandteil des Vertrages werden. So muß die vom ihm gegebene datenschutzrechtliche Einwilligung zur Weiterverwendung persönlicher Daten oder die Zustimmung zur Zusendung von Werbung nicht erneut zur Berichtigung gestellt werden. Das ergibt sich zwar nicht eindeutig aus dem Wortlaut des §312e oder der ECRL, aber aus der Zielrichtung der Vorschriften, die auf die Bewahrung vor ungewollten *vertraglichen* Konsequenzen von Handlungen im elektronischen Geschäftsverkehr ausgerichtet sind.

c) Anforderungen an die Korrekturmittel

Zur klären bleibt, welche Anforderungen an die Korrekturmittel gestellt werden müssen und wie diese beschaffen sein können. Zu berücksichtigen sind dabei die Voraussetzungen der „Angemessenheit, Wirksamkeit und Zugänglichkeit" der technischen Mittel, die der Unternehmer bereitstellen muß. Zugänglichkeit der technischen Mittel bedeutet, daß die Berichtigungsmöglichkeiten nicht nur vorhanden, sondern auch für den Kunden erreichbar sein müssen. Diese Voraussetzung ist also in erster Linie eine Umschreibung der Zurverfügungstellung von Berichtigungsmöglichkeiten, denn zur Verfügung stehen die technischen Mittel nur, wenn sie für den Kunden auch nutzbar sind. Darüber hinaus erfordert Zugänglichkeit aber auch, daß die Korrekturmöglich-

---

[658] Palandt-Heinrichs, §119, Rn. 23; Larenz/Wolf, §36, Rn. 48, Staudinger-Dilcher, §119,Rn. 45.
[659] Micklitz/Tonner-Micklitz, Vertriebsrecht, §312e, Rn. 59, im Ergebnis aber ablehnend.

keiten für den Besteller ohne Schwierigkeiten und besondere Kenntnisse einsetzbar sein müssen. Ihre Benutzung darf sich also nicht ungewohnt und schwierig gestalten, sondern muß für einen Nutzer mit durchschnittlichen Kenntnissen unmittelbar verständlich sein. Das Merkmal der Wirksamkeit ist, soweit es in einem rechtlichen Sinne verstanden wird, überflüssig.[660] Denn die Korrekturmöglichkeit muß bereits vor der Absendung der Bestellung bereitgestellt werden, wenn noch gar keine rechtliche Bindung an die Erklärung besteht. Allerdings läßt es sich auch als tatsächliche Anforderung begreifen, ähnlich wie die Voraussetzungen der „Klarheit und Verständlichkeit" und „Rechtzeitigkeit" bei §312e II Nr. 2. All diese Merkmale wollen die Effektivität der Pflichten sicherstellen. Konkret muß der Kunde also mit einem minimalen Aufwand ein optimales Ergebnis erzielen können. Das Merkmal der Angemessenheit schließlich dient dem Interessenausgleich zwischen Kunde und Unternehmer.[661] Die Effektivität und Erreichbarkeit der Korrekturmöglichkeiten kann nur so weit reichen, wie dem Unternehmer unter Berücksichtigung der Kosten und tatsächlichen Möglichkeiten zumutbar ist. Dies ergibt sich daraus, daß die ECRL den elektronischen Handel insgesamt fördern und nicht hemmen will und deshalb Kunden- und Unternehmerinteressen gleichermaßen berücksichtigen und zum Ausgleich bringen muß. Allen drei Begriffsmerkmalen kommt also eine eigenständige Bedeutung zu bei der Bestimmung des Pflichtenumfangs.

Zur Erfüllung der Pflicht muß dem Kunden die Gelegenheit zur Fehlererkennung und -berichtigung gegeben werden. Eine Erkennung wird dem Besteller ermöglicht, indem er ein visuelles Feedback für alle vertragsrelevanten Eingaben erhält, damit er überprüfen kann, ob sie dem Gewollten entsprechen.[662] Dieses Transparenzerfordernis darf auch, um wirksam zu sein, nicht erst bei der abschließenden Versendung der Bestellung ansetzen, sondern muß eine frühestmögliche Fehlererkennung erlauben.[663] Deshalb müssen schon im Vorfeld des eigentlichen Bestellvorgangs getätigte Eingaben oder Datenübertragungen, die aber Bestandteil der späteren Bestellung werden, sofort auf dem Bildschirm dargestellt werden. So können bereits im Vorfeld vom Kunden Eingabefehler identifiziert werden. Als zentrales Element der Korrekturpflicht muß der Unternehmer dem Kunden aber sämtliche vertragsrelevanten Eingaben – soweit nach der Kommunikationsform möglich – vor dem Abschluß der Bestellung noch einmal im Zusammenhang darstellen.[664] Dies wird von vielen Angebotsseiten mittels eines virtuellen Warenkorbs bewerkstelligt, der alle Waren, die der Kunde bei Besichtigung der Seite in diesen Korb gelegt hat, gesammelt vor Augen führt. Die Notwen-

---

[660] so auch Micklitz/Tonner-Micklitz, Vertriebsrecht ,§312e, Rn. 67.

[661] Micklitz/Tonner-Micklitz, Vertriebsrecht, §312e, Rn. 68; ähnlich Spindler, in: Dauner-Lieb/Konzen/Schmidt (Hrsg.), S. 459 (469): Angemessenheit bedeutet in entsprechender Anwendung von §276 Einhaltung der „best practice" im E-Commerce; a. A. Bamberger/Roth-Schmidt-Räntsch: mit diesem Merkmal seien die Bedienungsmöglichkeiten der vorgesehenen Einrichtungen angesprochen, die auch ein durchschnittlicher Kunden verstehen und bedienen können müsse.

[662] Micklitz/Tonner-Micklitz, Vertriebsrecht, §312e, Rn. 60.

[663] In dieser Richtung auch die Regierungsbegründung: die technischen Mittel müssen schon mit Eröffnung einer Bestellmöglichkeit bereitstehen, BT-Druck 14/6040, S. 171.

[664] so auch Grigoleit NJW 2002, S. 1151 (1157); Dörner, AcP 202 (2002), S. 363 (380); M/K-Wendehorst, §312e, Rn. 67. Diese Gesamtdarstellung ist entgegen Kimmelmann/Winter, JuS 2003, S. 532 (533 f.) nicht als Indiz für ein verbindliches Angebot zu werten.

digkeit einer Gesamtdarstellung der Eingaben bezieht sich nicht nur auf unübersichtliche, große Internetseiten, sondern betrifft auch kleinere Angebotsseiten, da die umfassende Darstellung aller Eingaben programmiertechnisch leicht zu realisieren ist.[665] Schließlich müssen für den Kunden technische Korrekturmittel bereitgestellt werden, um erkannte Eingabefehler zu beheben. Die bereitstehenden Mittel müssen für den Kunden zugänglich sein, d. h. sie müssen mit ausreichender Beschriftung versehen sein, so daß sich die Bedienungsweise auch ohne umfangreiche Nachforschungen im Angebot des Unternehmers ergibt. Diese Beschriftungen müssen für einen Durchschnittsnutzer verständlich sein, d. h. es sind vor allem komplizierte technische oder auch ungebräuchliche englische Begrifflichkeiten, die sich nicht durch geläufige deutsche Synonyme ersetzen lassen, zu vermeiden.[666] Um die Korrektur effektiv zu gestalten ist außerdem auf jeden Zeitdruck bei Vornahme der Korrektur zu verzichten. Diese Anforderung ist allerdings einzuschränken, wenn bereits die Bestellmöglichkeit selbst unter der Prämisse eines eng gesteckten zeitlichen Rahmens steht, wie dies z. B. bei zeitlich begrenzten Auktionen im Internet der Fall ist.[667] Die Korrektur darf auch keine zusätzlichen Kosten für den Kunden verursachen, weil ihn dies unter Entscheidungsdruck setzen würde. Unzulässig ist auch die Inrechnungstellung zusätzlicher Kosten, die für den Unternehmer gegenüber dem Betreiber des Kommunikationsnetzes anfallen.[668] Dem Unternehmer bleibt es natürlich unbenommen, diese Kosten im Vorfeld bereits über die Produktpreise auf den Kunden abzuwälzen. Bereits bei jeder vertragsrelevanten Texteingabe im Vorfeld der abschließenden Bestellung ist dem Kunden die Möglichkeit zu geben, diese durch die übliche Tastenbelegung (Backspace, Delete) zu editieren.[669] Im Rahmen der gebotenen abschließenden Gesamtdarstellung aller getätigen Bestelleingaben muß dem Nutzer die Möglichkeit gegeben werden, diese Daten im Detail zu berichtigen. Unzureichend ist es, wenn der Bestellvorgang nur insgesamt neu vorgenommen werden kann, d. h. sämtliche Eingaben gelöscht werden. Denn dadurch würde der Kunde dem Entscheidungsdruck ausgesetzt, ob er sich die Mühe der Neueingabe aller Informationen machen will oder lieber den Fehler in Kauf nimmt.
Fraglich ist, ob dem Unternehmer auch eine aktive Mithilfe bei der Fehlersuche zugemutet werden kann. Grundsätzlich ist festzuhalten, daß es für den Unternehmer schwierig ist, im Einzelfall potentielle Irrtümer des Kunden abzuschätzen. Der Unternehmer könnte aber verpflichtet sein „intelligente Eingabemasken" bereitzustellen, d. h. alle Eingaben einer softwaremäßigen Plausibilitätskontrolle zu unterziehen. So könnten bspw. falsch eingegebene Adressen identifiziert werden, indem ein Abgleich mit einem Straßen- oder Postleitzahlenregister erfolgt. Ebenso könnte eine Rückfrage bei ungewöhnlich hohen Bestellsummen oder –mengen eingeleitet werden. Obwohl eine solche automatische Fehlerkontrolle sehr effektiv wäre, kann sie vom Unterneh-

---

[665] a. A. und differenzierend zwischen großen und kleinen Hoenike/Hülsdunk, MMR 2002, S. 516 (517); Hoeren/Sieber-Waldenberger, Handbuch Multimedia-Recht, Teil 13.4, Rn. 19.
[666] Negativbeispiele: „Betätigen Sie den Back-Button Ihres Browsers und wiederholen Sie Ihren Input an der Cursorposition", „Starten Sie aus dem linken Frame das Java Applet, das Ihnen bei der Korrektur helfen wird."
[667] näher dazu s. u. 1. Teil D.5.
[668] a. A. Micklitz/Tonner-Micklitz, Vertriebsrecht, §312e, Rn. 69.
[669] M/K-Wendehorst, §312e, Rn. 68.

mer unter Angemessenheitserwägungen doch nicht verlangt werden, da eine entsprechende Programmierung einen hohen Aufwand erfordert, weil passende Programmroutinen geschrieben werden müssen und sich dies nicht mehr mit einfachen Webdesign-Tools bewerkstelligen läßt. Außerdem könnten intelligente Eingabemasken natürlich nur von Unternehmern gefordert werden, die den Bestellvorgang ohnehin über Eingabeformulare ablaufen lassen. Keinesfalls ist der Unternehmer aber dazu verpflichtet, sondern er kann den Bestellvorgang auch individuell gestalten und sich darauf beschränken, nur Bestellungen über E-Mail entgegenzunehmen. Ohnehin fordert der Wortlaut von §312e im allgemeinen nur, daß dem Kunden Mittel zur Erkennung und Berichtigung *zur Verfügung* gestellt werden. Das bedeutet die Fehlersuche und -berichtigung obliegt dem Besteller selbst.
Unklar nach dem Text der Vorschrift ist, ob der Unternehmer dem Kunden nach der Erstkorrektur seiner Bestellung eine nochmalige Korrektur der Korrektur zu ermöglichen hat.[670] Das würde bedeuten, daß die Korrektur nicht mit der endgültigen Absendung der Bestellung zusammenfallen dürfte. Nach dem Zweck der Pflicht ist eine mehrfache Korrekturmöglichkeit sinnvoll, da jede elektronische Eingabe, also auch die Korrektur selbst, ein gewisses Fehlerrisiko in sich trägt. Die Fehlerfreiheit der endgültig abgesendeten Bestellung kann nur durch eine wiederholte Korrekturmöglichkeit gesichert werden. Dies wird in der Praxis so gehandhabt und stellt auch technisch in der Regel kein Problem dar, da die Korrektur selbst programmtechnisch nur wie jede vorhergehende Eingabe behandelt werden muß.

5. *Information über die für den Vertragsschluß zur Verfügung stehenden Sprachen (§312e I1 Nr. 2 i.V.m. §3 Nr. 4 InfoV)*

§312e I1 Nr. 2 i.V.m. §3 Nr. 4 InfoV verpflichten den Unternehmer in wortlautgetreuer Umsetzung von Art. 10 I lit. d ECRL, den Kunden „über die für den Vertragsschluß zur Verfügung stehenden Sprachen" zu informieren. Diese Pflicht steht im Kontext einer langen Geschichte von Versuchen der EU das sog. Sprachenproblem zu lösen.[671] Es betrifft die Festlegung einer Sprache für die Kommunikation zwischen den Vertragsparteien im Hinblick auf den Vertragsschluß und die Informationserteilung. Die Festlegung der Sprache hat im grenzüberschreitenden Binnenmarktverkehr eine hohe Relevanz, weil Sprachunterschiede Transaktionskosten erzeugen, wenn etwa Übersetzer oder Dolmetscher herangezogen werden müssen, um einen Vertrag abzuschließen, oder einfach nur wegen Verständnisschwierigkeiten ein Zeitverlust eintritt. Insbesondere umfangreiche AGB können eine kostenintensive Übersetzung nötig machen. Bei

---

[670] dafür Grabitz/Hilf-Marly, A4, Art. 11, Rn. 10; Micklitz/Tonner-Micklitz, Vertriebsrecht, §312e, Rn. 62.
[671] Downes/Heiss ZVglRWiss 98 (1999), S. 28 ff.; Rott, ZVglRWiss 98 (1999), S. 382 ff; Micklitz/Ebers, VersR 2002, S. 641 (649); Spindler, in: Dauner-Lieb/Konzen/Schmidt (Hrsg.), Das neue Schuldrecht in der Praxis, S. 459 (472); Kallenborn, Das Sprachenproblem bei Vertragsabschlüssen mit ausländischen Verbrauchern, S. 1 ff; zum Sprachenrisiko als kollisionsrechtliches Problem vgl. Freitag, IPRax 1999, S. 142-148, der kollisionsrechtliche Lösungen durch ein eigenes Sprachstatut, eine Sonderanknüpfung der Vertragsschlußerklärungen gem. Art. 31 II EGBGB bzw. das Formstatut in Art. 11 EGBGB vorstellt und bewertet, um zu der Lösung zu kommen, daß das Sprachenproblem vorwiegend ein sachrechtliches ist.

Privatkunden werden Sprachbarrieren sogar häufig prohibitive Wirkung entfalten, wenn nämlich der Kunde gänzlich vom Vertrag Abstand nimmt, weil er die Sprache nicht versteht.[672] Nicht im Vordergrund steht allerdings ein Irrtumsrisiko des Kunden durch Sprachschwierigkeiten, da sich der Kunde auf den Vertragsschluß in einer ihm nicht vertrauten Sprache in der Regel erst gar nicht einlassen wird. Besonders virulent ist die Sprachproblematik bei elektronischen Diensten, da diese oftmals grenzüberschreitend stattfinden. Über Internet-Suchmaschinen sind Angebotsseiten nämlich weltweit auffindbar und abrufbar, ohne daß der Unternehmer die technische Abrufbarkeit beschränken oder voraussehen könnte, wer als potentieller Kunde in Frage kommt.
Zur Lösung verfolgte der europäische Richtliniengeber zunächst den Ansatz, dem Verbraucher die Wahl der Sprache zu überlassen. So wurde etwa die Informationserteilung in einer Amtssprache des Mitgliedstaats der Verpflichtung verlangt und gleichzeitig den Mitgliedsstaaten ausdrücklich gestattet, dem Verbraucher eine Sprachwahlmöglichkeit zu gewähren.[673] Oder es wurde dem Verbraucher die Entscheidung freigestellt, ob die Informationen bzw. der Vertragstext in der Sprache seines Wohnsitzes, wenn sie eine Amtssprache ist, oder in der Sprache seines Herkunftslandes bereitgestellt werden müssen.[674] Noch in einer Mitteilung der Kommission an den Rat und das Parlament betreffend den Sprachgebrauch für die Information der Verbraucher in der Gemeinschaft wurde betont, daß mehr als die Hälfte der Mitgliedstaaten eine Information des Verbrauchers in seiner Muttersprache für erforderlich halte.[675] Dieser erste Regelungsansatz berücksichtigt aber zu einseitig die Interessen des Verbrauchers und wird damit dem Konzept der ECRL nicht gerecht, einen Ausgleich zwischen Anbietern und Nutzern zu schaffen. Dem Verbraucher die Wahl der Sprache zu überlassen, bietet auch keine Lösung für den Erstkontakt zwischen Anbieter und Kunde, wenn dem Anbieter die vom Kunden bevorzugte Sprache noch unbekannt ist. Gerade dieser Moment ist jedoch kritisch und entscheidend dafür, ob sich der Besteller auf den Vertrag einlassen wird oder von der Fremdsprache abgeschreckt wird.
In späteren Richtlinien hat der europäische Gesetzgeber – wohl im Hinblick auf das Subsidiaritätsprinzip[676] - die Regelung der Sprachenfrage den Mitgliedstaaten überlassen. Entsprechende Hinweise finden sich in der Fernabsatzrichtlinie 97/7/EG, wo es in Erwägungsgrund 8 heißt: „Die Frage, welche Sprachen bei Vertragsabschlüssen im Fernabsatz zu verwenden sind, fällt in die Zuständigkeit der Mitgliedstaaten". Eine vergleichbare Regelung trifft auch Art. 4 der Verbrauchsgüterkaufrichtlinie 1999/94/EG über die Garantie: „Die Mitgliedstaaten...können vorschreiben, daß die Garantie in einer oder mehreren Sprachen abzufassen ist, die der jeweilige Mitgliedstaat unter den Amtssprachen der Gemeinschaft auswählt. In diesem Zusammenhang hat sich der Richtliniengeber darauf beschränkt, lediglich Transparenzregelungen für

[672] Downes/Heiss, ZVglRWiss 98 (1999), S. 28 (37).
[673] vgl. Artikel 31 i.V.m. Anhang II der dritten Richtlinie zur Lebensversicherung 92/96/EWG zur Koordinierung der Rechts- und Verwaltungsvorschriften für die Direktversicherung (Lebensversicherung) sowie zur Änderung der Richtlinien 90/619/EWG und 79/267/EWG.
[674] Art. 4 Spiegelstrich 2 und 3 der Richtlinie über Teilzeitnutzungsrechte an Immobilien 94/47/EG.
[675] Mitteilung der Kommission an den Rat und das Parlament betreffend den Sprachgebrauch für die Information der Verbraucher in der Gemeinschaft vom 10.11.1993, KOM (1993) 456 endg.
[676] Downes/Heiss, ZVglRWiss 98 (1999), S. 28 (35).

die Informationserteilung in die Richtlinien zu integrieren und damit einen Mindeststandard vorzuschreiben, den die Mitgliedsstaaten konkretisieren müssen.[677] So sieht Art. 4 II lit. b der Pauschalreise-Richtlinie 90/314/EWG vor, daß „alle Vertragsbedingungen schriftlich oder in einer anderen dem Verbraucher verständlichen und zugänglichen Form" vorliegen müssen. Der 21. Erwägungsgrund der Klauselrichtlinie 93/13/EWG bestimmt, daß Verträge „in klarer und verständlicher Sprache" abgefaßt sein müssen. Die gleiche Formulierung verwendet auch die Fernabsatzrichtlinie 97/7/EG in Art. 4 II. Auch die ECRL stellt in Art. 10 I ein entsprechendes Transparenzerfordernis auf.

Eine neue Stufe dieser Entwicklung bietet jetzt die ECRL mit der Bestimmung in Art. 10 I lit. d, die eine Information des Anbieters über die für den Vertragsschluß zur Verfügung stehenden Sprachen fordert. Eine ähnliche Vorschrift findet sich auch in Art. 3 I Nr. 2 lit. g der neuen Richtlinie über den Fernabsatz von Finanzdienstleistungen 2002/65/EG, wonach Informationen darüber zur Verfügung zu stellen sind „in welcher Sprache oder in welchen Sprachen die Vertragsbedingungen oder die in diesem Artikel genannten Vorabinformationen mitgeteilt werden, sowie darüber in welcher Sprache oder in welchen Sprachen sich der Anbieter verpflichtet, mit Zustimmung der Verbrauchers die Kommunikation während der Laufzeit dieses Vertrages zu führen". Diese Regelungen sind ein neuer Weg, das Sprachenproblem auf europäischer Ebene zu bewältigen und einen gerechten Ausgleich zwischen Anbietern und Nachfragern zu schaffen.[678] Man wird sie als Präzisierung des Transparenzgebots verstehen können. Indem der Anbieter verpflichtet wird, die Sprachoptionen von vornherein dem Vertragspartner mitzuteilen, wird diesem die Entscheidung erleichtert, ob er sich auf den Vertrag einlassen möchte oder nicht. Das bedeutet, daß der Privatkunde nicht sofort von einer fremdsprachigen Begrüßungsseite abgeschreckt wird, obwohl der Unternehmer bereit ist, mit ihm auch in einer anderen Sprache zu kommunizieren. Beim Geschäftskunden wird die Gefahr vermieden, daß er sich auf eine fremde Vertragssprache einläßt, die er fälschlicherweise für die einzig mögliche hält, und ihm so unnötige Kosten und Mühen entstehen. Insgesamt dient die neue Regelung also der Senkung von Transaktionskosten für den Vertragspartner. Schließlich wird nebenbei auch das Risiko vermindert, daß es nur deshalb zu sprachbedingten Irrtümern des Kunden kommt, weil dieser nicht wußte, daß ihm eine vertrautere Sprache für den Vertragsschluß zur Verfügungen gestanden hätte. Dem Anbieter steht es auf der anderen Seite frei, ob er den Vertragsschluß in mehreren Sprachen anbieten will, und wenn ja, welche Sprachen er dafür auswählt.[679] Der Vorteil der Regelung liegt darin, daß sie keine bestimmte universelle Sprache für den grenzüberschreitenden Handelsverkehr festlegen muß, was unweigerlich zu einer Diskriminierung der übrigen Amtssprachen der EU geführt hätte. Die Frage, ob ein Anbieter sich einer bestimmten Sprache für den Vertragsschluß bedienen muß, liegt – allerdings begrenzt durch das Herkunftsland-

---

677 vgl. Kallenborn, Das Sprachenproblem bei Vertragsabschlüssen mit ausländischen Verbrauchern, S. 143.

678 in dieser Richtung auch Micklitz in: Micklitz/Pfeiffer/Tonner/Willingmann (Hrsg.), Schuldrechtsreform und Verbraucherschutz, 2001, S. 191 (234).

679 so auch Grabitz/Hilf-Marly, A4, Art. 10, Rn. 12; Grigoleit NJW 2002, 1151 (1158); M/K-Wendehorst, §312e, Rn. 85.

prinzip[680] – in den Händen der nationalen Gesetzgeber. Das deutsche materielle Recht sieht keine besonderen Anforderungen an die Vertragssprache vor.[681] Das Sprachproblem wird von der überwiegenden Auffassung allgemein als Zugangsproblem eingeordnet[682]. Der Zugang wird also gemäß der eingeschränkten Vernehmungstheorie beurteilt, nach der eine nicht verkörperte Willenserklärung zugeht, wenn der Erklärende damit rechnen durfte, daß der Empfänger sie wahrnimmt und versteht[683]. Nach anderer Auffassung handelt es sich um ein Auslegungsproblem im Rahmen der §§133, 157.[684] Teilweise wird bei einem Zweitkontakt der Parteien die vorangegangene Sprachwahl als Formvereinbarung gem. §127 I eingeordnet mit der Nichtigkeitsfolge des §125 bei Mißachtung.[685] Die Rechtsprechung zu §305 II (§2 I AGBG a. F.) hat häufig aus der Verwendung einer gemeinsamen Verhandlungssprache[686] oder Vertragssprache[687] eine konkludente Sprachvereinbarung gefolgert.[688]
Doch welche Pflichten bringt die Regelung in §3 Nr. 4 InfoV für den Anbieter? In erster Linie wird es ja im eigenen Interesse des Unternehmers liegen, seine Kommunikationsbereitschaft in mehreren Sprachen offen zu signalisieren, weil er so auf einen größeren Kundenkreis hoffen kann.[689] Genau deshalb steht es ihm auch frei Sprachen anzubieten oder nicht. Wenn er sich aber dafür entscheidet, dann verpflichtet ihn aber §3 Nr. 4 InfoV bei weitem Verständnis des Vertragsbegriffs den gesamten Vertragsanbahnungs- und abschlußprozeß in der angegebenen Sprache zu halten. Das bedeutet, er muß nicht nur die Informationen, die den Vertragsgegenstand selbst betreffen, in der gewählten Sprache zur Verfügung stellen. Vielmehr gilt das gleiche für sämtliche anderen in §312e vorgeschriebenen Informationspflichten. Insbesondere müssen auch der Vertragstext und die sonstigen in §312e I Nr. 4 vorgesehenen Dokumente dem Kunden in der nämlichen Sprache speicherbar zur Verfügungen stehen. Indem sich der Unternehmer also zum Vertragsschluß in einer bestimmten Sprache bereiterklärt, bindet er sich für die Erfüllung sämtlicher übriger Pflichten. Eine Informationserteilung, die dennoch nur in einer anderen Sprache erfolgt, obwohl der Unternehmer eine bestimmte Vertragsschlußsprache als Option aufgezeigt hat, wäre dann eine Verletzung von §3 Nr. 4 InfoV, denn der Unternehmer hätte schlicht unwahr über die Sprach-

[680] kritisch dazu Ernst, in: Hohl/Leible/Sosnitza (Hrsg.), Vernetztes Recht: das Internet als Herausforderung an eine moderne Rechtsordnung, S. 71 (78): die Anwendung des Herkunftslandprinzips auf die Pflicht zur Bereitstellung bestimmter Sprachen verstößt gegen den Gedanken des Verbraucherschutzes.
[681] anders z. B. Frankreich, wo die Loi no. 94-665 du 4 août relative à la langue française in Art. 2 bestimmte, daß der Gebrauch der französischen Sprache obligatorisch ist für die Beschreibung, das Angebot und die Darbietung einer Ware oder einer Dienstleistung.
[682] LAG Hamm NJW 1979, S. 2488 (2488); BAG NJW 1985, S. 823 (824); Flume, AT II, §14 3 b, S. 230; John, AcP 184 (1984), S. 385 (397 ff.); Medicus, AT, Rn. 295 ff.
[683] allgemein zur eingeschränkten Vernehmungstheorie: Palandt-Heinrichs, §130, Rn. 14; M/K-Einsele, §130, Rn. 28.
[684] M/K-Einsele, §130, Rn. 32; zu dieser Auffassung Sympathien zeigt auch Medicus, AT, Rn. 296.
[685] Kallenborn, Das Sprachenproblem bei Vertragsabschlüssen mit ausländischen Verbrauchern, S. 30.
[686] BGHZ 87, 112 (114); OLG Frankfurt/M, IPRax 1982, S. 242 (242).
[687] OLG Bremen, WM 1973, 1228 (1229); LG Köln, WM 1986, 821 (822).
[688] vgl. zu den Tendenzen der Rspr. Rott, ZVglRWiss 98 (1999), S. 391 f.; Kallenborn, Das Sprachenproblem bei Vertragsabschlüssen mit ausländischen Verbrauchern, S. 19 ff.
[689] deshalb für Überflüssigkeit der Regelung Spindler, MMR 2000, Beilage zu Heft 7, S. 4 (12); Grigoleit, NJW 2002, S. 1151 (1158); M/K-Wendehorst, §312e, Rn. 85.

wahlmöglichkeiten informiert. Die Erstreckung der Formulierung „für den Vertragsschluß" über die Vertragsbestimmungen im engeren Sinn hinaus auf den gesamten Vertragsschlußkomplex ergibt sich zwar nicht ganz deutlich aus dem Wortlaut von §312e bzw. Art. 10 ECRL, liegt aber in jedem Fall im Rahmen des zulässigen Wortsinns. Sie erschließt sich aus dem oben zitierten Art. 3 I Nr. 3 lit. g der Richtlinie 2002/65/EG, der offensichtlich eine Weiterentwicklung des durch die ECRL begründeten Konzepts ist. In ihm wird ausdrücklich festlegt, daß auch sämtliche Vorabinformationen in der Sprache der eigentlichen Vertragsbedingungen gehalten werden müssen.[690] Eine Innovation der Richtlinie 2002/65/EG liegt darüber hinaus noch darin, daß auch die Sprache für den gesamten Kommunikationsprozeß festgelegt werden muß. Dies hätte sich auch für die ECRL angeboten, da diese auch den Vertrieb von Dienstleistungen und damit den Abschluß von Dauerschuldverhältnissen erfaßt, für die eine gesicherte Verständigungsbasis über die Vertragslaufzeit hinweg besonders bedeutsam ist. Jedoch ist die Bedeutung bei Finanzdienstleistungen ungleich höher als bei sonstigen Dienstleistungen, da es um hochwertige Leistungen im Rahmen eines besonders engen wirtschaftlichen Vertrauensverhältnisses geht. Eine Verpflichtung zur Bereithaltung der vertragsbegleitenden Informationen in der angebotenen Vertragssprache gem. §3 Nr. 4 InfoV ist auch teleologisch sinnvoll, da ein Auseinanderfallen von Vertragssprache und Informationssprache Verwirrung beim Kunden stiften würde.
Fraglich ist, wie die Information über die Sprachauswahl praktisch erfüllt werden kann. Besonderes Augenmerk ist hier auf die Rechtzeitigkeit der Pflichterfüllung zu legen. Schon der erste geschäftliche Kontakt zwischen Kunde und Unternehmer ist bedeutsam, weil sich in diesem Moment für den Kunden entscheidet, ob er sich überhaupt auf Verhandlungen mit dem Anbieter einlassen möchte bzw. gewillt ist, die sich aus einer fremdsprachlichen Kommunikation ergebenden Transaktionskosten zu tragen. Deshalb wird der Unternehmer seinen Pflichten am besten gerecht, wenn er vor sein Internet-Angebot eine Startseite schaltet, die durch Links auf Bestellmöglichkeiten in unterschiedlichen Sprachen aufmerksam macht. Dies ermöglicht es dem Unternehmer entweder Kopien seiner Internetseiten in verschiedenen Sprachen zum Abruf bereitzustellen oder die Internetseiten dynamisch aus einer mehrsprachigen Datenbank für die jeweilige Sprache zu generieren. Auf jeden Fall sollte der Unternehmer aber unmittelbar vor dem Bestellungsabschluß noch einmal über die Sprachwahl informieren. Denn es besteht die Gefahr, daß der Kunde über Direktlinks in das Seitenangebot des Unternehmers hineingerät, so daß er die Startseite überhaupt nicht passieren muß.[691] Man könnte zwar meinen, daß der Kunde dieses Risiko selbst tragen muß. Allerdings liegt

---

[690] Heiss, IPRax 2003, S. 100 (103 f.) kritisiert an dieser Regelung, daß dem Anbieter die Möglichkeit gegebenen werde, in einer Sprache den Vertrag abzuschließen und in einer anderen die Informationen zu erteilen bzw. während der Vertragslaufzeit zu kommunizieren, solange er nur über die betreffenden Sprachen vorab informiere. Diese Auslegung dürfte aber nicht dem Sinn und Zweck der Vorschrift entsprechen, die gerade einen für den Verbraucher überraschenden Sprachwechsel verhindern will. Mit dem Plural „Sprachen" dürfte vielmehr gemeint sein, daß der Anbieter allgemein mehrere Sprachen zur Auswahl stellen kann, dann aber die gesamte Kommunikation, die Informationen und der Vertragstext einheitlich in dieser Sprache gehalten sein müssen. So verstehen wohl auch Härting/Schirmbacher, DB 2003, S. 1777 (1780) die Vorschrift.
[691] Lütcke, Fernabsatzrecht, §312e, Rn. 39.

bei zutreffender Betrachtung das Risiko beim Anbieter. Denn gerade Suchmaschinen werfen in der Regel direkte Links aus und es kann vom Unternehmer verlangt werden, sein Angebot an die Gepflogenheiten des Internets anzupassen. Für den Kunden ist es beim sog. Inline-Linking[692], wenn fremde Seiten unmerklich in den Rahmen eines anderen Internetangebots einbezogen werden, auch gar nicht erkennbar, daß er einem Direktlink gefolgt ist. Allerdings ist das Inline-Linking schon ein Grenzfall dessen, was dem Unternehmer überhaupt noch als eigenes Angebot zurechenbar ist. Auf jeden Fall muß der Unternehmer Vorsorge für eine jederzeitige Informationsmöglichkeit über die bereitstehenden Sprachen treffen, wenn er sich bei sog. Pay-for-Performance-Suchmaschinen[693] anmeldet, die passend zu bestimmten Suchbegriffen direkt auf seine Angebote verlinken, weil er dann den Aufruf von Direktlinks selbst veranlaßt. Im übrigen kann der Unternehmer seine Pflicht natürlich stets vollständig erfüllen, indem er sein Angebot durchgehend mehrsprachig gestaltet, d. h. z. B. alle Angaben untereinander in verschiedenen Sprachfassungen anzeigen läßt. Eine gesonderte Information erübrigt sich dann, weil der Kunde die Mehrsprachigkeit der Seite unmittelbar zur Kenntnis nehmen kann. Die Informationen müssen nicht in allen Sprachen gleich ausführlich oder überhaupt inhaltlich identisch sein. Jede Sprachfassung ist vielmehr getrennt an den Erfordernissen des §312e zu messen. Wird sie ihnen gerecht, dann hat der Unternehmer seine Pflicht korrekt erfüllt. Fraglich ist, ob international operierende Unternehmen wie etwa amazon.de[694], die einem gemeinsamen Mutterkonzern angehören auf die Websites anderer Konzerntöchter (z.B. amazon.com, amazon.fr, amazon.ca.jp etc.) verweisen müssen. Dies wird man aufgrund der rechtlichen Trennung allerdings nicht annehmen können. Außerdem dürfte der Angebotsinhalt fast nie identisch sein. Keinesfalls muß der Unternehmer auch auf externe Übersetzungsservice wie z. B. Altavista's Babel Fish[695] hinweisen, es sei denn er bindet sie bewußt in seine Homepage ein. Mit zunehmender Intelligenz solcher Übersetzungsprogramme wird sich irgendwann die Notwendigkeit für die Bereitstellung von mehrsprachigen Angeboten im Internet erübrigen.

Nicht ganz klar wird anhand des Wortlauts von §312e wie in Fällen zu verfahren ist, in denen der Unternehmer überhaupt nur eine Sprachfassung anbietet, was ihm durch die Regelung in §3 Nr. 4 InfoV ja freigestellt wird. Man könnte davon ausgehen, daß der Anbieter in diesem Fall von seiner Informationspflicht befreit ist, weil für den Besteller offenkundig nur eine Sprache zu Verfügung steht.[696] Dagegen ließe sich einwenden, daß für den Kunden trotzdem nicht erkennbar ist, ob der Unternehmer vielleicht ausnahmsweise gewillt ist, sich auf eine andere Sprache einzulassen und ihm so nötige Rückfragen erspart würden. Jedoch würde ein fremdsprachlicher Hinweis, daß nur eine Sprache zur Verfügung steht, dem Kunden nichts nützen, wenn er schon den Hinweis selbst nicht verstehen kann. In dieser Konstellation sollte die Pflicht deshalb als gegenstandslos betrachtet werden.

---

[692] dazu Hoeren, Rechtsfragen im Internet, S. 215; Köhler/Arndt, Recht des Internet, Rn. 470.

[693] z. B. www.overture.de.

[694] deutsche Seite: www.amazon.de; amerikanische Seite: www.amazon.com.

[695] http://babelfish.altavista.com/.

[696] M/K-Wendehorst, §312e, Rn. 87; Micklitz/Tonner-Micklitz, Vertriebsrecht, §312e, Rn. 93.

6. *Information über die einschlägigen Verhaltenskodizes, denen sich der Unternehmer unterwirft und über den elektronischen Zugang zu diesen Regelwerken (§312e I1 Nr. 2 i.V.m. §3 Nr. 5 InfoV)*

a) Allgemeines

In §312e I1 Nr. 2 i.V.m. §3 Nr. 5 InfoV wird dem Unternehmer vorgeschrieben, den Nutzer „über sämtliche einschlägigen Verhaltenskodizes, denen sich der Unternehmer unterwirft, sowie die Möglichkeit eines elektronischen Zugangs zu diesen Regelwerken" zu unterrichten. Eine fast wortlautgleiche Formulierung findet sich in Art. 10 II ECRL, der durch §3 Nr. 5 InfoV umgesetzt wird. Ein Unterschied ist allerdings, daß §312e II den Unternehmer zu einer Unterrichtung vor Abgabe der Bestellung verpflichtet, während Art. 10 II ECRL keinen bestimmten Zeitpunkt vorschreibt. In Zusammenschau mit den übrigen Informationspflichten in Art. 10 I ECRL und im Hinblick auf die Bedeutung der Verhaltenskodizes sowohl im vor- als auch nachvertraglichen Bereich ist der durch 312e II gewählte Umsetzungszeitpunkt allerdings der einzig sinnvolle.

b) Überblick über die von ihrer Regelungsstruktur für die Einordnung unter §3 Nr. 5 InfoV in Betracht kommenden Verhaltensregelwerke

Es fragt sich, welche Regelwerke ganz allgemein als Verhaltenskodizes i.S.v. Art. 10 II ECRL und §3 Nr. 5 InfoV in Betracht kommen. Dafür muß man sich zunächst einen Überblick verschaffen, in welchen Bereichen Verhaltensregelwerke existieren. Die Regierungsbegründung beschreibt Verhaltenskodizes als Regelwerke, „denen sich ein Unternehmer - zumeist zu Werbezwecken – unabhängig vom Vertragsschluß mit dem einzelnen Kunden freiwillig unterwirft, um damit im Wettbewerb eine besondere Unternehmens- und/oder Produktqualität beweisen zu können.[697] Dieser Ansatz nimmt also an, daß Verhaltenskodizes stets der Profilierung des Unternehmens nach außen dienen. Ob diese Einschätzung zutrifft, bleibt zu prüfen. Im Ausgangspunkt muß es sich jedenfalls bei den Verhaltenskodizes um Regelwerke der Selbstregulierung handeln, denen sich der Unternehmer „freiwillig" unterwirft. Das ungeschriebene Merkmal der „Freiwilligkeit" ist zu ergänzen, da von „Unterwerfung" nicht gesprochen werden kann, wenn von vornherein eine gesetzliche Pflicht zur Akzeptanz der Verhaltensregeln besteht.
So kommen zunächst Verhaltensregeln in Betracht, die der einzelne Unternehmer für sich selbst aufstellt. Verhaltensregeln dieser Art dürften von §3 Nr. 5 InfoV und Art. 10 II ECRL allerdings nicht gemeint sein, da hier schlecht von einer „Unterwerfung" gesprochen werden kann. Der Begriff Unterwerfung dürfte zum Ausdruck bringen, daß der Unternehmer einen Bindungswillen gegenüber einem Dritten äußert, also nicht nur für sich selbst Verhaltensregeln entwirft. Dieser Dritte darf aber auch nicht der Kunde sein, denn sonst würde eine entsprechende Informationspflicht keinen Sinn mehr machen, weil die Bekanntgabe gegenüber dem Kunden schon Voraussetzung für die Unterwerfung ist.

[697] Begründung Regierungsentwurf, BT-Druck 14/6040, S. 171.

Als Regelwerk im Sinne der Vorschrift kommen des weiteren die Berufsordnungen der freien Berufe und der Wirtschaftskammern in Frage.[698] Allerdings ist die Mitgliedschaft in den Berufs- und Wirtschaftskammern gesetzlich verbindlich, da sie als öffentlich-rechtliche Körperschaften mit Zwangsmitgliedschaft verfaßt sind. Von ihnen aufgestellte Verhaltensordnungen können daher nicht als freiwillig angesehen werden, soweit der Unternehmer sie im Zuge seiner Pflichtmitgliedschaft akzeptieren muß.[699] Etwas anderes kann aber bei von den Kammern aufgestellten Regelwerken gelten, denen die Mitglieder freiwillig zustimmen können. Verpflichtende Berufsregeln berücksichtigt die ECRL vielmehr bereits bei den allgemeinen Informationspflichten gem. Art. 5 I lit. f, d. h., die jeder Diensteanbieter unabhängig von einer Vertragsschlußmöglichkeit bereitstellen muß.[700] Eine Umsetzung findet sich in Deutschland in §6 Nr. 5 TDG und 10 II Nr. 5 MDStV. Diese Regelwerke hat der Richtliniengeber offensichtlich vor die Klammer zu den allgemeinen Informationspflichten gezogen, weil sie zu großen Teilen keinen Vertragsschußbezug aufweisen (z. B. Vorschriften über Werbetätigkeit).
Als weitere Regelwerke kommen die sog. Gütesiegel in Betracht, mit denen der Unternehmer für die Qualität seines Angebots wirbt.[701] Besonders im Online-Handel werden zahlreiche solcher Gütesiegel angeboten. Einige große Anbieter in Deutschland sind „Trusted Shops"[702], „Geprüfter Online-Shop"[703], „WebTrust"[704] und „TÜV

---

[698] eine Übersicht bestehender Kammern findet sich unter http://www.kammerrecht.de/frs-links.htm.

[699] Die Standesregeln werden auch teilweise schon rechtsförmig erlassen. Die Anwaltschaft hat sich z. B. früher Standesrichtlinien gegeben. Dieser Praxis hat das BVerfG im Lichte der Wesentlichkeitstheorie aber eine Absage erteilt (BVerfG NJW 1988, S. 191 ff.) und eine Regelung in Rechtsform verlangt. Mittlerweile werden deshalb die Standesregeln als Berufssatzung gem. §59b BRAO erlassen. Vgl. dazu Geiger, Der Wandel im Berufsrecht des deutschen Rechtsanwalts unter dem Einfluß der Europäischen Integrationsprozesse, S. 64; Römermann/Hartung, Anwaltliches Berufsrecht, §2, Rn. 1, §4, Rn. 15 u. 18, §52, Rn. 3. Keine rechtliche Bindungswirkung kommt aber den Berufsregeln des Rats der Anwaltschaften der Europäischen Gemeinschaft (CCBE) zu (abrufbar unter http://www.brak.de/seiten/pdf/berufsregeln.pdf), da dieser keine Normsetzungskompetenz hat, Geiger, Der Wandel im Berufsrecht des deutschen Rechtsanwalts unter dem Einfluß der Europäischen Integrationsprozesse, S. 59.

[700] so auch Micklitz/Tonner-Micklitz, Vertriebsrecht, §312e, Rn. 96; für eine weitere Auslegung von „Freiwilligkeit": M/K-Wendehorst, §312e, Rn. 89: auch Regelwerke des Berufs- und Standesrechts sind erfaßt, selbst wenn ein faktischer Unterwerfungszwang besteht.

[701] diese wurden in der Mitteilung der Kommission an den Rat, den Wirtschafts- und Sozialausschuß und den Ausschuß der Regionen zur Europäischen Initiative für den elektronischen Geschäftsverkehr vom 14.4.1997, KOM (1997) 157 endg., S. 31, ausdrücklich als Instrument zur Vertrauenschaffung erwähnt; dazu allgemein Süddeutsche Zeitung vom 11. Dezember, 2002 S. 24 „Bescheid wissen, Vorteile nutzen: Einkaufen im Internet"; Frankfurter Allgemeine Zeitung vom 11. Juni, 2002, Wirtschaft, S. 23, Europraxis im Überblick, „Gütezeichen für E-Commerce".

[702] http://www.trustedshops.de, ein Gemeinschaftsunternehmen der IMPACT Business & Technology Consulting GmbH und der Gerling TradeSafe.Com GmbH.

[703] http://www.shopinfo.net/. Der Träger des Systems, das EHI-EuroHandelsinstitut, - ist ein von Spitzenverbänden, Handelsunternehmen und der Industrie getragenes Forschungs- und Bildungsinstitut.

[704] www.webtrust.de, ein Unternehmen der IDW Net GmbH.

Online Check"[705].[706] Das Siegel „Geprüfter Online-Shop" wurde von der Europäischen Kommission im Rahmen des Projekts „Euro-Label"[707] gefördert und integriert dessen Verhaltensregeln. Gemeinsame Praxis der Gütesiegelanbieter ist, daß sie mit dem Unternehmer einen Lizenzvertrag über die Nutzung ihres Siegels abschließen. Mit dem Logo darf der Unternehmer um das Vertrauen seiner Kunden werben. In dem geschlossenen Vertrag verpflichtet sich der Unternehmer im Gegenzug dazu, seine Internetseite unter Beachtung vorgegebener Transparenzregeln zu gestalten und bestimmte Verhaltensregeln gegenüber den Kunden zu beachten. Zusätzlich muß er in die Überprüfung der Lizenzbedingungen durch den Siegelvergeber einwilligen. Bei Nichteinhaltung der Bedingungen erlischt das Nutzungsrecht. Teilweise werden die Leistungen des Gütesiegels auch noch erweitert um die Bereitstellung einer Beschwerdemöglichkeit bzw. einer Schlichtungsstelle für den Kunden bei Verstößen eines Unternehmens gegen die vereinbarten Verhaltensregeln. „Trusted Shops" bietet sogar darüber hinaus dem Kunden einen Garantievertrag an, in dem sie sich verpflichten, Zahlungen des Kunden im Falle einer fehlenden Leistungsbereitschaft des Unternehmers zurückzuerstatten. Es werden dem Kunden also oft zahlreiche Möglichkeiten zur außergerichtlichen Rechtsverfolgung geboten. Besonders bei den Gütesiegeln zeigt sich ein Ineinandergreifen von Gesetzesrecht und freiwilliger Selbstregulierung, denn häufig werden die gesetzlichen Anforderungen – z. B. aus §312e – durch die Regeln der Gütesiegel präzisiert und verfeinert.[708] Der Anreiz der Anbieter zur Unterwerfung unter die mit dem Gütesiegel verknüpften Verhaltensregelwerke liegt in der Befugnis, damit um das Vertrauen der Kunden werben zu dürfen. Sollte der Kodex die gesetzliche Regelung näher auskleiden, kann der Unternehmer durch die Konformitätsprüfung, die er dem Lizenzgeber gestatten muß, sicherstellen, daß er zugleich die gesetzlichen Auflagen erfüllt.[709] Verpflichtung und Sanktionierung erfolgen bei den Gütesiegeln über den Vertrag zwischen dem Lizenzgeber und dem Unternehmer.

Eine weitere Form von vertraglichen Verhaltenskodizes sind die Verhaltensregeln, die einige Großkonzerne für ihre Zulieferer aufstellen.[710] Zu diesen Unternehmen zählen z. B. der Otto Versand, Deichmann, C&A, die Karstadt Quelle AG und Walmart. Bei den von ihnen aufgestellten Regelsystemen geht es oft um die Lösung globaler Probleme wie Verhinderung von Kinderarbeit, Umweltbelastung o. ä. Von ihrer Struktur her sind diese Verhaltenskodizes freiwillige Verpflichtungen, da sich die Zulieferer ihnen im Rahmen ihrer Vertragsfreiheit unterordnen.

---

[705] http://www.tuev-online-check.de, ein Unternehmen der RWTÜV Anlagentechnik GmbH.

[706] Eine Übersicht über die verschiedenen Gütesiegel mit Empfehlungen findet sich unter http://www.internet-guetesiegel.de/ bei der Initiative 21, einer Plattform für die Entwicklung der Gesellschaft im Informationszeitalter.

[707] www.euro-label.com. An Euro-Label orientiert sich beispielsweise auch das „Österreichische E-Commerce-Gütezeichen", www.guetezeichen.at.

[708] vgl. z. B. die Regeln von „Geprüfter Online-Shop", abrufbar unter http://www.shopinfo.net/kriterien/gosVertr-Anlage2_27-04-02.pdf.

[709] Vander, K&R 2003, S. 339 (342).

[710] vgl. dazu Schlußbereicht der Enquete-Kommission „Globalisierung der Wirtschaft – Herausforderungen und Antworten", BT-Druck 14/9200 unter Ziffer 3.6; auch abrufbar unter http://www.bundestag.de/gremien/welt/glob_end/.

Im übrigen gibt es auch Verhaltensregeln, die von verschiedenen Verbänden (Umweltverbänden, Branchenverbänden etc.) aufgestellt werden. Einige Beispiele sind die Verhaltensregeln der OTE (Organisation für Teilzeitwohnrechte in Europa)[711], des Comité Européen des Assurances für Versicherungstätigkeiten über das Internet[712], der Deutschen Vereinigung für Finanzanalyse und Asset Management (DVFA)[713] sowie die Werberichtlinien des Zentralausschusses der Werbewirtschaft[714] bzw. der Internationalen Handelskammer (ICC)[715]. Auch §38a BDSG sieht entsprechend der Vorgabe des Art. 27 EG-Datenschutzrichtlinie 95/46/EG[716] vor, daß Verbände Verhaltensregeln, die sie der zuständigen Aufsichtsbehörde vorgelegt haben, ihren Mitgliedern empfehlen können.[717] Der Unternehmer tritt diesen Verhaltenskodizes entweder durch bloße Absichtserklärung oder durch die Vereins- oder Verbandsmitgliedschaft bei. Die Sanktionierung erfolgt mit den Mitteln des Vereinsrechts, d. h. mit Ehrenstrafen, Geldstrafen, Entziehung von Nutzungsrechten oder Ausschluß.[718] Die Vereine können dafür eine spezielle Ehrengerichtsbarkeit einrichten. Bei dieser sehr verbreiteten Art von Verhaltenskodizes zeigt sich, daß nicht immer die Profilierung des Unternehmers nach außen Grund für die Unterwerfung unter ein Verhaltensregelwerk sein muß. Viele Unternehmer treten den genannten Verbänden und Vereinen vor allem deshalb bei, weil diese ihre gebündelten Interessen auf politischer Ebene vertreten und weil sie Zugang zu Informationen, Beratung und Weiterbildung gewähren. Es wäre also zu kurz gegriffen, wollte man die oben zitierte Definition des Regierungsentwurfs als allein maßgeblich betrachten, daß Verhaltenskodizes stets der Werbedarstellung gegenüber den Kunden dienen müssen. Die Richtlinien der Vereine sind als verbreitete Form von Verhaltenskodizes von besonderer Bedeutung.
Schließlich gibt es gewisse ungeschriebene Verhaltensregeln im Internet, die sich als Maßstab für sozialadäquates Verhalten im Internet herausgebildet haben. Es handelt sich um die sog. Netiquette.[719] So gilt z. B. die Zusendung unerbetener Werbung als verpönt aber auch das Bereitstellen von Grafiken überladener Websites, die die Internetverbindung des Nutzers unnötig blockieren. Diese ungeschriebenen Standards stellen keine Verhaltenskodizes i.S.v. §3 Nr. 5 InfoV dar, weil sich der Unternehmer ih-

---

711 abrufbar unter http://www.ote-info.com/ger/ote/body_ote_ethics.html.
712 abrufbar unter http://www.cea.assur.org/cea/v1.1/actu/pdf/de/annexe2.pdf.
713 abrufbar unter www.dvfa.de.
714 abrufbar unter http://www.interverband.com/dbview/owa/assmenu.homepage?tid=184&fcatid=4251&from_home=/zaw; abgedruckt in Baumbach/Hefermehl, Wettbewerbsrecht, §3 UWG, Anhang X.
715 abrufbar unter http://www.interverband.com/dbview/owa/assmenu.homepage?tid=184&fcatid=4251&from_home=/zaw; abgedruckt inBaumbach/Hefermehl, Wettbewerbsrecht, §3 UWG, Anhang IX.
716 Richtlinie des Europäischen Parlaments und des Rates vom 24.10.1995, Abl. L 281 vom 23.11.1995, S. 31.
717 vgl. Taeger, K&R 2003, S. 220 (223). Für Zuordnung von Verhaltenskodizes im Datenschutzbereich zu Art. 10 II ECRL Roßnagel/Pfitzmann/Garstka, Modernisierung des Datenschutzrechts, S. 160.
718 Schmidt, Gesellschaftsrecht, S. 713 ff. Die Quelle der Vereinssanktionen liegt nach der Rspr. in der Vereinsautonomie, RGZ 140, 24 (24); BGHZ 21, 370 (370 ff.), nach anderer Auffassung in der Satzungsautonomie, d. h. sie muß in der Satzung festgelegt sein, Schmidt, Gesellschaftsrecht, Rn. 714 f.
719 vgl. dazu Leupold/Bräutigam/Pfeiffer, WRP 2000, S. 575 (587 f.); Hoeren, in: Geis (Hrsg.), Die digitale Kommunikation, S. 183 ff.

nen nicht unterwirft.[720] Anders stellt sich die Lage aber bei geschriebenen Netiquette-Standards dar, wie sie z. B. die Internet Society (ISOC) aufstellt.[721] Diesen Verhaltensregeln kann sich ein Unternehmer selbstverständlich auch unterwerfen, indem er der ISOC beitritt.
Die Untersuchung hat also bislang gezeigt, daß es verschiedene Arten von Verhaltenskodizes gibt, denen sich ein Unternehmer unterwerfen kann, und verschiedene Möglichkeiten, wie er dies tun kann, z. B. vertraglich, durch Vereinsbeitritt oder durch bloße Absichtserklärung. Bevor darauf eingegangen wird, welche von diesen Verhaltenskodizes nach Inhalt, Verbindlichkeit und Urheber von der Informationspflicht in §3 Nr. 5 InfoV und Art. 10 II ECRL erfaßt werden, soll zunächst dem Ursprung und Sinn dieser Regelung nachgegangen werden.

c) Zweck der Information über Verhaltenskodizes

Art. 10 II ECRL, auf den die Informationspflicht zurückgeht, ist ein vortastender Schritt in Richtung eines neuen Regelungskonzepts für den Verbraucherschutz auf europäischer Ebene, das die Kommission mit einem Grünbuch zum Verbraucherschutz angestoßen hat.[722] Dieses neue Regelungskonzept soll die Wirtschaft in Zusammenarbeit mit Interessengruppen zur Selbst- bzw. Koregulierung durch die Aufstellung von Verhaltenskodizes bzw. die Mitwirkung bei ihrer Entstehung zu ermuntern.[723] Vielfach besteht nämlich Bereitschaft, freiwillige Selbstverpflichtungen ohne rechtliche Anordnung einzugehen. Besonders in Großbritannien erfreuen sich Verhaltenskodizes seit dem Erlaß des Fair Trading Acts von 1973 großer Beliebtheit.[724] Aber auch in Deutschland gewährte der Versandhandel bereits lange Zeit vor Einführung der §§312b ff. Informations- und Widerrufsrechte im Fernabsatz.[725] Zur Verwirklichung dieses Konzepts schlägt die Kommission – als Alternative zum „spezifischen Ansatz“ der bisher üblichen punktuellen Harmonisierung – die Schaffung einer technologieunabhängigen, lauterkeitsrechtlichen Rahmenrichtlinie vor.[726] Diese soll die einzelstaatlichen Regelungen über unlautere Geschäftspraktiken im B2C-Bereich (also im Vertikalverhältnis) durch Generalklauseln und Einzeltatbestände harmonisieren.[727]

---

[720] so auch Micklitz/Tonner-Micklitz, Vertriebsrecht, §312e, Rn. 96.
[721] Die "Netiquette Guidelines" sind im Request for Comment (RFC) Nr. 1855 niedergelegt, abrufbar unter http://www.sri.ucl.ac.be/documents/rfc1855.txt.
[722] Zwar dient die ECRL nicht ausschließlich dem Verbraucherschutz, enthält aber auch verbraucherschützende Regelungen, weswegen die Kommission sie im Zusammenhang der bei Umsetzung des neuen Konzept zu überprüfenden Richtlinien nennt, Grünbuch der Kommission zum Verbraucherschutz in der Europäischen Union, KOM (2001) 531 endg., S. 5.
[723] Grünbuch der Kommission zum Verbraucherschutz in der Europäischen Union, KOM (2001) 531 endg., S. 16 f.; Mitteilung der Kommission über Folgemaßnahmen zum Grünbuch über Verbraucherschutz in der EU, KOM (2002) 289 endg., S. 6 ff.; vgl. dazu Reich/Micklitz-Micklitz, Europäisches Verbraucherrecht, §11, Rn. 12 ff.; Micklitz/Keßler, GRURInt 2002, S. 885 (891 ff.).
[724] vgl. dazu Wiebe, WRP 2002, S. 283 (290); Micklitz/Keßler, GRURInt 2002, S. 885 (895); Kemper, Verbraucherschutzinstrumente, S. 132.
[725] Lorenz, JuS 2000, S. 833 (834).
[726] zu einem Richtlinienvorschlag vgl. Micklitz/Keßler, GRURInt 2002, S. 885 (899 ff.).
[727] Grünbuch der Kommission zum Verbraucherschutz in der Europäischen Union, KOM (2001) 531 endg., S. 13 f.; Mitteilung der Kommission über Folgemaßnahmen zum Grünbuch über Verbraucher-

Insbesondere soll im Rahmen des Gesamtkonzepts eine allgemeine Pflicht der Anbieter zur Offenlegung von wesentlichen Informationen gegenüber den Verbrauchern bestehen[728], was ein sehr extensiver Ansatz wäre. Durch diese Rahmenrichtlinie soll insbesondere auch den Verhaltenskodizes zu Wirksamkeit verholfen werden, indem jeder Verstoß gegen sie als unlautere bzw. irreführende Geschäftspraktik betrachtet werden soll.[729] Die Kommission sieht es nämlich – trotz Widerstands der Mehrheit der Wirtschaftsverbände und Unternehmer[730] - als notwendig an, daß die Einhaltung der Kodizes rechtlich sichergestellt wird, damit die Mitgliedsstaaten auf gesetzliche Anordnungen verzichten können.[731] Die Rahmenrichtlinie soll nach Präferenz der Kommission[732] in einem „kombinierten Ansatz" von den bereits bestehenden oder noch zu schaffenden spezifischen Einzelrichtlinien zum Verbraucherschutz ergänzt werden. Das Konzept der Selbst- bzw. Koregulierung im Verbraucherschutz steht in größerem Zusammenhang mit Reformbestrebungen der EU auf dem Gebiet des „governance", die ihre Politik offener, transparenter und effizienter gestalten will. Hierfür soll generell verstärkt den von der europäischen Rechtssetzung betroffenen Gruppen die Möglichkeit zur Mitwirkung bei der Schaffung von außerrechtlichen Regeln eingeräumt werden, die die rechtliche Regelung ergänzen sollen.[733] Dadurch erhofft man sich, daß detaillierte Regeln entstehen, an die sich die Betroffenen auch freiwillig halten, weil sie selbst an der Entstehung mitwirken konnten. Mittlerweile hat die Kommission einen ersten Vorschlag zu einer entsprechenden Richtlinie über unlautere Geschäftspraktiken vorgelegt.[734] Die vorgeschlagene Richtlinie ist auf Vollharmonisierung ausgelegt worden[735] und läßt nach Erwägungsgrund 7 S. 3 bzw. Art. 3 V als Rahmenrichtlinie die speziellen Vorschriften über unlautere Geschäftspraktiken in bestehenden oder zu

---

schutz in der EU, KOM (2002) 289 endg. , S. 11 f.: eine Erstreckung der Rahmenrichtlinie auf den B2B-Bereich, wie er von zwei Mitgliedsstaaten (darunter Deutschland KOM (2002) 289 final) vorgeschlagen wurde, lehnt die Kommission ab; vgl. zur Diskussion um ein neues europäisches Lauterkeitsrecht auch Micklitz, VuR 2003, S. 2 (8); kritisch dazu mit Recht Gamerith, WRP 2003, S. 143 (162 ff.); Wiebe, WRP 2002, S. 283 (292), weil die meisten Länder nicht scharf zwischen Wettbewerberschutz und Verbraucherschutz trennen, was auch §3 RefE UWG-Reform beweist (abrufbar unter http://www.bmj.bund.de/images/11548.pdf).

[728] Grünbuch der Kommission zum Verbraucherschutz in der Europäischen Union, KOM (2001) 531 endg., S. 16.: es sollen außerdem „Praktiken, wie z. B. die Überfrachtung des Kunden mit Informationen, sowie der exzessive Gebrauch von „Kleingedrucktem" unterbunden werden".

[729] Grünbuch der Kommission zum Verbraucherschutz in der Europäischen Union, KOM (2001) 531 endg. , S. 16; Mitteilung der Kommission über Folgemaßnahmen zum Grünbuch über Verbraucherschutz in der EU, KOM (2002) 289 endg, S. 13.

[730] Mitteilung der Kommission über Folgemaßnahmen zum Grünbuch über Verbraucherschutz in der EU, KOM (2002) 289 endg, S. 6.

[731] auch in der Mitteilung der Kommission über die verbraucherpolitische Strategie 2002-2006, S. 16 werden Verhaltenskodizes und alternative Streitbeilegungsverfahren als zwei von vier wesentlichen Zukunftsstrategien für die Weiterentwicklung des elektronischen Handels genannt.

[732] so auch Micklitz/Keßler, GRURInt 2002, S. 885 (891).

[733] Weißbuch der Kommission über Europäisches Regieren, KOM (2001) 428 endg, S. 27 ff..

[734] Vorschlag für eine Richtlinie des Europäischen Parlaments und des Rates über unlautere Geschäftspraktiken im binnenmarktinternen Geschäftsverkehr zwischen Unternehmern und Verbrauchern und zur Änderung der Richtlinien 84/450/EWG, 97/7/EG und 98/27/EG (Richtlinie über unlautere Geschäftspraktiken) vom 18.6.2003, KOM (2003) 356 endg.

[735] KOM (2003) 356 endg., S. 9. Vgl. auch Erwägungsgrund 8.

schaffenden Gemeinschaftsakten unberührt, wie etwa Regeln über Informationsanforderungen in der ECRL.[736] Art. 7 I enthält selbst als Auffangnorm einen allgemeinen Informationstatbestand, nach dem einem Verbraucher wesentliche Informationen zu seiner Geschäftsentscheidung nicht vorenthalten werden dürfen.[737] Im vorliegenden Zusammenhang von besonderem Interesse ist Art. 6 II lit. b, wo die Nichteinhaltung von Verpflichtungen, die der Gewerbetreibende im Rahmen von Verhaltenskodizes eingegangen ist, ausdrücklich als irreführende Handlung eingestuft wird.[738]

Einen ersten Hinweis auf das neue Verbraucherschutzkonzept der Kommission enthielt bereits Erwägungsgrund 18 der Fernabsatzrichtlinie 97/7/EG, wo es heißt: „Es ist wichtig, daß die verbindlichen Grundregeln dieser Richtlinie im Einklang mit der Empfehlung 92/295/EWG der Kommission vom 7. April 1992 über Verhaltenskodizes zum Verbraucherschutz bei Vertragsabschlüssen im Fernabsatz gegebenenfalls durch freiwillige Bestimmungen der betreffenden Berufszweige ergänzt werden". Nach Erwägungsgrund 19 soll der Verbraucher auch über das Bestehen von entsprechenden Regeln informiert werden und gem. Art. 16 die Berufsorganisationen als Ersteller von Kodizes „falls angebracht" eine Informations- und Transparenzpflicht gegenüber den Verbrauchern auferlegt bekommen. Damit hat die Kommission einen ersten Fingerzeig zur notwendigen Ergänzung der gesetzlichen Normen durch Verhaltenskodizes gegeben. Die ECRL sieht jetzt mit Art. 10 II erstmals eine Pflicht vor, den Nachfrager über das Bestehen von freiwilligen Verhaltensregeln zu informieren und diese somit publik zu machen. Diese Regelung ist ein Vorgriff auf die geplante lauterkeitsrechtliche Rahmenrichtlinie. Nach ihr soll der Unternehmer den Verbraucher ebenfalls informieren müssen, ob er sich zur Einhaltung von Verhaltenskodizes verpflichtet hat.[739] Die Information über Verhaltenskodizes dürfte nach Art. 7 I des mittlerweile veröffentlichten Vorschlags zur lauterkeitsrechtlichen Rahmenrichtlinie als „wesentliche Information" für eine informierte Geschäftsentscheidung einzuordnen sein.[740] Noch einen Schritt weiter als die ECRL geht die Richtlinie über allgemeine Produktsicherheit 2001/95/EG.[741] Sie bezieht sich sogar im Normbereich auf Verhaltenskodizes, z. B. in Art. 3 III d), wo Kodizes als Maßstab für die allgemeinen technischen Sicherheitsanforderungen an Produkte vorgesehen sind. Damit erlangen sie mittelbar rechtliche Verbindlichkeit. Klar erkennbar ist, daß alle diese Richtlinien in Bezug auf die Verhaltenskodizes dem im Verbraucherschutz vorherrschenden Informationsmodell folgen, d. h. dem Verbraucher Kenntnis über die Verhaltensregelwerke verschaffen wollen.

Welches Regelungsziel wird nun mit der Information des Kunden über die Verhaltenskodizes nach §3 Nr. 5 InfoV verfolgt? Um diese Frage zu beantworten, muß man die ökonomischen und rechtspolitischen Funktionen freiwilliger Verhaltensregeln untersuchen.

---

[736] KOM (2003) 356 endg., S. 23 u. 27.

[737] KOM (2003) 356, endg., S. 29.

[738] KOM (2003) 356 endg., S. 29.

[739] Mitteilung der Kommission über Folgemaßnahmen zum Grünbuch über Verbraucherschutz in der EU, KOM (2002) 289 endg, S. 21 f.

[740] KOM (2003) 356 endg., S. 29.

[741] Richtlinie 2001/95/EG des Europäischen Parlaments und des Rates vom 3. Dezember 2001 über die allgemeine Produktsicherheit, Abl. L 11 vom 15.1.2002, S. 4.

Die von Verbänden erlassenen Richtlinien dienen zum einen dazu, das Ansehen des Verbandes durch einen Ehrenkodex zu sichern und qualifizierte Leistungserbringung zu gewährleisten.[742] Das Aufstellen von Verhaltensregeln hat also eine interne Kontrollfunktion. Die Verbände haben deshalb auch ein hohes Interesse an Sanktionen, damit einzelne „Trittbrettfahrer", die sich diesen Regeln nur zum Schein unterwerfen, nicht die ganze Branche in Verruf bringen können.[743] Jedoch verfügen diese Verbände in der Regel nicht über ausreichende Kontrollmöglichkeiten, um Zuwiderhandlungen aufzudecken. Viele Verstöße gegen Regeln, die das Verhalten gegenüber Kunden betreffen, können überhaupt nur von den Kunden selbst bemerkt werden. Deshalb haben die Verbände ein Interesse daran, daß die Kunden ihnen Regelverstöße melden.
Zum zweiten dienen Verhaltenskodizes dazu, Formen des ökonomischen Marktversagens vorzubeugen. So haben sie den Effekt, daß Transaktionskosten des Verbrauchers bei der Suche von Qualitätsprodukten gesenkt werden.[744] Dies spielt eine besondere Rolle bei Vertrauensgütern wie z. B. medizinischer Versorgung oder anwaltlicher Beratung, deren Qualität der Kunde vor Inanspruchnahme schlecht abschätzen kann. Hier hat der Kunde also auch ein besonderes Eigeninteresse an der Einhaltung der Kodizes. Verhaltenskodizes können aber auch helfen, externalisierte Kosten[745], die sich nicht in der Kostenrechnung einzelner Wirtschaftssubjekte niederschlagen, zu senken. Dies betrifft z. B. negative Umwelteffekte, die von schädlichen Produkten ausgehen oder unnötige Behandlungskosten, die von Ärzten verursacht werden und das Krankenversicherungswesen schwächen.[746] Schließlich können verbandsweite Verhaltensregeln auch dazu dienen, die Bereitstellung öffentlicher oder meritorischer Güter sicherzustellen, die durch Nichtrivalität und Versagen des Marktausschlußprinzips gekennzeichnet sind.[747] Dazu zählen bspw. Kultur, Gesundheit und soziale Sicherheit. Diese Güter müssen deshalb entweder vom Staat selbst bereitgestellt werden oder er muß das private Angebot durch budgetäre Maßnahmen (Steuern, Subventionen etc.) begünstigen. Auch der Staat hat also ein Interesse daran, daß solche Verhaltenskodizes vom Unternehmer befolgt werden und der Kunde die Einhaltung kontrolliert.
Drittens dienen Standesordnungen, Richtlinien, Branchenübungen und Berufsanschauungen in rechtspolitischer Hinsicht auch als Indizien zur Bewertung eines Anbieterverhaltens als sittenwidrig i.S.v. §§1, 3 UWG.[748] Sie können dort zwar nicht unmittel-

[742] Schmidt, Standesrecht und Standesmoral, S. 57.
[743] Grünbuch der Kommission zum Verbraucherschutz in der Europäischen Union, KOM (2001) 531 endg, S. 16.
[744] Schmidt, Standesrecht und Standesmoral, S. 58.
[745] zum Begriff: Schäfer/Ott, Lehrbuch der ökonomischen Analyse des Zivilrechts, S. 98.
[746] Schmidt, Standesrecht und Standesmoral, S. 60.
[747] zum Begriff: Schäfer/Ott, Lehrbuch der ökonomischen Analyse des Zivilrechts, S. 96: diese Güter können von einer Vielzahl von Personen ohne Qualitätsminderung genutzt werden, ohne daß einzelne von der Nutzung ausgeschlossen werden können (z. B. der optische Genuß eines Feuerwerks).
[748] Baumbach/Hefermehl, Wettbewerbsrecht, UWG Einl §1, Rn. 87 u. §1 UWG, Rn. 673; Köhler/Piper-Piper, Gesetz gegen den unlauteren Wettbewerb, Einf., Rn. 290; BGH GRUR 1994, S. 219 (220); Micklitz, in: (Hrsg.), Kollektiver Rechtsschutz im Zivilprozeßrecht, S. 87 (96 f.) spricht sich allerdings gegen die automatische Herleitung eines „Rechtsbruchs" aus der Verletzung von Kodizes aus. Dem ist zuzustimmen. Mangels Normqualität können Kodizes nur als Indizien zur allgemeinen Beurteilung der Sittenwidrigkeit herangezogen werden.

bar als Maßstab für die Sittenwidrigkeit herangezogen werden, da sie an sich unverbindlich sind, aber sie können einen Anhaltspunkt dafür geben, was nach der Selbstauffassung Wesen und Würde des Berufsstandes entspricht. Dafür ist eine einheitliche Befolgung durch den Berufsstand nötig und eine gewisse Festigung dieser Übung.[749] Außerdem steht die Beurteilung unter dem Vorbehalt der Allgemeinanschauung als Korrektiv. Nach Art. 6 II Nr. 2 des Entwurfs der Richtlinie über irreführende Geschäftspraktiken ist sogar jede Nichteinhaltung von Verhaltenskodizes als solche eine irreführende Handlung, sofern die betreffende Verpflichtung eindeutig und damit überprüfbar ist und zudem der Inhalt des Kodex und Informationen über die Verpflichteten öffentlich verfügbar sind.[750] Rechtstechnisch betrachtet erlauben Verhaltenskodizes außerdem eine schnellere und präzisere Reaktion auf Technologie- oder Marktveränderungen.[751] Dies ist wichtig für die Regulierung des elektronischen Geschäftsverkehrs, weil dieser junge Handelssektor gegenwärtig noch eine sehr dynamische Entwicklung aufweist.

Die Verhaltenskodizes übernehmen also wichtige ökonomische und rechtspolitische Steuerungsfunktionen. Sowohl die Verbände als auch der Staat und die Bürger haben ein Interesse an ihrer Einhaltung. Da es sich bei den Verhaltenskodizes jedoch nicht um verbindliche Rechtsnormen handelt, wird ihre Beachtung nicht vom Staat kontrolliert oder direkt sanktioniert. Dafür sind vielmehr in erster Linie die Verbände selbst zuständig. Diesen fehlt es jedoch an ausreichenden Kontrollorganen und Feststellungsmöglichkeiten für Verstöße. Wie sich zeigt, ist deshalb der Kunde ein wertvoller Schlüssel, um überhaupt die Beachtung der Verhaltenskodizes durch die selbstverpflichtete Unternehmerschaft sicherzustellen, da er Verstöße unkompliziert feststellen und Hilfe bei den Verbänden suchen kann.[752] Gerade um diese Kontrollfunktion zu übernehmen, braucht der Kunde Einblicke darein, welchen Verhaltenskodizes sich der Unternehmer unterworfen hat und welchen Inhalt diese im einzelnen haben. Die Transparenzpflicht ist rechtspolitisch auch wichtig, um das Vertrauen der Öffentlichkeit in die Rechtsordnung zu erhalten, wenn die Selbstverpflichtungen an die Stelle von Rechtsnormen treten sollen. Zu beachten ist jedoch, daß die Funktion der Verhaltenskodizes immer nur auf die Ergänzung oder Ausfüllung eines rechtlichen Regelungsrahmens beschränkt sein kann.[753] Gegen eine vollständige Verdrängung von Rechtsnormen spricht nämlich die gesetzliche Unverbindlichkeit der Kodizes, sowohl bezüglich der Unterwerfung der Unternehmer als auch bezüglich ihrer Durchsetzung. Ein gewisser Grundbestand von Rechten muß aber durch den Gesetzgeber garantiert werden. Zudem kann nicht ohne weiteres sichergestellt werden, daß sich auch wirklich alle Unternehmer einem Verhaltenskodex anschließen.[754]

---

[749] Baumbach/Hefermehl, Wettbewerbsrecht, UWG Einl §1, Rn. 87.
[750] KOM (2003) 356 endg., S. 29.
[751] ähnlich auch Beater, ZEuP 2003, S. 11 (49 f.).
[752] die Notwendigkeit einer Information der Verbraucher erkennt auch Frenz, ZG 2002, S. 226 (240 ff.), der im Kontext des gescheiterten Verbraucherinformationsgesetzes als Alternative Selbstverpflichtungen der Wirtschaft vorschlägt, deren Einhaltung aber von den Verbrauchern kontrolliert werden müsse.
[753] so auch Roßnagel/Pfitzmann/Garstka, Modernisierung des Datenschutzrechts, S. 158 u. 165.
[754] Roßnagel, MMR 2002, S. 67 (69).

Fraglich ist aber, ob es in jedem Fall einen Sinn ergibt, daß der Unternehmer extra auf den Umstand hinweisen muß, daß er sich einem Verhaltenskodex verpflichtet hat. Denn schließlich wird der Unternehmer häufig die Regelwerke freiwillig zu Werbezwecken einsetzen.[755] Dies ist zutreffend in den Fällen der Gütesiegel, die der Unternehmer gegen Geld erkauft und als Werbemittel benutzt. Bei Kodizes dieser Art wird man den Sinn der Informationspflicht vor allem in der Bekanntmachung des Inhalts bzw. der Sicherung des Zugang zu diesen sehen können.[756] Denn es kann vorkommen, daß der Unternehmer nur das Siegel auf seiner Homepage abbildet, ohne einen Einblick in die einzelnen Pflichten zu gewähren, die er als Lizenznehmer erfüllen muß. Wenn er unter diesem Deckmantel die Pflichten verletzt, kann ein solcher Mißbrauch nur verhindert werden, wenn der Kunde den Katalog der Verpflichtungen einsehen und ihre Einhaltung überprüfen kann. Zudem wird darauf hingewiesen, daß es angesichts der wachsenden Zahl von Gütesiegeln schwieriger für den Kunden wird, zwischen sinnvoll ausgestalteten und vom Unternehmer selbst kreierten Siegeln zu unterscheiden.[757] Nicht zuletzt deshalb muß dem Kunden Einblick in den Inhalt des Gütesiegels gewährt werden.

Anders sind die Fälle aber gelagert, wenn sich der Unternehmer im Rahmen einer Verbandsmitgliedschaft einem Regelwerk unterwirft, weil die damit verfolgten Zwekke nicht unbedingt in der Werbedarstellung liegen müssen. Gelegentlich werden Unternehmer einfach nur die Vorteile einer Verbandsmitgliedschaft nutzen wollen, ohne die Kunden in Kenntnis über die damit verbundenen Pflichten zu setzen. Die Vorteile können etwa in Rechtsberatung durch Verbandsjustiziare, Erfahrungsaustausch, Informationen zur aktuellen Rechts- und Wirtschaftslage, Presse- und Öffentlichkeitsarbeit usw. bestehen. Hier bedarf es überhaupt erst einer Aufklärung des Kunden über die Existenz des entsprechenden Verhaltenskodex, bevor er die Möglichkeit hat, die Einhaltung zu überprüfen.[758] Sinn der Informationspflicht ist es also, dem Kunden über Bestehen und Inhalt des Kodex Kenntnis zu verschaffen.

Kritisieren könnte man aber, daß der Kunde kein schützenswertes Interesse an einem Hinweis auf Verhaltenskodizes hat, weil er aus ihnen keine Rechte herleiten kann.[759] Dies muß jedoch nicht immer so sein. In Ausnahmefällen können Regelwerke, denen sich der Unternehmer vertraglich verpflichtet als echte Verträge zugunsten Dritter ausgestaltet sein, aus denen der Kunde eigene Rechte erwirbt.[760] So wird z. B. auch vertreten, daß Wettbewerbsverbote Wirkung zugunsten anderer Wettbewerbsteilnehmer, haben können.[761] Solche Konstellationen dürften in der Praxis jedoch eher selten vorliegen. In den übrigen Fällen stehen dem Kunden keine gesetzlich verbürgten Rechtspositionen zu. Allerdings hat er meistens zahlreiche außergerichtlichen Handlungsop-

---

755 Begründung Regierungsentwurf, BT-Druck 14/6040, S. 171; M/K-Wendehorst, §312e, Rn. 91.

756 so auch M/K-Wendehorst, §312e, Rn. 92.

757 Vander, K&R 2003, S. 339.

758 die Defizite hinsichtlich der Bekanntheit von Verhaltenskodizes in Großbritannien beschreibt Kemper, Verbraucherschutzinstrumente, S. 146 f.

759 Grigoleit, NJW 2002, S. 1151 (1158); M/K-Wendehorst, §312e, Rn. 91.

760 vgl. zu Verträgen zugunsten Dritter M/K-Gottwald, §328, Rn. 21 ff.: Gegenstand kann jede zulässige Leistung sein.

761 Esser/Schmidt, SchuldR I/2, §36 II 3, S. 296; M/K-Gottwald, §328, Rn. 21.

tionen, um seine Interessen zu verfolgen. So hat der Kunde häufig Gelegenheit, sich an eine Beschwerdestelle bei dem Verband wenden, der das Regelwerk erlassen hat. Die dem Verband zur Verfügung stehenden Maßnahmen, Druck auf den Unternehmer auszuüben, sind teils äußerst effektiv. Vor allem die Entziehung von Nutzungsrechten oder die Androhung eines Vereinsausschlusses können den Unternehmer in seiner wirtschaftlichen Stellung bedrohen und zu einem regelkonformen Verhalten zwingen, weil sein Handlungsspielraum und sein öffentliches Ansehen auf dem Spiel stehen. Der Verband kann aber auch eine Unterlassungsklage nach §13 UWG oder §2 UKlG androhen und damit dem Unternehmer rechtliche Konsequenzen ankündigen.[762] Der Kunde übt also über die Verbände auch einen mittelbaren Rechtsdruck auf den Unternehmer aus. Auch auf den Unternehmer selbst kann der Kunde manchmal unter Hinweis auf dessen Selbstverpflichtung erfolgreich einwirken. Gerade im Bereich der Gütesiegel sehen die Verhaltenskodizes außerdem alternative außergerichtliche Streitbeilegungsverfahren vor, die zu einer Einigung zwischen Unternehmer und Kunde führen können. Außergerichtliche Einrichtungen zur Streitbeilegung sollen nach Art. 17 ECRL gerade gefördert werden. Diese außerrechtlichen Handlungsmöglichkeiten des Kunden zeigen, daß er durchaus ein Interesse daran hat, die Einhaltung der Kodizes kontrollieren zu können. Im übrigen ermöglicht die Kenntnis von den Kodizes dem Kunden schon im vorvertraglichen Bereich, deren Einhaltung durch den Unternehmer zu überprüfen und gegebenenfalls vom Vertrag Abstand zu nehmen. Er kann also eine Schädigung von vornherein vermeiden.
Daß der Kunde ein eigenes Kontrollinteresse hat, liegt auch gerade in der Absicht der Kommission, da nur so eine wirksame Kontrolle der Verhaltenskodizes gewährleistet werden kann. Mit der in Art. 10 II ECRL statuierten Transparenzpflicht sorgt die Kommission deshalb dafür, daß dem Kunden ein rechtliches Mittel an die Hand gegeben wird, um eine Quasiverbindlichkeit der Verhaltenskodizes zu garantieren. Denn nur so können sie gleichberechtigt neben Rechtsvorschriften treten und ihre Funktion übernehmen. Art. 10 II ECRL und §3 Nr. 5 InfoV schützen also zwar nicht notwendig Rechte des Kunden, aber sie wahren seine rechtlich geschützten Interessen. Die Informationspflicht hat also durchaus eine Existenzberechtigung. Ob und wie die Einhaltung dieser Pflicht durch die Unternehmer mittels Sanktionen sichergestellt werden kann, ist eine andere Frage, auf die später eingegangen werden soll.[763] Die rechtliche Möglichkeit einer Sanktionierung der Informationspflicht über Kodizes darf jedenfalls nicht mit der Möglichkeit einer Sanktionierung der Kodizes selbst verwechselt werden.

d) Inhalt, Sanktionierung und Urheber von Verhaltenskodizes i.S.v. §3 Nr. 5 InfoV

Der Klärung bedarf, welchen Inhalt die Kodizes nach §3 Nr. 5 InfoV haben können. Man könnte annehmen, daß Kodizes im weitesten Sinne erfaßt sind, ohne daß ein spezifischer Inhalt nötig ist. Denkbar ist aber auch, daß sie sich auf den Vertragsgegenstand beziehen müssen oder daß sogar ein Bezug zum elektronischen Geschäftsverkehr vorhanden sein muß. Der Wortlaut von §3 Nr. 5 InfoV bzw. Art. 10 II ECRL läßt kei-

---

762 für die Möglichkeit von Unterlassungsklagen auch Roßnagel/Pfitzmann/Garstka, Modernisierung des Datenschutzrechts, S. 166 f.
763 s. u. 2. Teil.

ne Einschränkung hinsichtlich der erfaßten Kodizes erkennen. Im ersten Kommissionvorschlag wird hingegen erläutert, daß „Verhaltenskodizes hinsichtlich der *vertraglichen Aspekte*" gemeint seien.[764] Jedoch bleibt im Dunkeln, was der Begriff „vertragliche Aspekte" umfassen soll. Sind damit Regeln gemeint, die der Unternehmer beim Vertragsabschluß gegenüber dem Kunden wahren muß, d. h. solche die den Vertragsinhalt oder vertragsbegleitende Pflichten betreffen? Oder reicht es schon aus, wenn die Kodizes einen Einfluß auf den Willensbildungsprozeß des Kunden beim Vertragsschluß haben können, wie z. B. Umweltschutzauflagen?[765] Systematisch könnte sich die Notwendigkeit eines engen Vertragsbezugs daraus herleiten lassen, daß die betreffende Informationspflicht bei den Regeln über den elektronischen Vertragsschluß zu finden ist. Müßte der Unternehmer auch über sonstige Verhaltensregelwerke informieren, dann hätte die Informationspflicht auch bei den allgemeinen Informationspflichten in Art. 5 oder 6 ECRL bzw. in §7 TDG und §10 MDStV verortet werden können. Jedoch liegt der Grund für die Anknüpfung der Information an den elektronischen Vertragsschluß nicht in der Thematik der Kodizes, sondern in dem besonderen Vertrauensverhältnis, das bei der Vertraganbahnung entsteht und welches über das bloße Nutzungsverhältnis bei Besichtigung einer Website ohne geschäftliche Absicht hinausgeht. Auch aus einer Zusammenschau mit Art. 16 ECRL, der die Mitgliedsstaaten verpflichtet auf die Schaffung von Verhaltenskodizes hinzuwirken, die zur sachgemäßen Anwendung der Artikel 5-15 der ECRL beitragen[766], läßt sich nicht notwendig ein Bezug zum elektronischen Vertragsschluß folgern. Denn eine Beziehung zwischen Art. 10 II und 16 läßt sich weder aus dem Richtlinientext noch aus der Systematik entnehmen. Vielmehr hat die Kommission schon zu einem früheren Zeitpunkt deutlich gemacht, daß Verhaltenskodizes nicht nur der Anpassung und Ergänzung der Richtlinienvorschriften dienen sollen, sondern auch darüber hinaus gehen müssen.[767] Eine weite Auslegung unter Verzicht auf einen Vertragsbezug paßt teleologisch am besten zum Konzept einer wirkungsvollen Selbstregulierung. Die ECRL muß sich außerdem dem Regelungsrahmen der zukünftigen Richtlinie über irreführende Geschäftspraktiken angleichen. In Art. 2 lit. g des Entwurfs werden Verhaltenskodizes ganz allgemein als eine Vereinbarung verstanden, „die das *Verhalten der Gewerbetreibenden definiert*, die sich in Bezug auf eine oder mehrere spezielle Geschäftspraktiken oder Wirtschaftszweige auf diesen Kodex verpflichten".[768] Es würde ohnehin zu komplizierten Abgrenzungsproblemen führen, wenn man versuchen würde, die erfaßten Kodizes nach ihrer Vertragsrelevanz zu bewerten. Selbst Kodizes, die nur das Wettbewerbsverhalten der Unternehmer untereinander betreffen, wären immer noch im Interesse des Kunden, weil dieser von einem funktionierenden Wettbewerb profitiert, und könnten

---

[764] KOM (1998) 586 endg., S. 29.

[765] M/K-Wendehorst, §312e, Rn. 90: Kodizes, die einen Bezug zum angestrebten Vertrag haben, d. h. an deren Einhaltung der Kunde ein Interesse hat, insbesondere weil sie seinen Kaufentschluß beeinflussen können (z. B. Kodex über fairen Handel mit Entwicklungsländern).

[766] so aber wohl Grabitz/Hilf-Marly, A4, Art. 10, Rn. 13.

[767] Empfehlung der Kommission 92/295/EWG vom 7. April 1992 über Verhaltenskodizes zum Verbraucherschutz bei Vertragsabschlüssen im Fernabsatz (Abl. Nr. L 156 vom 10.6.1992, S. 21); M/K-Wendehorst, §312e, Rn. 90; vgl. allgemein zu der Empfehlung: Grabitz/Hilf-Marly, A3, Rn. 182 ff.

[768] KOM (2003) 356 endg., S. 26.

somit nach weitem Verständnis seine Vertragsschlußabsicht beeinflussen. Sie hätten aber auch mittelbar Einfluß auf den Vertragsinhalt nach enger Auffassung, wenn sie mittelbar das Preisniveau oder Preismodalitäten beeinflussen. Eine genaue Grenzziehung im Hinblick auf die Vertragsrelevanz wäre also kaum möglich.
Eine weitere offene Frage ist, ob die Verhaltenskodizes Sanktionen vorsehen müssen, um unter §3 Nr. 5 InfoV und Art. 10 II ECRL zu fallen. Die Erforderlichkeit von Sanktionen für die Verletzung von Verhaltenskodizes wurde bei der Schaffung der ECRL besonders vom Ausschuß für Umweltfragen, Volksgesundheit und Verbraucherschutz hervorgehoben.[769] Jedoch ist die Diskussion über die Notwendigkeit einer Sanktionierung von Verhaltenskodizes auf europäischer Ebene noch nicht abgeschlossen.[770] Unklar ist z. B., ob die Verhaltenskodizes von einer staatlichen Stelle für allgemeinverbindlich erklärt werden sollen, um die die Einhaltung sicherzustellen.[771] Es wäre deshalb verfrüht, einzelne Verhaltensregelwerke wegen mangelnder Sanktionsbewehrung auszuschließen, zumal der Übergang von echten Sanktionen zu subtilem gesellschaftlichem Druck fließend ist.[772] Im Vorschlag zur Rahmenrichtlinie über irreführende Geschäftspraktiken hat sich die Kommission zudem entschlossen gem. Art. 6 II lit. b unter bestimmten Voraussetzungen die Verletzung von Verhaltenskodizes allgemein als irreführende Handlung einzuordnen und damit einer Sanktionierung, wie sie Art. 13 des Entwurfs fordert, zugänglich zu machen. Eine Sanktionsbewehrung im Kodex selbst wäre somit überflüssig.[773] Die Informationspflicht über Verhaltenskodizes ist also nicht auf sanktionierte Regelwerke beschränkt. Ausreichend ist vielmehr, daß der Unternehmer sich dem Verhaltensregelwerk unterwirft, d. h. eine Selbstverpflichtung gegenüber Dritten eingeht.
Nicht zweifelsfrei ist auch, wer Verfasser eines Kodex sein bzw. wem gegenüber eine Verpflichtung ausgesprochen werden kann. Im Grünbuch zum Verbraucherschutz und dem Dokument zu Folgemaßnahmen wurde die Frage aufgeworfen, ob Verhaltenskodizes von europäischen oder nationalen Behörden, Wettbewerbs- oder Verbraucherverbänden oder anderen Organisationen erlassen werden könnten bzw. ein behördliches Billigungsverfahren nötig wäre.[774] Sinnvoll wäre eine Beteiligung von Verbraucherorganisationen an der Erarbeitung der Kodizes, da sonst eine Dominanz der wirt-

---

[769] Bericht des Ausschusses für Recht und Bürgerrechte A4 2048 v. 6.5.1999, S. 67: Nach Art. 16 I lit. e ECRL sollten deshalb auch die Mitgliedsstaaten auf die Schaffung von Sanktionsmechanismen hinwirken.
[770] Grünbuch der Kommission zum Verbraucherschutz in der Europäischen Union, KOM (2001) 531 endg., S. 16 ff.; Mitteilung der Kommission über Folgemaßnahmen zum Grünbuch über Verbraucherschutz in der EU, KOM (2002) 289 endg, S. 6 ff und 12 ff.
[771] zu dieser Möglichkeit vgl. Roßnagel/Pfitzmann/Garstka, Modernisierung des Datenschutzrechts, S. 163 ff., die diese nach einem Vergleich zur Allgemeinverbindlichkeitserklärung im Tarifvertragsrecht allerdings ablehnen, weil Funktion und Verfahren nicht geeignet seien für die Selbsregulierung und zudem ein Verstoß gegen das Demokratieprinzip drohe.
[772] ähnlich Micklitz/Tonner-Micklitz, Vertriebsrecht, §312e, Rn. 95.
[773] KOM (2003) 356 endg., S. 29 und. S. 33.
[774] Grünbuch der Kommission zum Verbraucherschutz in der Europäischen Union, KOM (2001) 531 endg., S. 16 ff.; Mitteilung der Kommission über Folgemaßnahmen zum Grünbuch über Verbraucherschutz in der EU, KOM (2002) 289 endg, S. 6 ff. und 12 ff.

schaftlich stärksten Interessen droht.[775] Der Entwurf der Rahmenrichtlinie über irreführende Geschäftspraktiken bezeichnet hingegen in Art. 2 lit. g als Urheber eines Kodex „jedes Rechtssubjekt, einschließlich einzelner Gewerbetreibender oder Gruppen von Gewerbetreibenden, das für die Formulierung und Überarbeitung eines Verhaltenskodex und/oder für die Überwachung der Einhaltung dieses Kodex durch alle diejenigen, die sich darauf verpflichtet haben, zuständig ist".[776] Diese weitestmöglichen Definition muß auch für den elektronischen Geschäftsverkehr gelten, d. h. die Verhaltenskodizes können aus allen oben aufgezählten Quellen stammen und der Adressant der Verpflichtung spielt keine Rolle.

e) technische Anforderungen an die Erfüllung der Pflicht

Schließlich bleibt noch die Frage, wie der Unternehmer seiner Informationspflicht technisch genügen kann. §3 Nr. 5 InfoV und Art. 10 II ECRL sehen beide vor, daß der Unternehmer lediglich auf die Existenz der Kodizes hinweisen und über die Möglichkeit eines elektronischen Zugangs zu den Regelwerken informieren muß. Das bedeutet, daß der Unternehmer die Kodizes selbst zum elektronischen Abruf zur Verfügung stellen kann, dies aber keinesfalls muß. Nicht einmal einen direkten Link muß er setzen. Seiner Pflicht genügt er vielmehr schon durch die Angabe einer Webadresse, unter der die jeweiligen Verhaltenskodizes abrufbar sind. Anders kann es allerdings aussehen, wenn die betreffenden Regelwerke nicht anderweitig elektronisch abrufbar sind. In diesem Fall muß der Unternehmer selbst eine Abrufmöglichkeit schaffen, um die Zugänglichkeit sicherzustellen.[777]

II. Pflichten nach der Bestellung des Kunden

1. Pflicht zur unverzüglichen Zugangsbestätigung der Bestellung auf elektronischem Weg (§312e I1 Nr. 3)

a) geschichtlicher Hintergrund von Art. 11 I ECRL

Gemäß §312e I Nr.3 muß dem Kunden der Zugang seiner Bestellung unverzüglich auf elektronischem Wege bestätigt werden. Diese Regelung entspricht Art. 11 I ECRL, der allerdings von „Eingang" statt von „Zugang" spricht.

Wichtig für die Auslegung dieser Vorschrift ist es, den geschichtlichen Hintergrund der Regelung in Art. 11 I ECRL zu kennen, da diese im Richtlinienerlaßprozeß erheblichen Änderungen unterworfen war. Nach dem ursprünglichen Kommissionsvorschlag sollte Art. 11 unter der Überschrift „Zeitpunkt des Vertragsschlusses" eine europaeinheitliche Regelung für das Zustandekommen von elektronischen Verträgen schaffen. So sollte der Vertragsschluß bei einem vom Unternehmer ausgehenden Angebot erst perfekt sein, wenn der Unternehmer die Annahme des Kunden bestätigt und

---

[775] mit diesen Bedenken zur Selbstregulierung Roßnagel, MMR 2002, S. 67 (69); Roßnagel/Pfitzmann/Garstka, Modernisierung des Datenschutzrechts, S. 158 f.

[776] KOM (2003) 356 endg., S. 26.

[777] a. A. Hoeren/Sieber-Waldenberger, Handbuch Multimedia-Recht, Teil 13.4, Rn. 26, der die Pflicht in diesem Fall als „unmöglich" und den Unternehmer von ihrer Erfüllung befreit sieht.

dieser daraufhin seinerseits den Eingang der Empfangsbestätigung bestätigt hätte.[778] Die Richtlinie sah also eine „doppelte Rückbestätigung“[779] vor, die nicht weniger als vier Willenserklärungen, nämlich Annahme und Angebot sowie zwei weitere Bestätigungen erfordert hätte. Kritik an dieser Regelung wurde in mehrfacher Hinsicht geübt. Zum einen hätte die Regelung erhebliche Unsicherheiten im elektronischen Geschäftsverkehr geschaffen, weil der rechtlich unkundige Nutzer nicht damit gerechnet hätte, zur endgültigen Wirksamkeit des Vertrages noch eine Bestätigung absenden zu müssen.[780] Zum anderen hätte sie den elektronischen Handel durch ihre Schwerfälligkeit behindert, auch wenn bestimmt war, daß die Bestätigungen so schnell wie möglich abgesandt werden sollten.[781] Sie wäre viel zu kompliziert gewesen, um dem Anspruch des elektronischen Geschäftsverkehrs auf Schnelligkeit und Flexibilität gerecht zu werden. Zudem wäre die Konsequenz der Regelung auch gewesen, daß der Kunde bei echten Online-Verträgen (z. B. beim Verkauf von Software mit direkter Downloadmöglichkeit) die Leistung vor dem Vertragsschluß erhalten hätte.[782] Außerdem unterschied sich die Vorschrift erheblich von den Regelungen des Vertragsschlusses in den einzelnen Mitgliedstaaten und hätte einen tiefen Eingriff in die Regelungshoheit der Mitgliedsstaaten bedeutet.[783] Schon bei den Gesetzgebungsarbeiten zur Fernabsatzrichtlinie war ein entsprechender Regelungsansatz vorgesehen, scheiterte aber wegen seiner großen Reichweite am Widerstand der Mitgliedsstaaten.[784] Nicht zuletzt herrschte Unsicherheit über die Zukunft der Rechtsfigur der invitatio ad offerendum. Vielfach wurde befürchtet, daß der Vorschlag das Ende der invitatio einläuten würde, da die Kommission jegliche Warenanpreisungen im Internet als verbindliches Angebot auffasse.[785] So ging diese Ansicht davon aus, daß eine Vereinheitlichung beabsichtigt sei, weil einige Staaten in einer Homepage ein verbindliches Angebot sähen (z. B. Spanien), andere hingegen eine unverbindliche Angebotsaufforderung (z. B. Deutschland). Dem wurde entgegengehalten, daß die Kommission lediglich die Situation habe regeln wollen, daß der Diensteanbieter das Angebot unterbreitet hat und der Nutzer dieses mit seiner Bestellung annimmt.[786] In der Tat geht dies aus den Ausführungen der Kommission zum Richtlinienvorschlag hervor, wo man diese spezielle Konstella-

---

[778] Art. 11 Nr. 1 lit. a des ersten Entwurfs, KOM (1998) 586 endg., S. 49.

[779] Zum Begriff Tettenborn, K&R 1999, S. 442 (443).

[780] Tettenborn, K&R, S. 252 (257 f.).

[781] Art. 11 Nr. 1 lit. c des ersten Entwurfs, KOM (1998) 586 endg., S. 49; kritisch dazu Lehmann, EuZW 2000, S. 517 (519).

[782] Frings, VuR 1999, S. 397 (404).

[783] zu Unterschieden bei der Bindungswirkung einer Offerte innerhalb der verschiedenen Rechtskreise vgl. nur Zweigert/Kötz, Einführung in die Rechtsvergleichung, §26.

[784] Reich/Nordhausen-Reich, Verbraucher und Recht im elektronischen Geschäftsverkehr, S. 137 f.; Micklitz/Ebers, VersR 2002, S. 641 (643).

[785] Lehmann, ZUM 1999, S. 180 (182); Brisch, CR 1999, S. 235 (241); Süßenberger, Das Rechtsgeschäft im Internet, S. 225; Schmittmann/Busemann, AfP 1999, S. 239 (241).

[786] Hoeren, MMR 1999, S. 192 (198); Maennel, MMR 1999, S. 187 (191); Waldenberger, EuZW 1999, S. 296 (300); Lackum, JurPC Web-Dok. 135/1999, Abs. 19 ff (http://www.jura.uni-sb.de/jurpc/aufsatz/19990135.htm); Glatt, Vertragsschluß im Internet, S. 82 f; Gierschmann, DB 2000, S. 1315 (1318); Lauktien/Varaidnek, ZUM 2000, S. 466 (467 Fn. 4).

tion als besonders rechtsunsicher Empfand.[787] Hätte man die Bestimmung allerdings nach dem Willen der Kommission ausgelegt, wäre die weitaus häufigere und für den Verbraucher gefährlichere Situation, daß er ein verbindliches Angebot abgibt, welches der Unternehmer nach seinem Belieben annehmen oder ablehnen kann, nicht erfaßt worden.[788] Insgesamt betrachtet hätte sich eine Regelung ergeben, die unhandlich und unklar gewesen wäre und die Regelungsfreiheit der Mitgliedsstaaten übermäßig stark beschnitten hätte.[789] Denn eine Angleichung der materiellen Voraussetzungen des Vertragsschlusses ist auch unter Gesichtspunkten des effektiven Binnenmarktverkehrs nicht nötig, da letztlich nach jeder Rechtsordnung ein Vertragsschluß vergleichsweise einfach zustande kommt. Völlig ausreichend für den Schutz im grenzüberschreitenden Verkehr ist die Information über die technischen Schritte, die zum Vertragsschluß führen, wenn man dieser Pflicht einen rechtlichen Einschlag gibt. Damit ist auch für rechtsordnungsfremde Nutzer der Vertragsschlußprozeß leicht zu durchschauen.
Die Regelung wurde auch im europäischen Parlament als zu schwerfällig kritisiert und vorgeschlagen, die abschließende Bestätigung durch den Nutzer fallen zu lassen.[790] Die Kommission kam diesem Änderungswunsch nach, ohne jedoch vollständig die Regelung über den Vertragsschlußzeitpunkt aufzugeben.[791] Erst im gemeinsamen Standpunkt des Rats wurde – auf Vorschlag der finnischen Ratspräsidentschaft[792] - jede materielle Regelung des Vertragsschlußprozesses als nicht sinnvoll verworfen und aus der Richtlinie gestrichen.[793] Die Überschrift von Art. 11 ECRL wurde konsequenterweise in „Abgabe der Bestellung" geändert und beschränkte sich nunmehr auf bloße Pflichten rund um den Vertragsschluß. Insgesamt wurde die Formulierung vertragsneutral gestaltet, indem die Begriffe „Angebot" und „Annahme" eliminiert wurden und die Formulierung „gilt als zugegangen" in „gelten als eingegangen" geändert wurde. Diese Änderungen wurden von Kommission und Parlament gebilligt und finden sich in der endgültigen Fassung der Richtlinie wieder. Nunmehr stellt Art. 11 ECRL nur noch eine „technische Anleitung" zum Vertragsschluß dar, ohne in bestehende Zivilrechtssysteme einzugreifen.[794] Eine Abschaffung der invitatio ad offerendum ist deshalb auch nicht mehr zu befürchten.[795]

[787] KOM (1998) 586 endg., S. 29: „Dieser Artikel bezieht sich auf eine besondere Situation. ... In Anbetracht der großen Rechtsunsicherheit, die diese Situation umgibt, ...".
[788] Hoeren, MMR 1999, S. 192 (198); Landfermann, ZUM 1999, S. 795 (800); BR-Druck 29/99 Beschluß vom 9.3.1999, Anhang B, S. 10, Nr. 19.
[789] a. A. Köhler/Arndt, Recht im Internet, Rn. 183: eine einheitliche Regelung über das Zustandekommen von Online-Verträgen wäre wünschenswert gewesen, da sonst ein kollisionsrechtliches Glücksspiel stattfinde.
[790] so die Stellungnahme des Rechtsausschusses, A4-0248/99 v. 23.4.1999, S. 42 und der Änderungsvorschlag des Parlaments, Abl. C 279 v. 1.10.1999, S. 389 (398), Änderungsvorschlag Nr. 42.
[791] Zweiter Vorschlag der Kommission, KOM (1999) 427 endg.
[792] Tettenborn, K&R 2000, S. 59 (62).
[793] Begründung zum Gemeinsamen Standpunkt des Rats, Abl. C 128 v. 8.5.2000, S. 32 (49).
[794] Tettenborn, K&R 2000, S. 59 (62).
[795] so auch Rehbinder/Schmaus, UFITA 2000, S. 313 (319 ff.).

b) Regelungsgehalt der Empfangsbestätigung gem. §312e I1 Nr. 3

Fraglich ist, welchen Regelungsgehalt §312e I Nr. 3 hat. Die ECRL will in ihrer endgültigen Fassung – wie eben gezeigt – nicht mehr einheitliche Vorschriften für den Vertragsschluß aufstellen. Fraglich ist, ob der deutsche Gesetzgeber bei §312e I1 Nr. 3 ebenso vertragsschlußneutral verfahren ist oder ob er eine Sonderregelung für den elektronischen Vertragsschluß geschaffen hat.
Diese Frage ist zunächst mit der Feststellung verknüpft, welchen Rechtscharakter die Empfangsbestätigung des Unternehmers hat. Eine Spezialregelung über den elektronischen Vertragsschluß läge nämlich dann vor, wenn die Empfangsbestätigung identisch mit der vertraglichen Willenserklärung des Unternehmers wäre. Dann wäre nämlich eine ordnungsgemäße Empfangsbestätigung Voraussetzung für das Zustandekommen des Vertrages. Dies wird in der Literatur teilweise angenommen[796]. Dieser Auffassung kann jedoch nicht gefolgt werden, weil der Wortlaut von §312e 1I Nr. 3 mit Art. 11 I ECRL weitgehend übereinstimmt und nicht erkennen läßt, daß die Empfangsbestätigung des Unternehmers für das Zustandekommen eines Vertrages erforderlich wäre. Daß das Gesetz in §312e I2 vom „Zugang" der Bestellung und der Empfangsbestätigung spricht, trifft noch keine Aussage darüber, ob die vertragliche Willenserklärung und die Empfangsbestätigung zusammenfallen müssen. Vielmehr war in erster Linie allgemein eine sprachliche Angleichung an §130 BGB beabsichtigt.[797] Dem Gesetzgeber ging es lediglich um eine Umsetzung von Art. 11 I ECRL, ohne daß zugleich eine Erweiterung geplant war.[798] Deswegen sind die Empfangsbestätigung und die vertragliche Willenserklärung strikt voneinander zu trennen.[799] Das bedeutet gleichzeitig, daß die Vorschriften über die vertragliche Willenseinigung gem. §§145 ff. auf Angebot und Annahme uneingeschränkt anwendbar bleiben. Nach wie vor ist also z. B. im Versandhandel der Zugang der Vertragsannahme gem. §151 entbehrlich, wenn der Unternehmer seinen Annahmewillen durch Versand der Ware äußert.[800] Im übrigen steht es dem Unternehmer selbstverständlich frei, trotz Absendung einer Empfangsbestätigung die Annahme zu verweigern. §312 I1 Nr. 3 soll nicht zu einem „virtuellen Kontrahierungszwang" führen.[801]
Fraglich ist, worum es sich dann rechtlich betrachtet bei der Empfangsbestätigung handelt. Ihr Zweck ist es, den Kunden kurzfristig über den Zugang seiner Bestellung in Kenntnis zu setzen. Sie zielt also auf keinen bestimmten rechtlichen Erfolg ab, sondern

---

[796] Tettenborn/Bender/Lübben/Karenfort, BB 2001, Beilage 10 zu Heft 50, S. 1 (25 f.); Schwintowski, EWS 2001, S. 201 (202); Hoenike/Hülsdunk, MMR 2002, S. 517 (519).
[797] Begründung Regierungsentwurf, BT-Druck 14/6040, S. 172.
[798] Begründung Regierungsentwurf, BT-Druck 14/6040, S. 172.
[799] so auch Hassemer, MMR 2001, S. 635 (636); Grigoleit, NJW 2001, S. 1151 (1158); Boente/Riehm, Jura 2002, S. 222 (227); M/K-Wendehorst, §312e, Rn. 94; Lütcke, Fernabsatzrecht, §312e, Rn. 47; Dörner, AcP 202 (2002), S. 363 (377); Begründung Regierungsentwurf, BT-Druck 14/6040, S. 173: die Nichterfüllung der Pflichten hindert nicht die Entstehung des Vertrages.
[800] vgl. dazu M/K-Kramer, §151, Rn. 54; Palandt-Heinrichs, §151, Rn. 4; a. A. zu §312e von ihrem Standpunkt aus Tettenborn/Bender/Lübben/Karenfort, BB 2001, Beilage 10 zu Heft 50, S. 1 (25 f.); Hassemer, MMR 2002, S. 635 (637)
[801] mit dieser Befürchtung zu Art. 11 I ECRL im geänderten Kommissionsentwurf: Tettenborn, K&R 1999, S. 442 (443).

soll nur über Tatsachen informieren. Daher fällt sie nicht unter den Begriff der Willenserklärung, die auf einen rechtlichen Erfolg gerichtet sein muß.[802] Vielmehr handelt es sich bei ihr um eine reine Wissenserklärung, die einen tatsächlichen Erfolg bezweckt. Allerdings könnte sie zur Kategorie der geschäftsähnlichen Handlungen zählen, die häufig definiert werden als Willensäußerungen oder Mitteilungen, an die das Gesetz Rechtsfolgen knüpft, selbst wenn sie vom Äußernden nicht gewollt sind.[803] Der Begriff der geschäftsähnlichen Handlungen umfaßt alle Erklärungshandlungen, die den Willenserklärungen so eng verwandt sind, daß eine analoge Anwendung der Vorschriften über Willenserklärungen (§§104 ff., 116 ff., 130 ff., 164 ff., 182 ff.) in Betracht kommt. Allerdings hat die Mitteilung des Unternehmers über den Zugang der Bestellung keine gesetzlichen Rechtsfolgen. Dennoch kann man zu den geschäftsähnlichen Handlungen im weitesten Sinne auch reine Wissenserklärungen ohne gesetzliche Rechtsfolgen zählen, da sie zumindest Erklärungen mit Kundgabesinn sind.[804] Im Unterschied dazu enthalten Realakte nämlich überhaupt keinen Erklärungsgehalt, d. h. ihnen fehlt jede Ähnlichkeit zur Willenserklärung.[805] Bei reinen Wissenserklärungen kann es hingegen die Interessenlage rechtfertigen, die Vorschriften über Willenserklärungen entsprechend anzuwenden. Zwar macht es mangels mit der Empfangsbestätigung verbundener Rechtsfolgen keinen Sinn, die Vorschriften über die Geschäftsfähigkeit (§§104 ff.) oder die Anfechtung (§§116 ff.) heranzuziehen. Jedoch bedarf sie als Wissenserklärung der Auslegung gem. §§133, 157[806], und auch die Regeln über den Zugang gem. §130 können entsprechend zur Anwendung kommen. Die Empfangsbestätigung kann also als geschäftsähnliche Handlung betrachtet werden.[807]
Es kann in ihr aber ohne weiteres gleichzeitig die vertragliche Erklärung des Unternehmers liegen.[808] Es besteht sogar eine gewisse Gefahr, daß der Kunde die Empfangsbestätigung des Unternehmers fälschlicherweise als Annahmeerklärung versteht.[809] Empfangsbestätigungen Da Erklärungen jedoch gem. §§133, 157 vom objek-

---

[802] Palandt-Heinrichs, Einf. v. §116, Rn. 1.
[803] Erman-Palm, Einl. §104, Rn. 6; Jauernig-Jauernig, §104, Rn. 23; Palandt-Heinrichs, Überbl. V. §104, Rn. 6; Brox, AT, Rn. 93.
[804] M/K-Kramer, Vor § 116, Rn. 36; Medicus, AT, Rn. 197.
[805] Erman-Palm, Einl. §104, Rn. 7; Palandt-Heinrichs, Überbl. v. §104, Rn. 9; Medicus, AT, Rn. 196.
[806] so allgemein für die Auslegung geschäftsähnl. Handlungen BGH NJW 1995, S. 40 (45); vgl. M/K-Mayer-Maly/Busche, §133, Rn. 41.
[807] Schneider, K&R 2001, S. 344 (347 Fn. 39); Glatt, Vertragsschluß im Internet, S. 85 ff.; Grigoleit, NJW 2002, S. 1151 (1158); Grabitz/Hilf-Marly, Art. 11, Rn. 6; M/K-Wendehorst, §312e, Rn. 94; Jauernig-Berger, §312e, Rn. 5; Wiebe, Die elektronische Willenserklärung, S. 508; a.A.: die Bundesregierung, BT-Druck 14/6857, S. 56; Micklitz/Tonner-Micklitz, Vertriebsrecht, §312e, Rn.103, der aber die Regeln über Auslegung und Zugang von Willenserklärungen trotzdem für anwendbar hält. Letztlich handelt es sich um ein rein terminologisches Problem.
[808] Glatt, ZUM 2001, S. 390 (394); Hassemer, MMR 2001, S. 635 (636); Boente/Riehm, JURA 2002, S. 222 (227); M/K-Wendehorst, §312e, Rn. Dörner, AcP (202) 2002, S. 363 (378).
[809] Lütcke, Fernabsatzrecht, §312e, Rn. 46; M/K-Wendehorst, §312e, Rn. 94. Die Rechtsprechung ist bereits in zahlreichen Fällen mit einer Auslegung befaßt worden. Das AG Butzbach, VuR 2003, S. 34 (34 ff.) legt eine Empfangsbestätigung mit dem Wortlaut „Vielen Dank für Ihre E-Mail. Wir werden Ihren Auftrag umgehend bearbeiten." nicht als Annahme aus, sondern als reine Eingangsbestätigung mit dem Hinweis darauf, daß üblicherweise die Annahme im Versandhandel konkludent durch Lieferung der Ware erklärt wird; kritisch zu dieser Entscheidung Winter, VuR 2003, S. 36 (36 f.), der dem

tiven Empfängerhorizont auszulegen sind, ist ein solches Mißverständnis nicht denkbar, wenn der Unternehmer zuvor ausreichend über die technischen Schritte, die zum Vertragsschluß führen, informiert hat. Denn diese Informationspflicht umfaßt auch die Klarstellung, ob die Empfangsbestätigung mit der Vertragsannahme zusammenfällt oder nicht. An dieser besonderen Mißverständnisgefahr wird auch noch einmal deutlich, warum die Empfangsbestätigung nach den Regeln über die Willenserklärungen ausgelegt werden muß.

Fraglich ist, ob die Annahmeerklärung oder die Erbringung der Leistung durch den Unternehmer auch einfach die Empfangsbestätigung ersetzen kann. Eine Empfangsbestätigung würde sich in diesem Fall als überflüssig erweisen.[810] Jedoch ist schon fraglich, ob eine Warenzusendung oder ein Brief überhaupt die von §312e I1 Nr. 3 geforderte Unverzüglichkeit gewährleisten kann. Außerdem hat die Bestätigung auf elektronischem Wege zu erfolgen und kann deshalb nicht durch eine schriftliche Annahme oder die reale Leistungserbringung ersetzt werden. Nur eine Leistung, die online erbracht wird bzw. eine elektronische Annahmeerklärung, kann die Funktion der Empfangsbestätigung übernehmen[811], weil der Kunde ein gesetzliches Recht auf eine elektronische Mitteilung hat. §312e I2 verlangt deshalb auch, daß die Bestätigung „abgerufen" werden kann. Der Unterschied zum herkömmlichen Übermittlungsweg ist, daß elektronische Erklärungen standortunabhängig vom Kunden abgefragt werden können. Das bedeutet, der Kunde kann z. B. auch von der Urlaubsinsel aus Waren zu sich nach Hause bestellen und per E-Mail oder Internet erfahren, ob seine Bestellung angekommen ist. In diesem Fall ist seinem Informationsinteresse aber nicht schon dadurch genügt, daß die Ware oder der Annahmebrief im heimischen Briefkasten gelandet ist, auch wenn ihm damit die Annahme gem. §130 BGB zugegangen ist. Erforderlich ist vielmehr ein Eingang der Empfangsbestätigung oder der Annahmeerklärung im elektronischen Machtbereich. Eine teleologische Reduktion der Widerrufsfrist in §312e III2 kommt darüber hinaus nicht Betracht[812], selbst wenn der Kunde anderweitig tatsächliche Kenntnis vom Eingang der Bestellung erhält, denn dieser Zufall darf dem Unternehmer nicht zugute kommen. Es mag zwar richtig sein, daß eine Empfangsbestätigung dann im Einzelfall für den Kunden nicht mehr erforderlich ist und deshalb Zweckerreichung vorliegt. Jedoch würde eine solche Auslegungsweise dazu führen, daß die Unternehmer auf die elektronische Empfangsbestätigung gänzlich verzichten

---

Wortlaut eine Annahmeerklärung entnimmt. Er will aber eine Erklärung mit dem Wortlaut „Vielen Dank! Wir haben ihre Bestellung erhalten!" als unverbindliche Bestätigung betrachten. A. A. auch Kimmelmann/Winter, JuS 2003, S. 532 (534 f.), die zumindest Auslegungszweifel haben und diese analog §305c II zulasten des Erklärenden gehen lassen wollen. Das LG Köln, CR 2003, 613 (613) legt die Versicherung einer baldigen „Ausführung" einer Bestellung als Annahmeerklärung aus, während nach Auffassung des AG Westerburg, CR 2003, 699 (699 f.) allgemein der Dank für eine Bestellung unter Wiederholung deren Inhalts für eine Annahmeerklärung ausreichen soll. Nach dem LG Essen, MMR 2004, S. 49 (50) ist eine Bestätigung mit dem Inhalt „Wir werden ihre Bestellung an folgende Adresse liefern ..." keine Annahmeerklärung.

[810] so Dörner, AcP 202 (2002), S. 363 (378 f.).

[811] vgl. Erwägungsgrund 34 S. 5 ECRL; so auch Glatt, ZUM 2001, S. 390 (393); Hassemer, MMR 2001, S. 635 (636 f.); M/K-Wendehorst, §312e, Rn. 94.

[812] so aber Dörner, AcP 202 (2002), S. 363 (378 f.); Spindler, in: Dauner-Lieb/Konzen/Schmidt (Hrsg.), Das neue Schuldrecht in der Praxis, S. 459 (466).

würden, weil sie davon ausgehen könnten, daß der Kunde mit Auslieferung der Ware das Eintreffen seiner Bestellung spätestens bemerken wird. Es liegt auf der Hand, daß das nicht im Sinne der Vertrauensförderung im elektronischen Geschäftsverkehr wäre.

c) Inhalt und Form der Empfangsbestätigung

Welche Anforderungen müssen nun an Inhalt und äußere Gestaltung der Empfangsbestätigung gestellt werden? Nach dem Zweck der Empfangsbestätigung muß der Kunde darüber in Kenntnis gesetzt werden, daß seine Bestellung ihren Adressaten erreicht hat. Deshalb muß der Unternehmer dem Kunden mitteilen, daß die Bestellung für ihn abrufbar ist. Dabei muß für den Kunden erkennbar sein, um welche Bestellung es sich handelt.[813] Eingangsdatum und Uhrzeit werden dafür in der Regel ausreichen, da durch die Geschwindigkeit der elektronischen Übermittlung die Zeitspanne zwischen Absendung und Eingang gegen Null tendiert. Allerdings entstehen Probleme, wenn der Kunde zwei Artikel in kürzester Zeitabfolge bestellt hat. Deshalb ist es dem Unternehmer zu raten, zumindest auch einen eindeutigen Bezug zum Inhalt der Bestellung herzustellen, indem er Menge und Art der bestellten Ware wiederholt. Fraglich ist, ob es darüber hinaus erforderlich ist, daß die Mitteilung den vollen Inhalt der Bestellung wiedergibt.[814] Dafür könnte zwar sprechen, daß sich dies technisch leicht realisieren läßt, indem die Daten einfach von der Bestellung in die Bestätigung hineinkopiert werden.[815] Jedoch kann dies nicht vom Unternehmer gefordert werden, da ihn §312e I1 Nr. 3 nicht verpflichten will, den Kunden auch noch nach Abgabe der Bestellung auf Fehler aufmerksam zu machen, um diesem einen Widerruf oder eine Anfechtung zu ermöglichen. Vielmehr beschränkt sich die gesetzlich vorgeschriebene Mitwirkung des Unternehmers bei der Fehlerkorrektur auf die Bereitstellung technischer Korrekturmittel vor Abgabe der Bestellung durch den Kunden. Das spätere Auffinden von Fehler ist allein Sache des Kunden. Den Text der Bestellung wird dem Kunden außerdem später als Teil des gesamten Vertragswerks gem. §312e I1 Nr. 4 zur Verfügung gestellt.
Welche Anforderungen sind nun an die Übermittlung der Empfangsbestätigung zu stellen? Technisch betrachtet gibt es mehrere Wege, auf denen der Unternehmer den Empfang bestätigen kann. Der schnellste Weg ist die Quittierung der erfolgreichen Bestellung auf der Homepage des Unternehmers, indem ein entsprechender Text im Browser angezeigt wird.[816] Häufig praktiziert wird dies mit der Anzeige einer Meldung im Sinne von „Bitte warten – Ihre Bestellung wird übermittelt“ und der anschließenden Bestätigung der erfolgreichen Übermittlung im Browserfenster. Allerdings sind bei dieser Bestätigungsvariante wegen der laufenden Onlinekosten für den Kunden maximal zehn Minuten Wartezeit zumutbar. Fraglich ist auch, ob es ausreicht, wenn der Unternehmer dem Kunden gestattet, den Bestellstatus selbständig auf seiner Homepage abzurufen. Dem Wortlaut von §312e I1 Nr. 3 bzw. Art. 11 I ECRL läßt

[813] Micklitz/Tonner-Micklitz, Vertriebsrecht, §312e, Rn. 99.
[814] dafür Hoenike/Hülsdunk, MMR 2002, S. 517 (519).
[815] Hoenike/Hülsdunk, MMR 2002, S. 517 (519).
[816] so auch Glatt, Vertragsschluß im Internet, S. 84; Wilmer/Hahn, Fernabsatzrecht, 2 A VI, Rn.15: Bestätigung über den zur Vertragsanbahnung benutzten Tele- oder Mediendienst; Koch/Maurer, WM 2002, S. 2443 (2487).

sich nicht direkt entnehmen, daß der Unternehmer dem Kunden die Bestätigung selbst übermitteln muß. Mit „elektronischem Weg" ist nicht eine elektronische Übermittlung gemeint, sondern nur den Einsatz elektronischer Mittel zur Bekanntgabe des Bestellungseingangs, wie die englische Formulierung „by electronic means" beweist. Es müßte also ausreichend sein, wenn der Unternehmer dem Kunden eine uneingeschränkte Abrufmöglichkeit auf seiner Homepage bietet. Darauf muß er den Kunden aber ausdrücklich bei Abgabe der Bestellung hinweisen. Schließlich genügt der Unternehmer selbstverständlich seiner Pflicht, wenn er die Empfangsbestätigung per SMS oder E-Mail versendet.
Wichtig ist, daß der Unternehmer wirklich die Abrufbarkeit der Bestellung bestätigen muß. Nicht ausreichend wäre es, daher wenn der Unternehmer einen Skriptresponder verwendet, der schon mit der Betätigung des Bestellknopfes aktiviert wird.[817] In diesem Fall würde lediglich die Absendung der Bestellung, nicht aber ihr Eingang bekundet. Der Unternehmer ist allerdings nicht daran gehindert, einen Autoresponder zu verwenden, d. h. den vollständigen Eingang der Bestellung durch ein Computerprogramm prüfen und von diesem eine Bestätigung generieren zu lassen.[818] Denn der Unternehmer soll lediglich den technischen Eingang der Bestellung quittieren und nicht Zeugnis darüber ablegen, ob er bereits vom Inhalt Kenntnis genommen hat.

d) Zeitpunkt der Empfangsbestätigung

§312e II Nr. 3 bestimmt, daß der Unternehmer den Zugang der Bestellung „unverzüglich" bestätigen muß. Unverzüglich ist vor dem europäischen Hintergrund autonom auszulegen, so daß nicht ohne weiteres auf die Definition in §121, die eine Absendung „ohne schuldhaftes Zögern" verlangt, zurückgegriffen werden darf. Die Zulässigkeit kann erst durch einen Vergleich mit den anderen – gleichermaßen verbindlichen – Sprachfassung festgestellt werden. Die Formulierung der englischen Fassung „without undue delay" und der französischen Fassung „sans délai injustifié", die sich grob übersetzen lassen mit „ohne ungebührliche Verzögerung" bzw. „ohne ungerechtfertigte Verzögerung", kommen jedoch der Definition von §121 sehr nahe. Sie lassen erkennen, daß mit „unverzüglich" nicht stets eine sofortige Absendung der Bestätigung gefordert ist, sondern die Besonderheiten des Einzelfalls berücksichtigt werden müssen. Eine Orientierung an der Formulierung „ohne schuldhaftes Zögern" ist deshalb statthaft.[819]
Unterschiedliche Ansichten bestehen darüber, wann die Versendung einer Empfangsbestätigung in der Regel als unverzüglich gelten kann. Teilweise wird gefordert, die

---

[817] Hoenike/Hüldunk, MMR 2002, S. 516 (519); a. A. wohl Reich/Micklitz-Micklitz, Europäisches Verbraucherrecht, §16, Rn. 17: die Bestätigung der Absendung der Bestellung soll genügen. Diese Ansicht wird damit begründet, daß eine Eingangsbestätigung technisch nicht möglich sei, wenn der Kunde über keine E-Mail-Adresse verfüge. Diese Annahme ist aber unzutreffend, wie die oben aufgezeigten Möglichkeiten zur Bestätigung im Browser belegen.
[818] so auch Micklitz/Tonner-Micklitz, Vertriebsrecht, §312e, Rn. 99; M/K-Wendehorst, §312e, Rn. 97.
[819] Grabitz/Hilf-Marly, A4, Art. 11, Rn. 6; Lütcke, Fernabsatzrecht, §312e, Rn. 49; M/K-Wendehorst, §312e, Rn. 97; Micklitz/Tonner-Micklitz, Vertriebsrecht, §312e, Rn. 100, allerdings mit der Einschränkung, daß §121 im elektronischen Geschäftsverkehr grundsätzlich „sofort" bedeutet.

Bestätigung müsse sofort abgeschickt werden[820], teilweise wird dem Unternehmer eine Bearbeitungsfrist von vier bis fünf Bürostunden[821] oder sogar von einem bis zwei Tagen[822] eingeräumt. Richtigerweise wird man differenzieren müssen: In der Regel wird der Unternehmer, der einen elektronischen Warenkatalog ins Internet stellt, verpflichtet sein, dem Kunden ohne zeitlichen Verzug, d. h. innerhalb weniger Minuten, den Empfang zu bestätigen. Autoresponder, die Bestellungen automatisch beantworten können, werden mittlerweile von vielen Softwareherstellern angeboten und stehen den Unternehmern deshalb ohne Schwierigkeiten zur Verfügung. Auch die verbreitetsten E-Mail-Programme besitzen mittlerweile integrierte Autoresponder-Funktionen, so daß auch keine besonderen Kosten für den Betrieb eines automatischen Antwortsystems anfallen. Technisch muß ein Autoresponder letztlich nicht mehr tun, als an die Absenderadresse eine mit der Eingangszeit versehene kurze Mitteilung zurückzusenden. Will der Unternehmer auf den Inhalt der Bestellung Bezug nehmen, kann er diesen einfach in der Nachricht zitieren lassen. Der Bestätigungsprozeß läßt sich deshalb automatisieren, weil es für die Bestätigung des Eingangs im technischen Sinne keiner inhaltlichen Kenntnisnahme der Bestellung bedarf. Der Unternehmer ist nach dem Wortlaut und dem Zweck von Art. 11 I ECRL nicht verpflichtet, die eingegangene Bestellung auf Lesbarkeit und Vollständigkeit zu überprüfen. Die ECRL wollte nur sicherstellen, daß der Kunde nicht der Gefahr von Doppelbestellungen ausgesetzt ist, d. h. seine Bestellung nach kurzer Zeit erneut absendet, weil er mit einem Übermittlungsfehler rechnet. Die Information, daß eine – wie auch immer geartete – Bestellung eingetroffen und nicht etwa durch Störungen öffentlicher Netze verloren gegangen ist oder erst gar nicht abgeschickt wurde, reicht zur Vermeidung dieses Risikos aus. Nicht verständliche oder unvollständige Bestellungen stellen hingegen entweder ein Problem der Auslegungslehre oder der Zugangslehre dar, d. h. sie liegen im mitgliedsstaatlich autonomen Bereich der Rechtsgeschäftslehre, den die ECRL in der endgültigen Fassung nicht mehr antasten will. Der Kunde hat also generell ein Recht auf sofortige Information, weil er in der Regel davon ausgehen kann, daß Anbieter elektronischer Bestellsysteme im Internet seine Bestellung ohne nennenswerte zeitliche Differenz bestätigen können. Internetseiten stehen nämlich für gewöhnlich 24 Stunden am Tag zum Abruf bereit. Mit dieser Auslegung wird der Schnelligkeit des elektronischen Geschäftsverkehrs Rechnung getragen, ohne die Unternehmer über die Gebühr zu belasten. Anders sieht es hingegen in den Fällen aus, in denen der Anbieter ausdrücklich im Rahmen seines Angebots klarstellt, daß Bestellungen nur manuell und innerhalb der Geschäftszeiten bearbeitet werden. Das kann z. B. der Fall sein, wenn der Unter-

---

[820] Micklitz/Tonner-Micklitz, Vertriebsrecht, §312e, Rn. 100, wobei eingeschränkt wird, eine Bestätigung innerhalb von zwei oder drei Tagen wäre nicht mehr unverzüglich; Wilmer/Hahn, Fernabsatzrecht, 2 A VI, Rn. 15: bei ständig betriebenen Online-Bestellsystemen innerhalb weniger Minuten; in dieser Richtung auch: Lütcke, Fernabsatzrecht, §312e, Rn. 49: aufgrund automatischer Antwortmöglichkeiten „wenig Zeit"; Dörner, AcP 202 (2002), S. 363 (378): stets sofort; Spindler, in: Dauner-Lieb/Konzen/Schmidt (Hrsg.), Das neue Schuldrecht in der Praxis, S. 459 (467): i. R. sofort, weil automatische Antwortmöglichkeiten bestehen; einige Stunden, wenn keine ständige Online-Bereitschaft versprochen wird.

[821] M/K-Wendehorst, §312e, Rn. 97; wohl auch Tettenborn/Bender/Lübben/Karenfort, BB 2001, Beilage 10 zu Heft 50, S. 1 (25).

[822] Grabitz/Hilf-Marly, A4, Art. 11, Rn. 6.

nehmer auf seiner Homepage deutlich bestimmte Geschäftszeiten seines Online-Shops hinweist.
Ermittelt werden muß des weiteren der Anknüpfungspunkt für die Bestimmung der Unverzüglichkeit. §312e I1 Nr. 3 bestimmt, daß der Unternehmer den Zugang der Bestellung unverzüglich zu bestätigen hat, so daß der maßgebliche Zeitpunkt der des Bestellungseingangs ist. Wie dieser näher zu bestimmen ist, legt §312e I2 fest. Dort heißt es: „Bestellung und Eingangsbestätigung im Sinne von Satz 1 Nr. 3 gelten als *zugegangen*, wenn die Parteien, für die sie bestimmt sind, sie *unter gewöhnlichen Umständen abrufen* können. Diese Vorschrift hat in ihrer Auslegung bisher – soweit ersichtlich – große Unklarheit hervorgerufen. Sie weicht nämlich etwas von Art. 11 I Spiegelstrich 2 ab, wo bestimmt wird, daß Bestellung und Empfangsbestätigung als *eingegangen* gelten, wenn die Parteien, für die sie bestimmt sind, sie *abrufen* können. Uneinigkeit herrscht wegen dieser sprachlichen Abweichung, ob die ECRL an dieser Stelle überhaupt zutreffend umgesetzt wurde.[823] Des weiteren ist das Verhältnis von §312e I2 zur allgemeinen Zugangsregelung in §130 I bzw. allgemein die Reichweite von §312e I2 mit Unsicherheit behaftet. Diese beiden Auslegungsfragen werden in der Diskussion häufig miteinander vermischt.
Wenn man die Formulierungen von §312e I2 und Art. 11 I ECRL vergleicht, stellt sich die Frage, ob beide Vorschriften die gleiche Aussage treffen oder nicht. Dafür ist zu erforschen, welchen Regelungsgehalt der Gesetzgeber §312e I2 beilegen wollte. Die Regierung berief sich in ihrer Begründung darauf, daß der Entwurf Art. 11 I ECRL im wesentlichen wörtlich umsetze. Die Zugangsfiktion werde lediglich an die Abrufbarkeit von Bestellung und Empfangsbestätigung unter gewöhnlichen Umständen geknüpft, was der Rechtsprechung zum Zugang von Willenserklärungen nach §130 entspreche.[824] Nach der Rechtsprechung ist eine Erklärung zugegangen, wenn mit ihrer Kenntnisnahme unter gewöhnlichen Umständen zu rechnen ist. Der Bundesrat hielt in seiner Stellungnahme zum Entwurf die Regelung sogar für gänzlich überflüssig, weil der Regelungsgehalt von §130 derselbe sei und eine Sonderregelung deshalb entbehrlich.[825] Dem entgegnete die Regierung allerdings in ihrer Gegenstellungnahme, daß es der Regelung des §312e I2 bedürfe, weil §130 I nicht für den Zugang von Informationen gelte und außerdem in der deutschen Rechtsprechung die Frage bisher nicht behandelt worden sei, ob die Möglichkeit des Abrufs für den Zugang ausreiche.[826] Die Stellungnahmen der Regierung lassen sich einerseits so interpretieren, daß mit *Abrufbarkeit* unter gewöhnlichen Umständen in Wahrheit die *Kenntnisnahme* unter gewöhnlichen Umständen gemeint war, weil sich die Begründung auf die Rechtsprechungspraxis beruft. Denn Abrufbarkeit und Kenntnisnahmemöglichkeit sind nicht gleichbe-

---

[823] mit Bedenken in dieser Richtung vor allem der Bunderat in seiner Stellungnahme zum Regierungsentwurf, BR-Druck 338/01, Antrag zu Art. 1 Abs.1 Nr. 13, S. 36.
[824] Begründung Regierungsentwurf, BT-Druck 14/6040, S. 172 unter Berufung auf BGHZ 67, 271 und BGH NJW 1980, S. 990.
[825] BR-Druck 338/01, S. 36 f., Änderungsvorschlag Nr. 63; so auch Micklitz/Tonner-Micklitz, Vertriebsrecht, §312e, Rn. 103.
[826] BT-Druck 14/6857, S. 56; Grigoleit NJW 2002, S. 1151 (1158): lediglich „klarstellende" Bedeutung.

deutend.[827] Abrufbarkeit ist bereits mit dem Eingang auf dem Mail-Server bzw. im Empfangsgerät des Empfängers gegeben, d. h. wenn dieser ungehinderten technischen Zugriff auf die Daten hat. Die Möglichkeit der Kenntnisnahme setzt dagegen die Gelegenheit zur intellektuellen Erfassung des Erklärungsinhalts voraus. Zweifeln kann man an einem dahingehenden gesetzgeberischen Willen andererseits wieder, weil die Begründung besonders betont, daß noch ungeklärt sei, ob die Möglichkeit des *Abrufs* für den Zugang ausreiche. Die Verweisung auf die gängige Rechtsprechung zu §130 kann sich deshalb auch bloß auf das Erfordernis der *gewöhnlichen Umstände* beziehen. Ganz eindeutig wird der gesetzgeberische Wille folglich nicht.
Die Konsequenz eines Abstellens auf die *Kenntnisnahme* unter gewöhnlichen Umständen würde bedeuten, daß die Bestellung erst mit dem Beginn der üblichen Geschäftszeiten zugehen würde[828] Etwas anderes wird nur angenommen, wenn der Empfänger die Erklärungen automatisch verarbeiten läßt.[829] Das würde aber bedeuten, daß bei einer nächtlichen Bestellung die Empfangsbestätigung des Unternehmers erst am nächsten Tag abgesandt werden müßte. Das entspricht jedoch nicht den oben aufgestellten Anforderungen an die Schnelligkeit und Flexibilität des elektronischen Geschäftsverkehrs, die die Nutzer erwarten dürfen. Zudem wurde oben bereits gezeigt, daß eine intellektuelle Kenntnisnahme der Bestellung für den bloßen Zweck der Rücksendung einer Bestätigung nicht erforderlich ist. Eine inhaltliche Prüfung ist erst angezeigt, wenn der Unternehmer seine eigene vertragliche Willenserklärung verfassen muß. Konsequenterweise verlangt die ECRL in Art. 11 I auch lediglich, daß die Parteien die Erklärungen *abrufen* können. Um diesen Anforderungen gerecht zu werden, muß §312e I2 so interpretiert werden, daß der Zeitpunkt der technischen Abrufbarkeit gemeint ist.[830] Keine praktischen Unterschiede durch die unterschiedlichen Formulierungen sehen allerdings Stimmen in der Literatur, die das Unverzüglichkeitskriterium weiter auslegen. Danach soll der Eingang nach Art. 11 I ECRL zwar sofort mit der technischen Abrufbarkeit (also z. B. um 23.00 Uhr abends) gegeben sein, die Bestätigung aber auch noch zum Anbruch der Geschäftszeit (also z. B. um 9.00 Uhr am nächsten Tag) rechtzeitig sein.[831]

---

[827] dies deutet wohl auch der Bundesrat in seiner Stellungnahme an, BR-Druck 338/01, S. 36 f., Änderungsvorschlag Nr. 63; so auch Lehmann-Drexl, Electronic Business in Europa, P., Rn. 86; Spindler, in: Dauner-Lieb/Konzen/Schmidt (Hrsg.), Das neue Schuldrecht in der Praxis, S. 459 (468).
[828] so die ganz herrschende Meinung zum Zugang elektronischer Willenserklärungen: Ernst, BB 1997, 1057, (1057); Ultsch, DZWir, 1997, S. 466 (468); Heun, CR 1994, S. 595 (598 f.); Taupitz/Kritter, JuS 1999, S. 839 (842); Süßenberger, Das Rechtsgeschäft im Internet, S. 167 f.
[829] Taupitz/Kritter, JuS 1999, S. 839 (842); Süßenberger, Das Rechtsgeschäft im Internet, S. 173 ff.
[830] so jetzt auch Bamberger/Roth-Schmidt-Räntsch, §312e, Rn. 27; a. A. Spindler, in: Dauner-Lieb/Konzen/Schmidt (Hrsg.), Das neue Schuldrecht in der Praxis, S. 459 (468), der den Gesetzgeber befugt sieht, die Eingangsregelung durch eine den zivilrechtlichen Grundsätzen entsprechende Zugangsregelung zu ersetzen, gerade weil die ECRL nicht in das nationale Vertragsrecht eingreifen wolle. Jedoch muß der Gesetzgeber die europaeinheitliche Eingangsregelung richtlinienkonform umsetzen. *Daneben* bleibt es ihm unbenommen, die Zugangsregelungen für Willenserklärungen anders zu gestalten. A. A. auch Boente/Riehm, Jura 2002, S. 222 (227 Fn. 78): §312e I2 konkretisiere lediglich den ungenauen Richtlinientext.
[831] Glatt, ZUM 2001, S. 390 (394 f.); Glatt., Vertragsschluß im Internet, S. 87; M/K-Wendehorst, §312e, Rn. 99.

Wenn also §312e I2 die technische Abrufmöglichkeit meint, ist aber fraglich, wie dann der Zusatz „unter gewöhnlichen Umständen" zu verstehen ist. Auch hier drohen Abweichungen vom Richtlinientext, wenn man die Voraussetzung so interpretiert, daß bei technischen Problemen des Mail-Servers, die die Speicherung der Nachricht verhindern, dennoch ein Zugang anzunehmen sein soll.[832] Diese Auslegungsweise entspricht einer vordringenden Auffassung, die das Transportrisiko bei modernen Kommunikationsmitteln strenger nach Einflußsphären verteilt und deshalb schon einen Zugang annimmt, wenn unter gewöhnlichen Umständen die Möglichkeit der Speicherung im Machtbereich des Empfängers besteht.[833] Nach überwiegender Auffassung erfolgt hingegen kein Zugang, sondern es greifen die Grundsätze der Zugangsvereitelung, nach denen der Empfänger sich u. U. nach §242 nicht auf die Verspätung eines nachfolgenden Zugangs berufen kann.[834] Letztere Auffassung ist überzeugender, denn die Lehre von den Zugangshindernissen berücksichtigt das Verschulden des Empfängers und ermöglicht somit flexiblere Ergebnisse.[835] Die erstgenannte Ansicht läßt sich auch schwer in Einklang mit der ECRL bringen, denn diese stellt in Art. 11 I nur auf die bloße Abrufmöglichkeit ab, ohne weitere Zusätze zu verwenden. Gemeint sein kann damit nur die tatsächliche Abrufmöglichkeit vom Server.[836] Bei richtlinienkonformer Auslegung muß §312e I2 deshalb im Sinne der zweiten Ansicht verstanden werden. Die Abrufbarkeit „unter gewöhnlichen Umständen" muß dann so ausgelegt werden, daß der Unternehmer das Risiko tragen soll, daß die Bestellung zwar auf den Server und damit tatsächlich in seinen Machtbereich gelangt ist, jedoch der Abruf durch den E-Mail-Client fehlschlägt. Unter normalen Umständen ist nämlich von einer ständigen Einsatzbereitschaft des unternehmerseitigen Abruf- und Bestätigungssystems auszugehen. Diese Auslegung ist mit Art. 11 I ECRL vereinbar. Es zeigt sich an den hier behandelten Auslegungsproblemen, daß zusätzlich eingefügte Tatbestandsmerkmale in Umsetzungsnormen häufig Schwierigkeiten bereiten, weil sie richtlinienwidrige Regelungen zu zementieren drohen, die durch Auslegung schwer zu korrigieren sind. Sie sollten deshalb vom Gesetzgeber vermieden werden.[837] Notwendige Detailkorrekturen sollten besser der Auslegung überlassen werden.

---

[832] für diese Auslegung jetzt offenbar Bamberger/Roth-Schmidt-Räntsch, §312e, Rn. 27; mit Bedenken auch Lehmann-Drexl, Electronic Business in Europa, P., Rn. 86.

[833] Heun, CR 1994, S. 595 (598); Burgard, AcP 195 (1995), S. 74 (99 ff.); in dieser Richtung auch BGH NJW 1995, S. 665 (666); Ebnet, NJW 1992, S. 2985 (2991); Tschentscher, CR 1991, S. 141 (148). Störungen öffentlicher Netze sollen allerdings auch nach dieser Ansicht in der Risikosphäre des Erklärenden liegen.

[834] Taupitz/Kritter, JuS 1999, S. 839 (842 f.); Fritzsche, JZ 1995, S. 630 (630); Dörner, AcP 202 (2002), S. 363 (370).

[835] so auch Dörner, AcP 202 (2002), S. 363 (370).

[836] so auch Blume/Hammerl, ECG, §10, Rn. 4; a. A. Grigoleit, NJW 2002, S. 1151 (1158 Fn. 84): die Einschränkung „unter gewöhnlichen Umständen" sei eine zulässige Konkretisierung des Begriffs „können" in Art. 11 I ECRL. Durch die Ergänzung wird jedoch ein normatives Tatbestandsmerkmal hinzugefügt, daß sich der durchweg technisch formulierten ECRL nicht entnehmen läßt.

[837] vgl. Grundmann, JZ 1996, S. 274 (285).

e) §312e I2 als Regelung über den Zugang?

Was das Verhältnis von §312e I2 zu §130 betrifft wird häufig angenommen, daß §312e I2 den Zugang des vom Kunden abgegebenen Angebots in Gestalt der elektronischen Bestellung als lex specialis zu §130 BGB regele[838] bzw. daß §312e I2 sogar eine verallgemeinerungsfähige Regelung für alle elektronischen Willenserklärungen sei[839]. Dafür wird argumentiert, daß der Zugang von Willenserklärungen in den europäischen Einzelrechtsordnungen recht unterschiedlich ausgestaltet sei und daher einer einheitlichen Regelung bedürfe.[840] Außerdem sei eine Umsetzung der Eingangsregelung der ECRL als Zugangsregelung für Willenserklärungen zwar nicht direkte Umsetzungspflicht der Mitgliedsstaaten nach Art. 11 I ECRL. Sie sei aber im Hinblick auf den „Ermöglichungsgrundsatz“[841] des Art. 9 I ECRL geboten gewesen. Elektronische Bestellungen seien nämlich besonders unkompliziert zu widerrufen, weil z. B. das Absenden einer Widerrufs-E-Mail genüge, um eine Erklärung, die über das Wochenende auf dem Mail-Server des Unternehmers lagere, noch gem. §130 I2 zu vernichten.[842] Deshalb müsse der Gesetzgeber eine Zugangsregelung schaffen, die schon den Eingang auf dem Server für den Zugang ausreichen lasse. Diese Argumente vermögen jedoch nicht zu überzeugen. Die Kommission hat sich bewußt nach der gehäuften Kritik von Literatur und politischen Vertretern der Mitgliedsstaaten entschieden, keinen Eingriff in die einzelstaatlichen Regeln über das Zustandekommen von Verträgen vorzunehmen. So wurde bewußt in der endgültigen Fassung der Begriff „zugegangen“ gegen „eingegangen“ ausgetauscht. Deshalb kann schlecht von einer Pflicht zur Vereinheitlichung ausgegangen werden, auch wenn eine europäische Vereinheitlichung für die Zukunft sicherlich wünschenswert wäre. Auch der Ermöglichungsgrundsatz nach Art. 9 I ECRL kann eine solche Verpflichtung nicht begründen. Art. 9 I1 ECRL verlangt lediglich, daß Vertragsabschlüsse auf elektronischem Weg möglich sein müssen, was Art. 9 I2 ECRL dahingehend präzisiert, daß Rechtsvorschriften keine Hindernisse bilden dürfen und nicht dazu führen dürfen, daß Verträge aufgrund des Umstandes, daß sie auf elektronischem Wege zustande gekommen sind, keine rechtliche Wirksamkeit oder Gültigkeit haben. Diesen Anforderungen ist der deutsche Gesetzgeber mit der Schaffung der elektronischen Formvorschriften in den §§126a und b nachgekommen. Dem Ermöglichungsgrundsatz kann aber keine Pflicht entnommen werden, bereits geschlossene Verträge aufrechtzuerhalten. Außerdem schafft §130 I2 gerade keine Diskriminierung von elektronischen Verträgen, sondern gilt für den elektronischen und nichtelektronischen Geschäftsverkehr gleichermaßen. Daß der Widerruf auf elektronischem Weg tatsächlich leichter zu bewerkstelligen ist, ist unerheblich,

---

[838] so wohl Spindler, in: Dauner-Lieb/Konzen/Schmidt(Hrsg.), Das neue Schuldrecht in der Praxis, S. 459 (468); Micklitz/Tonner-Micklitz, Vertriebsrecht, §312e, Rn. 102 f.; Reich/Micklitz-Micklitz, Europäisches Verbraucherrecht, §16, Rn. 18; Hassemer, MMR 2001, S. 635 (637 f.).

[839] so Schneider, K&R 2001, S. 344 (347); Grabitz/Hilf-Marly, A4, Art. 11, Rn. 8 zur Art. 11 I ECRL; in dieser Richtung auch Stellungnahme der Bundesregierung, BT-Druck 14/6857, S. 56: „ ... dort geregelten Frage elektronischer Willenserklärungen und Informationen...“.

[840] Schneider, K&R 2001, S. 344 (347).

[841] Begriff von Maennel, MMR 1999, S. 187 (190).

[842] Hassemer, MMR 2001, S. 635 (638).

weil Art. 9 I ECRL nur rechtliche, nicht auch tatsächliche Hindernisse betrifft.[843] Also ist festzuhalten, daß die ECRL den nationalen Gesetzgebern keine Pflicht zur Schaffung einer Zugangsregelung auferlegt hat.
Fraglich ist aber, ob der deutsche Gesetzgeber mit §312e I2 trotzdem eine Zugangsregelung schaffen wollte. Dafür könnte sprechen, daß §312e I2 eine Fiktion verwendet, weil nach dem Wortlaut die Erklärungen nur als zugegangen „gelten".[844] Man könnte darin einen Hinweis sehen, daß der Gesetzgeber eine normative Regelung treffen, d. h. nicht nur den tatsächlichen Eingang der Bestellung, sondern auch ihren Zugang regeln wollte. Plausibler ist es jedoch davon auszugehen, daß der Gesetzgeber bloß den Wortlaut von Art. 11 I ECRL übernommen hat.[845] Die ECRL will mit dieser Formulierung nämlich lediglich klarstellen, daß mit Eingang nicht – wie es dem allgemeinen Sprachgebrauch entsprechen würde – die Speicherung auf dem Endgerät des Nutzers gemeint ist, sondern bereits die Zwischenspeicherung auf einem Server, auf den der Empfänger Zugriff hat, ausreicht. Wenn man davon ausgeht, daß §312e I2 nicht den Zugang der Bestellung als Willenserklärung regelt, sondern nur ihren Eingang beim Unternehmer, dann kann auch das gesetzliche System der Zugangsregeln unangetastet bleiben. Bei einem Gleichlauf von Zugang und Eingang müßten die Zugangsregeln an die Erfordernisse der Eingangsregeln nach der ECRL angepaßt werden. Im übrigen wäre es nicht plausibel, in §312e I2 nur eine Spezialregelung für das Angebot des Kunden zu sehen, den Zugang der Annahme durch den Unternehmer aber unter §130 zu fassen. Damit würden die Regeln über den Vertragsschluß auseinandergerissen. Folglich ist §312e I2 keine Spezialregelung für den Zugang der Vertragserklärung des Kunden, sondern bestimmt lediglich als Rechenfaktor den Zeitpunkt des Bestellungseingangs, von dem aus die Unverzüglichkeit der Bestätigung bemessen wird. Außerdem geregelt wird in §312e I2 der Zeitpunkt des Eingangs der Empfangsbestätigung, mit dessen Eintritt der Unternehmer seine Pflicht aus §312e I1 Nr. 3 erfüllt hat. Die Zugangsregelung in §312e I2 hat also keine Relevanz für den Vertragsschluß, sondern legt nur den zeitlichen Beginn und das Ende der Pflicht aus §312e I1 Nr. 3 fest. Es kann also vorkommen, daß die Bestellung des Kunden nach §312e I2 um 23.00 Uhr abends zugegangen ist und ihr Eingang sofort bestätigt werden muß, während die der Bestellung zugrundeliegende Willenserklärung nach §130 I erst um 9.00 Uhr morgens bei Beginn der Geschäftszeit zugeht. Genau deshalb dient die Bestätigungspflicht auch nicht dazu, dem Kunden den Beweis des Zugangs seiner Willenserklärung zu ermöglichen[846], sondern wirklich nur der Vermeidung von Doppelbestellungen.

---

[843] Erwägungsgrund 37 ECRL; Tettenborn/Bender/Lübben/Karenfort, BB 2001, Beilage 10 zu Heft 50, S. (1), 21; Spindler, MMR 2000, Beilage zu Heft 7, S. 4 (10); Grabitz/Hilf-Marly, A4, Art. 9, Rn. 7.
[844] so wohl Micklitz/Tonner-Micklitz, Vertriebsrecht, §312e, Rn. 102; Lehmann, EuZW 2000, S. 517 (519).
[845] darauf deutet die Begründung des Regierungsentwurfs, BT-Druck 14/6040, S. 172.
[846] a. A. Rehbinder/Schmaus, UFITA 2000, 313 (321); Wiebe, Die elektronische Willenserklärung, S. 507.

2. *Pflicht zur Bereitstellung einer Abruf- und Speichermöglichkeit der Vertragsbestimmungen und der allgemeinen Geschäftsbedingungen (§312e I1 Nr. 4)*

a) Zeitpunkt der Bereitstellungspflicht

Als letzte Pflicht wird dem Unternehmer von §312e I1 Nr. 4 auferlegt, dem Kunden „die Möglichkeit zu verschaffen, die Vertragsbestimmungen einschließlich der Allgemeinen Geschäftsbedingungen *bei Vertragsschluß* abzurufen und in wiedergabefähiger Form zu speichern". Ihr Ursprung liegt in Art. 10 III ECRL, der bestimmt: „Die Vertragsbestimmungen und die allgemeinen Geschäftsbedingungen müssen dem Nutzer so zur Verfügung gestellt werden, daß er sie speichern und reproduzieren kann."
Anders als §312e I1 Nr. 4 trifft Art. 10 III ECRL keine ausdrückliche Aussage über den Zeitpunkt, in welchem der Anbieter seiner Bereitstellungspflicht nachkommen muß.[847] Erwartungsgemäß hat diese Auslegungsfrage bei den deutschen Gesetzgebungsarbeiten und in der Literatur die meisten Fragen aufgeworfen. Sie ist in gewisser Hinsicht mit der Frage verknüpft, ob §312e I1 Nr.4 spezielle Einbeziehungsvoraussetzungen für AGB schaffen will, weil §305 II Nr. 2 eine Kenntnisnahmemöglichkeit bei Vertragsabschluß fordert, d. h. eine nachträgliche Einbeziehung nur durch Vertragsänderung möglich ist.[848] Sieht man also §312e I1 Nr. 4 als lex specialis zu §305 II Nr. 2 an, kommt eine nachvertragliche Pflichterfüllung nicht in Betracht. Beide Fragen sind also miteinander verknüpft und sollen gemeinsam untersucht werden.
Während sich der Diskussionsentwurf des Bundesjustizministeriums noch auf keinen konkreten Zeitpunkt festlegte, aber von bereits „einbezogenen" AGB sprach[849], wollte der konsolidierte Diskussionsentwurf mit §311e III KonsDiskE eine einheitliche Vorschrift über die nachvertragliche Bereitstellung von Vertragsbestimmungen im Direktvertrieb schaffen, d. h. für Fernabsatzverträge und elektronische Verträge gleichermaßen.[850] Nach §311e III KonsDiskE sollten die Vertragsbestimmungen „alsbald, spätestens bis zur vollständigen Erfüllung des Vertrages" „auf einem dauerhaften Datenträger" zur Verfügung gestellt werden. Die Festlegung des Zeitpunkts griff der erste Regierungsentwurf zwar in §312e I1 Nr. 4-E auf, traf jedoch eine eigenständige Regelung für den elektronischen Geschäftsverkehr und lehnte sich nur noch in der Begründung an den in §312c II für die Informationserteilung im Fernabsatz bestimmten Zeitpunkt

---

[847] so die Bundesregierung zum Entwurf, BT-Druck 14/6040, S. 172; Spindler, in: Dauner-Lieb/Konzen/Schmidt (Hrsg.), Das neue Schuldrecht in der Praxis, S. 459 (471) ist deshalb der Auffassung, daß die ECRL es in die Hände der Mitgliedsstaaten gelegt habe, den Zeitpunkt festzulegen. Diese Ansicht ist aber bedenklich, weil eine Pflicht zur vorvertraglichen Einräumung einer Speichermöglichkeit eine völlig andere Zielsetzung verfolgt als eine nachvertragliche (s. u.). Eine Vereinheitlichung in der einen oder anderen Richtung wird deswegen nötig und beabsichtigt sein. So legen auch Reich/Nordhausen-Reich, Verbraucher und Recht im elektronischen Geschäftsverkehr, S. 136 f. und Micklitz, EuZW 2001, S. 133 (142) Art. 10 III ECRL nach Sinn und Zweck aus.
[848] M/K-Basedow, §305, Rn. 75 f.; Wolf/Horn/Lindacher-Wolf, AGBG, §2, Rn. 26 u. 37; KG NJW-RR 1994, S. 1265 (1265); a. A. Staudinger-Schlosser, AGBG, §2, Rn. 33.
[849] Diskussionsentwurf, abrufbar unter http://www.lrz-muenchen.de/~Lorenz/schumod/diske/eschurmo.pdf, S. 22.
[850] abrufbar unter http://www.lrz-muenchen.de/~Lorenz/schumod/diske/entwurf.pdf, S. 26

an.[851] Das Erfordernis eines „dauerhaften Datenträgers" wurde hingegen aufgegeben. Außerdem wurde klargestellt, daß §312e I1 Nr. 4 keine Spezialregelung für die Einbeziehung von AGB sein solle, wenngleich die Anforderungen denen des §305 II – abgesehen vom Zeitpunkt der Kenntnisnahmemöglichkeit – entsprächen.[852] Gegen diesen Zeitpunkt erhob allerdings der Bundesrat Bedenken, der den Schutzzweck von Art. 10 ECRL allgemein in der vorvertraglichen Information sah und deswegen die Auffassung vertrat, daß die Vertragsbestimmungen schon bei Vertragsschluß bereitgestellt werden müßten.[853] Der an §312c angelehnte Zeitpunkt der Vertragserfüllung sei zu spät. Eine frühere Bereitstellung der Vertragsbestimmungen sei für den Unternehmer ohne weiteres technisch realisierbar. Dieser Auffassung schloß sich die Bundesregierung an und schlug vor, in §312e I1 Nr. 4 die Pflicht zur Bereitstellung der Vertragsbestimmungen und allgemeinen Geschäftsbedingungen auf einen Zeitpunkt „bei Vertragsschluß" vorzuverlegen. [854]

Ungewiß ist, was mit der Bezeichnung „bei Vertragsschluß" zum Ausdruck gebracht werden soll. Die in der Literatur vertretenen Auffassungen zum Zeitpunkt der Information und zum Verhältnis zu §305 II gehen stark auseinander. Weit verbreitet allerdings wird die Formulierung in §312e I1 Nr. 4 lediglich wiederholt und eine Information bei Vertragsschluß verlangt, ohne näher zu präzisieren, was damit gemeint ist.[855] Grundsätzlich kommen mehrere mögliche Zeitpunkte in Betracht: Für den *spätestmöglichen* Zeitpunkt könnte man eine Information vor dem Vertragsschluß im rechtstechnischen Sinn verlangen, d. h. bevor Angebot und Annahme einen wirksamen Vertrag erzeugen.[856] Dies ist insbesondere Konsequenz für diejenigen, die in §312e I1 Nr. 4 eine spezielle Regelung über die Einbeziehung von AGB sehen.[857] Denn §305 II Nr. 2 ver-

---

[851] Begründung Regierungsentwurf, BT-Druck 14/6040, S. 172.

[852] Begründung Regierungsentwurf, BT-Druck, 14/6040, S. 172.

[853] BR-Druck 338/01, S. 35 f., Änderungsvorschlag Nr. 62.

[854] BT-Druck 14/6857, S. 56.

[855] AnwKom-Ring, §312e, Rn. 25; Lütcke, Fernabsatzrecht, §312e, Rn. 57; Haas/Medicus/Rolland/Schäfer/Wendtland-Schäfer, Das neue Schuldrecht, 8. Kapitel, Rn. 45; Reich/Nordhausen-Reich, Verbraucher und Recht im elektronischen Geschäftsverkehr, S. 136 f.; Spindler, in: Dauner-Lieb/Konzen/Schmidt (Hrsg.), S. 471; Beschlußempfehlung Rechtsausschuß, BT-Druck 14/7052, S. 192.

[856] so Micklitz/Tonner-Micklitz, Vertriebsrecht, §312c, Rn. 40; Micklitz/Ebers, VersR 2002, S. 641 (647); mit einem Differenzierungsvorschlag: Micklitz, in: Schulze/Schulte-Nölke (Hrsg.), Schuldrechtsreform vor dem Hintergrund des Gemeinschaftsrechts, S. 237: AGB als einseitig verfaßte Bestimmungen sollten vor dem Vertragsschluß zur Verfügung gestellt werden, die mit den AGB abgestimmten essentialia negotii erst nach der Einigung.

[857] dies sind Tettenborn/Bender/Lübben/Karenfort, BB 2001, Beilage 10 zu Heft 50, S. 1 (24 f.); Hoenike/Hülsdunk, MMR 2002, S. 516 (517); Ulmer, CR 2002, S. 208 (212); Kamanabrou, CR 2001, S. 421 (424 f.) zu Art. 10 III ECRL; Reich/Nordhausen-Reich, Verbraucher und Recht im elektronischen Geschäftsverkehr, S. 136 f. zu Art. 10 III ECRL; Süßenberger, Das Rechtsgeschäft im Internet, S. 239; wohl auch Ruess, Die E-Commerce-Richtlinie und das deutsche Wettbewerbsrecht, S. 39. A. A. sind AnwKom-Ring, §312e, Rn. 26; Lorenz/Riehm, Lehrbuch zum neuen Schuldrecht, 5. Kapitel, Rn. 145; Lütcke, Fernabsatzrecht, §312e, Rn. 57; Palandt-Heinrichs, §312e, Rn. 8.; Micklitz/Tonner-Micklitz, Vertriebsrecht, §312c, Rn. 41; Schmidt-Räntsch, Das neue Schuldrecht – Anwendung und Auswirkungen in der Praxis, Rn. 1073; Hoeren/Sieber-Waldenberger, Handbuch Multimedia-Recht, Teil 13.4, Rn. 30; Boente/Riehm, Jura 2002, S. 222 (227 f.); vermittelnd M/K-Wendehorst, §312e, Rn. 103: Berücksichtigung bei §305 II Nr. 2 beim unbestimmten Rechtsbegriff „in zumutbarer Weise".

langt zwar auch die Möglichkeit der Kenntnisnahme „bei Abschluß des Vertrages". Allerdings ist nach ganz überwiegender Auffassung damit spätestens der Zeitpunkt gemeint, in dem die andere Vertragspartei (Kunde) die für sie bindende Vertragserklärung abgibt.[858] Im Rahmen des §312e ist dies der Zeitpunkt der Bestellung des Kunden. Die teleologische Begründung dafür ist, daß der Kunde über die Reichweite seiner Erklärung Bescheid wissen soll.[859] Denkbar ist es des weiteren, eine Information unmittelbar nach dem Vertragsschluß zu verlangen, d. h. i. R. deutlich vor dem Zeitpunkt der Vertragserfüllung.[860] In Betracht kommt aber auch sehr weitgehend die zulässige Zeitspanne bis zur Vertragserfüllung zu erstrecken.[861]

Ein überzeugendes Argument für den Zeitpunkt der Bestellung als letzter verbindlicher Willenserklärung des Kunden ergäbe sich, wenn §312 I1 Nr. 4 spezielle Einbeziehungsvoraussetzungen für AGB regeln würde. Gegen eine solche Annahme spricht aber zunächst der Wortlaut von §312e I1 Nr. 4 der keinerlei Bezug auf §305 II Nr. 2 nimmt. Systematisch wäre eine Bezugnahme notwendig, weil §312e I1 Nr. 4 zwar einen Tatbestand aber keine Rechtsfolge regelt. Er hätte also auf §305 II a. A. verweisen müssen, nach dem AGB nur bei korrektem Hinweis und einer zumutbaren Möglichkeit der Kenntnisnahme Vertragsbestandteil werden, um an dessen Rechtsfolgen teilzuhaben. Auch bei historischer Betrachtung hat sich die Regierung eindeutig dagegen ausgesprochen, eine Spezialregelung für die Einbeziehung von AGB zu schaffen.[862] Man könnte dennoch an die Pflicht denken, §312e I1 Nr. 4 richtlinienkonform auszulegen. Jedoch bieten auch Wortlaut und Systematik der ECRL keinen Hinweis dafür, daß eine neue Norm für die Wirksamkeit allgemeiner Geschäftsbedingungen eingeführt werden sollte. Im Gegenteil: Der Richtliniengeber hat in Erwägungsgrund Nr. 11 S. 1 und 2 bestimmt, daß die Richtlinie 93/13/EWG über mißbräuchliche Klauseln in Verbraucherverträgen „voll und ganz auch für die Dienste der Informationsgesellschaft" gelten soll. Davon könnte aber nicht die Rede sein, wenn die Einbeziehungsvoraussetzungen durch die ECRL modifiziert würden. Zumindest enthält dieser Erwägungsgrund einen Hinweis, daß der Regelungsgehalt der Klauselrichtlinie 93/13/EWG nicht verändert werden sollte.

Es könnte aber dennoch dem Sinn und Zweck von Art. 10 III ECRL und §312e I1 Nr. 4 entsprechen, ihn als Vorschrift über AGB aufzufassen. Hierzu muß man sich die zahlreichen Probleme vergegenwärtigen, die die neuen Medien im Kontext der allgemeinen Geschäftsbedingungen geschaffen haben. §305 II Nr. 2 AGBG will dem Verbraucher die Chance geben, vor seiner vertraglichen Willenserklärung die Geschäftsbedingungen in Ruhe studieren zu können. Vor allem bei telefonischen Vertrags-

---

[858] M/K-Basedow, §305, Rn. 73; Ulmer/Brandner/Hensen-Ulmer, AGBG, §2, Rn. 48a u. 56; Wolf/Horn/Lindacher-Wolf, AGBG, §2, Rn. 35; a. A. Staudinger-Schlosser, AGBG, §2, Rn. 33.

[859] BT-Druck 7/3919, S. 17.

[860] in dieser Richtung Grigoleit NJW 2002, S. 1151 (1157); tendenziell auch die Stellungnahme des Bundesrats: BT-Druck 14/6857, S. 20 Nr. 62: bei vollständiger Erfüllung ist zu spät. Ähnlich M/K-Wendehorst, §312e, Rn. 108: während einer Zeitspanne, die spätestens mit dem Vertragsschluß beginnt und frühestens bei Erfüllung des Vertrages endet.

[861] Tettenborn/Bender/Lübben/Karenfort, BB 2001, Beilage 10 zu Heft 50, S. 1 (24 f.); Blume/Hammerl, ECG, §11, Rn. 9 zum mit Art. 11 III ECRL wortgleichen §11 Öst. ECG.

[862] Begründung Regierungsentwurf, BT-Druck 14/6040, S. 172.

schlüssen und Vertragsschlüssen über Teleshopping im Fernsehen bereitet die Vermittlung umfangreicher Klauseln Schwierigkeiten. Bei ihnen kann die Informationsvermittlung aus technischen Gründen nur von flüchtiger Natur sein. Eine so zeitbegrenzte Information wird nicht als ausreichend angesehen[863], weil der Verbraucher die Möglichkeit erhalten soll, über die für die Kenntnisnahme benötigte Zeit selbst zu entscheiden. Für fernmündliche Vertragsschlüsse kann man sich mit dem Kunstgriff helfen, §305 II Nr. 2 als abdingbare Vorschrift zu sehen und dem Stillschweigen des Kunden nach dem Hinweis auf AGB den Erklärungswert eines Verzichts auf die Kenntnisnahme beizulegen.[864] Diese Möglichkeit scheidet allerdings bei nichtinteraktiven Medien wie TV-Shopping aus, da der Kunden keine Rückäußerungsmöglichkeit hat. Es wird es überwiegend aber als ausreichend erachtet, wenn der Kunde die Vertragsbestimmungen in Ruhe am Bildschirm ansehen, d. h. die Zeitspanne der Betrachtung selbst bestimmen kann (z. B. über Videotext, BTX, Internet).[865] Dies gilt aber wiederum nicht bei umfangreichen AGB. Ab einer bestimmten Länge wird die Kenntnisnahme am Bildschirm wegen verschiedener Gründe als unzumutbar angesehen, so z. B. wegen der höheren Anstrengung für die Augen, mangelnder Übersicht und zusätzlich entstehender Online-Kosten.[866] Hier wird dann eine Speicher- bzw. Ausdruckmöglichkeit für notwendig befunden, damit der Kunde die AGB in Papierform studieren kann.[867] An dieser Stelle könnte man nun Raum für eine Spezialregelung über die Einbeziehung elektronischer AGB sehen und für den Kunden eine generelle Möglichkeit zur Speicherung fordern. Jedoch ist nicht ersichtlich, warum eine Pflicht, den vorvertraglichen Download der AGB zu ermöglichen, allgemein für den elektronischen Geschäftsverkehr eingeführt werden sollte. In den meisten kritischen Fällen im elektronischen Geschäftsverkehr werden bereits im Rahmen der Anforderungen von §305 II Nr. 2 angemessene Ergebnisse erzielt. Bei nicht allzu umfangreichen und übersichtlich gestalteten AGB besteht nämlich regelmäßig eine ausreichende Kenntnisnahmemöglichkeit durch die Darstellung auf dem Bildschirm, so daß Speicherung und Aus-

---

[863] Bez. TV-Shopping: Schröder, Tele-Shopping, S. 239 ff.; Ulmer/Brandner/Hensen-Ulmer, AGBG, §2, Rn. 49; bez. fernmündlicher Vertragsschlüsse M/K-Basedow, §305, Rn. 63.

[864] M/K-Basedow, §305, Rn. 63; Ulmer/Brandner/Hensen-Ulmer, AGBG, §2, Rn. 49a; Wolf/Horn/Lindacher-Wolf, AGBG, §2, Rn. 26; Palandt-Heinrichs, §305, Rn. 37; a.A.: AG Krefeld NJW-RR 1997, S. 245 (245); möglicherweise auch die Bundesregierung, BT-Druck 14/6040, S. 152 wo von ausdrücklichem Verzicht auf die Möglichkeit der Kenntnisnahme die Rede ist.

[865] M/K-Basedown, §305, Rn. 64; Ulmer/Brandner/Hensen-Ulmer, AGBG, §2, Rn. 49a; Palandt-Heinrichs, §305, Rn. 38; Erman-Hefermehl/Werner, §2 AGBG, Rn. 11; a. A. Wolf/Horn/Lindacher-Wolf, AGBG, §2, Rn. 24; Bultmann/Rahn, NJW 1988, S. 2432 (2434 f.).

[866] M/K-Basedow, §305, Rn. 64; Ulmer/Brandner/Hensen-Ulmer, AGBG, §2, Rn. 49a; Palandt-Heinrichs, §305, Rn. 38; Borges, ZIP 1999, S. 130 (135); Köhler, NJW 1998, S. 185 (189); LG Freiburg, NJW-RR 1992, S. 1018 (1018); LG Köln, NJW-RR 1998, S. 1277 (1278); Dilger, Verbraucherschutz bei Vertragsabschlüssen im Internet, S. 48: 5-10 Seiten.

[867] Kamanabrou, CR 2001, S. 421 ff.; M/K-Basedow, §305, Rn. 65; Löhnig, NJW 1997, S. 1688 (1689); Waldenberger, BB 1996, S. 2365 (2368 f.); Koehler, MMR 1998, S. 289 (292); Horn, MMR 2002, S. 209 (210). Zumutbar soll die dem Kunden jedenfalls sein, wenn der Anbieter wegen Art und Inhalt des Vertrages ein berechtigtes Interesse an der Einbeziehung längerer AGB hat. In diesen Fällen soll die Möglichkeit des Kunden zum bequemen Fernabschluß seinen Zeitaufwand für Download und Kosten des Ausdrucks aufwiegen, Ulmer/Brandner/Hensen-Ulmer, AGBG, §2, Rn. 49a; Mehrings, BB 1998, S. 2373 (2379).

druck ohnehin nicht erforderlich sind. Würde man generell eine Speichermöglichkeit verlangen, würde der Vertragsschlußprozeß gerade bei Medien ohne eingebaute Speichermöglichkeit (z. B. Handy, Fernseher) unnötig behindert. Die eben erwähnte „Verzichtlösung" würde versagen, da §312e II2 die Abdingbarkeit der Vorschrift ausdrücklich begrenzt und das sogar auch im Verhältnis von Unternehmern zueinander.[868] Auch §312 f S1 verbietet allgemein ein Abweichen von den Bestimmungen des elektronischen Geschäftsverkehrs zum Nachteil des Verbrauchers, so daß sowohl abweichende Abreden als auch ein abweichender einseitiger Verzicht ausgeschlossen ist.[869] So besteht für den Kunden nicht die Möglichkeit, sich mit der nachvertraglichen Bereitstellung einer speicherbaren Version von AGB, z. B. durch E-Mail-Versand, einverstanden zu erklären. Es würde sich also beachtliche Hemmnisse für die Einbeziehung von allgemeinen Geschäftsbedingungen auftun, weil der Vertragsschluß entweder überhaupt nicht möglich wäre oder erst nach zeitraubender Bereitstellung der AGB auf einem speicherfähigen Medium. Deswegen ist §312 I1 Nr. 4 richtigerweise nicht als spezielle Einbeziehungsvoraussetzung für AGB zu verstehen. Es ergibt sich also daraus auch kein Argument für eine Bereitstellungspflicht des Unternehmers noch vor Abgabe der Bestellung durch den Kunden.

Möglicherweise sprechen aber andere Gründe für eine frühe Speichermöglichkeit. Es scheint zwei verschiedene teleologische Ziele zu geben, die man Art. 10 III ECRL bzw. §312e I1 Nr. 4 zuschreiben könnte. Den Zweck einer Pflicht zur Information vor Vertragsschluß könnte man einerseits darin sehen, daß die Vorschriften dem Kunden einen informierten Vertragsschluß ermöglichen sollen, indem sie seinen vorvertraglichen Kenntnisstand erhöhen.[870] Man könnte aber andererseits auch annehmen, daß das Ziel eine nachvertragliche Bestätigung und gleichzeitig die Verbesserung der Beweislage des Kunden nach dem Vertragsschluß ist.[871] Der erstgenannte Ansatz erscheint nicht plausibel. Was die Bereitstellung allgemeiner Geschäftsbedingungen angeht, existiert bereits in §305 II eine Regelung, die für ausreichende Möglichkeiten zur Kenntnisnahme sorgt. Die essentialia negotii des Vertrages selbst stellen bezüglich der Kenntnisnahme regelmäßig kein Problem dar, da sie geringeren Umfang haben und in beiderseitigem Interesse vereinbart werden, so daß die Hinweispflichten des Unternehmers geringer sind. Zahlreiche Verbraucherschutznormen wie z. B. §312c I1 Nr. 1 i.V.m. §1 InfoV sorgen zudem im Vorfeld bereits für die Information über die wichtig-

[868] der Verzicht im Rahmen von §305 II muß allerdings nach überwiegender Auffassung individuell erfolgen, was Schwierigkeiten bei den formularmäßig aufgebauten elektronischen Bestellsystemen aufwirft, Palandt-Heinrichs, §305, Rn. 37; Mehrings, BB 1998, S. 2373 (2379); Heermann, K&R 1999, S. 6 (10). Ein ausdrücklicher Verzicht muß gleichwohl auch im Internet möglich sein, um den elektronischen Handel zu fördern und die Entscheidungsfreiheit des Kunden zu wahren. Wenn dem Kunden in einer Dialogbox zunächst transparent die Frage nach einer Speicher- und Ausdruckmöglichkeit gestellt wird und bei Verneinung die Auswahl gegeben wird, auf die Kenntnisnahme zu verzichten oder den Bestellvorgang abzubrechen, sollte der Verzicht zugelassen werden, weil dann keine unangemessene Benachteiligung nach §307 I vorliegt.

[869] so auch M/K-Wendehorst, §312f, Rn. 9; Micklitz/Tonner-Tonner, Vertriebsrecht, §312f, Rn. 8; Palandt-Heinrichs, §312f Rn. 1.

[870] Micklitz/Ebers, VersR 2002, S. 641 (647)

[871] in dieser Richtung: Grigoleit, NJW 2002, S. 1151 (1158); Blume/Hammerl, ECG, §11, Rn. 14 zum mit Art. 11 III ECRL wortgleichen §11 Öst. ECG.

sten Vertragsmodalitäten. Eigentlicher Kern von Art. 10 III ECRL bzw. §312e I1 Nr. 4 ist deshalb nicht die vorvertragliche Information über die Vertragsklauseln, sondern die Speicherung der Vertragsbestimmungen für spätere Referenz- und Beweiszwecke. Um die bloße vorvertragliche Kenntnisnahme zu ermöglichen, bedürfte es nämlich keiner allgemeinen Speichermöglichkeit auf Seiten des Kunden. Sie ist auch bei der Einbeziehung von AGB nur als Notlösung erforderlich und im übrigen eher hinderlich. Gegen diese Feststellung spricht auch nicht Art. 5 der Richtlinie über den Fernabsatz von Finanzdienstleistungen 2002/65/EG, der bestimmt, daß die Vertragsbestimmungen vor der vertraglichen Bindung des Verbrauchers zu übermitteln sind. Denn bei Finanzdienstleistungen ist die Vertragsgestaltung oft so kompliziert und für den Kunden undurchschaubar, daß dieser Möglichkeit erhalten soll, mit einem Vertragsformular in gespeicherter oder gedruckter Form einen Finanzberater aufzusuchen. Systematisch ergänzt sich die Pflicht nach §312e I1 Nr. 4 bei dieser Auslegung nahtlos mit §312e I1 Nr. 2 i.V.m. §3 Nr. 2 InfoV, der einen vorvertraglichen Hinweis verlangt, ob der Unternehmer die Vertragsdaten nach Vertragsschluß speichern wird.[872] Wenn der Unternehmer diesen Service anbietet kann sich der Kunden nach dem Vertragsschluß zwischen zwei Alternativen entscheiden, nämlich entweder den Vertrag selbst zu speichern oder dies dem Unternehmer zu überlassen. Nun könnte man die Auffassung vertreten, daß §312e I1 Nr. 4 bei Anknüpfung an einen vorvertraglichen Zeitpunkt beiden Zielen – vorvertragliche Information und nachverträgliche Beweissicherung – dienen könnte, so daß zwei Fliegen mit einer Klappe erschlagen werden könnten. Dies trifft aber nicht zu. Eine Speicherung vor dem Vertragsschluß würde dem Kunden im nachvertraglichen Zeitraum wenig nutzen, weil erst mit dem Vertragsschluß überhaupt der komplette Vertragstext feststeht.[873] Besteht die Informationspflicht also nur zu einem bestimmten Zeitpunkt, kann dieser nur nach dem Vertragsschluß liegen, weil erst dann die endgültige Vertragsfassung für die Beweissicherung vorliegt. Wenn man §312e I1 Nr. 4 als nachvertragliche Bestätigungs- und Beweissicherungsvorschrift versteht, hat man auch den Vorteil einer Systematisierung mit der Übermittlungspflicht in §312c II, die eine nachvertragliche Erfüllung erlaubt und auch in der nachvertraglichen Phase ihren eigentlichen Zweck, nämlich die Information des Verbrauchers über den Vertragsinhalt und das Widerrufsrecht, verfolgt.[874] Ergänzend zu dieser Pflicht verlangt §312e I1 Nr. 4 für den elektronischen Geschäftsverkehr die Speicherbarkeit sämtlicher Vertragsbestimmungen und Geschäftsbedingungen auch im Verkehr zwischen Unternehmern. Auch würde die Pflicht zur vorvertraglichen Übermittlung gem. Art. 5 der Richtlinie über den Fernabsatz von Finanzdienstleistungen mit der anschließenden Pflicht zur nachvertraglichen Bereitstellung aus §312e I1 Nr.4 harmonisieren, ohne daß es eine sinnlosen Pflichtverdoppelung im vorvertraglichen Bereich käme. Mit die-

---

[872] s. o. 1. Teil C.I.3.

[873] so auch Grigoleit NJW 2002, S. 1151 (1157); Micklitz, in: Schulze/Schulte-Nölke (Hrsg.), Schuldrechtsreform vor dem Hintergrund des Gemeinschaftsrechts, S. 237: AGB als einseitig verfaßte Bestimmungen sollten allerdings bereits vor dem Vertragsschluß zur Verfügung gestellt werden. Dies kann aber nur gelten, wenn der Kunde gezwungen ist, die AGB ohne Änderungswünsche zu akzeptieren.

[874] Diese Parallele erwähnt auch der Diskussionsentwurf des Bundesjustizministeriums, abrufbar unter http://www.lrz-muenchen.de/~Lorenz/schumod/diske/eschurmo.pdf, S. 347 f.

ser Auslegungsweise gleichzeitig beantwortet ist die Frage nach der *frühestmöglichen* Erfüllbarkeit der Bereitstellungspflicht: Die Downloadmöglichkeit stellt erst dann eine wirksame Erfüllung dar, wenn der Vertragsinhalt feststeht.
Fraglich bleibt allerdings, ob die Pflichterfüllung auch noch wie bei §312c II *spätestmöglich* bis zur vollständigen Erfüllung des Vertrags zulässig ist. Dies ist indes abzulehnen, weil man sonst den eindeutigen historischen Willen des Gesetzgebers mißachten würde. Dieser hat die Formulierung „bis zur vollständigen Erfüllung" auf Ersuchen des Bundesrats gestrichen und wollte damit diesen späten Zeitpunkt ausschließen. Maßgeblich kann deswegen nur ein Zeitpunkt sein, der unmittelbar nach dem Vertragsschluß liegt. Warum ist aber diese Abweichung von §312c II gewollt? Der elektronische Geschäftsverkehr hat den Vorzug, daß Daten in kürzester Zeit übertragen und gespeichert werden können – anders als etwa beim telefonischen Vertragsschluß, wo die Vertragsdaten gewöhnlich nachträglich per Post zugesandt werden. Dieses Potential will §312e I1 Nr. 4 freisetzen, indem eine Speichergelegenheit schon direkt beim Vertragsschluß eröffnet werden muß.
Aus der Zusammenschau mit §312 I1 Nr. 2 i.V.m. §3 Nr. 2 InfoV folgt im übrigen, daß der Unternehmer lediglich verpflichtet ist, die Daten für eine kurze Frist nach dem Vertragsschluß zur Verfügung zu stellen, die dem Kunden ausreichende Möglichkeit zur Speicherung der Daten gibt.[875] Zu einer längerfristigen Speicherung muß sich der Unternehmer selbst bereiterklären und dann entsprechend §312 I1 Nr. 2 i.V.m. §3 Nr. 2 InfoV darüber informieren.

b) Gegenstand der Bereitstellungspflicht

Klärungsbedürftig ist der Gegenstand der Bereitstellungspflicht. Der Unternehmer ist verpflichtet, die Vertragsbestimmungen und allgemeinen Geschäftsbedingungen bereitzuhalten. Der Begriff der allgemeinen Geschäftsbedingungen ist identisch mit dem in §305 I, der richtlinienkonform mit der Klauselrichtlinie 93/13/EWG ist. Auslegungsbedürftig ist aber die Bezeichnung „Vertragsbestimmungen". Erfaßt sein müssen alle individuellen vertraglichen Abreden, d. h. insbesondere die essentialia negotii, aber auch alle vertraglichen Nebenabreden. Was Bestandteil des Vertrages wird, ist nach dem Recht der einzelnen Mitgliedsstaaten zu beurteilen, da diese nach wie vor die Regelungshoheit über den Vertragsschluß haben und die Bereitstellungspflicht nach §312e I1 Nr. 4 sinnvollerweise mit dem materiellen Vertragsinhalt übereinstimmen muß. So ist nach deutschem Recht durch Auslegung gem. §§133, 157 z. B. zwischen vertraglichen Beschaffenheitsvereinbarungen (z. B. nach §434 I1) und bloßen Werbeaussagen zu unterscheiden.[876] Nicht hinweisen muß der Unternehmer auf selbständig anwendbare gesetzliche Bestimmungen bzw. Umstände außerhalb des Vertragsschlusses, die gesetzliche Ansprüche begründen können (z. B. auf Herstelleraussagen i.S.v. §434 I2) . Außerdem sind nicht konkludente Abreden und gemeinsame

[875] so auch Grigoleit, NJW 2002, S. 1151 (1157); Micklitz, in: Micklitz/Pfeiffer/Tonner/Willingmann (Hrsg.), Schuldrechtsreform und Verbraucherschutz, S. 191 (233); Spindler, in: Dauner-Lieb/Konzen/Schmidt (Hrsg.), Das neue Schuldrecht in der Praxis, S. 459 (471).
[876] M/K-Wendehorst, §312e, Rn. 100.

Vorstellungen über die Geschäftsgrundlage gem. §313 gemeint.[877] Konkludente Erklärungen werden im Internet sowieso recht selten vorkommen, da die Nutzer sich größtenteils vordefinierter Programmroutinen bedienen müssen oder ausdrückliche Textbotschaften verfassen und daher wenig Raum für Handlungen mit darüber hinausgehendem Erklärungswert bleibt.[878] Ausnahmen sind aber z. B. denkbar bei Formen der Internet-Telefonie wie z. B. bei Videokonferenzen, die größere Erklärungsfreiräume schaffen. Eine schriftliche Fixierung dieser stillschweigenden Erklärungen ist aber nicht möglich, da ihr Gehalt sich nur mittelbar aus dem Verhalten ergibt. Man könnte nur das Verhalten z. B. durch Aufzeichnung der Vertragskommunikation in Bild und Ton dokumentieren, was schlechthin nicht praktikabel ist. Gemeinsame Vorstellungen i.S.d. §313 liegen ohnehin außerhalb des Vertrags und werden diesem vielmehr als selbstverständliche Basis zugrundgelegt. Informationen nach §312c II Nr. 2 i.V.m. §1 II InfoV müssen ebenfalls nicht nach §312e II Nr. 4 bereitgestellt werden, da es sich nicht um Vertragsbestimmungen handelt und ansonsten §312c II völlig leerlaufen würden.[879].

Zugänglich gemacht werden müssen die allgemeinen Geschäftsbedingungen, die Bestandteil des endgültigen Vertrages geworden sind, d. h. die gem. §305 II wirksam einbezogen wurden.[880] Gleiches gilt für alle übrigen Vertragsbestimmungen. Macht der Unternehmer Vertragsbestimmungen zugänglich, die nicht rechtlich wirksam einbezogen wurden bzw. inhaltlich nicht wirksam sind begeht er aber nicht automatisch eine Pflichtverletzung.[881] Der Unternehmer kann nur nach bestem Gewissen seiner Rechtsauffassung folgen. Wichtig ist nur, daß möglichst alle Vertragsbestimmungen, die potentiell Teil des Vertrages geworden sein können, dem Kunden zur Verfügung gestellt werden, damit dieser vollständiges Beweismaterial erhält. Die Frage, ob tatsächlich eine wirksame Einbeziehung stattgefunden hat bzw. bestimmte Klauseln inhaltlich wirksam sind, ist im Zweifel gerade unter Heranziehung der gespeicherten Vertragsversion gerichtlich zu klären. Allerdings darf der Unternehmer nicht bewußt eine Version zugänglich machen, die vertragsfremde Bestimmungen enthält.

c) technische Anforderungen an die Bereitstellungspflicht

Der Unternehmer hat für den Kunden die Vertragsdaten abruf- und speicherbar bereitzuhalten. Unzweifelhaft gemeint ist damit eine Weitergabe der relevanten Daten auf elektronischem Weg[882], denn §312e II Nr. 4 verlangt eine kurzfristige Erfüllung der Pflicht nach dem Vertragsschluß, und die dafür nötige Geschwindigkeit kann nur die elektronische Übermittlung gewährleisten. Außerdem bildet §312e so ein geschlossenes System, weil sowohl die Erklärungen des Nutzers, d. h. die Bestellung, als auch sämtliche Informationen des Unternehmers über ein einheitliches Medium erfolgen.

[877] M/K-Wendehorst, §312e, Rn. 100.
[878] Süßenberger, Das Rechtsgeschäft im Internet, S. 42.
[879] Lütcke, Fernabsatzrecht ,§312e, Rn. 59; Beschlußempfehlung Rechtsausschuß BT-Druck 14/7052, S. 192; Micklitz/Tonner-Micklitz, Vertriebsrecht, §312c, Rn. 42.
[880] M/K-Wendehorst, §312e, Rn. 102.
[881] a. A. M/K-Wendehorst, §312e, Rn. 102: Jede Verwendung unwirksamer Vertragsbestimmungen hat ein hohes Potential, den Kunden über die wirkliche Rechtslage zu verwirren und zu schädigen.
[882] so auch M/K-Wendehorst, §312e, Rn. 105.

Ein Medienbruch an einer Stelle würde den Informationsfluß behindern und den Möglichkeiten zur multimedialen Weiterverarbeitung der Daten im Wege stehen.
Es fragt sich aber, was mit „Abruf" und „Speicherung" gemeint ist. Abruf bedeutet, der Unternehmer muß dem Kunden ermöglichen, die Dateien auf seinen Rechner herunterzuladen, damit eine kundenseitige Speicherung erfolgen kann.[883] Nicht ausreichend ist es deshalb, wenn der Unternehmer die Möglichkeit der Speicherung dergestalt einräumt, daß er dem Kunden gestattet, mit einer Diskette bei ihm vorbeizukommen und an seinem Sitz eine Speicherung vorzunehmen. Dies entspricht der Forderung von Art. 10 III ECRL, daß die Vertragsbestimmungen dem Nutzer „zur Verfügung gestellt" werden müssen. Diese Pflicht ergibt sich nicht schon aus §305 II Nr. 2, weil der Zeitpunkt der Pflichterfüllung ein anderer ist.[884] Ziel der elektronischen Datenübermittlung zum Kunden ist die Beschleunigung des Geschäftsverkehrs.
Sodann muß der Kunde die Möglichkeit zur „Speicherung in wiedergabefähiger Form" bekommen. Speicherung bedeutet, daß der Kunde die Gelegenheit erhalten muß, die Daten auf einem dauerhaften Datenträger zu speichern.[885] Es reicht also nicht, wenn der Kunde die Daten nur in einen RAM-Speicher abrufen kann, ohne sie auf einen Festspeicher sichern zu können, denn sie sollen gerade für die spätere Wiedergabe erhalten bleiben. Für den Geschäftsverkehr im Internet darf der Unternehmer allerdings ohne weitere Nachfrage vom Regelfall ausgehen, daß ein PC mit Speichermöglichkeit vorhanden ist.[886] Anders als bei §312c II i.V.m. §126b ist der Unternehmer nicht verpflichtet, dem Kunden einen dauerhaften Datenträger mit den Vertragsdaten zur Verfügung zu stellen, d.h. sich der Daten in Richtung des Kunden im Sinne einer „Bringschuld" zu entäußern.[887] Es ist aber selbstverständlich für die Erfüllung der Pflicht ausreichend, wenn der Unternehmer dem Kunden die Daten per E-Mail zusendet. Muß dem Kunden über die wiedergabefähige Speicherung hinaus auch eine Ausdruckmöglichkeit eingeräumt werden?[888] Dagegen spricht, daß der Wortlaut von Art. 10 III ECRL und §312e II Nr. 4 dies nicht ausdrücklich verlangen. Es reicht deshalb aus, wenn der Unternehmer Dateien zur Verfügung stellt, die nur zur Bildschirmwiedergabe und nicht zum Druck geeignet sind (z. B. druckgesperrte pdf-Dateien).[889] Wesentliche Beweiserschwerungen ergeben sich daraus nicht für den Kunden, selbst wenn nach der ganz herrschenden Auffassung elektronische Dokumente nicht dem Urkundenbeweis (§§415 ff. ZPO), sondern dem Augenscheinsbeweis (§§371 ff.

---

[883] vgl. Begründung zum Regierungsentwurf, BT-Druck 14/6040, S. 172.
[884] so zutreffend die Begründung zum Regierungsentwurf, BT-Druck 14/6040, S. 172; a. A. Boente/Riehm, Jura 2002, S. 222 (227); Micklitz/Ebers, VersR 2002, S. 641 (647).
[885] so auch M/K-Wendehorst, §312e, Rn. 107.
[886] ob dieser Grundsatz allerdings bei Ausbreitung des rückkanalfähigen Fernsehens allerdings haltbar bleiben wird, ist sehr fraglich, s. u. 1. Teil D.3.
[887] Beschlußempfehlung Rechtsausschuß, BT-Druck 14/7052, S. 195. Zwar reicht auch bei §312c II der Download aus dem Internet, allerdings muß dann sichergestellt werden, daß der Kunde die Informationen tatsächlich bei sich speichert oder ausdruckt, so die Regierungsbegründung zum Fernabsatzgesetz, BT-Druck 14/2658, S. 40. Dies ist allerdings schwer zu leisten durch den Unternehmer.
[888] so Micklitz/Tonner-Micklitz, Vertriebsrecht, §312e, Rn. 105: „Abrufen ist inhaltlich gleichzusetzen mit der Erforderlichkeit der Ausdruckmöglichkeit"; a. A. Kamanabrou, CR 2001, S. 421 (425).
[889] Spindler, in: Dauner-Lieb/Konzen/Schmidt (Hrsg.), Das neue Schuldrecht in der Praxis, S. 471.

ZPO)zugeordnet werden.[890] Letzterer Auffassung ist der Gesetzgeber mit der Neufassung von §371 ZPO gefolgt, der jetzt elektronische Dokumente in Abs. 1 S. 2 erwähnt. Zwar unterliegen Augenscheinsobjekte der freien Beweiswürdigung nach §286 I ZPO, während Urkunden gem. §416 I ZPO vollen Beweis über die Abgabe der Erklärung erbringen.[891] Jedoch muß sowohl beim Augenscheinsbeweis als auch gem. §440 I ZPO der Nachweis über die Identität des Ausstellers geführt werden, der in jedem Fall der freien richterlichen Beweiswürdigung unterliegt. Der Anscheinsbeweis für die Echtheit nach §292a ZPO gilt nur bei elektronisch signierten Dokumenten.[892] Erst wenn diese Hürde überwunden ist, ergeben sich Unterschiede zwischen Urkunden und digitalen Dokumenten, weil der Richter an den Inhalt der Urkunde gebunden ist, bei digitalen Dokumenten jedoch im Rahmen der freien Beweiswürdigung die erhöhte Fälschungsgefahr berücksichtigen kann.[893] Hier kommt es auf die Einzelfallgestaltung an: pdf-Dateien sind Manipulationsgefahren z. B. in geringerem Maße ausgesetzt als bloße ASCII-Dateien. Im übrigen gilt, daß der bloße Ausdruck bereits übermittelter Dateien den Beweiswert nicht erhöhen kann.[894] Noch ungeklärt ist allerdings der Beweiswert, den Direktausdrucke aus dem Internet besitzen (z. B. über einen Druck-Button auf der Homepage des Unternehmers). Hier ist die Möglichkeit einer einfachen Dateimanipulation durch den Empfänger regelmäßig ausgeschlossen, sondern es besteht höchstens das Risiko einer Manipulationen der Daten während des Transports.
Zu bestimmen ist schließlich das Format, in dem die Daten zur Verfügung gestellt werden müssen. Hier ist auf oben dargestellten Grundsätze des Transparenzgebots zurückzugreifen.[895] Es eigenen sich im elektronischen Geschäftsverkehr weit verbreitete Dokumentarten wie das Microsoft Word-Format (*.doc), Acrobat Reader-Format (*.pdf) oder das ASCII-Format für die kostenlose Anzeige- oder Konvertierungsprogramme verbreitet erhältlich sind. Der Aufwand zur Erlangung dieser Programme ist dem Kunden ohne Bedenken zumutbar. Um dem Kunden den Zugang zu ermöglichen, muß der Unternehmer aber angeben, um welches Dateiformat es sich handelt, wenn nicht bereits die gesamte vorausgehenden Kommunikation in diesem Format abgewikkelt wurde. Ohne weiteres möglich ist die Bereitstellung in einem Markup Language-Format wie HTML, bei dem von einer universellen Lesbarkeit ausgegangen werden kann. Es stellt sich allerdings die Frage, ob der Unternehmer auch Anleitungen geben

---

[890] vgl. Hammer/Bizer, DuD 1993, S. 689; Heun, CR 1995, S. 2 (3); Rott, NJW-CoR 1998, S. 420 (424).
[891] Für die Richtigkeit und Vollständigkeit der Urkunde besteht lediglich eine Vermutung nach §286 ZPO: Baumbach/Lauterbach/Albers/Hartmann-Hartmann, ZPO, §416, Rn. 8; Musielak-Huber, §417 ZPO, Rn. 4; BGH NJW-RR 1989, S. 1323 (1324).
[892] so Roßnagel, K&R 2003, S. 84 ff.; a. A. aber Mankowski, CR 2003, S. 44 ff. u. MMR 2004, S, 179, 180 ff. der darauf hinweist, daß elektronische Dokumente typischerweise vom Absender stammen und bei Verlagerung der Beweislast auf den Empfänger im elektronischen Rechtsverkehr ein unbegrenztes Widerrufsrecht qua Beweisverlagerung droht. Er plädiert deshalb für die Annahme eines Anscheinsbeweises.
[893] vgl. Hoeren/Sieber-Mehrings, Handbuch Multimedia-Recht, Teil 13.2, Rn. 5 ff. Übertrieben: AG Bonn, CR 2002, S. 301 (301), das E-Mails wegen der Manipulationsgefahr keinerlei Beweiskraft zusprechen will.
[894] AG Bonn, CR 2002, S. 301 (301); zustimmend Roßnagel, NJW 2003, S. 1209 (1210).
[895] s. o. 1. Teil C.I.1.b).

muß, wie die Daten abgerufen und gespeichert werden können.[896] Grundsätzlich kann er davon ausgehen, daß er sich einem Nutzer mit durchschnittlichen Kenntnissen gegenübersieht. Keiner näheren Erläuterung bedarf daher die Bedienung einer „Öffnen/Speichern/"-Dialog-Box, die sich nach der Betätigung eines Downloadlinks öffnet. Diese ist vielmehr selbsterklärend. Wird kein Link zu einem HTML- oder FTP-Download bereitgestellt, muß der Unternehmer allerdings die Schritte erläutern, die z. B. für die Speicherung einer im Browser geöffneten Seite nötig sind.[897] Besonders das Abspeichern von Internetseiten mit Frames wirft oftmals Probleme auf, so daß hier besondere Hilfestellungen nötig sind.
Wichtig ist, daß der Unternehmer dem Kunden eine möglichst bequeme Downloadmöglichkeit bietet. Deshalb darf die Datei in nicht mehr als zwei Teile (für die Vertragsbestimmungen und für die AGB) aufgespalten werden, die gemeinsam zum Abruf bereitgestellt werden müssen. Dem Kunden ist es nämlich nicht zumutbar, sich die Vertragsdaten aus Stückwerk selbst zusammenzusetzen.

D. (Praktische) Anwendbarkeit des Pflichtenkatalogs auf moderne elektronische Kommunikationsformen

1. Einleitung

Die ECRL will der Sicherheit und Leichtigkeit des elektronischen Geschäftsverkehrs dienen. Dafür ist es natürlich unabdingbar, daß sie den dort verwendeten verschiedenen technischen Kommunikationsstandards in zweierlei Hinsicht Rechnung trägt. Zum einen muß die Erfüllung der Pflichten vom technischen Hintergrund her überhaupt möglich sein und zweitens muß sie auch inhaltlich sinnvoll sein. Zu berücksichtigen ist dabei, daß sich die rechtlichen, technischen und wirtschaftlichen Gegebenheiten gerade im elektronischen Geschäftsverkehr rasant verändern. Diese Veränderungsprozesse laufen so schnell ab, daß der schwerfällige Richtlinienerlaß- und Umsetzungsprozeß Mühe hat, mit den durch sie geschaffenen Umständen Schritt zu halten und ihnen adäquat Rechnung zu tragen. Es ist daher kaum verwunderlich, wenn die ECRL in ihrer derzeitigen Fassung noch einige Ungereimtheiten hinsichtlich aktueller oder kommender Kommunikationstechniken enthält. Deswegen verpflichtet Art. 21 I ECRL die Kommission, im Zweijahresrhythmus dem europäischen Parlament und dem Rat Berichte über die Anwendung der Richtlinie und Vorschläge zur Anpassung der Richtlinie an geänderte rechtliche, technische und wirtschaftliche Verhältnisse vorzulegen. Wegen drohender Richtlinienverletzungen, haben die einzelnen Mitgliedsstaaten keinen ausreichenden Spielraum, um selbständig alle notwendigen Korrekturen an der ECRL in den nationalen Umsetzungsvorschriften vorzunehmen.

---

[896] so im einzelnen differenzierend Tettenborn/Bender/Lübben/Karenfort, BB 2001, Beilage 10 zu Heft 50, S. 1 (25); M/K-Wendehorst, §312e, Rn. 105; Hoenike/Hülsdunk, MMR 2002, S. 516 (517).
[897] a. A. Kamanabrou, CR 2001, S. 421 (424): bei Webseiten mit Menüleiste falle das Auffinden des „Speichern Unter" Menüpunkts in den Risikobereich des Kunden; bei Webseiten ohne Menüleiste müsse allerdings auf die Möglichkeit zum Speichern durch die Tastenkombination Strg+S hingewiesen werden.

Schon jetzt soll untersucht werden, welche Technologien und elektronischen Vertriebsformen Schwierigkeiten aufwerfen können und in einer angepaßten Fassung der Richtlinie berücksichtigt werden müßten.

2. *M-Commerce*

a) Einführung

Ein Bereich, in dem technische Schwierigkeiten bei der Informationserteilung drohen, ist der wachsende Markt des M-Commerce, d. h. des Geschäftsverkehrs über Mobiltelefone.[898] Die Handytechnologie bietet verschiedene Möglichkeiten zur Kommunikation: die Vertragspartner können zum einen per Sprachkommunikation in Kontakt treten. Dieser Bereich wirft keine Probleme auf, da die Sprachkommunikation ohnehin vom Anwendungsbereich des §312e und der ECRL ausgenommen ist.[899] Technologien, die unter §312e und die ECRL fallen, sind jedoch der Versand von Kurznachrichten über SMS und MMS sowie der Internetzugang über WAP. Dank des zukünftigen UMTS-Übertragungsstandards werden breitbandige Datentransfers von bis zu zwei Megabit pro Sekunde möglich sein, so daß auch umfangreichere Audio- und Videodateien übertragen werden können.[900] Als vielversprechende Einnahmequelle wird auch das Angebot von sog. „Location Based Services" angesehen, die dem Nutzer unter Berücksichtigung seines aktuellen Aufenthaltsortes Restaurantvorschläge, Navigationshilfen oder Veranstaltungshinweise bieten sollen. Die wirtschaftlichen Dimensionen, die die Einführung der Breitbandübertragung im Mobilfunkverkehr mit sich bringen wird, sind momentan kaum abzusehen. Die Zahl der elektronischen Vertragsabschluß*gelegenheiten* wird jedenfalls um ein Vielfaches steigen, da Mobiltelefone ständig mitgeführt werden können und der Kunde dadurch für Vertragsabschlüsse nicht mehr an den Standort eines PC gebunden ist.
Wenngleich die UMTS-Technik in Zukunft an vielen anderen Stellen ihren Dienst verrichten soll, z. B. im Auto oder Haushaltsgeräten, so wird der Einsatz auf Mobiltelefonen voraussichtlich den Schwerpunkt bilden. Um portabel zu sein, müssen Handys aber auch in Zukunft in kompakter Form gebaut werden, was nach wie vor eine kleine Displaygröße (~9-10 qcm) zur Folge haben wird. Auch wenn moderne Displays über höher aufgelöste Bildpunktraster verfügen werden als herkömmliche, ist die Lesbarkeit längerer Texte in entsprechender Schriftgröße doch mit einiger Anstrengung für die Augen verbunden. Vor allem droht durch die bruchstückhafte Darstellung über mehreren Seiten die Übersicht und der Sinnzusammenhang verloren zu gehen. Eine Erstreckung der Informationen über mehr als fünf bis sechs Displayseiten ist deshalb als

---

[898] dies befürchten auch Grabitz/Hilf-Marly, A4, Art. 5, Rn. 10; Tettenborn/Bender/Lübben/Karenfort, BB 2001, Beilage 10 zu Heft 50, S. 1 (17).
[899] s. o. 1. Teil B.II.1.d)cc).
[900] vgl. zur UMTS-Technik http://www.umts-report.com; Frankfurter Allgemeine Zeitung vom 16. Oktober 2000, Wirtschaft, S. 28, „Netzwirtschaft im Überblick. Die ersten UMTS-Netze werden in Europa ab 2002 gebaut"; Computerwoche vom 4. Oktober 2002, SCHWERPUNKT, „Mobile Commerce/Geschäftsmodelle auf dem Prüfstand; M-Business: Die Hoffnung stirbt nicht"; Wiecker, in: Gora/Röttger-Gerigk (Hrsg.), Handbuch Mobile-Commerce, S. 427 (433 f.).

Grenze der Zumutbarkeit anzusehen.[901] In Einzelfällen können diese Probleme auch bei kleinen „handheld computers“ (PDA)[902] entstehen, die oft auch nur ein unwesentlich größeres Display haben als ein Handy. Die eingeschränkten Anzeigefähigkeiten mobiler Geräte können zu erheblichen Schwierigkeiten bei der transparenten Darstellung von Informationen führen. Im Rahmen des elektronischen Geschäftsverkehrs werden gerade technische Anleitungen nach §312e I1 Nr. 2 i.V.m. §3 Nr. 1 u. 3 InfoV umfangreich ausfallen, wenn z. B. eine HTML- oder WML-Seite komplex aufgebaut oder der Vertragsschlußmechanismus kompliziert gestaltet ist, wie dies bei Online-Auktionen regelmäßig der Fall ist. Außerdem soll §312e die Informationspflichten im Fernabsatz gem. §312c ergänzen, wie §312e III und Art. 1 III ECRL zeigen, so daß der insgesamt für die Informationen aus beiden Komplexen benötigte Platz umfangreich ist. Hinzu kommen noch die allgemeinen Informationspflichten aus §6 TDG und §10 MDStV bzw. Art. 5 ECRL. Da sich die ECRL – anders als die Fernabsatzrichtlinie – ausschließlich auf elektronische Medien konzentriert, ist eine Klärung der Darstellbarkeit von Verbraucherinformationen in ihrem Rahmen besonders angezeigt.
Auch die Pflicht gem. §312e I1 Nr. 4 und Art. 10 III, eine Abruf- und Speichermöglichkeit für die Vertragsdaten zu eröffnen, wirft gewisse Schwierigkeiten auf, denn die meisten Mobilfunkgeräte verfügen nicht über Speicherkapazitäten, die umfangreich genug wären, um den kompletten Vertragstext mitsamt der AGB aufzunehmen. Selbst wenn in Zukunft portable Geräte mit großzügigeren Speichermedien ausgestattet werden, verschärfen sich die Probleme, wenn die Vertragsdaten multimediale Elemente wie Audio- oder Videodateien enthalten und diese einer Speicherung zugänglich sein müssen.

b) Möglichkeit zur transparenten Informationserteilung

Lassen sich für diese Probleme im Rahmen der bestehenden Vorschriften angemessene Lösungen finden? Man könnte zunächst vermuten, daß der transparenten Informationspräsentation keine allzu großen Hürden entgegenstehen, weil das Transparenzgebot bei den verschiedenen Pflichttatbeständen jeweils an unterschiedliche Zeitpunkte anknüpft.[903] Dies würde dafür sprechen, daß sich die jeweiligen Informationen separat darstellen lassen und deswegen stets eine zumutbare Möglichkeit zur Kenntnisnahme der Informationen analog §305 II Nr. 2 geschaffen werden kann. Daran ist richtig, daß die AGB stets im Zusammenhang präsentiert werden müssen, was aufgrund ihrer Länge gewöhnlich besondere Konzentration bei der Kenntnisnahme erfordert, während die Verbraucherinformationen, die aus verschiedenen Schutznormen stammen, auch verstreut werden dürfen. Jedoch ist es fraglich, ob man das in allen modernen Verbraucherschutzrichtlinien auftauchende Transparenzgebot wirklich isoliert nur auf die je-

---

[901] enger noch Rayermann/Zimmer, in: Gora/Röttger-Gerigk (Hrsg.), Handbuch Mobile-Commerce, S. 91 (106 f.): bei AGB sind 2-3 Seiten Grenze; mit allgemeinen Bedenken bzgl. Darstellbarkeit Tettenborn/Bender/Lübben/Karenfort, BB 2001, Beilage 10 zu Heft 50, S. 1 (17).

[902] Personal Digital Assistents, auch Organizer oder Palmtops genannt, sind tragbare Kleinstrechner zur Verwaltung und Abfrage von Termin- und Adreßdaten, die sich häufig mit Mobiltelefonen verbinden lassen oder diese schon integrieren; vgl. zur Definition www.netlexikon.akademie.de unter Suchbegriff „PDA“ (http://netlexikon.akademie.de/query;q=PDA).

[903] so Ranke, MMR 2002, S. 509 (513).

weils in Frage stehende Vorschrift beschränken kann oder ob es nicht vielmehr geboten ist, es als übergreifendes Prinzip der Informationsdarstellung anzusehen, das sich auf alle Informationstatbestände zugleich bezieht. Der Kunde wird für gewöhnlich während eines elektronischen Vertragsschlusses in relativ kurzer Zeit mit vielen verschiedenen Informationen konfrontiert, die ihren Ursprung in unterschiedlichen Vorschriften haben. Es macht keinen großen Unterschied, ob diese Informationen gemeinsam auf einer Informationsseite – thematisch abgesetzt - in einem zusammenhängenden Text präsentiert werden oder ob sie über mehrere – thematisch getrennte - Informationsseiten verteilt werden. Die Gesamtzahl der auf dem Handydisplay mühsam zur Kenntnis zu nehmenden Informationen bleibt die gleiche, und die Zumutbarkeit verbessert sich nicht wesentlich. Im übrigen kann sich gelegentlich auch der Umfang eines einzelnen Informationskomplexes wie z. B. aus §312e über mehrere Displayseiten erstrecken und schon deshalb die Kenntnisnahme erschwert sein.
Zu untersuchen ist deshalb, ob es eine Möglichkeit gibt, die Informationspflichten auch auf Mobiltelefonen zuverlässig zu erfüllen. Im Bereich der AGB macht §305a Nr. 2 lit. a eine Ausnahme von den Einbeziehungsvoraussetzungen des §305 II für bestimmte unmittelbar erbrachte Telekommunikations- und Informationsdienstleistungen, wenn die Geschäftsbedingungen im Amtsblatt der Regulierungsbehörde für Telekommunikation und Post veröffentlicht und in den Geschäftsstellen des Verwenders bereitgehalten werden. Entsprechend könnte man deshalb erwägen, es für die Informationserteilung nach §312e als ausreichend anzusehen, wenn Unternehmerverbände standardisierte Informationskataloge veröffentlichen, die die einzelnen Unternehmer zusätzlich auf ihrer Internetseite zugänglich machen. Eine Standardisierung der Informationen wäre bis zu einem gewissen Grad möglich, wenn die Unternehmer zugleich die technische Ausgestaltung ihrer Bestellsysteme angleichen würden. Bei §305a Nr. 2b handelt es sich jedoch um eine spezielle Ausnahme vom Transparenzgebot, die sich nicht für alle Fälle erschwerter Informationserteilung verallgemeinern und deshalb auch nicht auf §312e übertragen läßt. Die Richtlinienkonformität einer solchen Vorschrift wäre auch fraglich, da die ECRL entsprechende Lockerungen des Transparenzgebots nicht vorsieht. Eine entsprechende Regelung würde nämlich zu einer erheblichen Ausweitung der Zumutbarkeit führen, weil dem Kunden anheimgestellt wird, sich die Informationen selbst zu beschaffen bzw. sich zur Einsichtnahme an einen bestimmten Ort zu begeben. Faktisch hätte der Kunden also keine Möglichkeit, die Informationen in der konkreten Vertragsschlußsituation zur Kenntnis zu nehmen.[904] Es bedürfte zweifellos einer Richtlinienänderung, um die Zumutbarkeitsgrenze bei §312e derart zu verschieben.
Im Bereich des B2B-Handels ist aber ein (konkludenter) Verzicht auf die Informationserteilung bzw. eine (Rahmen-)Vereinbarung über die Abbedingung der Informationspflichten gem. §312e II2 zulässig. Eine ausdrückliche Nachfrage des Unternehmers, ob auf die Gelegenheit zur Kenntnisnahme verzichtet wird, läßt sich ohne weiteres auch auf einem kleinen Handydisplay darstellen. Dieser Ausweg bleibt jedoch für den

[904] die Einbußen an Transparenz für den Kunden werden von der Regierung auch in der Begründung zu §305a Nr. 2 besonders hervorgehoben. Sie beabsichtigte daher §305a Nr. 2 enger zu fassen als §23 II Nr. 1a a.F., Begründung Regierungsentwurf, BT-Druck.14/6040, S. 151 ff.

B2C-Bereich versperrt, da §312e II2 eine Abbedingung zum Nachteil von Verbrauchern ausdrücklich nicht gestattet.
Schließlich könnte man als mögliche Lösung noch erwägen, die Informationen durch elektronische Agenten auswerten zu lassen.[905] Die Informationen würden also – für den Kunden verdeckt – nur noch von der Software des Mobiltelefons zur Kenntnis genommen. Die Software könnte automatisch überprüfen, ob der Unternehmer vollständig informiert hat oder nicht. Eine Realisierung dieser „Auto-Information" findet sich z. B. im Bereich des Datenschutzes in Gestalt des „Platform for Privacy Preferences Project" (P3P).[906] Dabei handelt es sich um einen Industriestandard, der es Internetanbietern erlaubt, ihre Datenschutzpraktiken in einem standardisierten Format kundzutun und so einer maschinellen Auswertung zugänglich zu machen. Die vom Nutzer verwendete Software kann die angebotenen Datenschutzstandards mit seinen Präferenzen abgleichen, die er dem Programm als Parameter vorgeben kann. Die Methode des elektronischen Abgleichs zielt jedoch nur auf eine binäre Ja/Nein-Antwort der Software ab, die genügen mag, um dem Sicherheitsbedürfnis des Kunden bei Datenschutzfragen zu genügen. Jedoch bedarf es bei den Informationen nach §312c und §312e einer inhaltlichen Kenntnisnahmemöglichkeit des Kunden, damit dieser den Bestellprozeß bewältigen kann, und nicht nur der Gewißheit, daß bestimmte Informationen erteilt wurden.[907] Man könnte allerdings noch einen Schritt weitergehen und einer Agentensoftware nicht nur die Auswertung der Informationen, sondern auch die Reaktion darauf überlassen. Beispielsweise könnte die Software automatisch ermitteln, welches Sprachenangebot der Unternehmer bereitstellt und eigenständig nur Daten in der Wahlsprache des Kunden abrufen. Oder der elektronische Agent könnte sich vergewissern, ob der Unternehmer eine Archivierung des Vertragstextes bei sich anbietet und darauf reagieren, indem automatisch auf eine kundenseitige Speicherung verzichtet wird. Die persönliche Auswertung der Informationen, wäre also für den Nutzer bis zu einem gewissen Grad entbehrlich, wenn der elektronische Agent ihm den Entscheidungsprozeß abnähme. Problematisch ist dies jedoch bei den Informationen über die für den Vertragsschluß nötigen technischen Schritte und die bereitstehenden Korrekturmittel, sofern sich der Nutzer die Vornahme der eigentlichen Bestellungshandlung selbst vorbehalten und nicht an die Software delegieren möchte. Denn für die Bestellung benötigt er die unmittelbar den Vertragsschlußmechanismus betreffenden Hinweise selbst. Letztlich zeigt sich also, daß nach geltendem Recht keine Methode ersichtlich ist, wie der Unternehmer zuverlässig rechtskonform über das Handydisplay informieren könnte. Der Unternehmer kann sich nicht einmal darauf verlassen, daß der Kunde die Informationen hilfsweise speichern und ausdrucken kann, um sie in Ruhe in Papierform zu studieren. Denn es ist nicht davon auszugehen, daß der Kunde stets einen mobilen Drucker mit sich führt.

[905] in dieser Richtung Ranke, MMR 2002, S. 509 (511 f. und 514).
[906] Informationen unter http://www.w3.org/P3P.
[907] Ranke, MMR 2002, S. 509 (514).

c) Eröffnung einer Speichermöglichkeit für den Vertragstext

Die Bereitstellung von Vertragsbestimmungen zum Abruf und zur Speicherung ist unmöglich, sofern die Mobilfunkgeräte noch nicht mit einer ausreichenden Speicherkapazität ausgestattet sind.[908] Die Kapazität des derzeit vorherrschenden SMS-Standards mit 160 Zeichen reicht keinesfalls für eine Speicherung aus. Anders könnte es aber in Zukunft beim MMS-Standard aussehen, weil dieser eine theoretisch unbegrenzte Nachrichtengröße zuläßt. Gleichwohl haben die Mobilfunkhersteller zunächst eine maximale Größe von 100 kb vorgesehen.[909] In einer Datei dieser Größe lassen sich zwar im Regelfall ausreichend Textinformationen unterbringen, aber der Platz wird knapp, wenn multimediale Informationen – wie Bilder oder Videos – Vertragsbestandteil sind. Abhilfe wäre aber möglich, wenn die Daten per Datenkabel, Infrarot, Bluetooth[910] oder Wireless LAN[911] auf den PC übertragen werden könnten. Von einer solchen Möglichkeit des Kunden kann der Unternehmer aber nicht ohne vorherige Nachfrage ausgehen, zumal sie auch die räumliche Nähe zu einem PC voraussetzt. Letztlich bleibt dem Unternehmer zur Zeit keine andere Option, als beim Kunden nach dem Vorhandensein einer mobilen Speichermöglichkeit zu fragen. Sofern eine solche nicht verfügbar ist, kann eine nachträgliche Zusendung der Vertragsbestimmungen per E-Mail ausreichen[912] Nicht immer werden die Kunden aber für diesen Zweck über eine E-Mail-Adresse verfügen bzw. bereit sein, eine etwa vorhandene private Adresse für geschäftliche Kommunikation zu nutzen. Nicht ausreichend ist jedoch eine Bereitstellung der Daten im Internet zum späteren Selbstabruf durch den Nutzer.[913] Ebenso ist es unzureichend, wenn der Unternehmer eine Speicherung in seiner Sphäre gem. §312e II Nr. 2 i.V.m. §3 Nr. 2 InfoV anbietet, weil die Einräumung einer kundenseitigen Speichermöglichkeit gem. §312e II Nr. 4 nicht optional, sondern verpflichtend für den Unternehmer ist.

d) Ergebnis

Im Ergebnis ist zu konstatieren, daß die ECRL und §312e den technischen Eigenarten des M-Commerce derzeit nicht ausreichend Rechnung tragen und den M-Commerce hemmen. Dies räumt die europäische Kommission im Grünbuch zum europäischen Verbraucherschutz auch selbst ein.[914] Ob rechtliche Nachbesserungen erforderlich sind, wird die Entwicklung der Mobilfunktechnologie und der Mobilfunkgeräte in den nächsten Jahren zeigen. Denkbar ist zumindest, daß die Weiterentwicklung der technischen

---

[908] bislang ist dies noch nicht der Regelfall, vgl. Rayermann/Zimmer, in: Gora/Röttger-Gerigk (Hrsg.), Handbuch des Mobile-Commerce, S. 91 (107).

[909] vgl. http://www.nokia.de/systemloesungen/mms/faq.html.

[910] Bluetooth ist ein Standard kabelloser Datenübertragung zwischen mobilen Geräten, den bereits viele Handys beherrschen. Informationen unter www.bluetooth.com.

[911] vgl. dazu Wiecker, in: Gora/Röttger-Gerigk (Hrsg.), Handbuch des Mobile-Commerce, S. 427 (437 f.).

[912] So auch Wilmer/Hahn, Fernabsatzrecht, 2 A VI, Rn. 16; Blume/Hammerl, ECG, §11, Rn. 12 zu §11 Öst. ECG.

[913] siehe 2. Teil C.I.2.

[914] KOM (2001) 531 endg., S. 6.

Standards den rechtlichen Anforderungen entgegenkommen wird. Soweit im übrigen die Geräte in Zukunft nicht durchgehend von den Herstellern mit ausreichender Speicherfähigkeit versehen werden, muß eine Alternative zur Speicherung der Vertragsbestimmungen gefunden werden. Man könnte z. B. subsidiär eine Bereitstellung der Vertragsdaten auf einem nichtelektronischen Datenträger, d. h. in Papierform zulassen, wie dies §§312c II, 126b für den Fernabsatz vorsehen.[915] Dafür bedürfte es aber einer Änderung der ECRL.[916] Damit würden sich die Probleme aber nicht vollständig lösen lassen, denn die Vertragsbestimmungen können im elektronischen Geschäftsverkehr auch in multimedialer Form, d. h. als Audio- oder Videodateien vorliegen. Am sinnvollsten wäre es deshalb, die Speicherung des Vertragstextes beim Unternehmer mit Zugriffsmöglichkeit des Kunden, wie sie in §3 Nr. 2 InfoV vorgesehen ist, als Alternative ausreichen zu lassen, wenn sich der Kunde auf Nachfrage damit einverstanden erklärt.
Schwierig lösbar ist das Transparenzproblem bei umfangreichen Informationen im M-Commerce. Hier müßte de lege ferenda entweder dem Kunden gestattet werden, auf eine zumutbare Kenntnisnahmemöglichkeit zu verzichten oder der Umfang der Informationspflichten relativ zur verwendeten Kommunikationsform reduziert werden.

3. T-Commerce

Ein weiterer Bereich, der bei der Abfassung der Richtlinie nicht im Zentrum der Aufmerksamkeit stand, ist das Gebiet des T-Commerce. Unter diesen Begriff fällt der elektronische Geschäftsverkehr über rückkanalfähige Fernsehgeräte. Im Zuge der Einführung des volldigitalen Fernsehens haben sich wenige Tage nach der Funkausstellung am 19. September 2001 mit der „Mainzer Erklärung" die großen Rundfunkanstalten (ARD, ZDF, RTL) und Programmanbieter (Kirch Gruppe) zusammen mir der Direktorenkonferenz der Landesmedienanstalten (DLM) zur uneingeschränkten Unterstützung der Multimedia Home Platform (MHP) verpflichtet. Bei MHP handelt es sich um ein einheitliches Application Programming Interface (API) basierend auf JAVA von Sun Microsystems, d. h. eine Schnittstelle zwischen dem Betriebssystem der Set-Top-Box und den Anwendungsprogrammen.[917] MHP ergänzt die Standards des DVB-Konsortiums (DVB = Digital Video Broadcasting) und wurde auch vom European

---

[915] die Textform leitet sich u. a. her aus §2 III FernAbsG a.F., der den Begriff „dauerhafter Datenträger" für Urkunden oder andere lesbare Formen verwendete, die für eine gewisse Zeit inhaltlich unverändert die Wiedergabe erlauben.

[916] Eine Definition des „dauerhaften Datenträgers", die zur Orientierung für eine Nachbesserung der ECRL dienen könnte, findet sich jetzt in §2 lit. f) der Fernabsatzrichtlinie für Finanzdienstleistungen 2002/65/EG: „jedes Medium, das es dem Verbraucher gestattet, an ihn persönlich gerichtete Informationen derart zu speichern, daß er sie in der Folge für eine für die Zwecke der Information angemessene Dauer einsehen kann, und das die unveränderte Wiedergabe der gespeicherten Informationen erlaubt.

[917] Informationen unter www.tv-plattform.de (http://www.tv-plattform.de/Content/Publikationen/Kmpndium.A3/kompendium.html); vgl. auch: Die Woche, v. 8. März 2002, Wissen und Technik; S. 24; Frankfurter Allgemeine Zeitung vom 14. August 2000, Wirtschaft, S. 21, „Das wird der Durchbruch für den E-Commerce"; Sueddeutsche Zeitung vom 28. August 2001, S. V2/10, „Wetten, dass der Elfmeter reingeht".

Telecommunication Standardisation Institute (ETSI) übernommen. Durch die vereinbarten Standards wird sichergestellt, daß alle für das digitale Fernsehen geschriebenen Anwendungen auf allen Set-Top-Boxen lauffähig sein werden. MHP erfaßt dabei die sog. Profiles „Enhanced TV“ (z. B. Videotext, Informationen parallel zum Programm, Elektronische Programmführer), “Interactive TV” (z. B. Auswahl von Kamerawinkeln bei Sportübertragungen) und seit der Version 2.0 auch „Internet Access“ (Zugang zum Internet). Die 3. Stufe erlaubt also, über den Fernseher einen interaktiven Internetzugang zu gewähren. Über diesen können Applikationen oder Informationen heruntergeladen werden. Zwar geht die Verbreitung des digitalen Fernsehens bislang schleppend voran[918], was mit der mangelnden Zahl digitaler Fernsehanschlüsse (über Kabel, Satellit, xDSL etc.) zusammenhängt. Bis zum geplanten analogen Switch-Off im Jahre 2010[919] dürfte sich die Situation aber ändern. MHP könnte dann einen bedeutenden Durchbruch für den elektronischen Handel bedeuten, denn Fernseher sind immer noch sehr viel weiter verbreitet als PCs und zugleich technisch wesentlich einfacher zu bedienen. Außerdem kann durch interaktive Formen des Teleshopping wirkungsvoll Unterhaltung mit Geschäft verknüpft werden. So kann den Fernsehzuschauern ermöglicht werden parallel zu einer laufenden Fernsehsendung Kleidung, wie sie die Hauptakteure tragen, zu bestellen oder Reisen zu den in der Sendung gezeigten Schauplätzen zu buchen. Somit könnte jede Unterhaltungssendung gleichzeitig auch vollständig den Zweck einer Werbesendung erfüllen. Durch die breitbandige Rückkanalanbindung sind schnelle Datenübertragungen möglich, die ein bequemes Einkaufserlebnis vom Fernseher aus garantieren.

Sofern beim interaktiven Teleshopping die Waren- oder Dienstleistungsangebote nicht automatisch parallel zum Fernsehprogramm hochgeladen („Enhanced TV“), sondern vom Kunden über den Rückkanal selbständig abgerufen werden („Interactive TV“/“Internet Access“), liegt wegen des „individuellen Abrufs“ ein Dienst der Informationsgesellschaft nach Art. 2 lit. a ECRL vor, der auch von §312e erfaßt wird. Dann stellt sich die Frage, ob die mit dem elektronischen Vertragsschluß verknüpften Pflichten im T-Commerce technisch erfüllbar sind.

Die Darstellung von Informationen auf dem Fernsehbildschirm dürfte für den Kunden in denselben Grenzen zumutbar sein, wie sie für die Einbeziehung von AGB nach §305 II anerkannt sind. Auch die Anzeige mehrerer übersichtlicher Seiten auf einem TV-Schirm von üblicher Größe genügt noch den Anforderungen des Transparenzgebots. Erleichtert wird die Informationspräsentation durch die Einführung der Markup Language XHTML[920], welche die modulare Programmierung von Websites ermöglicht und damit die Spezifizierung unterschiedlicher Komplexitätsgrade. Auf Fernsehgeräten, die über eine geringere Auflösung als PC-Monitore verfügen, können so die Informationen in einer gerafften Version (z. B. reduziert um Multimediaelemente) an-

---

[918] Frankfurter Allgemeine Zeitung vom 22. Oktober 2002, Wirtschaft, S. 24, „Zurück aus der Zukunft“.

[919] BMWi, Digitaler Rundfunk in Deutschland, Startszenario 2000, S. 8; Grünwald, Analoger Switch-Off, S. 66 ff.; Informationen zum digitalen Fernsehen unter www.tv-plattform.de und http://www.digitv.de.

[920] Definition unter www.akademie.de, Suchbegriff „XHTML“ (http://netlexikon.akademie.de/query;q=XHTML).

gezeigt und leichter zur Kenntnis genommen werden. Im Regelfall wird es daher kein Problem sein, die Informationen in zumutbarer Weise am Fernsehschirm zu präsentieren.

Fraglicher ist hingegen, ob die von §312e I1 Nr. 4 und Art. 10 III ECRL geforderte Speicherbarkeit der Vertragsbestimmungen auf dem Fernseher gewährleistet werden kann. Grundsätzlich steht außer Frage, daß die Set-Top-Boxen für das digitale Fernsehen in Zukunft mit umfangreichen Massenspeichern wie DVD+R/RW[921], DVD-R/RW[922], DVD-RAM oder Festplattenrekordern ausgestattet sein werden. Jedoch werden diese Speichermedien in erster Linie zur Aufzeichnung von Fernsehinhalten oder Video-on-Demand gedacht sein, d. h. lediglich als digitale Videorekorder fungieren.[923] Zwar werden die Set-Top-Boxen über Speicher zum Caching von Websites verfügen. Es ist aber nicht sicher, daß sie auch die beliebige Speicherung von Websites oder sonstigen Nutzerdaten zulassen werden. Es stellen sich mithin ähnliche Probleme bei der Speicherung der Vertragsbedingungen wie im M-Commerce. Der Unternehmer kann auch keineswegs für den Regelfall davon ausgehen, daß eine Speichermöglichkeit am Fernseher vorhanden ist und wird deshalb nicht umhin kommen, den Kunden individuell nach einer solchen zu fragen. Wenn in Zukunft das Internetsurfen über den Fernseher genauso verbreitet ist wie das Surfen am PC und sich die Set-Top-Boxen nicht automatisch beim Unternehmer als solche identifizieren, wird der Unternehmer ganz allgemein nicht mehr vom Vorhandensein einer Speichermöglichkeit im Internetverkehr ausgehen dürfen, ohne stets vorher nachzufragen.[924] Es wäre daher wünschenswert, wenn die Hardware-Hersteller den rechtlichen Anforderungen durch Ausstattung der Boxen mit Speicherfähigkeit entgegenkommen würden.

Die ECRL und §312e könnten also in ihrer aktuellen Fassung zum Hemmnis für den T-Commerce werden, wenn die Hersteller keine speicherfähigen Endgeräte produzieren. Interessant ist, daß die europäische Kommission in der Mitteilung über die Initiative zum Elektronischen Geschäftsverkehr den T-Commerce ausdrücklich als Zukunftsmarkt im Bereich des elektronischen Handels aufgezeigt hat.[925] Scheinbar wurden daraus jedoch im Gestaltungsprozeß der ECRL keine Konsequenzen gezogen und viele Probleme übersehen.

---

[921] bei DVD+RW handelt es sich um ein vereinheitlichtes wiederbeschreibbares DVD-Format; Informationen unter http://www.dvdrw.com/.

[922] Standard wiederbeschreibbarer DVDs von Pioneer Electronics (http://www.pioneer.co.jp/dvdrrw_e/why/why_1.html).

[923] Informationen über digitale Videorekorder unter http://www.set-top-box.de/Technik/1041080882/1041081349.

[924] anders noch Kamanabrou, CR 2001, S. 421 (423) zur Einbeziehung von AGB: vom Vorhandensein einer Ausdruckmöglichkeit darf der Verwender für den Normalfall ausgehen, ebenso wie der Kunde sich selbst auch Zugang zum Internet verschaffen muß.

[925] Mitteilung der Kommission an das Europäische Parlament, den Rat, den Wirtschafts- und Sozialausschuß und den Ausschuß der Regionen über die „Europäische Initiative für den Elektronischen Geschäftsverkehr", KOM (1997) 157 endg., S. 9.

4. Elektronische Agenten

Im elektronischen Geschäftsverkehr der Zukunft werden verstärkt Softwareprogramme menschliche Aufgaben übernehmen. Diese Softwareprogramme werden „elektronische Agenten“ (oder auch „bots“) genannt.[926] Sie können auf Anbieterseite, auf Nachfragerseite oder auf beiden Seiten eingesetzt werden. Ihre Bestimmung ist es, für den Nutzer automatisch Informationen zu sammeln und autonome Handlungen zu übernehmen, um diesem Zeit und Transaktionskosten zu sparen. So gibt es persönliche Agenten, die das Internet nach Informationen durchsuchen oder E-Mails filtern, also für den Nutzer die Informationsflut ordnen. Zu den einfachsten unter diesen Agenten zählen die Internet-Suchmaschinen.[927]

Fortgeschrittene Nachfrager-Agenten können den Kunden über den gesamten Einkaufsprozeß im Internet hinweg begleiten. Sie können ihn zunächst dabei unterstützen, anhand seiner Präferenzen ein auf ihn zugeschnittenes Produkt zu ermitteln.[928] Auf der zweiten Stufe durchstöbern sie nach bestimmten Vorgaben Warenkataloge im Internet, um das billigste Angebot aufzufinden.[929] Auf der dritten Stufe schließlich kann der elektronische Agent auch die Vertragsverhandlungen betreuen und Transaktion selbst vornehmen.[930] Nur intelligente Agenten, die aufgrund bestimmter Eigenschaften imstande sind, mit ihrer Umwelt zu interagieren, können auf dieser Stufe handeln.[931] Sie müssen die Fähigkeit zu Schlußfolgerungen besitzen, die es ihnen ermöglicht, innerhalb vorgegebener Parameter autonom zu handeln, ohne jeden Aspekt ihrer Tätigkeit vorgeschrieben zu bekommen (Deliberativität).[932] Dabei müssen sie auf Ereignisse in ihrer Umgehung reagieren können (Reaktivität).[933] Sie müssen aber auch über Lernfähigkeit verfügen, um sich an neue Situationen adaptieren zu können.[934] Denn nur dadurch kann der Agent auch ohne ständigen Kontakt zum Nutzer selbständig planen und die Initiative ergreifen (Proaktivtät).[935] Vielfach werden elektronische Agenten aber auch anhand weiterer oder anderer Kriterien klassifiziert.

---

[926] vgl. Schroeder, c't 6/1999, S. 166 ff; Cornelius, MMR 2002, S. 353 ff.; Clement/Runte, der markt 2000, S. 18 ff.; Links zu elektronischen Agenten unter http://www.botspot.com/.

[927] Caglayan/Harrison, Intelligente Software-Agenten, S. 56 ff.

[928] diese Aufgabe nehmen sog. Produkt-Agenten wahr, vgl. vgl. Clement/Runte, in: Albers/Clement/Peters, (Hrsg.), Marketing mit Interaktiven Medien - Strategien zum Markterfolg, S. 175 (180).

[929] es handelt sich dann um sog. Preis-Agente; vgl. Clement/Runte, in: Albers/Clement/Peters, (Hrsg.), Marketing mit Interaktiven Medien - Strategien zum Markterfolg, S. 175 (180).

[930] denkbares Anwendungsbeispiel sind elektronische Bestellsysteme, die einen Vorrat durch automatische Nachbestellungen auf einem konstanten Level halten, wie z. B. elektronische Kühlschränke. Zum Einsatz kommen Bietagenten auch mittlerweile bei Online-Auktionen.

[931] Brenner/Zarnekow/Wittig, Intelligente Softwareagenten, S. 23; vgl. zu den notwendigen Eigenschaften auch: Lange, Objects and Mobile Agents: The Future of Distributed Computing?, S.2; Caglayan/Harrison, Intelligente Software-Agenten, S. 125 ff.

[932] Brenner/Zarnekow/Wittig, Intelligente Softwareagenten, S. 27 ff.; Clement/Runte, der markt 2000, S. 18 (20 f.).

[933] Brenner/Zarnekow/Wittig, Intelligente Softwareagenten, S. 26 f.; Cornelius, MMR 2002, S. 353 (353); Schroeder c't 6/1999, S. 166 (167).

[934] Clement/Runte, der markt 2000, S. 18 (20 f.).

[935] Brenner/Zarnekow/Wittig, Intelligente Softwareagenten, S. 27; Schroeder c't 6/1999, S. 166 (167).

Auf der Anbieterseite können Agenten eingesetzt werden, um Angebotsseiten automatisch an die Präferenzen des jeweils zugreifenden Kunden anzupassen im Hinblick auf Preisniveau, Zusammenstellung oder sogar individuell gestaltete Produkte.[936]
Schließlich können elektronische Agenten auf Anbieter- und auf Nachfragerseite zugleich interagieren. Dadurch wird das Szenario eines virtuellen Marktplatzes denkbar, auf dem autonome elektronische Agenten Verträge untereinander aushandeln.[937] Diese können von ihren Verwendern mit Verhandlungsparametern ausgestattet werden, die aus spieltheoretischen Erkenntnissen geschöpft werden.[938] Solche Mehr-Agenten-Systeme werden die Marktregeln zwar nicht völlig außer Kraft setzen[939], jedoch die Transaktionskosten erheblich senken, da langwierige Verhandlungsprozesse durch die elektronische Verarbeitungsgeschwindigkeit nahezu eliminiert werden.
Daß Computererklärungen als Willenserklärungen anzusehen sind, ist bereits weithin anerkannt, weil sie nur den menschlichen Willensbildungsprozeß arbeitsteilig erleichtern.[940] Autonome Erklärungen elektronischer Agenten sind nichts anderes als Computererklärungen, bei denen allerdings der gestaltende Einfluß des Programms sehr hoch ist, weil der Verwender den Handlungsspielraum nur durch Verhaltensparameter absteckt. Ohne ein Selbstbewußtsein und damit der Fähigkeit zur Entwicklung eigener Bedürfnisse wird man den Agenten zwar keine eigene Rechtspersönlichkeit zuerkennen können[941], jedoch trotzdem die Willenserklärung dem Verwender der Software zurechnen müssen. Der Nutzer hat nämlich einen entsprechenden Rechtsbindungswillen und auch im Vertretungsrecht sind die Wirkungen von Willenserklärungen zurechenbar, bei denen ein Vertreter weitgehende Entscheidungsfreiheit hat. Die Rechtsordnung akzeptiert also die Externalisierung von Entscheidungsprozessen.
Fraglich ist, ob die Pflichten des elektronischen Geschäftsverkehrs bei Vertragsschlüssen durch elektronische Agenten gewahrt werden können. Technisch gesehen steht einer Informationserteilung nichts im Wege, denn elektronische Agenten sind sowohl in der Lage Informationen bereitzustellen als auch sie entgegenzunehmen. Auch die Vertragsdaten vermögen sie selbständig zu speichern. Jedoch könnten Zweifel bestehen, ob der Unternehmer seine Pflichten gegenüber dem Kunden überhaupt rechtlich

---

936 Clement/Runte, der markt 2000, S. 18 (27 f.).
937 vgl. Brenner/Zarnekow/Wittig, Intelligente Softwareagenten, S. 328 ff.
938 Clement/Runte, der markt 2000, S. 18 (28 ff.). Ein solches Projekt existierte am MIT Media Lab unter dem Namen Market-Maker. Die Anbieter konnten hier gebrauchte Bücher oder CDs offerieren oder erwerben und dabei das Produkt, die Laufzeit des Agenten, Maximal- und Minialpreis sowie die Verhandlungsstrategie des Agenten (Erhöhung des Angebots anhand linearer, quadratischer oder exponentieller Funktion); vgl. dazu Schroeder c't 6/1999, S. 166 (168). Ein neueres Projekt der Universität Kassel soll einen agentenbasierten Marktplatz für die Ausschreibung und Vergabe von Bauleistungen schaffen (http://www.uni-kassel.de/fb10/oeff_recht/projekte/projekteVirMarkp.ghk). Auch im Rahmen des BMWi-Forschungsprojekts "MAP: Multimedia-Arbeitsplatz der Zukunft" (www.map21.de; http://www.uni-kassel.de/fb10/oeff_recht/projekte/projekteMap21.ghk) wird daran gearbeitet, den modernen multimedialen Arbeitsplatz mit mobilen Softwareagenten auszustatten.
939 Clement/Runte, der markt 2000, S. 18 (32).
940 s. o. 1. Teil C.I.4.b).
941 so auch Cornelius, MMR 2002, S. 353 (354); Kerr, Providing for Autonomous Electronic Devices in the Uniform electronic Commerce Act, S. 23 ff. (http://www.law.ualberta.ca/alri/ulc/current/ekerr.pdf); Kuhn, Rechtshandlungen mittels EDV und Telekommunikation, S. 65.

erfüllen kann, wenn auf Kundenseite ein elektronischer Agent autonom den Vertragsschluß tätigt. Da der Kunde am Vertragsschlußprozeß nicht selbst beteiligt ist, bekommt er die vorvertraglichen Informationen überhaupt nicht zu Gesicht. Insofern könnte man schon daran zweifeln, ob eine Erfüllung möglich ist, denn nach §312e I1 bestehen die Pflichten *dem Kunden gegenüber*. In Art. 10 I ECRL ist zwar nicht explizit von einer Erteilung *dem Nutzer gegenüber* die Rede, aber nur weil sich dies eindeutig aus dem Kontext ergibt. Jedoch liegt es im Risikobereich des Kunden, den Vertragsschlußprozeß vollständig aus der Hand zu geben, so daß er keine persönliche Kenntnis von den Informationen erlangen kann. Der Kunde ist schließlich nicht zur Kenntnisnahme der Informationen gezwungen. Die Erklärung des Agenten ist dem Besteller außerdem als eigene zurechenbar, so daß konsequenterweise spiegelbildlich Informationen, die der Agent entgegennimmt, und die Erfüllung sonstiger Pflichten ihm ebenfalls zugerechnet werden müssen. Zudem bedeutet fehlende persönliche Kenntnisnahme nicht, daß der Kunde nicht auch von der Informationserteilung bzw. Pflichterfüllung profitieren kann.[942] Denn der elektronische Agent kann so programmiert werden, daß er selbständig die vom Unternehmer bereitgestellten Informationen analysiert und auswertet, um eigene Schlußfolgerungen daraus zu ziehen, die sich wiederum an den vom Kunden vorgegebenen Parametern orientieren. So können dem Programm z. B. technische Informationen über den Vertragsschlußprozeß zur Orientierung im Angebot des Unternehmers dienen, und es kann prüfen, ob der Unternehmer sich bestimmten Verhaltenskodizes verpflichtet hat oder nicht. Nützlich ist auch die Information über die verfügbaren Sprachen, da Agenten nur mit Datenbanken bestimmter Sprachen ausgestattet sein werden. Hilfreich wäre eine Standardisierung der Informationen, um eine leichtere Auswertung durch die Agentensoftware zu ermöglichen.[943]

Bei der Pflicht zur Bereitstellung von Korrekturmöglichkeiten im Vorfeld der Bestellung und der korrespondieren Informationspflicht könnte man aber fragen, ob es teleologisch sinnvoll ist, auf ihrer Erfüllung beim Einsatz elektronischer Agenten zu bestehen. Dies gilt vor allem, wenn es um Vertragsschlüsse auf elektronischen Marktplätzen geht, wo notwendigerweise auf Seiten beider Vertragsparteien elektronische Agenten beteiligt sind. Zwar fallen Falscheingaben im Vorfeld der Bestellung, die zu fehlerhaften Computererklärungen führen, unter die von §312e I1 Nr. 1 erfaßten Eingabefehler. Jedoch verfügt der Kunde bei einem autonomen Vertragsschluß durch den Agenten ohnehin nicht über eine Kontrollmöglichkeit vor Abgabe der Bestellung. Der Agent selbst wird aber nicht fähig sein, Fehler innerhalb der vorgegebenen Parametern zu identifizieren, um ihre Fortwirkung in der von ihm erzeugten Bestellung zu verhindern. Auf die Pflicht zur Bereitstellung von Korrekturmöglichkeiten kann deswegen

---

[942] a. A. Gitter/Roßnagel, K&R 2003, S. 64 (68): beim Einsatz von Agenten gehen die Pflichten an der Wirklichkeit vorbei.

[943] so auch Gitter/Roßnagel, K&R 2003, S. 64 (69); Wiebe, Die elektronische Willenserklärung, S. 515. Vereinfacht werden kann die elektronische Kenntnisnahme durch Standards für automatisierte Kommunikation wie P3P; unabdingbar ist dies jedoch nicht, da Agenten auch so programmiert werden können, daß sie Internetseiten nach bestimmten Schlagwörtern durchsuchen. Eine hinreichende Flexibilität bei der Programmierung hält auch Wiebe, Die elektronische Willenserklärung, S. 515 für gegeben.

beim Einsatz von Vertragsschlußagenten verzichtet werden. In Mehr-Agenten-Systemen, wo der Unternehmer überhaupt nicht mit persönlich abgegebenen Willenserklärungen von Kunden rechnen muß, ist die Eröffnung einer Korrekturgelegenheit deshalb entbehrlich.
Im Ergebnis ist festzuhalten, daß die Pflichten des elektronischen Vertragsschlusses nach §312e für den Unternehmer auch beim Einsatz elektronischer Agenten technisch und rechtlich erfüllbar sind. Mit Ausnahme der Bereitstellung von Korrekturmitteln für Eingabefehler macht die Pflichterfüllung auch beim Einsatz elektronischer Agenten Sinn.

5. *Online-Auktionen*

Eine der bedeutendsten Vertriebsformen des Internets – statistisch gesehen sogar die mit den rasantesten Umsatzzuwächsen[944] - sind Internet-Auktionen. In Deutschland nutzen mittlerweile 6,4 Millionen Kunden allein die Plattform eBay und versteigerten 2002 Waren im Wert von über einer Milliarde Euro.[945] Viele Unternehmer wickeln mittlerweile ihren gesamten Geschäftsbetrieb über eBay ab. Wenn sie innerhalb von zwei von drei Monaten eines Quartals 25000 Euro umsetzen bei zehn erfolgreichen Verkäufen im Monat und zusätzlich von 100 Bewertungen der Kunden über Service und Lieferpünktlichkeit 98 positiv sind, erlangen sie das Siegel „Gold-Powerseller"[946]. Mit diesem Siegel erhöhen sich ihre Verkaufschancen, da sie damit um das Vertrauen der Kunden werben können. Online-Auktionen sind sowohl bei Verbraucher als auch Unternehmern beliebt, weil sie aufgrund der hohen Teilnehmerzahlen nicht nur eine gewaltige und breitgefächerte Produktpalette bieten, sondern auch eine perfekte Plattform zur Ermittlung eines optimalen Preisniveaus aus Angebot und Nachfrage. Die höhere Beliebtheit der Versteigerungen über das Internet im Vergleich zu den herkömmlichen Auktionen bekannter Auktionshäuser wie Sotheby's oder Christie's ist sicherlich damit zu erklären, daß das Anbieten und Ersteigern ohne örtliche Bindung, weil die tatsächliche Einlieferung der Sache entfällt, und ohne nennenswerten Aufwand, da die Online-Auktionshäuser die komplette Infrastruktur für den Geschäftsbetrieb bereitstellen, möglich ist.
Die verbreitetste Form der Internet-Versteigerungen sind die Langzeit-Auktionen (auch englische Auktion genannt)[947], bei denen die Bieter über einen längeren Zeitraum Gelegenheit haben, auf eine Ware zu bieten, wobei derjenige Bieter erfolgreich

---

[944] vgl. zu aktuellen Zahlen Lebensmittel Zeitung vom 25. Oktober 2002, E-Business, S. 27, „BITS UND BYTES; Forrester: Online Auktionen boomen": Forrester Research prognostiziert für 2007 ein Gesamtumsatz der Online-Auktionen von 54,3 Mrd. USD, was 25% der gesamten Umsätze im Internet-Handel entspricht. Das entspricht einem durchschnittlichen jährlichen Wachstum von 33%. Allein Ebay verzeichnete im Jahr 2002 einen Umsatzzuwachs von 224%, vgl. Der Spiegel vom 30. Dezember 2002, Internet; S. 124, „Wir bauen eine neue Welt". Aktuelle Zahlen über die laufenden Auktionen gibt es unter www.alleauktionen.de.
[945] vgl. Der Spiegel vom 30. Dezember 2002, Internet; S. 124, „Wir bauen eine neue Welt".
[946] vgl. Lebensmittel Zeitung vom 1. März 2002, Journal E-Commerce, S. 46, Schnäppchenjagd im Internet.
[947] Anbieter von Internet-Auktionen sind z. B. die eBay International AG (www.ebay.de), die ricardo.de AG (www.ricardo.de und die Artrada Trading Network AG (www.atrada.de).

ist, dessen Gebot bei Ablauf der Auktionszeit führt. Im Unterschied zu herkömmlichen Auktionen im Sinne von §156 kommt bei typischen Online-Auktionen der Vertrag nicht erst mit dem Zuschlag des Auktionators, sondern automatisch mit dem Verstreichen der Auktionszeit zustande, d. h. der Einlieferer bindet sich bereits beim Einstellen der Artikel an das Höchstgebot. Ein Versteigerer existiert nicht mehr, sondern das Auktionshaus stellt nur die technische Plattform für die Angebote und Gebote bereit und teilt nach dem Ende der Auktion per E-Mail das Ergebnis mit. Deswegen herrscht Streit darüber, ob es sich bei den Internet-Auktionen überhaupt um Auktionen im Sinne des §156 handelt[948] oder ob von vornherein die allgemeinen Regeln der §§145 ff. gelten[949]. Es ist aber allgemein anerkannt, daß §156 dispositives Recht ist.[950] Nach der ersten Ansicht kann §156 deshalb bei Internet-Auktionen als Sonderregelung zu den §§145 ff. abbedungen werden, während nach der zweiten Ansicht die §§145 ff. unmittelbar zur Anwendung kommen. Ob eine „echte" Versteigerung nach §156 vorliegt, ist aber relevant für die Frage, ob das Widerrufsrecht bei Fernabsatzverträgen gem. §312d IV Nr. 5 ausgeschlossen ist oder nicht.[951] Angesichts des erheblichen Handelsvolumens, das über Internet-Auktionen abgewickelt wird, wäre es – auch im Hinblick auf die Verlängerung der Widerrufsfrist nach §312e III2 – mißlich, dem Verbraucher kein Widerrufsrecht zuzugestehen. Dies zumal Powerseller mittlerweile Massenware über Auktionsplattformen anbieten und zur Gewinnmaximierung ihren gesamten Gewerbebetrieb auf diese verlagern. Angesichts der Austauschbarkeit der dort angebotenen Produkte spielt es keine Rolle, daß das Widerrufsrecht das erzielte Auktionsergebnis zunichte macht. Bei Massenware sind die Auktionen in der Regel beliebig reproduzierbar. In jedem Fall bestehen unabhängig von der Frage nach dem Ausschluß des Widerrufsrechts bei Fernabsatzgeschäften nach §312b die spezifischen Informationspflichten.[952]

Neben den Langzeit-Auktionen gibt es auch vereinzelt Live-Auktionen[953], die dem Modell herkömmlicher Auktionen entsprechen, d. h. von einem Auktionator live mo-

---

[948] so Spindler/Wiebe-Wiebe, Internet-Auktionen, D., Rn. 16 ff. ; Wiebe, MMR 2000, S. 323 (328); Stögmüller, K&R 1999, S. 391 (394); Palandt-Heinrichs, §312d, Rn. 13; Härting, FernabsG, §3, Rn. 98; Wilmer/Hahn, Fernabsatzrecht, §312d, Rn. 34; Köhler/Arndt, Recht des Internet, Rn. 206; offengelassen: BGH MMR 2002, S.95 (96).

[949] so Leible/Sosnitza, K&R 2002, S. 89 (89); Heiderhoff, MMR 2001, S. 640 (641 f.); Spindler, ZIP 2001, S. 809 (810); Lorenz, JuS 2000, S. 833 (840); Glatt, Vertragsschluß im Internet, S. 49 ff. Für diese Auffassung spricht, daß die Langzeit-Auktionen als vorherrschende Auktionsform im Internet durchgängig keinen Zuschlag verlangen (der Zeitablauf hat auch nicht die selektive Funktion eines persönlichen Zuschlags) und man sie deshalb als eigenständige Vertriebsform jenseits herkömmlicher Auktionen akzeptieren sollte. Soweit der Einlieferer – wie üblich – sein Risiko durch Festsetzung von Startpreis (teilweise sogar von Mindestpreis), Auktionsfrist, Bietschritten und anderen Parametern begrenzen kann, fallen Internet-Auktionen von vornherein nicht unter den Schutzzweck von §156.

[950] BGH MMR 2002, S. 95 (96); Palandt-Heinrichs, §156, Rn. 1; M/K-Mayer-Maly/Busche, §156, Rn. 6.

[951] teilweise wird aber auch der Begriff der „Versteigerung" in §312d IV Nr. 5 teleologisch auf Internet-Auktionen erweitert, vgl. z. B. M/K-Wendehorst, §312d, Rn. 46. Es liegt nahe, daß auch der Gesetzgeber moderne Internetauktionen ausnehmen wollte, BT-Druck 14/2658, S. 33.

[952] Spindler/Wiebe-Wiebe, Internet-Auktionen,D., Rn. 98.

[953] z. B. bei WEBAUKTION.CH (www.webauktion.ch) oder bei der Lofox GmbH (www.echtwahr.de). Sie sind nicht zu verwechseln mit den „reverse auctions", bei denen der Käufer

deriert werden, der die Angebote für einen begrenzten Zeitraum ausruft und den Zuschlag erteilt. Bei den Liveauktionen ist deshalb die Anwendbarkeit von §156 nicht zu bezweifeln.[954]
Eine weitere Form der Versteigerung im Internet sind sog. umgekehrte Auktionen (auch holländische Blumenauktionen genannt).[955] Bei ihnen gibt der Einlieferer einen Startpreis vor, der in regelmäßigen Zeitabschnitten fällt. Der Vertrag kommt mit dem ersten Bieter zustande, der den Preis akzeptiert. Da es sich bei dieser Auktionsform lediglich um eine Umkehrung der typischen Langzeitauktionen handelt, lassen sich zur Anwendbarkeit von §156 wiederum beide oben genannten Auffassungen vertreten.[956]
Sofern sich der Einlieferer der „Sofort Kaufen"-Option[957] einer Auktionsplattform zum Vertragsschluß bedient und damit den Vertragsabschluß zu einem bestimmten Festpreis ohne Bietergefecht offeriert, liegt schon per definitionem keine Auktion vor, also auch nicht im Sinne einer Internet-Auktion. Denn wesentliches Element der Versteigerung ist – wie schon in die Silbe „steigern" zeigt - die graduelle Veränderung des Preises durch die Konkurrenz der Bieter.[958] Es finden daher die §§145 ff. auf den Vertragsschluß Anwendung.
Bei Internet-Auktionen als wachsender Handelsform stellen sich einige spezifische Fragen in Bezug auf die Pflichten des elektronischen Geschäftsverkehrs. Zweifellos findet §312e im Grundsatz auf alle Versteigerungsformen Anwendung, da diese sämtlich über Tele- und Mediendienste erbracht werden. Eine Ausnahmevorschrift für Auktionen im Sinne von §156 existiert nicht, anders als bei §312d IV Nr. 5. Nicht anwendbar sind §312e II Nr. 1-3 grundsätzlich auf Live-Auktionen, da diese technisch im Chat-Verfahren abgewickelt werden und deswegen individuelle Kommunikation gem. §312e II1 vorliegt. Bei allen übrigen Auktionsverfahren ist die Zahl der Bieter im Zeitpunkt der Abgabe des Angebots nicht begrenzt.
Fraglich ist besondere, wer Adressat der Pflichten aus §312e ist. Man könnte hier entweder den Einlieferer als Pflichtenträger sehen oder das Auktionsunternehmen, das die technische Plattform bereitstellt. Zur Beantwortung dieser Frage muß man zunächst die verschiedenen vertraglichen Verhältnisse betrachten, die einer Internet-Auktionen zugrunde liegen. Internet-Auktionen sind elektronische Marktplätze, die sich durch ein Dreiecksverhältnis zwischen Auktionshaus, Anbieter und Bieter auszeichnen. Diese Markplätze bedürfen einer „Marktordnung"[959], die das Auktionsunternehmen in seinen AGB festgelegt und die die Vertragsparteien jeweils durch den Abschluß von Teilnehmerverträgen mit dem Auktionshaus anerkennen. Der Vertrag über den Auktionsgegenstand selbst wird zwischen Anbieter und Bieter geschlossen. Auch die beiden

---

seinen Bedarf angibt und der günstigste Anbieter den Zuschlag erhält, d. h. die die Rolle von Anbieter und Bieter umkehren (z. B. angeboten von der Portum AG unter www.portum.de).
[954] Hollerbach, DB 2000, S. 2001 (2006); Spindler, ZIP 2001, S. 809 (810); Hartung/Hartmann, MMR 2001, S. 278 (279); Glatt, Vertragsschluß im Internet, S. 52.
[955] z. B. bei azubo.de (www.azubo.de); vgl. dazu Schneider, Auktionsrecht, S. 79 ff.
[956] für Verbindlichkeit des Angebots: Hollerbach, DB 2000, S. 2001 (2005 f.); Glatt, Vertragsschluß im Internet, S. 52.
[957] angeboten z. B. von eBay.
[958] vgl. zu Definitionen: Stögmüller K&R 1999, S. 391 (392); Staudinger-Bork, §156, Rn. 1; Wicher, Der Versteigerer, S. 50.
[959] vgl. Burgard, EwiR 2002, S. 139 (139).

Vertragsparteien untereinander sollen diese Marktordnung anerkennen, wenngleich der Weg, auf dem dies geschieht, streitig ist[960]. Völlig unzweifelhaft gelten die Informationspflichten für das Auktionshaus bei den mit diesem geschlossenen Teilnehmerverträgen, weil es bei diesen selbst als Unternehmer auftritt, der eine Dienstleistung[961] durch die Bereitstellung einer Verkaufsplattform erbringt. Besteht aber auch eine Pflichtenstellung des Auktionshauses hinsichtlich der Vertragsabschlüsse zwischen den Auktionsteilnehmern? Man könnte annehmen, daß das Auktionshaus auch hier aufgrund seiner technisch-organisatorischen Funktion verpflichtet sein muß.[962] Dafür spricht, daß das Auktionshaus die komplette technische Plattform bereitstellt, auf deren Funktionsweise auch der Einlieferer bis auf die Abänderung einzelner Parameter und die Beschreibung seines Angebots keinen gestaltenden Einfluß hat. Die Bereitstellungs- und Informationspflichten aus §312e sind auch hauptsächlich technischer Natur. Es entspricht deshalb auch der Praxis, daß die Internet-Auktionshäuser Aufgaben aus §312e übernehmen, indem sie z. B. technische Hilfestellungen geben, Korrekturmöglichkeiten eröffnen, Empfangsbestätigungen für Gebote verschicken und weiteres mehr.[963] Ein mittelbares wirtschaftliches Interesse am Vertragsschluß ist vorhanden, da die Auktionshäuser auf Provisionsbasis arbeiten. Allerdings steht einer eigenen Verpflichtung des Auktionsunternehmens im Wege, daß dieses nicht selbst (potentieller) Vertragspartner des Kunden ist. Darüber hinweghelfen würde auch nicht die Annahme einer Sachwalterhaftung des Auktionshauses gegenüber dem Ersteigerer aus §311 III[964], denn §312e I verlangt, daß der Unternehmer sich eines Tele- oder Mediendienstes zum Abschluß eines eigenen und nicht eines fremden Vertrages bedienen. Die hinzunehmende Konsequenz ist, daß Pflichtiger nur der Einlieferer ist, sofern er als Unternehmer tätig wird. Die Bereitstellung des Tele- oder Mediendienstes wird ihm über seine Sonderbeziehung zum Auktionshaus zugerechnet. Zur Erfüllung seiner

---

[960] Unproblematisch wird die Marktordnung im Auktionsvertrag vereinbart, wenn der Anbieter eine ausdrückliche Erklärung abgibt, die das Auktionshaus als Empfangsvertreter (bzw. –bote) entgegennimmt, vgl. BGH MMR 2002, S. 95 (96). Streitig ist jedoch, ob eine Einbeziehung als AGB im Auktionsvertrag möglich ist, wenn keine ausdrückliche Erklärung vorliegt. Teilweise wird der Anbieter als Verwender der AGB des Auktionshauses angesehen, so daß eine Einbeziehung unproblematisch ist, Lettl, JuS 2002, S. 219 (221 f.). Anderer Ansicht nach ist keine Partei als Verwender der AGB anzusehen, sondern diese sollen Auslegungsgrundlage für den Auktionsvertrag sein, so OLG Hamm, NJW 2001, S. 1142 (1143). Teilweise wird eine Einbeziehung der AGB in den Auktionsvertrag gänzlich abgelehnt und statt dessen ein Rahmenvertrag aus den beiden Teilnehmerverträgen konstruiert, so Sester, CR 2001, S. 98 (107); Burgard, WM 2001, S. 2102 (2105); Spindler, ZIP 2001, S. 809 (813 f.) oder eine (ausnahmsweise zulässige) pflichtenbegründende Drittwirkung der Teilnahmeverträge angenommen, so Spindler/Wiebe-Wiebe, Internet-Auktionen, D., Rn. 45; Ernst, CR 2000, S. 304 (309); Glatt, Vertragsschluß im Internet, S. 53 ff. Schließlich ist auch die Konstruktion eines mehrseitigen Netzvertrages denkbar (vgl. Rohe, Netzverträge, S. 65 ff.).

[961] Spindler/Wiebe-Wiebe, Internet-Auktionen, D., Rn. 6 f. nimmt hier einen Maklerdienstvertrag an, weil dienstvertragliche Leistungen erbracht werden, die Vergütung aber (zumindest teilweise) an die erfolgreiche Versteigerung geknüpft ist; a. A. Schneider, Auktionsrecht, S. 23 f.: Dienstvertragliche Elemente überwiegen.

[962] so Spindler/Wiebe-Wiebe, Internet-Auktionen, D., Rn. 97.

[963] Spindler/Wiebe-Wiebe, Internet-Auktionen, D., Rn. 97.

[964] dazu Rieble, in: Dauner-Lieb/Konzen/Schmidt (Hrsg.), Das neue Schuldrecht in der Praxis, S. 137 (144 f.).

Pflichten kann sich der Unternehmer aber des Auktionshauses als Erfüllungsgehilfen bedienen, soweit er sie nicht selbst erfüllen kann (z. B. Information über Verhaltenskodizes). In allen übrigen Fällen, in denen der Anbieter nicht gewerblich tätig wird, bestehen keine Pflichten aus §312e. Gleichwohl werden die Internet-Auktionshäusern in der Praxis auch Hilfestellungen für Verträge zwischen Privaten vorsehen, da dies auch ihrem eigenen Ruf förderlich ist.
Keine Probleme ergeben sich mehr hinsichtlich des Vertragsschlußmechanismus bei Online-Auktionen, wie dies noch beim ersten Entwurf der ECRL zu befürchten war, der für den wirksamen Vertragsschluß Empfangsbestätigung des Unternehmers und Rückbestätigung des Kunden verlangte.[965] Es hätte die Anbieter von Internet-Auktionen in der Praxis vor kaum lösbare Probleme gestellt, wenn eine Rückbestätigung des Nutzers Voraussetzung für den Vertragsschluß gewesen wäre. Denn die Auktion würde ihren Witz verlieren, wenn der Kunde es nach der Abgabe eines Gebots noch in der Hand hätte, den Vertrag scheitern zu lassen. Ebenso hätte es dem Ablauf der Internet-Auktionen widersprochen, wenn der Unternehmer über das Gebot hätte entscheiden dürfen.[966] Denn bei typischen Auktionen gibt der Unternehmer mit der Einstellung der Ware ein verbindliches Angebot ab bzw. nimmt antizipiert das Höchstgebot an.[967]
Schwierigkeiten bereitet aber die Bereitstellung von Korrekturmitteln vor der Abgabe der Bestellung bei umgekehrten Auktionen. Denn die Korrekturmöglichkeit erfordert, daß der Kunde sämtliche vertragsrelevanten Daten einschließlich des Preises der Ware ohne Zeitdruck nochmals überprüfen kann, bevor er die Bestellung bestätigt. Jedoch basieren umgekehrte Auktionen auf einer raschen Veränderung des Preises, durch die die Bieter bewußt unter zeitlichen Druck gesetzt werden sollen. Man kann also nicht die Auktion solange anhalten, bis der Kunde sein Gebot in Ruhe prüfen konnte, ohne der umgekehrten Auktion ihren eigentlichen Sinn zu nehmen. Damit §312e nicht zum Hemmnis für den elektronischen Geschäftsverkehr wird, sollte §312e II Nr. 1 insoweit einschränkend ausgelegt werden, als eine Fehlerkorrektur ohne Zeitdruck nur gewährleistet werden muß, wenn nicht der Vertragsschlußprozeß von seiner Natur selbst schon unter einer zeitlicher Begrenzung steht.
Festzuhalten ist insgesamt, daß §312e den speziellen Ausprägungen der Internet-Auktionen Rechnung zu tragen vermag.

E. Fazit

Es hat sich gezeigt, daß die Umsetzungsnorm, die der deutsche Gesetzgeber mit §312e geschaffen hat, sehr dicht an den Vorgaben der ECRL geblieben ist.[968] Dies entspricht auch der Intention des Gesetzgebers, zumal der Spielraum der Mitgliedsstaaten, über

---

[965] s. o. 1. Teil C.II.1.a).
[966] Wiebe/Spindler-Wiebe, Internet-Auktionen, D., Rn. 92.
[967] ob Angebot oder antizipierte Annahme vorliegt, hat der BGH jüngst offengelassen BGH MMR 2002, S. 95 (96).
[968] Härting/Schirmbacher, CR 2002, S. 809 (809) bescheinigen dem deutschen Gesetzgeber eine Neigung, europäische Richtlinien weitgehend wortgleich in das deutsche Recht zu übernehmen. Zu einigen Wortlautabweichungen hat sich der deutsche Gesetzgeber indes hinreißen lassen.

die Richtlinienvorgaben hinauszugehen, noch nicht abschließend geklärt ist (dazu s. 3. Teil). Allerdings hat der Gesetzgeber dabei nicht durchweg den Richtlinienwortlaut übernommen, sondern teils andere Begrifflichkeiten verwendet. Deshalb erschließt sich in einigen Punkten die enge Orientierung von §312e an den Richtlinienvorgaben mehr aus den gesetzgeberischen Motiven als aus der Vorschrift selbst. Vor allem die Verweisung auf das TDG und den MDStV, um die „Dienste der Informationsgesellschaft" zu umschreiben, ist nicht geglückt, da diese Verweisung zu weit geraten ist und erst durch teleologische Reduktion korrigiert werden muß, um den vom Gesetzgeber intendierten Gleichlauf mit der Richtlinien herzustellen bzw. im Falle der unentgeltlichen Verträge die Richtlinenkonformität zu wahren. Übersichtlicher für den Rechtsanwender wäre die Einfügung einer eigenständigen Definition in §312e gewesen, die ergänzend mit einem Beispielkatalog hätte veranschaulicht werden können. Auch der Begriffs des „Zugangs" in §312e I2 ist anders zu verstehen, als der Zugangsbegriff in §130, um mit dem Begriff des „Eingangs" nach Art. 11 I ECRL konform zu gehen. Der Gesetzgeber hätte besser die autonomen Begrifflichkeiten der ECRL übernommen, als Systembegriffe der deutschen Rechtsordnung zu verwenden. Unschön ist auch, daß der Gesetzgeber zunehmend an verschiedenen Stellen im BGB identische Begriffe mit unterschiedlicher Bedeutung verwendet, wie z. B. den der „Bestellung".
Unter dem Gesichtspunkt der Übersichtlichkeit kann man auch daran zweifeln, ob die Auslagerung der Informationspflichten in die InfoV ein sinnvoller Schritt war.[969] Sicherlich kann auf diese Weise ein Gesamtüberblick über die zu erfüllenden Informationspflichten bei den verschiedenen Vertragstypen und Vertriebsformen gewonnen werden, die ja oft parallel bestehen.[970] Dafür sind sie nun aber für den Rechtsanwender schwieriger auffindbar. Übersichtlichkeit wäre auch durch einen Anhang mit Informationspflichten im Anschluß an die Fernabsatzvorschriften in den §§312 b-f erreichbar gewesen, wo die meisten Überschneidungen zu erwarten sind. Soweit im übrigen die Möglichkeit zur flexiblen Reaktion auf Technologieveränderungen die Motivation für die Verordnungsregelung, die sich leicht um weitere Pflichten ergänzen läßt, gewesen sein soll[971] ist darauf hinzuweisen, daß gerade bei §312e im Laufe der Zeit nicht unbedingt nur Nachbesserungen bei den *Informations*pflichten, sondern auch bei den übrigen *Verhaltens*pflichten zu erwarten sind.
Im übrigen kann kritischen Stimmen nicht beigepflichtet werden, die keinen sinnvollen Schutzgegenstand für die Pflichten in §312e sehen.[972] Vielmehr hat der europäische Richtliniengeber versucht, den typischen Gefahren im elektronischen Geschäftsverkehr mit einer einheitlichen europäischen Regelung entgegenzutreten. Diese bestehen vor allem in der besonderen Häufigkeit von Eingabefehlern, technischen bzw.

[969] mit Zweifeln auch Micklitz EuZW 2001, S. 133 (143); Micklitz/Pfeiffer/Tonner/Willingmann-Fleischer (Hrsg.), Schuldrechtsreform und Verbraucherschutz, S. 243 (265); M/K-Wendehorst, §312c, Rn. 9.
[970] nach der Regierungsbegründung, BT-Druck 14/6040, S. 168 sollte eine bessere Lesbarkeit erreicht werden.
[971] so die Regierungsbegründung, BT-Druck 14/6040, S. 274.
[972] so aber Grigoleit, WM 2001, S. 597 (604); Grigoleit, NJW 2002, S. 1151 (1158); Hoeren, in: Schulze/Schulte-Nölke (Hrsg.), Die Schuldrechtsreform vor dem Hintergrund des Gemeinschaftsrechts, Tübingen, 2001, S. 315 (319): „überflüssige Regelung, die keinen Lebensbezug hat".

rechtlichen Verständnisproblemen, Beweisproblemen wegen mangelnder Dokumentation elektronischer Verträge und der Konfrontation mit fremdsprachlichen Diensten im oft grenzüberschreitenden elektronischen Fernabsatz. Außerdem wird mit der ECRL ein Schritt in Richtung einer stärkeren Selbst- bzw. Koregulierung der Marktteilnehmer getan, die im elektronischen Geschäftsverkehr ohnehin schon verbreitet praktiziert wird. Die Informationspflicht über Verhaltenskodizes verleiht diesem Selbst- bzw. Koregulierungskonzept die nötige Transparenz für die Kunden. Richtig ist jedoch, daß die Vorgaben der ECRL gesetzgebungstechnischer Hinsicht recht konfus ausgefallen sind und eine Auslegung erschweren.[973] Dies zumal häufig auf die Erwägungsgründe der Richtlinie zurückgegriffen werden muß, um den eigentlichen Sinn des Richtlinientextes zu erschließen. Der deutsche Gesetzgeber hat sich aber im Rahmen von §312e weitgehend bemüht, die Pflichten zu systematisieren und nach den Richtlinienvorgaben zu interpretieren.

Auch von einer Überinformation des Kunden kann bei den Informationspflichten aus §312e nicht die Rede sein.[974] Zwar ist es richtig, daß die Zahl der Informationen, die der Kunde aufnehmen kann, begrenzt ist und die Informationserteilung deswegen einen abnehmenden Grenznutzen aufweist[975], so daß sich der europäische Gesetzgeber grundsätzlich auf wesentliche Informationen beschränken sollte. Zumindest im Bereich des elektronischen Vertragsschlusses hat es die Kommission aber bei fünf Informationspflichten belassen, die den wesentlichen Besonderheiten des elektronischen Geschäftsverkehrs Rechnung tragen. Im Vergleich zu den überbordenden Informationspflichten nach §312c II i.V.m §1 InfoV, die der deutsche Gesetzgeber noch eigenhändig ergänzt hat, und der Flut künftiger Informationspflichten beim Fernabsatz von Finanzdienstleistungen nach Umsetzung der Richtlinie 2002/65/EG[976] nimmt sich der Katalog in §312e i.V.m. §3 InfoV geradezu bescheiden aus. Im übrigen lassen sich die Informationen nach §312e I1 Nr.2 überwiegend nebenbei während des Bestellprozesses durch Piktogramme oder Beschriftungen erteilen, so daß der Kunde nicht mit einem Textblock konfrontiert werden muß. Allerdings sollte man in Zukunft bei der Schaffung weiterer Informationen die Gesamtzahl der Informationspflichten nicht aus dem Blick verlieren, die doch zu beträchtlichen Dimensionen anwächst, wenn sich mehrere Vertriebsformen im Einzelfall überschneiden.

Auch eine ungerechtfertigte Ungleichbehandlung von On- und Offlinehandel – z. B. beim Versandhandelswesen – kann nicht festgestellt werden[977], da die Pflichten den Spezifika des elektronischen Geschäftsverkehrs Rechnung tragen. Das heißt aber nicht, daß nicht auch im Offline-Handel bestimmte Sonderkonstellationen existieren, bei denen ein entsprechender Schutz sinnvoll wäre (so z. B. beim Versand eines ausdruckten

[973] so auch M/K-Wendehorst, §312e, Rn. 5.

[974] so aber Tettenborn, K&R 1999, S. 252 (257); Hoeren in: Ehlers/Wolffgang/Pünder (Hrsg.), Rechtsfragen des Electronic Commerce, S. 7 (15); Grigoleit NJW 2002, 1151 (1155); Boente/Riehm, Jura 2002, S. 222 (230); Frings, VuR, 2002, 390 (397); a. A. Glatt, Vertragsschluß im Internet, S. 78; wohl auch Mankowski, ZMR 2002, S. 317 (323 f.).

[975] Fleischer, ZEuP 2000, S. 772 (787 f.).

[976] kritisch zu der Vielzahl von Informationen, die Art. 3 der Richtlinie 2002/65/EG vorsieht: Härting/Schirmbacher, CR 2002, S. 809 (812).

[977] so aber Waldenberger, EuZW 2001, S. 296 (300); a. A. Glatt, Vertragsschluß im Internet, S. 78.

Formulars per Post, das zuvor über das Internet abgerufen und elektronisch ausgefüllt wurde). Diese sind aber nicht der Regelfall und eigen sich daher nicht zur generalisierenden Eingliederung unter die typisierten Pflichten des §312e. Allenfalls bei der Information über Verhaltenskodizes kann man Zweifeln, ob nicht eine Ungleichbehandlung vorliegt, da Verhaltensregelwerke auch im nichtelektronischen Handel durchaus üblich sind. Zumindest sind Verhaltenskodizes in Gestalt von Gütesiegeln besonders häufig im elektronischen Geschäftsverkehr anzutreffen, weil es dort angesichts der anonymen Anbieterstruktur besonders der Vertrauensstärkung der Verbraucher bedarf. Unglücklich ist aber, daß der europäische Richtliniengeber im Bereich der Pflichten beim elektronischen Vertragsschluß die Abgrenzung zwischen schutzbedürftigen und nichtschutzbedürftigen Kommunikationsformen in erster Linie anhand formaler Kriterien wie dem *individuellen technischen Abruf* bzw. der *elektronischen Übermittlung* getroffen hat. Diese Abgrenzung hat der deutsche Gesetzgeber mit dem Begriff der „Tele- und Mediendienste" in §312e übernommen, der entsprechend zu reduzieren ist. Die Beurteilung der Schutzwürdigkeit des Kunden erfolgt nach der geltenden Regelung also maßgeblich anhand der technischen Übertragungsart des angebotenen Dienstes. Dabei hat der Richtliniengeber scheinbar die fortschreitende Konvergenz der Medien in Bezug auf die Endgeräte, Netze, Märkte und Inhalte übersehen, die zu einer Verschmelzung von Internet, Rundfunk und Telekommunikation führt.[978] Dem muß auch zunehmend eine Konvergenz des Rechts entsprechen. Nur so kann im Bereich der neuen Medien das Vertrauen der Kunden gestärkt werden. Vorzugswürdig wäre es deshalb, um Schutzlücken bzw. Ungleichbehandlungen zu vermeiden, die Schutzbedürftigkeit des Kunden anhand materieller Kriterien zu beurteilen, die die spezifischen Fehlerquellen und den Verständnishorizont des Kunden reflektieren. Ausgehend von der Prämisse eines *an die Allgemeinheit gerichteten elektronischen Fernkommunikationsdienstes* (angelehnt an die technologieunabhängige Definition in Art. 2 der Rahmenrichtlinie für Telekommunikation 2002/21/EG), woran sich teleologisch insbesondere die Pflichten zur Information über Sprachen und Verhaltenskodizes anknüpfen lassen, hätte sich für die technischen Hilfspflichten[979] eine Differenzierung nach dem *Eingabemedium* angeboten, welches der Kunde verwendet, da z. B. handschriftliche Eingaben (über Tablet-PC; Versendung gescannter, aber handschriftlich abgefaßter Dokumente) bzw. Spracheingaben (Voice-Chat; Videokonferenz) weniger anfällig für Eingabefehler sind als mechanische Tastatur- oder Mauseingaben. Dies gilt auch unabhängig davon, ob das Angebot vom Kunden individuell abgerufen wurde (also z. B. auch bei parallel zu Fernsehsendungen mitgesendeten Bestellformularen). Mechanischen Eingabehandlungen erhalten zudem ihre symbolische Bedeutung erst durch technische Vermittlung, weil ein Mausklick oder die Betätigung der Returntaste an sich bedeutungsmäßig indifferent sind, so daß ein erhöhter Informationsbedarf besteht.

---

[978] zu Konvergenzproblemen vgl. auch Mitteilung der Kommission an das Europäische Parlament, den Rat, den Europäischen Wirtschafts- und Sozialauschuß und den Ausschuß der Regionen über Hemmnisse für den breiten Zugang zu neuen Diensten und Anwendungen der Informationsgesellschaft durch offene Plattformen beim digitalen Fernsehen und beim Mobilfunk der dritten Generation vom 9.7.2003, S. 9 ff.; kritisch auch Schoch, JZ 2002, S. 798 ff.; Spindler, MMR 2000, Beilage zu Heft 7, S. 5 f.; Hoffmann, NJW 2001, Beilage zu Heft 14, S. 6 f.
[979] zum Begriff näher s. u. 2. Teil B.

Eine Ausnahme sollte allerdings für Spracheingaben oder handschriftliche Eingaben gelten, die von einem OCR-Programm[980] oder einer Spracherkennungssoftware in Textinformationen umgesetzt werden, weil auch hier die Fehlergefahr hoch ist. Auch die *Komplexität der vom Unternehmer bereitgestellten Bedienungsoberfläche* könnte ein materielles Kriterium darstellen, da komplexe (z. B. menügesteuerte) Interfaces mehr technische Erläuterungen erfordern, was auch bei „nichtelektronischen Diensten" gilt (bspw. bei telefonischen Reservierungscomputern). Letztlich wären also die Kriterien „auf individuellen Abruf" und „elektronisch" verzichtbar und ein technologieunabhängiger Ansatz möglich gewesen. Zuzugestehen ist allerdings, daß materielle Abgrenzungskriterien zwar den Schutz der Kunden optimieren aber natürlich auch die Rechtssicherheit beeinträchtigen würden. Zur Verdeutlichung der Kriterien hätte sich deshalb eine Positiv- oder Negativliste mit Beispielen angeboten, aus der sich die Behandlung bislang unbekannter Kommunikationsformen ableiten ließe.
Dies führt weiter zu der Frage, ob §312e bzw. die ECRL in ausreichendem Maße moderne Kommunikationsformen berücksichtigen. Dies ist im Hinblick auf die übersehene Medienkonvergenz zu verneinen. Insbesondere bei der Pflicht, den Vertragstext und die allgemeinen Geschäftsbedingungen in speicherbarer Form bereitzustellen, hätte der europäische Richtliniengeber die neuen Handelsplattformen M-Commerce und T-Commerce berücksichtigen müssen, bei denen die verwendeten Endgeräte in den meisten Fällen noch nicht mit einer ausreichenden Speicherfähigkeit ausgestattet sind. Es hätte sich deshalb die Regelung alternativer Bereitstellungsmodalitäten angeboten. Noch in fernerer Zukunft liegen virtuelle Marktplätze, auf denen autonome elektronische Agenten Verträge aushandeln. Angesichts fortschreitender Entwicklung von künstlicher Intelligenz wird ihre Entstehung nur eine Frage der Zeit sein. Hier muß das Verbraucherinformationsmodell im Hinblick auf die Relevanz der zu erteilenden Informationen und deren Standardisierung völlig neu überdacht werden.

[980] Optical Character Recognition.

2. Teil: Sanktionen für Pflichtverletzungen im Rahmen von §312e

A. Bedürfnis nach Sanktionen

Die europäische Kommission hat sich entschieden, die Einhaltung der durch die ECRL begründeten Pflichten nicht gänzlich in die Selbstverantwortung der Diensteanbieter zu stellen, sondern die Mitgliedsstaaten zur Sanktionierung anzuhalten. Diese werden durch Art. 20 ECRL verpflichtet, Sanktionen für Verstöße gegen die einzelstaatlichen Umsetzungsvorschriften bereitzuhalten und Maßnahmen zu ihrer Durchsetzung zu treffen. Die Sanktionen müssen „wirksam, verhältnismäßig und abschreckend" sein. Diese Formulierung entspricht dem vom EuGH für die Verletzung von Gemeinschaftsrecht aufgestellten Gebot effizienter Sanktionierung.[981] Sie findet sich auch in Art. 11 der Richtlinie 2002/65/EG über den Fernabsatz von Finanzdienstleistungen. In letztgenannter Vorschrift wird als Sanktion ein kostenloses Kündigungsrecht (also ohne Vertragsstrafe oder Vorfälligkeitsentschädigung) vorgeschlagen. Die Fernabsatzrichtlinie 97/7/EG fordert nur „geeignete und wirksame Mittel" zur Einhaltung und schlägt dafür in Erwägungsgrund 14 S.2 ein Widerrufsrecht vor. Die ECRL macht hingegen keine Vorschläge und stellt auch keine konkreten Anforderungen an die Sanktionierung.
Die von Art. 20 ECRL geforderte Sanktionierung verfolgt den Zweck, die Einhaltung der Pflichten aus der Richtlinie zu gewährleisten. Als Mittel soll sie sich der „Abschreckung" bedienen, womit Spezial- und Generalprävention gemeint sein dürften. „Wirksamkeit" der Sanktionen bedeutet Eignung dazu, die Diensteanbieter zur Einhaltung der Pflichten zu bewegen. Dieser Anforderung liegt das effet utile-Prinzip nach Art. 10 I EG zugrunde, das einen effektiven Vollzug des Gemeinschaftsrechts verlangt. Mit „Verhältnismäßigkeit" fordert die ECRL eine vollständige Verhältnismäßigkeitsprüfung, d. h. daß die Sanktionen nicht nur geeignet, sondern auch erforderlich und angemessen zur Erreichung des Zwecks sein müssen. Damit soll verhindert werden, daß mit Kanonen auf Spatzen geschossen wird. Die Sanktionsmechanismen für die einzelnen Pflichten müssen also stets gegen die Bedeutung dieser Pflichten für die Funktionsfähigkeit des elektronischen Geschäftsverkehrs abgewogen werden, um eine Übersanktionierung zu vermeiden. Ausweislich Erwägungsgrund 54 S.2 ECRL muß die Sanktionierung nicht durch Strafgesetze erfolgen, sondern kann auch durch zivilrechtliche Vorschriften gewährleistet werden. Die Mitgliedsstaaten haben nämlich grundsätzlich einen weiten Spielraum bei der Schaffung von Sanktionen.[982] Dieser Ermessensspielraum bezieht sich aber nur auf die Art der Sanktionen, während die Effektivität des Sanktionssystems insgesamt sichergestellt werden muß.
Im folgenden wird zu untersuchen sein, ob der deutsche Gesetzgeber ein zureichendes Sanktionssystem zur Wahrung von §312e geschaffen hat.[983] Es geht wohlgemerkt nur

[981] EuGH Rs. 68/88 (Kommission/Griechenland), Slg. 1989, S. 2965, Rz. 24; Rs. C-326/88 (Hansen), Slg. 1990, I-2911, Rz. 17; Grundmann, JZ 2000, S. 1133 (1140); Schwarze-Hatje, EU-Kommentar, Art. 10 EG, Rn. 30.
[982] so auch Micklitz, VersR 2002, S. 641 (649); Spindler, MMR 2000, Beilage zu Heft 7, S. 4 (12).
[983] dies wird vielfach bezweifelt: vgl. zum endgültigen Entwurf: Micklitz/Tonner-Micklitz, Vertriebsrecht, §312e, Rn. 107; Lehmann-Drexl, Electronic Business in Europa, P., Rn. 95 f.; zum Diskussions-

um staatliche Sanktionen, d. h. Normen aus dem Bereich der Selbstregulierung bleiben außer Betracht. Als Rechtsquelle für Sanktionen kommt zum einen §312e selbst als unmittelbare Umsetzungsnorm in Frage. Allerdings hat der Gesetzgeber dort weitgehend auf die ausdrückliche Regelung von Sanktionen verzichtet, sondern diese statt dessen der Rechtsprechung und Wissenschaft überantwortet.[984] Durch die Integration von §312e und der übrigen besonderen Vertriebsformen in das BGB im Rahmen der sog. „Großen Lösung" bei der Schuldrechtsreform[985] steht eine Anwendung der allgemeinen Sanktionsmechanismen des BGB im Mittelpunkt. Aber auch Regeln aus dem Zivilprozeßrecht wie Beweislastverlagerungen können als Sanktionsmechanismen instrumentalisiert werden. Darüber hinaus scheint eine Sanktionierung durch lauterkeitsrechtliche Regelungen, vor allem im Rahmen von Verbandsklagen denkbar. Erwägungsgrund 54 S.1 ECRL läßt ausdrücklich bereits bestehende Sanktionsmechanismen in den einzelstaatlichen Rechtsordnungen unberührt.

B. Systematik und Rechtscharakter der „Pflichten" aus §312e

I. Systematik

Bevor die einzelnen Sanktionsvorschriften untersucht werden sollen, müssen die Pflichten zunächst systematisiert werden. Denn §312e enthält eine heterogene Zusammenstellung von unterschiedlichen Hinweis- und Verhaltenspflichten, deren Eigenarten bei der Ahndung von Pflichtverstößen berücksichtigt werden müssen. Nicht auf jede einzelne Pflicht sind auch notwendig alle in Betracht kommenden Sanktionsnormen anwendbar.

Eine Systematisierung kann man zunächst nach den Anforderungen vornehmen, die die Pflichten an das Verhalten des Unternehmers stellt. Bei einer Betrachtung von §312e stellt man fest, daß dieser einerseits Informationspflichten umfaßt, die in §312e I1 Nr. 2 in Verbindung mit der Informationsverordnung geregelt sind. Diese Informationspflichten lassen sich durch einen bloßen Hinweis erfüllen. Natürlich setzen aber auch sie voraus, daß der Unternehmer die seinen Angaben entsprechenden tatsächlichen Voraussetzungen schafft.[986] Im übrigen enthalten §312e I1 Nr. 1 u. Nr. 4 Bereitstellungspflichten für Korrekturmöglichkeiten und die Vertragsbestimmungen, zu deren Erfüllung der Unternehmer bestimmte technische Voraussetzungen schaffen muß. Diese Bereitstellungspflichten sind aber auch eher passiver Natur, da sie dem Kunden nur Hilfestellungen bieten, die dieser selbst in Anspruch nehmen muß. Eine aktive Be-

---

entwurf: Micklitz, EuZW 2001, S. 133 (143); Micklitz, VuR 2001, S. 71 (77): mit dem Vorschlag der Schaffung eines Widerrufsrechts; zum konsolidierten Diskussionsentwurf: Roth, JZ 2001, S. 475 (490); auf der anderen Seite wird teilweise die Gefahr einer Übersanktionierung gesehen: zum Diskussionsentwurf: Grigoleit, WM 2001, 597 (604).

[984] Begründung Regierungsentwurf, BT-Druck 14/6040, S. 173.

[985] vgl. zur „Großen Lösung" Däubler-Gmelin, NJW 2001, S. 2281 ff, insbes. S. 2288; zur Integration der Vertriebsformen auch: Dörner, in: Schulze/Schulte-Nölke (Hrsg.), Die Schuldrechtsreform vor dem Hintergrund des Gemeinschaftsrechts, S. 177 ff.; Micklitz, in: Schulze/Schulte-Nölke (Hrsg.), Die Schuldrechtsreform vor dem Hintergrund des Gemeinschaftsrechts, S. 189 ff.

[986] das meinen wahrscheinlich Micklitz/Ebers, VersR 2002, S. 641 (644), wenn sie §3 Nr. 1 InfoV nicht als Informationspflicht, sondern als „technische Hilfe" bezeichnen.

stätigungspflicht des Unternehmers findet sich aber in §312e II Nr. 3, der den Unternehmer zur Quittierung der Bestellung des Kunden verpflichtet. Im Fall von §312e II Nr. 2 i.V.m. §3 Nr. 3 und §312e II Nr. 1 ist die Informationspflicht mit einer Verhaltenspflicht insofern verknüpft, als der Unternehmer den Kunden über die Bedeutung der von ihm geschaffenen technischen Hilfestellungen informieren muß. Allen Informations- und sonstigen Verhaltenspflichten ist gemeinsam, daß sie den Unternehmer zu einem positiven Tun und nicht nur zu einem bloßen Unterlassen verpflichten.
Eine weitere Einordnung läßt sich nach der Art der spezifischen Gefahren treffen, vor denen die Pflichten schützen sollen: §312e II Nr. 1 u. 3, sowie §§3 Nr. 1 u. 3 InfoV können als technische Hilfspflichten bezeichnet werden, da sie in erster Linie dazu dienen, dem Nutzer den Vertragsschlußprozeß in technischer Hinsicht transparent zu machen und so zu gestalten, daß er vor den spezifisch technischen Gefahren des elektronischen Geschäftsverkehrs geschützt ist. Die übrigen Pflichten schützen vor untechnischen Gefahren des elektronischen Geschäftsverkehrs, die diesem aber typischerweise anhaften wie das Sprachenrisiko (§3 Nr. 4 InfoV), Beweisrisiken (§312e II Nr. 4 und §3 Nr. 2 InfoV) und die Gefahr einer Mißachtung von Verhaltenskodizes (§3 Nr. 5 InfoV), die in Gestalt von Gütesiegeln im elektronischen Geschäftsverkehr sehr gebräuchlich sind.
In Betracht kommt aber auch eine Systematisierung der Pflichten nach ihrem Schutzgut und mithin den Rechtsfolgen ihrer Verletzung.[987] So kann man zwischen Pflichten unterscheiden, die die vorvertragliche Willensbildung schützen und deshalb Sanktionen der allgemeinen Informationshaftung nach sich ziehen können[988] und Pflichten, die nur das Vermögen schützen bzw. ihren Schutz erst im nachvertraglichen Stadium entfalten. Diese Systematisierung wird sich aus den Untersuchungen in diesem Teil der Arbeit ergeben.

II. Rechtscharakter

Fraglich ist aber, ob wirklich alle in §312e geregelten Verhaltensvorschriften echte Pflichten im Rechtssinne sind oder ob es sich teilweise nur um bloße Obliegenheiten des Unternehmers handelt.[989] Letztere könnte man als „Pflichten geringerer Intensität“[990] bezeichnen, weil auch sie Verhaltensanforderungen stellen. Sie unterscheiden sich aber nach allgemeiner Auffassung von den Pflichten dadurch, daß sie weder einen primären Anspruch auf Erfüllung begründen, noch einen sekundären Anspruch im

---

[987] in dieser Richtung Micklitz/Tonner-Micklitz, Vertriebsrecht, §312e, Rn. 49.
[988] Grigoleit WM 2001, S. 597 ff.
[989] so wohl Hoeren/Sieber-Waldenberger, Handbuch Multimedia-Recht, Teil 13.4, Rn. 40 für die Informationspflichten in §312e; allgemein a.A. Micklitz, in: Brönneke (Hrsg.), Kollektiver Rechtsschutz im Zivilprozeßrecht, S. 87 (107) der Informations- und Belehrungspflichten tendenziell als einklagbare und sanktionsbeschwerte Rechte und nicht als Obliegenheiten einordnet.
[990] Schmidt, Die Obliegenheiten, S. 104; M/K-Kramer, Einl. zu den §§241 ff., Rn. 50; Deutsch, Allgemeines Haftungsrecht, Rn. 567; Soergel-Teichmann, Vor § 241, Rn. 7. Anders, Esser/Schmidt, SchuldR AT/1, §6VI3, S. 113 f. Unterfall der Lasten als Gegenstück zu den Pflichten. Für Entbehrlichkeit des Begriffs der Obliegenheit Staudinger-Schmidt, Einleitung zu §§ 241 ff., Rn. 286, weil nur eine Abschichtung von Schuld- und Nichtschuldverhältnissen relevant sei.

Verletzungsfalle.[991] Wenn also einige Verhaltensanforderungen des §312e keine schuldrechtlichen Pflichten wären, sondern reine Obliegenheiten, würde das bedeuten, daß die Sanktionierung ihrer Verletzung im anspruchsorientierten Haftungssystem des Schuldrechts nahezu unmöglich wäre. Fraglich ist aber, wie ermittelt werden kann, ob es sich bei den Vorschriften des §312e um Obliegenheiten handelt. Eine Abgrenzung anhand der an die Verletzung geknüpften Rechtsfolgen[992] hilft hier nicht weiter, da das Gesetz gerade offenläßt, welche Haftungsnormen des Schuldrechts anwendbar sind. Allein aus der Anordnung der Widerrufsfristverlängerung gem. §312e III2 als Sanktion[993] für Verletzungen kann jedenfalls noch nicht gefolgert werden, daß daneben nicht auch Primär- und Sekundäransprüche bestehen und damit eine schuldrechtliche Pflicht vorliegt.[994]

Teilweise wird als konstituierend für eine Obliegenheit angesehen, daß sie von ihrem Zweck her ausschließlich den Interessen des Belasteten diene[995] bzw. entsprechend der Belastete nur aus eigenem Interesse und nicht aus einer Sollensverpflichtung heraus handele[996]. Als Obliegenheit des Verwenders wird z. B. die Kenntnisverschaffung der AGB nach §305 II Nr. 2 eingeordnet.[997] Auch bei ihr geht es um die Information des Kunden, der aber an der Einbeziehung der AGB in der Regel kein Interesse hat, weil diese für den Verwender vorteilhafte Regelungen enthalten. Ebenso wird die Widerrufsbelehrung nach §355 II häufig als Obliegenheit verstanden.[998] Man müßte deshalb untersuchen, ob einige „Pflichten" in §312e ausschließlich den Interessen des Unternehmers dienen. So wird angenommen, die Pflicht zur Abgabe einer Empfangsbestätigung sei eine reine Obliegenheit[999], nachdem ihre Relevanz für das Zustandekommen des Vertrages, die in den Vorentwürfen noch enthalten war, nicht mehr vorhanden ist. Allerdings besteht nach wie vor ein Interesse des Kunden an der Empfangsbestätigung, weil er nur durch eine Bestätigung des Eingangs seiner Bestelldaten Doppelbestellungen vermeiden kann. Des weiteren könnte man annehmen, daß die Pflicht zur Information über die technischen Schritte, die zum Vertragsschluß führen, bzw. über die für den Vertragsschluß zur Verfügung stehenden Sprachen[1000] im alleinigen Interesse des Unternehmers liegt, weil es vital für den Unternehmer ist, dem Kunden den Vertragsschluß technisch und sprachlich überhaupt zu ermöglichen. Jedoch stehen dem auch Interessen des Kunden gegenüber, der technischen Irrtümern vorbeugen und über die

---

[991] Henß, Obliegenheit und Pflicht im Bürgerlichen Recht, S. 97; M/K-Kramer, Einl. zu den §§241 ff., Rn. 50; Palandt-Heinrichs, Einleitung zu §241, Rn. 11; Soergel-Teichmann, Vor § 241, Rn. 7.
[992] vgl. zu diesem Kriterium Henß, Obliegenheit und Pflicht im Bürgerlichen Recht, S. 60 ff.; Staudinger-Schmidt, Einl. zu §§ 241 ff., Rn. 271 ff.
[993] näher dazu s. u. 2. Teil C.
[994] ähnlich Lütcke, Fernabsatzrecht, §312e, Rn. 65.
[995] Wieling, AcP 176 (1976), S. 334 (348); Larenz, AT^7, §12 II d.
[996] Palandt-Heinrichs, Einl. v. §241, Rn. 11; M/K-Kramer, Einl. §§ 241 ff., Rn. 50.
[997] Wolf/Horn/Lindacher-Wolf, AGBG, §2, Rn. 32; Ulmer/Brandner/Hensen-Schmidt, AGBG, §2, Rn. 56.
[998] M/K-Ulmer, §355, Rn. 44; Staudinger-Kaiser, §361a, Rn. 28; a. A. Palandt-Heinrichs, §355, Rn. 13; AnwKom-Ring, §355, Rn. 14; BGHZ 109, 127 (130).
[999] so wohl Rehbinder/Schmaus, UFITA 2000, S. 313 (321).
[1000] Grigoleit, WM 2001, S. 597 (603), Grigoleit NJW 2002, S. 1151 (1158), mit der Folgerung, daß eine Verletzung keine Sanktionen haben dürfe.

rechtliche Ausgestaltung des Vertragsschlusses informiert werden möchte. Ebenso verhält es sich mit der Pflicht zur Information über die Sprachen, die dem Ausgleich zwischen den Parteien im Rahmen der Sprachenproblematik dienen soll und den Kunden nebenbei vor sprachbedingten Irrtümern bewahren will. Häufig wird auch angeführt, die Information über Verhaltenskodizes, denen sich der Unternehmer unterwirft, liege in der Regel im Interesse des Unternehmers, um Werbung für die Qualität seines Geschäftsbetriebs zu machen.[1001] Dies schließt jedoch nicht aus, daß das Interesse des Kunden geschützt ist, über die Existenz oder den Zugang zu den Regelwerken informiert zu werden, um außergerichtliche Streitbeilegungsmöglichkeiten auszuschöpfen. Es läßt sich also für keine der in §312e geregelten Verhaltensregeln vertreten, sie bestehe ausschließlich im Interesse des Unternehmers.
Sofern als Merkmal der Obliegenheit angegeben wird, daß sie mindestens auch im Interesse des Gegners[1002], also des Kunden, bzw. in beiderseitigem Interesse[1003] bestehen müsse, ist damit für die Abgrenzung wenig gewonnen, weil diese Kriterien auch bei schuldrechtlichen Verbindlichkeiten erfüllt sein können. Letztlich ist die Anwendbarkeit der Regeln des allgemeinen Schuldrechts unabhängig von Begrifflichkeiten eine Auslegungsfrage der betreffenden Norm.[1004] Man wird man den Willen des Gesetzgebers erforschen müssen, ob er die Vorschriften des §312e als echte Rechtspflichten ausgestalten wollte. In dieser Richtung läßt sich die Regierungsbegründung deuten, die von den „in §312e II geregelten Pflichten" spricht, die grundsätzlich nach den allgemeinen Bestimmungen des Schuldrechts sanktionierbar sein sollen, wenn auch nicht für alle Pflichten die gleichen Sanktionen angemessen sein sollen.[1005] Mit der Ausgestaltung als echte Rechtspflichten, kann der Gesetzgeber der Praxis und Wissenschaft die Schaffung eines flexiblen Sanktionssystems auch auf individualrechtlicher Basis ermöglichen, und es wird von vornherein eine Beschränkung auf die kollektive Rechtsverfolgung durch Verbraucher- und Wirtschaftsverbände vermieden. Diese wäre nicht effektiv genug, um Art. 20 ECRL gerecht zu werden, der eine wirksame Sanktionierung aller Vorschriften fordert unabhängig davon, wessen Interessen verletzt sind. Dafür spricht auch, daß der EuGH bei Richtlinien mit Individualbegünstigungsziel verlangt, daß für den einzelnen durchsetzbare Rechte begründet werden[1006]. Mögen auch allgemeine rechts- und wirtschaftspolitische Zielsetzungen der ECRL, wie etwa die Stärkung der Selbstregulierung der Wirtschaft bzw. die Senkung von Transaktionskosten durch die Lösung der Sprachenproblematik, übergreifenden Allgemeininteressen dienen, so sollen sie doch auch den einzelnen Kunden in der konkreten Vertragssituation schützen, so daß eine Ausgestaltung der Anordnungen in §312e als echte Rechtspflichten notwendig ist, um den Weg für eine individualrechtliche Sanktionierung zu eröffnen.

[1001] Begründung Regierungsentwurf, BT-Druck 14/6040; M/K-Wendehorst, §312e, Rn. 91.
[1002] Fikentscher, SchuldR, Rn. 56; Enneccerus/Nipperdey, AT, §74 IV.
[1003] Schmidt, Obliegenheiten, S. 105; Deutsch, Allgemeines Haftungsrecht, Rn. 567.
[1004] Staudinger-Schmidt, Einl. zu §§241 ff., Rn. 287.
[1005] Begründung Regierungsentwurf, BT-Druck 14/6040, S. 173.
[1006] EuGH, Rs. C-131/88 (Kommission./.Deutschland), Slg. 1991, I-825, Rz. 6; Scherzberg, Jura 1992, S. 572 (577); Grabitz/Hilf-Nettesheim, Art. 249 EG, Rn. 144 f.

C. Sanktionen nach §312e

I. Verlängerung der Widerrufsfrist gem. 312e III2

1. Zweck der Widerrufsfristverlängerung

§312e enthält sich – entsprechend der Intentionen des Gesetzgebers – weitgehend einer Regelung von Sanktionen für Pflichtverletzungen. Allein §312e III2 bestimmt, daß die Widerrufsfrist abweichend von § 355 II1 nicht vor Erfüllung der in Absatz 1 Satz 1 geregelten Pflichten beginnt. Damit wird an ein bereits nach anderen Vorschriften wie §§312 I1, 312d I1, 485 I, 495 I, 505 I1 u. §4 I FernUSG bestehendes Widerrufsrecht angeknüpft. Diese Widerrufsrechte nehmen §312e quasi „Huckepack". Die Widerrufsfristverlängerung kann dabei aber nur Verbrauchern zugute kommen, weil die bestehenden Widerrufsrechte allesamt ausschließlich für Verbraucherverträge gelten. Die Anknüpfung von §312e III2 an ein Widerrufsrecht des *Kunden* nach §355 ergibt insofern keinen Sinn, denn §355 ist schon nach seinem Wortlaut auf Verbraucherverträge beschränkt.[1007] Man hätte also gleich den Begriff *Verbraucher* wählen können, der ja auch in §312e II2 auftaucht. §312e III2 greift auch dann, wenn das Widerrufsrecht vertraglich durch ein Rückgaberecht ersetzt wurde, weil eine Sonderbehandlung keinen Sinn ergäbe.[1008] Die Verlängerung der Widerrufsfrist war im Diskussionsentwurf noch nicht enthalten, sondern wurde aufgrund von Kritik aus der Literatur[1009], daß die bestehenden Sanktionen des BGB unzureichend seien, erst durch den Regierungsentwurf eingefügt.

Einheitlich geregelt sind Widerrufsfrist, Ausübungsmodalitäten, Erlöschen und Rechtsfolgen der einzelnen Widerrufsrechte in §355 (vorbehaltlich spezieller Modifikationen in den Normen, die die Widerrufsrechte begründen). Bei der Regelung des verbraucherschützenden Widerrufsrechts in §355 handelt es sich funktional um ein modifiziertes Rücktrittsrecht[1010], denn es geht der Sache nach um die Umgestaltung des Vertrages in ein Rückgewährschuldverhältnis und die Rückabwicklung, wie die Verweisung von §357 I auf die allgemeinen Rücktrittsvorschriften der §§346 ff. zeigt. Das Widerrufsrecht unterliegt den Ausschlußgründen bzw. Bereichsausnahmen nach

---

[1007] den Verbraucherverträgen gleichgestellt ist der Fernunterrichtsvertrag i.S.v. §2 FernUSG, vgl. M/K-Ulmer, §355, Rn. 14. Dessen sachlicher Anwendungsbereich sorgt schon für eine Begrenzung auf Verbraucher, vgl. Buehler, Fernunterrichtsvertrag und Fernunterrichtsschutzgesetz, S. 95 f. Anderer Auffassung bezüglich der Formulierung von §312e III2 kann man freilich sein, wenn man die Existenzgründerdarlehen nach §507 BGB nicht als Verbraucherverträge versteht.

[1008] M/K-Wendehorst, §312e, Rn. 109.

[1009] va. durch Micklitz, der für die Einführung eines Widerrufsrechts plädierte, Micklitz EuZW 2001, S. 133 (143); Micklitz, VuR 2001, S. 70 (77).

[1010] v. Koppenfels, WM 2001, S. 1360 (1365); Fuchs, AcP 196 (1996), S. 317 (337); Lorenz, JuS 2000, S. 833 (843); M/K-Ulmer, §355, Rn. 2; Grabitz/Hilf-Micklitz, A3, Rn. 67, der allerdings auch eine Gleichstellung mit der Kündigung vornimmt, obwohl bei dieser gerade keine Rückabwicklung erfolgt. A. A.: Reiner, AcP 203 (2003), S. 1 (26 ff.): funktional entspricht das Widerrufsrecht (nach dem Wirksamkeitsmodell) der Anfechtung. Dagegen spricht aber die Verweisung in §357 I auf §§346 ff. Dies will Reiner damit entkräften, daß das Rücktrittsrecht letztlich ein spezielles Bereicherungsrecht sei. Damit wird jedoch funktional ohnehin jeder Unterschied zwischen Rücktritt und Anfechtung geleugnet, so daß die Zuordnung des Widerrufsrechts egal wäre.

§§ 312d III und IV, §491 II und III, 495 II, 499 III und 505 I2. Dies gilt auch für das gemäß §312e III2 verlängerte Widerrufsrecht. Zu beachten ist insbesondere, daß auch die absolute Befristung auf sechs Monate gem. §355 III1 ein Ausschlußgrund im Rahmen von §312e III2 ist,[1011] so daß kein zeitlich unbegrenztes Widerrufsrecht bestehen kann, sofern zumindest ordnungsgemäß über das Bestehen des Widerrufsrechts informiert wurde (vgl. §355 III2).
Keinesfalls soll durch §312e III2 ein eigenes Widerrufsrecht für Pflichtverletzungen begründet werden. In diese Richtung ging zwar der Vorschlag des Ausschusses für Fragen der europäischen Union im Bundesrat[1012], der ein eigenständiges Widerrufsrecht für Verbraucher vorschlug, das allerdings unterhalb einer gewissen Geringfügigkeitsgrenze ausgeschlossen sein sollte. Während der Diskussionsentwurf des Bundesjustizministeriums zum SMG noch gar kein Widerrufsrecht für den elektronischen Vertragsschluß enthielt, sah der konsolidierte Diskussionsentwurf nach §312b Kons-DiskE ein pauschales Widerrufsrecht für alle Formen des Direktvertriebs (=„im Wesentlichen außerhalb von Geschäftsräumen" angebahnte Verträge) vor[1013], worunter auch Verträge im elektronischen Geschäftsverkehr gefallen wären. Dem folgte der Regierungsentwurf zum SMG indes nicht, sondern sah explizit von der Begründung eines eigenen Widerrufsrechts ab.[1014] Konsequenz der geschaffenen Regelung ist, daß die Rechtsfolge von §312e II2 insofern „in der Luft hängt", als sie von einem anderweitig begründeten Widerrufsrecht abhängig ist.
Der Grund, warum für §312e kein eigenes Widerrufsrecht geschaffen wurde, könnte darin liegen, daß Widerrufsrechte typische Verbraucherschutzinstrumente sind.[1015] Bei §312e kann aber auf Kundenseite auch ein Unternehmer stehen, weshalb ein allgemeines Widerrufsrecht im Rahmen von §312e systematische Widersprüche zu §355 I hervorgerufen hätte. Mit der Anknüpfung der Fristverlängerung an die bestehenden verbraucherschützenden Widerrufsrechte nach anderen Vorschriften wird aber in Kauf genommen, daß die Sanktion für den gesamten B2B-Verkehr wirkungslos bleibt. Der Schutz des §312e soll jedoch im Gegensatz zum sonstigen Verbraucherschutzrecht europäischen Ursprungs gerade auch Unternehmern zugute kommen. Der geringeren Schutzbedürftigkeit der Unternehmer wird bei §312e tatbestandlich schon dadurch Rechnung getragen, daß die Anforderungen an das Transparenzgebot den erweiterten Verständnishorizont eines Unternehmers berücksichtigen. Außerdem darf nur gegenüber einem Unternehmer der Pflichtenkatalog nach §312e II2 abbedungen werden. Sind die Pflichten des §312e – abgesehen von diesen Ausnahmen – aber einmal einschlägig, gibt es keinen Grund, Unternehmern auf Rechtsfolgenseite kein Widerrufsrecht zuzugestehen. Es ist allgemein nicht nachvollziehbar, warum das Widerrufsrecht

[1011] so auch Boente/Riehm, Jura 2002, S. 222 (226); Micklitz/Tonner-Micklitz, Vertriebsrecht, §312e, Rn. 111.
[1012] BR-Druck 29/99, S. 8, Nr. 28.
[1013] Konsolidierte Fassung des Diskussionsentwurfs eines Schuldrechtsmodernisierungsgesetzes, abrufbar unter http://www.lrz-muenchen.de/~Lorenz/schumod/diske/entwurf.pdf, S. 27.
[1014] Begründung Regierungsentwurf, BT-Druck 14/6040, S. 173.
[1015] vgl. Regierungsbegründung zum FernAbsG, BT-Druck 14/2658, S. 16: Informationspflichten und Widerrufsrechte gehören zum „traditionellen Instrumentarium des Verbraucherschutzes"; Kemper, Verbraucherschutzinstrumente, S. 227 ff.

für alle Zeiten als Verbraucherschutzinstrument zementiert werden soll, wenn es sich allgemein zur wirksamen Sanktionierung von Pflichtverletzungen eignet.
Abgesehen davon kann man sich immer noch fragen, wieso der Gesetzgeber nicht wenigstens in §312e III2 ein selbständiges Widerrufsrecht nur für *Verbraucher* geschaffen hat, z. B. durch Verweisung auf §312d. Dies wäre zwar teleologisch verfehlt, aber kein Systembruch, denn §312e II2 stellt bereits eine Sonderregel für Verbraucherverträge im Rahmen von §312e dar. Als Erklärung, warum auch für Verbraucher an anderweitig bestehende Widerrufsrechte angeknüpft wurde, bieten sich zwei Gründe an. Zum einen ist der Gesetzgeber davon ausgegangen, daß in fast allen denkbaren Situationen des elektronischen Vertragsschlusses zugleich die Vorschriften über den Fernabsatz nach §§312 b ff. einschlägig sein werden.[1016] Unter diesem Aspekt könnte er aus praktischen Erwägungen keine Notwendigkeit für die Einführung eines eigenständigen Widerrufsrechts in §312e gesehen haben. Ganz zu schweigen von der Ausklammerung des gesamten B2B-Verkehrs sind aber auch bei Verbraucherverträgen Ausnahmen vom Widerrufsrecht nach §312c denkbar, so z. B. wenn die tatbestandlichen Voraussetzungen von §312b nicht vorliegen, kein Fernabsatzsystem gegeben ist, ein persönlicher Kontakt zwischen Unternehmer und Kunde stattgefunden hat oder eine der Anwendungsbereichsausnahmen des §312b III greift.[1017] Bei Dienstleistungen ist insbesondere der Ausschluß des Widerrufsrechts nach Beginn der Ausführung mit Zustimmung des Kunden gem. §312d III verheerend.[1018] Bei elektronischen Verträgen wird das Widerrufsrecht aufgrund dieser Regelung häufig bereits im Moment seiner Entstehung erlöschen, weil die multimedialen Fähigkeiten des Internets die sofortige elektronische Ausführung einer Dienstleistung erlauben.[1019]. Äußerst häufig vorkommen dürfte auch der Ausschluß nach §312d IV Nr. 2 für die Lieferung von Audio-, Videoaufzeichnungen und Software, die der Kunde zu Hause entsiegelt, denn es handelt sich dabei um im Internet typischerweise vertriebene Güter. Daß möglicherweise noch bei der Mehrzahl der Fernabsatzverträge ein Widerrufsrecht besteht, rechtfertigt keine willkürliche Außerachtlassung der übrigen Fälle.
Ein zweites Erklärungsmuster hängt mit der materiellen Zwecksetzung des Widerrufsrechts zusammen. Die Einräumung eines Widerrufsrechts kompensiert als ordnungspolitische Maßnahme ein Versagen der Privatautonomie[1020] in bestimmten Situationen, in denen für eine Partei typischerweise die materiale Selbstbestimmung aufgrund der

---

[1016] Begründung Regierungsentwurf, BT-Druck 14/6040, S. 172 f.
[1017] näher dazu s. u. 3. Teil B.II.
[1018] zurecht kritisch M/K-Wendehorst, §312d, Rn. 91 f.
[1019] deswegen wird auch bereits dafür plädiert, §312d III erweiternd auszulegen und als Ausnahme vom Widerrufsrecht zu deuten, so daß von vornherein gar keines entsteht, vgl. Härting, CR 2003, S. 204 (206 f.); a. A. OLG Karlsruhe CR 2002, S. 682 (684).
[1020] vgl. Mankowski, WM 2001, S. 793 (797); v. Koppenfels, WM 2001, S. 1360 (1365 f.); Bülow, ZIP 1998, S. 945 (945); Fuchs, AcP 96 (1996), S. 312 (329); Möllers, JZ 2002, S. 121 (131); Canaris, AcP 202 (2002), S. 273 (343 ff.); Drexl, Die wirtschaftliche Selbstbestimmung des Verbrauchers, S. 284 ff; kritisch Dauner-Lieb, Verbraucherschutz durch Ausbildung eines Sonderprivatrechts für Verbraucher, S. 116 ff.: Widerrufsrechte widersprechen marktwirtschaftlich liberalem Sozialmodell. Die konkreten Normzwecke der Widerrufsrechte sind sehr heterogen, so daß eine Systematisierung schwierig ist, vgl. Lorenz, Der Schutz vor dem unerwünschten Vertrag, S. 56 f.; eine Systematisierung fordert Fischer, DB 2002, S. 253 (258).

hohen Gefahr unsachgemäßer Vertragsentscheidungen nicht gewährleistet ist[1021]. Die notwendige Typisierung beim Widerrufsrecht rechtfertigt auch eine Lösung vom konkret fehlerfreien Vertrag und ist im Unterschied zum einzelfallbezogenen Rücktritts- und Anfechtungsrecht das Merkmal fast aller Widerrufsrechte.[1022] Damit steht das Widerrufsrecht auch nicht im Gegensatz zum Grundsatz pacta sunt servanda, weil Vertragsbindung ohne materielle Selbstbestimmung nicht bestehen kann.[1023] Das Widerrufsrecht bei Haustürgeschäften gem. §312 I will dem Verbraucher eine verlängerte Überlegungsfrist zubilligen, ob er den geschlossenen Vertrag aufrechterhalten will, weil in der Haustürsituation typischerweise eine Überrumpelung des Verbrauchers, d. h. ein psychisches Defizit, droht.[1024] Auch das Widerrufsrecht bei Verbraucherkreditverträgen gem. §495 I und Timesharingverträgen nach §485 I dient dem Zweck, das Überdenken der Vertragskonditionen zu ermöglichen, weil diese Verträge typischerweise inhaltlich komplex sind[1025], so daß sie der Verbraucher trotz vorab gegebener Informationen nicht sofort verstehen kann. Aus demselben Grund verlangt auch die Richtlinie über den Fernabsatz von Finanzdienstleistungen 2002/65/EG gem. Art. 6 die Schaffung eines Widerrufsrechts. Bei Fernabsatzgeschäften hingegen soll der Verbraucher vor allem vor der Unsichtbarkeit des Vertragspartners und der fehlenden Möglichkeit zur Prüfung der Waren vor dem Vertragsschluß geschützt werden.[1026] Das gleiche gilt für §4 FernUSG. Waren sind nämlich in der Regel Suchgüter, bei denen die Qualität gewöhnlich durch Inspektion festgestellt werden kann und zahlreiche Arten von Dienstleistungen und Unterrichtsmaterialien zählen zu den sog. Erfahrungsgütern, deren Qualität erst durch Konsum – sprich durch Ausprobieren – geprüft werden kann.[1027] Die Widerrufsfrist sichert dem Verbraucher also allgemein eine Überle-

[1021] vgl. allgemein zur Selbstimmung als Voraussetzung für Privatautonomie Flume, AT II, §1, S. 1.

[1022] Lorenz, Der Schutz vor dem unerwünschten Vertrag, S. 53, der diese Typisierung als Fremdkörper im BGB bezeichnet, S. 131, weil gewöhnlich für die Vertragslösung eine tatsächliche Willensbeeinträchtigung notwendig sei. Mittlerweile hat sich der Gesetzgeber für eine Einfügung von Widerrufsrechten in das BGB entschieden. Mögen solche„tatbestandslosen" typisierenden Widerrufsrechte auch bislang dem BGB unbekannt gewesen sein, so fügen sie sich doch in das System ein, weil sie jedenfalls von ihren Rechtsfolgen dem Rücktrittsrecht gleichen. Sie sind eben Nebenprodukt der Auflösung des Verbraucherrechts als Sonderprivatrecht im allgemeinen Teil des Privatrechts.

[1023] v. Koppenfels, WM 2001, S. 1360 (1366); Lorenz, Der Schutz vor dem unerwünschten Vertrag, S. 29; a. A. Bydlinski, System und Prinzipien des Vertragsrechts, S. 741 ff.: „sanktionierte Möglichkeit des ordinären Wortbruchs"; a. A. offenbar auch Micklitz, VuR 2003, S. 2 (10): „Der vertragliche Parameter des europäischen Verbrauchervertragsrechts ist nicht mehr pacta sunt servanda, sondern die erleichterte Loslösung eines einmal geschlossenen Vertrages, um zu besseren Bedingungen in einen neuen Vertrag einsteigen zu können.".

[1024] Regierungsbegründung zum Entwurf eines Gesetzes über den Widerruf von Haustürgeschäften und ähnlichen Geschäften, BT-Druck 10/2876, S. 6.

[1025] Regierungsbegründung zum Entwurf eines Gesetzes über Verbraucherkredite, zur Änderung der Zivilprozeßordnung und anderer Gesetze, BT-Druck 11/5462, S. 21.

[1026] vgl. Erwägungsgrund 14 der Fernabsatzrichtlinie 97/7/EG.

[1027] zum Begriff „Erfahrungsgüter" Drexl, Die wirtschaftliche Selbstbestimmung des Verbrauchers, S. 195; Grundmann, JZ 2000, S. 1133 (1140 f.). Weiter unterschieden werden noch „Suchgüter", bei denen die bloße Inspektion Aufschluß über die Qualität gibt und „Vertrauensgüter" bei denen der Kunde auf das Vertrauen der Anbieter angewiesen ist. Es ist inkonsequent, daß §312d III das Widerrufsrecht bei allen Dienstleistungen von mit Beginn der Ausführung erlöschen läßt, weil nicht alle Dienstleistungen Vertrauensgüter bereitstellen.

gungs- bzw. Überprüfungsfrist[1028], um ein vorvertraglich nicht anders behebbares informationelles Defizit auszugleichen, d. h. sie wird neben den Informationspflichten als primäres Verbraucherschutzinstrument eingesetzt und nicht nur sekundär als Sanktion für nicht erteilte verbraucherschützende Informationen.[1029] Die verlängerte Überlegungsfrist ist also gerade der Kern der Widerrufsrechte – im Gegensatz zur bloßen Nachholung einer fehlerfreien Entscheidung wie beim Anfechtungsrecht. Die nachvertragliche Entscheidungsbasis für die Ausübung des Widerrufsrechts wird unter anderem durch die dem Verbraucher zu erteilenden Informationen gebildet.[1030] Deswegen hängt auch der Beginn der Widerrufsfrist nach §312d II und §485 IV von der vollständigen Erteilung der Verbraucherinformationen ab.
Im Unterschied zu den vorgenannten Verbraucherschutzvorschriften mit Widerrufsrecht dient §312e zwar dem Schutz der vertraglichen Selbstbestimmung im elektronischen Geschäftsverkehr, indem er ein Informationsgefälle zwischen Unternehmer und Kunde zu beheben sucht. Jedoch stellt §312e keine Informationen bereit, die den Kunden über Vertrags*inhalt* oder -risiken aufklären sollen, sondern will in erster Linie Willensbildungsfehlern beim technischen Vertragsschluß*prozeß* vorbeugen, indem er für diesen Hilfestellungen bereithält. Zwar ist es denkbar, daß einzelne Informationen dem Kunden durchaus als inhaltliche Entscheidungsbasis für den Vertragsschluß dienen können, wie etwa die Kenntnis von bestimmten Verhaltenskodizes.[1031] Jedoch handelt es sich nicht um komplexe Informationen, die eine relevante Überlegungszeit erfordern würden, um über ein nachvertragliches Festhalten am Vertrag zu entscheiden. Eine Überprüfungsfrist für die Qualität des Vertragesgegenstands ist zudem nur bei echten Fernabsatzgeschäften ohne vorangegangenen persönlichen Kontakt, mithin bei Verträgen nach §312b relevant. Die Gewährung einer nachvertraglichen Überlegungs- und Prüfungsfrist als Zweck für die Bereitstellung eines Widerrufsrechts entfällt also bei §312e. Die Herleitung eines allgemeinen Widerrufsrechts allein unter dem Gesichtspunkt des Übereilungsschutzes muß für §312e ebenfalls ausscheiden, weil eine angeblich bestehende Übereilungsgefahr – im Gegensatz zur Überrumpelungsgefahr[1032] – allein keine Widerrufbarkeit des Vertrages rechtfertigen kann, ohne daß der Grundsatz pacta sunt servanda verletzt würde.[1033] Gegen Übereilung können primär

---

[1028] vgl. Mankowski, WM 2001, S. 793 (796 ff.); Möllers, JZ 2002, S. 121 (130); Bamberger/Roth-Schmidt-Räntsch, Vor § 312c, Rn. 3.

[1029] zur Verlängerung der Widerrufsfrist als Verbraucherschutzinstrument vgl. Drexl, Die wirtschaftliche Selbstbestimmung des Verbrauchers, S. 466 ff.

[1030] LAG Hamm, DB 2003, S. 1443 (1444); Bülow, ZIP 1998, S. 945 (948).

[1031] zur möglichen Kausalität für den Willensbildungsprozeß s. u. 3. Teil D.III.1.

[1032] die höhere Intensität der Beeinträchtigung bei der Überrumeplung spiegelt sich darin, daß bei §123 nur Überrumpelung, nicht aber bloße Übereilung zur Anfechtbarkeit führen kann (obwohl diese auch durch den Unternehmer verursacht wird), so zutreffend Lorenz, Der Schutz vor dem unerwünschten Vertrag, S. 316.

[1033] nicht ganz unbedenklich ist deshalb die Regelung des §312d III, die auf Art. 6 III der Richtlinie 97/7/EG zurückgeht und das Widerrufsrecht bei Fernabsatzverträgen über Dienstleistungen ausschließt, wenn mit der Erbringung der Dienstleistung mit Zustimmung des Verbrauchers begonnen wird. Denn erst durch die Ausführung kann der Verbraucher sinnvoll die Qualität der Dienstleistung beurteilen, so daß das Widerrufsrecht auf reinen Übereilungsschutz reduziert zu werden droht. Sinn des Ausschlusses ist freilich die Vermeidung von Schwierigkeiten bei der Rückgewähr der Leistung. Wenn Erwägungsgrund 14 der Richtlinie als Begründung für die Erforderlichkeit eines Widerrufs-

Informations- und Transparenzpflichten ausreichend schützen. Da sich also kein materieller Grund für die Schaffung eines eigenen Widerrufsrechts bei §312e finden ließ, hat sich der Gesetzgeber offensichtlich an die anderweitige Begründung von Widerrufsrechten angelehnt. Als Zweck für die Verlängerung der Widerrufsfrist wird von der Regierungsbegründung deshalb expliziert auch nicht der Schutz des Verbrauchers angeführt, sondern die Sanktionierung von Pflichtverletzungen des Unternehmers.[1034] §312e III2 ist also nicht als primäres Schutzinstrument, sondern als ein reines Sanktionsinstrument zu verstehen. Primäres Schutzinstrument sind bei §312e nur die Pflichten selbst, die die Informationsasymmetrie zwischen Unternehmer und Kunde ausgleichen sollen.

2. *Ingangsetzung der gehemmten Widerrufsfrist durch Nacherfüllung der Pflichten*

Fraglich ist, ob es in den Händen des Unternehmers liegt, den Lauf der Widerrufsfrist in Gang zu setzen. Aus der Formulierung „nicht vor Erfüllung" in §312e III2 läßt sich folgern, daß eine nachträgliche Pflichterfüllung, d. h. nach Entstehung des Widerrufsrechts beim Vertragsschluß, den Fristlauf auslösen soll. Schwierigkeiten bereitet die nachträgliche Erfüllung freilich bei den vorvertraglichen Informationspflichten gem. §312e I1 Nr. 2 i.V.m. §3 Nr. 1-5 InfoV, weil für ihre Erfüllung die Abgabe der Bestellung als Leistungszeitpunkt bestimmt ist. Dies nicht ohne Grund, denn die Informationen über den Bestellprozeß verlieren nach dem Abschluß des Vertrages überwiegend ihren Sinn. Zumindest einen Restsinn behält aber noch die Information über die unternehmerseitige Speicherung der Vertragsdaten nach §3 Nr. 2 InfoV, weil der Kunde zumindest nachträglich erfahren kann, ob er sich auf eine weitere Sicherung durch den Unternehmer verlassen und gegebenenfalls selbst gespeicherte Daten löschen kann. Dienlich ist ihm auch eine nachträgliche Mitteilung der Verhaltenskodizes nach §3 Nr. 5 InfoV, weil die darin abgegebenen Selbstverpflichtungen auch für die nachvertragliche Phase Relevanz besitzen können. Auch die Bereitstellungs- und Bestätigungspflichten verlieren überwiegend ihre Bedeutung. Die Pflicht zur Bereithaltung von Korrekturmitteln nach §312e I1 Nr. 1 kommt in jedem Fall zu spät, wenn der Vertrag bereits geschlossen wurde. Die verspätete Übersendung einer Empfangsbestätigung gem. §312e I1 Nr. 3 bringt dem Kunden jedenfalls keinen Erkenntnisgewinn mehr, wenn ihm bereits die Vertragserklärung des Unternehmers auf elektronischem Wege zugegangen ist. In jedem Fall zu spät kommt sie, wenn der Kunde bereits versehentlich eine Doppelbestellung getätigt hat. Die Pflicht zur Bereitstellung der Vertragsbestimmungen gem. §312e I1 Nr. 4 ist hingegen ohnehin erst unmittelbar nach dem Vertragsschluß zu erfüllen. Auch zu einem späteren Zeitpunkt bleibt sie noch zur Beweissicherung sinnvoll.

---

rechts bei Dienstleistungen ausführt, daß der Kunden in der Regel keine Gelegenheit hat, vor Abschluß des Vertrages die Eigenschaften der Dienstleistung zur Kenntnis zu nehmen, muß deshalb wohl in erster Linie an den persönlichen Kontakt mit dem Dienstleister vor der Ausführung gedacht werden, der zumindest ansatzweise eine Beurteilung der Leistungsfähigkeit erlaubt.

[1034] Begründung Regierungsentwurf, BT-Druck 14/6040, S. 173: „Hier muß den Unternehmer dieselbe [wie bei §312d II; Ergänzung durch Verf.] Sanktion des hinausgeschobenen Fristbeginns treffen.".

Die Erfüllung all dieser Pflichten – auch der sinnlos gewordenen – bleibt dennoch rechtlich möglich[1035] i.S.v. §275, da die Informationen dem Kunden theoretisch noch erteilt werden können, also der Leistungserfolg in Gestalt der Erhöhung seines Kenntnisstandes noch herbeiführbar ist. Die Sinnlosigkeit der Erfüllung führt in der Regel nur bei vertraglichen Leistungspflichten aus einem absoluten Fixgeschäft zur Unmöglichkeit.[1036] Nur im Ausnahmefall ergibt sich eine absolute Befristung aus dem Gesetz wie bei §7 III BUrlG.[1037] Bei §312e kann davon aber nicht ausgegangen werden, weil kein entsprechender gesetzgeberischer Wille erkennbar ist.
Es kann nun aber nicht im Sinne des Gesetzgebers gewesen sein, den Unternehmer durch die nachträgliche Erfüllung teilweise oder gänzlich sinnloser Pflichten nach dem Vertragsschluß aus der verlängerten Widerrufsfrist zu entlasten, weil damit die Schlagkraft der Sanktion völlig verloren ginge und die Nacherfüllung zudem für den Kunden sinnlos wäre. Der Unternehmer könnte sich sonst ohne Risiko erlauben, generell erst nach dem Vertragsschluß zu informieren mit dem Vorteil, alle Informationen gesammelt erteilen zu können (z. B. die Informationen aus §312e gemeinsam mit denen aus §312c II i.V.m. §1 InfoV). Andererseits wäre es auch bedenklich, wenn jede leichte Pflichtverletzung zu einem sechsmonatigen Widerrufsrecht ohne Heilungsmöglichkeit führen würde. Denn §312e III2 unterscheidet nicht zwischen Nichterfüllung und Schlechterfüllung der Pflichten.[1038] Also würde auch jede nicht ganz vollständige oder teilweise unzutreffende Informationserteilung dafür sorgen, daß die Frist nicht zu laufen beginnt,[1039] wie etwa wenn der Unternehmer vergißt, eine von zehn bereitgestellten Vertragssprachen aufzuführen. Eine solche Übersanktionierung würde nicht nur gegen das auch im Privatrecht geltende verfassungsrechtliche Übermaßverbot verstoßen[1040], weil zivilrechtliche Sanktionen stets Grundrechtseingriffe sind, sondern auch gegen Art. 20 ECRL, der ausdrücklich verhältnismäßige Sanktionen fordert, und damit gegen höherrangiges europäisches Recht. Vorgeschlagen wird deshalb bei weniger wesentlichen Pflichten eine teleologische Reduktion des Widerrufsrechts.[1041] Dies ist aber abzulehnen, weil der Gesetzgeber ganz offensichtlich alle Pflichten sanktionieren wollte, zumal Pflichten minderer Intensität oft gerade nicht die vertragliche Wil-

---

[1035] so auch Micklitz/Tonner-Micklitz, Vertriebsrecht, §312e, Rn. 117.
[1036] vgl. M/K-Ernst, §275, Rn. 45 ff; Palandt-Heinrichs, §271, Rn. 60; Esser/Schmidt, SchuldR I/1, §19 IV, S. 317; BGHZ 60, 14 (16).
[1037] Staudinger-Löwisch, §275, Rn. 7.
[1038] ebenso M/K-Wendehorst, §312e, Rn. 112; Micklitz/Tonner-Micklitz, Vertriebsrecht, §312e, Rn. 110.
[1039] M/K-Wendehorst, §312e, Rn. 112: ein noch so kleiner Pflichtverstoß wird dem Unternehmer fast immer nachzuweisen sein.
[1040] M/K-Wendehorst, §312e, Rn. 113; Micklitz/Tonner-Micklitz, Vertriebsrecht, §312e, Rn. 111; vgl. zur Grundrechtsgeltung im Privatrecht: Canaris, AcP 184 (1984), S. 201 (210 ff.); Canaris, Grundrechte und Privatrecht: eine Zwischenbilanz, S. 11 ff; Heinrich, Formale Freiheit und materiale Gerechtigkeit, S. 121 ff; a. A. Palandt-Heinrichs, §242, Rn. 54: „Es gibt keinen allgemeinen Rechtsgrundsatz, daß die Rechtsfolgen einer Pflichtverletzung in einem angemessenen Verhältnis zu deren Schwere stehen müssen".
[1041] so Grigoleit, NJW 2002, S. 1151 (1158) für den Hinweis auf verfügbare Sprachen gem. §3 Nr. 4 InfoV, weil diese Pflicht keinen sinnvollen Regelungsgehalt habe; kritisch auch: Micklitz, VuR 2001, S. 71 (77) im Vorfeld und Micklitz/Tonner-Micklitz, Vertriebsrecht, §312e, Rn. 111 später; Schneider, K&R 2001, S. 344 (348).

lensbildung des Kunden beeinflussen und daher eine Sanktionierung nach den Regeln der Informationshaftung ausscheidet.[1042] Sanktionslücken widersprächen aber Art. 20 ECRL, der die ausnahmslose Ahndung aller Pflichtverstöße verlangt. Grundsätzlich sollte deshalb, um die Angemessenheit der Sanktion sicherzustellen, für den Unternehmer stets eine Möglichkeit zur Ingangsetzung der Widerrufsfrist durch spätere Nacherfüllung bestehen, worauf auch der Wortlaut von §312e III2 „nicht vor Erfüllung" hindeutet. Diese Nacherfüllung ist aber nicht zwingend im Sinne einer echten Pflichterfüllung zu verstehen, auf die auch ein Anspruch des Kunden besteht[1043], sondern kommt eher einer nachträglichen Heilung für die Pflichtverletzung gleich. [1044] Die nachträgliche Erfüllung muß funktional der rechtzeitigen Pflichterfüllung entsprechen, damit sie nicht zum bloßen Formalismus verkommt. Dadurch gewinnt die Sanktion nach §312e III2 einen besonderen Stellenwert unter den übrigen möglichen Sanktionen, weil sie nachträglich die Herstellung eines regelgerecht geschlossenen Vertrages ermöglicht und so immerhin dem nachvertraglichen Schutz des Kunden dienen kann.
Bei den Informationspflichten zum Vertragsschlußprozeß nach §312e I1 Nr. 2 i.V.m. §3 Nr. 1, 3 und 4 InfoV sowie bei der Bereitstellung von Korrekturmöglichkeiten für Eingabefehler nach §312e I1 Nr. 1 ist ein bereits entstandener vertraglicher Mangel durch nachträgliche Erfüllung nicht mehr zu beseitigen. Vorgeschlagen wird deswegen, die Pflichten nach dem Vertragsschluß so zu modifizieren, daß der Unternehmer ein weiteres Mal auf das nach §355 bestehende Widerrufsrecht hinweisen muß, mit der Folge, daß die zweiwöchige Widerrufsfrist erneut beginnt.[1045] Dadurch wäre jedenfalls gewährleistet, daß der Unternehmer nicht zur Erteilung obsoleter Informationen gezwungen ist. Es bestünde jedoch die Gefahr, daß der Unternehmer die Informationen von vornherein nicht erteilen, sondern bereits in seiner ersten Widerrufsbelehrung mit einer Art salvatorischen Klausel pauschal auf mögliche Fehler bei der Erfüllung der Pflichten aus §312e verweisen würde. Zudem wird dadurch kein Äquivalent zur rechtzeitigen Pflichterfüllung geschaffen. Das ohnehin bestehende Widerrufsrecht ermöglicht es dem Kunden, von Verträgen Abstand zu nehmen, die mit Willensbildungsfehlern aufgrund fehlender technischer Belehrungen behaftet sind. Es ermöglicht ihm aber nicht effektiv, seine fehlerhafte Willensbildung nachträglich zu korrigieren. Widerruft er nämlich den Vertrag, führt das zu einer vollständigen Rückabwicklung, und er ist auf einen Neuabschluß angewiesen. Mittlerweile können sich jedoch die Konditionen für einen neuen Vertrag durch Zeitlauf geändert haben. Dies kann an veränderten Marktbedingungen wie Einkaufspreisen, Verfügbarkeit etc. liegen. Nur ein echtes nachträgliches Korrekturrecht kann daher die ursprünglich versäumte Pflichterfüllung vollständig ausgleichen. Das bedeutet, der Unternehmer muß zur nachträglichen Erfüllung seiner Pflichten aus §3 Nr. 1, 3 und 4 InfoV und §312e I1 Nr. 1 dem Kunden die Gelegenheit geben, Eingabefehler nachträglich im Wege der Vertragsänderung zu korrigieren bzw. den Vertrag nochmals in einer anderen Sprache abzuschließen. Dazu

---

[1042] auf das Erfordernis einer „wesentlichen Pflichtverletzung" im Rahmen der Informationshaftung wird noch einzugehen sein, s. u. 1. Teil D.III.3.d).
[1043] zu Erfüllungsansprüchen s. u. 2. Teil D.IV.
[1044] etwas ähnliches hat jetzt wohl auch Bamberger/Roth-Schmidt-Räntsch, §312e, Rn. 38 im Sinn, der von einer „entsprechenden Anwendung" der Pflichten bei der Nachholung spricht.
[1045] M/K-Wendehorst, §312e, Rn. 117 f.

muß er zusätzlich Hinweise zum technischen Ablauf der Vertragsänderung selbst und zur Sprache[1046], in der sie möglich ist, gewähren. Wenn dem Kunden das Erklärungsbewußtsein fehlte, kann die nötige Vertragsänderung allerdings auf eine Vertragsaufhebung hinauslaufen. Obwohl diese Heilungsmöglichkeit durch Angebot einer Vertragsänderung der umstrittenen Vertragsanpassung aus cic ähnelt[1047], ist sie nicht dem Vorwurf des Kontrahierungszwangs ausgesetzt, weil sie es in die Hände des Unternehmers legt, ob er den Vertrag aufrechterhalten möchte. Genausogut kann er auch auf die Gewährung einer nachträglichen Korrekturmöglichkeit verzichten und sich dadurch der Gefahr eines Widerrufs über längere Zeit aussetzen. Der Unternehmer wird also auch nicht annähernd so belastet wie bei §494 II, der sogar eine *gesetzliche* Vertragsanpassung bei Informationspflichtverletzungen im Rahmen von Verbraucherdarlehensverträgen vorsieht. Dem Kunden kommt im Gegensatz zur Vertragsanpassung auch kein Wahlrecht zu, ob er den Vertrag widerrufen oder korrigieren will. Nimmt er das Korrekturrecht innerhalb einer vom Unternehmer bestimmten angemessenen Frist nicht wahr, weil er es nicht will oder ihm keine Fehler unterlaufen sind, wird der verlängerte Lauf der Widerrufsfrist trotzdem aufgehoben. In diesem Fall sind regelmäßig weitere Vertragsaufhebungsrechte des Kunden wegen des Verbots des venire contra factum proprium gem. §242 gesperrt.

Die Information über die unternehmerseitige Speicherung der Vertragsdaten nach §3 Nr. 2 InfoV ist durch spätere Erteilung heilbar, weil der Kunde zumindest die Gelegenheit zur Entscheidung bekommt, ob er die selbst gespeicherten Daten löschen kann. Bereits entstandene Vermögensschäden durch unnötige Downloadkosten sind ohnehin nicht mehr durch die Ausübung des Widerrufsrechts behebbar.

Die Information über Verhaltenskodizes gem. §3 Nr. 5 InfoV hat für den Kunden zwar noch einen nachvertraglichen Nutzen, weil sie z. B. auf außervertragliche Streitschlichtungsmöglichkeiten aufmerksam machen kann. Die nachträgliche Gewährung der Information kann aber nicht vollständig die Nichterteilung vor Abgabe der Bestellung kompensieren, da der Kunde gerade im Zeitpunkt des Vertragsabschlusses die Einhaltung der Kodizes kontrollieren können soll, um sich für oder gegen den Vertrag zu entscheiden. Der Unternehmer kann deswegen die Widerrufsfristverlängerung nur aufheben, wenn er dem Kunden zusätzlich darlegt, daß er die Verhaltenskodizes im einzelnen beachtet hat.

Die Bestätigung der Bestellung gem. §312e II Nr. 3 ist bei Verspätung auf elektronischem Wege nachholbar, soweit sie nicht schon durch eine elektronische Vertragserklärung des Unternehmers erfolgt ist. Nicht ausreichend ist es allerdings, wenn der Kunde anderweitig durch Erhalt der Ware oder eines Briefes vom Eingang seiner Bestellung erfährt, weil §312e II Nr. 3 dem Kunden eine *elektronische* Bestätigung zukommen lassen will, um ihn adäquat zu schützen und einen Medienbruch zu vermeiden.[1048] Sollte es bereits zu einer Doppelbestellung des Kunden gekommen sein, kann der Unternehmer nur eine Aufhebung des überflüssigen Vertrages anbieten.

[1046] Bereits entstandene Vermögensschäden (z. B. Transaktionskosten) durch die fehlende Information über die zur Verfügung stehenden Sprachen können durch das Widerrufsrecht ohnehin nicht kompensiert werden. Hier ist vor allem Raum für die cic.

[1047] dazu s. u. 2. Teil D.III.4.

[1048] s. o. 1. Teil C.II.1.c).

Hinsichtlich der Bereitstellung der Vertragsdaten nach §312e II Nr. 4 ist eine Erfüllung durch spätere Zugänglichmachung nach dem Vertragsschluß möglich. Dafür muß der Unternehmer dem Kunden die Vertragsbestimmungen allerdings nachträglich im Sinne einer „Bringschuld“ – z. B. per E-Mail – zusenden.[1049] Denn es ist dem Kunden nicht zumutbar sich die Daten selbständig in einem erneuten Kommunikationsvorgang herauszusuchen. Voraussetzung für die erfolgreiche Erfüllung ist selbstverständlich, daß der Unternehmer selbst noch eine exakte Kopie der Vertragsbestimmungen besitzt. In allen Fällen nachträglicher Pflichterfüllung muß der Unternehmer den Kunden individuell kontaktieren und ihm die Informationen zukommen lassen. Insoweit wird von ihm mehr verlangt, als die bloße Bereitstellung zum Selbstabruf durch den Kunden. Ganz unbeschwerlich ist die nachträgliche Erfüllung also nicht für den Unternehmer. Es ist für ihn deshalb ratsam, sich für alle Fälle eine Kontaktadresse geben zu lassen, unter der er den Kunden nach dem Vertragsschluß erreichen kann, um notfalls Pflichten nacherfüllen zu können.

3. *Kritik an der bestehenden Regelung*

Als Kritikpunkt an der Verlängerung der Widerrufsfrist bleibt allerdings bestehen, daß sie als Sanktion überhaupt nicht eingreift, wenn der Kunde Unternehmer ist, weil Unternehmern generell kein Widerrufsrecht zustehen kann. Außerdem verbleiben einige Lücken, wenn der Kunde ein Verbraucher ist und dem dennoch im Einzelfall kein Widerrufsrecht zusteht. Diese Fälle mögen zwar wegen der tatbestandlichen Parallelität zu den Fernabsatzgeschäften nach §312b nicht die Mehrzahl ausmachen; ihre Ausklammerung ist aber dennoch ungerechtfertigt. Die bestehenden Lücken führen nicht nur zu mangelndem Schutz in einzelnen Fällen, sondern könnten außerdem zu Umgehungsversuchen herausfordern. Da die ECRL im Grundsatz Informationsasymmetrien als allgemeines Problem aller Teilnehmer des elektronischen Geschäftsverkehrs ansieht, wäre die Einführung eines selbständigen Widerrufsrechts für Verbraucher und Nichtverbraucher in §312e besser gewesen, das nicht als (Verbraucher-)Schutzinstrument eingreift, sondern allein der Sanktionierung von Pflichtverletzungen dient. Schadenersatzansprüche für schuldhafte Pflichtverletzungen nach den allgemeinen Regeln könnten daneben bereits entstandene Vermögensschäden kompensieren. Ein Nachteil beim Einsatz des Widerrufsrechts als Sanktion ist allerdings, daß in §357 II u. III Modifikationen der Rücktrittsfolgen zulasten des Verbrauchers eingeführt wurden, mit der Begründung, daß der Verkäufer den Widerruf in der Regel nicht zu vertreten habe.[1050] Wird das Widerrufsrecht primär für die Sanktion von Pflichtverletzungen eingesetzt, bleibt für diese Begründung freilich kein Raum. Insofern wäre eine teleologische Reduktion nötig. Ein weiteres Problem ist, daß der Kunde zur Wahr-

---

[1049] ähnlich M/K-Wendehorst, §312e, Rn. 120: Übermittlung in Textform analog §312c II i.V.m. §126a; a. A. Wilmer/Hahn-Wilmer, Fernabsatzrecht, 2 A VI, Rn. 16: spätere Abrufmöglichkeit des Kunden genügt.

[1050] vgl. Grigoleit, NJW 2002, S. 1151 (1154); Lorenz, in: Schulze/Schulte-Nölke (Hrsg.), Die Schuldrechtsreform vor dem Hintergrund des Gemeinschaftsrechts, S. 329 (349); kritisch: Mankowski, in: Schulze/Schulte-Nölke (Hrsg.), Die Schuldrechtsreform vor dem Hintergrund des Gemeinschaftsrechts, S. 357 (368 ff.).

nehmung der verlängerten Widerrufsfrist überhaupt von der Pflichtverletzung erfahren muß. Das bereitet aber Schwierigkeiten, wenn die Schaffung der tatsächlichen Voraussetzungen, die Gegenstand der Information sind, im Belieben des Unternehmers liegt, wie dies bei den Verhaltenskodizes und den Vertragssprachen der Fall ist. Denn es ist für den Kunden nicht erkennbar, ob der Unternehmer sich bestimmten Verhaltenskodizes verpflichtet hat oder den Vertragsschluß in mehreren Sprachen anbietet. Dieses Problem besteht aber nicht spezifisch beim Widerrufsrecht, sondern ist ein generelles bei allen individualrechtlichen Sanktionen. Hier besteht deswegen Bedarf nach kollektiven Sanktionsmechanismen.

II. Verhältnis des verlängerten Widerrufsrechts zu sonstigen Rechtsbehelfen

Fraglich ist, wie das Konkurrenzverhältnis des verlängerten Widerrufsrechts zu sonstigen Rechtsbehelfen des Kunden beschaffen ist. Denkbar wäre, daß die Widerrufsrechte als leges speciales gegenüber allgemeinen Rechtsbehelfen des BGB zu qualifizieren sind, jedenfalls soweit es um die Lösung vom Vertrag geht.

Vielfach wird zwar kein vollständiger Ausschluß befürwortet, jedoch eine tatbestandliche Beeinflussung. So wird angenommen, daß bereits der Vermögensschaden im Tatbestand der cic entfällt, wenn dem Kunden ein Widerrufsrecht zusteht.[1051] Ein solches Hindernis für die parallele Anwendung der cic hat der Gesetzgeber indes offenbar nicht gesehen.[1052] Dogmatisch ist es auch nicht überzeugend, denn der Vertragsabschlußschaden besteht auch bei Eingreifen eines Widerrufsrechts, weil der Vertrag bis zur Erklärung des Widerrufs schwebend wirksam ist. Es macht vielmehr Sinn, die cic neben dem Widerrufsrecht anzuwenden, da sie auch differenzierte Rechtsfolgen wie eine Vertragsanpassung erlaubt.[1053] Eine tatbestandliche Einschränkung der cic wird teilweise auch dahingehend für nötig befunden, daß die Vertragsaufhebung ausgeschlossen sein soll, wenn Ausschlußgründe des Widerrufsrechts eingreifen.[1054] Ähnlich wird angenommen, daß das Merkmal der Zumutbarkeit des Festhaltens am Vertrag in §324 durch ein bestehendes Widerrufsrecht inhaltlich modifiziert werde, so daß nach Ablauf der Widerrufsfrist oder bei Eingreifen eines Ausschlußtatbestands der Rücktritt ausscheiden müsse.[1055] Letzteres ist in dieser Pauschalität dogmatisch zumindest zweifelhaft, da §324 eine Ausnahmevorschrift ist, bei der die Zumutbarkeit anhand aller der Umstände des Einzelfalls zu bewerten ist. Offenbar keinen Einschränkungen unterliegen soll allerdings das Anfechtungsrecht gem. §§119 ff.

Jedoch ist kein Grund ersichtlich, warum das Widerrufsrecht gegenüber anderen Vertragslösungsrechten Vorrang genießen soll bzw. die übrigen Rechte tatbestandlich durch das Widerrufsrecht beeinflußt werden sollen. Systematisch sind die Widerrufs-

---

[1051] Fuchs, ZIP 2000, S. 1273 (1280); Steins, MMR 2001, S. 530 (530); M/K-Wendehorst, §312c, Rn. 76.

[1052] Begründung Regierungsentwurf, BT-Druck 14/6040, S. 173.

[1053] für Nebeneinander von Widerrufsrecht und cic auch Micklitz/Tonner-Micklitz, Vertriebsrecht, §312c, Rn. 131 ff.

[1054] Micklitz/Tonner-Micklitz, Vertriebsrecht, §312 c, Rn. 131 ff.; so wohl auch Grigoleit, NJW 2002, S. 1151 (1156).

[1055] Grigoleit, NJW 2002, S. 1151 (1155 f.).

rechte im BGB gleichrangig neben allen übrigen Rechtsbehelfen geregelt, auch wenn sie in besonderem Zusammenhang mit Tatbeständen des Verbraucherschutz- bzw. Vertriebsrechts stehen. Entscheidend ist, daß alle übrigen Rechtsbehelfe zusätzliche tatbestandliche Anforderungen stellen, die über das „tatbestandslose“[1056] Widerrufsrecht hinausreichen. So werden im Rahmen der cic strenge Anforderungen an die Begründung der Sorgfaltspflichten gestellt, die zur Vertragsaufhebung führen können, die Anfechtung greift nur bei Vorliegen eines Anfechtungsgrundes und objektivierter Kausalität ein und das Rücktrittsrecht nach §324 legt mit der Zumutbarkeit eine hohe Hürde. Bei Beweisschwierigkeiten hinsichtlich dieser Tatbestandsvoraussetzungen kann es für den Kunden wichtig sein, auf das verlängerte Widerrufsrecht zurückgreifen zu können. Umgekehrt kann es ihm jedoch nicht verwehrt sein, sich auf die Rechtsbehelfe mit höheren Anforderungen zu berufen, wenn er den Beweis dafür antreten kann. Teleologisch führt das Widerrufsrecht nach der Neufassung der §§355 ff. im übrigen anders als früher nicht mehr zu einem Vorteil des Verbrauchers, sondern zu einer Deprivilegierung gegenüber dem Rücktrittsrecht wegen der in §357 geregelten Abweichungen von §346.[1057] Um so weniger kann es dem Kunden versagt bleiben, sich bei Vorliegen der speziellen Tatbestandsvoraussetzungen auf weitergehende Rechte zu berufen. Auch die historische Betrachtung ergibt, daß der Gesetzgeber mit keinem Wort erwähnt hat, daß das Widerrufsrecht lex specialis zu den übrigen Rechtsbehelfen sein soll[1058], geschweige denn eine ausdrückliche Regelung dafür getroffen hat.
Es ist deshalb von einer freien Konkurrenz des Widerrufsrechts zu anderen Rechtsbehelfen auszugehen.[1059]

D. Sanktionen nach den allgemeinen Regeln des BGB

I. Vertragsnichtigkeit

Als weitere denkbare Sanktion für Pflichtverletzungen kommt die Nichtigkeit des Vertrages ex lege in Betracht, d. h. ohne daß dafür noch eine gestaltende Erklärung des Kunden oder eines Richters nötig wäre. Die Nichtigkeitsanordnung ist das schärfste Unwerturteil, über das die Rechtsordnung verfügt.[1060] Sie wird z. B. eingesetzt bei Geschäftsunfähigkeit (§§104, 105), bewußter Divergenz von Wille und Erklärung (§§116-118), Verstößen gegen Formvorschriften (§125) und rechtlich mißbilligtem

---

1056 so bezeichnet von Lorenz, Der Schutz vor dem unerwünschten Vertrag, S. 130, weil das Widerrufsrecht nicht abhängig ist von einer tatsächlichen Willensbeeinträchtigung beim Kunden bzw. ein bestimmtes Rücktrittsmotiv erfordert.

1057 vgl. Bülow, Verbraucherkredit, §495, Rn. 49 f.

1058 Begründung Regierungsentwurf, BT-Druck 14/6040, S. 198 ff.

1059 so offenbar auch Reiner, AcP 203 (2003) , S. 1 (26); Bülow, Verbraucherkredit, §495, Rn. 49 f.; a. A. wohl M/K-Ulmer, §355, Rn. 27 f. der davon ausgeht, daß einige Pflichtverletzungen, wie die fehlerhafte Widerrufsbelehrung oder die Verletzung der Form nach §492 abschließend geregelt sind; wohl auch Lorenz, Der Schutz vor dem unerwünschten Vertrag, S. 171.

1060 Begründung Regierungsentwurf, BT-Druck 14/6040, S. 173; Giesen, Jura 1981, S. 505 (505); Reiner, AcP 2003, S. 1 (15 ff.) ordnet sie im Sanktionssystem des BGB auf zweiter Stufe hinter dem gänzlichen tatbestandlichen Fehlen einer Willenserklärung ein. Auf dritter Stufe stehen heilbare Formvorschriften und erst auf vierter Vertragslösungsrechte durch Anfechtung, cic oder Widerruf.

Inhalt eines Rechtsgeschäfts (§§134, 138). Man könnte nun annehmen, daß §312e Formvorschriften enthält, die den Vertrag gem. §125 nichtig machen oder sogar Verbotsnormen i.S.v. §134[1061]. Des weiteren ließe sich darüber diskutieren, ob ggfs. de lege ferenda eine besondere Nichtigkeitsvorschrift für den Fall der Verletzung von §312e oder anderer von Unternehmern zu beachtenden Pflichten geschaffen werden sollte.
Der Diskussionsentwurf schloß eine Auswirkung von Pflichtverletzungen auf die Wirksamkeit des Vertrages gem. §305b V-DE[1062] ausdrücklich aus. Nach dem Diskussionsentwurf sollte dadurch nicht nur die ex lege-Nichtigkeit, sondern auch die nachträgliche Aufhebbarkeit ausgeschlossen sein.[1063]Begründet wurde dies mit dem Argument, daß es sonst zu einer Vertragsabwicklung trotz Nichtigkeit kommen könnte, indem der Unternehmer die Leistung in einer Weise anbietet, die den Bereicherungsausgleich nach §814 ausschließt.[1064] Es wurde also befürchtet, daß der Kunde in einen „Quasivertrag" ohne Informationsanspruch gedrängt würde. Mit einer solchen negativen Rechtsfolgenanordnung hätte jedoch der Gesetzgeber auch den Weg für ein Widerrufsrecht und für eine denkbare Vertragsaufhebung im Wege der culpa in contrahendo verbaut[1065] und damit die Gefahr unzulänglicher Sanktionierung heraufbeschworen. Inkonsequenterweise schloß der Diskussionsentwurf außerdem eine Anfechtung des Vertrags nach §§119 ff. nicht aus, obwohl auch diese zur Vertragsauflösung führt.[1066]Somit war die Verwirrung komplett. Im Regierungsentwurf wurde die Negativregelung zur Beseitigung dieser Defizite gestrichen. Allerdings weist die Regierungsbegründung darauf hin, daß die Verletzung von Pflichten aus §312e unter keinen Umständen zur automatischen Nichtigkeit des Vertrages führen soll.[1067] Von einer ausdrücklichen Klarstellung sah man jedoch ab, weil diese die Anwendbarkeit der übrigen Sanktionen in Zweifel gezogen hätte.[1068] Als Begründung heißt es nun, daß der

---

[1061] die Regelungen in Verbraucherschutzvorschriften können durchaus einen materiellen Schutzgehalt haben, der auch die Annahme eines Verbots rechtfertigen würde, wie die Rechtsprechung zu Darlehensverträgen im Reisegewerbe beweist, die früher die Nichtigkeit solcher Verträge gem. §134 i.V.m. §56 I Nr. 6 GewO annahm. Diese Rechtsprechung hat sich mit der Einführung eines Widerrufsrechts bei Haustürgeschäften (jetzt nach §312 I) geändert, weil der Verbraucher jetzt durch das Widerrufsrecht ausreichend geschützt sei, BGHZ 131, 385 (385 ff.).
[1062] Diskussionsentwurf, abrufbar unter http://www.lrz-muenchen.de/~Lorenz/schumod/diske/eschurmo.pdf, S. 22
[1063] Diskussionsentwurf, abrufbar unter http://www.lrz-muenchen.de/~Lorenz/schumod/diske/eschurmo.pdf, S. 349.

[1064] Diskussionsentwurf, abrufbar unter http://www.lrz-muenchen.de/~Lorenz/schumod/diske/eschurmo.pdf, S. 349. Die Rückforderung der Leistung gem. §814 wäre ausgeschlossen, wenn der Unternehmer ausdrücklich bei der Lieferung auf die Unwirksamkeit des Vertrages hinweist.
[1065] Micklitz, EuZW 2001, S. 132 (142).
[1066] Diskussionsentwurf, abrufbar unter http://www.lrz-muenchen.de/~Lorenz/schumod/diske/eschurmo.pdf, S. 350; kritisch zur Regelung Grigoleit, WM 2001, S. 597 (600).
[1067] Begründung Regierungsentwurf, BT-Druck 14/6040, S. 173.
[1068] Begründung Regierungsentwurf, BT-Druck 14/6040, S. 173.

Kunde im Falle der Nichtigkeit noch nicht einmal einen nachträglichen Anspruch auf Erfüllung der Informationen hätte, was kontraproduktiv wäre.[1069]
Überwiegend folgt die Literatur der Gesetzesbegründung und lehnt eine automatische Nichtigkeit des Vertrages bei Verletzung der Pflichten ab.[1070] Allerdings ist in einigen Staaten der EU eine Nichtigkeitsfolge für Verletzungen von Verbraucherrichtlinien vorgesehen.[1071] Es wird deshalb auch vertreten, daß eine gemeinschaftsweite Harmonisierung nötig sei, zumal der EuGH zur Einordnung der Regeln des Verbraucherrechts als international zwingende „loi de police" neige[1072], deren Verletzung sich auf die Wirksamkeit von Verträgen auswirken müsse.[1073] Das „letzte Wort" in Bezug auf die Nichtigkeit von Verträgen sei also noch nicht gesprochen.[1074]
Es stellt sich die Frage, ob für die Nichtigkeit des Vertrages im Rahmen der vorliegenden Regelung in §312e überhaupt noch Raum ist. Dagegen spricht die Verlängerung der Widerrufsfrist in §312e III2 als Sanktion für Pflichtverletzungen. Wenn der Vertrag bei Verletzung von Infoformationspflichten bereits hinfällig sein soll, wäre diese Rechtsfolgenanordnung sinnlos, weil dann auch ein Widerruf nicht mehr möglich wäre. Die Nichtigkeit ist nämlich nicht zu verwechseln mit der schwebenden Unwirksamkeit von Verträgen, wie sie früher häufig bei Widerrufsrechten in Verbraucherverträgen angenommen wurde.[1075] Denn bei dieser lag es in der Macht des Verbrauchers, den Vertrag durch Nichtausübung des Widerrufsrechts noch zur Entstehung zu bringen. Mittlerweile ist für alle verbraucherschützenden Widerrufsrechte in den §§355 ff. schwebende Wirksamkeit als Rechtsfolge angeordnet worden.[1076] Man könnte deshalb

---

[1069] Begründung Regierungsentwurf, BT-Druck 14/6040, S. 173.
[1070] Grigoleit, WM 2001, S. 597 (600); Tettenborn/Bender/Lübben/Karenfort, BB 2001, Beilage 10 zu Heft 50, S. 1 (24); Haas/Medicus/Rolland/Schäfer/Wendtland-Schäfer, Das neue Schuldrecht, 8. Kapitel, Rn. 46; Schmidt-Räntsch, Das neue Schuldrecht – Anwendung und Auswirkungen in der Praxis, Rn. 1082; Palandt-Heinrichs, §312e, Rn. 11; AnwKom-Ring, §312e, Rn. 44; Lütcke, Fernabsatzrecht, §312e, Rn. 61; Wilmer/Hahn, 2 A VI, Rn. 21;
[1071] Micklitz, in: Micklitz/Pfeiffer/Tonner/Willingmann (Hrsg.), Schuldrechtsreform und Verbraucherschutz, S. 191 (238 f.); vgl. für die Fernabsatzrichtlinie: Grabitz/Hilf-Micklitz, Nach A3, Belgien Rn. 13 (die neue Fassung des loi sur les pratiques du commerce et sur l'information et la protection du consommateur bestimmt aber in Art. 80 nur eine Verlängerung der Rücktrittsfrist, http://mineco.fgov.be/redir_new.asp?loc=/protection_consumer/trade_practices/trade_law/home_fr.htm); Frankreich, Rn. 32; Spanien, Rn. 88; für die Haustürwiderrufsrichtlinie: Grabitz/Hilf-Micklitz, Nach A2, Anhang Tabelle 1 a: Belgien, Frankreich, Griechenland, Luxemburg, Niederlande, Portugal und eingeschränkt Spanien.
[1072] so jedenfalls die Ausführungen in den Schlussanträgen des Generalanwalts Léger, Rs. C-381/98 (Ingmar GB Ltd vs. Eaton Leonard Technologies Inc.), Slg. 2000, I-9305, Rz. 89.
[1073] Micklitz, in: Micklitz/Pfeiffer/Tonner/Willingmann (Hrsg.), Schuldrechtsreform und Verbraucherschutz, S. 191 (238 f.); Micklitz/Ebers. VersR 2002, S. 641 (650); Micklitz/Tonner-Micklitz, Vertriebsrecht, §312e, Rn. 116.
[1074] Micklitz, in: Micklitz/Pfeiffer/Tonner/Willingmann (Hrsg.), Schuldrechtsreform und Verbraucherschutz, S. 191 (238 f.); Micklitz/Ebers. VersR 2002, S. 641 (650); Micklitz/Tonner-Micklitz, Vertriebsrecht, §312e, Rn. 116.
[1075] vgl. statt vieler Mankowski, WM 2001, S. 793 (794 ff.) und 833 ff.; Reiner, AcP 203 (2003), S. 1 (4 ff.).
[1076] Bülow/Artz, NJW 2000, S. 2049 (2052); kritisch: Mankowski, WM 2001, S. 794 ff. und 833 ff.; v. Koppenfels, WM 2001, S. 1360 ff.; Wendehorst, DStR 2000, S. 1311 (1312); M/K-Ulmer, §355, Rn. 30; Palandt-Heinrichs, §357, Rn. 4. Allerdings stellt Art. 6 I4 der Richtlinie über den Fernabsatz von

allenfalls annehmen, daß sich die Nichtigkeit des Vertrages auf besonders schwerwiegende Verstöße beschränkt, damit §312e III2 seinen Sinn für leichte Verletzungen behält. Oder man deutet einzelne Pflichten aus §312e als Formerfordernisse mit Folge der Nichtigkeit aus §125, so daß für die übrigen Pflichten die Rechtsfolge schwebender Wirksamkeit erhalten bleibt.[1077]

Wenn man davon ausgeht, daß die Nichtigkeit in einzelnen Fällen noch denkbar ist, muß man abwägen, ob die besseren Argumente für oder gegen die Anordnung der Nichtigkeit sprechen. Die vom Gesetzgeber vorgebrachten Argumente wurden bereits erwähnt. Nicht zu überzeugen vermag die im Diskussionsentwurf befürchtete Gefahr eines „Quasivertrags" ohne Informationsanspruch. Wenn der Vertrag keine Wirksamkeit besitzt, bedarf der Kunde von vornherein keiner Informationsansprüche. Kommt es aber zur Durchführung des Vertrages trotz Nichtigkeit, muß der Unternehmer auf die Unwirksamkeit hinweisen, um die beiderseitigen Leistungen im Hinblick auf §814 kondiktionsfest zu machen. Mit dem ihm verschafften Wissen kann der Kunde dann aber autonom entscheiden, ob er den Vertrag neu abschließen und dabei auf der Erfüllung der Informationsansprüche bestehen will. Er wäre also ausreichend geschützt. Nicht ganz überzeugen kann auch das Argument des Regierungsentwurfs, der Wegfall des Vertrages sei das Gegenteil des Gewollten, weil der Kunde in diesem Fall noch nicht einmal ein Recht auf nachträgliche Pflichterfüllung erhalte, so daß der Zweck der Vorschrift verfehlt werde.[1078] Der Zweck des §312e ist der Schutz des Kunden vor den spezifischen Gefahren des elektronischen Vertragsschlusses. Dieser Schutz wird auch durch die Vertragsnichtigkeit effektiv erreicht.[1079] Für den Kunden wäre die Pflichterfüllung irrelevant, wenn er ohnehin keiner Vertragsbindung ausgesetzt wäre. Der Unternehmer wäre auf der anderen Seite gerade am Bestand des Vertrages interessiert, da er seine Waren und Dienstleistungen absetzen möchte, so daß der Verstoß auch wirksam sanktioniert würde.

Die Vertragsunwirksamkeit wäre also durchaus ein effektives Sanktionsinstrument für Pflichtverletzungen und würde zudem Rechtssicherheit schaffen. Zu bedenken ist jedoch, daß die Nichtigkeitsfolge einen erheblichen Eingriff in die Privatautonomie bedeutet, weil aufgrund eines einzelnen Fehlers der Vertrag zur Gänze hinfällig ist. Der geäußerte rechtsgeschäftliche Wille der Parteien findet keinerlei Beachtung. Auch hier ist aber das Verhältnismäßigkeitsprinzip der Rechtsfolgen zu beachten. Die Rechtsordnung hält auch andere Sanktionsmechanismen bereit, die die Privatautonomie weniger belasten. Die unmittelbare Nichtigkeit des Rechtsgeschäfts kann man als unmit-

---

Finanzdienstleistungen 2002/65/EG dem Gesetzgeber bei der Umsetzung des Widerrufsrechts ausdrücklich die Anordnung schwebender Wirksamkeit oder die Unwirksamkeit zur Wahl.

[1077] nach Ann, in: Hohl/Leible/Sosnitza (Hrsg.), Vernetztes Recht: das Internet als Herausforderung an eine moderne Rechtsordnung, S. 53 (66) soll es sich bei der Bereitstellung der Vertragsbestimmungen zur Speicherung funktional um eine Formvorschrift handeln. Wiebe, Die elektronische Willenserklärung, S. 510 meint, der Korrekturhilfe für Eingabefehler komme teilweise die Funktion einer Schriftform zu. Auf eine funktionale Ähnlichkeit der Widerrufsrechte zu den Formvorschriften weist allgemein Reiner, AcP 203 (2003), S. 1 (17 f.) hin, der als Beispiel §312 III Nr. 3 anführt.

[1078] mit dieser Begründung aber auch AnwKom-Ring, §312e, Rn. 44; Lütcke, Fernabsatzrecht, §312e, Rn. 61; Haas/Medicus/Rolland/Schäfer/Wendtland-Schäfer, Das neue Schuldrecht, Kapitel Rn. 46; Schmidt-Räntsch, Das neue Schuldrecht – Anwendung und Auswirkungen in der Praxis, Rn. 1082;

[1079] so auch Grigoleit, WM 2001, S. 597 (600).

telbare negative Abschlußkontrolle bezeichnen.[1080] Daneben gibt es aber auch die mittelbare negative Abschlußkontrolle, bei der die Rechtsordnung Regelungsmechanismen bereitstellt, die von einer Willensbetätigung der Parteien abhängig sind.[1081] Hierzu zählen vor allem Anfechtungs-, Widerrufs- und Rücktrittsrechte sowie Schadenersatzansprüche auf Vertragsaufhebung (wie etwa aus cic). Diese haben den Vorteil, das Prinzip der Privatautonomie weniger zu beeinträchtigen, weil sie die rechtliche Bindung an das Vereinbarte lediglich lockern. Die von der Verletzung betroffene Partei kann selbst darüber entscheiden, ob sie am Vertrag zu den geschlossenen Bedingungen festhalten oder diesen auflösen will. Vorzugswürdig ist die mittelbare negative Abschlußkontrolle überall dort, wo nicht die Sphäre Dritter oder der Allgemeinheit betroffen ist, sondern nur die einer Vertragspartei.[1082] Denn dort kann es ohne Beeinträchtigung fremder Interessen in die Hand der betroffenen Partei gelegt werden, ob der Vertrag fortbestehen soll. Eine Ausnahme kann nur gelten, wenn der Betroffene nicht in der Lage ist, sich selbst zu schützen wie bei Geschäftsunfähigkeit. Die Pflichten aus §312e dienen aber lediglich dem Individualschutz des Kunden vor einem ungewollten Vertrag. Interessen der Allgemeinheit oder Dritter sind allenfalls als Reflex betroffen. Es kann deshalb dem Kunden überlassen werden, ob er trotz möglicher Nachteile aus Pflichtverletzungen an der vertraglichen Bindung festhalten möchte. Deswegen müssen sich die Sanktionen auf die mittelbare Vertragsabschlußkontrolle beschränken. Nicht zuletzt dient eine vertragsfreundliche Sanktionierung besser dem Ziel der Binnenmarktförderung gem. Art. 1 I ECRL. Eine hinzunehmende Konsequenz ist, daß sich die Beweislast für den Pflichtverstoß auf den Kunden verlagert, weil dieser die Voraussetzungen für die ihm günstige Vertragsaufhebung beweisen muß, während bei Ausgestaltung der Pflichten als Wirksamkeitsvoraussetzungen der Unternehmer die Einhaltung der Pflichten belegen müßte.[1083] Dem Kunden hilft aber hinsichtlich des Vertretenmüssens bei Pflichtverletzungen die Beweislastumkehr nach §280 I2.

II. §§119 ff.

1. Allgemeines zur Anwendung der §§119 ff. im elektronischen Geschäftsverkehr

Eine weitere Sanktionsmöglichkeit für Pflichtverletzungen ist das Anfechtungsrecht des Kunden nach den §§119 ff. Außer Betracht bleibt das Widerrufsrecht nach §130 I2 BGB, weil dieses unabhängig von Fehlern bei der Willensbildung besteht und damit auch nicht vom Unternehmer durch Pflichtverletzungen verursachte Willensmängel sanktionieren kann. Ohnehin ist die Widerrufsfrist oft wegen der Geschwindigkeit elektronischer Übermittlung fast auf Null reduziert, weil der Zugang nahezu sofort erfolgt.[1084] Eine längere Widerrufsmöglichkeit besteht in der Regel nur, wenn die Versendung der Bestellung außerhalb der Geschäftszeiten erfolgt. Die Anfechtung

[1080] Heinrich, Formale Freiheit und materiale Gerechtigkeit, S. 238.
[1081] Heinrich, Formale Freiheit und materiale Gerechtigkeit, S. 249.
[1082] Heinrich, Formale Freiheit und materiale Gerechtigkeit, S. 261; Lorenz, Der Schutz vor dem unerwünschten Vertrag, S. 51.
[1083] vgl. Lehmann-Drexl, Electronic Business in Europa, P., Rn. 96.
[1084] vgl. Hoeren/Sieber-Mehrings, Handbuch Multimedia-Recht, Teil 13.1, Rn. 125; Koch, Internet-Recht, S. 146.

hingegen kann als Sanktionsmittel angesehen werden. Zwar besteht das Anfechtungsrecht unabhängig von einer Pflichtverletzung des Unternehmers. Dennoch kann der Unternehmer durch unzureichende technische Hilfestellungen einen Irrtum des Kunden kausal hervorrufen, der diesen zur Anfechtung berechtigt. Die zurechenbare Veranlassung des Irrtums durch den Unternehmer kann bei der Pflicht zum Ersatz des Vertrauensschadens aus §122 berücksichtigt werden.

Zunächst soll allgemein geklärt werden, inwieweit die Vorschriften über die Anfechtung bei elektronischen Willenserklärungen Anwendung finden können, denn §312e setzt eine elektronische Bestellung des Kunden voraus.[1085] Dafür sollen die verschiedenen möglichen Fehlerkonstellationen untersucht werden. Der BGH hat sich zu dieser Thematik bislang noch nicht ausdrücklich geäußert[1086]; es liegen aber bereits einige Entscheidungen von unterinstanzlichen Gerichten vor, die von der grundsätzlichen Anwendbarkeit des Anfechtungsrechts im elektronischen Geschäftsverkehr ausgehen.[1087] An der Anwendbarkeit dürfte auch spätestens seit dem Formanpassungsgesetz kein Zweifel mehr bestehen, da der Gesetzgeber laut Begründung auf die Einführung spezieller Anfechtungsvorschriften verzichtet und statt dessen der Rechtsprechung die Aufgabe einer sinnvollen Anwendung auf elektronische Willenserklärungen überlassen hat.[1088]

Der einfachste Fall ist zunächst, daß der Kunde sich bei der Erstellung von Willenserklärungen (Textverarbeitungsprogramm) einer Software bedient hat und ein bei der Eingabe entstandener Fehler unverändert in die Erklärung eingegangen ist.[1089] Dann kann ein Irrtum in allen Varianten der §§119 ff. vorliegen, weil der Nutzer den Computer lediglich als Hilfsmittel benutzt hat – nicht anders als einen Stift, eine Schreibmaschine oder andere herkömmliche Mittel. Der Empfänger der elektronischen Willenserklärung bedarf dann keines besonderen Schutzes.

Schwieriger zu beurteilen ist, was gilt, wenn der Nutzer versehentlich eine Eingabe macht, also z. B. eine Schaltfläche betätigt, dabei aber nicht weiß, daß er eine Willenserklärung abgibt. Vielfach wird diese Konstellation mit dem Abhandenkommen einer Willenserklärung verglichen, bei dem es nach überwiegender Ansicht mangels willentlicher Entäußerung der Botschaft in den Rechtsverkehr schon an der Abgabe einer Willenserklärung fehlt.[1090] Oft wird aber auch ein Vergleich zu den Fällen fehlenden

---

[1085] s. o. 1. Teil B.II.4.

[1086] BGH NJW 2002, 363 scheint aber eine Anfechtung als möglich anzusehen.

[1087] OLG Hamm, NJW 1993, S. 2321 ff.; LG Frankfurt, NJW-RR 1997, S. 1273 ff.

[1088] Regierungsbegründung zum Gesetz zur Anpassung der Formvorschriften des Privatrechts an den modernen Rechtsgeschäftsverkehr, BT-Druck 14/4987, S. 11.

[1089] M/K-Kramer, §119, Rn. 46; Taupitz/Kritter, JuS 1999, S. 839 (843); Mehrings, MMR 1998, S. 30 (31 f.); Heun, CR 1994, S. 595 (596); Frizsche/Malzer, DNotZ 1995, S. 3 (14); Süßenberger, Das Rechtsgeschäft im Internet, S. 80 ff.; Koch, Internet-Recht, S. 147.

[1090] Taupitz/Kritter, JuS 1999, S. 839 (840); Ultsch, DZWir 1997, S. 466 (469); allgemein zum Abhandenkommen einer Willenserklärung: keine wirksame Abgabe: BGH NJW 1975, S. 2101 (2102); BGH NJW 1979, S. 2032 (2033); Brox AT, Rn. 150; Musielak, Grundkurs BGB, Rn. 67 f.; keine wirksame Abgabe, aber Haftung aus §122 analog: Leipold, BGB I, Rn. 403; Erman-Palm, §130, Rn. 4; Canaris, JZ 1976, S. 132 (133); Singer, Selbstbestimmung und Verkehrsschutz im Recht der Willenserklärungen, S. 171 u. 197; keine wirksame Abgabe (fehlender Handlungswille !), aber Haftung aus cic: Köhler, AT, §6, Rn. 12; wirksame Abgabe bei Zurechenbarkeit bzw. Verschulden: M/K-Einsele,

Erklärungsbewußtseins gezogen, wo überwiegend grundsätzlich von der Möglichkeit einer vertraglichen Bindung ausgegangen wird.[1091] Vielfach wird vertreten, daß ein relevanter Unterschied zwischen diesen beiden Fallgruppen nicht gegeben sei und sie deshalb gleichzubehandeln seien.[1092] Jedoch existiert ein Unterschied: im Falle der Erklärung ohne Erklärungsbewußtsein kommt die Erklärung durch ein positives, konkludentes Tun des Erklärenden selbst in den Rechtsverkehr, während bei der abhandengekommenen Willenserklärung die Erklärung durch die Handlung eines Dritten in den Rechtsverkehr befördert wird. Als Mindestvoraussetzung für wirksame Willenserklärungen wird aber allgemein ein Handlungswille verlangt[1093], der konsequenterweise nicht nur bei der Abfassung, sondern auch bei der Absendung als Abschluß des Willensakts vorliegen muß, weil eine nicht abgesandte Erklärung ein bloßes Konzept bleibt. Die Zurechnung eines fremden Handlungswillens kommt nicht in Betracht, da sie den Erklärenden völlig der Selbstbestimmung berauben würde. Bei einer abhandengekommenen Willenserklärung ist deshalb entscheidend für die Wirksamkeit, ob ein Handlungswille des Erklärenden daraus gefolgert werden kann, daß er mit dem Abhandenkommen rechnen mußte und dennoch nichts getan hat, um es zu verhindern. Man müßte also ein Unterlassen als Erklärungshandlung genügen lassen. Dagegen spricht aber, daß bloßes Nichtstun zum Schutz der Selbstbestimmung des Erklärenden in der Regel nicht als wirksame Erklärung mit Handlungs- und Erklärungswillen aufzufassen ist, es sei denn Parteivereinbarung, das Gesetz oder im Einzelfall Treu und Glauben bestimmen es so. [1094] Denn ein Nichtstun ist an sich indifferent. Dieser Grundsatz darf nicht unterlaufen werden, indem ein bloß internes Versehen, das dem Vertragsgegner einen Erklärungsentwurf in die Hände spielt, doch zu einer Zurechnung des Nichtstuns führt. Es ist deshalb zutreffend, bei der abhandengekommenen Erklärung Unwirksamkeit anzunehmen und den Urheber lediglich aus §122 oder cic haften zu lassen, während er bei fehlendem Erklärungsbewußtsein bei Verschulden an die Erklärung gebunden ist und unverzüglich anfechten muß. Wenn man diesen Unterschied zugrunde legt, ist man gezwungen, bei versehentlichen Eingaben im elektronischen Rechtsverkehr zwischen beiden Fallgruppen zu differenzieren. Nimmt der Nutzer selbst willentlich eine Eingabe vor, die er aufgrund eines intellektuellen Defizits versehentlich für unverbindlich hält, dann gibt er eine Erklärung ohne Erklärungsbewußtsein ab. Ein Fall der abhanden gekommenen Willenserklärung liegt hingegen vor, wenn z. B. ein Dritter ungefragt E-Mails versendet, die im Entwufs- oder Ausgangsordner liegen. Ebenfalls zu dieser Fallgruppe zählt eine Erklärung, die aufgrund reflexartiger oder versehentlicher Berührung der Tastatur oder Maus vom Computer verschickt wird, z. B. durch ohnmächtiges Zusammensinken über der Tastatur oder durch

---

§130, Rn. 14; Palandt-Heinrichs, §130, Rn. 4; Erman-Palm, Vor § 116, Rn. 3; Flume, AT II, §20 3, S. 414 u. §23 1, S. 449 f.; Medicus, AT, Rn. 266 u. 607 ff.; Larenz/Wolf, AT, §26, Rn. 5.

[1091] s. o. 1. Teil C.I.4.b).

[1092] Medicus, AT, Rn. 266: entweder will der Erklärende die Rechtswirkung der Erklärung nicht oder noch nicht; Palandt-Heinrichs, §130, Rn. 4; M/K-Einsele, §130, Rn. 14; Hoeren/Sieber-Mehrings, Handbuch Multimedia-Recht, Teil 13.1, Rn. 127.

[1093] M/K-Kramer, Vor §116, Rn. 8.

[1094] M/K-Kramer, Vor §116, Rn. 25 u. §151, Rn. 4 ff.; Palandt-Heinrichs, Einf v. §116; Brox, AT, Rn. 90.

Fallenlassen eines Gegenstandes auf die Return- oder Maustaste, weil es bei ihr an einer bewußten Eingabehandlung zur Absendung der Erklärung fehlt. Nur willensgesteuerte Eingaben können also zu einer Bindung nach den Grundsätzen der Erklärung ohne Erklärungsbewußtsein führen. Es mag zwar richtig sein, daß im elektronischen Geschäftsverkehr für den Empfänger ein praktischer Unterschied zwischen den Fallgruppen nicht erkennbar ist, weil er jeweils nur Daten empfängt, deren Entstehungsprozeß er nicht zurückverfolgen kann. Dennoch müssen sie unterschiedlich behandelt werden, um Privatautonomie und Verkehrsschutz in Ausgleich zu bringen, denn die Fehlergefahr im elektronischen Rechtsverkehr ist für den Erklärenden besonders hoch. Kommt es zu einer vertraglichen Bindung nach den Grundsätzen der Erklärung ohne Erklärungsbewußtsein, muß eine Anfechtung analog §119 I möglich sein.
Was gilt aber, wenn der Nutzer die Erklärung von einer Datenverarbeitungsanlage selbständig erstellen und versenden läßt, d. h. eine Computererklärung abgibt, und dabei aufgrund eines Programmierfehlers oder falschen Datenmaterials eine fehlerhafte Willenserklärung entsteht? Ganz überwiegend wird hier von einem bloß internen Irrtum im Vorfeld der Willensbildung ausgegangen, der wie ein Kalkulationsirrtum nicht zur Anfechtung berechtigten soll.[1095] Diese Einschätzung ist zutreffend, weil der Vertrag aus Gründen des Verkehrsschutzes nicht mit allen Störungen der Willensbildung im Vorfeld der Erklärung belastet werden darf, zumal sich die möglichen Fehlerquellen sonst potenzieren. Eine Einschränkung kommt wie beim Kalkulationsirrtum[1096] allenfalls in Betracht, wenn der Irrtum für den Vertragsgegner offensichtlich war. Eine Anwendung des §119 II ist dagegen immer dann möglich, wenn der Datenverarbeitungsanlage Informationen gegeben werden, denen eine falsche Vorstellung über verkehrswesentliche Eigenschaften einer Person oder Sache zugrunde liegt.[1097] Selbstverständlich möglich ist auch eine Anwendung des §123 I, wenn der Benutzer bei der Dateneingabe oder Programmierung unter dem Einfluß einer Täuschung oder Drohung stand. Kann aber auch der Datenverarbeitungsanlage selbst ein Fehler bei der autonomen Erstellung der Erklärung unterlaufen, der eine Anfechtung erlaubt? §120 wird man hier nur anwenden können, wenn man den Computer mit einem Erklärungsgehilfen gleichsetzt[1098], was allenfalls für die Versendung der Erklärung, nicht aber für den Prozeß der Erklärungserstellung zutrifft. Auch die §§119 ff., 166 I kommen nicht in Betracht, da bislang selbst intelligente elektronischen Agenten mangels eigenen Be-

---

[1095] Hoeren/Sieber-Mehrings, Handbuch Multimedia-Recht, Teil 13.1, Rn. 108; Hoeren, Rechtsfragen im Internet, S. 231; Köhler/Arndt, Recht des Internet, Rn. 128, Koch, Internet-Recht, S. 147; Heun, CR 1994, S. 595 (596 f.); M/K-Kramer, §119, Rn. 85; LG Frankfurt, CR 1997, 738 (739); Süßenberger, Das Rechtsgeschäft im Internet, S. 88 f.; Brauner, Das Erklärungsbewußtsein beim Einsatz von elektronischen Datenverarbeitungsanlagen, S. 91 ff.; Viebcke, Durch Datenverarbeitungsanlagen abgegebene Willenserklärungen und ihre Anfechtung; S. 107 ff.

[1096] so M/K-Kramer, §119, Rn. 121; Pawlowski, JZ 1997, S. 741 (746 f.); Birk, JZ 2002, S. 447 (449 f.) über §119 II; Adams, AcP 186 (1986), S. 453 (487 f.) über §119 I analog; Olzen, JR 1978, S. 236 (238 f.): über Wegfall der Geschäftsgrundlage; a. A. BGHZ 139, 177 ff.: keine Anfechtung wegen Problemen der Fristberechnung bei §121 I.

[1097] Viebcke, Durch Datenverarbeitungsanlagen abgegebene Willenserklärungen und ihre Anfechtung, S. 111 f.

[1098] so Brauner, Das Erklärungsrisiko beim Einsatz von elektronischen Datenverarbeitungsanlagen, S. 56 ff.

wußtseins keine Irrtumsfähigkeit besitzen.[1099] Möglich ist daher nur der Rückgriff auf (in der Regel allerdings unbeachtliche) Irrtümer des Menschen bei der Dateneingabe oder Programmierung, da diese als Parameter den Inhalt der Computererklärung determinieren. Fehler, die die Anlage trotz richtiger Programmierung aufgrund von Hardwaremängeln produziert (z. B. Rechenfehler, die auf Überhitzung der CPU beruhen), sind wie Programmier- und Inputfehler dem Vorfeld der Erklärung und damit dem Motivbereich zuzuordnen.[1100] Anfechtbarkeit muß aber gegeben sein, wenn die Fehlerursache nicht im typischen Risikobereich des Benutzers liegt, sondern aus der Sphäre des Vertragsgegners stammt.[1101] So etwa, wenn einer Datenverarbeitungsanlage vom Vertragsgegner bewußt falsche Daten geliefert wurden. Die Anlage selbst kann zwar mangels eines intellektuellen Vorstellungsbildes nicht i.S.v. §123 I getäuscht werden.[1102] Man wird aber eine mittelbare Täuschung gegenüber dem Benutzer der Datenverarbeitungsanlage annehmen können.
Eine weitere Fehlerquelle ist die elektronische Übermittlung der Willenserklärung. Übermittlungsfehler von elektronischen Einrichtungen werden seit dem Formanpassungsgesetz von §120 ausdrücklich erfaßt.[1103] Zu den Einrichtungen zählen nicht nur die EDV-Anlage des Nutzers, sondern auch die technischen Einrichtungen der ISPs (Internet Service Provider).[1104] Bei Übermittlungsfehlern muß jedoch genau beachtet werden, ob dem anderen Teil überhaupt eine Erklärung zugegangen ist. Denn erst mit dem Zugang wird eine empfangsbedürftige Willenserklärung gem. §130 II wirksam und damit anfechtbar. So liegt schon keine Erklärung vor, wenn die Botschaft im Kommunikationsnetz verloren geht[1105], weil Risiken, die weder in der Einflußsphäre des Absenders noch des Empfängers liegen, zulasten des Erklärenden gehen müssen. Gleiches muß gelten, wenn die Willenserklärung von vornherein verstümmelt ist (Datensalat).[1106] Sind die Daten zwar integer, aber aufgrund von Inkompatibilität für den Empfänger nicht lesbar, handelt es sich nach einer Ansicht um ein Problem der Ausle-

---

[1099] Der „Wille" der Datenverarbeitungsanlage ist außerdem identisch mit dem ihres Benutzers, den sie lediglich durch Programmabläufe konkretisiert und abgibt. Aufgrund ihrer Programmierung kann sie von diesem Willen auch gar nicht abweichen, sondern allenfalls unerwartete Ergebnisse produzieren, so daß ein autonomer „Irrtum der Datenverarbeitungsanlage" überhaupt nicht möglich ist. a. A. Viebcke, Durch Datenverarbeitungsanlagen abgegebene Willenserklärungen und ihre Anfechtung, S. 96 ff.: analoge Anwendung der §§119 ff, 166 I.

[1100] ebenso Heun, CR 1994, S. 595 (596) ; Koch, S. 147; Brauner, Das Erklärungsrisiko beim Einsatz von elektronischen Datenverarbeitungsanlagen, S. 66 ff.; einen Hardwarefehler aufgrund moderner Technik schließen gänzlich aus: Mehrings, MMR 1998, S. 30 (32); Süßenberger, Das Rechtsgeschäft im Internet, S. 84 f.

[1101] Süßenberger, Das Rechtsgeschäft im Internet, S. 88 f.

[1102] Viebcke, Durch Datenverarbeitungsanlagen abgegebene Willenserklärungen und ihre Anfechtung, S. 114.

[1103] Regierungsbegründung zum Gesetz zur Anpassung der Formvorschriften des Privatrechts an den modernen Rechtsgeschäftsverkehr, BT-Druck 14/4987, S. 14.

[1104] Mehrings, MMR 1998, S. 30 (32); Köhler/Arndt, Recht des Internet, Rn. 125; Palandt-Heinrichs, §120, Rn. 125.

[1105] Dörner, AcP 202 (2002), S. 363 (370); Ultsch, DZWir, 1997, S. 466 (469); Kuhn, Rechtshandlungen mittels EDV und Telekommunikation, S. 97.

[1106] M/K-Kramer, §120, Rn. 4

gungslehre[1107], nach zutreffender um eines der Zugangslehre[1108]. Streitig ist auch die Lösung, wenn die Willenserklärung den Zielrechner erreicht, aber nicht gespeichert werden kann, wobei überwiegend kein Zugang angenommen wird, sondern die Grundsätze der Zugangsvereitelung Anwendung finden sollen.[1109] Nach Speicherung auf dem Rechner des Empfängers ist nach den allgemeinen Regeln der Empfangstheorie vom wirksamen Zugang unter gewöhnlichen Umständen auszugehen, weil die Erklärung in den Machtbereich des Empfängers gelangt ist.[1110] Das Verlust- und Verfälschungsrisiko liegt ab diesem Zeitpunkt beim Empfänger. Bei E-Mail-Erklärungen gelten diese Grundsätze jedenfalls für den geschäftlichen Nutzer. Beim privaten Nutzer, der seine E-Mail-Adresse nicht für die Nutzung im Rechtsverkehr gewidmet hat (z. B. durch Weitergabe an einen Unternehmer), kann ein Zugang nicht schon mit dem Eingang in der Empfänger-Mailbox angenommen werden, sondern erst mit tatsächlicher Kenntnisnahme.[1111]

2. *Anfechtungsrecht als Folge von Pflichtverletzungen nach §312e*

Das Anfechtungsrecht kann nur dort Sanktionsaufgaben erfüllen, wo der Unternehmer durch die Verletzung von Pflichten aus §312e einen Irrtum des Kunden kausal hervorgerufen hat. Welche Pflichten im einzelnen kausal für die Willensbildung des Kunden sein können, ist aber eine Frage, die als Tatbestandsvoraussetzung nur für die Informationshaftung nach den §§280 I, 311 II relevant wird und deshalb dort behandelt werden soll.[1112] Hier soll vielmehr lediglich auf diejenigen Pflichten des Unternehmers eingegangen werden, die bei Nichterfüllung typische Quellen für anfechtungsrelevante Irrtümer des Kunden sind.

Insbesondere sind dies die technischen Hilfspflichten, d. h. die Pflicht zur Information über die technischen Schritte zum Vertragsschluß gem. §312e II Nr. 2 i.V.m. §3 Nr. 1 InfoV, die den Kunden über die technische und rechtliche Ausgestaltung der Vertrags-

---

[1107] so Burgard, AcP 195 (1995), S. 74 (106 ff.): ist eine Willenserklärung nicht als solche identifizierbar, dann ist sie nach objektiver Auslegung schon keine Willenserklärung.

[1108] so die Regierungsbegründung zum Gesetz zur Anpassung der Formvorschriften des Privatrechts an den modernen Rechtsgeschäftsverkehr, BT-Druck 14/4987, S. 20: eine Erklärung, die in einer nicht entzifferbaren Maschinensprache abgegeben wird, ist dem Empfänger im Rechtssinn nicht zugegangen, weil die (inhaltliche) Kenntnisnahme nicht möglich oder zumutbar ist; Dörner, AcP 202 (2002), S. 363 (373 f.): Nichtlesbarkeit elektronischer Willenserklärungen (aufgrund von Inkompatiblität) ist Bestandteil des Übermittlungsrisikos und deshalb mit der Zugangslehre zu erfassen – es geht nicht um intellektuelle Defizite des Empfängers, die nach Auslegungsgrundsätzen zu beurteilen sind.

[1109] dazu s. o. 1. Teil C.II.1.d).

[1110] Dörner, AcP 202 (2002), S. 363 (370); Taupitz/Kritter, JuS 1999, S. 839 (842 f.); a. A. Ultsch, DZWir, 1997, S. 466 (469): der Absender trägt das Risiko einer Verfälschung bis zur tatsächlichen Kenntnisnahme.

[1111] Ultsch, NJW 1997, S. 3007 (3008 f.); Ultsch, DZWir 1997, S. 466 (468); Taupitz/Kritter, JuS 1999, S. 839 (841); M/K-Einsele, §130, Rn. 18; Köhler, AT, §6, Rn. 18; a.A. Süßenberger, Das Rechtsgeschäft im Internet, S. 166 f.: zum Schutz des Verkehrs gilt eine Vermutung für geschäftliche Nutzung auch im privaten Bereich; aber von Privatpersonen kann nur einmalige Kontrolle des elektronischen Briefkastens am Tag erwartet werden; so auch Kröger/Gimmy-Thot/Gimmy, Handbuch zum Internet-Recht, S. 9; a. A. Heun, CR 1994, S. 595 (598): keine Unterschiede zwischen geschäftlicher und privater Nutzung.

[1112] s. u. 2. Teil D.III.1.

schlußprozedur informieren soll und die Pflicht zur Bereitstellung von Korrekturmitteln für Eingabefehler nach §312e II Nr. 1 einschließlich der zugehörigen Informationspflicht nach §312e II Nr. 2 i.V.m. §3 Nr. 3 InfoV, die beim Bestellvorgang einmal entstandene Fehler nachträglich einer Korrektur zuführen wollen. Diese Pflichten sind eigens mit dem Gedanken geschaffen worden, den Nutzer vor irrtümlichen Bestellungen im elektronischen Geschäftsverkehr zu schützen.
Bei fehlender Information über die technische Funktionsweise der Website drohen dem Kunden vor allem Erklärungen ohne Erklärungsbewußtsein. Wenn etwa eine interaktive Schaltfläche oder ein Link nicht gekennzeichnet ist, kann der Kunde durch Betätigung ungewollt einen Datentransfer auslösen, obwohl er z. B. nur durch die aufgerufene Seite navigieren oder Text herauskopieren wollte. Auch Erklärungsirrtümer nach §119 I Alt. 2 sind denkbar, wenn die Gestaltung der Website den Kunden etwa so verwirrt, daß er sich verliest oder verklickt.[1113] Inhaltsirrtümer nach §119 I Alt. 1 können entstehen, wenn der Kunde nicht über die programminterne Bedeutung seiner Eingaben aufgeklärt wird, d. h. mit seiner Eingabe eine andere Rechtsfolge herbeiführen will, als sie vom Programm vorgesehen ist. Denn Mausklicks und Tastatureingaben im elektronischen Rechtsverkehr gewinnen ihre Bedeutung erst durch softwaremäßige Verarbeitung, die die mechanischen Eingaben in Daten mit Erklärungsgehalt umsetzt. Inhaltsirrtümer können aber auch darauf beruhen, daß der Kunde vom Unternehmer für technische Erläuterungen verwendete Fachtermini falsch versteht. Findet hingegen keine ausreichende Information über die rechtliche Seite des Vertragsschlußprozesses statt, sind Irrtümer des Kunden über die Rechtsverbindlichkeit seiner Eingaben die Konsequenz, d. h. er handelt gegebenenfalls ohne Erklärungsbewußtsein. Sofern Fehleingaben allerdings bereits im Vorfeld einer automatisch erstellten Computererklärung unterlaufen und sich lediglich in der endgültigen Bestellung niederschlagen, werden sie als bloße Motivirrtümer von den Tatbeständen des Anfechtungsrechts nicht erfaßt.[1114]
Näherer Betrachtung bedürfen vor allem die Fälle, in denen der Kunde nicht weiß, daß er eine rechtsverbindliche Erklärung abgibt, denn sie stellen im elektronischen Geschäftsverkehr eine häufige Gefahr dar. Teilweise wird bei diesen in der Literatur zu §312e angenommen, daß es einer Anfechtung nicht bedürfe, weil die Erklärung ohnehin nichtig sei.[1115] Dabei ist aber unklar, ob diese Ansicht davon ausgeht, daß es sich bei elektronischen Eingaben ohne Kenntnis der Rechtsverbindlichkeit um Erklärungen ohne Erklärungsbewußtsein oder um abhanden gekommene Willenserklärungen handelt. Andere sind der Ansicht, daß die Erklärung auch ohne Erklärungsbewußtsein grundsätzlich bindend ist.[1116] Gelegentlich wird aber auch vertreten, daß im Einzelfall

---

[1113] vgl. OLG Hamm, NJW 1993, S. 2321 (2321).
[1114] s. o. 1. Teil C.I.4.b).
[1115] so die Regierungsbegründung, weil der Kunde nicht wisse, daß er eine rechtsgeschäftliche Erklärung abgegeben habe, Begründung Regierungsentwurf, BT-Druck 14/6040, S. 173; AnwKom-Ring, §312e, Rn. 45; Meub, DB 2002, S. 359 (363); Ulmer, CR 2002, S. 208 (210); Frings, VuR 2002, S. 390 (397).
[1116] Hassemer, MMR 2001, S. 635 (639); Glatt, ZUM 2001, S. 391 (395); Waldenberger, EuZW 1999, S. 296 (300); Lorenz/Riehm, Lehrbuch zum neuen Schuldrecht, 5. Kapitel, Rn. 142; Lütcke, Fernabsatzrecht, Rn. 62; M/K-Wendehorst, §312e, Rn. 121.

schon nach dem objektiven Empfängerhorizont keine verbindliche Erklärung vorliege.[1117] Grundsätzlich gilt, daß willentliche Eingaben, die der Kunde ohne Kenntnis der Rechtsverbindlichkeit vornimmt, zur Fallgruppe der Erklärungen ohne Erklärungsbewußtsein zählen.[1118] Nimmt der Kunde hingegen keine willentliche Eingabe vor, ist die Erklärung abhanden gekommen und nichtig.[1119] Erklärungen ohne Erklärungsbewußtsein lösen – wenn man der überwiegenden Auffassung folgt – eine Rechtsbindung aus, wenn der Kunde bei gehöriger Sorgfalt die mögliche Deutung seines Verhaltens als Willenserklärung hätte erkennen und eine solche Deutung durch Vermeidung des Verhaltens verhindern können.[1120] Dies gilt nur, wenn der Empfänger das Verhalten nach Treu und Glauben und nach der Verkehrssitte als Erklärung auffassen durfte und auch tatsächlich so verstanden hat, d. h. das Fehlen des Erklärungsbewußtseins nicht kannte und nicht mit ihm rechnete.[1121] Um festzustellen, ob überhaupt eine Vertragsbindung entstanden ist, werden also die Interessen beider Parteien zum Ausgleich gebracht. Pauschale Aussagen verbieten sich, da die Formel gerade flexibel gefaßt ist, um allen denkbaren Konstellationen gerecht zu werden. Für die Seite des Erklärenden gilt: Wenn er als Kunde Schaltflächen auf der Homepage eines Unternehmers auf gut Glück betätigt, über deren Bedeutung er im Zweifel ist, weil sie z. B. nicht beschriftet sind, kann man ihm fahrlässiges Verhalten unterstellen und eine Bindung annehmen. Es fehlt in diesem Fall nicht schon deshalb an einer Erklärung, weil objektiv nicht erkennbar war, daß durch eine bestimmte Eingabe ein Angebot abgegeben wird.[1122] Dies zum einen, weil es nicht auf den Sinn der Eingabe selbst, sondern auf das Produkt, d. h. die aus ihr softwaregenerierte Erklärung ankommt, die durchaus einen Rechtsfolgewillen erkennen lassen kann. Außerdem ist Grundlage der normativen Auslegung der Verständnishorizont des konkreten Empfängers[1123], der um die hinter den Schaltflächen verborgene Bedeutung weiß. Vorkommen kann es aber auch, daß Beschriftungen vorhanden, jedoch so unverständlich sind, daß auch ein verständiger Durchschnittsnutzer diese nicht zuverlässig deuten. Dann ist davon auszugehen, daß der Kunde nicht fahrlässig handelt und von vornherein nicht an seine Erklärung gebunden ist, wenn er seinen Eingaben einen falschen Sinn beilegt. Für die Seite des Empfängers gilt hingegen: Die Fälle, in denen der Unternehmer nicht mit einer verbindlichen Erklärung des Kunden rechnet, dürften selten sein, selbst wenn seine Homepage offensichtliche Informationsdefizite aufweist. Denn er stellt die Seite in der Regel überhaupt nur deshalb

---

1117 Haas/Medicus/Rolland/Schäfer/Wendtland-Schäfer, Das neue Schuldrecht, 8. Kapitel, Rn. 46 u. 48; Schmidt-Räntsch, Das neue Schuldrecht – Anwendung und Auswirkungen in der Praxis, Rn. 1083; Grigoleit, NJW 2002, S. 1151 (1157).

1118 so zu §312e wohl die Regierungsbegründung, BT-Druck 14/6040, S. 173; Grigoleit, WM 2001, S. 597 (601); Dörner AcP 202 (2002), S. 363 (380); Haas/Medicus/Rolland/Schäfer/Wendtland-Schäfer, Das neue Schuldrecht, 8. Kapitel, Rn. 46; Hassemer, MMR 2001, S. 635 (639); Waldenberger, EuZW 1999, S. 296 (300).

1119 s. o. 1. Teil D.II.1.

1120 Palandt-Heinrichs, Einf v §116, Rn. 17; Brox, AT, Rn. 135; BGHZ 91, 324 (327 ff.); 109, 171 (177).

1121 Palandt-Heinrichs, Einf v §116, Rn. 17; Brox, AT, Rn. 135; BGHZ 109, 171 (177).

1122 so aber Haas/Medicus/Rolland/Schäfer/Wendtland-Schäfer, Das neue Schuldrecht, 8. Kapitel, Rn. 48.

1123 M/K-Kramer, §133, Rn. 6.

online, um Waren oder Dienstleistungen absetzen zu können, d. h. wird grundsätzlich verbindliche Erklärungen erwarten. Anders mag es aussehen, wenn der Unternehmer bewußt Erklärungen ohne Erklärungsbewußtsein provoziert (z. B. über versteckte Auto-Dialer o.ä.), um den Kunden an einen unerwünschten Vertrag zu binden. Dann mangelt es schon bei normativer Auslegung an einer Erklärung. Im Einzelfall kann es auch nach dem Empfängerhorizont an einer wirksamen Erklärung fehlen, wenn die Botschaft des Kunden perplex ist, d. h. in sich widersprüchlich. Dafür dürfte jedoch wenig Raum sein, wenn der Unternehmer den Kunden mittels eines elektronischen Bestellsystems leitet. Fahrlässige Unkenntnis des Unternehmers vom Mangel des Erklärungsbewußtseins steht der Annahme einer Vertragsbindung nach Treu und Glauben im übrigen nicht entgegen.[1124] Man könnte zwar schon an dieser Stelle ansetzen und dem Unternehmer bei fehlerhafter oder unvollständiger Pflichterfüllung die Berufung auf die vertragliche Bindung wegen widersprüchlichen Verhaltens versagen. Grundsätzlich sollte man jedoch mit der Annahme einer Vertragsbindung bei der Sanktionierung von Verletzungen des §312e großzügig sein und vom Unternehmer verursachte Willensdefizite auf der Rechtsfolgenseite der Anfechtung berücksichtigen. Denn so kann der Kunde autonom entscheiden, ob er am Vertrag festhalten will oder nicht und der Binnenmarkthandel wird gefördert.
Vor all diesen Irrtümern, die häufig aus unzureichenden Informationen über technische Gefahren der Vertragsschlußprozedur resultieren können, soll der Kunde bereits im Vorfeld seiner Bestellung durch die Pflicht zur Bereitstellung von Korrekturmitteln bewahrt werden. Schutz bieten sollen diese Pflicht aber auch vor Irrtümern, die auf fehlerhafte Eingaben zurückzuführen sind, bei denen sich aber nicht unbedingt das spezifische Irrtumsrisiko einer der Informationspflichten aus §312e realisiert, sondern ein sonstiges dem elektronischen Geschäftsverkehr immanentes Irrtumsrisiko.[1125] So kann auch die fehlerhafte Datenübermittlung durch Hardware- oder Softwarestörungen noch zur Abgabe der Bestellung gezählt werden, d. h. der Unternehmer soll dem Kunden auch eine Korrekturmöglichkeit für unvollständig oder verstümmelt bei ihm angelangte Bestellungen gewähren. Die Pflicht zur Bereitstellung von Korrekturmitteln schützt also auch vor Übermittlungsfehlern i.S.v. §120. Im Bereich des Anfechtungsrechts nach §123 liegen aber täuschungsbedingte Eingabefehler, vor denen der Kunde ebenfalls des Schutzes bedarf.

3. Notwendigkeit einer tatbestandlichen Modifikation der Anfechtungsregeln zur Sanktionierung von Pflichtverletzungen nach 312e?

Der Schutz durch die Korrekturhilfen nach §312e I1 Nr. 1 greift lediglich in der Zeitspanne vor der Bestellung. Nach der Bestellung ist das Anfechtungsrecht der typische Rechtsbehelf für Eingabefehler unabhängig von einer Pflichtverletzung des Anbie-

[1124] vgl. Palandt-Heinrichs Einl. v. §116, Rn. 17; a. A. wohl Härting, Internetrecht, Rn. 65, der die Zurechnung einer Erklärung ohne Erklärungsbewußtsein ablehnt, wenn die Internet-Seite bewußt oder unbewußt mißverständlich gestaltet ist. Dabei wird aber verkannt, daß bei Fahrlässigkeit lediglich die Pflicht zum Ersatz des Vertrauensschadens gem. §122 entfallen soll.
[1125] s. o.1. Teil C.I.4.b).

ters.[1126] Fraglich ist, ob wegen dieses funktionalen Zusammenhangs das Anfechtungsrecht bei der Sanktionierung eine Auffangfunktion gegenüber dem Korrekturrecht erfüllen muß, indem es eine Gelegenheit zur Korrektur für alle Arten von Eingabefehlern vorzusehen hat, die unter den Tatbestand des §312e II Nr. 1 fallen.[1127] Dann allerdings stellt sich das Problem, daß nicht alle Konstellationen, in denen Eingabefehler vorliegen auch unter Tatbestände des deutschen Anfechtungsrechts fallen, denn die §§119 ff. schützen vor Störungen der Willensübermittlung, nicht aber der Willensbildung. So gibt es kein Anfechtungsrecht für fehlerhafte Dateneingaben im Vorfeld von Computererklärungen. Außerdem verlangen die Anfechtungstatbestände nicht nur die subjektive Kausalität des Irrtums für die Abgabe der Willenserklärung, sondern sogar normative Kausalität nach dem objektiven Maßstab eines verständigen Menschen[1128], der „frei von Eigensinn, subjektiven Launen und törichten Anschauungen"[1129] ist. Ein Anfechtungsrecht ist danach gewöhnlich ausgeschlossen, wenn der Erklärende durch den Irrtum keine wirtschaftlichen Nachteile erleidet.[1130] Eine entsprechende Einschränkung läßt sich dem Wortlaut von Art. 11 II ECRL nicht entnehmen.[1131] Dieser dürfte allerdings zumindest einen subjektiv kausalen Irrtum verlangen. Denn die Bereitstellung von Korrekturmitteln keinen Sinn, wenn der Kunde die Bestellung trotz Kenntnis des Fehlers abgegeben hätte.

Soweit das Anfechtungsrecht aus Verkehrsschutzgründen engere Voraussetzungen als das Korrekturrecht gem. §312e II Nr. 1 hat, wird es teilweise für nötig befunden, die Anfechtungstatbestände durch richtlinienkonforme Auslegung zu erweitern.[1132] Der Gesetzgeber hat eine Ausdehnung des Anfechtungsrechts auf alle Arten von Eingabefehlern nicht erwogen[1133], wobei allerdings nicht ganz klar ist, ob der Gesetzgeber die Variationsbreite der möglichen Eingabefehler zutreffend erkannt hat. Jedoch ist fraglich, ob es ausgerechnet einer Erweiterung der Anfechtungsregeln bedarf, weil das Anfechtungsrecht keine echte Auffangfunktion gegenüber der Pflicht zur Bereitstellung von Korrekturmitteln erfüllen kann. Seine Rechtsfolge ist nämlich die Nichtigkeit der Erklärung, d. h. es bietet dem Kunden nur eine Alles-oder-Nichts-Lösung mittels der er sich vollständig von seiner Erklärung lösen kann, nicht aber ein nachträgliches Korrekturrecht für vorvertragliche Eingabefehler, welches die Erklärung im übrigen unberührt läßt.[1134] Insofern kann das Anfechtungsrecht keine Auffangfunktion gegenüber

---

[1126] auf diesen Zusammenhang weisen Reich/Nordhausen-Reich, Verbraucher und Recht im elektronischen Geschäftsverkehr, Rn. 140.

[1127] so Micklitz/Tonner-Micklitz, Vertriebsrecht, §312e, Rn. 115; Micklitz/Ebers, VersR 2002, S. 641 (645).

[1128] M/K-Kramer, §119, Rn. 141.

[1129] RGZ 128, S. 116 (121); BGH NJW 1988, S. 2597 (2599).

[1130] RGZ 128, S. 116 (121); BGH NJW 1988, S. 2597 (2599); Staudinger-Dilcher, §119, Rn. 74.

[1131] Micklitz/Tonner-Micklitz, Vertriebsrecht, §312e, Rn. 115.

[1132] so Micklitz/Tonner-Micklitz, Vertriebsrecht, §312e, Rn. 115; Micklitz/Ebers, VersR 2002, S. 641 (645).

[1133] Begründung Regierungsentwurf, BT-Druck 14/6040, S. 173.

[1134] Ob es zu einer wirklichen Korrektur kommt, liegt in den Händen des Anfechtungsgegners, der die Anfechtung vermeiden kann, indem er erklärt, er wolle den Vertrag in dem vom Anfechtenden gewünschten Sinn, an dem dieser sich nach Treu und Glauben (wegen Ausschlusses des Reuerechts)

dem Korrekturrecht übernehmen, sondern erfüllt dieselbe Funktion wie die übrigen Sanktionen, die dem Kunden ein nachvertragliches Vertragslösungsrecht gewähren. Die ECRL verlangt zudem an keiner Stelle, daß die Verletzung der Bereitstellungspflicht für Korrekturmittel gerade mit einem Lösungsrecht des Kunden sanktioniert werden muß, wenngleich dies für die Erzielung eines Abschreckungseffekts sicherlich ein wirksames Mittel ist. Im übrigen sollte man den gesetzgeberisch angeordneten numerus clausus der Anfechtungstatbestände nicht ohne Not durchbrechen. Sofern also eine ausreichende anderweitige Sanktionierung für Verletzungen von §312e I1 Nr.1 sichergestellt ist, bedarf es keiner Modifikation der Anfechtungstatbestände.
Einer nachträglichen Korrekturmöglichkeit kommt aber die Widerrufsfristverlängerung gem. §312e III2 viel näher als das Anfechtungsrecht. Steht dem Kunden als Verbraucher nämlich z. B. aus den §§312d I, 355 ein Widerrufsrecht zu, so kann er während einer verlängerten Frist von sechs Monaten die Vertragsbindung beseitigen, wenn der Unternehmer ihm nicht in Nacherfüllung seiner Pflichten die Möglichkeit einer nachträglichen Korrektur seiner Irrtümer einräumt.[1135] Dies dürfte ein beachtliches Druckmitteln gegenüber dem Anbieter sein, um diesen zu einer Vertragsänderung zu bewegen. Die Anfechtung ist für den Kunden demgegenüber sogar der ungünstigere Rechtsbehelf, weil ihm §121 I1 nur eine sehr kurze Bedenkzeit für die Vertragslösung einräumt. Das Widerrufsrecht bietet dem Kunden außerdem den Vorteil, daß er durch Erteilung der Widerrufsbelehrung explizit von seinem Lösungsrecht erfährt. Unternehmerkunden kann hingegen generell kein Widerrufsrecht nach §355 zustehen. Jenseits des Anfechtungsrechts bleibt ihnen aber der Rückgriff auf die Vertragsaufhebung aus cic erhalten, die eine ausreichende Vertragslösungsmöglichkeit auch bei Nichtvorliegen der Anfechtungsvoraussetzungen bietet.[1136] Eine effektive Sanktionierung, ist mithin gewährleistet und eine erweiternde Auslegung der Anfechtungstatbestände nicht erforderlich. Gewisse Restzweifel verbleiben allein im Hinblick auf die unterschiedliche Behandlung von Verbraucher- und Unternehmerkunden und die Lückenhaftigkeit des Widerrufsrechts bei Verbraucherverträgen. Die optimale Lösung wäre die Einführung eines allgemeinen Widerrufsrechts für Pflichtverletzungen in §312e selbst gewesen.
Teilweise wird zur Erweiterung des Anfechtungsrechts auch vorgeschlagen, den Tatbestand des §123 I auf die fahrlässige Irreführung zu erstrecken und damit zur Grundlage der allgemeinen Informationshaftung zu machen. Eine Auseinandersetzung mit den tatbestandlichen Voraussetzungen der Informationshaftung und ihrer rechtstechnischen Verortung soll jedoch erst im Rahmen der cic erfolgen.[1137]
Eine Frage am Rande ist, ob die Anfechtungsvorschriften nicht umgekehrt restriktiv gehandhabt werden müssen, wenn eine Korrekturmöglichkeit nach §312e I1 Nr. 1 für den Kunden bestand, die dieser aber nicht wahrgenommen hat. Denn damit könnte er

---

festhalten lassen muß, gelten lassen, vgl. M/K-Kramer, §119, Rn. 139; Palandt-Heinrichs, §119, Rn. 3; Lobinger, AcP 195 (1995), S. 274 ff.

[1135] zur Nacherfüllungsmöglichkeit s. o. 2. Teil C.I.

[1136] s. u. 2. Teil D.III.3.

[1137] s. u. 2. Teil D.III.

das fehlerhafte Rechtsgeschäft bestätigt haben.[1138] Um eine Bestätigung im Rechtssinne des §144 kann es sich dabei allerdings nicht handeln, weil diese erst in Betracht kommt, wenn das Rechtsgeschäft anfechtbar ist, sprich die Willenserklärung überhaupt wirksam geworden ist. Das ist aber erst nach Abgabe der Bestellung der Fall. Denkbar wäre allenfalls, daß der Kunde sich nach Treu und Glauben nicht mehr auf die Anfechtungsregeln berufen kann, wenn er die Korrekturmöglichkeit vor der Bestellung nicht wahrgenommen hat, weil er sich damit dem Vorwurf des widersprüchlichen Verhaltens aussetzen würde.[1139] Widersprüchliches Verhalten setzt aber voraus, daß für den anderen Teil ein Vertrauenstatbestand geschaffen wurde[1140] oder andere besondere Umstände die Rechtsausübung als treuwidrig erscheinen lassen[1141]. Dies trifft aber gewöhnlich nicht zu. Vertrauen in den Bestand des Vertrages kann der Kunde beim Unternehmer allein durch eine unterlassene Korrektur nicht schaffen, da es für diesen nicht ersichtlich ist, ob der Kunde bewußt auf eine Korrektur verzichtet oder den Fehler lediglich bei der Korrektur übersehen hat. Dies gilt selbst, wenn der Kunde positiv bestätigt, daß er seine Bestellung auf Fehler überprüft hat. Die vorvertraglichen Korrekturmittel zur Berichtigung von Eingabefehlern sollen dem Kunden vielmehr zusätzlichen Schutz vor einer fehlerhaften Willensbildung bieten neben den bereits bestehenden Regelungen im mitgliedsstaatlichen Recht. Es ist dagegen nicht erkennbar, daß die ECRL nachvertragliche Vertragslösungsrechte des Kunden einschränken wollte. Allenfalls ausnahmsweise kann die Anfechtung nach Treu und Glauben ausgeschlossen sein, wenn der Kunde bei der Bestellung ausdrücklich gegenüber dem Unternehmer zu erkennen gibt, daß er einen Fehler entdeckt hat. Das dürfte aber in den seltensten Fällen vorkommen.

4. Rechtsfolgen der Anfechtung bei Pflichtverletzungen nach §312e

Als Rechtsfolge der Anfechtung bestimmt §142 I, daß das Rechtsgeschäft als von Anfang an nichtig anzusehen ist. Allerdings ist der Anfechtende grundsätzlich verpflichtet, dem Anfechtungsgegner gem. §122 I den Vertrauensschaden zu ersetzen. Diese Regelung ist Bestandteil der Vertrauenshaftung des BGB und steht damit gleichzeitig im Dienst des Verkehrsschutzes.[1142]

Die Belastung des Kunden mit einer Schadenersatzpflicht würde allerdings völlig den Sanktionszweck der Anfechtung bei Verletzungen von Pflichten aus §312e konterkarieren. Ganz im Gegenteil bedarf es bei Pflichtverletzungen eines ungehinderten Vertragslösungsrechts, damit die Anfechtungstatbestände Sanktionsdruck entfalten können. Letztlich muß also die Rechtsfolge des §122 entfallen, damit das Anfechtungsrecht als Sanktion dienen kann. Genau dies hat auch der Gesetzgeber bei der Abfas-

---

[1138] Spindler, in: Dauner-Lieb/Konzen/Schmidt (Hrsg.), Das neue Schuldrecht in der Praxis, S. 459 (470).

[1139] vgl. dazu Palandt-Heinrichs, §242, Rn. 55 ff.

[1140] BGHZ 32, 273 (279); BGHZ 94 344 (354); BGH NJW 1986, S. 2104 (2107); Canaris, Die Vertrauenshaftung im deutschen Privatrecht, S. 278; Singer, Das Verbot widersprüchlichen Verhaltens, S. 6 ff.

[1141] BGH NJW 1992, S. 834 (834); 1997, S. 3377 (3380).

[1142] Canaris, Die Vertrauenshaftung im deutschen Privatrecht, S. 534; Singer, Das Verbot widersprüchlichen Verhaltens, S. 6.

sung von §312e erkannt, jedoch wegen der Selbstverständlichkeit dieser Konsequenz von einer ausdrücklichen Klarstellung im Gesetz abgesehen.[1143] Unklar ist jedoch im einzelnen die dogmatische Begründung für die Befreiung von der Schadenersatzpflicht. Hierfür bietet sich zunächst die direkte Heranziehung von §122 II an, der ausdrücklich die Schadenersatzpflicht ausschließt, wenn der Beschädigte den Grund der Anfechtbarkeit kannte oder infolge von Fahrlässigkeit nicht kannte.[1144] Die Fälle der positiven Kenntnis des Irrtums lassen sich vollständig über die Figur der falsa demonstratio non nocet behandeln. Denn wenn der Anfechtungsgegner den Willensmangel positiv erkannt und dennoch seine Zustimmung zum Vertrag signalisiert hat, gilt schon bei normativer Auslegung nach dem objektiven Empfängerhorizont das vom Erklärenden irrtümlich Gewollte und eine Anfechtung kommt von vornherein nicht in Betracht.[1145] In dieser Tatbestandalternative ist §122 II also überflüssig. Fälle positiver Kenntnis werden allerdings im elektronischen Geschäftsverkehr selten sein, da durch die eingeschränkten Möglichkeiten der Fernkommunikation und die relativ geringen Erklärungsfreiräume bei elektronischen Bestellsystemen dem Unternehmer zumeist die nötigen Hinweise für den zuverlässigen Schluß auf einen Irrtum fehlen werden. Sollte er den Kunden absichtlich zu einer irrtümlichen Erklärung veranlaßt haben, steht ohnehin der Weg über §123 offen, der keine vergleichbare Ersatzpflicht für Vertrauensschäden kennt. Kann man aber davon ausgehen, daß der Unternehmer stets fahrlässige Kenntnis von Irrtümern hat, die er durch die Vernachlässigung seiner Pflichten aus §312e provoziert hat? Das wird man mit Gewißheit allenfalls annehmen können, wenn der Unternehmer seine Pflichten überhaupt nicht erfüllt hat, weil dann ein Irrtum des Kunden naheliegend ist. Anders kann die Beurteilung aber bei Schlechterfüllung ausfallen, wenn ein Informationsversuch unternommen wurde, der sich zwar als unzureichend erweist, bei dem aber ein Irrtum des Kunden nicht unbedingt voraussehbar war. Das Kennenmüssen in §122 II ist nämlich grundsätzlich eng auszulegen, weil es im Spannungsverhältnis zu §254 steht, der von einer Schadensteilung beim beiderseitigen Vertretenmüssen ausgeht, während §122 II nach einem Alles-oder-Nichts-Prinzip den Schadenersatz gänzlich ausschließt. Somit müssen die Anhaltspunkte für die Anfechtbarkeit deutlich, wenn nicht sogar evident[1146] sein. Somit scheint die direkte Anwendung von §122 II nicht für alle möglichen Konstellationen ein sicheres Mittel, um die Schadenersatzpflicht des Unternehmers bei Pflichtverletzungen auszuschließen.
Denkbar wäre deshalb eine analoge Anwendung des §122 II bei Mitverursachung eines Irrtums durch den Unternehmer.[1147] Damit würde allerdings eine Alles-oder-

---

[1143] Begründung Regierungsentwurf, BT-Druck 14/6040, S. 173 sowie schon der Diskussionsentwurf, abrufbar unter http://www.lrz-muenchen.de/~Lorenz/schumod/diske/eschurmo.pdf, S. 350. In §311 f IV3 KonsDiskE fand sich dafür noch eine ausdrückliche Regelung, vgl. konsolidierte Fassung des Diskussionsentwurfs eines Schuldrechtsmodernisierungsgesetzes, abrufbar unter http://www.lrz-muenchen.de/~Lorenz/schumod/diske/entwurf.pdf, S. 27.

[1144] Tettenborn/Bender/Lübben/Karenfort, BB 2001, Beilage 10 zu Heft 50, S. 1 (24); Dauner-Lieb, Das neue Schuldrecht: Fälle und Lösungen, S. 238.

[1145] BGH NJW-RR 1993, S. 373 (373); Larenz/Wolf, AT, §36, Rn. 128 und §28, Rn. 32; Palandt-Heinrichs, §133, Rn. 8; Soergel-Hefermehl, §122, Rn. 5; M/K-Kramer, §122, Rn. 10.

[1146] Medicus, AT, Rn. 785.

[1147] Dörner, AcP 202 (2002), S. 363 (381 f.) (zunächst Beweiserleichterung nach §287 ZPO); Glatt, ZUM 2001, S. 390 (395).

Nichts-Lösung geschaffen, bei der eine Partei das volle Nachsehen hätte. Die Rechtsprechung hat sich deswegen schon früh für eine Stufenlösung ausgesprochen, nach der bei schuldhafter Mitverursachung gem. §122 II der Schadenersatzanspruch gänzlich entfällt, während sich die Schadenshöhe bei rein kausaler Mitverursachung nur analog §254 I mindert.[1148] Mit dieser Stufenlösung wäre zwar eine gewisse Abhilfe für das Sanktionsproblem im Rahmen von §312e gefunden. Jedoch ist es nicht notwendig auf eine Analogie zu der Ausschlußnorm des §122 II zurückzugreifen, wenn sich bereits der Tatbestand des §122 I sachgerecht einschränken läßt.
Eine zutreffende Lösung muß deswegen schon bei der Begründung der Schadenersatzpflicht nach §122 I ansetzen. Dafür muß man sich ihren materiellen Haftungsgrund verdeutlichen: Sehr verbreitet wird die Verantwortlichkeit des Anfechtenden für den Ersatz des Vertrauensschadens aus dem Veranlassungsprinzip hergeleitet.[1149] Jedoch ist das Veranlassungsprinzip nichts anderes als eine bloße Kausalhaftung und damit Wertungsgesichtspunkten nicht zugänglich.[1150] Besonders für ein Unterlassen (der Pflichterfüllung aus §312e) bedarf es jedoch eines spezifischen Zurechnungskriteriums. Zutreffend ist es deshalb, die Vertrauenshaftung gem. §122 I mit dem Risikoprinzip zu begründen.[1151] Der Anfechtende ist also nur für Mängel haftbar, die aus seinem Risikobereich stammen. Auf dieser Grundlage könnte man mit einer Auffassung argumentieren, daß Eingabefehler ein dem elektronischen Geschäftsverkehr immanentes Risiko seien und deshalb die Berufung auf den Vertrauensschaden stets ausgeschlossen sein müsse.[1152] Diese Annahme würde jedoch über das Ziel hinausschießen und bedenkliche Rechtsunsicherheit im elektronischen Geschäftsverkehr schaffen. Denn es würde einseitig dem Unternehmer das Risiko für Irrtümer des Kunden zugewiesen – ganz gleich, ob er dieses Risiko steuern kann oder nicht. Immerhin entscheidet sich der Kunde selbst für die Nutzung des elektronischen Mediums mit seinen Risiken, so daß einen Teil dieser Risiken tragen muß. Vorzugswürdig erscheint es, die Risikoverteilung nach dem Sphärengedanken zu begrenzen.[1153] Durch die Auferlegung von Informations- und Verhaltenspflichten verlagert §312e die Beherrschung des Irrtumsrisikos soweit in die Sphäre des Unternehmers hinein, wie er es durch Hinweise und technische Hilfestellungen beeinflussen kann. Deswegen entfällt die Ersatzpflicht nach §122 I von vornherein in den Fällen, in denen der Unternehmer durch Pflichtverletzungen kausal für Willensmängel des Kunden geworden ist. Eines Rückgriffs auf das Verbot

---

1148 RGZ 57, 87 (89) (anders allerdings RGZ 81, 398 (398 f.): exceptio doli generalis); BGH NJW 1969, S. 1380 (1380).

1149 Palandt-Heinrichs, §122, Staudinger-Schmidt, §242, Rn. 396; Rn. 1; RGZ 81, 395 (399); BGH NJW 1969, S. 1380 (1380).

1150 Canaris, Die Vertrauenshaftung im deutschen Privatrecht, S. 474.

1151 Canaris, Die Vertrauenshaftung im deutschen Privatrecht, S. 479 ff.; Singer, Das Verbot widersprüchlichen Verhaltens, S. 147 f.; M/K-Kramer, §122, Rn. 3.

1152 Reich, in: Schulte-Nölke/Schulze (Hrsg.), Europäische Rechtsangleichung und nationale Privatrechte, S. 79 (93); Reich/Nordhausen-Reich, Verbraucher und Recht im elektronischen Geschäftsverkehr, S. 139 f.

1153 ähnlich Hassemer, MMR 2002, S. 635 (639); Wiebe, Die elektronische Willenserklärung, S. 510; allgemein M/K-Kramer, §122, Rn. 3.

des venire contra factum proprium[1154] bedarf es bei Verteilung des Risikos nach Sphären nicht mehr.

III. §§280 I, 241 II, 311 II (culpa in contrahendo)

1. Allgemeines

Eine weitere Sanktion, die einer näheren Betrachtung bedarf ist die culpa in contrahendo (cic). Diese von Rudolf von Jhering 1861 entdeckte Rechtsfigur[1155] dient der Wahrung des Kooperations- und Fairneßgebots nach dem Grundsatz von Treu und Glauben auch im Stadium der Vertragsanbahnung.[1156] Im Rahmen der Schuldrechtsreform ist die cic in den §§280 I, 241 II, 311 II gesetzlich festgeschrieben worden, ohne daß an der Ausformung die sie im Laufe der Zeit durch die Literatur und Rechtsprechung erhalten hat, etwas grundlegend geändert werden sollte.[1157]
Grundsätzlich lassen sich drei verschiedene bisher anerkannte Fallgruppen der cic unterscheiden[1158]: Erstens können Schäden entstehen, die mit dem Vertrag in keinem Zusammenhang stehen, weil jenseits des Leistungsinteresses sonstige Rechtsgüter der anderen Vertragspartei wie Körper oder Eigentum verletzt werden. Diese Fallgruppe erfüllt vor allem eine Auffangfunktion zum Ausgleich von Haftungslücken im Deliktsrecht. Nach einer zweiten Fallgruppe schützt die cic vor dem Scheitern eines wirksamen Vertrages, weil Wirksamkeitshindernisse bestehen oder die Vertragsverhandlungen ohne einen triftigen Grund abgebrochen wurden. Spezialfälle dieser Ausprägung der cic finden sich in den §§122 und 179 II, die früher als Anknüpfungsnormen für die Herleitung der cic aus einer Gesamtanalogie zum BGB dienten. Die dritte Fallgruppe schließlich betrifft Schäden, die durch einen wirksamen Vertragsschluß entstehen. Dieser ist dem Geschädigten „unerwünscht", weil er ihn ohne die schuldhafte Pflichtverletzung überhaupt nicht oder nicht so geschlossen hätte. Alle drei Fallgruppen bedürfen der Untersuchung, ob Pflichtverletzungen aus §312e darunter fallen.

[1154] so Begründung Regierungsentwurf, BT-Druck 14/6040, S. 173; Nordhausen, JJZ 2001, S. 287 (304); Ulmer, CR 2002, S. 208 (210); Meub, DB 2002, S. 359 (362 f.); Löhnig, JA 2003, S. 516 (520); AnwKom-Ring, §312e, Rn. 45; Lütcke, Fernabsatzrecht, § 312 Rn. 62; Haas/Medicus/Rolland/Schäfer/Wendtland-Schäfer, Das neue Schuldrecht, 8. Kapitel, Rn. 46; Schmidt-Räntsch, Das neue Schuldrecht – Anwendung und Auswirkungen in der Praxis, Rn. 1083; M/K-Wendehorst, §312e, Rn. 121.

[1155] Jhering, Culpa in contrahendo oder Schadenersatz bei nichtigen oder nicht zur Perfection gelangten Verträgen, JhJb 4 (1861), S. 1 ff.; vgl. Larenz/Canaris, Methodenlehre, S. 241 ff.

[1156] Begründung Regierungsentwurf, BT-Druck 14/6040, S. 163; Fleischer, in: Micklitz/Pfeiffer/Tonner/Willingmann (Hrsg.), Schuldrechtsreform und Verbraucherschutz, S. 243 (244); Larenz/Wolf, AT, §31, Rn. 35.

[1157] Begründung Regierungsentwurf, BT-Druck 14/6040, S. 163; M/K-Emmerich, §311, Rn. 54; Palandt-Heinrichs, §311, Rn. 11; Huber/Faust-Huber, Schuldrechtsmodernisierung, 1. Kapitel, Rn. 32. Kritisch zur Aufteilung über drei Vorschriften: Huber, in: Ernst/Zimmermann (Hrsg.), Das geplante Recht der Leistungsstörungen, S. 31 (37). A.A.: Rieble, in: Dauner-Lieb/Konzen/Schmidt (Hrsg.), Das neue Schuldrecht in der Praxis, S. 137 (137): klare Aufspaltung in Pflichterzeugung, -verletzung und Sanktion.

[1158] vgl. Haas/Medicus/Rolland/Schäfer/Wendtland-Medicus, Das neue Schuldrecht, 3. Kapitel, Rn. 116 ff.

Erforderlich ist zunächst, sich zu vergegenwärtigen, welche Pflichten von §241 II erfaßt werden. §241 II bestimmt, daß das Schuldverhältnis nach seinem Inhalt jeden Teil zur Rücksicht auf die Rechte, Rechtsgüter und Interessen des anderen Teils verpflichten kann. Mit dem mißverständlichen Begriff „Rücksichtspflichten" sind keinesfalls nur Schutzpflichten im Sinne von Verkehrssicherungspflichten gemeint, sondern das volle bislang von der Rechtsprechung aufgefächerte Programm von Aufklärungs-[1159]-, Auskunfts-, Obhuts- und Fürsorgepflichten.[1160] Schutzgut der Pflichten sind absolute Rechte, das reine Vermögen („Rechte und Rechtsgüter") sowie die Entscheidungsfreiheit[1161] („Interessen"). Alle diese Pflichten fallen (jedenfalls nachvertraglich) unter den Oberbegriff der Nebenpflichten und werden auch Schutzpflichten oder Verhaltenspflichten genannt.[1162] Das neue Schuldrecht kennt allerdings noch zwei weitere Pflichtengruppen, nämlich die Hauptleistungspflichten und die leistungsbezogenen Nebenpflichten (bzw. Nebenleistungspflichten).[1163] Als Hauptleistungspflichten können solche Pflichten angesehen werden, die die vertragstypische, essentielle Leistungspflicht ausmachen[1164], wobei ihre Unterscheidung nur noch bei den §§320-322 relevant wird. Nebenleistungspflichten dienen hingegen der Vorbereitung, Durchführung und Sicherung der Hauptleistung[1165] und haben ihren Rechtsgrund in dem bereits geschlossenen Rechtsgeschäft. Gegenstand der leistungsbezogenen Pflichten ist das Äquivalenzinteresse des Schuldners an der Leistung, während die Schutzpflichten sein Integritätsinteresse an sonstigen Rechtsgütern bewahren.[1166] Bei allen leistungsbezogenen Pflichten kann der Gläubiger Schadenersatz statt der Leistung aus den §§281 und 283, wegen unvollständiger, schlechter oder nicht erbrachter Leistung verlangen. Die Abgrenzung zwischen Leistungs- und Schutzpflichten ist zwar schwierig zu bewerkstelligen[1167], aber notwendig, weil §281 als zusätzliche Voraussetzung für den Schadenersatzanspruch statt der Leistung eine Fristsetzung vorsieht. Ausnahmsweise

---

[1159] teilweise wird unverständlicherweise vertreten, daß die Informationspflichten nicht unter die Rücksichtnahmepflichten subsumiert werden könnten, vgl. Köndgen, in: Schulze/Schulte-Nölke (Hrsg.), Die Schuldrechtsreform vor dem Hintergrund des Gemeinschaftsrechts, S. 232 (241); Weiler, Die beeinflußte Willenserklärung, S. 613. Auch die Informationspflichten sind indes Ausprägung des Schutzes vorvertraglicher Rechte und Interessen.

[1160] M/K-Emmerich, §311, Rn. 75 ff.; Palandt-Heinrichs, §311, Rn. 13; AnwKom-Krebs, §311, Rn. 24 ff.; Lorenz/Riehm, Lehrbuch zum neuen Schuldrecht, Rn. 372; Rieble, in: Dauner-Lieb/Konzen/Schmidt (Hrsg.), Das neue Schuldrecht in der Praxis, S. 137 (145); mit Bedenken: Willingmann/Hirse, in: Micklitz/Pfeiffer/Tonner/Willingmann (Hrsg.), Schuldrechtsreform und Verbraucherschutz, S. 45 (107).

[1161] so ausdrücklich die Regierungsbegründung BT-Druck 14/6040, S. 126; näher zum Schutz der Entscheidungsfreiheit s. u. 2. Teil D.III.3.c).

[1162] zu verschiedenen Terminologien vgl. Staudinger-Schmidt, Einl. zu §§241 ff., Rn. 310.

[1163] vgl. Begründung Regierungsentwurf, BT-Druck 14/6040, S. 136; AnwKom-Dauner-Lieb, §281, Rn. 8 und §281, Rn. 1; Palandt-Heinrichs, §241, Rn. 5 f.; Lorenz/Riehm, Lehrbuch zum neuen Schuldrecht, Rn. 172.

[1164] M/K-Kramer, §241, Rn. 16; Larenz, SchuldR I, §2 I, S. 11 f.; Medicus, BR, Rn. 206.

[1165] Palandt-Heinrichs, §241, Rn. 5; M/K-Kramer, §241, Rn. 67; Bamberger/Roth-Grüneberg, §241, Rn. 14; zum alten Recht: Soergel-Teichmann, §242, Rn. 162.

[1166] Recker, NJW 2002, S. 1247 (1247); Reischl, JuS 2003, S. 250 (250); AnwKom-Dauner-Lieb, §281, Rn. 3.

[1167] Zimmer, NJW 2002, S. 1 (6); M/K-Kramer, §241, Rn. 19.

kann eine leistungssichernde Nebenpflicht aber auch bereits vorvertraglich bestehen in Gestalt der Mitwirkungspflicht beim Zustandekommen des Vertrages.[1168] Verletzungen dieser Pflicht führen traditionell zum Schadenersatz aus cic, wobei nach dem neuen Recht jedoch die Begründung einer Schutzpflichtverletzung schwierig ist, weil in diesen Fällens meistens nur für geschaffenes Vertrauen gehaftet wird.[1169]
Zunächst stellt sich die Frage, ob gesetzlich geregelten Pflichten wie in §312e und §3 InfoV als solche überhaupt geeignet sind, Ansprüche aus cic zu begründen. So wird die Auffassung vertreten, daß die im Stadium der Vertragsanbahnung bestehenden Schutzpflichten sich nicht aus dem Gesetz, sondern nur aus einer Auslegung im Einzelfall ergeben könnten.[1170] Dann würde eine Sanktionierung der gesetzlich in §312e niedergelegten Pflichten beim elektronischen Vertragsschluß ausscheiden. Für diese Argumentation läßt sich jedoch kein überzeugendes Argument finden. Die Herleitung von Schutzpflichten – insbesondere von Informationspflichten – im Einzelfall aus dem Grundsatz von Treu und Glauben gem. §242[1171] war vor der Schuldrechtsreform vor allem deshalb notwendig, weil die im Schuldrecht gesetzlich geregelten Schutzpflichten nur punktuell und nicht zur Verallgemeinerung geeignet waren.[1172] Nach der Schuldrechtsreform übernimmt §241 II die Funktion des §242 als Generalklausel für vor- und nachvertragliche Schutzpflichten.[1173] Er bildet nach wie vor nur eine im Einzelfall ausfüllungsbedürftige „Blankettnorm“[1174], bei deren Konkretisierung die Grundsätze von Treu und Glauben gem. §242 zu berücksichtigen sind.[1175] Eine Generalklausel ist rechtstechnisch unverzichtbar, weil die positive Normierung von Schutzpflichten für jeden erdenklichen Einzelfall – ja sogar die Ermittlung allgemeiner Determinanten – kaum möglich ist.[1176] Soweit die Regierungsbegründung zu §241 II dar-

[1168] M/K-Roth, §241, Rn. 48; M/K-Roth, §311, Rn. 151.
[1169] kritisch auch Rieble: in Dauner-Lieb/Konzen/Schmidt (Hrsg.), Das neue Schuldrecht in der Praxis, S. 137 (150 f.). Läßt sich in den Fällen des Abbruchs von Vertragsverhandlungen eine Schutzpflichtverletzung noch aus der Verletzung einer Aufklärungspflicht über geänderte Vertragsschlußabsichten herleiten (so z. B. AnwKom-Krebs, §311, Rn. 28), ist bei der Haftung aus cic für Zugangsvereitelungen eine Schutzpflichtverletzung kaum denkbar.
[1170] so Dauner-Lieb, Das neue Schuldrecht – Fälle und Lösungen, S. 239 f.
[1171] Henssler, Risiko als Vertragsgegenstand, S. 141; M/K-Roth, §242, Rn. 150.
[1172] speziell für Aufklärungspflichten: Breidenbach, Die Voraussetzungen von Informationspflichten beim Vertragsschluß, S. 5 ff.
[1173] M/K-Roth, §242, Rn. 151 f.; Palandt-Heinrichs, §241, Rn. 6.
[1174] Rieble, in: Dauner-Lieb/Konzen/Schmidt (Hrsg.), Das neue Schuldrecht in der Praxis, S. 137 (145); kritisch zum noch viel allgemeineren §305 I-DE: Huber, in: Ernst/Zimmermann (Hrsg.), Das geplante Recht der Leistungsstörungen, S. 31 (37): „Leerformeln ohne jeden Regelungsgehalt“; „Worüber man nicht sprechen kann, darüber muß man schweigen.“; Dauner-Lieb, in: Ernst/Zimmermann (Hrsg.), Das geplante Recht der Leistungsstörungen, S. 305 (316 ff.)
[1175] Grigoleit, in: Schulze/Schulte-Nölke (Hrsg.),
Die Schuldrechtsreform vor dem Hintergrund des Gemeinschaftsrecht, S. 269 (275); Schwab, Einführung in das Zivilrecht, Rn. 957; Bamberger/Roth-Grüneberg, §242, Rn. 46: die Grundlage für Nebenpflichten ist §241 II, aber die Grenzen zu einer Konkretisierung und Ergänzung durch §242 sind fließend und lassen sich in der Praxis nicht klar trennen.
[1176] vgl. Diskussionsentwurf, abrufbar unter http://www.lrz-muenchen.de/~Lorenz/schumod/diske/eschurmo.pdf, S. 341; speziell für Informationspflichten: Henssler, Risiko als Vertragsgegenstand, S. 141; Lorenz, Der Schutz vor dem unterwünschten Vertrag, S. 319 ff.; mit einem Versuch, ein bewegliches System aus Informationsbedarf des Vertragspartners,

auf hinweist, daß eine Konkretisierung der Pflichten nach dem „Inhalt" des Schuldverhältnisses unter Berücksichtigung der konkreten Umstände zu erfolgen hat[1177], ist dies nur als Anleitung für die Ausfüllung der Generalklausel im Einzelfall zu verstehen. Es wird damit aber die gesetzliche Normierung von Schutzpflichten für bestimmte typische Gefährdungslagen i.S.v. §241 II, die zu einem Anspruch aus cic führen können, keinesfalls ausgeschlossen.[1178] Durch gesetzliche Schutzpflichten wird vielmehr die Rechtssicherheit gefördert und vor allem sichergestellt, daß der Verpflichtete weiß, welche Informationen er erteilen muß. Die Informationshaftung setzt sich so weniger dem Vorwurf der nachträglichen Korrektur von rechtspolitisch unerwünschten Ergebnissen der Vertragsentscheidung aus, d. h. daß Aufklärungspflichten mehr ein nachvertragliches Haftungsinstrument als ein präventives Schutzinstrument sind.[1179] So wird denn auch allgemein ohne Bedenken eine Anwendbarkeit der cic auf gesetzliche Informationspflichten mit gemeinschaftsrechtlichem Ursprung angenommen.[1180] Daß bei der notwendigen gesetzlichen Typisierung im Einzelfall ein Übermaß oder Untermaß an Schutz erzielt wird, ist als Nebeneffekt hinzunehmen.[1181] Das führt aber nicht dazu, daß den gesetzlichen Schutzpflichten im Rahmen der cic nur eine Vermutungswirkung zukommt, die im Einzelfall überprüft werden müßte.[1182]

2. *Schutzgut der Pflichten aus §312e*

Der Gesetzgeber wollte ausdrücklich mit §312e Schutz- und Rücksichtnahmepflichten im Sinne von §241 II schaffen, die zum Schadenersatz aus cic führen sollen.[1183] In der Literatur wird entsprechend der Regierungsbegründung allgemein angenommen, daß §312e gesetzlich konkretisierte Schutz- und Rücksichtnahmepflichten - bzw. allgemeiner Nebenpflichten - enthält.[1184] Hier soll überprüft werden, für welche der Pflichten aus §312e dies im einzelnen zutrifft, d.h. welche Pflichten eines der in §241 II ge-

Möglichkeit zur Information des Pflichtigen und des von diesem übernommenen Funktionskreises, Breidenbach, Vorvertragliche Informationshaftung. Letztlich sind die Kriterien im beweglichen System aber auch ausfüllungsbedürftig im Einzelfall.

1177 Begründung Regierungsentwurf, BT-Druck 14/6040, S. 126.

1178 speziell für Informationspflichten vgl. M/K-Roth, §241, Rn. 122: aufgrund wachsender Bedeutung der Informationspflichten in der jüngeren Rechtsentwicklung findet zunehmend eine gesetzliche Regelung statt.

1179 vgl. zu diesem Vorwurf Breidenbach, Die Voraussetzungen von Informationspflichten beim Vertragsschluß, S. 14 ff.; M/K-Roth, §241, Rn. 127 ff.

1180 Reich, NJW 1995, S. 1857 (1860) für Verletzung des Transparenzgebots der Klauselrichtlinie 93/13/EWG; Martinek, NJW 1997, S. 1393 (1399) für Verletzungen von Pflichten aus dem Teilzeit-Wohnrechte-Gesetzes; Heinrichs, NJW 1996, S. 2190 (2197) für Verletzungen des AGB-Gesetzes; allgemein: Fleischer, ZEuP 2000, S. 772 (792); Medicus, AT, Rn. 449, der auch speziell §312e erwähnt.

1181 kritisch Hoeren in: Ehlers/Wolffgang/Pünder (Hrsg.), Rechtsfragen des Electronic Commerce, S. 7 (15).

1182 so aber Micklitz/Tonner-Micklitz, Vertriebsrecht, §312e, Rn. 120.

1183 Begründung Regierungsentwurf, BT-Druck 14/6040, S. 173.

1184 M/K-Wendehorst, §312e, Rn. 122; AnwKom-Ring, §312e, Rn. 47; Wilmer/Hahn-Wilmer, Fernabsatzrecht, 2 A VI, Rn. 21; Tettenborn/Bender/Lübben/Karenfort, BB 2001, Beilage 10 zu Heft 50, S. 1 (24); Hassemer, MMR 2001, S. 635 (639); Glatt, ZUM 2001, S. 390 (395); Grigoleit, NJW 2002, S. 1151 (1155).

nannten Rechtsgüter schützen. Soweit die Pflichten aus §312e Schutzpflichten sind, werden sie dem Schutz des Vermögens und der Entscheidungsfreiheit dienen, während eine Verletzung absoluter Rechte ausscheiden dürfte. Als Testfrage für den Schutz der vorvertraglichen Entscheidungsfreiheit dient die Beurteilung, ob die betreffende Pflicht bei genereller Betrachtung kausal für die vertragliche Willensbildung sein kann. Ein Schutz des Vermögens liegt hingegen immer vor, wenn dem Kunden bei Nichterfüllung der Pflicht Vermögensnachteile entstehen können. Daß die Entscheidungsfreiheit oder das Vermögen (mit-)geschützt sind, heißt aber noch nicht automatisch, daß auch alle Rechtsfolgen der cic eingreifen, d. h. vor allem eine Vertragsaufhebung aus cic möglich ist.

Keine Einordnungsschwierigkeiten hinsichtlich des Schutzguts bestehen bei den technischen Hilfspflichten, die den Kunden vor Eingabefehlern bzw. vor „bedienungsbedingten Willensmängeln"[1185] beim Vertragsschluß schützen. Dies gilt für die Pflicht zur Bereitstellung von Korrekturmöglichkeiten gem. §312e II Nr. 1 und die dazugehörige Informationspflicht gem. §3 Nr. 3 InfoV sowie für die Information über die technischen Schritte, die zum Vertragsschluß führen gem. §3 Nr. 1 InfoV. Diese Pflichten bewahren den Kunden davor, aufgrund der technischen Komplexität des elektronischen Geschäftsverkehrs einen unerwünschten Vertrag abzuschließen, indem sie Irrtümern vorbeugen oder dabei helfen, diese zu korrigieren. Sie schützen also die vorvertragliche Entscheidungsfreiheit, wobei auch Vermögensschäden auftreten können.

Die Pflicht zur Übermittlung einer Eingangsbestätigung für die Bestellung gem. §312e II Nr. 3 zählt ebenfalls zur Gruppe der technischen Hilfspflichten, weil sie den Kunden vor ungewollten Doppelbestellungen schützen will. Versendet der Unternehmer keine Eingangsbestätigung und gibt der Kunde in kurzer Folge nochmals eine identische Bestellung ab, so können daraus zwar zwei Verträge entstehen[1186] – allerdings ist der zweite durch einen vom Unternehmer verursachten Willensmangel geprägt. Bei Nichterfüllung kann also die Entscheidungsfreiheit oder das Vermögen beeinträchtigt werden.[1187]

Ebenso kann auch die Pflicht zur Information über die für den Vertragsschluß bereitgestellten Sprachen nach §3 Nr. 4 InfoV Willensmängel verursachen, wenn der Kunde sich auf den Vertragsschluß in einer unbekannten Sprache einläßt und über die Bedeutung einzelner Begrifflichkeiten irrt.[1188] Sie schützt also unter anderem auch die

[1185] Bezeichnung von Grigoleit, WM 2001, S. 597 (600).

[1186] a. A. M/K-Wendehorst, §312e, Rn. 124: der Unternehmer darf eine kurzfristig später abgegebene inhaltlich identisch Bestellung nicht ohne weiteres als Antrag auf den Abschluß eines zweiten Vertrags auffassen. Davon wird man aber allenfalls ausgehen können, wenn der Unternehmer positiv erkennt, daß eine Doppelbestellung vorliegt. Denn auch die fahrlässige Unkenntnis des Erklärungsempfängers vom fehlenden Rechtsbindungswillen des Absenders hindert grundsätzlich nicht die Entstehung einer Vertragsbindung, weil §122 II sonst keinen Anwendungsbereich mehr hätte.

[1187] für die Anwendung der cic bei fehlender Empfangsbestätigung auch Wiebe, Die elektronische Willenserklärung, S. 508.

[1188] Bamberger/Roth-Schmit-Räntsch, §312e, Rn. 33.

rechtsgeschäftliche Entscheidungsfreiheit des Kunden.[1189] Vor allem aber soll sie das Vermögen des Kunden vor unnötigen Transaktionskosten bewahren.
Die Pflicht zur Information über Verhaltenskodizes gem. §3 Nr. 5 InfoV ist eine „Rahmenpflicht", in dem Sinne, daß sie je nach dem Inhalt des Verhaltenskodex verschiedensten Interessen des Kunden dienen kann. So kann sie mittelbar den Schutz des Vermögens, der Entscheidungsfreiheit oder jedes beliebigen anderen Rechtsguts zum Gegenstand haben, wenn die im Kodex geregelten Pflichten des Unternehmers diese Rechtsgüter schützen.[1190] Indem der Kunde nämlich über den in den Verhaltensregelwerken vorgesehenen Rechtsschutz informiert wird, wird er in die Lage versetzt, diesen gezielt einfordern. Fraglich ist aber, ob die Information über Verhaltenskodizes auch unmittelbar dem Schutz der vorvertraglichen Willensbildung dienen kann. Dies wird abgelehnt, weil Verhaltensregelwerke allenfalls über die gesetzlichen Rechte hinaus Regelungen zugunsten des Kunden schüfen, die diesem einen zusätzlichen Anreiz für den Vertragsschluß böten.[1191] Diese Betrachtung mag zutreffen, soweit der Unternehmer stillschweigend die selbstauferlegten Regeln beachtet. Wenn er sie jedoch verletzt, greift sie zu kurz, denn die ECRL will dem Kunden gerade durch die Informationspflicht über die Kodizes eine Kontrollmöglichkeit über deren Einhaltung geben. Die Nichterteilung der Information kann also gerade in den Fällen kausal für die Willensbildung des Kunden sein, in denen der Unternehmer die aus dem Kodex folgenden Selbstverpflichtungen nicht beachtet. Denn wenn der Kunde Verstöße des Unternehmers registriert, wird er sich in der Regel auf den Vertrag von vornherein nicht eingelassen, sondern mit einem anderen Unternehmer kontrahieren, der entsprechende Selbstverpflichtungen einhält. Die Pflicht zur Information über Verhaltenskodizes wahrt also auch die vorvertragliche Entscheidungsfreiheit des Kunden. Neben diesem Schutzzweck kann die Informationspflicht über Kodizes dem Kunden gleichzeitig aber auch Wege zur außergerichtlichen Einforderung vertraglicher Rechte aufzeigen. Damit hat sie teilweise den Charakter einer leistungssichernden Nebenpflicht, denn zu dieser Gruppe gehört allgemein die Pflicht zur Erteilung von Informationen oder Herausgabe von Dokumenten, die dem Gläubiger die Rechtsverfolgung ermöglichen oder erleichtern.[1192] Die einheitliche Qualifizierung als vorvertragliche Schutzpflicht ist dennoch

---

[1189] das bedeutet aber nicht zugleich, daß auch eine Vertragsaufhebung aus cic statthaft wäre, weil bei dieser wegen der einschneidenden Rechtsfolge hohe Anforderungen an die in Betracht kommenden Pflichten zu stellen sind.

[1190] ein Beispiel für vermögensschützende Pflichten in Kodizes wäre eine Selbstverpflichtung der Kreditgeber auf eine maximale Zinshöhe, während ein Beispiel für den Schutz der Entscheidungsfreiheit eine Erweiterung der vorvertraglichen Informationspflichten im elektronischen Geschäftsverkehr – wie bei einigen Gütesiegeln üblich – ist.

[1191] so auch Grigoleit, WM 2001, S. 597 (604); mit ähnlicher Begründung Spindler, MMR 2000, Beilage zu Heft 7, S. 4 (12) und Spindler, in: Dauner-Lieb/Konzen/Schmidt (Hrsg.), Das neue Schuldrecht in der Praxis, S. 459 (474): mangels Kenntnis kann sich kein Vertrauen auf die Einhaltung entwickeln; eine Schadenskausalität hält auch Vander, K&R 2003, S. 339 (341) für kaum begründbar.

[1192] M/K-Roth, §241, Rn. 71; Bamberger/Roth-Grüneberg, §241, Rn. 67; Soergel-Teichmann, §242, Rn. 166. Die Rechtsprechung hat z. B. entschieden, daß dem Schuldner Einsicht in die Vertragsurkunde zu gewähren ist, wenn er seine Ausfertigung verloren hat (LG Frankfurt, NJW-RR 1988, S. 1129 (1129) bzw. Auskunft über Inhalt oder eine Zweitausfertigung zu gewähren ist (BGH NJW-RR 1988, S. 889 (891) oder daß der Bauherr dem Architekten Informationen für die Durchsetzung von Ansprüchen gegen die Werkunternehmer zu gewähren hat (OLG Hamm, NJW-RR 1996, S. 1233 (1233).

sinnvoll, da eine inhaltliche Teilung anhand eines Kodex in integritätssichernde und leistungssichernde Bestandteile kaum praktikabel ist.
Die Informationspflicht über die unternehmerseitige Speicherung der Vertragsbestimmungen gem. §3 Nr. 2 InfoV dient dem Zweck, dem Kunden unnötige Kosten und unnötigen Speicherplatz für den Download des Vertragstextes zu ersparen, falls dieser ohnehin beim Unternehmer gespeichert wird. Mithin kann sie als Schutzpflicht für Vermögensinteressen eingestuft werden. Es ist jedoch kaum denkbar, daß der Kunde den Vertrag nicht abgeschlossen hätte, wenn der Unternehmer ihn über die Speicherung informiert hätte. Es geht vielmehr nur darum, den Kunden über eine zusätzliche Leistung des Unternehmers aufzuklären. Das gilt jedenfalls, wenn man §3 Nr. 2 keinen datenschutzrechtlichen Gehalt beimißt. Mithin dient die Pflicht nicht dem Schutz der vorvertraglichen Entscheidungsfreiheit.[1193] Sie hätte ebensogut an einen nachvertraglichen Zeitpunkt angeknüpft werden können, da die Wahl des Kunden zwischen einer eigenständigen Speicherung oder einer Archivierung beim Unternehmer ohnehin erst in diesem Moment aktuell wird.
Hingegen muß die Pflicht zur Bereitstellung der Vertragsbestimmungen nach §312e II Nr. 4 schon wegen ihrer zeitlichen Anknüpfung für die Sanktionierung nach cic ausscheiden, weil es sich bei ihr um eine nachvertragliche Pflicht handelt. Sie ist nach dem eben Gesagten als echte leistungssichernde Nebenpflicht einzuordnen, da sie dem Kunden Beweismittel an die Hand gibt und deshalb ausschließlich der erleichterten Rechtsverfolgung zu dienen bestimmt ist.
Somit ist festzuhalten, daß alle Pflichten aus §312e mit Ausnahme derjenigen aus Abs. 1 Nr. 4 dem Schutz des Vermögens oder der Entscheidungsfreiheit des Kunden dienen und deshalb Schutzpflichten i.S.v. §241 II sind, die grundsätzlich die Haftung aus cic auslösen können. Auf den Schutz der Entscheidungsfreiheit wird allerdings noch näher einzugehen sein.[1194]

3. *Vertragsaufhebung wegen nachteiligen Vertrages*

a) Zulässigkeit der Vertragsaufhebung aus cic bei fahrlässigen Verletzungen

Bei den Pflichten aus §312e, deren Aufgabe der Schutz der fehlerfreien Willensbildung des Kunden vor dem Vertragsschluß ist, liegt als Sanktion vor allem die Vertragsaufhebung aus cic wegen Abschlusses eines unerwünschten Vertrags nahe. Dafür bedarf aber zunächst der Klärung, ob auch alle fahrlässigen Schutzpflichtverletzungen zu einem Lösungsrecht aus cic führen können. Auf Konkurrenzprobleme stößt man hier im Bereich der Informationspflichten, d. h. der Pflichten aus §3 InfoV. So werden vor allem die §§123 I, 463 S2 a. F. und §826 als Beleg dafür herangezogen, daß dem BGB insgesamt ein informationelles „Vorsatzdogma" immanent sei, d. h. jede Fahr-

---

[1193] Begründung Regierungsentwurf, BT-Druck 14/6040, S. 173; AnwKom-Ring, §312e, Rn. 47; Lorenz/Riehm, Lehrbuch zum neuen Schuldrecht, 5. Kapitel, Rn. 142; Schmidt-Räntsch, Das neue Schuldrecht – Anwendung und Auswirkungen in der Praxis, Rn. 1084; Hassemer, MMR 2001, S. 635 (639); a. A. Lütcke, Fernabsatzrecht, §312e, Rn. 64; Micklitz/Tonner-Micklitz, Vertriebsrecht, §312e, Rn. 120.
[1194] zur Entscheidungsfreiheit als Schutzgut der cic s. u. D.III.3.c).

lässigkeitshaftung für fehlerhaftes Informationsverhalten ausgeschlossen sei.[1195] Alle diese Vorschriften setzen nämlich ein vorsätzliches Handeln des Täuschenden voraus, was als gesetzgeberische Wertung zur Begrenzung der Haftung ausgelegt werden könnte. Von vornherein keine Konkurrenzprobleme entstehen bei der Bestätigungspflicht nach §312e II Nr. 3 und der Bereitstellungspflicht nach §312e Nr. 1, weil es sich dabei um Verhaltenspflichten und nicht um Informationspflichten handelt. Sie sind in der Regel nicht geeignet, informatorische Fehlvorstellungen beim Kunden hervorzurufen, und liegen deshalb außerhalb des Bereichs von §123 I BGB. Im übrigen besteht die Gefahr einer Umgehung des Vorsatzerfordernisses nur in dem Ausschnitt von Pflichtverletzungen, die nicht zu einer Anfechtbarkeit nach den §§119 und 120 führen können, mithin also im Motivbereich des Erklärenden liegen. Denn bei den übrigen Irrtümern bedarf es noch nicht einmal der Fahrlässigkeit seitens des Unternehmers, um eine Vertragslösung zu begründen. Gerade im Motivbereich könnte die cic deshalb eine Lückenfüllungsfunktion übernehmen.
Nun wird aber in letzter Zeit kaum mehr das Bedürfnis nach einer Sanktionierung aller fahrlässigen Irreführungen des Vertragspartners angezweifelt. Dafür werden verschiedene Gründe angeführt. So wird unter Gerechtigkeitserwägungen auf ein rechtsethisches Bedürfnis für den Schutz vor fahrlässigen Informationspflichtverletzungen hingewiesen.[1196] Das Rechtsgefühl tendiert nämlich eher dazu, dem Täuschenden den Schaden aufzuerlegen als dem ahnungslosen Kontrahenden. Des weiteren können ökonomische Argumente ins Feld geführt werden: Eine Haftung für fahrlässige Irreführungen stärkt das Vertrauen der Markteilnehmer[1197] und führt zu einer Transaktionskostensenkung[1198], weil der Erklärungspflichtige meistens Cheapest-Cost Avoider ist. Dieser Aspekt verdient vor dem europarechtlichen Hintergrund des §312e besondere Beachtung, weil die ECRL gerade das Vertrauen der Akteure in den elektronischen Geschäftsverkehr fördern und den Binnenmarkt stärken will. Dem effet utile wäre daher in besonderem Maße gedient, wenn die cic allgemein auch für fahrlässige Verletzungen von Informationspflichten europäischen Ursprungs fruchtbar gemacht werden könnte. Zur Sanktionierung von §312e kann sie einen wertvollen Beitrag liefern, indem sie durch ein Lösungsrecht vom Vertrag Lücken füllt, die die speziell ausgeformten Anfechtungstatbestände und die zugunsten von Unternehmerkunden nicht bestehenden Widerrufsrechte hinterlassen. Als Argument wird schließlich auch darauf hingewiesen, daß in den meisten Ländern des deutschen, romanischen und angloamerikanischen Rechtskreises die Haftung für fahrlässige Informationspflichtverletzungen bereits eine Selbstverständlichkeit ist.[1199] Dieser Konsens wird nicht ohne Wirkung auf die weitere europäische Rechtsvereinheitlichung bleiben, z. B. im Zuge eines europäischen Schuldvertragsrechts.

[1195] Grigoleit, Vorvertragliche Informationshaftung, S. 16 ff; Medius, JuS 1965, S. 209 (212 ff.); Kaiser, Die Rückabwicklung gegenseitiger Verträge wegen Nicht- oder Schlechterfüllung nach BGB, S. 214 ff.
[1196] Fleischer, AcP 200 (2000), S. 91 (100 f.); Lorenz, Der Schutz vor dem unerwünschten Vertrag, S. 337.
[1197] Fleischer, AcP 200 (2000), S. 91 (101 f.).
[1198] Fleischer, AcP 200 (2000), S. 91 (101 f.); Grigoleit, Vorvertragliche Informationshaftung, S. 72 ff.
[1199] Fleischer, AcP 200 (2000), S. 91 (105 ff.).

Aus diesen Erwägungen heraus wurde teilweise angenommen, daß die Überwindung des Vorsatzdogmas im Wege einer gesetzesderogatorischen Rechtsfortbildung zulässig sei.[1200] Teilweise wurde das Bestehen eines Vorsatzdogmas auch gänzlich bestritten unter Hinweis auf §123 II, der auch für fahrlässiges Verhalten ein Lösungsrecht des Vertragsgegners begründet.[1201] Auch die Rechtssprechung geht seit jeher von einem Nebeneinander von cic und arglistiger Täuschung aus.[1202] Seit der Schuldrechtsreform bedarf es zur Begründung des gewünschten Ergebnisses keiner gesetzesüberwindenden Rechtsfortbildung mehr, weil mehrere Indizien dafür sprechen, daß das Vorsatzdogma – sollte es jemals existiert haben – aufgegeben wurde. Zum einen wurde §463 S2 BGB aufgehoben und durch eine allgemeine Fahrlässigkeitshaftung im kaufrechtlichen Gewährleistungssystem ersetzt. Zum zweiten hat der Gesetzgeber das Konkurrenzverhältnis zwischen cic und §123 ausdrücklich weiterhin der Diskussion in Wissenschaft und Praxis überlassen.[1203] Die cic wurde deswegen ohne eine Beschränkung ihrer Anwendbarkeit im Sinne eines Vorsatzdogmas gesetzlich kodifiziert. Zum dritten hat der Gesetzgeber mit den §§312 ff. zahlreiche vormals spezialgesetzlich geregelte Informationspflichten, die zur Korrektur von Informationsasymmetrien dienen, in das BGB integriert und für diese uneingeschränkt die Vertragsaufhebung über cic als Sanktion vorgeschlagen[1204].

Gerade im Bereich der gesetzlich normierten Informationspflichten wie §312e II Nr. 2 i.V.m. §3 InfoV wird deshalb die Legitimität eines Lösungsrechts bei fahrlässigen Verletzungen kaum mehr anzuzweifeln sein. Im übrigen ist nur noch eine entsprechende Auslegung der Generalklausel in §241 II erforderlich.[1205] Eine Beschränkung auf vorsätzliche Verletzungen – wie bei den Treuepflichten – läßt sich bei den Schutzpflichten auch nicht mit der Erwägung rechtfertigen, daß die Vertragsaufhebung als Sanktion die Erreichung des Leistungszwecks verhindere.[1206] Die Schutzpflichten dienen nämlich gerade nicht nur, sondern höchstens auch der Sicherung des Leistungszwecks.

b) rechtstechnische Ausgestaltung der Informationshaftung und Verjährung

Um Wertungswidersprüche zu §§123 f. zu vermeiden, wird unabhängig von der Anerkennung des Vorsatzdogmas eine Einschränkung der Informationshaftung durch Anwendung der Frist des §124 vorgeschlagen, der die Anfechtung wegen arglistiger Täu-

---

[1200] Grigoleit, Vorvertragliche Informationshaftung, S. 46 ff.

[1201] Lorenz, Der Schutz vor dem unerwünschten Vertrag, S. 342.

[1202] BGH NJW 1962, S. 1196 (1198) ("Kreissägenentscheidung"); BGH NJW 1998, S. 302 (303).

[1203] Begründung Regierungsentwurf, BT-Druck 14/6040, S. 162 f.

[1204] Begründung Regierungsentwurf, BT-Druck 14/6040, S. 173.

[1205] Grigoleit, in: Schulze/Schulte-Nölke (Hrsg.),
Die Schuldrechtsreform vor dem Hintergrund des Gemeinschaftsrecht, S. 269 (275), der darauf hinweist, daß die Anforderungen an die Ausgestaltung einer Generalklausel nicht geringer sind als die an eine Rechtsfortbildung; vgl. zur Auslegung von Generalklauseln Larenz/Canaris, Methodenlehre der Rechtswissenschaft, S. 109 ff., Larenz, Methodenlehre der Rechtswissenschaft, S. 288 ff.

[1206] so aber: Krebs, Sonderverbindung und außerdeliktische Schutzpflichten, S. 491.

schung bis zu einem Jahr nach Kenntniserlangung zuläßt.[1207] Die Rechtsprechung hat in dieser Hinsicht nie eine Einschränkung vorgenommen.[1208] Aufgrund der Verkürzung der regelmäßigen Verjährungfrist auf drei Jahre ab Kenntnis gem. §§195, 199 I hat sich die Divergenz im Vergleich zur früher geltenden 30jährigen Frist gem. §195 a. F. deutlich entspannt, so daß eine grundsätzliche Korrektur nicht mehr notwendig erscheint.[1209] Verbleibenden Wertungswidersprüchen kann man durch die Annahme einer Rechtsverwirkung im Einzelfall Rechnung tragen.
Rechtstechnisch wird teilweise vorgeschlagen, das Lösungsrecht bei fahrlässiger Täuschung auf eine Erweiterung von §123 I zu stützen.[1210] Überwiegend wird hingegen die Anwendbarkeit der cic befürwortet.[1211] Von den Rechtsfolgen her ist die Entscheidung für die eine oder andere Konstruktion nicht erheblich, da diese im Ergebnis kaum voneinander abweichen.[1212] Zur Vermeidung eines Widerspruchs zur Verjährungsregelung in §124 bedarf es der Anwendung der §§123 f. jedenfalls nicht mehr. Aufgrund der in Zukunft geplanten Schaffung eines einheitlichen europäischen Schuldvertragsrechts, ist es sinnvoll die Informationshaftung im Bereich des allgemeinen Schuldrechts, also bei der cic, anzusiedeln. Jedenfalls sollte der Eindruck einer generellen Anwendbarkeit auf Sachverhalte aus dem Sachen-, Familien- und Erberecht vermieden werden, der bei der Einordnung unter §123 I entstehen könnte.[1213]

c) Vermögensschutz oder Schutz der Entscheidungsfreiheit

Eine sehr umstrittene Frage ist, ob die cic überhaupt die Entscheidungsfreiheit als isoliertes Rechtsgut schützt oder ob sie nur dem Vermögensschutz dient, d. h. für die Haftungsbegründung zumindest auch ein Vermögensschaden erforderlich ist. Diese Frage wird zwar speziell bei der Informationshaftung diskutiert, betrifft aber auch die übrigen Pflichten nach §312e. Normalerweise spielt sie keine große praktische Rolle, weil die fahrlässige Irreführung meistens eine Vermögensminderung zur Folge haben

---

[1207] so Fleischer, AcP 200 (2000), S. 91 (119); Grigoleit, Vorvertragliche Informationshaftung, S. 129 ff; zur früheren Rechtslage: Soergel-Wiedemann, vor § 275, Rn. 199; M/K-Kramer, §123, Rn. 35.
[1208] BGH NJW 1962, S. 1196 (1198); NJW 1997, S. 254 (254).
[1209] so auch Diskussionsentwurf, abrufbar unter http://www.lrz-muenchen.de/~Lorenz/schumod/diske/eschurmo.pdf, S. 344; für regelmäßige Verjährung auch: Palandt-Heinrichs, §124, Rn. 1; i.E. auch Rieble, in: Dauner-Lieb/Konzen/Schmidt (Hrsg.), Das neue Schuldrecht in der Praxis, S. 137 (151), der allerdings immer noch einen Wertungswiderspruch sieht, aber eine Korrektur für unzulässig befindet; a. A. Lorenz, in: Schulze/Schulte-Nölke (Hrsg.), Die Schuldrechtsreform vor dem Hintergrund des Gemeinschaftsrechts, S. 329 (331 f.).
[1210] Grigoleit, Vorvertragliche Informationshaftung, S. 137 ff; Grigoleit, in: Schulze/Schulte-Nölke (Hrsg.), Die Schuldrechtsreform vor dem Hintergrund des Gemeinschaftsrechts, S. 269 (281 ff.); Lieb, in: FS-Medicus, S. 337 (347); Weiler, Die beeinflußte Willenserklärung, S. 616 ff.; zweifelnd: M/K-Emmerich, §311, Rn. 119.
[1211] Fleischer, in: Micklitz/Pfeiffer/Tonner/Willingmann (Hrsg.), Schuldrechtsreform und Verbraucherschutz, S. 243 (262 ff.); Schwarze, Vorvertragliche Verständigungspflichten, S. 310 f.; AnwKom-Krebs, §311, Rn. 30; M/K-Emmerich, §311, Rn. 117.
[1212] vgl. dazu im Detail: Grigoleit, Vorvertragliche Informationshaftung, S. 125 f.; Kaiser, Die Rückabwicklung gegenseitiger Verträge bei Nicht- oder Schlechtleistung nach BGB, S. 498.
[1213] Fleischer, in: Micklitz/Pfeiffer/Tonner/Willingmann (Hrsg.), Schuldrechtsreform und Verbraucherschutz, S. 234 (263).

wird.[1214] Bei der Haftung für Pflichtverletzungen aus §312e hat sie aber eine hohe Relevanz, weil die dort geregelten Pflichten im wesentlichen Aspekte des Vertragsschlußprozesses und nicht den Vertragsgegenstand selbst betreffen. In den meisten Fällen wird deshalb bei einem Irrtum ein unerwünschter Vertrag entstehen, der jedoch wirtschaftlich ausgeglichen ist.
Vor allem die Rechtsprechung hat erst kürzlich die schadensrechtliche Vertragsaufhebung ohne einen Vermögensschaden für unzulässig erachtet, weil der Schutz der Willensfreiheit den Anfechtungsvorschriften vorbehalten sei, während die cic vor Schädigungen des Vermögens schütze.[1215] Damit wird jedoch eine künstliche Unterscheidung zwischen beiden Vertragsauflösungsrechten geschaffen, die sich schadensrechtlich kaum begründen läßt.[1216] Vor allem setzt die Naturalrestitution nach §249 keinen Vermögensschaden voraus[1217], wie der neugefaßte §253 noch einmal deutlich unterstreicht. Sie *kann* also auch den Eingriff in die Dispositionsfreiheit als Nichtvermögensschaden erfassen, sofern die cic dessen Ausgleichsfähigkeit anordnet.[1218] Der BGH handhabt allerdings die Schadensermittlung nach der Differenzhypothese großzügig, indem er nicht den Kaufpreis und den objektiven Wert gegenüberstellt, sondern die für die Finanzierung erforderlichen Aufwendungen und den Wert unter Zugrundelegung der berechtigten Amortisierungserwartungen des Käufers (Mieteinnahmen, Steuerersparnisse).[1219] Mit der Berücksichtigung eines subjektiven Schadenseinschlages nähert sich der BGH aber der Auffassung, die einen immateriellen Schaden durch die Beeinträchtigung der Entscheidungsfreiheit ausreichen läßt.[1220]
Eine tatbestandliche Beschränkung der cic auf Vermögensschäden könnte richtigerweise nur aus dem Schutzzweck der vorvertraglichen Pflichten abgeleitet werden. Nach der Schuldrechtsreform deutet vieles darauf hin, daß §241 II auch dem Schutzgut der Entscheidungsfreiheit dient, also nur ein „Vertragsabschlußschaden“[1221] vorliegen muß. Das Wort „Interessen“ in §241 II ist jedenfalls ein starkes Indiz, weil es von *Canaris* im Reformprozeß eigens zur Klärung dieser alten Streitfrage vorgeschlagen wurde.[1222] Auch in der Begründung des Regierungsentwurfs wird der Schutz der Ent-

---

[1214] Fleischer, AcP 200 (2000), S. 91 (111).
[1215] BGH NJW 1998, S. 302 (304).
[1216] fast einhellige Meinung des Schrifttums: Canaris, AcP 200 (2000), S. 273 (304 ff.); Fleischer, AcP 200 (2000), S. 91 (111 ff.); Lorenz, Der Schutz vor dem unerwünschten Vertrag, S. 1088 ff.; Lieb, in: FS-Medicus, S. 337 ff.; a. A. Palandt-Heinrichs, §311, Rn. 16.
[1217] Kaiser, Die Rückabwicklung von Verträgen bei Nicht- oder Schlechterfüllung im BGB, S. 213; Stoll, in: FS-Deutsch, S. 361 (366).
[1218] so auch Krebs, Sonderverbindung und außerdeliktische Schutzpflichten, S. 490.
[1219] BGH NJW 1998, S. 302 (304): eine "nachhaltige Beeinträchtigung der sonstigen Lebensführung" kann subjektiv einen Schaden begründen.
[1220] Lorenz, Der Schutz vor dem unerwünschten Vertrag, S. 72 ff.; Soergel-Wiedemann, Vor § 275, Rn. 113; kritisch zum subjektiven Vermögensbegriff des BGH: Paefgen, Haftung für mangelhafte Aufklärung aus culpa in contrahendo, 22 f.
[1221] Begriff von Brandner, in: FS-Fischer, S. 19 (24).
[1222] Begründung Regierungsentwurf, BT-Druck 14/6040, S. 126; Canaris, JZ 2001, 499 (519 Fn. 182), auch wenn dieser einräumt, daß sein Vorschlag kontrovers in der Entwurfskommission diskutiert wurde. So verstehen §241 II auch: Lorenz/Riehm, Lehrbuch zum neuen Schuldrecht, Rn. 372; Medicus, BR, Rn. 150; AnwKom-Krebs, §311, Rn. 27; Bamberger/Roth-Grüneberg, §311, Rn. 42; M/K-Emmerich, §311, Rn. 120; a. A. Rieble, in: Dauner-Lieb/Konzen/Schmidt (Hrsg.), Das neue Schuld-

scheidungsfreiheit ausdrücklich erwähnt.[1223] Gerade aus den Ausführungen der Regierung zu §312e läßt sich diese Annahme weiter stärken, denn dort wird die Vertragsaufhebung als Sanktion für Pflichtverletzungen beim elektronischen Vertragsschluß empfohlen, obwohl dort typischerweise kein Vermögensschaden vorliegen wird.[1224] Als Voraussetzung wird lediglich genannt, daß die Pflichtverletzung ursächlich für den „Abschluß oder ungünstigen Abschluß" des Vertrages gewesen sein müsse.[1225] Zudem wird sogar unabhängig vom Vorliegen eines Verschuldens jede fahrlässige Pflichtverletzung mit der Verlängerung der Widerrufsfrist nach §312e III2 sanktioniert. Das beweist, daß dem Gesetz Vertragslösungsrechte zum Schutz der bloßen Entscheidungsfreiheit nicht fremd sind. Die neue Rechtslage spricht also für den Schutz der Dispositionsfreiheit. Im Hinblick auf informationsökonomische Erwägungen ist die Anerkennung der Entscheidungsfreiheit als Rechtsgut der cic ohnehin sinnvoll.[1226] Bei dieser Auslegung droht auch keine Ausweitung der cic zu einem allgemeinen Reuerecht[1227], weil man entsprechend hohe Anforderungen an die Pflichten stellen kann, die Grundlage einer Vertragsaufhebung sein können. Im Rahmen von §312e beschränkt sich die Aufhebbarkeit ohnehin nur auf einige gesetzlich festgeschriebene Tatbestände, so daß keine Ausuferung droht.
Mithin reicht es aus, wenn bei Verstößen gegen Pflichten aus §312e nur die freie Willensbildung verletzt ist.

d) wesentliche Pflichtverletzung und Kausalitätserfordernis

Angesichts des einschneidenden Charakters der Vertragsauflösung aus cic als Sanktion, die dem Unternehmer sämtliche mit dem Vertragsschluß erzielten wirtschaftlichen Vorteile nimmt, ist es erforderlich, bereits den Tatbestand der cic mit Blick auf diese Rechtsfolge sachgerecht zu begrenzen.
Eine Beschränkung des Tatbestandes über den notwendigen Kausalzusammenhang zwischen Pflichtverletzung und Vertragsschluß im haftungsausfüllenden Tatbestand ist allerdings kaum möglich, denn die Rechtsprechung verlagert die Beweislast bei der Informationshaftung grundsätzlich auf den Pflichtigen, so daß an dieser Stelle die Haftung selten scheitern wird.[1228] Auch das Verschulden setzt tatbestandlich kaum Grenzen für eine Vertragsaufhebung, denn es wird einerseits nach §280 I2 vermutet, und andererseits setzt bei Schutzpflichtverstößen – anders als bei Schlechtleistung oder Nichtleistung – schon die Feststellung der Pflichtverletzung einen Verstoß gegen die objektive Sorgfalt voraus, so daß sich §280 I2 im wesentlichen auf die Entlastung bei Rechtsirrtümern beschränkt.[1229]

---

recht in der Praxis, S. 137 (146 f.); Weiler, Die beeinflußte Willenserklärung, S. 614: der Rechtsprechung sollte nur die Möglichkeit einer entsprechenden Auslegung offengehalten werden.
[1223] Begründung Regierungsentwurf, BT-Druck 14/6040, S. 126.
[1224] Begründung Regierungsentwurf, BT-Druck 14/6040, S. 173.
[1225] Begründung Regierungsentwurf, BT-Druck 14/6040, S. 173.
[1226] Fleischer, AcP 200 (2000), S. 91 (114).
[1227] so aber Lieb, in: FS-Universität Köln, S. 251 (255).
[1228] s. u. 2. Teil D.VIII.
[1229] vgl. M/K-Ernst, §280, Rn. 22.

Deshalb muß grundsätzlich schon bei der Festlegung des objektiven Pflichtenumfangs mit Blick auf die Rechtsfolge eine Einschränkung gemacht werden. Voraussetzung für die Vertragsaufhebung wegen Informationspflichtverletzungen aus §312e II Nr. 2 ist deshalb, daß die Pflichten eine Verantwortlichkeit für die vorvertragliche Willensbildung des Kunden begründen – mithin Verletzungen kausal für Willensbildungsfehler sein können – und einen vertragswesentlichen Umstand betreffen, so daß eine Vertragsaufhebung nach dem Schutzzweck der Norm geboten ist.[1230] Dies entspricht auch den allgemeinen Anforderungen, die von der Rechtsprechung an die Begründung von Aufklärungspflichten für ein Vertragslösungsrecht aus cic erhoben werden.[1231] Diese sind insbesondere erfüllt, wenn die Umstände, über die aufzuklären ist, zur Vereitelung des Vertragszwecks geeignet und deshalb für die Entscheidung des anderen Teils von wesentlicher Bedeutung waren, so daß der Betroffene den Vertragsschluß in Kenntnis der Umstände unterlassen hätte.[1232]
Bei den Informationspflichten aus §312e II Nr. 2 ist zu beachten, daß diese bestimmte Sachverhalte gesetzlich a priori typisieren müssen, um ihre Schutzwirkung zu entfalten. In ihrem Rahmen bedarf es deswegen einer generalisierenden Betrachtung, um zu entscheiden, welche Konstellationen ihrem primären Schutzzweck entsprechen. Das bedeutet, daß die Umstände, über die der Unternehmer aufzuklären hat, bei genereller Betrachtung zunächst überhaupt geeignet sein müssen, die Entscheidung des Kunden für oder gegen den Vertragsschluß kausal zu beeinflussen. Sodann muß die Sanktionierung durch Vertragsaufhebung dem Schutzzweck der betreffenden Pflicht entsprechen, was bei der gebotenen typisierenden Betrachtung heißt, daß primäres Schutzziel die Vermeidung von wesentlichen Willensmängeln sein muß. Diese müssen typischerweise mit ihrer Verletzung einhergehen. Nicht ausreichend ist es, daß Willensmängel bei ihrer Nichtbeachtung bloß vereinzelt denkbar sind. Dieser Grundsatz ist auch auf die übrigen Pflichten des §312e zu erstrecken, die keine Informationspflichten sind, aber auch Willensbildungsfehlern vorbeugen sollen.[1233]
Nachdem oben[1234] bereits ermittelt wurde, welche Pflichten überhaupt dem Schutz der vorvertraglichen Entscheidungsfreiheit dienen können, weil sie in einem Kausalzusammenhang zur Willensbildung stehen, bleibt zu klären, ob diese Pflichten nach dem

---

[1230] ebenso Grigoleit, WM 2001, S. 597 (599); Grigoleit, NJW 2002, S. 1151 (1156); Micklitz/Tonner-Micklitz, Vertriebsrecht, §312c, Rn. 135 ff.; Spindler, in: Dauner-Lieb/Konzen/Schmidt (Hrsg.), Das neue Schuldrecht in der Praxis, S. 459 (473).

[1231] BGH NJW 1998, S. 302 (302); BGH NJW 2001, S. 2163 (2164); BGH NJW 2002, S. 1042 (1043); M/K-Emmerich, §311, Rn. 104; Breidenbach, Die Voraussetzungen von Informationspflichten beim Vertragsschluß, S. 62 ff.; Lorenz, Der Schutz vor dem unerwünschten Vertrag, S. 417 ff. u. S. 437 mit dem Vorschlag einer allgemeinen gesetzlichen Regelung für Aufklärungspflichten: „Unbeschadet vertraglicher Pflichten ist bei der Vertragsanbahnung über solche Umstände aufzuklären, die für den Vertragsschluß sowie für die durch den Vertrag eingegangenen tatsächlichen und rechtlichen Risiken von wesentlicher Bedeutung sind..."; speziell für europäische Informationspflichten: Fleischer, in: Micklitz, Schuldrechtsreform und Verbraucherschutz, S. 243 (266 f.).

[1232] vgl. BGH NJW 1984, S. 2289 (2290); BGH NJW 2001, S. 2163 (2164).

[1233] so wohl auch Boente/Riehm, Jura 2002, S. 222 (229); Lorenz/Riehm, Lehrbuch zum neuen Schuldrecht, Rn. 142; M/K-Wendehorst, §312e, Rn. 122; Micklitz/Tonner-Micklitz, Vertriebsrecht, §312e, Rn. 118 ff.

[1234] s.o. 2. Teil D.III.1.

Schutzzweck von §312e bzw. Art. 10 und 11 ECRL auch eine Vertragsauflösung aus cic als Sanktion rechtfertigen können. Wenn hier bei einzelnen Pflichten eine Einschränkung gemacht wird, so führt dies nicht zu einem Wertungswiderspruch zur verschuldensunabhängigen Widerrufsfristverlängerung gem. §312e III2. Diese kann zwar ebenfalls zur Vertragsauflösung führen, wobei sie keinen Unterschied zwischen verschiedenen Pflichten trifft. Jedoch hat der Unternehmer beim verlängerten Widerrufsrecht im Gegensatz zum Vertragsaufhebungsrecht aus cic die Möglichkeit, die Aufhebung des Vertrags durch Nacherfüllung seiner Pflichten zu verhindern.
Keine Bedenken bestehen im Hinblick auf die technischen Hilfs- und Informationspflichten aus §312e I1 Nr. 1 und 3 sowie §3 Nr. 1 und 3 InfoV. Bei ihrer Verletzung drohen regelmäßig schwere Willensmängel wie Bestellungen falscher Artikel bis hin zum gänzlichen Fehlen des Erklärungsbewußtseins. Ihre Wesentlichkeit ergibt sich schon daraus, daß in der Regel Anfechtbarkeit gem. §119 I BGB gegeben ist.[1235] Angesichts des erhöhten Irrtumsrisikos im elektronischen Geschäftsverkehr muß dem Kunden ein Vertragslösungsrecht aus cic bei Verletzung dieser Pflichten zugestanden werden.
Hinsichtlich der Information über die vom Unternehmer angebotenen Vertragssprachen gem. §3 Nr. 4 InfoV wird vertreten, daß eine individualrechtliche Sanktionierung gänzlich ausscheiden müsse, weil der Kunde das Risiko von Irrtümern bei Verwendung einer fremden Vertrags- oder Verhandlungssprache selbst zu tragen habe.[1236] Diese Feststellung ist allerdings insofern teilweise unzutreffend, als die Rechtsprechung die Anfechtung einer fremdsprachlichen Urkunde mangels Irrtums nur dann gänzlich versagt, wenn diese nicht gelesen wurde.[1237] Sofern der anfechtungsberechtigende Irrtum, wie dies generell bei der Verletzung von Pflichten aus §312e der Fall ist, in der Sphäre des Unternehmers seine Ursache hat, kommt ein Ausschluß des Vertrauensschadens aus §122 I in Betracht. Im übrigen geht die Aussage der Rechtsprechung lediglich dahin, daß der Kunde sich an der Verhandlungssprache, auf die er sich einläßt, vertraglich festhalten lassen muß. Dies ist jedoch eine Wertung, die die deutsche Rechtsprechung zum AGBG getroffen hat[1238] und die auch in erster Linie dahin zielt, dem Verwender von AGB keine Obliegenheit zu deren Bereitstellung in der Sprache des Vertragsgegners aufzubürden. Das verlangt aber auch §3 Nr. 4 InfoV nicht. Dem europäischen Gesetzgeber steht es selbstverständlich frei, eine abweichende Risikoverteilung festzuschreiben.[1239] Eine individualrechtliche Sanktionierung darf deswegen nicht gänzlich abgelehnt werden. Einzuräumen ist aber, daß das Risiko eines uner-

---

[1235] so auch Grigoleit, WM 2001, S. 597 (601).
[1236] Grigoleit, WM 2001, S. 597 (603); Grigoleit, NJW 2002, S. 1151 (1158); ohne speziellen Bezug zu Sanktionen: Spindler, in: Dauner-Lieb/Konzen/Schmidt (Hrsg.), Das neue Schuldrecht in der Praxis, S. 459 (472).
[1237] BGH NJW 2002, S. 956 (957); BGH NJW 1995, S. 190 (190) kritisch dazu Kallenborn, Das Sprachenproblem bei Vertragsabschlüssen mit ausländischen Verbrauchern, S. 91 ff.: die Anfechtung könne nur versagt werden, wenn die Privatautonomie des Ausländers gewährleistet ist; dies sei indes häufig nicht der Fall, da er unter psychologischem und intellektuellem Druck stehe.
[1238] vgl. BGHZ 87, 112 (114 f.); dazu: Staudinger-Schlosser, §2 AGBG, Rn. 28a.
[1239] vgl. Kallenborn, Das Sprachenproblem bei Vertragsabschlüssen mit ausländischen Verbrauchern, S. 143, der bei Richtlinien mit Transparenzgebot die einseitige Verlagerung der Kenntnislast auf den Verbraucher für richtlinienwidrig hält.

wünschten Vertragsschlusses bei der Schaffung der Informationspflicht über die verfügbaren Sprachen sicherlich nicht im Vordergrund stand, weil sich der Kunde typischerweise gar nicht auf den Vertragsschluß in einer fremden Sprache einlassen wird, wenn er sich in Irrtumsgefahr wähnt. Vielmehr haben die Verfasser der ECRL primär die Förderung des Binnenmarkts durch Vermeidung von Transaktionskosten bei der Bestellung in einer Fremdsprache (z. B. wegen Notwendigkeit einer Übersetzung oder wegen eines erhöhten Zeitaufwandes) beabsichtigt, die dem Kunden gerade zur *Vermeidung* von Irrtümern entstehen. Somit ist davon auszugehen, daß die Informationspflicht über die bereitgestellten Sprachen nicht typischerweise entstehenden Willensbildungsfehlern bei einer fremdsprachlichen Bestellung vorbeugen, sondern vielmehr Vermögensinteressen schützen soll. Eine Vertragsaufhebung aus cic entspricht also nicht in ihrem primären Schutzzweck. Unberührt davon bleiben aber andere individualrechtliche Sanktionen, wie die Liquidierung von Vermögensschäden aus cic, die Anfechtung oder die Ausübung des verlängerten Widerrufsrechts nach §312e III2.
Anders bei der Informationspflicht über Verhaltenskodizes gem. §3 Nr. 5 InfoV: ihre Relevanz für die Willensbildung des Kunden ist angesichts der von der europäischen Kommission geplanten Förderung der Selbstregulierung hoch einzuschätzen. Gerade weil Verhaltensregelwerke in Zukunft vielfach die Funktion gesetzlicher Regulierung übernehmen sollen, muß der Kunde durch die Information über ihre Existenz in die Lage versetzt werden, ihre Einhaltung durch den Unternehmer beim Vertragsschluß zu kontrollieren. §3 Nr. 5 InfoV verfolgt also insbesondere den Zweck, den Kunden vor wesentlichen Willensmängeln im Falle ihrer Nichtbeachtung zu schützen. Bei Unternehmern, die den Kunden nicht offen über die geltenden Kodizes informieren, liegt die Vermutung einer Mißachtung auch häufig nahe. An der Verantwortlichkeit des Unternehmers für eine Verletzung dieser Pflicht fehlt es nicht deshalb, weil dieser zu einer Unterwerfung unter Kodizes nicht gesetzlich verpflichtet ist.[1240] Der durch den Wettbewerb auf dem freien Markt erzeugte faktische Druck auf den Unternehmer, sich an Verhaltenskodizes zu orientieren, würde dabei nämlich vernachlässigt. Nur durch alternative Mechanismen zur Sicherung der Verbindlichkeit von Verhaltensregelwerken, wozu auch die soziale Kontrolle durch den Kunden zählt, kann die Selbstregulierung überhaupt die Legitimation zur Ergänzung gesetzlicher Regelungen erlangen.
Zu beachten ist schließlich, daß es bei einer Irreführung durch positives Tun von vornherein keiner besonderen Pflichtverletzung und auch keines Bezuges der Täuschung auf vertragswesentliche Umstände bedarf, sondern nur der Kausalität der Fehlinformation für den Vertragsschluß.[1241] Es liegt dann nämlich eine Verletzung der stets bestehenden vorvertraglichen Wahrheitspflicht vor. Das bedeutet, daß die oben dargestellten Einschränkungen nicht gelten, wenn der Unternehmer seine Informationspflichten schlecht erfüllt, d. h. wenn er nicht die tatsächlichen Voraussetzungen schafft, die seinen Angaben entsprechen. So z. B., wenn er angibt, den Vertragstext bis zum Ablauf der Gewährleistungsfristen gespeichert zu lassen, obwohl er ihn vorher löscht oder eine Vertragssprache anbietet, in der er aber nicht die vorvertraglichen Informationen

[1240] so aber Grigoleit, WM 2001, S. 597 (604).
[1241] BGH NJW 1961, S. 1196 (1198); BGH NJW 1991, S. 1673 (1674); Lorenz, Der Schutz vor dem unerwünschten Vertrag, S. 409; M/K-Kramer, §123, Rn. 15.

erteilt bzw. später den Vertragstext zur Verfügung stellt oder Verhaltenskodizes anführt, denen er sich überhaupt nicht unterworfen hat. Anders als bei der Nichterfüllung ist bei der Schlechterfüllung auch stets die Kausalität für den Vertragsschluß denkbar, weil der Kunde durch das positive Vertrauen auf die Fehlinformationen zum Vertragsschluß verleitet werden kann.

4. *Vertragsanpassung wegen nachteiligen Vertrages*

Denkbar erscheint ferner eine Anpassung des Vertrages bei Pflichtverletzungen nach §312e.[1242] Bei Vertragsanpassung wird der Vertrag zu den Konditionen aufrechterhalten, zu denen der Berechtigte bereit gewesen wäre, ihn zu schließen, d. h. das vertragliche Äquivalenzverhältnis wird angepaßt. Damit ähnelt die Vertragsanpassung dem gewährleistungsrechtlichen Minderungsrecht. Bei §312e werden freilich Fehler, die inhaltliche Aspekte des Vertrages betreffen, eher selten vorkommen, da der Kunde meistens über die Abgabe der Erklärung im ganzen irren wird. Irrtümer, die das vertragliche Äquivalenzverhältnis berühren, sind aber z. B. bei unzureichender Informationen über die technischen Schritte zum Vertragsschluß allemal möglich.[1243] Problematisch ist indes bei der Vertragsanpassung der Nachweis eines hypothetischen Vertrages, dessen es bedürfte, um die Vertragsanpassung mit der Naturalrestitution gem. §249 zu begründen. Die Rechtsprechung erachtet den konkreten Kausalitätsnachweis, daß der Verpflichtete sich auf einen anderen Vertrag eingelassen hätte, für völlig entbehrlich und gibt dem Berechtigten statt dessen ein Wahlrecht zwischen Vertragsaufhebung und Vertragsanpassung.[1244] In der Tat dürfte die Führung dieses Nachweises sehr schwierig sein. Nichtsdestotrotz wurden hinsichtlich dieser Rechtsprechung vielfach Bedenken angemeldet, weil der Verzicht auf die Kausalität zu einem faktischen Kontrahierungszwang führe und §463 a. F. unterlaufen werde.[1245] Nach der neuen Rechtslage droht zwar keine Umgehung des Gewährleistungsrechts mehr, weil dieses generell auf Fahrlässigkeitshaftung umgestellt wurde. Allerdings besteht immer noch die Gefahr, daß der Schädiger zu einem Vertrag verpflichtet wird, den er so nicht abgeschlossen hätte.[1246] Sonderregeln (wie „Haftung für verletztes Vertrauen"[1247] als Begründung für den Kausalitätsverzicht) hinsichtlich der Kausalität können für die cic nicht mehr gelten, da sie in das gesetzliche System eingebettet wurde und die Rechts-

---

[1242] Begründung Regierungsentwurf, BT-Druck 14/6040, S. 173; M/K-Wendehorst, §312e, Rn. 122; AnwKom-Ring, §312e, Rn. 47; Lütcke, Fernabsatzrecht, §312e, Rn. 63; Schmidt-Räntsch, Das neue Schuldrecht – Anwendung und Auswirkungen in der Praxis, Rn. 1084; Hassemer, MMR 2001, S. 635 (639); Ulmer, CR 2002, S. 208 (210); Bamberger/Roth-Schmidt-Räntsch, 312e, Rn. 34.

[1243] so z. B., wenn der Kunde bei einer umgekehrten Auktion nicht darüber aufgeklärt wird, daß sein Gebot die Auktion – anders als bei herkömmlichen Versteigerungen – umgehend beendet und den Vertrag zustande kommen läßt. Dann kann es passieren, daß der Kunde schlicht zu teuer gekauft hat.

[1244] BGHZ 69, 53, 57 f.; BGH NJW 2001, S. 2875 (2877); anders aber BGH NJW 1998, S. 2900 (2901).

[1245] vgl. nur Lorenz, NJW 1999, S. 1001 f.; a. A. Soergel-Wiedemann, Vor § 275, Rn. 184; Larenz, SchuldR I, AT, §9 I 3, S. 113.

[1246] kritisch auch Grigoleit, Vorvertragliche Informationshaftung, S. 181 ff.; Rieble, in: Dauner-Lieb/Konzen/Schmidt (Hrsg.), Das neue Schuldrecht in der Praxis, S. 137 (154 f.); AnwKom-Krebs, §311, Rn. 43; kritisch aber mit Zustimmung zur Rspr. hingegen M/K-Emmerich, §311, Rn. 242.

[1247] BGH NJW 2001, S. 2001, S. 2875 (2876).

folgen deshalb an der Naturalrestitution gem. §249 auszurichten sind. Denkbar erscheint aber, die Vertragsanpassung bei Fehlschlagen des Kausalitätsnachweises im Wege eines offenen Billigkeitsausgleichs zu rechtfertigen, für den §313 (Wegfall der Geschäftsgrundlage) als Maßstab dienen kann[1248], zumal §313 III1 den Gedanken eines Stufenverhältnisses von Vertragslösung und Vertragsanpassung zum Ausdruck bringt.[1249] Auf diese Weise kann dem Berechtigten Ersatz für die Irreführung gewährt werden, ohne daß er den Vertragsgegenstand aufgeben muß. Ein richterlicher Billigkeitsausgleich würde auch nicht einseitig die Interessen des Verletzten beachten, sondern zu einem Ausgleich führen.

5. *Schadenersatz wegen entgangenen Vertrages*

Als zweite Fallgruppe der cic kommt der Schadenersatz für das Nichtzustandekommen von Verträgen in Betracht. Zu dieser werden vielfältige Konstellationen gezählt, wie etwa der Abbruch von Vertragsverhandlungen, das Unterlassen von Mitwirkungshandlungen, die Nichtaufklärung über Formerfordernisse oder andere Hindernisse.[1250] Durch die vielfältigen technischen Hinweis- und Hilfspflichten, die §312e statuiert, ist der Unternehmer gehalten, den Kunden gleichsam durch den Vertragsschlußprozeß zu geleiten. Dies hängt damit zusammen, daß der Unternehmer in den meisten Fällen die technische Seite des Vertragsschlusses beherrscht, weil er den Tele- oder Mediendienst einsetzt. Speziell im Internet bewegt sich der Kunde auf HTML-Seiten, deren Programmabläufe der Unternehmer fremdbestimmt. Fraglich ist, ob sich daraus eine Betreuungspflicht des Unternehmers ableiten läßt, dafür Sorge zu tragen, daß der Kunde wirksame Willenserklärungen abgeben kann. Denn falls es dem Kunden z. B. aufgrund mangelhafter Erläuterung der technischen Schritte, die zum Vertragsschluß führen, nicht gelingt, eine Bestellung an den Unternehmer abzusenden, können ihm daraus Schäden erwachsen. Das ist zumindest in Fällen denkbar, in denen sich der Unternehmer vor der Bestellung des Kunden für eine bestimmte Frist rechtlich gebunden hat. Solche Konstellationen sind besonders häufig bei Online-Auktionen, bei denen das höchste Gebot gewöhnlich für den Einlieferer verbindlich ist.[1251] Man könnte die Verantwortlichkeit des Unternehmers für die Abgabe der Bestellung des Kunden mit der Verantwortlichkeit für die Bereithaltung von Empfangsvorrichtungen für Willenserklärungen gleichsetzen. Dieser Schluß liegt nicht fern, da der Unternehmer den Erklärungsvorgang beim Einsatz von Tele- oder Mediendiensten bis hinein in die Sphäre des Kunden beherrscht, wo dessen Willenserklärung überhaupt erst entsteht. Wenn der Erklärenden wegen eines Zugangshindernisses die Annahme eines befristeten Angebots versäumt, wird teilweise dafür plädiert, ihm einen Anspruch auf das Erfüllungsin-

---

[1248] so auch Grigoleit, in: Schulze/Schulte-Nölke (Hrsg.), Die Schuldrechtsreform vor dem Hintergrund des Gemeinschaftsrechts, S. 269 (288 ff.); Grigoleit, Vorvertragliche Informationshaftung, S. 211 ff.; HK-Schulze, BGB, §311, Rn. 25.

[1249] a. A. Schwarze, Vorvertragliche Verständigungspflichten, S. 318: nur direkte Anwendung der Regeln über den Wegfall der Geschäftsgrundlage.

[1250] vgl. Soergel-Wiedemann, Vor § 275, Rn. 129 ff.; AnwKom-Krebs, §311, Rn. 28; Palandt-Heinrichs, §311, Rn. 34 ff..

[1251] vgl. BGH MMR 2002, S.95 (96), wo offengelassen wird, ob bei einer gewöhlichen Internetauktion eine antizipierte Annahme des Höchstgebots oder ein verbindliches Angebot vorliegt.

teresse zu gewähren, der gegebenenfalls über §254 zu kürzen ist.[1252] Teilweise wird aber auch aus cic die Unbeachtlichkeit der Verspätung angenommen und dem Absender ein vertraglicher Anspruch gewährt.[1253] Die überwiegende Ansicht verbietet es dem Empfänger aber nach Treu und Glauben gem. §242, sich auf die Verspätung der Erklärung zu berufen und gibt dem Erklärenden damit die Wahl, ob er den Vertrag gelten lassen möchte oder nicht.[1254] Streitig ist dabei allgemein, ob der Empfänger die Zugangsvereitelung verschuldet haben muß[1255] oder ob eine bloße Obliegenheitsverletzung ausreicht, weil das Zugangshindernis in der Sphäre des Empfängers liegt[1256]. Nach der neuen Gesetzeslage kann jedenfalls bei der Anwendung der §§280 I, 311 II das Verschuldenserfordernis keinem Zweifel mehr unterliegen. Bei Fehlschlagen einer Bestellung können dem Kunden im übrigen aber auch einfach nur unnötige Kommunikationskosten entstehen, die zum negativen Interesse zählen.
Fraglich ist aber, ob der Schutzzweck des §312e wirklich dahin geht, dem Unternehmer eine Betreuungspflicht für die Abgabe der Bestellung durch den Kunden aufzuerlegen. Das wird man jedoch verneinen müssen, weil die Pflichten des elektronischen Geschäftsverkehrs im Hinblick darauf geschaffen wurden, den Kunden vor unerwünschten Vertragsbindungen zu schützen. Somit ist die Zielrichtung des Pflichtenkatalogs negativ auf die Vermeidung ungewollter Bindungen gerichtet, nicht aber positiv auf die Sicherstellung der wirksamen Abgabe von Bestellungen. Ob sich eine entsprechende Verpflichtung des Unternehmers jenseits von §312e begründen läßt, ist sicherlich bedenkenswert, jedoch nicht Gegenstand der vorliegenden Untersuchung.

6. *Schadenersatz wegen sonstiger Rechtsgutsverletzungen*

Die dritte Fallgruppe der cic schließlich ersetzt Schäden, die an sonstigen Rechtsgütern des Kunden entstehen. In diesem Zusammenhang kann man vor allem an Vermögensschäden denken, die aus Pflichtverletzungen resultieren, aber nicht direkt mit der vertraglichen Willensbildung zusammenhängen. Schädigungen dieser Art können die Folge sein, wenn der Unternehmer beispielsweise keine Empfangsbestätigung gem. §312e II Nr. 3 sendet und der Kunde – im Glauben seine Bestellung habe den Unternehmer nicht erreicht – bei einem anderen Anbieter einen Vertrag schließt und es so zu einer Doppelverpflichtung aus beiden Verträgen kommt.[1257] Diese Konstellation unter-

---

[1252] Sorgel-Wiedemann, Vor § 275, Rn. 142; RGZ 97, 336 (338). Ob die cic auf das negative Interesse begrenzt ist, ist auch nach der Neufassung streitig: dafür Dauner-Lieb, in: Ernst/Zimmermann (Hrsg.), Zivilrechtswissenschaft und Schuldrechtsreform, S. 305 (318); dagegen Rieble, in: Dauner-Lieb/Konzen/Schmidt (Hrsg.), Das neue Schuldrecht in der Praxis, S. 137 (153); M/K-Emmerich, §311, Rn. 234.

[1253] Larenz/Wolf, AT, §26, Rn. 42.

[1254] RGZ 110, 34 (36); BGHZ 137, 205 (209): unverzüglicher zweiter Zustellungsversuch ist aber erforderlich; Taupitz/Kritter, JuS 1999, S. 839 (842); Brox, AT, Rn. 162; Palandt-Heinrichs, §130, Rn. 17.

[1255] so BGHZ 137, 205 (209); Sorgel-Wiedemann, Vor § 275, Rn. 142; Hübner, AT, Rn. 740;

[1256] so Flume, AT II, S. §14 3 e, 238; Medicus, AT, Rn. 281.

[1257] auf diese Gefahr weisen auch Dörner, AcP 202 (2002), S. 363 (379), Schneider, K&R 2001, S. 344 (348) und Spindler, in: Dauner-Lieb/Konzen/Schmidt (Hrsg.), Das neue Schuldrecht in der Praxis, S. 459 (467) hin.

scheidet sich von einer Doppelbestellung beim Unternehmer selbst, bei der die zweite Bestellung insofern von einem Willensmangel beeinflußt ist, als sie eigentlich nur dem Zustandekommen des ersten Vertrages dienen sollte, so daß dem Besteller ein Vertragsabschlußschaden entsteht, der zu einem Vertragslösungsrecht führt. Wenn der Kunde hingegen eine anderweitige Bestellung vornimmt, besteht der Schaden in der Verpflichtung aus dem zweiten Vertrag, die das Vermögen des Kunden belastet. Der Kunde kann in diesem Fall vom Unternehmer verlangen, von der überflüssigen Verbindlichkeit freigestellt zu werden. Keinen Schadenersatz kann der Kunde hingegen geltend machen, wenn er einen Deckungsvertrag schließt, es aber nicht gleichzeitig auch zu einem Vertrag mit dem Unternehmer kommt, d. h. gerade keine Doppelverpflichtung entsteht. Beim Verlust aus dem Deckungsgeschäft handelt es sich nämlich um das positive Interesse d. h. einen Nichterfüllungschaden, bei dem der Geschädigte so zu stellen ist, wie er bei ordnungsgemäßer Leistung stünde.[1258] Das Risiko des Zustandekommens eines Vertrag mit dem Unternehmer trägt aber grundsätzlich der Kunde, weil insoweit Privatautonomie des Unternehmers besteht.[1259]
Sonstige Vermögensschäden können dem Kunden aus überflüssigen Downloadkosten erwachsen, wenn ihn der Unternehmer nicht über eine seinerseits vorgenommen Speicherung und Bereitstellung des Vertragstextes gem. §3 Nr. 2 InfoV unterrichtet hat. Das gleiche gilt für Transaktionskosten, die durch mangelnde Unterrichtung über die für den Vertragsschluß verfügbaren Sprachen nach §3 Nr. 4 InfoV entstehen. Zwar mag es unbillig erscheinen, wenn sich der Unternehmer einer Schadenersatzpflicht nur dadurch aussetzt, daß er überhaupt zusätzliche Leistungen anbietet. Jedoch entspricht es der Wertung der ECRL, den Kunden nicht auf vermeidbaren Kosten sitzen zu lassen, die sich durch eine leicht zu erteilende Information vermeiden lassen. Immerhin verhält es sich ganz allgemein bei Aufklärungspflichten so, daß diese aus positiver Kenntnis eines Umstandes entstehen können – auch wenn dieser Umstand erst bei Nachforschungen ersichtlich wird, zu denen eigentlich keine Verpflichtung besteht.

IV. Erfüllungsanspruch

Grundsätzlich nicht ausgeschlossen ist die Sanktionierung der nichterfüllten Pflichten aus §312e mit einem nachvertraglichen Erfüllungsanspruch.[1260]
Allerdings ist das Bestehen eines Erfüllungsanspruchs bzw. die Einklagbarkeit von Schutzpflichten auch nach der Schuldrechtsmodernisierung noch nicht vollständig geklärt. Überwiegend wird heute angenommen, daß bei ausreichender Konkretisierung der Schutzpflichten – d. h. tatbestandlicher Ausgestaltung durch die Rechtsprechung – ein Erfüllungsanspruch und damit auch ein vorbeugender Unterlassungsanspruch be-

---

[1258] vgl. BGH NJW 1998, S. 2902 (2902 f.); Palandt-Heinrichs, §281, Rn. 25 f.

[1259] so auch Spindler, in: Dauner-Lieb/Konzen/Schmidt (Hrsg.), Das neue Schuldrecht in der Praxis, S. 459 (467). Ausnahmen können aber bestehen beim Abbruch von Vertragsverhandlungen ohne triftigen Grund oder bei Zugangsvereitelung, s. o. 2. Teil D.III.5.

[1260] so auch Boente/Riehm, Jura 2002, S. 222 (229); Grigoleit, NJW 2002, S. 1151 (1158); Micklitz, EuZW 2001, S. 133 (142); Micklitz/Tonner-Micklitz, Vertriebsrecht, §312e, Rn. 117; M/K-Wendehorst, §312e, Rn. 123. A.A.: Hoeren/Sieber-Waldenberger, Handbuch Multimedia-Recht, Teil 13.4, Rn. 40, der die Informationspflichten in §312e als Obliegenheiten betrachtet. Hiergegen sprechen allerdings die unter 2. Teil B.II. angestellten Überlegungen.

reits vor ihrer Verletzung besteht.[1261] Dies macht insofern Sinn, als die Schutzpflichten den deliktischen Verkehrspflichten nahestehen[1262], für die ein vorbeugender quasinegatorischer Unterlassungsanspruch anerkannt ist.[1263] Bei den gesetzlich verankerten Schutzpflichten stellt sich das Problem der Konkretisierung nicht, da ihr Inhalt bereits im Vorfeld eindeutig bestimmt ist, so daß man einen Erfüllungsanspruch ohne Bedenken annehmen kann.[1264] Allerdings dürfte bei den Pflichten aus §312e im Vorfeld des Vertrages die Klagbarkeit ausgeschlossen sein, da es dem Kunden in der Regel zumutbar sein wird, vom Vertragsschluß Abstand zu nehmen.[1265]

Nach dem Vertragsschluß verliert die Erfüllung der Pflichten zwar überwiegend ihren Sinn, weil diese gerade vor Schäden beim Vertragsschlußprozeß schützen wollen. Das schließt das theoretische Bestehen eines Erfüllungsanspruchs für sämtliche Pflichten jedoch nicht schon gem. §275 aus.[1266] Ein nachträglicher Erfüllungsanspruch wird jedoch bei der Mehrzahl der Schutzpflichten wenig praktische Relevanz haben, wenn er keinen konkreten Schutz mehr bewirken kann.[1267] Einige Pflichten behalten jedoch nach dem Vertragsschluß zumindest teilweise einen Sinn, wie z. B. die Pflicht zur Information über Verhaltenskodizes gem. §3 Nr. 5 InfoV oder zur Information über die unternehmerseitige Speicherung der Vertragsbestimmungen gem. §3 Nr. 2 InfoV.[1268] Soweit die Pflichten zumindest noch teilweise eine Bedeutung behalten, bestehen keine Bedenken, dem Kunden einen Erfüllungsanspruch zuzusprechen.

Sollte der Kunde dennoch nachträgliche Erfüllung der sinnlos gewordenen Pflichten verlangen, stellt sich die Frage, ob der Unternehmer diesem Wunsch entsprechen muß. Hiergegen bestehen jedoch Bedenken, da ein schutzwürdiges Eigeninteresse des Kunden an der Pflichterfüllung nicht mehr vorhanden ist. Man wird ihm deshalb sein Erfüllungsverlangen nach Treu und Glauben als unzulässige Rechtsausübung versagen müssen[1269], weil es nur noch um die Ausnutzung einer formalen Rechtsstellung geht.

[1261] Stürner, JZ 1976, S. 384 (384 ff.); Henckel, AcP 174 (1974), S. 97 (111 f.); Köhler, AcP 190 (1990), S. 496 (509); Medicus, BR, Rn. 208; Medicus, SchuldR I, Rn. 423; Esser/Schmidt, SchuldR I/2, §6 IV, S. 109 f.; Gernhuber, Das Schuldverhältnis, §2 IV 3; Larenz, SchuldR I, §2 I, S. 11 f.; M/K-Roth, §241, Rn. 113; Palandt-Heinrichs, §280, Rn. 33; Soergel-Teichmann, §242, Rn. 189; Staudinger-Schmidt, Einl. zu §§241 ff., Rn. 329 ff.; a. A. HK-Schulze, BGB, §241, Rn. 4.

[1262] vgl. Dauner-Lieb/Heidel/Ring-Krebs, Das neue Schuldrecht, §3, Rn. 27; Canaris, in: FS Larenz, S. 27 (85 ff.).

[1263] Palandt-Heinrichs, §1004, Rn. 27 ff.

[1264] so geht auch die Regierungsbegründung ohne Zweifel von einem Erfüllungsanspruch aus, BT-Druck 14/6040, S. 173.

[1265] vgl. Stürner, JZ 1976, S. 384 (386 f.); Staudinger-Schmidt, Einl. zu §§241 ff., Rn. 336: soweit Ausweichen möglich keine Klagbarkeit; ähnlich Medicus, BR, Rn. 208, der eine Abwägung der Parteiinteressen für erforderlich hält. Diese muß im Vorfeld des Vertrages zugunsten des Unternehmers ausfallen, der grundsätzlich auch seinerseits vom Vertrag Abstand nehmen kann, sofern er dem Kunden den Abschluß nicht bereits als sicher in Aussicht gestellt hat.

[1266] s. o. 2. Teil C.I.

[1267] M/K-Wendehorst, §312e, Rn. 123.

[1268] im einzelnen s. o. 2. Teil C.I.

[1269] vgl. zum Eingreifen von §242 bei fehlendem Interesse: BGHZ 29, 113 (117 f.); OLG Bremen, OLGZ 1990, 73 (74); Palandt-Heinrichs, §242, Rn. 50; M/K-Roth, §242, Rn. 385; Soergel-Teichmann, §242, Rn. 291; a. A. Staudinger-Schmidt, §242, Rn. 785, der das Eigeninteresse nicht für kontrollfähig

Die oben als Voraussetzung für den Abbruch der verlängerten Widerrufsfrist aus §312e III2 genannten Nacherfüllungsmöglichkeiten durch Angebot einer Vertragsänderung usw.[1270], kommen hingegen als bloße Heilungsmöglichkeiten von vornherein nicht als Gegenstand eines Erfüllungsanspruchs in Betracht.
Problematisch ist auch, ob die nach dem Vertragsschluß entstehende leistungssichernde Nebenpflicht zur Bereitstellung der Vertragsbestimmungen in speicherbarer Form gem. §312e II Nr. 4 mittels eines Erfüllungsanspruchs verfolgt werden kann. Teilweise wird generell angenommen, daß bei ausreichend konkretisierten leistungssichernden Nebenpflichten ein Erfüllungsanspruch und Klagbarkeit bestehen kann.[1271] Anderer Ansicht nach wird unterschieden zwischen selbständigen Nebenpflichten, die trotz Sicherung des Leistungsinteresses noch einem eigenständigen Zweck dienen, wozu Auskunfts-, Rechenschafts- und Mitwirkungspflichten zählen sollen und unselbständigen Nebenpflichten, die nur der Vorbereitung und sorgfältigen Ausführung der Hauptleistung dienen.[1272] Erstere sollen selbständig klagbar sein, Zweitere nicht. Die Pflicht zur Bereitstellung der Vertragsbestimmungen dürfte unter die erste Gruppe fallen, so daß von einem Erfüllungsanspruch ausgegangen werden kann.

V. §§281 ff.

Als weitere Sanktion für Pflichtverletzungen ist die Forderung von Schadenersatz statt der Leistung aus den §§280 I, III i.V.m. 281 ff. denkbar. Schadenersatz statt der Leistung entspricht dem bisherigen Schadenersatz wegen Nichterfüllung.[1273] §281 bildet seit der Schuldrechtsreform den Tatbestand, unter den Verletzungen der Leistungspflicht oder leistungsbezogener Nebenpflichten gefaßt werden.[1274] Der Pflichtverstoß kann dabei in der Nichterfüllung oder Schlechterfüllung bestehen. Für die Verletzung von Schutzpflichten ist hingegen §282 einschlägig.[1275] Das Regelungskonzept des Gesetzgebers geht dahin, grundsätzlich dort, wo eine Nacherfüllung noch möglich ist, das Schadenersatzverlangen des Gläubigers von der erfolglosen Setzung einer Nachfrist abhängig zu machen. Damit soll dem Schuldner die Möglichkeit zur Nacherfüllung gesichert werden. Schadenersatz wird gem. §281 I1 allerdings immer nur soweit ge-

---

erachtet, jedoch bei Zwecklosigkeit der Pflichterfüllung eine Erfüllung schon nach der ratio legis für ausgeschlossen hält, Rn. 789.

1270 s. o. 2. Teil C.I.

1271 Stürner, JZ 1976, S. 384 (388 ff.); Gernhuber, Das Schuldverhältnis, §2 III 4 c; Soergel-Teichmann, §242, Rn. 173; Staudinger-Schmidt, Einl. §§241 ff., Rn. 329 ff.

1272 M/K-Roth, §241, Rn. 43 f; Palandt-Heinrichs, §242, Rn. 25; AnwKom-Krebs, §242, Rn. 13 ff.; Bamberger/Roth-Grüneberg, §241, Rn. 43.

1273 Begründung Regierungsentwurf, BT-Druck 14/6040, S. 137.

1274 Begründung Regierungsentwurf, BT-Druck 14/6040, S. 141; Schmidt-Räntsch, Das neue Schuldrecht – Anwendung und Auswirkungen in der Praxis, Rn. 333; HK-Schulze, BGB, §281, Rn. 1; AnwKom-Dauner-Lieb, §281, Rn. 4 ff. Dies ist allerdings streitig. Nach a. A. kommt es für die Abgrenzung zwischen §280 I und §§280 III, 281 ff. nicht auf den Leistungsbezug der Pflichten an, sondern darauf, ob entstandene Schäden durch eine Nacherfüllung behoben werden können, vgl. Palandt-Heinrichs, §280, Rn. 18.

1275 Begründung Regierungsentwurf, BT-Druck 14/6040, S. 141; Schmidt-Räntsch, Das neue Schuldrecht – Anwendung und Auswirkungen in der Praxis, Rn. 358; HK-Schulze, BGB, §282, Rn. 1; AnwKom-Dauner-Lieb, §282, Rn. 1.

währt, wie die Leistung konkret mangelhaft oder unvollständig war („kleiner Schadenersatz"). Schadenersatz in Höhe des gesamten vertraglichen Leistungsinteresses („großer Schadenersatz") kann nur insoweit gefordert werden, als die zusätzlichen Voraussetzungen des §281 I S. 2 und 3 vorliegen. Bei einer teilweisen Pflichtverletzung verlangt S.2, daß der Gläubiger kein Interesse an der Teilleistung hat, was dem bisher in §280 II, §325 I2 und §326 I3 a. F. geregelten Interessenfortfall entspricht.[1276] Bei Schlechterfüllung ist Schadenersatz statt der ganzen Leistung hingegen möglich, wenn die Pflichtverletzung nicht unerheblich ist, was der bisherigen Regelung der Bagatellgrenze in §459 I2 a. F. entspricht.[1277] Hatte der Regierungsentwurf noch als Voraussetzung für den großen Schadenersatz bei Schlecht- und Teilleistung einheitlich einen Interessenfortfall verlangt, so ergeben sich nunmehr Unterschiede: während ein Wegfall des Interesses in der Regel nur gegeben ist, wenn das Festhalten am Vertrag für den Gläubiger nachteiliger als ein Neuabschluß ist[1278], wofür der Gläubiger Beweis antreten muß, ist eine Pflichtverletzung nur dann unerheblich, wenn der Mangel leicht zu beheben ist, was der Schuldner zu beweisen hat. Am restriktivsten ist die Regelung in §282. Nach ihr kommt Schadenersatz statt der ganzen Leistung nur in Betracht, wenn die Erbringung der Leistung durch den Schuldner für den Gläubiger gerade wegen der Verletzung einer Schutzpflicht aus §241 II unzumutbar geworden ist. Das Unzumutbarkeitserfordernis verlangt einen schweren Pflichtverstoß, der den gesamten Vertragszweck für die Zukunft gefährdet[1279] – entsprechend der früheren Rechtsprechung zur Vertragsaufhebung bzw. zum Schadenersatz wegen Nichterfüllung aus positiver Vertragsverletzung[1280].

Die Pflicht zur Bereitstellung des Vertragstextes und der allgemeinen Geschäftsbedingungen bei Vertragsschluß gem. §312e I1 Nr. 4 ist eine leistungsbezogene Nebenpflicht, die der Sicherung des Äquivalenzinteresses dient, und als solche unter §281 einzuordnen. Wenn der Unternehmer ihr nicht rechtzeitig nachkommt, kann der Kunde ihm eine Nachfrist zur Erfüllung setzen und anschließend Schadenersatz wegen ihrer Nichterfüllung verlangen. Die Nachfrist ist in der Regel auch nicht nach §281 II entbehrlich, sofern keine Erfüllungsverweigerung gem. Abs. 2 Alt. 1 vorliegt. Abs. 2 Alt. 2 ist ebenfalls nicht schon deshalb einschlägig, weil §312e I1 Nr. 4 einen festen Leistungszeitpunkt für die Erfüllung der Pflicht bestimmt, denn dadurch wird noch kein relatives Fixgeschäft begründet[1281], bei dem mit der rechtzeitige Erfüllung das Geschäft stehen oder fallen soll. Sollte allerdings die Leistungspflicht des Unternehmers gem. §275 ausgeschlossen sein, weil er z. B. die Vertragsdaten gelöscht hat, führen die §§283, 281 ohne Nachfrist zum Ersatz. Nach Ablauf der Frist kann der Kunde Scha-

[1276] AnwKom-Dauner-Lieb, §281, Rn. 16.

[1277] Huber/Faust-Faust, Schuldrechtsmodernisierung, 3. Kapitel, Rn. 163; AnwKom-Dauner-Lieb, §281, Rn. 17.

[1278] so die Rechtsprechung zu §325 I2 und §326 I3, BGH NJW 1990, S. 1990, S. 2549 (2550); Palandt[61]-Heinrichs, §325, Rn. 27.

[1279] Begründung Regierungsentwurf, BT-Druck 14/6040, S. 141; Schmidt-Räntsch, Das neue Schuldrecht – Anwendung und Auswirkungen in der Praxis, Rn. 361; Huber/Faust-Faust, Schuldrechtsmodernisierung, 3. Kapitel, Rn. 172; Palandt-Heinrichs, §282, Rn. 4 f.

[1280] Begründung Regierungsentwurf, BT-Druck 14/6040, S. 142.

[1281] wobei streitig ist, ob §281 II überhaupt das relative Fixgeschäft erfaßt, für das sich eine ausdrückliche Regelung nur beim Rücktritt in §323 II Nr. 3 findet, vgl. AnwKom-Dauner-Lieb, §281, Rn. 23.

denersatz verlangen, der z. B. in erhöhten Rechtsverfolgungskosten bestehen kann, weil der Kunde Beweismaterial über den Vertragsinhalt selbst zusammentragen muß. Eine interessante Frage ist aber, ob der Kunde auch Schadenersatz statt der ganzen Leistung verlangen kann, wenn §312e I1 Nr. 4 verletzt wird. Es ist nämlich ungewiß, ob die Verletzung einer leistungsbezogenen Nebenpflicht als Teilleistung nach §281 I2 oder als Schlechtleistung nach §281 I3 einzuordnen ist. Eine der beiden Vorschriften muß einschlägig sein, denn der Schuldner muß ebenso wie bei der Verletzung einer Schutzpflicht auch bei Nichtbeachtung einer leistungsbezogenen Nebenpflicht die Möglichkeit haben unter zusätzlichen Voraussetzungen das gesamte Erfüllungsinteresse zu verlangen. Würde man sie als Schlechtleistung behandeln, könnte man dem Kunden den großen Schadenersatz bei Mißachtung von §312 I1 Nr. 4 wohl nicht versagen, weil die mangelnde Vertragsdokumentation die Rechtsdurchsetzung erheblich erschweren kann und wohl auch nicht ohne weiteres vom Kunden behoben werden kann. Bei Einordnung als Teilleistung wird jedoch in der Regel nicht vom Wegfall des wirtschaftlichen Interesses am gesamten Vertrag auszugehen sein, so daß Schadenersatz ausscheiden dürfte. Von einer Schlechterfüllung der Hauptpflicht wird man jedoch wohl nur sprechen können, wenn die Nebenpflicht sich in der sorgfältigen Vorbereitung und Durchführung der Hauptleistungspflicht erschöpft – also eine unselbständige Nebenpflicht ist. Für den Begriff der Teilleistung i.S.d. §266 hingegen – an dem man sich auch hier orientieren kann – können sowohl tatsächliche als auch rechtliche Faktoren eine Rolle spielen, wobei eine einheitliche Definition nicht für möglich gehalten wird.[1282] Selbständige Nebenpflichten können demnach als Teilleistungen betrachtet werden, weil sie dem Interesse an der Hauptleistung dienen, also auf demselben Schuldgrund beruhen[1283], auch wenn sie daneben noch eine eigene Zwecksetzung haben. Das bedeutet für §312e I1 Nr. 4 als selbständige Nebenpflicht, daß Schadenersatz statt der ganzen Leistung in der Regel aufgrund des fortbestehenden Leistungsinteresses nicht reklamiert werden kann.

Was die Verletzung der zahlreichen Schutzpflichten aus §312e angeht, ergeben sich die Voraussetzungen für die Einforderung von Schadenersatz statt der ganzen Leistung aus §282. Streitig ist allerdings, ob §282 auf Schutzpflichtverletzungen im Vorfeld des Vertragsschlusses überhaupt anwendbar ist, weil der Schadenersatz statt der Leistung ein bestehendes Leistungsverhältnis voraussetzt.[1284] Jedoch müssen Pflichtverletzung und Anspruchsentstehung bei §282 nicht zusammenfallen. Zwar entsteht §282 als Anspruchsgrundlage erst mit dem Abschluß des Vertrags. Als Indiz für die Unzumutbarkeit eines weiteren Festhaltens am Vertrag können aber sowohl vor- als auch nachvertragliche Pflichtverletzungen heranzogen werden, zumal vorvertragliche Verstöße oft erst nach dem Vertragsschluß aufgedeckt werden. Da es letztlich um die Abwicklung des gesamten Vertrags als Rechtsfolge geht, kann man sich für die Unzumutbarkeit am

[1282] M/K-Krüger, §266, Rn. 3, der §281 I2, 323 V1 auch mit §266 für identisch hält; Palandt-Heinrichs, §266, Rn. 2, der nur anmerkt, §§281 I2 und 323 V1 regelten ein *anderes* Problem; Soergel-Wolf, §266, Rn. 3. Gernhuber, Die Erfüllung und ihre Surrogate, §8 1. betont die Relativität des Teilleistungsbegriffs im Schuldrecht.

[1283] auf das Merkmal des einheitlichen Schuldgrundes stellt auch Staudinger-Bittner, §266, Rn. 8 ab.

[1284] dagegen v. Wilmowsky, JuS 2002, Beilage zu Heft 1, S. 1 (14f.); dafür: M/K-Emmerich, §311, Rn. 251; AnwKom-Krebs, §311, Rn. 39; HK-Schulze, BGB, §311, Rn. 1

Kriterium der wesentlichen für die vertragliche Willensbildung kausalen Pflichtverletzung orientieren, welches bereits oben für die Vertragsaufhebung aus cic herangezogen wurde.[1285] So fand sich das Merkmal der wesentlichen Pflichtverletzung auch noch zur Ausfüllung des Unzumutbarkeitsbegriffs in §282 RE[1286], wurde aber später als überflüssig angesehen und gestrichen[1287]. Wenn nämlich schon der Vertragsschluß unter einer potentiellen schweren Willensbeeinträchtigung leidet, *kann* dies einen Einfluß auf das Vertrauen des Gläubigers in die weitere Leistungserbringung und die Prognose für die künftige Pflichttreue des Schuldners haben, *muß* es aber nicht. Unter Zugrundlegung dieses Kriteriums kommt bei Nichterfüllung aller Pflichten – mit Ausnahme der Information über die Speicherung des Vertrags durch den Unternehmer nach §3 Nr. 2 Info V und der Information über mögliche Vertragssprachen gem. §3 Nr. 4 InfoV – sowie auch generell bei Erteilung positiver Falschinformation die Unzumutbarkeit der weiteren Vertragsdurchführung in Betracht. Jedoch bedarf es gerade, weil die Unzumutbarkeit eine Zukunftsprognose verlangt, immer einer Berücksichtigung der Umstände des Einzelfalls.[1288] Dazu zählen neben der Schwere der Pflichtverletzung auch das Ausmaß des entstandenen Schadens, die Häufigkeit der Verletzung, die Verschuldensform sowie Abmahnungen des Schuldners.[1289] So wird eine einzelne Pflichtverletzung in der Regel nicht ausreichen, um den Gläubiger in den Genuß der Liquidierung des gesamten Erfüllungsinteresses kommen zu lassen. Mehrere Pflichtverletzungen aus §312e in Kumulation bzw. ein tatsächlich entstandener Abschlußschaden können aber eine andere Wertung rechtfertigen.[1290]

VI. §§346, 323 ff.

Zu einem möglichen Rücktritt nach den §§346, 323 ff. bleibt nicht mehr viel zu sagen, da die Rücktrittsvoraussetzungen fast völlig analog zu den Voraussetzungen des großen Schadenersatzanspruchs gestaltet sind.[1291] Gem. §323 V1 bedarf es bei Teilleistungen, d. h. auch bei Verletzung selbständiger, leistungsbezogener Nebenpflichten, eines Interessenfortfalls auf seiten des Gläubigers. Schutzpflichtverletzungen mißt §324 ebenfalls am Kriterium der Unzumutbarkeit, um die Rücktrittsberechtigung festzustellen. Auch hier läßt sich streiten, ob bei vorvertraglichen Verletzungen ein Rück-

---

[1285] s. o. 2. Teil D.III.3.d).
[1286] Begründung Regierungsentwurf, BT-Druck 14/6040, S. 141
[1287] Beschlußempfehlung Rechtsausschuß, BT-Druck 14/7052, S. 186.
[1288] AnwKom-Dauner-Lieb, §282, Rn. 7; HK-Schulze, BGB, §282, Rn. 3; Huber/Faust-Faust, 3. Kapitel, Rn. 172; Schmidt-Räntsch, Das neue Schuldrecht – Anwendung und Auswirkungen in der Praxis, Rn. 361: Wertungsfrage.
[1289] HK-Schulze, BGB, §282, Rn. 3; Huber/Faust-Faust, 3. Kapitel, Rn. 172 ff.
[1290] ein Eingreifen von §282 halten auch für möglich Boente/Riehm, Jura 2002, S. 222 (229); M/K-Wendehorst, §312e, Rn. 123 allerdings mit Bedenken im Hinblick auf das Vorliegen von Interessenfortfall bzw. Unzumutbarkeit.
[1291] einen Rücktritt gem. §324 halten auch für möglich Boente/Riehm, Jura 2002, S. 222 (229); mit Bedenken im Hinblick auf die Unzumutbarkeit: Grigoleit NJW 2002, S. 1151 (1155) und M/K-Wendehorst, §312e, Rn. 123; Micklitz/Tonner-Micklitz, Vertriebsrecht, §312e, Rn. 117, der allerdings nur auf ein Rücktrittsrecht nach §323 IV eingeht.

tritt zulässig sein soll.[1292] Es gilt deshalb das beim Schadenersatz dazu Gesagte.[1293] Vertreten wird auch, daß die Vertragsaufhebung aus cic bei vorvertraglichen Willenstörungen lex specialis zu §324 sei.[1294] Dem kann indes nicht gefolgt werden, denn da der Rücktritt verschuldensunabhängig ist, stimmen schon die tatbestandlichen Voraussetzungen nicht überein. Vorvertragliche Schutzpflichtverletzungen können vielmehr auch nachvertraglich zusammen mit weiteren Faktoren als Indizien für die Unzuverlässigkeit des Schuldners dienen und ein Festhalten am Vertrag unzumutbar machen.

VII. §§823 I, 823 II, 826

Neben der quasivertraglichen Haftung aus cic könnte auch das Haftungsregime des Deliktsrechts bei Verstößen gegen §312e eingreifen.
Eine Haftung aus §823 I muß von vornherein ausscheiden, denn die rechtsgeschäftliche Entscheidungsfreiheit genießt hier weder als sonstiges Recht noch als Unterkategorie des allgemeinen Persönlichkeitsrechts deliktischen Schutz.[1295] Auch unter das Rechtsgut der Freiheit kann die Entscheidungsfreiheit nicht gefaßt werden, da damit nur die körperliche Bewegungsfreiheit gemeint ist.[1296] Der Grund für die restriktive Auslegung des §823 I ist, daß es sonst zu einer Ausuferung der Haftung für primäre Vermögensschäden käme, die der Gesetzgeber so nicht gewollt hat. Anstatt sich für eine große Generalklausel zu entscheiden, die dem Schutz der allgemeinen Handlungsfreiheit – und damit auch der rechtsgeschäftlichen Entscheidungsfreiheit – dient, hat der Gesetzgeber ein System von „drei kleinen Generalklauseln" gewählt.[1297] Die rechtsgeschäftliche Entscheidungsfreiheit kann lediglich in besonderen Einzelausprägungen wie durch das Recht am eingerichteten und ausgeübten Gewerbebetrieb oder durch das allgemeine Persönlichkeitsrecht erfaßt werden, sofern die engere persönliche Lebenssphäre betroffen ist.[1298]
Denkbar wäre aber, daß es sich bei den Schutzpflichten aus §312e um Schutzgesetze i.S.v. §823 II handelt.[1299] Für die Eigenschaft als Schutzgesetz fordert die Rechtsprechung, daß die betreffende Norm nicht allein dem Schutz der Allgemeinheit dient, sondern daß sie den schadenersatzrechtlichen Schutz eines einzelnen durch den Norm-

---

[1292] dagegen: Rieble, in: Dauner-Lieb/Konzen/Schmidt (Hrsg.), Das neue Schuldrecht in der Praxis, S. 137 (156); dafür: M/K-Emmerich, §311, Rn. 249; AnwKom-Krebs, §311, Rn. 39;
[1293] s.o. 2. Teil D.V.
[1294] Grigoleit, NJW 2002, S. 1151 (1155 Fn. 62).
[1295] vgl. Larenz/Canaris, SchuldR BT II/2, §80 II 6 b, S. 513; Lorenz, Der Schutz vor dem unerwünschten Vertrag, S. 380 ff.; Medicus, SchuldR II, Rn. 783; Köhler, GRUR 2003, S. 265 (268).
[1296] Palandt-Thomas, §823, Rn. 6; Staudinger-Hager, §823, Rn. B53; M/K-Mertens, §823, Rn. 82; a. A. Eckert, JuS 1994, S.625 (631): Entschließungs- und Handlungsfreiheit geschützt.
[1297] Larenz/Canaris, SchuldR BT II/2, §75 I 3, S. 354 ff: die drei kleinen Generalklauseln sind die „fahrlässige rechtswidrige Verletzung" in §823 I, die „Schutzgesetzverletzung" in §823 II und die „Sittenwidrigkeit" in §826.
[1298] so auch Lorenz, Der Schutz vor dem unerwünschten Vertrag, S. 382 f.
[1299] So z.B. Ende/Klein, Grundzüge des Vertriebsrechts im Internet, S. 171 zum FernAbsG; die Aufklärungspflichten aus §§31, 32 WpHG sind ebenfalls als Schutzgesetze anerkannt, vgl. Lang, WM 2000, S. 450 (457).

verstoß Betroffenen bezweckt oder wenigstens mitbezweckt.[1300] Die Norm muß also zivilrechtlichen Schutzcharakter haben. Richtigerweise können deshalb nicht nur Strafgesetze Schutznormen sein, sondern auch Vorschriften aus dem BGB selbst.[1301] Die Rechtsprechung hat Normen aus allen gesetzlichen Bereichen aufgrund einer Vielzahl von Schutzzweckerwägungen als Schutzgesetze eingeordnet, so daß eine Systematisierung kaum möglich ist.[1302] Letztlich spricht nichts dagegen, auch die Pflichten aus §312e als Schutzgesetze anzusehen, da sie den einzelnen Kunden vor Beeinträchtigungen des Vermögens und der Entscheidungsfreiheit bewahren wollen. Der gem. §§249 ff. zu ersetzende Schaden muß allerdings im persönlichen und sachlichen Schutzbereich der Schutznorm liegen.[1303] Anders als §263 StGB schützt §312e aber nicht nur vor Vermögensschaden, sondern wahrt auch die bloße Entscheidungsfreiheit des Kunden. Deshalb kann der Schadenersatzanspruch aus §823 II genau wie bei der cic auf Vertragsaufhebung gerichtet sein, unterliegt allerdings auch denselben Beschränkungen. Nur die Verletzung wesentlicher Pflichten zum Schutz vor Willensmängeln kann zu dieser Rechtsfolge führen. Da sich nach neuem Recht auch die Verjährung von Deliktsansprüchen nach den allgemeinen Fristen der §§195, 199 I richtet, werden die Ansprüche aus §§823 II i.V.m. 312e allerdings nicht weiter reichen als die ohnehin bestehenden Ersatzansprüche aus cic. Vielmehr ist der Schutz aus §823 II sogar verkürzt, da das Deliktsrecht unter der Schwäche der Exkulpationsmöglichkeit für das Handeln von Verrichtungsgehilfen aus §831 leidet, während §278 I auch im Rahmen des vorvertraglichen Schuldverhältnisses aus cic eine Haftung für Erfüllungsgehilfen statuiert. Ansprüche aus §823 II sind also letztlich überflüssig, soweit schon die §§311 II, 241 II eingreifen.

In Betracht kommt schließlich auch eine Haftung aus §826. Dieser gewährt Schadenersatz für vorsätzliche, sittenwidrige Schädigungen, worunter nach allgemeiner Ansicht generell arglistige Täuschungen fallen.[1304] Aber auch jede rücksichtslose Ausnutzung eines Wissens- oder Erfahrungsvorsprungs gegenüber einem unerfahrenen Vertragspartner kann als sittenwidrig angesehen werden[1305] ebenso wie unsachliche und manipulative Einwirkungen auf die Entscheidungsfreiheit[1306] oder die Mißachtung von Aufklärungspflichten[1307]. Der Schutz im Rahmen von §826 erstreckt sich dabei nicht nur auf Vermögensschäden, sondern auf jedes Interesse[1308], also auch auf die rechtsgeschäftliche Entscheidungsfreiheit. Die vorsätzliche Verletzung von Pflichten aus §312e unter Inkaufnahme von Willensmängeln beim Kunden kann also im Einzel-

---

[1300] Palandt-Thomas, §823, Rn. 141; M/K-Mertens, §823, Rn. 162; Staudinger-Hager, §823, Rn. G 19; Deutsch, Allgemeines Haftungsrecht, Rn. 62.

[1301] Deutsch/Ahrens, Deliktsrecht, Rn. 221.

[1302] Staudinger-Hager, §823, Rn. G 16.

[1303] Staudinger-Hager, §823, Rn. G 26 ff.; Deutsch/Ahrens, Deliktsrecht, Rn. 214 f.

[1304] Palandt-Thomas, §826, Rn. 22 ff.; Staudinger-Oechsler, §826, Rn. 149; M/K-Mertens, §826, Rn. 118; Deutsch/Ahrens, Deliktsrecht, Rn. 233 u. 237.

[1305] BGH NJW 1982, S. 2815 (2816); NJW-RR 1988, 1002 (1004).

[1306] M/K-Mertens, §826, Rn. 33.

[1307] Staudinger-Oechsler, §826, Rn. 158.

[1308] M/K-Mertens, §826, Rn. 51; Deutsch/Ahrens, Deliktsrecht, Rn. 235; a. A. wohl: Erman-Schiemann, §826, Rn. 35: Täuschung nur bei Schaden sittenwidrig.

fall[1309] als sittenwidrig beurteilt werden. Im Vergleich zu den §§311 II, 241 II und §123 wird allerdings kein weitergehender Schutz erreicht, zumal die Schädigung vorsätzlich erfolgen muß.

VIII. Beweislastverteilung

Entscheidend für den praktischen Rechtsschutz des Kunden im Prozeß ist die materielle Beweislastverteilung bei den einzelnen Ansprüchen.
Grundsätzlich liegt die objektive Beweislast für die Anspruchsvoraussetzungen bei demjenigen, der den Anspruch geltend macht.[1310] Die Unbeweisbarkeit („non liquet") einer Tatsache geht also zu seinen Lasten. Der Kunde muß also im Grundsatz alle anspruchsbegründenden Tatsachen zur richterlichen Überzeugung (§286 ZPO) vortragen. Für die rechtsvernichtenden, rechtshindernden und rechtshemmenden Tatbestandsmerkmale trägt hingegen der Unternehmer als Prozeßgegner die Beweislast.[1311]
Der Kunde muß also stets den Beweis für das Vorliegen einer objektiven Verletzung von Pflichten aus §312e durch den Unternehmer führen, soweit die Sanktionstatbestände an eine solche anknüpfen. Sofern es sich um Vorgänge handelt, die allein in der Sphäre des Unternehmers stattfinden, kommt allerdings eine Beweislastverteilung nach Gefahrenbereichen in Betracht.[1312] Dabei kann es sich z. B. um technische Abläufe handeln, die nur der Unternehmer überschauen kann. So kann etwa bei einer vertraglichen Doppelverpflichtung, die aus einer verspäteten Eingangsbestätigung entstanden ist, nur mit Kenntnis technischer Interna aus dem Bereich des Unternehmers geklärt werden, ob die von §312e I1 Nr. 3 geforderte Unverzüglichkeit gewahrt wurde. Denkbar ist eine Beweislastumkehr auch bei Zweifeln über die Zurechenbarkeit des eingesetzten Tele- oder Mediendienstes[1313] bzw. über die Vertriebsstruktur des Unternehmers[1314]. Eine spezielle Beweislastregelung trifft §355 II4 für den Beginn der Widerrufsfrist: der Beweis für die Erfüllung der für den Fristlauf notwendigen Voraussetzungen obliegt dem Unternehmer. Diese Voraussetzung ist über die Widerrufsbelehrung nach §355 II hinaus auch auf die zusätzlichen Voraussetzungen der Spezialvorschriften zu erstrecken, die auf §355 verweisen.[1315] Das bedeutet, daß die Widerrufsfristverlängerung nach §312e III2 immer eingreift, es sei denn der Unternehmer er-

---

[1309] Palandt-Thomas, §826, Rn. 2; M/K-Mertens, §826, Rn. 7.
[1310] BGH NJW 1991, S. 1052 (1053); BGH NJW 1993, 1716 (1717); Grunewald, ZIP 1994, S. 1162 (1163); Stodolkowitz, VersR 1994, S. 11 (11); Zöller-Greger, ZPO, Vor § 284, Rn. 17a; Baumbach/Lauterbach/Albers/Hartmann-Hartmann, ZPO, Anh. §286, Rn. 3; M/K-Prütting, ZPO, §286, Rn. 109.
[1311] Zöller-Greger, ZPO, Vor § 284, Rn. 17a.
[1312] Begründung Regierungsentwurf, BT-Druck 14/6040, S. 136; Schmidt-Räntsch, Das neue Schuldrecht – Anwendung und Auswirkungen in der Praxis, Rn. 321; AnwKom-Dauner-Lieb, §280, Rn. 60; M/K-Ernst, §280, Rn. 146 ff.; Palandt-Heinrichs, §280, Rn. 34; BGHZ 64, 46 (51); BGH NJW 1987, S. 1938 (1939); NJW 1993, S. 1704 (1706).
[1313] z. B. ist bei Suchmaschinen problematisch, ob die Veröffentlichung von Angeboten aufgrund interner Vereinbarungen mit dem Unternehmer erfolgt oder nicht.
[1314] so auch M/K-Wendehorst, §312e, Rn. 44.
[1315] vgl. M/K-Ulmer, §355, Rn. 54; M/K-Wendehorst, §312d, Rn. 81.

bringt den Nachweis für die Erfüllung seiner Pflichten. Im Ergebnis wird dort also die Beweislast für das Vorliegen einer Pflichtverletzung umgekehrt.
Zu erheblichen Beweisschwierigkeiten kann es aufgrund der allgemeinen Beweislastregel für den Kunden bei der Darlegung der Kausalität zwischen Pflichtverletzung und Vertragsabschluß, d. h. dem Schaden im Rahmen der cic kommen. Er müßte nachweisen, daß er bei korrekter Erfüllung der Pflichten aus §312e den Vertrag nicht oder nicht so abgeschlossen hätte. Das setzt aber voraus, daß gerade durch die Pflichtverletzung ein Willensmangel entstanden ist, der zum unerwünschten Vertragsschluß geführt hat. Die vorvertragliche Entscheidungsfindung ist aber ein innerer Gedankenvorgang des Kunden, der schwer im Prozeß darzutun ist. Ob er den Beweis führen kann, hängt also maßgeblich von der Beweislastverteilung bzw. Beweiserleichterungen ab. Im Bereich der Haftung für fahrlässige Informationspflichtverletzungen versucht die Rechtsprechung deswegen, der Beweisnot des Getäuschten abzuhelfen. So soll der Aufklärungspflichtige darlegungs- und beweislastpflichtig dafür sein, daß der Schaden auch bei pflichtgemäßer Information eingetreten wäre, weil der Geschädigte den Hinweis ohnehin nicht beachtet hätte.[1316] Allerdings soll nach einer neueren Einschränkung diese Vermutung nur für „aufklärungsrichtiges Verhalten" gelten, d. h. wenn für den Geschädigten nur eine vernünftige Entscheidungsalternative bestand.[1317] In einigen Entscheidungen hat die Rechtsprechung dem Verletzten aber auch mit einer Beweismaßreduzierung nach §287 ZPO[1318] oder der Annahme eines Anscheinsbeweises[1319] geholfen, wobei sie die Beweislastumkehr und die verschiedenen anderen Beweiserleichterungen als nebeneinander anwendbar betrachtet.[1320]
Diese Grundsätze der Informationshaftung könnten auch eine Berechtigung bei Verletzung derjenigen (Informations-)Pflichten aus §312e haben, die dem Schutz der vorvertraglichen Willensbildung des Kunden dienen. Immer möglich sein dürfte eine Beweismaßreduzierung nach §287 ZPO, denn diese wird allgemein für die haftungsausfüllende Kausalität angenommen (vgl. §287 II ZPO: „*ob* ein Schaden entstanden sei").[1321] Der Kausalzusammenhang zwischen der vorvertraglichen Pflichtverletzung und dem Vertragsschluß fällt aber gerade unter die haftungsausfüllende Kausalität, da das Rechtsgut der Willensfreiheit immer schon mit der Irreführung durch fehlende

---

[1316] BGH 61, 118, 120 ff., BGH NJW 1990, S. 1210 (1212 f.); 1991, S. 1673 (1675); 1996, S. 2503 (2503); 2001, S. 2021 (2022).
[1317] BGH NJW 1994, S. 2541 (2542); 2001, S. 2021 (2022).
[1318] BGH VersR 1974, S. 782 (783); BGH WM 1985, S. 319 (319); WM 1993, S. 295 (297); vgl. Stodolkowitz, VersR 1994, S. 11 (14) mwN.
[1319] für Rechtsberatung BGHZ 123, 311 (314 f.); 126, 217 (223). Hierher dürften auch die Urteile gehören, die von „Vermutung" sprechen, BGH NJW 1983, S. 1665 (1666); NJW 1992, S. 240 (241); ausdrücklich: NJW 1994, 512 (513); vgl. Stodolkowitz, VersR 1994, S. 11 (14); Lang, WM 2000, 450 (451 f.); allgemein zu „Vermutungen" Zöller-Greger, ZPO, Vor § 284, Rn. 33: keine Stütze im Gesetz oder Beweislastystem.
[1320] BGH NJW 1996, S. 315 (315 ff.); kritisch Laumen, NJW 2002, S. 3739 ff.
[1321] BGH NJW 2003, S. 358 (359); NJW-RR 2002, S. 166 (166); NJW 1993, S. 734 (734); NJW 1992, S. 2694 (2695); Zöller-Greger, ZPO, §287, Rn. 3; M/K-Prütting, ZPO, §287, Rn. 13; Baumbach/Lauterbach/Albers/Hartmann-Hartmann, ZPO, §287, Rn. 6; Musielak-Foerste, ZPO, §287, Rn. 3.

oder fehlerhafte Pflichterfüllung haftungsbegründend beeinträchtigt ist.[1322] Die Beweismaßsenkung nach §287 ZPO bewirkt, daß anders als bei §286 ZPO keine richterliche Überzeugung von der Wahrheit der Klägerbehauptung notwendig ist, was die persönliche Gewißheit des Richters voraussetzt[1323], sondern eine richterliche Schätzung oder Ermessenausübung zulässig ist[1324]. Dafür bedarf es nur einer überwiegenden Wahrscheinlichkeit des vorgetragenen Geschehensablaufs im Einzelfall.[1325] In der konkreten Prozeßsituation kann der Beweisnot des Kunden so gegebenenfalls abgeholfen werden.[1326]

Nahe liegt auch die Annahme eines Anscheinsbeweises.[1327] Seine Heranziehung zur Feststellung eines Ursachenzusammenhangs ist möglich, wenn ein Schadensereignis nach allgemeiner Lebenserfahrung die typische Folge der festgestellten Pflichtverletzung ist.[1328] In diesem Fall genügt der Beweis des Sachverhalts, an den der Ursachenzusammenhang anknüpft.[1329] Zur Widerlegung reicht es allerdings aus, wenn der Prozeßgegner die ernsthafte Möglichkeit eines atypischen Verlaufs im betreffenden Einzelfall beweist.[1330] Die technischen Hilfspflichten aus §312e, die den Schutz der vorvertraglichen Willensbildung zum Ziel haben, sind gerade deshalb gesetzlich verankert worden, weil sie typisierend dem erhöhten Fehlerrisiko im elektronischen Geschäftsverkehr vorbeugen sollen. Kein Hindernis für die Annahme eines Anscheinsbeweises ist die Tatsache, daß es um individuelle Willensentschlüsse des Kunden geht. Auch Willensentschlüsse sind richtigerweise dem Anscheinsbeweis zugänglich, da sich aufgrund der Lebenserfahrung anhand der bekannten Entscheidungsparameter ein gewisses Standardverhalten prognostizieren läßt.[1331] Deshalb kann von einem prima-facie-Beweis für den Zusammenhang zwischen dem Vertragsschluß und der Pflichtverletzung ausgegangen werden. Bei unterlassener Aufklärung über Verhaltenskodizes nach

---

1322 so auch Grigoleit, Vorvertragliche Informationshaftung, S. 167; a. A. möglicherweise Grunewald, ZIP 1994, S. 1162 (1164). Einen anderen Ansatz verfolgen Musielak-Foerste, ZPO, §286, Rn. 40 und M/K-Prütting, ZPO, §286, Rn. 47, die aus einer Analogie zu §§119, 2087 („anzunehmen ist") allgemein ableiten, daß bei hypothetischen Kausalverläufen nur der Nachweis einer erheblichen Wahrscheinlichkeit notwendig ist.

1323 BGHZ 53, 245 (256); BGHZ 61, 165 (169); Schwab, in: FS-Fasching, S. 451 ff. mit Darstellung verschiedener Theorien; Zöller-Greger, ZPO, §286, Rn. 19.

1324 Schwab, in: FS-Fasching, S. 451 (460); Zöller-Greger, ZPO, §287, Rn. 1.

1325 BGH NJW-RR 2002, 166 (167); NJW 2000, S. 509 (509); Musielak-Foerste, ZPO, §287, Rn. 7.

1326 für eine Anwendung von §287 (analog) auch Dörner, AcP 202 (2002), S. 363 (382); dagegen: Spindler, in: Dauner-Lieb/Konzen/Schmidt (Hrsg.), Das neue Schuldrecht in der Praxis, S. 459 (470).

1327 für diesen bei der Informationshaftung: Lang, WM 2000, S. 450 (462 ff.); Grunewald, ZIP 1994, S. 1162 (1165 f.); Stodolkowitz, VersR 1994, S. 11 (14 f.); Baumgärtel, Beweislastpraxis im Privatrecht, Rn. 535 ff.; Lorenz, Der Schutz vor dem unerwünschten Vertrag, S. 77 ff.; Palandt-Heinrichs, §280, Rn. 39.

1328 BGH NJW 1991, S. 230 (231); Zöller-Greger, ZPO, Vor § 284, Rn. 29; Baumbach/Lauterbach/Albers/Hartmann-Hartmann, ZPO, Anh. §286, Rn. 16; Musielak-Foerste, ZPO, §286, Rn. 23; M/K-Prütting, ZPO, §286, Rn. 48.

1329 BGH NJW 1982, S. 2447 (2448).

1330 BGH NJW 1991, S. 230 (231); Zöller-Greger, ZPO, Vor § 284, Rn. 29; M/K-Prütting, ZPO, §286, Rn. 65.

1331 so auch Grunewald, ZIP 1994, S. 1162 (1165); Lang, WM 2000, S. 450 (463 f.); M/K-Prütting, ZPO, §286, Rn. 77: nicht generell ausgeschlossen.

§3 Nr. 5 InfoV kann der Anscheinsbeweis allerdings nur eingreifen, wenn der Unternehmer sich nachweislich nicht an die Selbstverpflichtungen gehalten hat. Nur bei dieser Tatsachenlage kann angenommen werden, daß der Kunde typischerweise durch die Information den Verstoß bemerken und vom Vertrag Abstand nehmen wird. Der Anscheinsbeweis kann zwar generell die Beweisprobleme des Kunden vermindern, nicht aber völlig beseitigen.
Schließlich denkbar ist auch die Annahme einer vollständigen Beweislastumkehr. Bei ihrem Eingreifen müßte der Aufklärungspflichtige seinerseits zur vollen Überzeugung des Gerichts darlegen, daß der Kausalzusammenhang zwischen Pflichtverletzung und Vertrag nicht besteht. Für eine Beweislastumkehr bedarf es allerdings einer dringenden Notwendigkeit, die diese Abweichung von den allgemeinen Beweisregeln im Wege der Rechtsfortbildung legitimieren kann.[1332] Von der Rechtsprechung ist die Beweislastumkehr bei Informationspflichten damit begründet worden, daß der Zweck der Aufklärung auch in der Behebung der Beweisnot des Berechtigten bestehe.[1333] Diese Begründung ist aber sicherlich angreifbar, denn die Sanktionierung jeder Norm dient schließlich mittelbar der Verwirklichung ihres Schutzzwecks, so daß entsprechende Schutzzweckerwägungen kein Spezifikum der Informationshaftung sein dürften.[1334] Die Verlagerung der Beweislast kann des weiteren auch nicht mit der relativ größeren Beweisnähe des Informationspflichtigen gerechtfertigt werden[1335], weil der Aufklärungspflichtige sich in der Regel in derselben Beweisnot wie der Getäuschte befindet[1336], da es um innere Willensvorgänge geht. Ob der Aspekt, daß der Aufklärungspflichtige Vorteile aus dem geschlossenen Vertrag zieht, eine Beweislastverlagerung rechtfertigen kann[1337], ist zwar zweifelhaft[1338], mag aber dahinstehen. Im speziellen Fall des §312e wird man eine Beweislastumkehr schon unter dem Aspekt des effet utile (Art. 10 EG) zu Präventionszwecken[1339] begründen können. Art. 20 ECRL verlangt nämlich – in Konkretisierung des effet utile – die Sanktionierung der Pflichten in „abschreckender" Weise. Bei Verlagerung der Beweislast kann die Vertragsaufhebung aus cic unter den individualrechtlichen Sanktionen ihre Lückenfüllfunktion gegenüber der Widerrufsfristverlängerung aus §312e III2, die Unternehmerkunden nicht zugute

---

[1332] Leipold, Beweismaß und Beweislast im Zivilprozeß, S. 21 f.; Musielak, Die Grundlagen der Beweislast im Zivilrecht, S. 132 ff.; Musielak-Foerste, ZPO, §286, Rn. 37; M/K-Prütting, ZPO, §286, Rn. 117 ff.

[1333] BGH 61, 118 (121); BGH NJW 1988, S. 200 (203); mittelbar auf den Schutzzweck rekurrieren auch Grigoleit, Vorvertragliche Informationshaftung, S. 174 f.; Schwarze, Vorvertragliche Verständigungspflichten, S. 314 ff.

[1334] Schultze, VersR 1990, S. 808 (810); Grunewald, ZIP 1994, S. 1162 (1163).

[1335] so auch Grunewald, ZIP 1994, S. 1162 (1163 f.); Grigoleit, Vorvertragliche Informationshaftung, S. 175.

[1336] Grunewald, ZIP 1994, S. 1162 (1164); Stodolkowitz, VersR 1994, S. 11 (12).

[1337] so Grigoleit, WM 2001, S. 597 (602); Grigoleit, Vorvertragliche Informationshaftung, S. 176.

[1338] immerhin ziehen oft beide Parteien Vorteile aus einem Vertrag.

[1339] dem Präventionsgedanken steht die Rechtsprechung zur Kausalität im Arzthaftungsrecht nahe, die eine Beweislastumkehr regelmäßig nur bei groben Behandlungsfehlern annimmt: BGH NJW 1993, S. 3140 (3140); NJW 1994, S. 802 (802); NJW 94, 1594 (1594); den Präventionszweck führt auch Grunewald, ZIP 1994, S. 1162 (1164) für vorsätzliche Verstöße an; zum Sanktionsgedanken als Rechtfertigung für eine Beweislastumkehr auch Leipold, Beweismaß und Beweislast im Zivilprozeß, S. 23; allgemein zur Geltung des Präventionsgedankens im Zivilrecht: Larenz, SchuldR I, A5, S. 423 f.

kommen kann, besser erfüllen. Es ist deshalb gerechtfertigt, die Beweislast schon wegen einer Pflichtverletzung aus §312e generell auf den Unternehmer zu verlagern.[1340] Die Beweislastverschiebung wird so zum eigenständigen Sanktionsmechanismus.[1341] Allerdings kann der Unternehmer den Gegenbeweis antreten, indem er aufzeigt, daß der Kunde jedenfalls einen Vertrag dieser Art schließen wollte und auch die Möglichkeit eines günstigeren Vertragsschlusses nicht gegeben war.[1342] Speziell bei unterlassener Information über Verhaltenskodizes nach §3 Nr. 5 InfoV kann er zudem nachweisen, daß er die Kodizes beachtet hat. Er kann aber auch beweisen, daß der entstandene Schaden nicht vom Schutzzweck der Norm erfaßt wird, weil die betreffende Pflicht nicht vor Irrtümern der entstandenen Art schützen soll (so schützt z. B. die Korrekturmöglichkeit nach §312e II Nr. 1 nicht vor bloßen Motivirrtümern). Außerdem trifft den Kunden als Kläger aus §138 I, II ZPO eine Substantiierungspflicht, nach der er unabhängig von der Verteilung der Beweislast substantiierte Tatsachen hinsichtlich eines kausal hervorgerufenen Willensmangels vortragen muß, die dem Unternehmer überhaupt erst die Angriffsfläche für einen Gegenbeweis liefern.[1343] Die gilt insbesondere für diejenigen Teile des Erklärungsvorgangs, die in seiner Sphäre stattfinden.[1344] Die eben beschriebene Beweislastumkehr für die Kausalität gilt auch für konkurrierende Deliktsansprüche.[1345] Fraglich ist aber, ob sie sich auch auf die Geltendmachung eines Anfechtungsgrundes übertragen läßt, dergestalt daß die Anfechtung immer statthaft ist, wenn eine objektive Pflichtverletzung aus §312e nachgewiesen ist.[1346] Jedoch bedarf es bei den §§119 f. schon für die Tatbestandsbegründung eines beachtlichen Irrtums. Für die Haftungsbegründung sieht die Rechtsprechung aber grundsätzlich keine Haftungslockerungen vor.[1347] Außerdem wird bei den §§119 f. eine Fremdverursachung des Irrtums durch eine Pflichtverletzung des Vertragsgegners – anders als bei der cic oder §123 – nicht vorausgesetzt, so daß kein Anknüpfungspunkt für eine Beweislastverlagerung ersichtlich ist. Die Beweislast für das Vorliegen eines Irrtums und dessen subjektive und objektive Erheblichkeit liegt daher beim Anfechtenden.[1348] Es

---

[1340] eine solche Beweislastumkehr bei Vorenthaltung von Angaben beim elektronischen Vertragsschluß sieht z. B. auch der niederländische Gesetzesentwurf zur Umsetzung der ECRL vor, Sujecki, MMR 2003, S. 378 (380).

[1341] für eine Beweislastumkehr bei §312e auch Grigoleit, WM 2001, S. 598 (602); Haas/Medicus/Rolland/Schäfer/Wendtland-Schäfer, Das neue Schuldrecht, 8. Kapitel, Rn. 46; allgemein für Aufklärungspflichten: M/K-Emmerich, §311, Rn. 241; M/K-Roth, §241, Rn. 167; M/K-Ernst, §280, Rn. 144; Grigoleit, Vorvertragliche Informationshaftung, S. 172 ff.

[1342] BGH NJW 1991, S. 694 (695); BGH WM 1990, S. 681 (683 f.); OLG Köln NJW-RR 1995, S. 112 (112).

[1343] so auch Grigoleit, Vorvertragliche Informationshaftung, S. 177 f.; zur Substantiierungspflicht M/K-Peters, ZPO, §138, Rn. 18 f.; Zöller-Greger, ZPO, Vor § 284, Rn. 34; BGH NJW 1999, S. 579 (580).

[1344] für die Verteilung der Substantiierungslast nach Sphären Hausen, JuS 1991, S. 588 (590).

[1345] BGH NJW 1984, S. 1688 (1688 f.); NJW 1994, 512 (513 f.); Palandt-Heinrichs, §280, Rn. 39.

[1346] so Haas/Medicus/Rolland/Schäfer/Wendtland-Schäfer, Das neue Schuldrecht, 8. Kapitel, Rn. 46.

[1347] Baumbach/Lauterbach/Albers/Hartmann-Hartmannn, ZPO, Anh §286, Rn. 200. Ausnahmen gelten bislang nur im Arzthaftungsrecht Zöller-Greger, ZPO, Vor § 286, Rn. 20a.

[1348] Palandt-Heinrichs, §119, Rn. 32; RGRK-Krüger-Nieland, §119, Rn. 91; einschränkend unter Berufung auf RG HRR 1935, Nr. 1372 Erman-Palm, §119, Rn. 56; Staudinger-Dilcher, §119, Rn. 79; M/K-

reicht jedoch für den Beweis der Kausalität zwischen Irrtum und Abgabe der Willenserklärung, daß er Tatsachen vorträgt, die mit erheblicher Wahrscheinlichkeit für einen Kausalzusammenhang sprechen („anzunehmen ist").[1349] Bei Verletzung einer Pflicht aus §312e ist der Kunde aber stets vom Ersatz des Vertrauensschadens aus §122 befreit.[1350]
Nach der Schuldrechtsreform gilt im übrigen generell für das Verschuldenserfordernis gem. §280 I2 eine gesetzliche Vermutung, die nach §292 ZPO nur durch einen vollen Gegenbeweis des Unternehmers widerlegt werden kann.[1351] Diese Beweislastverteilung ersetzt die vormals bei Verzug und Unmöglichkeit geltenden §§282, 285 a. F.[1352]

E. Lauterkeitsrechtliche Sanktionen und Verbandsklagen

I. Lauterkeitsrechtliche Sanktionen nach dem UWG

1. persönlicher Kreis der Klagebefugten

Neben der zivilrechtlichen Sanktionierung von Pflichtverletzungen kommt auch eine Ahndung mit den Mitteln des Wettbewerbsrechts in Betracht. Das UWG befindet sich derzeit in einem Reformprozeß, der jüngst Niederschlag in einem Regierungsentwurf gefunden hat.[1353] Soweit durch diese Reform Änderungen der Rechtslage zu erwarten sind, wird darauf hingewiesen. Es ist jedoch davon auszugehen, daß das UWG in seinen Grundstrukturen erhalten bleibt und vorwiegend Modernisierungen, Klarstellungen und Anpassungen an die Rechtsprechung vorgenommen werden.[1354]
So stellt das Gesetz über den unlauteren Wettbewerb unter anderem Unterlassungs-, Schadenersatz-, und gewohnheitsrechtlich anerkannte Beseitigungsansprüche als Sanktionsmittel für Wettbewerbsverstöße zur Verfügung. Es dient der Ordnung des Wettbewerbs zum Schutz der Wettbewerber untereinander, aber darüber hinaus auch dem Schutz der Interessen der Verbraucher und der Allgemeinheit.[1355] Es ist seiner Struktur nach ein Sonderdeliktsrecht.[1356]Seine besondere Bedeutung für die Verfolgung von Rechtsverstößen liegt darin, daß es gegenüber dem Zivilrecht den Kreis der Klageberechtigten bei den Unterlassungs- und Beseitigungsansprüchen erheblich erweitert. Neben den durch den Wettbewerbsverstoß unmittelbar betroffenen Mitbewerbern[1357] erstreckt §13 UWG die Klagebefugnis unter bestimmten Voraussetzungen auf

---

Kramer, §119, Rn. 142: es sind nur die Tatsachen vorzutragen, *aus denen sich sich ergibt*, daß ein Kausalzusammenhang zwischen Irrtum und Erklärung besteht.
[1349] Musielak-Foerste, ZPO, §286, Rn. 40; M/K-Prütting, ZPO, §286, Rn. 47.
[1350] s. o. 2. Teil D.II.4.
[1351] Zöller-Greger, ZPO, §292, Rn. 2.
[1352] BT-Druck 14/6040, S. 136; Palandt-Heinrichs, §280, Rn. 34.
[1353] vgl. Regierungsentwurf eines Gesetzes gegen den unlauteren Wettbewerb (http://www.bmj.bund.de/images/11596.pdf).
[1354] vgl. zum Überblick, Sack, BB 2003, S. 1073 ff.
[1355] Baumbach/Hefermehl, Wettbewerbsrecht, Allg, Rn. 79 u. Einl. UWG, Rn. 49 ff.
[1356] Köhler, GRUR 2003, S. 265 (267).
[1357] die Rechtsprechung verlangt für die unmittelbare Betroffenheit ein konkretes Wettbewerbsverhältnis, BGH NJW NJW 2002, 2880 (2281) („WISO"); 2002, 2642 (2643) („Vanity-Nummer"); NJW 2001, 522 (523) ("Immobilienpreisangaben").

weitere Personengruppen, sofern deren Belange wesentlich beeinträchtigt sind. So sind gem. §13 II Nr. 1 UWG alle Gewerbetreibenden, die Waren oder gewerbliche Leistungen gleicher oder verwandter Art auf demselben Markt vertreiben, klagebefugt. Dabei wird diese Definition weit ausgelegt. Zur Gruppe der Gewerbetreibenden zählen deshalb auch Freiberufler und Idealvereine.[1358] Auch für den Vertrieb gleichartiger Waren oder Leistungen ist lediglich ein abstraktes Wettbewerbsverhältnis zwischen den Parteien notwendig, das nach der Verkehrsaufassung schon bei einer nicht gänzlich unbedeutenden (potentiellen) Beeinträchtigung von gewisser – sei es auch nur geringer – Wahrscheinlichkeit vorliegen kann.[1359] Keine Rolle spielt es, ob die Unternehmer verschiedenen Branchen angehören.[1360] Für ein abstraktes Konkurrenzverhältnis unter Anbietern im elektronischen Geschäftsverkehr wird es allerdings nicht schon ausreichen, daß die Mitwerber dieselbe Vertriebsform wählen, sondern es muß auf die Art der Waren oder der sonstigen Leistungen selbst abgestellt werden. Die Vertriebsform hat aber Auswirkungen auf das an sich einschränkende Kriterium des Vertriebs auf demselben Markt. Für seine Erfüllung wird vorausgesetzt, daß der Verletzter aufgrund des Kundenverhaltens, der Warenart und ihrer Vertriebsart dort mit nicht nur völlig unbedeutenden Absatzchancen rechnen kann.[1361] Gerade im elektronischen Fernabsatz sind den potentiellen Absatzmöglichkeiten aber kaum geographische Grenzen gesetzt, so daß ohne weiteres auch Klagen von Konkurrenten aus dem Ausland möglich sind. Der Regierungsentwurf zum neuen UWG will allerdings laut der Begründung die Klagebefugnis in §8 III Nr. 1 UWG-E auf die unmittelbar betroffenen Mitbewerber beschränken, d. h. abstrakt betroffene Gewerbetreibende könnten sich nur noch über die Einschaltung eines Wettbewerbsverbandes wehren.[1362] Des weiteren bietet §13 II Nr. 2 UWG in seiner geltenden Fassung unter ähnlichen Voraussetzungen auch rechtsfähigen Wirtschaftsverbänden, die die Förderung gewerblicher Ziele zum Satzungszweck erhoben haben und ausreichend persönlich, finanziell und sachlich ausgestattet sind, sowie qualifizierten Einrichtungen i.S.v. §4 Unterlassungsklagegesetz (UKlG)[1363] ein Verbandsklagerecht. Zu diesen Wirtschaftverbänden zählen z. B. die Wettbewerbszentrale in Frankfurt|M[1364], die Rechtsanwaltskammer und die Industrie- und Handelskammern (speziell erfaßt von §13 II Nr. 4 UWG).[1365] Der Vorteil einer Erstreckung der Klagebefugnis auf spezialisierte Verbände ist, daß deren Sachkunde eine besondere Abschreckungswirkung entfaltet. Außerdem können sie effektiv Allgemeininteressen schützen, wo die unmittelbar Betroffenen aus Kostengründen oder anderen Motiven nicht gegen Verstöße einschreiten können oder wollen. Das

---

[1358] Baumbach/Hefermehl, Wettbewerbsrecht, §13 UWG, Rn. 12.

[1359] BGH GRUR 2000, S. 438 (440) („Gesetzeswiederholende Unterlassungsanträge"); BGH GRUR 1997, S. 479 (480) („Münzangebot"); BGH GRUR 1996, S. 804 (805) („Preisrätselgewinnauslobung III").

[1360] BGH GRUR 1990, S. 375 (376) („Steuersparmodell").

[1361] OLG München, WRP 1995, S. 1057 (1059); OLGR Zweibrücken 2001, 20; Baumbach/Hefermehl, Wettbewerbsrecht, §13 UWG, Rn. 16.

[1362] vgl. Regierungsentwurf zum Gesetz über den unlauteren Wettbewerb, S. 47 f. (http://www.bmj.bund.de/images/11596.pdf).

[1363] dazu näher s. u. 2. Teil E.II.

[1364] http://www.wettbewerbszentrale.de/.

[1365] vgl. Baumbach/Hefermehl, Wettbewerbsrecht, §13 UWG, Rn. 30a ff.

UWG könnte also durch die Erweiterung des Kreises der Klagebefugten eine wertvolle Ergänzung zum Sanktionsrepertoire des BGB darstellen.

2. *sachliche Tatbestandsvoraussetzungen*

Voraussetzung für die Sanktionierung von Verstößen gegen §312e mittels des Wettbewerbsrechts ist allerdings, daß sich die Verletzung der dort aufgestellten Pflichten für den Unternehmer gleichzeitig tatbestandlich als Verstoß gegen die Vorschriften des UWG darstellt. Insbesondere könnten sie in die von der Rechtsprechung aufgestellte Fallgruppe des Rechtsbruchs im Rahmen von §1 UWG eingeordnet werden.[1366] Diese soll nach §4 Nr. 11 UWG-E ausdrücklich geregelt werden.[1367] Unter dieser Bezeichnung werden Verhaltensweisen zusammengefaßt, bei denen sich Unternehmer nicht aufgrund eigener Leistung, sondern durch Verletzung von Rechtsvorschriften einen Vorsprung vor ihren Mitbewerbern verschaffen. Die wettbewerbsrechtliche Generalklausel des §1 UWG verlangt, daß ein Verhalten im geschäftlichen Verkehr zu Zwekken des Wettbewerbs gegen die guten Sitten verstößt (terminologisch ist der Leitbegriff nach §3 UWG-E nicht mehr die „Sittenwidrigkeit", sondern die „Unlauterkeit" einer Handlung, ohne daß damit in der Sache eine Änderung beabsichtigt wäre[1368]).

Grundsätzlich muß also zunächst das tatbestandliche Verhalten objektiv eine wettbewerbsrelevante Handlung sein.[1369] Dafür muß sie äußerlich geeignet sein, den Absatz einer Person zum Nachteil einer anderen Person zu fördern[1370], darf also nicht ein bloßes Betriebsinternum sein, sondern muß Außenwirkung entfalten. Dies ist beim elektronischen Vertragsschluß stets der Fall, sobald der Unternehmer mit dem Tele- oder Mediendienst an die Marktöffentlichkeit tritt, d. h. bspw. eine Homepage mit Bestellsystem online stellt.

Des weiteren bedarf es der wettbewerbsrechtlichen Bewertung des Verhaltens als sittenwidrig. Nicht jede rechtswidrige Handlung ist nämlich zugleich auch sittenwidrig, weil die Sittenwidrigkeit eine besondere Wertungsfrage ist.[1371] Es würde zu weit gehen und den Wettbewerb sogar hemmen, wenn jeder beliebige objektive Rechtsverstoß mit wettbewerbsrechtlichen Mitteln geahndet werden könnte, weil dann Rechtswidrigkeit und Sittenwidrigkeit gleichgesetzt würden. Bei der Feststellung der Sittenwidrigkeit liegt deshalb der Knackpunkt und die eigentliche Brisanz der Fallgruppe des

---

[1366] so explizit auch Boente/Riehm, Jura 2002, S. 222 (229); für Unterlassungs- bzw. Schadenersatzansprüche aus dem UWG allgemein auch die Bundesregierung, BT-Druck 14/6040, S. 173 f.; M/K-Wendehorst, §312e, Rn. 125; Micklitz/Tonner-Micklitz, Vertriebsrecht, §312e, Rn. 121; Wilmer/Hahn, Fernabsatzrecht, 2 A VI, Rn. 21.

[1367] vgl. Regierungsentwurf zum Gesetz über den unlauteren Wettbewerb, S. 38 f. (http://www.bmj.bund.de/images/11596.pdf).

[1368] vgl. vgl. Regierungsentwurf zum Gesetz über den unlauteren Wettbewerb, S. 30 (http://www.bmj.bund.de/images/11596.pdf); vgl. auch Sack, BB 2003, S. 1073 (1073 ff).

[1369] Baumbach/Hefermehl, Wettbewerbsrecht, §1 UWG, Rn. 611 u. Einl. UWG, Rn. 214 ff.; Köhler/Piper-Piper, §1 UWG, Rn. 740.

[1370] BGH GRUR 1981, S. 658 (659) („Preisvergleich"); BGH GRUR 1983, S. 374 (375) („Spendenbitte").

[1371] Heidelberger Kommentar-Kotthoff, Wettbewerbsrecht, §1 UWG, Rn. 609.

Rechtsbruchs im Rahmen von §1 UWG. Die Sittenwidrigkeit im Rahmen des Wettbewerbsrechts ist spezifisch wettbewerbsbezogen und nicht im Sinne des BGB (z. B. von §826) zu verstehen.[1372] Grundsätzlich bedarf es einer Abwägung im Einzelfall anhand von Inhalt, Zweck und Folgen der Handlung, um festzustellen, ob das Verhalten die Interessen von Mitbewerbern, Verbrauchern oder der Allgemeinheit verletzt und den Wettbewerb unzulässig beeinträchtigt. Die Rechtsprechung nimmt regelmäßig nur bei sog. wertbezogenen Normen schon allein aufgrund des objektiven Rechtsverstoßes eine Verletzung von §1 UWG an. [1373] Dazu zählen Normen, die besonders wichtigen Gemeinschaftsgütern wie der Umwelt, der Volksgesundheit oder der Rechtspflege dienen, weil diese bereits selbst einen sittlichen Gehalt aufweisen, so daß ihre Verletzung dem sittlichen Empfinden der Allgemeinheit widerspricht, und bei Normen, die unmittelbar wettbewerbsbezogen sind.[1374] Bei sog. wertneutralen Normen hingegen, die lediglich Ordnungsfunktion haben, bedarf es zusätzlich hinzutretender wettbewerbsrelevanter Umstände, um den Wertungssprung zur Sittenwidrigkeit zu vollziehen. Zu diesem Zweck hat die Rechtsprechung zusätzliche subjektive Voraussetzungen aufgestellt, nämlich daß der Gesetzesverstoß bewußt und in der Absicht begangen worden sein muß, sich einen relevanten Wettbewerbsvorsprung zu verschaffen („Vorsprung durch Rechtsbruch"). [1375] Diese zusätzlichen Erfordernisse sind nicht als Schuldmerkmale, sondern als (subjektive) Tatbestandsmerkmale zu verstehen.[1376] Die Ableitung eines Sittenverstoßes aus diesen Merkmalen wurde gelegentlich kritisiert, weil es bei der Sittenwidrigkeit nur um die objektiven Funktionsbedingungen des Wettbewerbs gehen dürfe, während es durch die Heranziehung subjektiver Merkmale zu einer Gesinnungsethik käme. [1377] Auch wurde die Praxis der Rechtsprechung zur Sanktionierung von objektiven Rechtsverletzung generell als zu weitgehend kritisiert.[1378] In neueren Entscheidungen hat die Rechtsprechung deswegen restriktive Tendenzen gezeigt, um die überbordende Sanktionierungspraxis auf wettbewerbsrelevante Sachverhalte zurückzuführen. Verlangt wird nunmehr, daß die betreffende Rechtsvorschrift zumindest sekundär wettbewerbsbezogene Schutzfunktion haben muß.[1379] Dem folgt laut Begründung auch der Regierungsentwurf zur UWG-Reform in §4 Nr. 11

[1372] Hombrecher, Jura 2003, S. 153 (155): erforderlich ist ein Verstoß gegen die Wettbewerbsordnung, nicht die Rechtsordnung insgesamt.

[1373] BGH NJW 2000, S. 3351 (3353) („Abgasemissionen"); NJW 2001, 2089 (2091) („Verbandsklage gegen Vielfachabmahner"); Emmerich, Unlauterer Wettbewerb, S. 310; Baumbach/Hefermehl, Wettbewerbsrecht, §1 UWG, Rn. 613; Köhler/Piper-Piper, §1 UWG, Rn. 727.; Heidelberger Kommentar-Kotthoff, Wettbewerbsrecht, §1 UWG, Rn. 609.

[1374] Köhler/Piper-Piper, §1 UWG, Rn. 745.

[1375] BGH NJW 2002, 3396 (3399) („Belehrungszusatz"); NJW 1997, 2180 (2181) („Architektenwettbewerb"); NJW 1995, 2168-2169 („Bahnhofs-Verkaufsstellen"); Hombrecher, Jura 2003, S. 153 (159); Emmerich, Unlauterer Wettbewerb, S. 312; Baumbach/Hefermehl, Wettbewerbsrecht, §1 UWG, Rn. 646 ff.

[1376] Köhler/Piper-Piper, §1 UWG, Rn. 791 u. Einf. UWG, Rn. 294.

[1377] Großkommentar-Schünemann, Einl. UWG, Rn. D 136; Anders, Subjektive Elemente des Sittenwidrigkeitsbegriffs des §1 UWG, S. 172 ff.

[1378] Emmerich, Unlauterer Wettbewerb, S. 309 f.

[1379] BGH NJW 2002, S. 2645 (2647) („Elektroarbeiten"); NJW 2000, S. 3351 (3353 f.) ("Abgasemissionen").

UWG-E[1380]. Der Gehalt dieser Formel ist bislang unklar. Die Rechtsprechung versteht darunter Normen, die die Gegebenheiten eines bestimmten Marktes festlegen und gleiche rechtliche Voraussetzungen für die auf diesem Markt tätigen Wettbewerber schaffen.[1381] Teilweise wird aus dieser Rechtsprechungsänderung die Folgerung gezogen, daß nunmehr auf die subjektiven Tatbestandsmerkmale beim Rechtsbruch gänzlich verzichtet werden und es statt dessen nur noch objektiv auf die wettbewerbsbezogene Funktion der Norm und die objektive Eignung des Gesetzesverstoßes zur Verschaffung eines Wettbewerbsvorteils ankommen sollte.[1382]

Fraglich ist, wie sich Verstöße gegen §312e in die Unterkategorien des sittenwidrigen Rechtsbruchs gem. §1 UWG einfügen. Möglicherweise handelt es sich bei §312e um eine wertbezogene Norm, da sie insbesondere auch dem Verbraucherschutz im Binnenmarkt dienen soll. Auf europäischer Ebene hat der EuGH neben der Lauterkeit des Handelsverkehrs auch den Verbraucherschutz als zwingendes Erfordernis des Allgemeininteresses angesehen, das Einschränkungen der Grundfreiheiten erlaubt[1383], und auch der Amsterdamer Vertrag hat durch Art. 153 EG den Stellenwert des Verbraucherschutzes erheblich gestärkt. Auch im deutschen Wettbewerbsrecht gewinnt der Verbraucherschutzgedanke zunehmend an Bedeutung, wie die Einführung von §13 II Nr. 2 und §13a UWG beweisen.[1384] In den §§1 und 3 UWG-E findet sich jetzt sogar eine ausdrückliche Erwähnung der Verbraucher als zu schützende Marktteilnehmer.[1385] Soweit der Verbraucherschutz in der Literatur als wichtiges Gemeinschaftsgut bei der Fallgruppe des Rechtsbruchs angesehen wird, wird dies allenfalls für Verstöße gegen Belehrungspflichten über Widerrufsrechte angenommen, nicht jedoch für sonstige Verbraucherinformationen.[1386] Die Rechtsprechung betrachtet Informationspflichten immer als wertneutral[1387], insbesondere auch Belehrungspflichten über Widerrufsrechte[1388]. Gegen die Einordnung als wertbezogene Norm spricht, daß zum einen der Bestand verbraucherschützender Vorschriften sich einer klaren Definition ent-

---

[1380] vgl. Regierungsentwurf zum Gesetz über den unlauteren Wettbewerb, S. 38 f. (http://www.bmj.bund.de/images/11596.pdf).

[1381] BGH NJW 2000, S. 3351 (3354) ("Abgasemissionen"); OLG Frankfurt am Main, MMR 2001, S. 529 (530).

[1382] Köhler, NJW 2002, S. 2761 (2763).

[1383] vgl. nur Oppermann, Europarecht, §29, Rn. 2043; Reich/Micklitz-Reich, Europäisches Verbraucherrecht, §1 Rn. 4.

[1384] vgl. Drexl, Die wirtschaftliche Selbstbestimmung des Verbrauchers, S. 20 ff.; vgl. allgemein Fezer, Modernisierung des deutschen Rechts gegen den unlauteren Wettbewerb auf der Grundlage einer Europäisierung des Wettbewerbsrechts, S. 10 ff.

[1385] vgl. Regierungsentwurf zum Gesetz über den unlauteren Wettbewerb, S. 1 (http://www.bmj.bund.de/images/11596.pdf).

[1386] Heidelberger Kommentar-Kotthoff, Wettbewerbsrecht, §1 UWG, Rn. 633 ff.

[1387] BGH NJW 1988, S. 2471 (2472) ("qm-Preisangaben II") zum Verstoß gegen die Preisangabenverordnung; OLG Frankfurt am Main, MMR 2001, S. 529 (530): Verstoß gegen § 2 Abs 2 FernAbsG a. F.; OLG Karlsruhe, MMR 2002, S. 618 (618): Verstoß gegen § 2 Abs 2 FernAbsG; zweifelnd: OLG Hamburg, MMR 2003, S. 105 (106) zu §6 TDG; so auch Köhler/Piper-Piper, §1 UWG, Rn. 795; a. A. LG Frankfurt am Main v. 28.3.2003, (http://www.jurpc.de/rechtspr/20030153.htm), S. 7 f.: §6 TDG ist eine wertbezogene Norm, weil sie dem Verbraucherschutz dient.

[1388] NJW 2002, 3396-3399 („Belehrungszusatz"); LG Berlin, WRP 2001, S. 325 (326); LG München, CR 2001, S. 788 (788).

zieht[1389] und zum zweiten die Verbreitung dieser Normen so weitgehend ist[1390], daß eine wettbewerbsrechtliche Sanktionierung aufgrund der bloßen objektiven Verletzung jedenfalls nicht in Betracht kommen darf. Ansonsten würde §1 zu einer verschuldensunabhängigen Generalklausel für Rechtsverstöße. Als zusätzlicher Umstand muß deshalb die für den Unternehmer erkennbare Erzielung eines ungerechtfertigten Wettbewerbsvorsprungs verlangt werden.
Betrachtet man §312e als wertneutrale Norm[1391], so kann man grundsätzlich nach der Formel der Rechtsprechung ohne Bedenken von einer sekundär wettbewerbsbezogenen Funktion ausgehen. Es ist nämlich ausdrückliche Zielsetzung der ECRL, eine wettbewerbsrechtliche Vereinheitlichung des Binnenmarkts zu erreichen (Art. 1 II ECRL), so daß entsprechend der Telos von §312e als Umsetzungsvorschrift klar auf die Marktregelung bezogen ist. Durch seine Einführung werden auch gleiche rechtliche Bedingungen für alle Wettbewerber geschaffen, was freilich nicht viel besagt, da durch Gesetze immer eine par conditio concurrentium[1392], d. h. eine gleiche Ausgangslage, hergestellt wird. Die Gretchenfrage ist jedoch, inwieweit die Verletzung von 312e dem Unternehmer einen Wettbewerbsvorteil verschaffen kann. Als Vorsprung ist jede Verbesserung der eigenen Wettbewerbsposition im Vergleich zur bisherigen anzusehen, wobei die bloße Eignung dazu ausreicht[1393], zumal es sich ohnehin um einen schwer nachweisbaren hypothetischen Kausalverlauf handelt. Auch die Vermeidung von Verlusten kann schon als Vorteil ausreichen.[1394] Unmittelbar einsichtig ist ein Wettbewerbsvorsprung bei fehlender Belehrung über verbraucherschützende Widerrufsrechte, weil dem Verbraucher dadurch die Vertragslösung erschwert wird. Was aber die in §312e geregelten Pflichten betrifft, dürfte sich eine Verbesserung der Wettbewerbslage durch Nicht- oder Schlechterfüllung größtenteils kaum herleiten lassen. Die Pflicht zur Erläuterung der technischen Aspekte des Vertragsschlusses nach §3 Nr. 1 InfoV, die Information über die Speicherungsmodalitäten gem. §3 Nr. 2 InfoV sowie die Information über bereitstehende Vertragssprachen nach §3 Nr. 4 InfoV dürften insgesamt dem Kunden den Vertragsschluß erleichtern und den Umsatzzahlen des Unternehmers daher eher bei Erfüllung förderlich sein als bei Mißachtung. Bei der Pflicht zur Bestätigung des Bestellungseingangs gem. §312e I1 Nr. 3 und zur Bereitstellung der Vertragsbestimmungen nach dem Vertragsschluß gem. §312e I1 Nr. 4 ist jedenfalls nicht davon auszugehen, daß ihre Nichterfüllung dem Unternehmer wesentliche Kosten erspart. Zu beachten ist nämlich, daß Ersparnisse nicht allgemein einen rele-

---

[1389] vgl. zu verschiedenen Ansätzen nur Tonner, JZ 1996, S. 533 (534 ff.); Drexl, Die wirtschaftliche Selbstbestimmung des Verbrauchers; Kemper, Verbraucherschutzinstrumente. §13 definiert den Verbraucher nur in einem rechtsgeschäftlichen Zusammenhang. Es besteht kein Zweifel, daß der Begriff des Verbraucherschutzrechts darüber hinausgehen muß; mit Hinweis auf die fehlende Konturen eines Rechtsgebiets „Verbraucherschutzrecht" auch Dörner, in: Schulze/Schulte-Nölke (Hrsg.), Die Schuldrechtsreform vor dem Hintergrund des Gemeinschaftsrechts, S. 177 (177).
[1390] so auch OLG Hamburg, MMR 2003, S. 105 (106).
[1391] dafür jetzt auch Bamberger/Roth-Schmidt-Räntsch, §312e, Rn. 36.
[1392] vgl. zu dieser Voraussetzung beim Vorsprung durch Rechtsbruch allgemein Baumbach/Hefermehl, Wettbewerbsrecht ,§1 UWG, Rn. 654.
[1393] Köhler/Piper-Piper, §1 UWG, Rn. 786; Baumbach/Hefermehl, Wettbewerbsrecht, §1 UWG, Rn. 655.
[1394] Köhler/Piper-Piper, §1 UWG, Rn. 786.

vanten Vorsprung begründen, sondern nur wenn sie sich unmittelbar positiv auf die Wettbewerbsposition auswirken.[1395] Diese Einschränkung ist notwendig, damit §1 UWG nicht zur Blankettnorm mutiert, denn jede Rechtsverletzung wird irgendwie geartete mittelbare Geldvorteile haben.[1396] Für einen Wettbewerbsvorsprung reichen deshalb nur Gesetzesverstöße aus, die ein billigeres und besseres Leistungsangebot ermöglichen (z. B. durch billigere Herstellungsverfahren) oder günstigere Vertriebsmethoden (z. B. Mißachtung von Ladenschlußzeiten) erlauben.[1397] Dies ist bei den genannten Pflichten aus §312e jedoch nicht der Fall.[1398] Etwaige betriebsinterne Kostenersparnisse durch die Nichterfüllung der Pflichten sind wettbewerbsrechtlich irrelevant. Ein Wettbewerbsvorteil läßt sich allenfalls bei Verstoß gegen die Pflicht zur Bereitstellung von Korrekturmöglichkeiten für Eingabefehler nach §312e II Nr. 1 und für die Information über Verhaltenskodizes nach §3 Nr. 5 InfoV annehmen. Zwar werden die von den Kunden begangenen Eingabefehler nicht stets wirtschaftliche Vorteile für den Unternehmer bergen, so daß er eine Korrektur fürchten müßte; allerdings erhalten die Kunden durch die gebotene abschließende Gesamtdarstellung der Vertragsdaten bei der Korrektur faktisch die Gelegenheit, ihren Geschäftswillen insgesamt noch einmal zu überdenken. Dies birgt eine gewisse Gefahr, daß sie ihren Willen noch einmal ändern und den Bestellprozeß abbrechen könnten. Im Fehlen dieser Gefahr liegt also ein ausreichender Wettbewerbsvorteil. Wenn schließlich nicht auf Verhaltenskodizes hingewiesen wird, kann den Kunden damit die Möglichkeit genommen werden, ihre Einhaltung zu überprüfen und auf sie hinzuwirken. Andere Unternehmer, die entsprechende Verhaltensregeln einhalten, werden dadurch benachteiligt. Auch kann es bei Gütesiegeln zu Trittbrettfahrereffekten kommen, wenn zwar die Gütezeichen die Homepage des Unternehmers zieren, ohne daß dieser jedoch die im Kodex niedergelegten Pflichten einhält. Nur ein Bruchteil der Pflichten aus §312e kann also bei ihrer Verletzung einen objektiven Wettbewerbsvorsprung begründen. Die Schwäche des Vorsprungsgedankens, die hier deutlich wird, liegt darin, daß einseitig auf die Interessen der Mitbewerber abgestellt wird, nicht aber auf Vorteile, die der Unternehmer auf Kosten der übrigen Wettbewerbsteilnehmer oder der Allgemeinheit erzielt. Dabei wird übersehen, daß das UWG auch Verbraucherschutzfunktion hat.[1399]

Eine interessante Frage beim Tatbestand des §1 UWG ist im übrigen, ob es an der faktischen Herstellung einer par conditio concurrentium durch §312e fehlt, weil die Vorschrift bislang nur sehr vereinzelt in der Wettbewerbspraxis Beachtung gefunden hat. Nach einer Studie der Verbraucherzentrale Bundesverband e.V. verstoßen noch acht von zehn Online-Shops in Deutschland gegen die gesetzlichen Regelungen.[1400] Teil-

---

1395 so auch LG Berlin, GRUR 1991, S. 471 (472); Eichmann, GRUR 1967, S. 564 (568 f.).

1396 deswegen wurde z. B. ein Wettbewerbsverstoß wegen Mißachtung der Preisangabenverordnung vom BGH nicht schon aufgrund der geringeren Betriebskosten, sondern nur aufgrund der Möglichkeit angenommen, auf Nachfrage des Kunden mit diesem in individuelle Preisverhandlungen einzutreten, BGH NJW 1980, 1388 (1389).

1397 vgl. Micklitz, in: Brönneke (Hrsg.), Kollektiver Rechtsschutz im Zivilprozeßrecht, S. 87 (92 f.).

1398 das OLG Hamburg sieht deswegen zutreffend auch bei Verletzung der Pflichten aus §6 TDG keinen Wettbewerbsvorsprung, OLG Hamburg, MMR 2003, S. 105 (107).

1399 Micklitz, in: Brönneke (Hrsg.), Kollektiver Rechtsschutz im Zivilprozeßrecht, S. 87 (100).

1400 Vanders, K&R 2003, S. 339 (342).

weise wird – auch in der Rechtsprechung – vertreten, daß ein ungerechtfertigter Vorsprung schon gar nicht möglich sei, wenn es an einer faktischen Beachtung der Rechtsvorschrift durch sämtliche Mitbewerber mangele.[1401] Allerdings soll für die Gesetzestreue eine Vermutung sprechen, die der Mitbewerber durch einen Gegenbeweis widerlegen muß.[1402] Im Augenblick dürften die Aussichten für diesen Nachweis zumindest in einigen kleineren Marktsegmenten gar nicht so schlecht sein.
Subjektiv muß der Unternehmer nach der Rechtsprechung vorsätzlich gehandelt haben. Wie gewöhnlich im UWG genügt dafür die bloße Kenntnis der Umstände, die den Gesetzesverstoß ausmachen. Kenntnis der Rechtswidrigkeit und Sittenwidrigkeit ist nicht erforderlich.[1403] Er muß also bewußt und planmäßig gegen die betreffende Vorschrift verstoßen haben. In Bezug auf den Wettbewerbsvorteil reicht es aus, wenn er mit Eventualvorsatz gehandelt hat, d. h. ihn erkannt und in Kauf genommen hat.[1404] Zu beachten ist also, daß rein fahrlässiges Handeln nicht ausreicht.[1405] Allerdings mutet die Rechtsprechung den Markteilnehmern zu, sich über die einschlägigen Rechtsvorschriften zu informieren, so daß sich der Unternehmer in der Regel nicht auf einen Rechtsirrtum zurückziehen kann.[1406] Allerdings soll im Einzelfall bei unsicherer und umstrittener Rechtslage, die noch nicht höchstrichterlich geklärt wurde, ausnahmsweise die Sittenwidrigkeit des Rechtsverstoßes fehlen.[1407] Diese Situation dürfte bei §312e noch aktuell sein, da vieles umstritten ist und viele Voraussetzungen in die Vorschrift stillschweigend hineingelesen werden, die sich nicht direkt in ihrem Wortlaut widerspiegeln. Von der (unterinstanzlichen) Rechtsprechung gibt es bislang kaum Entscheidungen zu §312e. Zu beachten ist allerdings, daß die subjektiven Unrechtselemente im Bereich der Unterlassungsklage keine große Relevanz besitzen, da es hier auf ihr Vorliegen im Zeitpunkt der letzten mündlichen Gerichtsverhandlung ankommt, die sich durch den Prozeßverlauf in der Regel einstellt.[1408]
Eine weitere Möglichkeit, Verstöße gegen §312e zu erfassen, bietet möglicherweise die Fallgruppe der irreführenden Praktiken in §1 UWG bzw. der Tatbestand der irre-

---

[1401] OLG Celle, GRUR 1984, S. 289 (289) ; Baumbach/Hefermehl, Wettbewerbsrecht, §1 UWG, Rn. 654; Heidelberger Kommentar-Kotthoff, Wettbewerbsrecht, §1 UWG, Rn. 620; a. A. Köhler/Piper-Piper, §1 UWG, Rn. 789: allgemeine Mißachtung beseitige tatsächlich die par conditio concurrentium, was aber für die sittlich-rechtliche Wertung des Anbieterverhaltens irrelevant sei. Der Wettbewerbsvorteil liege in der Vermeidung von Nachteilen.

[1402] OLG Hamburg, NJW-RR 1991, S. 302 (304); Baumbach/Hefermehl, Wettbewerbsrecht, §1 UWG, Rn. 654.

[1403] Emmerich, Unlauterer Wettbewerb, S. 311; Baumbach/Hefermehl, Wettbewerbsrecht, §1 UWG, Rn. 658; Köhler/Piper-Piper, §1 UWG, Rn. 791.

[1404] GRUR 1979, S. 553 (554); OLG Hamburg, WRP 1987, S. 183 (184); Baumbach/Hefermehl, Wettbewerbsrecht, §1 UWG, Rn. 660; Münchener Anwalts-Handbuch-Dittert, Gewerblicher Rechtsschutz, §11, Rn. 24.

[1405] BGH NJW-RR 1991, 1258 (1260) („Honoraranfrage").

[1406] BGH NJW 1988, S. 2471 (2472); Heidelberger Kommentar-Kotthoff, Wettbewerbsrecht, §1 UWG, Rn. 619.

[1407] BGH GRUR 1994, S. 222 (224) („Flaschenpfand"); Emmerich, Unlauterer Wettbewerb, S. 312; Baumbach/Hefermehl, Wettbewerbsrecht, §1 UWG, Rn. 658; Münchener Anwaltshandbuch-Dittert, Gewerblicher Rechtsschutz, §11, Rn. 24; Köhler/Piper-Piper, §1 UWG, Rn. 793.

[1408] Emmerich, Unlauterer Wettbewerb, S. 329; Baumbach/Hefermehl, Wettbewerbsrecht, Einl. UWG, Rn. 258.

führenden Werbung in §3 UWG. Diese werden vom Regierungsentwurf in §4 UWG-E im einzelnen beispielhaft näher aufgeschlüsselt. Die Fallgruppe der Irreführung ist Auffangtatbestand von §3 UWG, der nur für Falsch*angaben* einschlägig ist, nicht aber für sonstige irreführende Handlungen.[1409] Allerdings bedarf es einer Täuschung über Waren, Leistungen, das Unternehmen oder persönliche oder geschäftliche Verhältnisse (vgl. §3 UWG), damit von Kundenfang durch Irreführung gesprochen werden kann. Zu den Irreführungen werden deshalb häufig fehlende oder unrichtige Belehrungen über Widerrufs- und Rückgaberechte, aber auch fehlende Verbraucherinformationen wie z. B. über den effektiven Jahreszins gezählt.[1410] Um solche Angaben geht es – mit Ausnahme der Information über Verhaltenskodizes – bei §312e indes nicht.

3. *Ergebnis*

Im Ergebnis kommt dem UWG aufgrund des weiter gefaßten Kreises der Klageberechtigten, also zumindest bei einigen Pflichten aus §312e , bei denen ein Wettbewerbsvorsprung denkbar ist, eine Ergänzungsfunktion zum Sanktionssystem des BGB zu, welches nur den unmittelbar durch den Normverstoß betroffenen Kunden Ansprüche gewährt. Auch der Schutz unmittelbar betroffener Wettbewerbsteilnehmer ist nicht dem BGB zugeordnet, sondern originäre Aufgabe des Wettbewerbsrechts. So werden Schadenersatzansprüche wegen Eingriffs in den eingerichteten und ausgeübten Gewerbebetrieb gem. §823 I[1411] und wegen Verletzung von Verbotsgesetzen gem. §823 II[1412] als durch die Vorschriften des UWG verdrängt angesehen. Kein Spezialitätsverhältnis gilt aber in Bezug auf die sittenwidrige Schädigung nach §826.[1413] Dieser ist allerdings ohnehin sehr viel enger gefasst als die Normen des UWG, da Schädigungsvorsatz erforderlich ist. Für die Unterlassungsansprüche nach §1 UWG entfällt de facto das Vorsatzerfordernis, so daß künftigen Verstößen gegen §312e effektiv vorgebeugt werden kann. Ein Nachteil ist allerdings, daß bereits begangene Verletzungen mit Unterlassungsansprüchen nicht geahndet werden können. Jedoch können Mitbewerber für die im Vorfeld der Unterlassungsklage regelmäßig erforderlichen[1414] Ab-

---

[1409] Baumbach/Hefermehl, Wettbewerbsrecht, §3 UWG, Rn. 4.

[1410] BGH GRUR 1989, S. 669 (672): Verstoß gegen § 1a Abs. 4 AbzG a. F; Baumbach/Hefermehl, Wettbewerbsrecht, §1 UWG, Rn. 21 a ff.

[1411] Emmerich, Unlauterer Wettbewerb, S. 364; Baumbach/Hefermehl, Wettbewerbsrecht, Einl. UWG, Rn. 341; Köhler/Piper, Einf., Rn. 41; BGHZ 36, 252 (254 f.).

[1412] Emmerich, Unlauterer Wettbewerb, S. 364; Baumbach/Hefermehl, Wettbewerbsrecht, Einl. UWG, Rn. 342; Köhler/Piper, Einf., Rn. 42.

[1413] Emmerich, Unlauterer Wettbewerb, S. 364; Baumbach/Hefermehl, Wettbewerbsrecht, Einl. UWG, Rn. 343; Köhler/Piper, Einf., Rn. 44.

[1414] zwar gibt es keine Rechtspflicht zur Abmahnung, jedoch wird §93 ZPO so ausgelegt, daß ein nicht abgemahnter Verletzer keine Veranlassung zur Klageerhebung gibt, so daß bei sofortiger Anerkennung der Kläger die Prozeßkosten tragen muß, vgl. Baumbach/Hefermehl, Wettbewerbsrecht, Einl. UWG, Rn. 526, 529; Baetge, ZZP 1999, S. 329 (347). Auch §12 I UWG-E sieht keine Pflicht zur Abmahnung vor. Dort wird allerdings die Rechtsprechung zur Kostenerstattung bei Abmahnungen ausdrücklich gebilligt.

mahnungen Auslagenersatzansprüche gegen den Unternehmer geltend machen[1415], die den Druck auf diesen erhöhen[1416]. Schadenersatzansprüche für begangene Verstöße, die unmittelbar Betroffene Mitbewerber geltend machen können, greifen hingegen nur bei Vorsatz des Unternehmers und Vorliegen der subjektiven Unrechtselemente. Dagegen kann der Unternehmer im Augenblick allerdings häufig noch den Einwand der unklaren Rechtslage vorbringen, es sei denn er hat eindeutig gegen den Wortlaut des §312e verstoßen. Außerdem ist der Nachweis eines Schadens sehr schwierig, so daß Ersatzansprüche in der Praxis fast nie durchsetzbar sind.[1417]
Im Zuge der anstehenden UWG-Reform könnte es zu weitergehenden Sanktionen für Wettbewerbsverstöße kommen. So sieht §10 UWG-E nun neben den Unterlassungs- und Beseitigungsansprüchen auch eine Gewinnabschöpfungsmöglichkeit für Verbände vor, die den Erlös allerdings nach Abzug der Verwaltungskosten an den Bund abführen müssen.[1418] Diese Regelung dient der verbesserten Durchsetzung des Lauterkeitsrechts bei sog. Streuschäden, die sich durch eine Vielzahl von Verletzungen auszeichnen, bei denen der Schaden der einzelnen Betroffenen jedoch im Bagatellbereich liegt.[1419] Die Betroffenen werden wegen der geringen Schadenssumme in der Regel von einer Individualklage absehen, so daß der Unternehmer – den bis zur Durchsetzung einer Unterlassungsverfügung erzielten Gewinn behalten könnte. Noch im Fluß der Diskussion ist die Frage nach individuellen Ansprüchen des Verbrauchers. So wird ausgehend von der Prämisse einer Schutzzweckparität zwischen Verbraucherschutz und Wettbewerberschutz für die Einführung eines verschuldensunabhängigen Vertragsauflösungsrechts im UWG plädiert, um Regelungslücken im Bereich des BGB zu füllen.[1420] Allerdings ist überzeugend dagegen argumentiert worden, daß einerseits die Schutzlücken in den meisten Fällen durch entsprechenden Ausbau des im BGB vorhandenen Sanktionsinstrumentariums – insbesondere durch die Vertragsaufhebung aus cic – behoben werden können.[1421] Der Schutzzweck eines individuellen Vertragsaufhebungsrechts für Verbraucher im Rahmen des UWG würde außerdem in Konkurrenz zum Sanktionssystem des BGB treten, da sein Gegenstand der Schutz der Entscheidungsfreiheit im konkreten Vertragsschlußfall wäre.[1422] Ein vom Verschulden unab-

---

[1415] BGHZ 52, 393 (399 f.): Anspruch aus GoA (§§670, 683, 687 i.V.m. 1004); vgl. dazu Pauly, DB 2002, S. 1426 (1430); ausführlich auch Halfmeier, in: Brönneke (Hrsg.), Kollektiver Rechtsschutz im Zivilprozeßrecht, S. 137 ff.
[1416] M/K-Wendehorst, §312e, Rn. 125.
[1417] Köhler, GRUR 2003, S. 265 (266 f.); Baumbach/Hefermehl, Wettbewerbsrecht, §1 UWG, Rn. 390.
[1418] Der Entwurf ist abrufbar unter http://www.bmj.bund.de/images/11548.pdf.
[1419] Regierungsentwurf zum Gesetz über den unlauteren Wettbewerb, S. 50 (http://www.bmj.bund.de/images/11596.pdf). Die Erstreckung von Verbandsklagen auf Schadenersatzansprüche entspricht bereits der in vielen europäischen Ländern herrschenden Praxis und ist auch für Deutschland unlängst gefordert worden, vgl. Koch, ZZP 2000, S. 413 ff.; Baetge, ZZP 1999, S. 329 (345 f.).
[1420] Fezer, WRP 2003, S. 127 ff.; Sack, BB 2003, S. 1073 (1078 f.).
[1421] Köhler, GRUR 2003, S. 265 ff.
[1422] a. A. Fezer, WRP 2003, S. 127 (130), der dem von ihm vorgeschlagenen Lösungsrecht im UWG einen über die Vertragsstörung hinausgehenden wettbewerbsrechtlichen Schutzzweck beilegt und deshalb auch bei Eingreifen des Sanktionssystems des BGB stets eine Schutzlücke sieht. Auch das in der Praxis bedeutungslos gebliebene Rücktrittsrecht des Abnehmers aus §13a UWG wird aber als Ergän-

hängiges Lösungsrecht ist deshalb nach den differenzierten Regeln des BGB bedenklich[1423] und gefährdet den Grundsatz pacta sunt servanda[1424], sofern seine Ausübung nicht begrenzt wird. So kann sich eine Vertragspartei, die einem von der Gegenpartei nicht verschuldeten Irrtum unterliegt, von diesem z. B. nur gegen Ersatz des Vertrauensschadens gem. §122 lösen. Auch die verbraucherschützenden Widerrufsrechte des BGB gewähren nur in begründeten Fällen und befristet (Überrumpelung, komplexer Vertragsinhalt etc.) verschuldensunabhängige Vertragsaufhebungsrechte. Der Regierung hat sich im Gesetzesentwurf bislang ausdrücklich gegen Individualansprüche der Verbraucher ausgesprochen.[1425] Abzuwarten bleibt bei dieser Diskussion die europäische Entwicklung im Hinblick auf eine gemeinschaftsrechtliche Vereinheitlichung des Lauterkeitsrechts, die die Kommission mit dem Grünbuch zum Verbraucherschutz angestoßen hat.[1426] Da die dort vorgeschlagene lauterkeitsrechtliche Rahmenrichtlinie ausschließlich im B2C-Bereich gelten und ggf. bestehende Verbraucherschutzrichtlinien ersetzen soll, wäre es möglich, daß sie individuelle Anspruchsnormen für den Verbraucher enthalten wird. Bislang scheint es allerdings nicht die Absicht der Kommission zu sein, Individualansprüche zu gewähren, sondern es sind nur Ansprüche für Verbraucherverbände im Gespräch.[1427] Verfolgt wird also das Modell eines „institutionellen Garantiesystems".[1428] Eine Ausnahme soll laut den vorbereitenden Dokumenten nur für besonders eklatante, schwere Verstöße gegen besondere Bestimmungen aus der Rahmenrichtlinie gelten wie bei Gewalt, Belästigung oder Nötigung.[1429] Im Entwurf einer entsprechen Richtlinie über irreführende Geschäftspraktiken hat sich die Kommission zu dieser Frage nicht geäußert, sondern fordert in Art. 13 nur allgemein eine Sanktionierung durch die Mitgliedsstaaten, ohne dies näher zu spezifizieren.[1430]

II. Verbandsklagen nach dem UKlG

1. *Einführung*

Auch Verbandsklagen nach dem UKlG könnten einen Beitrag zur Sanktionierung von Pflichtverletzungen im Rahmen von §312e erbringen. Die Verbandsklage hat eine lange Geschichte in Deutschland: Die Klagemöglichkeit von Wirtschaftsverbänden besteht bereits seit dem UWG von 1896 und wurde 1965 auf Verbraucherverbände sowie 1986 auf die Industrie- und Handelskammern erstreckt. Das AGBG von 1976 dehnte

---

zung des allgemeinen Vertragsrechts begriffen, Baumbach/Hefermehl, Wettbewerbsrecht, §13a UWG, Rn. 1.

[1423] so auch Weiler, WRP 2003, S. 423 (429).

[1424] Köhler, GRUR 2003, S. 265 (271); Weiler, WRP 2003, S. 423 (430).

[1425] vgl. Regierungsentwurf zum Gesetz überden unlauteren Wettbewerb, S. 46 f. (http://www.bmj.bund.de/images/11596.pdf).

[1426] Grünbuch zum Verbraucherschutz in der Europäischen Union, KOM (2001) 531 endg.

[1427] Mitteilung der Kommission über Folgemaßnahmen zum Grünbuch über Verbraucherschutz in der EU, KOM (2002), 289, S. 18.

[1428] Schmidt, NJW 2002, S. 25 (26); Reich/Micklitz-Micklitz, Europäisches Verbrauchrrecht, §30, Rn. 1.

[1429] Mitteilung der Kommission über Folgemaßnahmen zum Grünbuch über Verbraucherschutz in der EU, KOM (2002) 289 endg., S. 18.

[1430] KOM (2003) 356 endg., S. 33.

die Klagebefugnis von Verbraucher- und Wirtschaftsverbänden zudem auf die Inhaltskontrolle von AGB aus. Vor allem letztere Klagebefugnis wurde von den Verbraucherschutzzentralen und vom Verbraucherschutzverein in erheblichem Umfang wahrgenommen.[1431]
Bewegung ist in die Diskussion über die Notwendigkeit und Ausgestaltung von Verbandsklagen erneut nach dem Erlaß der Richtlinie über Unterlassungsklagen 98/27/EG gekommen. Diese ist das Produkt lange schon vorhandener Verbraucherschutzüberlegungen der Europäischen Kommission auf dem Gebiet der prozessualen Rechtsdurchsetzung unter dem Schlagwort „Zugang zum Recht".[1432] Bereits 1985 wies die Kommission in einem Memorandum darauf hin, daß auch Organisationen zur Durchsetzung kollektiver Verbraucherinteressen der Zugang zum Recht gewährt werden müsse.[1433] Eine vertiefte Analyse der bestehenden Möglichkeiten zur Durchsetzung kollektiver Interessen erfolgte im Grünbuch Zugang der Verbraucher zum Recht, wo grundsätzliche Defizite in vielen den Verbraucherschutz betreffenden Bereichen konstatiert wurden.[1434] Einen ersten Schritt zur Behebung der erkannten Mißstände unternahm die Kommission mit der Klauselrichtlinie, die in Art. 7 II für Verbände die gerichtliche Überprüfungsmöglichkeit von Klauseln fordert, und mit der Fernabsatzrichtlinie, die in Art. 11 II eine Verbandsklagemöglichkeit für die Verletzung von Richtlinienvorschriften verlangt. Verallgemeinert wurden dieser Ansatz mit der neuen Richtlinie über Unterlassungsklagen deren Hauptziel die Optimierung der Rechtsschutzmöglichkeiten für Verbraucher in einem harmonisierenden Rechtsakt ist. Insbesondere sollte weitergehend ein „freier Verkehr der Unterlassungsklagen"[1435] geschaffen werden.[1436] Grenzüberschreitenden Verbandsklagen wurden nämlich – insbesondere in Deutschland – bislang dadurch behindert, daß ausländische Verbände nicht als klagebefugt galten, weil die Klagebefugnis nach der materiellen lex fori beurteilt wurde.[1437] Umgekehrt fehlte auch deutschen Verbraucherverbänden bei Verletzungen im Ausland regelmäßig die Klagebefugnis vor den heimischen Gerichten.[1438] Viele grenzüberschreitende Verstöße mußten deswegen ungeahndet bleiben. Nunmehr führt die Richtlinie über Unterlassungsklagen zur Abhilfe dieses Defizits durch Art. 4 das Prinzip der gegenseitigen Anerkennung bzw. Herkunftslandprinzip ein, nachdem die Mitgliedsstaaten die Klagebefugnis qualifizierter Einrichtungen anzuerkennen haben, die gem. Art. 4 III im Amtsblatt der Europäischen Gemeinschaften veröffentlicht werden.[1439] Ein hinter der Richtlinie stehendes langfristiges Ziel ist die Vereinheitlichung des Pro-

[1431] Heidemann-Peuser, VuR 2002, S. 455 (456).
[1432] vgl. zur Geschichte Grünbuch Zugang der Verbraucher zum Recht, KOM (1993) 576 endg., S. 8 ff.
[1433] Memorandum der Kommission vom 4.1.1985, KOM (1984) 692 endg.
[1434] Grünbuch Zugang der Verbraucher zum Recht, KOM (1993) 576 endg., S. 16 ff.
[1435] so Grünbuch Zugang der Verbraucher zum Recht, KOM (1993) 576 endg., S. 87.
[1436] Koch, ZZP 2000, S. 413 (433); Schaumburg, DB 2002, S. 723 (723).
[1437] BGH GRUR 1982, S. 495 (497); Schaumburg, DB 2002, S. 723 (725); Lindacher, in: FS-Lüke, S. 379 (384 ff.); Heß, in: Ernst/Zimmermann, (Hrsg.) Zivilrechtswissenschaft und Schuldrechtsreform, S. 529 (533); Lakkis, Der kollektive Rechtsschutz der Verbraucher in der europäischen Union, S. 138 ff.
[1438] Beispielhaft dafür BGH NJW 1998, S. 1227 (1227 ff.).
[1439] siehe Erwägungsgrund 11 der Richtlinie 98/27/EG.

zeßrechts auf europäischer Ebene.[1440] Seit dem Vertrag von Amsterdam steht der EU nach Art. 65 EG die Kompetenz für Vereinheitlichungsmaßnahmen bei der justiziellen Zusammenarbeit in Zivilsachen zu.[1441]
In Deutschland wurde die Unterlassungsklagenrichtlinie zunächst in §22 AGBG „zwischengeparkt“[1442], was im Schrifttum weithin kritisiert wurde, da die Vorschrift gerade nicht Verbandsklagen wegen Verwendung unzulässiger Geschäftsbedingungen betraf, sondern Verstöße gegen sonstige Verbrauchergesetze.[1443] Durch das Schuldrechtsmodernisierungsgesetz wurde das AGBG sodann in einen prozessualen und einen materiellen Teil aufgespalten.[1444] Der prozessuale Teil, in dem die Verbandsklagen geregelt sind, findet sich nunmehr in den §§1 ff. UKlG. In dieses Gesetz wurden §13 AGBG a. F. und §22 AGBG a. F. fast inhaltsgleich übernommen[1445], so daß die Verbandsklagebefugnis bei Verletzung von Verbraucherschutzvorschriften nun eine ihrer Bedeutung entsprechende zentrale Plazierung gefunden hat.

2. *persönlicher Kreis der Klagebefugten*

Der Kern des Unterlassungsklagengesetzes ist die Klagebefugnis qualifizierter Einrichtungen nach §3 I Nr. 1 UKlG, womit das Herkunftslandprinzip der Unterlassungsklagenrichtlinie umgesetzt wird. Qualifizierte Einrichtungen sind solche, die gem. Art. 4 der Richtlinie im Amtsblatt der Europäischen Gemeinschaften oder nach §4 in der Liste des Bundesverwaltungsamts verzeichnet sind. Dabei gibt es keinen direkten Anspruch auf Eintragung auf Europäischer Ebene[1446], sondern nur den Umweg über das Bundesverwaltungsamt, das die Eintragung gem. §4 I2 an die Kommission jährlich weiterleitet. Die Anforderungen für eine Aufnahme sind in §4 II bestimmt: qualifizierte Einrichtungen müssen sich nach ihrem Satzungszweck verpflichtet haben, die Interessen der Verbraucher durch Aufklärung und Beratung nicht gewerbsmäßig und nicht nur vorübergehend wahrzunehmen. Gemeint sind damit nichtkommerzielle Verbraucherschutzverbände, d. h. insbesondere solche, die nicht aus Gebühren für die Verfol-

---

[1440] angedeutet durch die Kommission im Grünbuch über den Zugang der Verbraucher zum Recht, KOM (1993) 576 endg., S. 5; vgl. Baetge, ZZP 1999, S. 329 (333); Koch, ZZP 2000, S. 413 (434); Schaumburg, DB 2002, S. 723 (723).
[1441] Die Unterlassungsklagenrichtlinie stützt sich gleichwohl auf Art. 95 EG, der nur eine qualifizierte Mitgliedermehrheit im Rat erfordert, vgl. Baetge, ZZP 1999, S. 329 (333 f.).
[1442] eingefügt durch das Gesetz über Fernabsatzverträge und andere Fragen des Verbraucherrechts sowie zur Umstellung von Vorschriften auf Euro vom 27.6.2000; vgl. Schmidt, NJW 2002, S. 25 (26). Die Regierungsbegründung weist ausdrücklich darauf hin, daß diese Regelung nur ein Zwischenschritt sein sollte, BT-Druck 2658, S. 52 f.
[1443] Greger, ZZP 2000, S. 399 (414): vermutet die Ursache für die Regelung an so versteckter Stelle darin, daß Deutschland als einziger Mitgliedstaat im Rat gegen den Richtlinienentwurf gestimmt hatte.
[1444] BT-Druck 14/6040, S. 274. Kritisch, Heß, in: Ernst/Zimmermann, (Hrsg.), Zivilrechtswissenschaft und Schuldrechtsreform: die Schaffung eines UKlG steht im Widerspruch zur Integration der Verbraucherschutzvorschriften in das BGB durch das SMG. Erwägenswert wäre deshalb eine Eingliederung in die ZPO gewesen.
[1445] die wesentlichste Änderung ist die Klarstellung in §3 I Nr. 2 UKlG, daß Klagen von Wirtschaftsverbänden gegen AGB keine wesentliche Wettbewerbsbeeinträchtigung erfordern, BT-Druck 14/6040, S. 275; vgl. zu Unklarheiten nach §13 II Nr. 2 AGBG Schmidt-Räntsch, DB 2002, S. 1595 (1597).
[1446] Schaumburg, DB 2002, S. 723 (724).

gung von Rechtsverstößen Gewinn erzielen wollen. Im Ausschluß kommerzieller Satzungszwecke liegt eine Einschränkung gegenüber §13 II Nr. 3 UWG a. F. Um Mißbräuchen vorzubeugen[1447], wird zudem bestimmt, daß die Verbände 75 natürliche Personen oder Verbände mit entsprechender Mitgliederzahl als Mitglieder haben müssen. Außerdem müssen sie mindestens ein Jahr vor ihrer Eintragung schon bestanden haben und ausreichend Gewähr für die Erfüllung ihrer Aufgaben bieten. Damit soll sichergestellt werden, daß sich nicht ad-hoc Verbraucher zu einem Verein zusammenschließen können, um ihre Klagebefugnisse gegenüber einer Individualklage zu erweitern. Eine unwiderlegliche Vermutung besteht allerdings für Erfüllung dieser Anforderungen durch die Verbraucherzentrale und die öffentlich geförderten Verbraucherverbände. Es zeigt sich also, daß das UKlG relativ hohe Anforderungen an qualifizierte Einrichtungen stellt, um Wettbewerbsbehinderungen durch eine ausgreifende Klagepraxis zu vermeiden. Ein Vorteil gegenüber der früheren Praxis ist, daß nicht mehr in jeder Gerichtsinstanz geprüft wird, ob der Verband eine entsprechende Tätigkeit wahrnimmt und in seinen Rechten verletzt ist.[1448] Vielmehr wird nun durch die einmalige Prüfung der Klagebefugnis vor der Listeneintragung Rechtssicherheit hergestellt und der Willkür vorgebeugt.[1449] Außerdem tritt eine Justizentlastung ein. Neben den Verbraucherverbänden sind auch Wirtschaftsverbände nach §3 I Nr. 2 UKlG klagebefugt, wobei die Voraussetzungen identisch mit denen aus §13 II Nr. 2 UWG sind, so daß eine der beiden Vorschriften letztlich überflüssig ist. Eine Erweiterung der Klagebefugnis für Wirtschaftsverbände ergibt sich lediglich bei Klagen wegen unzulässiger AGB, für die keine wesentliche Beeinträchtigung des Wettbewerbs erforderlich ist.

Im Unterschied zu früher steht dem Verband nun nach dem ausdrückliche Willen des Gesetzgebers[1450] ein materielles, subjektives Klagerecht zu.[1451] Daran wird kritisiert, daß der Konsumentenschutz den Verbänden nur im öffentlichen Interesse anvertraut worden sei, so daß der Anspruch weder abtretbar sein, noch der prozessualen Parteihoheit unterliegen dürfe (z. B. für den Abschluß von Vergleichen, Anerkenntnisse o.ä.).[1452] Im Grunde sei deshalb die Einordnung als materieller Anspruch verfehlt. Jedoch muß man die Absicht des Gesetzebers respektieren, die Kontrollbefugnisse in die Hände der Verbände zu legen wollen und zwar auch mit allen Folgekonsequenzen.

1447 so auch Schmidt-Räntsch, DB 2002, S. 1595 (1596); Schmidt-Räntsch, Das neue Schuldrecht – Anwendung und Auswirkungen in der Praxis, Rn. 1180; Koch, ZZP 2000, S. 413 (430).

1448 so die Regierungsbegründung zu §22 AGBG a. F., BT-Druck 14/2658, S. 52; Schaumburg, DB 2002, S. 723 725).

1449 Allerdings sieht Art. 4 I2 der Unterlassungsklagenrichtlinie vor, daß die Gerichte im Einzelfall prüfen dürfen, ob der Zweck der Einrichtung die Klageerhebung im speziellen Fall rechtfertigt. Es ist fraglich, ob der deutsche Gesetzgeber dieses Recht vollständig ausschließen wollte, Heß, in: Ernst/Zimmermann (Hrsg.), Zivilrechtswissenschaft und Schuldrechtsreform, S. 527 (536 f.).

1450 so die Regierungsbegründung zu §13 AGBG a. F., BT-Druck 14/2658, S. 52: durch die Formulierung „stehen zu" in §13 II und §22 III AGBG a. F. sowie nunmehr in §3 I UKlG soll klargestellt werden, daß diese Vorschriften eine Regelung über die Aktivlegitimation enthalten und nicht über die Prozeßführungsbefugnis.

1451 Greger, ZZP 2000, S. 399 (400 ff.) mit Darstellung des früheren Meinungsstands; Greger, NJW 2000, S. 2457 (2462 f.); Heß, in: Ernst/Zimmermann (Hrsg.), Zivilrechtswissenschaft und Schuldrechtsreform, S. 527 (534 ff.).

1452 Schmidt, NJW 2002, S. 25, 27 ff.

Deshalb haben die Verbände die Möglichkeit, nach eigenem Ermessen über den Umgang mit dem Prozeßstoff zu entscheiden, also z. B. auch Vergleiche zu schließen.[1453] Damit einhergehende Verschlechterungen bei der Rechtsdurchsetzung hat der Gesetzgeber damit in Kauf genommen. Sollte es in Zukunft durch die Schaffung einer lauterkeitsrechtlichen Rahmenrichtlinie auf europäischer Ebene oder nationale Änderungen (z. B. Streichung der Widerrufsrechte) zu einer Umschichtung der Klagebefugnisse von Einzelverbrauchern auf Verbraucherverbände kommen, wird die Praxis zeigen müssen, ob ausreichender Rechtsschutz auf diesem institutionalisierten Wege noch gewährleistet ist.

3. sachliche Tatbestandsvoraussetzungen

§2 I1 des UKlG bestimmt, daß Unterlassungsansprüche bei Verletzung von Verbraucherschutzgesetzen bestehen sollen. Während in §2 II Nr. 1 UKlG zahlreiche Verbraucherschutznormen des BGB aufgezählt werden, bezeichnet §2 II Nr. 2 UKlG die Vorschriften zur Umsetzung der Artikel 5, 10, 11 der ECRL als Schutzgesetze. Diese ausdrückliche Bezugnahme geht auf Art. 18 II ECRL zurück, der den Anhang der Unterlassungsklagenrichtlinie um die ECRL ergänzt[1454] und war wohl notwendig, weil §312e eben nicht nur dem Verbraucherschutz dient. Die bloße Verletzung von §312e kann also einen Unterlassungsanspruch begründen. Nicht zusätzlich erforderlich ist eine Beeinträchtigung des Wettbewerbs wie bei §13 II Nr. 3 S.2 UWG. Das UKlG soll hier laut Begründung des Gesetzgebers eine Auffangfunktion gegenüber dem UWG erfüllen.[1455] Diese Erweiterung gilt laut §3 I Nr. 2 UKlG aber nicht für Wettbewerbsverbände. Allerdings soll ein Anspruch gem. §2 I1 UKlG nur bestehen, wenn dies im „Interesse des Verbraucherschutzes“ liegt. Mit dieser „Relevanzklausel“ soll verdeutlich werden, daß das Individualinteresse eines einzelnen Verbrauchers an der Klage nicht reicht, sondern der Verstoß besonderes „Gewicht und Bedeutung“ für die generelle Anwendung der Vorschrift haben muß.[1456] Sie setzt Art. 1 II der Unterlassungsklagenrichtlinie um, wo bestimmt ist, daß nur die Verletzung von Kollektivinteressen einen Verstoß i.S.d. Richtlinie darstellt und befindet sich im Gleichlauf mit §13 II Nr. 3 S.2 UWG, nach dem bei Klagen qualifizierter Einrichtungen wegen Verstoßes gegen §1 UWG „wesentliche Belange der Verbraucher“ berührt sein müssen[1457] (im UWG-Reformentwurf fließt diese Wertung in die Bagatellklausel in §3 UWG-E ein[1458]). Den

---

[1453] so auch Greger, ZZP 2000, S. 399 (409 f.); Heß, in: Ernst/Zimmermann (Hrsg.), Zivilrechtswissenschaft und Schuldrechtsreform, S. 527 (542 f.).

[1454] Regierungsbegründung BT-Druck 14/6040, S. 83.

[1455] Regierungsbegründung zu §22 AGBG a. F., BT-Druck 14/2658, S. 52.

[1456] Regierungsbegründung zu §22 AGBG a. F., BT-Druck 14/2658, S. 53; Greger, NJW 2000, S. 2457 (2460); Schmidt, NJW 2002, S. 25 (27); Micklitz, in: Brönneke (Hrsg.), Kollektiver Rechtsschutz im Zivilprozeßrecht, S. 87 (103 ff.).

[1457] wie hier Schmidt, NJW 2002, S. 25 (27); a. A. Micklitz, in: Brönneke (Hrsg.), Kollektiver Rechtsschutz im Zivilprozeßrecht, S. 87 (103 ff.): bereits bei zu vermutender Wiederholungsgefahr sei das Kollektivinteresse betroffen, während es der Beeinträchtigung „wesentlicher Belange“ der Verbraucher nicht bedürfe.

[1458] Regierungsentwurf zum Gesetz gegen den unlauteren Wettbewerb, S. 33 (http://www.bmj.bund.de/images/11596.pdf).

Verbänden bleibt es also verwehrt, jedwede Verletzung von §312e im Wege der Unterlassungsklage zu verfolgen.
Sehr interessant ist in diesem Zusammenhang die Frage, ob die Verbraucherverbände auch aufgrund von Verstößen von Unternehmern gegenüber Unternehmerkunden klagen können. Auch solche Klagen könnten der klärenden Auslegung von §312e dienen und damit mittelbar Verbraucherinteressen zugute kommen.[1459] Allerdings wäre eine allgemeine Klagebefugnis zu weitgehend; Klagen gegen Unternehmer, die ausschließlich im B2B-Verkehr tätig sind, wird man als unzulässig betrachten müssen, weil solche Unternehmer Verbraucherinteressen nicht gefährden.
Hinzu tritt als weitere Einschränkung die Mißbrauchsklausel nach §2 III UKlG, die – wie bei §13 V UWG – die Geltendmachung eines Anspruchs ausschließt, wenn die Umstände des Einzelfalls auf eine mißbräuchliche Ausübung deuten, insbesondere die Geltendmachung nur dazu dient, einen Anspruch auf Ersatz von Aufwendungen oder Kosten der Rechtsverfolgung entstehen zu lassen.[1460] Ein Rechtsmißbrauch wird von Amts wegen geprüft. Allerdings spricht nach der bisherigen Praxis der Rechtsprechung zu §13 V UWG eine Vermutung für redliches Verhalten, so daß der Beklagte die Tatsachen für die mißbräuchliche Ausnutzung der Klagebefugnis beibringen muß.[1461]
Im übrigen wird vereinzelt behauptet, daß die Unterlassungsklage ihrer Struktur nach ungeeignet sei, die Einhaltung von Hinweis-, Belehrungs-, Unterrichtungs- und Warnpflichten – insbesondere nach der InfoV – zu garantieren, denn diese Pflichten könnten ihrerseits nur durch Unterlassen verletzt werden.[1462] Dieser Auffassung liegt allerdings ein falsches Verständnis der maßgeblichen Handlung zugrunde, die Gegenstand des Unterlassungsurteils ist: der Vertrieb von Leistungen ohne begleitende Informationen. Der Unternehmer soll nicht etwa durch Urteil verpflichtet werden, möglichst vielen Verbrauchern im positiven Sinne Informationen zu erteilen, sondern soll im negativen Sinne nicht ohne Informationserteilung im Geschäftsverkehr auftreten dürfen.

4. Ergebnis

Die Verbandsklage nach dem UKlG unterliegt also zahlreichen personellen und sachlichen Einschränkungen, die dafür sorgen, daß sie längst nicht alle Verstöße gegen §312e erfassen kann. Insbesondere können nur Vereine mit bestimmter Bestandsdauer und Mitgliederzahl klagen. Klagen bei Verstößen gegen §312e im ausschließlichen B2B-Bereich sind zudem unzulässig. Die Stärke der Verbandsklagen liegt jedoch darin, daß Verbände dort tätig werden können, wo einzelne Kunden aus bestimmten Gründen kein individuelles Klageinteresse haben, sei es, weil sie die Erfolgsaussichten bzw. den Streitbetrag als zu gering ansehen, sei es, weil sie das Prozeßrisiko fürchten.[1463] Au-

---

[1459] Bamberger/Roth-Schmidt-Räntsch, §312e, Rn. 35 will womöglich deshalb das UKlG generell auch bei mangelhafter Pflichterfüllung gegenüber Unternehmerkunden anwenden.
[1460] vgl. dazu Regierungsbegründung zu §22 AGBG a. F., BT-Druck 14/2658, S. 53.
[1461] BGH GRUR 1973, S. 78 (79); Greger, ZZP 2000, S. 399 (405 f.); Baumbach/Hefermehl, Wettbewerbsrecht, §13 UWG, Rn. 47.
[1462] Schmidt, NJW 2002, S. 25 (26).
[1463] vgl. Lakkis, Der kollektive Rechtsschutz der Verbraucher in der europäischen Union, S. 11 ff.

ßerdem besitzen Verbraucherverbände ein entsprechendes Know-how, das die Erfolgsaussichten für die Ahndung von Verstößen steigert. Über Recherchen im Internet haben die Verbände keine schlechten Chancen, auch selbständig zahlreiche Verstöße aufspüren zu können, ohne daß sie erst von verletzten Kunden auf diese aufmerksam gemacht werden müssen.[1464] Sie können außerdem auch dort tätig werden, wo Wirtschaftsverbände nicht eingreifen wollen, weil eine verbraucherrechtswidrige Praxis bei den Unternehmern allgemein vorherrscht. Für den Erfolg der Verbandsklagen in der Praxis entscheidend ist aber eine ausreichende Finanzierung der tätigen Verbände. Angesichts der öffentlichen Interessen, denen die Verbandsklagen dienen soll, wäre eine öffentliche Mitfinanzierung durch Subventionierung oder Prozeßkostenerleichterungen durchaus angezeigt.[1465] Dies zumal den Verbänden eine gewerbliche Zwecksetzung untersagt ist.

Eine weitere Effektivierung der Verbandsklagen wäre de lege ferenda erreichbar, wenn den Verbänden auch die Befugnis zur Einklagung von Schadenersatz eingeräumt würde, so daß auch bereits in der Vergangenheit liegende Rechtsbrüche verfolgt werden könnten.[1466] Die Abschreckungswirkung würde sich deutlich verstärken, wenn die Unternehmer mit einem Verlust ihres Gewinns rechnen müßten. Außerdem wäre eine Rechtsdurchsetzung auch bei sog. Streuschäden mit einer Vielzahl von Betroffenen und nur geringen Bagatellschäden möglich. Bei §312e können solche Bagatellschäden z. B. überflüssige Transaktionskosten sein, die durch fehlende Information über die Vertragssprache gem. §3 Nr. 4 InfoV oder die Speicherung beim Unternehmer gem. §3 Nr. 2 InfoV entstanden sind. Sollte §10 des UWG-Reformentwurfs realisiert werden, wonach Verbänden bei vorsätzlichen Verstößen ein Gewinnabschöpfungsanspruch zustehen soll[1467], so sollte diese Erweiterung der Klagebefugnis auch in das UKlG transponiert werden. Sonst würde der vom Gesetzgeber bislang verfolgte Gleichlauf der Gesetze durchbrochen.

Überdies kann auch nachgedacht werden über die Einführung von Gruppen- oder Sammelklagen[1468] Nach dem Modell der amerikanischen class action führt dabei ein Kläger (Repräsentant) für mehrere Personen mit Rechtswirkungen für diese den Prozeß, obwohl sie nicht Verfahrensparteien sind.[1469] In den Rechtsordnungen der EG-

---

[1464] Schippan, ZUM 1997, S. 813 (819 f.).

[1465] so auch Koch, ZZP 2000, S. 413 (431 f.).

[1466] dies befürworten auch Baetge, ZZP 1999, S. 329 (345 f.); Koch, ZZP 2000, S. 413 (429); Schaumburg, DB 2002, S. 723 (726); dagegen: Heß, in: Ernst/Zimmermann (Hrsg.), Zivilrechtswissenschaft und Schuldrechtsreform, S. 527 (546). Hingewiesen wird vor allem auf die Praxis im europäischen Ausland, z. B. in Frankreich, wo Schadenersatz das klassische Ziel der Verbandsklagen ist und Unterlassungsklagen geringe Bedeutung haben, vgl. Koch, ZZP 2000, S. 413 (420 ff.) und Baetge, ZZP 1999, S. 329 (345 f.). In diese Richtung zielt auch der Vorschlag des Wirtschafts- und Sozialausschusses, zusätzlich zur Unterlassungsklage eine „Haftungsklage" einzuführen, Abl. C 30 v. 30.1.1997, S. 112, Ziffer 2.4.

[1467] Regierungsentwurf zum Gesetz gegen den unlauteren Wettbewerb, S. 9 f. (http://www.bmj.bund.de/images/11596.pdf). Der Referentenentwurf sah noch eine Abschöpfungsmöglichkeit bei grob fahrlässigen und vorsätzlichen Verstößen vor.

[1468] dies befürworten Koch, ZZP 2000, S. 413 (427); Heß, in: Ernst/Zimmermann (Hrsg.), Zivilrechtswissenschaft und Schuldrechtsreform, S. 527 (544 ff.); Heidemann-Peuser, VuR 2002, S. 455 (458).

[1469] Lindblom, Am.J.Comp.L. 45 (1997), S. 805 (820).

Mitgliedsländer ist diese Klageart bislang fast gänzlich unbekannt.[1470] Im Grünbuch der Kommission über zivilrechtliche Haftung für fehlerhafte Produkte wird die Einführung von Sammel- oder Gruppenklagen zur Diskussion gestellt.[1471] Gruppen- oder Sammelklagen dienen im Unterschied zu Verbandsklagen der Bündelung von Einzelinteressen in einem gemeinsamen Prozeß und damit gleichzeitig auch der Prozeßökonomie. Dafür müßte allerdings ein entsprechender Rechtsrahmen geschaffen werden, der dem mißbräuchlichen Abschluß von Vergleichen vorbeugt, wenn die beteiligten Anwälte auf Erfolgshonorarbasis arbeiten. Zur Sicherstellung einer sachgerechten Interessenwahrnehmung bietet sich deshalb die Beschränkung der Prozeßführungsbefugnis auf registrierte Verbraucherverbände an.[1472] Sammelklagen sind im übrigen sowohl für die Kläger als auch für den Beklagten gefährlich. Letzterer kann sich nämlich nie sicher sein, ob nicht später weitere Anspruchssteller ihre Ansprüche geltend machen, was den Abschluß von Vergleichen in Sammelklagen erschwert. Für die Mitglieder der Klägergruppe besteht hingegen die Gefahr, daß mit Wirkung gegen sie eine rechtskräftige Entscheidung ergeht, selbst wenn sie von der Durchsetzung ihrer Ansprüche keine Kenntnis hatten und den Prozeßverlauf somit nicht beeinflussen konnten (so vor allem nach dem amerikanischen „opt-out"-Modell, bei dem die Betroffenen sich ausdrücklich gegen eine Verfahrensteilnahme entscheiden müssen, um individuell vor Gericht vorgehen zu können[1473]). Ihre Individualansprüche wären dann präkludiert. Es bleibt abzuwarten, ob die Diskussion auf europäischer Ebene und in den Mitgliedsstaaten Lösungen zur Eindämmung dieser Nachteile hervorbringt, so daß die Einführung von Sammelklagen empfehlenswert erscheint. Praktikabel wäre möglicherweise die Einführung einer freiwilligen Gruppenklage nach einem „opt-in" Modell, weil dabei die Grundsätze des rechtlichen Gehörs und die Dispositionmaxime gewahrt werden könnten.[1474]

III. Verfolgung von Verbraucherrechten durch Verbände nach Art. 1 §3 Nr. 8 Rechtsberatungsgesetz

Von den Sammelklagen abzugrenzen ist das Auftreten von Verbraucherverbänden als Prozeßstandschafter für Zahlungsansprüche von Verbrauchern oder als Zessionar solcher Ansprüche. Diese Möglichkeit ist durch das SMG mit einer Änderung von Art. 1 §3 Nr. 8 Rechtsberatungsgesetz geschaffen worden. Dort heißt es nunmehr: „§3 Durch dieses Gesetz werden nicht berührt: ... 8. Die außergerichtliche Besorgung von Rechtsangelegenheiten von Verbrauchern und, wenn dies im Interesse des Verbraucherschutzes erforderlich ist, die gerichtliche Einziehung fremder und zu Einziehungszwecken abgetretener Forderungen von Verbrauchern durch Verbraucherzentralen und andere Verbraucherverbände, die mit öffentlichen Mitteln gefördert werden, im Rah-

---

[1470] Baetge, ZZP 1999, S. 329 (338); zu Ausnahmen siehe Grünbuch der Kommission über zivilrechtliche Haftung für fehlerhafte Produkte, KOM (1999) 396 endg., S. 32.

[1471] Grünbuch der Kommission über zivilrechtliche Haftung für fehlerhafte Produkte, KOM (1999) 396 endg., S. 31 f.

[1472] ebenso Koch, ZZP 2000, S. 413 (427).

[1473] Stadler, in: Brönneke (Hrsg.), Kollektiver Rechtsschutz im Zivilprozeßrecht; S. 1 (16 ff.).

[1474] so auch Stadler, in: Brönneke (Hrsg.), Kollektiver Rechtsschutz im Zivilprozeßrecht; S. 1 (26 ff.).

men ihres Aufgabenbereiches.“ Nach früherer Rechtslage war den Verbänden wegen Art. 1 §1 RBerG a. F. nur ein Vorgehen im Wege der Unterlassungsklage gestattet. Nunmehr sollen sie nach dem Willen des Gesetzgebers auch die Möglichkeit haben, Zahlungsansprüche von Verbrauchern einzuklagen, wenn für diese wegen der geringe Betragshöhe kein Anreiz zur Individualklage besteht.[1475] Diese Gesetzesänderung geht auf einen Vorschlag aus der Literatur zurück, wonach qualifizierten Einrichtungen und rechtsfähigen Verbänden i.S.v. §3 UKlG die Rechtsverfolgung gestattet werden sollte.[1476] Der Gesetzgeber ist diesem Vorschlag leider nicht gänzlich gefolgt und hat nicht allen qualifizierten Einrichtungen die Wahrnehmung von Verbraucheransprüchen gestattet, sondern nur den Verbraucherzentralen und anderen öffentlich geförderten Verbänden. Durch die Zerstörung von Gleichläufen bei den Verbandsklagebefugnissen wird das Recht leider zunehmend unübersichtlicher. Wie auch die Unterlassungsansprüche nach dem UWG und dem UKlG enthält Art. 1 §3 Nr. 8 RBerG eine Relevanzklausel, nach der die Einziehung im Interesse des allgemeinen Verbraucherschutzes liegen muß. Das bedeutet wohl, daß die Rechtsverfolgung den Verbänden auch nur gestattet ist, wenn die Rechtsverletzung eine über den Einzelfall hinausgreifende Bedeutung hat. Damit wird verhindert, daß die Verbraucherverbände nur als verlängerter Arm von Einzelverbrauchern auftreten und deren Prozeßrisiko übernehmen.
Für die Sanktionierung von Verstößen gegen §312e hat Art. 1 §3 Nr. 8 RBerG nur Relevanz, soweit der geschädigte Kunde ein Verbraucher ist, weil der originäre Anspruchsinhaber Verbraucher sein muß. Im Rahmen dieser Einschränkung könnte sich die neu geschaffene Vorschrift aber für die Einforderung gelegentlich zu erwartender Bagatellschäden als nützlich erweisen.

F. Fazit

Hat der Gesetzgeber nun eine ausreichende Sanktionierung für §312e geschaffen, die Art. 20 ECRL und dem diesem zugrundeliegenden effet utile Prinzip nach Art. 10 EG genügt?
Diese Frage kann nur bejaht werden, wenn die cic ins Zentrum der individualrechtlichen Sanktionsmechanismen gestellt wird, indem bei ihr auf das Erfordernis eines Vermögensschadens für die Vertragsaufhebung verzichtet wird. In den meisten Fällen wird es nämlich bei Verletzungen von §312e an einem Vermögensschaden fehlen und nur die Entscheidungsfreiheit beeinträchtigt sein. Ob der subjektive Schadenseinschlag, den die Rechtsprechung als Vermögensschaden ausreichen läßt, in allen Fällen vorliegen wird, ist ebenfalls fraglich. Die cic muß deshalb zur grundlegenden Sanktionsnorm werden, weil sie tatbestandlich am weitesten gefaßt ist und Lücken füllen kann, die bei den übrigen Sanktionsvorschriften bestehen.
Ein gem. §312e III2 verlängertes Widerrufsrecht hingegen kann grundsätzlich nur Verbrauchern zustehen, so daß Verstöße gegenüber Unternehmerkunden nicht sanktioniert werden können. Selbst bei Verbrauchern ist es häufig durch zahlreiche Ausnahmetatbestände und tatbestandliche Einschränkungen ausgeschlossen. Bei Vorliegen eines Widerrufsrechts bedarf es auf der anderen Seite allerdings keines Schadens und

[1475] Regierungsbegründung, BT-Druck 14/6040, S. 277.
[1476] Stadler, in: Brönneke (Hrsg.), Kollektiver Rechtsschutz im Zivilprozeßrecht; S. 1 (48 ff.).

keines Verschuldens für den Eintritt der Fristverlängerung. Über das Verschuldenserfordernis hilft aber bei der cic die Beweislastverlagerung auf den Unternehmer nach §280 I2 hinweg. Darüber hinausgehend gilt bei §312e III2 aber sogar eine Beweislastumkehr für die objektive Pflichtverletzung, die zur Widerrufsfristverlängerung führt. Bei der cic gibt es aber immerhin eine Beweislastumkehr für den Zusammenhang zwischen der Pflichtverletzung und dem Abschluß eines unerwünschten Vertrages. Um die durchschlagende Wirkung des Widerrufsrechts – wenn es denn besteht – zu mildern und die Verhältnismäßigkeit zu wahren, ist dem Unternehmer eine Möglichkeit zur Nacherfüllung seiner Pflichten einzuräumen, die aber keine echte Erfüllung der häufig sinnlos gewordenen ursprünglichen Pflichten bedeutet, sondern als Heilungsmöglichkeit nachträglich einen Zustand schaffen soll, der der rechtzeitigen Erfüllung der Pflichten entspricht.
Die Anfechtungsvorschriften sind tatbestandlich auf Beeinträchtigungen der Willensfreiheit beschränkt, erfassen jedoch auch in diesem Bereich nicht alle Eingabefehler, die nach §312e relevant sind. Dafür haben sie den Vorzug, daß kein Schaden nötig ist und auch kein Verschulden. Allerdings bedarf es für die Anfechtung des Nachweises der objektivierten Kausalität zwischen Pflichtverletzung und Irrtum.
Das Rücktrittsrecht und der Schadenersatz statt der Leistung werden bei Schutzpflichtverletzungen in wenigen Fällen eine Rolle spielen, da sie an die enge Voraussetzung der Zumutbarkeit des Festhaltens am Vertrag gebunden ist. Soweit es um die Verletzung der leistungsbezogenen Nebenpflicht zur Bereitstellung des Vertragestextes und der allgemeinen Geschäftsbedingungen zur Speicherung nach §312e I1 Nr. 4 geht, muß auf diese Rechtsbehelfe allerdings zurückgegriffen werden, da die cic nur Schutzpflichtverletzungen erfaßt.
Die Haftungstatbestände des Deliktsrechts schließlich sind von ihren tatbestandlichen Voraussetzungen mit der cic vergleichbar. Allerdings gibt es wegen der Exkulpationsmöglichkeit nach §831 Nachteile bei der Haftung für Hilfspersonen, so daß ein Rückgriff auf das Deliktsrecht neben der cic entbehrlich ist.
Die tatbestandliche Reichweite der cic ist also durch die Beweislastumkehr bei der Kausalität und beim Verschulden und durch die Erfassung von Beeinträchtigungen der Entscheidungsfreiheit sowie von Vermögensschäden am weitgehendsten. Außerdem kann sie – falls dies im Einzelfall nötig wird – die flexible Rechtsfolge einer Vertragsanpassung bieten. Ein verbleibender Nachteil ist aber, daß die individuelle Verfolgung von Verstößen gegen §312e durch die cic eine Rechtsgutverletzung beim Kunden voraussetzt. Eine Vertragsauflösung ist zudem nur bei wesentlichen Pflichtverstößen möglich. Auch wenn die Beweislast umgekehrt ist, bleibt dem Unternehmer im übrigen immer noch der Gegenbeweis möglich, daß im Einzelfall die haftungsausfüllende Kausalität bzw. der Schaden fehlt. Verbrauchern hingegen, denen ein Widerrufsrecht zusteht, kommt die Widerrufsfristverlängerung nach §312e III2 immer schon bei Vorliegen einer objektiven Pflichtverletzung zugute, ohne daß es weiterer Voraussetzungen bedürfte. Da die Pflichten des §312e tatbestandlich im Grundsatz gleichermaßen für Verbraucher- und Unternehmerkunden gelten, wäre eine einheitliche Sanktionierung wünschenswert. Schutzwürdigkeitsdifferenzierungen zwischen Unternehmern und Verbrauchern dient schon allgemein die Abbedingungsmöglichkeit nach §312e II2 und die Differenzierung bei den Transparenzanforderungen. Soweit die Pflichten aber

gegenüber Unternehmerkunden tatbestandlich greifen, sollte bei den Sanktionen keine unterschiedliche Behandlung stattfinden. Nachteilig ist im übrigen, daß die cic auch nach der Schuldrechtsreform nur rudimentär im Gesetz verankert und daher immer noch von der komplexen, fallgruppenorientierten Auslegung in Literatur und Rechtsprechung abhängig ist. Ein auf sie gestütztes Sanktionssystem ist deshalb nicht besonders kundenfreundlich und übersichtlich.[1477]

Um diese Nachteile zu vermeiden, hätte der Gesetzgeber für Verstöße gegen §312e ein originäres Widerrufsrecht schaffen können, das sowohl Verbrauchern als auch Unternehmern zustehen kann. Dafür würde das Widerrufsrecht allerdings seines üblichen Zwecks – der Gewährung einer nachvertraglichen Bedenkfrist – entkleidet und als reines Sanktionsinstrument gebraucht. Diesen Zweck verfolgt der Gesetzgeber aber stillschweigend ohnehin schon mit der Widerrufsfristverlängerung in §312e III2. Ein solches Widerrufsrecht wäre dadurch abgemildert, daß es gem. §355 III nur 6 Monate lang ausgeübt werden kann und außerdem bei Nacherfüllung der Pflichten durch den Unternehmer erlischt. Es wäre deshalb auch für geringfügigere Pflichtverletzungen eine verhältnismäßige Sanktion und unbedenklich im Hinblick auf den Grundsatz pacta sunt servanda. Sein Vorteil läge darin, daß es den Unternehmer zur Heilung des Pflichtverstoßes zwingen und damit der nachträglichen Verwirklichung des Normzwecks dienen würde. Es wäre überdies ein transparenter Rechtsbehelf, der in §312e selbst geregelt werden könnte. Hinzutreten könnte ergänzend die Sanktionierung über die cic, sofern dem Kunden bereits Vermögensschäden entstanden sind.

Was die kollektiven Rechtsbehelfe angeht, ergeben sich Bedenken gegen die These, daß die Verbandsklagen eine Mindestsanktionierung für alle Fälle schaffen[1478], in denen individuelle Rechtsbehelfe nicht eingreifen und deshalb sogar die schärfste Sanktion darstellen[1479]. Bei Anwendung des UWG in der Fallgruppe des Vorsprungs durch Rechtsbruch ergibt sich aus dem Verstoß gegen die meisten Pflichten des §312e kein Wettbewerbsvorteil für den Unternehmer. Dieser ist aber erforderlich, um die Sittenwidrigkeit des Verhaltens zu begründen, weil es sich bei §312e um eine wertneutrale Norm handelt. Das UWG ist also als Sanktionsinstrument für §312e fast gänzlich ungeeignet. Das UKlG bessert zwar bei dieser Lücke nach, indem bei Ansprüchen von Verbraucherverbänden auf die Wettbewerbsrelevanz der Rechtsverletzung verzichtet wird. Das gilt allerdings grundsätzlich nicht für die Ansprüche von Wirtschaftsverbänden. Das UKlG büßt außerdem an Reichweite ein durch die sachliche Beschränkung mittels der Relevanzklausel auf Verstöße, die das allgemeine Verbraucherinteresse tangieren – was Klagen gegen Unternehmer, die ausschließlich im B2B-Bereich tätig sind, unmöglich macht –, und durch die Seriositätserfordernisse, die für den Anspruch auf Registrierung eines Verbandes als qualifizierte Einrichtung aufgestellt werden. Unterlassungsklagen können außerdem nur zukünftigen Rechtsverstößen vorbeugen, nicht aber bereits begangene ahnden. Die Möglichkeit zur Durchsetzung abgetretener oder zur Prozeßstandschaft überlassener Ansprüche nach dem RBerG besteht nur in

---

[1477] Unklarheiten bemängelt auch Nordhausen, JJZ 2001, S. 287 (307).

[1478] so aber Grigoleit, WM 2001, S. 597 (599 f.); Grigoleit, NJW 2002, S. 1151 (1156); Micklitz, in: Micklitz/Pfeiffer/Tonner/Willingmann (Hrsg.), Schuldrechtsreform und Verbraucherschutz, S. 191 (247).

[1479] so aber Mankowski, ZMR 2002, S. 317 (326).

den eher selten Fällen eines Vermögensschadens und dann auch nur, wenn der geschädigte Kunde Verbraucher ist. Eine Unsicherheitsfaktor bei den Verbandsklagen ist zudem, inwieweit die Verbraucherverbände in der Praxis von ihren neuen Rechtsdurchsetzungsmöglichkeiten Gebrauch machen werden.[1480] Wertvolle Dienste können die kollektiven Rechtsbehelfe dort leisten, wo dem einzelnen Kunden die erforderlichen Kenntnisse fehlen, um den Pflichtverstoß des Unternehmers überhaupt zu entdecken (so z. B., wenn der Kunde nicht weiß, daß sich Unternehmer üblicherweise bestimmten Verhaltenskodizes verpflichten) oder er aus verschiedenen Gründen nicht zur Rechtsverfolgung bereit ist. Zu beachten ist außerdem, daß einstweilige Verfügungen sehr viel leichter durchsetzbar sind, da §25 UWG und §5 UKlG auf die Glaubhaftmachung der Voraussetzungen der §§935, 940 ZPO (Eil-, Sicherungs- und Schutzbedürfnis) verzichten.

Insgesamt wird aber durch das bestehende Sanktionssystem des BGB, flankiert von kollektiven Rechtsbehelfen aus dem UKlG und dem UWG, ein ausreichender Schutz des Kunden und eine angemessene und verhältnismäßige Sanktionierung garantiert.[1481] Soweit eine Übersanktionierung beklagt wird, muß dem widersprochen werden.[1482] Die tatbestandlichen Einschränkungen der Sanktionsnormen durch die Heilungsmöglichkeit bei der Widerrufsfristverlängerung, die wesentliche Pflichtverletzung bei der Vertragsaufhebung aus cic und die Unzumutbarkeit eines Festhaltens am Vertrag beim Rücktritt sowie beim Schadenersatz statt der Leistung garantieren die Angemessenheit der Sanktionen im Verhältnis zur jeweiligen Pflichtverletzung.

[1480] so beklagt Härting, CR 2003, S. 204 (204), daß die Verbraucherverbände das Fernabsatzrecht bislang noch nicht als wirksame Waffe gegen Mißbrauchsfälle entdeckt hätten.

[1481] a. A. Micklitz, in Micklitz/Pfeiffer/Tonner/Willingmann (Hrsg.), Schuldrechtsreform und Verbraucherschutz, S. 191 (246 f.), der die Nichtigkeit des geschlossenen Vertrages favorisiert; ähnlich Lehmann-Drexl, Electronic Business in Europa, P., Rn. 89 ff.

[1482] eine Übersanktionierung befürchten Grigoleit, WM 2001, S. 597 (604); Schneider K&R 2001, S. 344 (348) in Bezug auf die Verlängerung der Widerrufsfrist.

3. Teil: Konkurrenzverhältnis des §312e zu anderen nationalen Pflichtenquellen

A. Europarechtliche Besonderheiten der Konkurrenzsituation

Beim Konkurrenzverhältnis von §312e zu anderen Pflichten autonomen nationalen Ursprungs ist wie bei der Auslegung stets der europäische Hintergrund der Vorschrift zu beachten. Die ECRL wurde, wie auch andere europäische Verbraucherschutzrichtlinien, mit dem Ziel der Angleichung mitgliedsstaatlicher Vorschriften geschaffen, um durch Rechtsvereinheitlichung den reibungslosen Binnenmarktverkehr zu sichern (Art. 1 I, II ECRL), weshalb sie sich auf Artt. 47 II i.V.m. 55 EG und Art. 95 EG als Rechtsgrundlage stützen kann. Vor dem Ablauf der Umsetzungsfrist besteht deshalb gem. Art. 249 III EG eine Pflicht der Mitgliedsstaaten zur richtlinienkonformen Ausgestaltung des nationalen Rechts, d. h. es müssen ggf. neue Rechtsvorschriften geschaffen oder bereits bestehende aber richtlinienwidrige aufgehoben werden. Nach Ablauf der Umsetzungsfrist entfaltet die Richtlinie eine Sperrwirkung gegenüber weiteren mitgliedsstaatlichen Regelungen, d. h. sie wird zur Schranke der Rechtsetzung.[1483] Diese Wirkung ergibt sich aus dem Vorrang des Gemeinschaftsrechts vor dem Recht der EG-Mitgliedsstaaten[1484] bzw. genauer gesagt dem Vorrang der Umsetzungsverpflichtung der Mitgliedsstaaten gem. Art. 249 III EG bzw. Art. 22 ECRL.[1485] Diese dürfen grundsätzlich nur noch insoweit tätig werden, wie ihnen die Richtlinie innerhalb des vereinheitlichten Bereichs einen Spielraum gewährt. Der ECRL liegt also ein bestimmtes Konkurrenzverständnis der von ihr geforderten Umsetzungsregeln zum übrigen nationalen Recht zugrunde, welches der nationale Gesetzgeber bei der Transformation der Richtlinie in innerstaatliches Recht beachten muß. Das europäische Recht determiniert also das Konkurrenzverhältnis von §312e zum restlichen mitgliedsstaatlichen Recht bzw. dieser muß die Sperrwirkung des Gemeinschaftsrechts verkörpern.

Bezüglich des Konkurrenzverhältnisses zu nationalen Umsetzungsvorschriften für andere europäische Richtlinien ist ebenfalls auf die Vorgaben der ECRL zurückzugreifen. Sie bestimmt ihr Verhältnis zu anderen europäischen Rechtsetzungsakten selbst, und der nationale Gesetzgeber hat dies beim Verhältnis der Umsetzungsvorschriften zu beachten. Dabei gilt auf europäischer Ebene der Grundsatz lex posterior derogat legi priori.[1486] Das bedeutet, daß spätere gleichrangige Rechtsakte der ECRL vorgehen und vorrangig nach dem Konkurrenzverhältnis zu befragen sind. Natürlich darf aber auch

---

[1483] EuGH, Rs. C-208/88 (Kommission/Dänemark), Slg. 1990, I-4445, Rz. 7 ff.; Hilf, EuR 1993, S. 1 (9); Grabitz/Hilf-Nettesheim, Art. 249 EG, Rn. 150; Schwarze-Biervert, EU-Kommentar, Art. 249 EG, Rn. 27.

[1484] Grabitz/Hilf-Nettesheim, Art. 249 EG, Rn. 150; dazu allgemein: EuGH, Rs. 106/77 (Finanzverwaltung ./. Simmenthal), Slg. 1978, S. 629; Rz. 17/18; EUGH, Rs. 44/79 (Hauer ./. Rheinland-Pfalz), Slg. 1979, 3727, Rz. 14 ff.; Calliess/Ruffert-Wegener, EUV/EGV, Art. 220 EG, Rn. 22 ff.; Schwarze-Biervert, EU-Kommentar, Art. 249 EG, Rn. 7.

[1485] Franzen, Privatrechtsangleichung durch die Europäische Gemeinschaft, S. 260.

[1486] EuGH Rs. C-64/98 (Odette Nicos Petrides Co./Kommission), Slg. 1999, I-05187, Rz. 40; Calliess/Ruffert-Ruffert, EUV/EGV, Art. 249 EG, Rn. 11; Groeben/Thiesing/Ehlermann-Schmidt, Art. 189 EG, Rn. 23; Bleckmann-Bleckmann, Europarecht, Rn. 526 u. 529.

der frühere Rechtsakt bei der Klärung dieser Frage nicht unberücksichtigt bleiben. Denn es gilt auch der Grundsatz der lex specialis auf europäischer Ebene.[1487]

B. Konkurrenz zu anderen nationalen Vorschriften europäischen Ursprungs

I. Allgemeines

Zunächst soll der Frage nachgegangen werden, wie §312e im Verhältnis zu anderen nationalen Normen mit europäischem Hintergrund steht, wobei vor allem an die übrigen Vertriebsmethoden in den §§312 ff., sonstige verbraucherschützende Normen wie die §§305 ff., §481 ff., 651a ff. etc. und die Informationspflichten nach dem TDG und MDStV zu denken ist. §312e III1 bestimmt selbst, daß Informationspflichten auf Grund anderer Vorschriften unberührt bleiben. Diese Vorschrift soll nach der Regierungsbegründung lediglich deklaratorische Bedeutung haben.[1488] Von deklaratorischer Bedeutung ist sie wohl vor allem deshalb, weil auch bei ihrem Nichtvorhandensein vom Prinzip freier Pflichtenkonkurrenz auszugehen gewesen wäre. Nicht verständlich ist allerdings, warum der Gesetzgeber nur das Konkurrenzverhältnis zu *Informationspflichten* ausdrücklich geregelt hat und nicht das zu sonstigen *Verhaltenspflichten,* zumal §312e auch solche enthält und es deswegen Konkurrenzprobleme geben könnte. Im Auge hatte der Gesetzgeber offensichtlich in erster Linie die Informationspflichten bei Fernabsatzgeschäften gem. §312c II i.V.m. §1 InfoV, die häufig neben §312e bestehen werden.[1489] Die Regelung gilt aber auch für alle übrigen obengenannten Normen.

Untersucht werden muß, ob die parallele Anwendbarkeit der übrigen verbraucherschützenden Pflichtenregelungen des BGB dem Konkurrenzverständnis der ECRL entspricht. Diese nimmt zur Konkurrenzfrage ausdrücklich in Art. 1 III Stellung, wo es heißt: „Diese Richtlinie ergänzt das auf die Dienste der Informationsgesellschaft anwendbare Gemeinschaftsrecht und läßt dabei das Schutzniveau insbesondere für die öffentliche Gesundheit und den Verbraucherschutz, wie es sich aus *Gemeinschaftsrechtsakten* und *einzelstaatlichen Rechtsvorschriften zu deren Umsetzung* ergibt, unberührt, soweit die Freiheit, Dienste der Informationsgesellschaft anzubieten, dadurch nicht eingeschränkt wird." Diese Regelung ist zweiteilig und betrifft einerseits das Verhältnis zu anderen Gemeinschaftsrechtsakten und andererseits das Verhältnis zu einzelstaatlichen Rechtsvorschriften, die deren Umsetzung dienen.

Wenn man den Wortlaut der Vorschrift unbefangen liest, liegt es nahe, sowohl Gemeinschaftsrechtsakte als auch einzelstaatliche Umsetzungsvorschriften unter den Vorbehalt zu stellen, daß der freie Verkehr von Informationsdiensten nicht beeinträchtigt wird. Dieses Verständnis würde aber Art. 1 III HS1 ECRL und Erwägungsgrund

---

[1487] Calliess/Ruffert-Ruffert, EUV/EGV, Art. 249 EG, Rn. 11; Groeben/Thiesing/Ehlermann-Schmidt, Art. 189 EG, Rn. 23; Hofmann, Normenhierarchien im europäischen Gemeinschaftsrecht, S. 27 u. a. mit Hinweis auf EuGH Rs. 68/86 (Vereinigtes Königreich Großbritannien und Nordirland ./. Rat der Europäischen Gemeinschaften), Slg. 1988, 855, Rz. 14-22; EuGH Rs. 300/89 (Kommission der Europäischen Gemeinschaften ./. Rat der Europäischen Gemeinschaften), Slg. 1991, I-02867, Rz. 22 ff.

[1488] BT-Druck 14/6040, S. 172.

[1489] BT-Druck 14/6040, S. 172 f.

11 ECRL widersprechen, wonach das durch Gemeinschaftsrechtsakte eingeführte Schutzniveau, insbesondere für die öffentliche Gesundheit und den Verbraucherschutz, unberührt bleiben soll. Ausweislich Erwägungsgrund 27 will die ECRL vielmehr im Zusammenwirken mit anderen europäischen Richtlinien einen rechtlichen Rahmen für die Online-Erbringung von Dienstleistungen schaffen. Es liegt deshalb die Vermutung nahe, daß sich die Einschränkung nur auf die mitgliedstaatlichen Umsetzungsakte beschränkt. Auch diese können aber insoweit nicht gemeint sein, als sie nur inhaltlichen Vorgaben der europäischen Harmonisierungsakte entsprechen. Deshalb kann sich die Formulierung nur auf die überschießende Rechtsumsetzung im Rahmen von Mindest- oder Öffnungsklauseln beziehen.[1490]

Die Richtigkeit dieser Vermutung muß aber anhand der Entstehungsgeschichte der Richtlinie überprüft werden. Der erste Richtlinienvorschlag der Kommission lautete noch: „Diese Richtlinie ergänzt das hinsichtlich der Dienste der Informationsgesellschaft anwendbare Gemeinschaftsrecht und läßt das durch bestehende *Gemeinschaftsregelungen* eingeführte Schutzniveau für öffentliche Gesundheit und Verbraucher unberührt, einschließlich der Maßnahmen, die im Rahmen des Binnenmarkts erlassen wurden."[1491] Auffallend ist dabei, daß diese Formulierung sich zum einen nur mit dem Verhältnis zu anderen Gemeinschafsrechtsakten befaßt und zum anderen nur das Schutzniveau im Bereich der öffentlichen Gesundheit und des Verbraucherschutzes betrifft.[1492] In der Begründung zum Entwurf findet sich nur der Hinweis, daß mit dieser Regelung der „acquis communitaire" der Gemeinschaft aufrechterhalten werden soll.[1493] Es wird dabei deutlich, daß das Gemeinschaftsrecht nach dem Willen der Kommission ohne weitere Beschränkung neben der ECRL anwendbar sein soll.

Erst im gemeinsamen Standpunkt des Rates wurde eine Erweiterung auf „einzelstaatliche Rechtsvorschriften zu deren Umsetzung" aufgenommen und zugleich die Beschränkung „soweit die Freiheit, Dienste der Informationsgesellschaft anzubieten, dadurch nicht eingeschränkt wird" aufgenommen.[1494] Der Regelungszusammenhang macht deutlich, daß die Beschränkung sich nur auf die einzelstaatlichen Umsetzungsnormen beziehen soll, nicht aber auf das Gemeinschaftsrecht. So versteht auch die Kommission die eingefügte Formulierung in ihrer Mitteilung zum gemeinsamen Standpunkt an das Parlament.[1495] Die Entstehungsgeschichte bestätigt also die oben aufgestellte Vermutung. Außerdem wurde die Reichweite der Vorschrift durch den Rat auf das in allen Bereichen bestehende europäische Schutzniveau erstreckt. Öffentliche Gesundheit und Verbraucherschutz dienen nur noch als erläuternde Beispiele.[1496] Auf Wunsch vieler Mitgliedsstaaten[1497] wird nun zu diesen Beispielsbereichen klarstellend

---

[1490] so auch Grabitz/Hilf-Marly, A4, Art. 1, Rn. 10; Spindler, RabelsZ 2002, S. 633 (643).
[1491] KOM (1998) 586 engd., S. 44.
[1492] vgl. Grabitz/Hilf-Marly, A4, Art. 1, Rn. 10.
[1493] KOM (1998) 586 endg., S. 21.
[1494] Abl. C 128 v. 8.5.2000, S. 32 (39). Tettenborn K&R 2000, S. 59 (60) spricht von einer „sprachlichen Überarbeitung, ohne Auswirkungen auf den Regelungsgehalt".
[1495] SEK/2000/0386 endg. vom 29.2.2000 unter 3.2.5.
[1496] so auch Grabitz/Hilf-Marly, A4, Art. 1, Rn. 10.
[1497] vgl. Tettenborn, K&R 2000, S. 59 (60).

in Erwägungsgrund 11 ECRL ein langer Katalog von Richtlinien aufgezählt, die unberührt bleiben sollen.
Deutlich wird aus der neuformulierten Vorschrift, daß die ECRL den Gestaltungsfreiraum, den andere europäische Richtlinien (Mindestrichtlinien) oder Verordnungen den Mitgliedsstaaten im Rahmen von Mindest- oder Öffnungsklauseln überlassen haben, im Bereich der Online-Dienste einschränken will. Mit der Bedingung, daß die „Freiheit, Dienste der Informationsgesellschaft anzubieten" nicht berührt werden darf, ist nichts anderes gemeint, als daß alle national erlassenen Rechtsnormen voll am Harmonisierungsmaßstab der ECRL gemessen werden müssen. Die ECRL behandelt also das nationale Recht zur Ausfüllung von Spielräumen, den andere Gemeinschaftsakte eingeräumt haben, in gleicher Weise wie das übrige nationale Recht, das keinen spezifischen Umsetzungszweck verfolgt. Für die Konkurrenzproblematik bei der überschießenden Umsetzung kann also auf die Ausführungen zum sonstigen nationalen Recht verwiesen werden.[1498] Sehr deutlich kommt dies in der Stellungnahme des Wirtschafts- und Sozialausschusses zum Ausdruck wo bemerkt wird: „Die Richtlinie läßt bestehendes Gemeinschaftsrecht unberührt. Die Kollision mit dem in den Mitgliedsstaaten umgesetzten Gemeinschaftsrecht ist damit aber keinesfalls ausgeschlossen. Immerhin sind einige Richtlinien, die den Verbraucherschutz zum Gegenstand haben, als Mindestrichtlinien erlassen worden."[1499] Bedenklich ist es deshalb, wenn das LG Frankfurt|M in der Entscheidung über die Zulässigkeit von Arzneimittelwerbung der Internetapotheke DocMorris das Werbeverbot gem. Art. 1 III ECRL als gerechtfertigt ansieht, weil im Bereich der Humanarzneimittelwerbung mit der Richtlinie 92/28/EWG[1500] bereits ein Ansatz für Vergemeinschaftung dieser Rechtsmaterie bestehe.[1501] §8 HWG ist nämlich kein einzelstaatlicher Umsetzungsakt zu dieser Richtlinie. Das Herkunftslandprinzip gem. Art. 3 ECRL hätte deshalb angewandt werden müssen. Der EuGH hat diese Frage jüngst in einer Vorlageentscheidung offengelassen.[1502]
Unter systematischen Erwägungen könnte man einwenden, daß die bereichsspezifischen Richtlinien nach dem Grundsatz der lex specialis vollumfänglich über ihr Vereinheitlichungsniveau bestimmen könnten. Jedoch kann auch die ECRL als speziellere Richtlinie angesehen werden, da sie sie eine besondere Querschnittsregelung für die Nutzung elektronischer Medien schafft.[1503] Im übrigen ist sie lex posterior zu den existierenden europäischen Rechtsakten.
Teleologisch ist der gewählte Ansatz im Hinblick auf die Schaffung eines Regelungsrahmens konsequent, denn die ECRL kann das Regelungsziel der Vereinheitlichung

---

[1498] s. u. 3. Teil C.
[1499] Stellungnahme des Wirtschafts- und Sozialausschusses zu dem „Vorschlag für eine Richtlinie des Europäischen Parlaments und des Rates über bestimmte rechtliche Aspekte des elektronischen Geschäftsverkehrs im Binnenmarkt", Abl. C 169 vom 16.6.1999, S. 36 (38), Rz. 3.6.1.
[1500] Richtlinie 92/28/EWG des Rates vom 31. Maerz 1992 ueber die Werbung fuer Humanarzneimittel, Abl. L 113 vom 30.4.1992, S. 13.
[1501] LG Frankfurt am Main, MMR 2001, S. 243 (248); bestätigt von OLG Frankfurt am Main WRP 2001, S. 951 ff.; zustimmend Mankowski, MMR 2001, S. 251 (254).
[1502] EuGH Rs. C-322/01 (Deutscher Apothekerverband ./. Doc Morris pp.).
[1503] Spindler, RabelsZ 2003, S. 633 (643).

des elektronischen Geschäftsverkehrs nicht vollständig erreichen, wenn nicht in allen Bereichen der Online-Dienste „nach ihren Regeln gespielt wird". Die Folge ist allerdings, daß die Bedeutung der Mindestharmonisierungsklauseln anderer Richtlinien auf Null reduziert wird und nur noch die ECRL als Maßstab dient. Relevanz behalten sie nur noch dort, wo der elektronische Geschäftsverkehr nicht betroffen ist. Doch ist prinzipiell fast *jede* Regelung geeignet, den Online-Handel unmittelbar oder mittelbar zu beschränken, weil es sich dabei um eine Vertriebsform handelt.
Da die ECRL den elektronischen Handelsverkehr Hand in Hand mit den schon bestehenden Gemeinschaftsrechtsakten regeln will und zu deren Umsetzung geschaffenes nationales Recht unberührt läßt, soll im folgenden untersucht werden, inwiefern sich die Anwendungsbereiche der Regelungen überschneiden bzw. ob sie sich sinnvoll ergänzen. Die Untersuchung beschränkt sich dabei auf die Überschneidungen im Bereich der Vorschriften für besondere Vertriebsformen, weil hier das Zusammenspiel mit §312e besonders interessant ist. Verbraucherschützende Normen im Bereich bestimmter Vertragsarten wie beim Verbrauchsgüterkauf (§§474 ff.) oder Teilzeitwohnrechte-Vertrag (§§481 ff.) beziehen sich auf den Vertragsgegenstand und ergänzen damit immer sinnvoll den von der ECRL für den Vertragsschlußprozeß vorgegebenen technischen Pflichtenrahmen. Das spezielle Konkurrenzverhältnis der Pflicht zur Bereitstellung der allgemeinen Geschäftsbedingungen in wiedergabefähiger Form gem. §312e II Nr. 4 zu den Regeln der Einbeziehung von allgemeinen Geschäftsbedingungen in den Vertrag nach §305 II wurde bereits geklärt.

II. §312 b-§312d (Fernabsatzgeschäfte)

Besonders betont wurde stets das Verhältnis des Regelungsrahmens für den elektronischen Handel zu den Vorschriften des Fernabsatzes. Letztere sind auf europäischer Ebene in der Richtlinie 97/7/EG über den Verbraucherschutz bei Vertragsabschlüssen im Fernabsatz zusammengefaßt. Erwägungsgrund 11 ECRL hebt die Bedeutung der Fernabsatzrichtlinie – neben der Klauselrichtlinie – als „wichtige Errungenschaft auf Gemeinschaftsebene für den Verbraucherschutz" besonders hervor. Die Regierungsbegründung zu §312e unterstreicht im Zuge der Erläuterung der Konkurrenzregelung in Abs. 3 S.1 besonders, daß häufig bei elektronischen Vertragsschlüssen gleichzeitig auch ein Fernabsatzvertrag nach §312b vorliegen wird.[1504] Offensichtlich sollen die Fernabsatzregeln also eine besonders wichtige Ergänzungsfunktion zu §312e erfüllen.
§312b bestimmt seinen Anwendungsbereich wie folgt: „Fernabsatzverträge sind Verträge über die Lieferung von Waren oder über die Erbringung von Dienstleistungen, die zwischen einem Unternehmer und einem *Verbraucher* unter *ausschließlicher* Verwendung von *Fernkommunikationsmitteln* abgeschlossen werden, es sei denn, daß der Vertragsschluß nicht im Rahmen eines für den Fernabsatz *organisierten Vertriebs- oder Dienstleistungssystems* erfolgt. Zu einer Überschneidung der Anwendungsbereiche von §312b und §312e kommt es durch das gemeinsame Abstellen auf Fernkommunikation. §2 TDG und §2 MDStV, auf die §312e verweist, knüpfen nämlich an „Übermittlung" bzw. „Verbreitung" an und betreffen damit nur die Distanzkommuni-

[1504] BT-Druck 14/6040, S. 172 f.

kation. Besonders deutlich wird diese Gemeinsamkeit der beiden Vertriebsformen anhand der Definition der Dienste der Informationsgesellschaft in Art. 2 lit. a ECRL i.V.m. Art. 1 Nr. 2 der Transparenzrichtlinie 98/34/EG, wo von „ im Fernabsatz erbrachten Dienstleistungen“ die Rede ist. Sowohl §312b ff. als auch §312e sind also Fernabsatzregelungen.

Im Ausgangspunkt sind beide Normkomplexe auch auf sämtliche Vertragsarten anwendbar, selbst wenn beide Vorschriften nach dem mißverständlichen Wortlaut nur Verträge über „Waren oder Dienstleistungen“ erfassen sollen. §312e ist nämlich aufgrund der Vorgaben der ECRL im Hinblick auf den Vertragsgegenstand weit auszulegen. Daraus ergibt sich ein starkes Argument, §312b gleichfalls auf sämtliche Vertragsarten zu erstrecken, um den vom Gesetzgeber gewollten Gleichlauf der Fernabsatzvorschriften zu fördern.[1505]

Es gibt dennoch beträchtliche Unterschiede im Anwendungsbereich. §305b ist in mehrerlei Hinsicht enger als §312e gefaßt. Ein augenfälliger Unterschied besteht beim persönlichen Anwendungsbereich: §312b betrifft nur Fernabsatzverträge zwischen einem Unternehmer und einem Verbraucher. Der B2B-Bereich wird also vollständig ausgeklammert. §312e ist hier weiter, weil zumindest auf Kundenseite auch ein Unternehmer stehen kann. In sachlicher Hinsicht verlangt §312b, daß der Unternehmer ein für den Fernabsatz organisiertes Vertriebs- oder Dienstleistungssystem (Fernabsatzsystem) benutzt, d. h. die personellen, sachlichen und organisatorischen Voraussetzungen geschaffen hat, die erforderlich sind, um regelmäßig Geschäfte im Fernabsatz zu bewältigen. Bietet ein Unternehmer also nur gelegentlich im elektronischen Geschäftsverkehr Dienste an, ist nur §312e einschlägig, der keinen systematischen Einsatz von Fernkommunikationsmitteln verlangt. Eine gewisse Abfederung bei dieser Abweichung ergibt sich daraus, daß §312b I die Beweislast für das Fehlen eines Fernabsatzsystem auf den Unternehmer verlagert („es sei denn“).[1506] Steht also der Einsatz von Fernkommunikationsmitteln fest, muß der Unternehmer nachweisen, daß er über kein organisiertes Absatzsystem verfügt. Bei Angeboten auf einer Homepage im Internet wird der Unternehmer daher stets im Begründungszwang sein. Vorsicht ist jedoch insofern geboten, als diese gesetzliche Vermutung keinen Rückhalt in der Fernabsatzrichtlinie findet und deshalb eine überschießende Umsetzung gem. Art. 14 der Richtlinie darstellt. Die Regelung könnte durch Art. 1 III ECRL gesperrt sein, wenn sie eine Beschränkung des freien elektronischen Dienstleistungsverkehrs darstellt. Eine dritte Einschränkung ergibt sich aus der bei §312b notwendigen exklusiven Verwendung von Fernkommunikationsmitteln. Findet in der Vertragsanbahnungsphase bis zum Vertragsabschluß ein persönlicher Kontakt zwischen Verbraucher und Unternehmer statt, liegt kein Fernabsatzvertrag vor. Auch diese Anwendungsbereichsbeschränkung wird aber durch teleologische Erwägungen abgemildert. Sachgemäß ist diese Einschränkung nämlich nur in den Fällen, in denen der Kunde Verkäufer und Ware persönlich in Augenschein nehmen kann und Gelegenheit bekommt, im persönlichen Ge-

---

[1505] für die grundsätzliche Anwendbarkeit auf alle Vertragsformen auch M/K-Wendehorst, §312b, Rn. 22; H/K-BGB-Schulte-Nölke, §312b, Rn. 5.

[1506] allg. Meinung: Roth, JZ 2000, S. 1013 (1015); Micklitz/Tonner-Micklitz, Vertriebsrecht, §312b, Rn. 52; M/K-Wendehorst, §312b, Rn. 64.

spräch die vertragsrelevanten Informationen zu erhalten. Deswegen müssen §312b im Wege teleologischer Reduktion bzw. Anwendung der Umgehungsvorschrift des §312f auch die Fälle zugeführt werden, in denen die Ware nicht in Augenschein genommen werden konnte[1507] (davor schützt den Verbraucher gerade das Widerrufsrecht) bzw. der Verbraucher nicht bereits im persönlichen Gespräch die vertragswesentlichen Informationen nach §312c I 1 Nr. 1 i.V.m. §1 InfoV erlangen konnte.[1508] Zwar wird man dafür nicht die tatsächliche Erfüllung sämtlicher Informationen verlangen können, weil das nicht der Realität von Verkaufsgesprächen entspricht; allerdings muß die Möglichkeit zur Erlangung in einem ausführlichen Gespräch bestanden haben. Unzureichend wäre es, wenn der Kunde nur ein Faltblatt mit der Internetadresse eines elektronischen Bestellsystems in die Hand gedrückt bekommt. §312b ist also durch die Tatbestandsvoraussetzungen des Verbrauchergeschäfts, des Fernabsatzsystems und des ausschließlichen Einsatzes von Fernkommunikationsmitteln in dreierlei Hinsicht enger. Hinzu kommt, daß §312b III zahlreiche Bereichsausnahmen nennt, die das Produkt umfangreicher Lobbyarbeit im Vorfeld des Richtlinienerlasses sind.[1509] Viele Ausnahmen gehen allerdings darauf zurück, daß der Schutz anderen spezielleren Vorschriften überlassen wird (bzgl. Nr. 1 dem FernUSG; bzgl. Nr. 2 den §§481 ff.; bzgl. Nr. 3 den noch zu schaffenden Umsetzungsnormen der Richtlinie 2002/65/EG über den Fernabsatz von Finanzdienstleistungen; bzgl. Nr. 4 zahlreichen Vorschriften des BGB über den Verkauf von bzw. Verfügungen über Immobilien und Rechte an Immobilien bzw. die Errichtung von Bauwerken; bzgl. Nr. 6 teilweise die §§651 a ff.). Es besteht also zwar kein Gleichlauf mit §312e, aber auch keine wesentlichen Schutzlükken. Bei anderen Ausnahmen fehlt es schon von vornherein an der spezifischen Schutzbedürftigkeit des Verbrauchers (so bei Nr. 5, 7a und b).[1510]

Insofern könnte man meinen, daß §312e tatbestandlich weiter ist und eine Auffangvorschrift zu §312b darstellt. Dies ist indes nicht der Fall, was bei Zugrundlegung der Definition der Dienste der Informationsgesellschaft in Art. 2 lit. a ECRL i.V.m. Art. 1 Nr. 2 der Transparenzrichtlinie 98/34/EG deutlich wird. Diese verlangt eine „elektronische Dienstleistung", die auf „individuellen Abruf" des Empfängers erbracht wird, was selbstverständlich auch für §312e gilt. Der elektronische Abruf schließt Sprachtelefon-, Telefax- und Telexdienste vom Pflichtenkatalog des elektronischen Geschäftsverkehrs aus. Weitere Kommunikationsmittel fallen dem Erfordernis des „individuellen Abrufs" zum Opfer, nämlich der Bereich der Rundfunk- und Verteildienste, also insbesondere das herkömmliche Teleshopping im Fernsehen. Der Anwendungsbereich wird weiter zurückgestutzt durch §312e III1, der bestimmt, daß bei individueller Kommunikation bis auf eine Ausnahme (§312 I1 Nr. 4) keine Pflichten zu erfüllen sind.

[1507] Micklitz/Tonner-Micklitz, Vertriebsrecht, §312b, Rn. 47.

[1508] Micklitz/Tonner-Micklitz, Vertriebsrecht, 312b, Rn. 47; M/K-Wendehorst, §312b, Rn. 47; a. A. die Regierungsbegründung zum Fernabsatzgesetz, BT-Druck 14/2658, S. 30; Grigoleit, NJW 2002, S. 1151 (1152): jeder persönliche Kontakt genügt.

[1509] so Grabitz/Hilf-Micklitz, A3, Rn. 19 ff.; M/K-Wendehorst, §312b, Rn. 65.

[1510] Regierungsbegründung zum Fernabsatzgesetz, BT-Druck 14/2658, S. 33.

Gerade bei den erfaßten Kommunikationsmitteln ist §312e also erheblich enger als §312b. Der elektronische Geschäftsverkehr könnte deswegen auch als „spezieller Fernabsatz“[1511] bezeichnet werden.
Daß die Anwendungsbereiche der beiden Vorschriften nicht parallel laufen, verwundert nicht. Die Ausklammerung bestimmter Kommunikationsforen aus §312e geht darauf zurück, daß die Pflichten im elektronischen Geschäftsverkehr in erster Linie technische Hilfspflichten sind und deswegen der Kunde bei nichtelektronischen bzw. auf herkömmlichem Wege gesendeten Angeboten von den Verfassern der ECRL nicht als schutzwürdig eingestuft wurde. Offensichtlich sah man dort den Schutz durch die Fernabsatzvorschriften als ausreichend an. Daß diese Auffassung angesichts der Konvergenz traditioneller und moderner elektronischer Kommunikationsformen nicht unbedenklich ist, wurde schon angemerkt.[1512]
Auch §312b nimmt seinen Anwendungsbereich dort zurück, wo der Kunde nicht schutzwürdig ist, nämlich wenn er die vertragswesentlichen Informationen im persönlichen Gespräch erlangen kann. Die gleichzeitige Präsenz der Vertragspartner entspricht nämlich, dem Modell des klassischen Verkaufs, das die europäische Kommission schon immer in Abgrenzung zum Fernabsatz sah, wie folgende von der Kommission vor langer Zeit veröffentlichte Tabelle zeigt[1513]:

	Gleichzeitige Präsenz Käufer/Verkäufer	keine gleichzeitige Präsenz
Geschäftsraum	Klassischer Verkauf	Automatenverkauf
Häusliche Umgebung des Verbrauchers	Haustürgeschäfte	Fernverkauf

Im persönlichen Gespräch besteht für den Kunden leicht die Möglichkeit, sich Informationen durch (Nach-)Fragen im Dialog einzuholen, wobei schon allein der persönliche Eindruck vom Verkäufer bzw. den Geschäftsräumen einen erheblichen Informationswert birgt. Denn persönliches Vertrauen kann bis zu einem gewissen Grad sachliche Informationen substituieren. Bei §312e hingegen entbindet ein persönliches Zusammentreffen zu einem Zeitpunkt vor dem Vertragsschluß nicht von den Pflichten, da die technischen Hilfspflichten den Vertragsschluß*prozeß* begleiten müssen, damit dort drohende Fehler vermieden werden können und das Vertrauen in den elektronischen Geschäftsverkehr gestärkt wird. Dies gilt vor allem für die Bereitstellungs- und Bestätigungspflichten, deren Erfüllung überhaupt nur beim Vertragsschluß möglich ist. Insofern besteht ein Unterschied zu den Informationspflichten nach §312c I 1 Nr. 1 i.V.m. §1 InfoV, die dem Verbraucher allgemein Aufschluß über den Vertragsinhalt und die daran geknüpften Rechte und Pflichten geben wollen, um ihm die Entscheidung für oder gegen den Vertragsschluß zu erleichtern.
Die Beschränkung des §312b auf ein organisiertes Fernabsatzsystem will schließlich die Anbieter verschonen, die nur gelegentlich im Internet geschäftlich tätig werden,

[1511] so die treffende Bezeichnung von Grigoleit, NJW 2002, S. 1151 (1152).
[1512] s. o. 1. Teil B.II.1.d).
[1513] KOM (1992) 11 endg. – SYN 411, S. 6.

ohne auf den Fernabsatz spezialisiert zu sein.[1514] Mit dieser Einschränkung hat der Richtliniengeber berücksichtigt, daß die Informationspflichten zum Ausgleich der Informationsdefizite zwischen Unternehmer und Verbraucher letztlich auch von Interessenabwägungen – wie z. B. der Zumutbarkeit der Selbstbeschaffung von Informationen[1515] – zwischen beiden abhängen. Ein Unternehmer, der Fernabsatzkommunikationsmittel nur gelegentlich einsetzt und damit kaum Umsatz bestreitet, soll nicht zur Erteilung der extensiven Informationen verpflichtet sein, wenn sich der Kunde im Einzelfall auch um einen persönlichen Kontakt bemühen könnte, der ihm die notwendigen Informationen verschafft. Im elektronischen Geschäftsverkehr hingegen ist die Interessenabwägung zugunsten des Kunden ausgefallen, da dieser auf vertragsschlußbegleitende Informationen angewiesen ist, die sich nicht sinnvoll persönlich im Vorfeld des Vertrages einholen lassen. Hinzunehmende Konsequenz ist, daß Kleingewerbetreibende, die gelegentlich elektronische Kommunikationsmittel zum Vertragsschluß nutzen, mehr Pflichten zu erfüllen haben als ihre Mitbewerber, die bloß gelegentlich nichtelektronische Fernkommunikationsmittel einsetzen.
Fraglich ist, ob de lege ferenda eine Systematisierung der Anwendungsbereiche von §312b und §312e in einer gemeinsamen Vorschrift möglich wäre, um die Übersicht für den Rechtsanwender zu erhöhen. Wegen der eben beschriebenen Unterschiede beim notwendigen Organisationsgrad der eingesetzten Kommunikationsmittel ist eine Integration von §312b und §312e unter Verwendung des Kriteriums eines „organisierten Vertriebs- und Dienstleistungssystem" nicht möglich[1516], da damit unzulässigerweise der Anwendungsbereich der ECRL verkürzt würde. Es müßte deswegen in Erweiterung des §312b neben der „Ausschließlichkeit" der Fernkommunikation auch auf dieses Tatbestandsmerkmal verzichtet werden, um §312b zur Auffangvorschrift umzugestalten. Dieses Ziel könnte im Wege einer überschießenden Umsetzung der Fernabsatzrichtlinie realisiert werden, die nach Art. 14 der Fernabsatzrichtlinie zulässig ist. Die Zulässigkeit einer solchen Erweiterung müßte sich freilich auch am Harmonisierungsgrad der ECRL messen lassen. Wäre §312b einmal als Auffangvorschrift tauglich, müßten die speziellen Beschränkungen des §312e hinsichtlich der erfaßten Kommunikationsmittel durch Sonderregelungen in der Informationspflichtenverordnung aufgefangen werden.[1517]
Unsystematisiert geblieben sind auch die einzelnen Informationspflichten. So deckt sich die Information gem. §1 I Nr. 3 InfoV über „wesentliche Merkmale der Ware oder Dienstleistung sowie darüber, wie der Vertrag zustande kommt" zumindest soweit mit der Information gem. §3 Nr. 3 „über die einzelnen technischen Schritte, die zu einem Vertragsschluß führen", wie es um die rechtliche Qualifizierung des Angebotscharakters geht. Würde §312b zum Auffangtatbestand modifiziert, könnte hier eine Vereinheitlichung erfolgen.

[1514] KOM (1993) 396 endg. - SYN 411 v. 7. 10. 1993, S. 3.
[1515] vgl. Lorenz, Der Schutz vor dem unerwünschten Vertrag, S. 434 ff.
[1516] so aber der Formulierungsvorschlag für eine integrierte Vorschrift über Direktvertrieb und Fernabsatz bei Micklitz, in: Micklitz/Pfeiffer/Tonner/Willingmann (Hrsg.), Schuldrechtsreform und Verbraucherschutz, S. 191 (242 ff.).
[1517] so der Vorschlag von Micklitz, in: Micklitz/Pfeiffer/Tonner/Willingmann (Hrsg.), Schuldrechtsreform und Verbraucherschutz, S. 191 (245.).

Die Regierungsbegründung hat sich indes nach dem Experiment einer vereinheitlichten Regelung des Direktvertriebs im konsolidierten Diskussionsentwurf[1518] ausdrücklich gegen eine Zusammenfassung der unterschiedlichen Vertriebsformen ausgesprochen.[1519] Zwar sei eine Vereinheitlichung der Anwendungsbereiche bzw. Informationspflichten zur besseren Systematisierung und Transparenz des Vertriebsrechts sinnvoll. Allerdings sei dafür eine überobligationsmäßige Umsetzung der zugrundeliegenden Richtlinien erforderlich, die sich nicht realisieren lasse.[1520] Offensichtlich war eine Vereinheitlichung also politisch nicht konsensfähig. Allerdings betont die Regierungsbegründung, daß zumindest Ansätze für eine Systematisierung der Vorschriften durch die gemeinsame Integration in einen Abschnitt des BGB geschaffen worden seien. Es werde damit verhindert, daß wie bisher in den einzelnen Sondergesetzen „dogmatische Reservate" mit „separaten Lösungsansätzen und eigenwilligen Begriffsbildungen und -verständnissen" entstünden.[1521]

III. §§312-312a (Haustürgeschäfte)

Eine weitere Vertriebsform des BGB ist das Haustürgeschäft nach §312, welches der Umsetzung der Richtlinie betreffend den Verbraucherschutz im Falle von außerhalb von Geschäftsräumen geschlossenen Verträgen 85/577/EWG dient. Auch bei diesem könnten sich Überschneidungen mit dem Anwendungsbereich von §312e ergeben.
§312 definiert seinen Anwendungsbereich als „Vertrag zwischen einem Unternehmer und einem *Verbraucher*, der eine *entgeltliche* Leistung zum Gegenstand hat und zu dessen Abschluß der Verbraucher,
Nr. 1. durch mündliche Verhandlungen an seinem Arbeitsplatz oder im Bereich einer Privatwohnung
Nr. 2. anläßlich einer vom Unternehmer oder von einem Dritten zumindest auch im Interesse des Unternehmers durchgeführten Freizeitveranstaltung oder
Nr. 3 im Anschluß an ein überraschendes Ansprechen in Verkehrsmitteln oder im Bereich öffentlich zugänglicher Verkehrsflächen
bestimmt worden ist (Haustürgeschäft)".
Anwendungsbereichsüberschneidungen zwischen §312 und §312e könnten entstehen, sofern Online-Vertragsschlüsse zu den Haustürgeschäften zählen würden. Ob dies der Fall ist, wird bereits seit geraumer Zeit kontrovers diskutiert. Zum Zeitpunkt der Schaffung der Vorschriften des HaustürWG a. F., auf die §312 zurückgeht, war dem Gesetzgeber selbstverständlich die Technologie des Internet noch nicht bekannt, so daß er sich zu dieser Frage nicht äußern konnte. Zwischenzeitlich hat der Gesetzgeber in der Begründung zum FernAbsG a. F. zu der Frage der Anwendbarkeit Stellung genommen und die Auffassung vertreten, daß die Vorschriften des Haustürkaufs nicht

---

[1518] §§311 d ff. KonsDiskE, vgl. Konsolidierte Fassung des Diskussionsentwurfs eines Schuldrechtsmodernisierungsgesetzes, abrufbar unter http://www.lrz-muenchen.de/~Lorenz/schumod/diske/entwurf.pdf, S. 25.

[1519] BT-Druck 14/6040, S. 167; kritisch Nordhausen, JJZ 2001, S. 287 (298 und 307): eine Vereinheitlichung von Fernabsatz und E-Commerce Regelungen hätte sich angeboten.

[1520] BT-Druck 14/6040, S. 167.

[1521] BT-Druck 14/6040, S. 166 unter Zitierung der Ausführungen von Dörner, in: Schulze/Schulte-Nölke (Hrsg.), Schuldrechtsreform vor dem Hintergrund des Gemeinschaftsrechts, S. 177 (179).

auf Rechtsgeschäfte im Internet anwendbar sein sollen, weil nunmehr ein Widerrufsrecht nach den Vorschriften über den Fernabsatzes bestehe, was ausreichenden Schutz biete.[1522] Im übrigen sei eine tatbestandliche Konkurrenz von Haustürgeschäft und Fernabsatzvertrag ohnehin ausgeschlossen.[1523] In §312a hat der Gesetzgeber im übrigen seit der Schuldrechtsmodernisierung das Widerrufsrecht bei Haustürsituationen allgemeinen für subsidiär gegenüber sonstigen Widerrufsrechten erklärt – also auch gegenüber demjenigen bei Fernabsatzgeschäften. Wenn man von einem Exklusivitätsverhältnis zwischen §312 und §312b ausgeht, könnte man deshalb die aufgeworfene Fragestellung als sinnlos ansehen. Jedoch ist §312 einerseits in seinem Anwendungsbereich weiter als §312b, weil der Vertragsschluß nicht ausschließlich über Direktkommunikation geschlossen worden sein muß, sondern es ausreichend ist, wenn die Vertragsanbahnung in einer Haustürsituation stattgefunden hat [1524], während die zugrundeliegende Haustürwiderrufs-Richtlinie gem. Art. 1 den gesamten Vertragsschluß in der Haustürsituation verlangt[1525]. Das ergibt sich aus der Formulierung „zu dessen Abschluß der Verbraucher ... bestimmt worden ist". Im übrigen ist gem. §312a das Widerrufsrecht nach §312 nur ausgeschlossen, wenn nach anderen Vorschriften ein Widerrufsrecht *besteht*. Wenn also eine der zahlreichen Bereichsausnahmen oder einer der Ausschlußgründe für das Widerrufsrecht bei Fernabsatzgeschäften einschlägig ist, kann auf §312 zurückgegriffen werden. Das macht das Widerrufsrecht nach §312 auch für die Sanktion von Pflichtverletzungen mittels Widerrufsfristverlängerung gem. §312e III2 beim elektronischen Vertragsschluß interessant, da §312e – anders als §312b – nicht verlangt, daß die Vertragsanbahnung ausschließlich über Fernkommunikationsmittel erfolgt.

Im Ausgangspunkt geht es sowohl beim Haustürgeschäft als auch beim elektronischen Geschäftsverkehr um den Abschluß eines entgeltlichen Vertrages.

Zweck des Spezialvorschriften über Haustürgeschäfte ist der Schutz des Verbrauchers vor „Überrumpelung oder anderweitiger unlauterer Beeinflussung" [1526] beim Vertragsschluß außerhalb von Geschäftslokalen zu schützen. Die situativen Voraussetzungen, bei denen der Verbraucherschutz nach den Vorstellungen des Gesetzgebers bei Haustürgeschäften insbesondere notwendig ist, sind in §312 Nr. 1-3 umschrieben.

In Betracht könnte eine Subsumtion von Onlinegeschäften unter Nr. 1 kommen. Die Anforderungen an den Verhandlungsort könnte man noch als erfüllt ansehen, weil der Verbraucher typischerweise im Bereich der Privatwohnung oder vom Arbeitsplatz aus die Angebote studiert und Willenserklärungen abgibt. Allerdings müssen in dieser privaten Sphäre „mündliche Verhandlungen" stattfinden. Nicht erforderlich ist dafür zwar

---

[1522] Regierungsbegrünung zum FernAbsG a. F., BT-Druck 14/2658, S. 34 f.

[1523] Regierungsbegrünung zum FernAbsG a. F., BT-Druck 14/2658, S. 34.

[1524] BGH NJW 1994, S. 262 (265): es reicht, wenn die Überraschungswirkung bis zum Vertragsschluß fortdauert; Palandt-Heinrichs, §312, Rn. 5; vgl. deswegen zum Konkurrenzproblem Micklitz/Tonner-Tonner, Vertriebsrecht, §312a, Rn. 25;Micklitz in: Micklitz/Pfeiffer/Tonner/Willingmann (Hrsg.), Schuldrechtsreform und Verbraucherschutz, S. 191 (202 ff.); Grigoleit, NJW 2002, S. 1151 (1153).

[1525] Art. 8 der Haustürwiderrufs-Richtlinie enthält allerdings eine Mindestklausel, die eine überschießende Umsetzung zuläßt.

[1526] Regierungsbegründung zum HaustürWG a. F. , BT-Druck 10/2876, S. 1.

eine Wechselrede[1527], die beim Online-Vertragsschluß meist fehlen dürfte, sondern es reicht der schweigende Vertragsschluß. Der Gesetzgeber hat aber in der Begründung zum HaustürWG a. F. ausdrücklich klargestellt, daß nur die Kommunikation in direkter persönlicher Anwesenheit unter Nr. 1 fallen soll, also nicht etwa telefonische Vertragsabschlüsse.[1528] Bei persönlicher Anwesenheit ist nämlich die psychologische Beeinflussung des Kunden durch den Vertreter regelmäßig stärker als bei Telefonabschlüssen, wo der Kunde, ohne unhöflich zu sein, auflegen und so den Kontakt abbrechen kann.[1529] Im Internet ist zwar persönliche Dialogkommunikation über Chat denkbar; allerdings fehlt es an der physischen Präsenz der Vertragspartner am selben Ort, so daß die Qualität der psychologischen Beeinflussungsmöglichkeiten selbst dann nicht den Vorgaben von Nr. 1 entspricht.
Hingegen erfordert Nr. 2 zumindest nach seinem Wortlaut keine persönliche Konfrontation, sondern nur die Teilnahme an einer Freizeitveranstaltung, die im Interesse des Unternehmers stattfindet. Dieser Fallgruppe liegt die Erwägung zugrunde, daß einerseits die Kaufbereitschaft des Kunden typischerweise durch die Freizeitatmosphäre gefördert wird, was zum Absatz von minderwertigen und überteuerten Waren führen kann und andererseits der Kunde durch die Organisationsstruktur der Veranstaltung keine Möglichkeit hat, sich diesem Einfluß zu entziehen.[1530] Unklar ist, ob diese beiden Faktoren kumulativ vorliegen müssen, oder ob ein alternatives Eingreifen reicht.[1531] Der Gesetzgeber scheint sich nach dem Wortlaut der Regierungsbegründung für Alternativität ausgesprochen zu haben.[1532] Für eine Kumulation beider Voraussetzungen spricht allerdings die Parallele zu Nr. 1. Dort gründet der Überrumpelungstatbestand ebenfalls auf der Schwierigkeit, sich durch die persönliche Einwirkung der Verkaufssituation zu entziehen, die den Kunden letztlich auch an Produkt- und Preisvergleichen hindert. Deshalb muß zur gesteigerten Kaufbereitschaft eine gewisse Zwangslage hinzutreten, die aber nicht nur örtlich und zeitlich, sondern auch psychologisch bedingt sein kann. Ausreichend ist in der Regel schon die Gruppendynamik bzw. der Gruppenzwang, den Verkaufsveranstaltungen entfalten, bei denen mehrere Teilnehmer persönlich an einem Ort versammelt sind.[1533] Fraglich ist, ob Online-

[1527] Palandt-Heinrichs, §312, Rn. 10; Fischer/Machunsky, Haustürwiderrufsgesetz, §1, Rn. 75.
[1528] Regierungsbegründung zum HaustürWG a. F., BT-Druck 10/2876, S. 11. Dem folgend BGH NJW 1996, S. 929 (930); Palandt-Heinrichs, §312, Rn. 10; AnwKom-Ring, §312, Rn. 14; a. A. Klingsporn, NJW 1997, S. 1546 ff.; unklar: Ruoff, NJW-CoR 2000, S. 38 (38): „jedenfalls gibt es über die Datenleitung regelmäßig (noch) keine mündlichen Verhandlungen".
[1529] Fischer/Machunsky, Haustürwiderrufsgesetz, §1, Rn. 77.
[1530] vgl. Regierungsbegründung zum HaustürWG a. F., BT-Druck 10/2876, S. 11. Vgl. zu diesen zwei Faktoren Fischer/Machunsky, Haustürwiderrufsgesetz, §1, Rn. 113.
[1531] Für Kumulation BGH NJW 1992, 1889 (1890); NJW 2002, 3100 (3101); auch der EuGH hat sich bei Auslegung von Art. 1 I Spiegelstrich 1 der Haustürwiderrufs-Richtlinie für eine Kumulation ausgesprochen, EuGH v. 22.4.1999, Rs C-423/97 (Travel Vac), Slg. 1999, I-2195, Rz. 35 u. 36; Gramlich/Zerres, ZIP 1998, S. 1299 (1305); wohl auch Arnold, CR 1997, S. 526 (528); für Alternativität: Ruoff, NJW-CoR 2000, S. 38 (39); M/K-Ulmer, §312, Rn. 40; Fischer/Machunsky, Haustürwiderrufsgesetz, §1, Rn. 127.
[1532] vgl. die Regierungsbegründung zum HaustürWG a. F., BT-Druck 10/2876, S. 7: „oder".
[1533] deswegen verfängt das Argument von Fischer/Machunsky, Haustürwiderrufsgesetz, §1, Rn. 127 nicht, daß Schutzbehauptungen der Veranstalter Tür und Tor offen stünden, wenn stets eine Zwangs-

Angebote als Freizeitveranstaltung betrachtet werden können. Den Freizeitcharakter wird man gegebenenfalls bei Internetseiten annehmen können, die vordergründig auf Unterhaltung des Verbrauchers ausgelegt sind (z. B. durch Gewinnspiele, Computerspiele, Informationen etc.) und gleichzeitig Vertriebszwecken dient.[1534] Jedoch fehlt es bei Online-Veranstaltungen am Zwangsmoment. Möglich – wenn auch bislang selten – ist zwar die Organisation von Verkaufsveranstaltungen, bei denen eine ganze Gruppe von Verbrauchern teilnehmen kann (z. B. in Chat-Foren und bei Live-Auktionen). Die für die Entfaltung von Gruppendynamik- bzw. zwang erhebliche psychologische Beeinträchtigungsschwelle wird jedoch erst durch die persönliche Anwesenheit der Teilnehmer am selben Ort erzeugt. Im Internet ist hingegen jeder Teilnehmer anonym und kann sich jederzeit, ohne unhöflich zu sein, aus dem Verkaufsgespräch ausklinken. Online-Geschäfte können demnach nicht die Voraussetzungen einer Freizeitveranstaltung erfüllen.[1535]

Schließlich könnte in einigen Fällen ein überraschendes Ansprechen in Verkehrsmitteln oder auf öffentlich zugänglichen Verkehrsflächen nach Nr. 3 in Betracht kommen. Diese Fallgruppe wurde geschaffen, um den Verbraucher vor Beeinträchtigungen der Entscheidungsfreiheit durch belästigendes „Anreißen" auf der Straße und in öffentlichen Verkehrsmitteln zu schützen, wo er üblicherweise nicht mit gewerblichen Angeboten rechnen muß.[1536] Es kann nun durchaus vorkommen, daß Internet-Terminals an Orten (z. B. in öffentlichen Parks) aufgestellt werden, wo der Kunde gewöhnlich von Verkaufsangeboten unbehelligt bleibt. In diesen Fällen wird der Kunde mit einem gewerblichen Angebot überraschend konfrontiert. Fraglich ist indes, ob auch das Tatbestandsmerkmal des „Ansprechens" erfüllt ist. Hierunter wird teilweise ausdrücklich nur ein auf die individuelle Person des Kunden gerichtetes Ansprechen gefaßt, nicht jedoch jede an die Allgemeinheit gerichtete Straßenwerbung (wie etwa Markschreierei).[1537] Damit wird zutreffend reflektiert, daß es sonst an der psychologischen Zwangslage für den Kunden fehlt. Denn eine solche liegt entweder vor, wenn dieser alleine von einem Verkäufer „gestellt" wird oder wenn das Verkaufsgespräch innerhalb einer Gruppe stattfindet, die durch den umgrenzten Ort ein Zusammengehörigkeitsgefühl entwickelt. Letzteres ist nicht der Fall, wenn ein Marktschreier sich allgemein an die Passanten auf der Straße wendet. Anders kann die Beurteilung ausfallen, wenn ein Vertreter es schafft, überraschend eine Menge von Menschen in ein Verkaufsgespräch zu verwickeln. Im Ergebnis greift die dritte Fallgruppe auch bei der Sonderkonstellation öffentlicher Computerterminals nicht ein, denn hier wird der Kunde keiner vergleichbaren Zwangssituation ausgesetzt.

---

lage erforderlich sei. Sofern sich mehrere Teilnehmer in einem Raum aufhalten, ist von einer Zwangswirkung schon unter gruppendynamischen Gesichtspunkten auszugehen.

[1534] vgl. Ruoff, NJW-CoR 2000, S. 38 (39); Dilger, Verbraucherschutz bei Vertragsabschlüssen im Internet, S. 151; Meents, Verbraucherschutz bei Rechtsgeschäften im Internet, S. 109 f.

[1535] a. A. von der Alternativität der beiden Kriterien der Freizeitveranstaltung ausgehend Ruoff, NJW-CoR 2000, S. 38 (39).

[1536] vgl. M/K-Ulmer, §312, Rn. 45, der noch zwischen dem Ansprechen in Verkehrsmitteln und auf öffentlichen Flächen differenziert.

[1537] Fischer/Machunsky, Haustürwiderrufsgesetz, §1, Rn. 184; Meents, Verbraucherschutz bei Rechtsgeschäften im Internet, S. 114; Dilger, Verbraucherschutz bei Vertragsabschlüssen im Internet, S. 152 f.

Letztlich ist also keine der drei vom Gesetzgeber vorgegebenen Fallgruppen direkt auf Online-Dienste anwendbar. Allerdings könnte sich als Ausweichlösung eine analoge Anwendung des §312 bzw. die Heranziehung des Umgehungstatbestands des §312 f. anbieten.[1538] Eine Erweiterung von §312 kann jedoch nur bei Sachverhalten in Betracht kommen, die den Grundwertungen des Gesetzgebers entsprechen. Für die Schutzwürdigkeit bei Online-Vertragsschlüssen werden verschiedene Aspekte ins Feld geführt, so etwa daß der Kunde im Internet Preise schwer vergleichen könne und keine Gelegenheit habe, die Waren vor der Bestellung zu betrachten.[1539] Das erste Argument ist jedoch im Hinblick auf die zahlreichen Preissuchmaschinen im Internet nicht tragfähig.[1540] Selbst wenn der Kunde von einem Angebot überrascht wird, hindert ihn das nicht an Preisvergleichen – anders als bei klassischen Haustürgeschäften. Das zweite trägt sachfremde Erwägungen in §312, denn die fehlende Möglichkeit, die Ware vorab zu untersuchen, resultiert aus der Fernabsatzmethode, nicht aus dem Überraschungsmoment. So wird ihr auch durch das Widerrufsrecht in §312d Rechnung getragen. Der wesentliche Streitpunkt ist jedoch, ob Techniken subtiler psychologischer Beeinflussung der Verbraucher auf Internetseiten der unmittelbaren persönlichen Ansprache gleichzusetzen sind.[1541] Der BGH hat – entsprechen der Gesetzesbegründung zum HaustürWG a. F.[1542] – die Vergleichbarkeit des psychologischen Drucks in seiner Entscheidung zum Telefonvertrieb abgelehnt.[1543] Betont wird bei der Ablehnung einer vergleichbaren Wirkung die Möglichkeit des Kunden, sich beim Telefongespräch, Teleshopping oder Internetgeschäft durch Abbruch der Verbindung dem Einfluß des Vertreters zu entziehen.[1544] Dieses „Abbruchsargument" verfängt natürlich nicht ohne weiteres bei subtiler Einflußnahme, die beim Kunden gar nicht den Gedanken an einen Abbruch des Verkaufsgesprächs aufkommen läßt. Allerdings kann der psychologischen Beeinflussung durch Gestaltung der elektronischen Angebotsseiten vorrangig durch Informations- und Transparenzpflichten vorgebeugt werden, wie etwa durch die Erläuterung der technischen Vertragsschritte gem. §312 I1 Nr. 2 i.V.m. §3 Nr. 1 InfoV oder die Pflicht zur Kenntlichmachung kommerzieller Kommunikation nach §7 Nr. 1

[1538] auch zu §312 bzw. zum HaustürWG a. F. wird ein Streit geführt, ob die Normierung der Fallgruppen in Nr. 1-3 abschließend oder exemplarisch ist (vgl. Fischer/Machunsky, Haustürwiderrufsgesetz, §5, Rn. 12 ff.), der sich auf den dogmatischen Streit um die Unterschiede zwischen Auslegung, Analogie und Umgehungsverbot zurückführen läßt (vgl. Gramlich/Zerres, ZIP 1998, S. 1299 ff.). Selten werden sich zwischen den Ansichten praktische Unterschiede ergeben.

[1539] so Ruoff, NJW-CoR 2000, S. 38 (40).

[1540] diesen Aspekt erwähnt allerdings auch Haustürwiderrufs-Richtlinie in Erwägungsgrund 5.

[1541] dafür Cichon, CR 1998, S. 773 (775); Ruoff, NJW-CoR 2000, S. 38 (40); Meents, Verbraucherschutz bei Rechtsgeschäften im Internet, S. 120 f.; dagegen: Hoeren/Oberscheidt, VuR 1999, S. 371 (377); Borges, ZIP 1999, S. 130 (133); Köhler, NJW 1998, S. 185 (187); Ernst, VuR 1997, S. 259 (261); Dilger, Verbraucherschutz bei Vertragsabschlüssen im Internet, S. 156 f.; Härting, Internetrecht, Rn. 165 f.; Fischer/Machunsky, Haustürwiderrufsgesetz, §1, Rn. 81.

[1542] Regierungsbegründung zum HaustürWG a. F., BT-Druck 10/2876, S. 11.

[1543] BGH NJW 1996, S. 929 (930); so vorher schon Fischer/Machunsky, Haustürwiderrufsgesetz, §1, Rn. 77.

[1544] BGH NJW 1996, S. 929 (930); Härting, Internetrecht, Rn. 165; Köhler, NJW 1998, S. 185 (187); Ernst, VuR 1997, S. 259 (261); Hoeren/Oberscheidt, VuR 1999, S. 371 (377); Bamberger/Roth-Ann, §312, Rn. 10.

TDG.[1545] Insofern kann man die Regelungen über Informationspflichten als leges speciales zu §312 betrachten. [1546] Dies gilt auch für §312e, obwohl dieser kein eigenes Widerrufsrecht vorsieht und deshalb die Konkurrenzregelung des §312a nicht gilt. Allerdings stellt sich im Verhältnis zu §312e die Frage, ob nicht bei einer *Verletzung* der Informationspflichten, zu Sanktionszwecken auf das Widerrufsrecht aus §312 zurückgegriffen werden kann. Hiergegen spricht aber, daß die subtile psychologische Beeinflussung über Fernkommunikation nach dem Willen des Gesetzgebers nicht von §312 geregelt werden soll, sondern dieser ausweislich seiner Fallgruppen auf die gröbere Beeinflussung durch das persönliche Aufdrängen von Leistungen ausgerichtet ist. Zwar können beide Methoden der Beeinflussung ähnlich effektiv sein. Den Grund für eine Differenzierung kann man aber im Zusammenhang mit dem allgemeinen Persönlichkeitsrecht des Verbrauchers sehen, welches bei physischer Konfrontation mit einem Vertreter stärker beeinträchtigt wird als bei nur unterschwelliger Beeinflussung der Entscheidung.
Somit ist §312 auf reine Online-Geschäfte nicht anwendbar, so daß hier eine Überschneidung mit §312e generell ausscheidet.
Daneben gibt es aber auch Mischformen von persönlicher und fernkommunikativer Vertragsaushandlung[1547], nämlich:

a) persönliche Anbahnung des Vertrages unter Anwesenheit beider Vertragsparteien und anschließender Abschluß mittels Fernkommunikation

b) Anbahnung des Vertrages über Fernkommunikationsmittel und anschließender Abschluß in persönlicher Anwesenheit der Vertragsparteien

c) Abgabe eines elektronischen Angebots des Kunden in Fernkommunikation und Annahme dieses Angebots in persönlicher Anwesenheit der Vertragsparteien (gespaltener Vertragsschluß)

d) Abschluß eines Haustürgeschäfts und Kontaktierung im Wege der Fernkommunikation zur Erwirkung weiterer Vertragsschlüsse (Vertragsschlußkontinuum[1548])

Entscheidend bei diesen Mischformen ist, daß die Regeln über Haustürgeschäfte nur anwendbar sind, wenn der Verbraucher durch die Einwirkung des Unternehmers zur Abgabe seiner Willenserklärung „bestimmt" wurde. Das ist anzunehmen, wenn der Verbraucher die Willenserklärung ohne die Einwirkung des Unternehmers nicht, nicht zu diesem Zeitpunkt oder nicht zu diesen Bedingungen abgegeben hätte, d. h. ein Kau-

---

[1545] vgl. auch Lehmann-Drexl, Electronic Business in Europa, P., Rn. 64 f., der die Pflichten der Art. 10 und 11 ECRL auch als Schutz gegen die Provokation von Willenserklärungen durch die verwirrende Gestaltung von Websites versteht.

[1546] dies meint wohl M/K-Ulmer, §312, Rn. 61, der grundsätzlich keinen Raum für eine analoge Anwendung von §312 neben §312e sieht.

[1547] in Anlehnung an Micklitz/Tonner-Micklitz, Vertriebsrecht, §312b, Rn. 54.

[1548] so der Begriff von Micklitz/Tonner-Micklitz, Vertriebsrecht, 312 b, Rn. 54.

salzusammenhang besteht.[1549] Bei diesem Kausalzusammenhang handelt es sich – wie bei Verbraucherschutznormen üblich – um einen objektiv typisierten Kausalzusammenhang.[1550] Die herrschende Meinung trägt dem praktisch Rechnung, indem bei Bestehen eines unmittelbaren zeitlichen und räumlichen Zusammenhangs mit einer der in Nr.1-3 beschriebenen Situationen ein Anscheinsbeweis für die Kausalität eingreifen soll.[1551]

Es kommt deshalb bei der Behandlung der Mischformen stets darauf an, ob die Vertragsschlußentscheidung wesentlich durch die Haustürsituation geprägt wurde, sei es, weil die Vorentscheidung für den Vertragsschluß schon dabei getroffen wurde, sei es, weil der Einfluß der Haustürsituation fortgedauert hat.[1552] Dies gilt gleichermaßen für die Konstellation a) und b).

Bei Situation a) können also die Pflichten aus §312e und das Widerrufsrecht nach §312 nebeneinander bestehen, wenn eine fortwirkende Beeinträchtigung gegeben ist. Das kann z. B. in Fällen zweifelhaft sein, wo sich der Haustürkontakt auf die bloße Übergabe eines Katalogs beschränkt.[1553]

In der Situation b) greift der Schutz des §312e nicht ein, da beim elektronischen Vertragsschluß zumindest die Bestellung des Kunden auf elektronischem Wege erfolgen muß. Ein Widerrufsrecht nach §312 ist hingegen denkbar.

Bei Fallgruppe c) hingegen, wo der Kunde auf elektronischem Weg eine Erklärung abgibt, der Unternehmer die Vertragsannahme jedoch auf die Warenauslieferung verschleppt, bestehen die Informationspflichten nach §312e, weil dieser keinen vollständig elektronischen Vertragsschluß verlangt. Ein Widerrufsrecht nach §312 kann hingegen nicht bestehen, da der Kunde sein Angebot bereits abgegeben hat und daher nicht mehr in seiner Entscheidungsfreiheit beeinträchtigt werden kann.

Bei Konstellation d) schließlich ist die Frage, ob man den Schutz nach §312 vertragsübergreifend auf die gesamte fortgesetzte Geschäftsbeziehung zwischen Unternehmer und Verbraucher erstrecken will.[1554] Der Wortlaut des §312 steht einer solchen Auslegung nicht entgegen, da die in Nr. 1-3 benannten Situationen nach diesem nicht zwingend Verhandlungen über den konkret in Frage stehenden Vertrag verlangen. Eine Beeinflussung weiterer Vertragsschlüsse in unmittelbarem zeitlichen Zusammenhang scheint auch in tatsächlicher Hinsicht nicht ausgeschlossen. Allerdings wird man hier mit der Annahme eines Anscheinsbeweises vorsichtiger sein müssen.

[1549] Micklitz/Tonner-Tonner, Vertriebsrecht, §312, Rn. 50; M/K-Ulmer, §312, Rn. 29; Fischer/Machunsky, Haustürwiderrufsgesetz, §1, Rn. 50 ff. Der Gesetzgeber hat ausdrücklich in der Begründung zum HaustürWG a. F. auf das Kausalitätserfordernis in §123 I Bezug genommen, BT-Druck 10/2876, S. 11. Das Kausalitätserfordernis spiegelt sich in den Formulierungen der einzelnen Fallgruppen wieder: Nr. 1 „durch", Nr. 2 „anläßlich", Nr. 3 „im Anschluß".

[1550] vgl. Lorenz, Der Schutz vor dem unerwünschten Vertrag, S. 146 ff.

[1551] M/K-Ulmer, §312, Rn. 31 f.; Micklitz/Tonner-Tonner, Vertriebsrecht, §312, Rn. 51; Fischer/Machunsky, Haustürwiderrufsgesetz, §1, Rn. 53.

[1552] ähnlich M/K-Ulmer, §312, Rn. 58; Micklitz/Tonner-Micklitz, Vertriebsrecht, §312b, Rn. 55, der für die Anwendbarkeit des §312 verlangt, daß der „Schwerpunkt der Vertriebsform in den Methoden des Direktmarketing zu suchen ist".

[1553] M/K-Ulmer, §312, Rn. 59.

[1554] Micklitz/Tonner-Micklitz, Vertriebsrecht, §312b, Rn. 56.

Somit hat sich gezeigt, daß die Regeln über Haustürgeschäfte gem. §312 bei rein online geschlossenen Verträgen überhaupt nicht anwendbar sind, während bei den – praktisch wohl eher selten vorkommenden – Mischformen zwischen persönlicher und elektronischer Vertragsentstehung ein Widerrufsrecht nach §312 bestehen kann, das bei Nichterfüllung der Pflichten aus §312e der Sanktionierung durch Verlängerung der Widerrufsfrist gem. §312e III2 dienen kann.

IV. Richtlinie 2002/65/EG (Fernabsatz von Finanzdienstleistungen)

Eine weitere spezielle Fernabsatzregelung steht bis zum 9. Oktober 2004 zur Umsetzung in das deutsche Recht an. Es handelt sich um die Anpassung des deutschen Rechts an die Richtlinie über den Fernabsatz von Finanzdienstleistungen an Verbraucher 2002/65/EG FernARL-FinanzDL). Nach einem Referentenentwurf zur Änderung der Vorschriften bei Fernabsatzverträgen über Finanzdienstleistungen[1555] sollen die neuen Regelungen direkt in die bestehenden Fernabsatzregelungen in den §§312b ff. integriert werden.
Im Gegensatz zur ECRL ist die Spezialität gegenüber den allgemeinen Fernabsatzregelungen in den §§312b ff. aber nicht durch die Kommunikationstechnik, sondern durch den Vertragsgegenstand bedingt. Die FernARL-FinanzDL knüpft nach einem vier Jahre langem Entstehungsprozeß dort an, wo die Fernabsatzrichtlinie 97/7/EG bewußt in Art. 3 I Spiegelstrich 1 i.V.m. Anhang II eine Lücke gelassen hat: bei Fernabsatzverträgen über Finanzdienstleistungen.[1556] Diese Lücke besteht wegen §312b III Nr. 3 im deutschen Recht bis zur Schaffung einer Umsetzungsvorschrift fort.
Beim Begriff des Fernabsatzvertrages bringt die FernARL-FinanzDL keine Besonderheiten gegenüber Art. 2 Nr. 1 der Fernabsatzrichtlinie und übernimmt exakt die dort getroffene Definition.[1557] Damit ist die Richtlinie ebenfalls nur anwendbar, wenn der Vertrag im Rahmen eines organisierten Fernabsatzsystems unter ausschließlicher Verwendung von Fernkommunikationsmitteln geschlossen wurde. Auch der persönliche Anwendungsbereich deckt sich vollkommen mit dem der Fernabsatzrichtlinie. Beide Richtlinien sind reine Verbraucherschutzrichtlinien, die nur zwischen einem „Unternehmer“[1558] und einem Verbraucher gelten. Bei den Fernkommunikationsmitteln übernimmt die FernARL-FinanzDL allerdings nicht den Beispielkatalog aus Anhang I der Fernabsatzrichtlinie, sondern umschreibt sie als „jedes Kommunikationsmittel, das ohne gleichzeitige körperliche Anwesenheit des Anbieters und des Verbrauchers für den Fernabsatz einer Dienstleistung zwischen diesen Parteien eingesetzt werden kann“. Auf diese Weise hält sie sich offen für moderne Kommunikationsmittel.[1559] Erwägungsgrund 5 betont ausdrücklich die Bedeutung der Richtlinie für das Vertrauen der Verbraucher in den elektronischen Geschäftsverkehr mit Finanzdienst-

---

[1555] abrufbar unter (http://www.bmj.bund.de/images/11617.pdf).
[1556] vgl. auch Erwägungsgrund 10 der FernARL-FinanzDL.
[1557] Härting/Schirmbacher, CR 2002, S. 809 (810); Reich/Micklitz-Reich, Europäisches Verbraucherrecht, §24, Rn. 16.
[1558] in der Fernabsatzrichtlinie genannt „Lieferer“, in der FernARL-FinanzDL genannt „Anbieter“.
[1559] Härting/Schirmbacher, CR 2002, S. 809 (810). Diese Technikoffenheit wird noch einmal in Erwägungsgrund 15 S.2 FernARL-FinanzDL besonders hervorgehoben.

leistungen. Die immaterielle Beschaffenheit der Finanzdienstleistungen wird gleichzeitig als Begründung genannt, warum sich der Fernabsatz besonders für sie als Vertriebsform eignet und es hier besonderer Regelungen bedurfte. Die Finanzdienstleistungen als maßgeblicher Vertragsgegenstand werden schließlich in Art. 2 lit. b umschrieben als „jede Bankdienstleistung sowie jede Dienstleistung im Zusammenhang mit einer Kreditgewährung, Altersversorgung von Einzelpersonen, Geldanlage oder Zahlung“.

Zur Bestimmung des Verhältnisses zur ECRL ist die FernARL-FinanzDL als lex posterior vorrangig zu befragen. Sie bestimmt nach Klarstellung durch den gemeinsamen Standpunkt des Rats[1560] in Erwägungsgrund 6: „Diese Richtlinie soll im Einklang mit dem Vertrag und dem abgeleiteten Recht, einschließlich der Richtlinie 2000/31/EG über den elektronischen Geschäftsverkehr, angewandt werden, wobei die genannte Richtlinie nur für die von ihr erfaßten Transaktionen gilt“. Damit wird die Bestimmung des Konkurrenzverhältnisses der ECRL als spezieller technischer Rahmenrichtlinie überlassen, die gem. Art. 1 III ECRL das sich aus Gemeinschaftsakten ergebende Verbraucherschutzniveau unberührt lassen will. Es unterliegt keinem Zweifel, daß damit auch zukünftig zu erlassende Verbraucherschutzrichtlinien gemeint sein sollten. Die FernARL-FinanzDL wird sogar ausdrücklich in Erwägungsgrund 11 ECRL als zukünftiges Richtlinienwerk erwähnt, welches von der ECRL unberührt bleiben soll. Bei der Schaffung einer Umsetzungsvorschrift zur FernARL-FinanzDL ist deswegen von deren unbeschränkter Anwendbarkeit neben §312e auszugehen. Es kann insofern auf die Ausführungen zum Verhältnis von §312e zu §312b verwiesen werden.

Schwieriger ist die Angleichung der einzelnen Informationspflichten. Die FernARL-FinanzDL schafft nämlich eine gewaltige Fülle neuer Aufklärungspflichten, die sich auf vier Komplexe, nämlich auf den Anbieter, auf die Finanzdienstleistung, den Fernabsatzvertrag und die Rechtsbehelfe beziehen. Dabei werden auch Pflichten aufgegriffen und modifiziert, die schon aus der ECRL bekannt sind. Diese Ähnlichkeit ist möglicherweise damit zu erklären, daß wie schon bei der ECRL nicht die Generaldirektion XXIV (Verbraucherschutz), sondern die Generaldirektion XV (Binnenmarkt und Finanzdienstleistungen) federführend war.

So findet sich in der Sektion über die Pflichten beim Fernabsatzvertrag in Art. 1 I Nr. 3 lit. g die Pflicht zu „Angaben darüber, in welcher Sprache oder in welchen Sprachen die Vertragsbestimmungen und die in diesem Artikel genannten Vorabinformationen mitgeteilt werden, sowie darüber, in welcher Sprache oder in welchen Sprachen sich der Anbieter verpflichtet, mit Zustimmung des Verbrauchers die Kommunikation während der Laufzeit dieses Vertrages zu führen“. Diese Informationspflicht greift erneut das Sprachenproblem auf, das in der ECRL bereits durch die Informationspflicht über die für den Vertragsschluß zur Verfügung stehenden Sprachen gem. Art. 10 I lit. d ECRL einer neuen Regelung zugeführt worden war. Der Unterschied zwischen beiden Regelungen scheint darin zu bestehen, daß nach der FernARL-FinanzDL nicht nur der Vertrag in der vorab angegebenen Sprache geschlossen werden muß, sondern auch die gesamte Kommunikation während der Vertragslaufzeit und die Verbraucherinforma-

---

[1560] vgl. Gemeinsamer Standpunkt des Rats Abl. C 58 E v. 5.3.2002, S. 32 (42).

tionen in derselben Sprache zu halten sind.[1561] Bei zutreffender Auslegung von Art. 10 I lit. d ECRL bzw. §3 Nr. 4 InfoV ist „für den Vertragsschluß" jedoch weit zu verstehen, so daß der gesamte Vertragsanbahnungs- und abschlußprozeß erfaßt wird. Das bedeutet, daß auch die ECRL die Erteilung der Nutzerinformationen in der Vertragssprache fordert. Daß die FernARL-FinanzDL jedoch noch weitergehend das gesamte Vertragskontinuum einer einheitlichen Sprache unterwirft ist damit zu erklären, daß es bei Finanzdienstleistungen um hochwertige Leistungen im Rahmen eines besonders engen wirtschaftlichen Vertrauensverhältnisses geht, welches häufig ein Dauerschuldverhältnis ist. Der Verbraucher soll deswegen die ungehinderte Möglichkeit zu Rückfragen haben, indem auch für die nachvertragliche Kommunikation die Sprache vorab festgelegt wird. Es würde aber durchaus Sinn ergeben, §312e II Nr. 2 i.V.m. §3 Nr. 4 InfoV dieser weitergehenden Regelung vollständig anzugleichen. Dafür kommt es aber darauf an, inwieweit die ECRL Erweiterungen im Bereich der vorvertraglichen Informationspflichten zuläßt.[1562]
Eine weitere Parallele findet sich in Art. 5 I FernARL-FinanzDL, nach welchem der Unternehmer dem Verbraucher neben den vorvertraglichen Informationen alle Vertragsbestimmungen in Papierform oder auf einem anderen dauerhaften Datenträger, der dem Verbraucher zur Verfügung steht und zu dem er Zugang hat, rechtzeitig *bevor* der Verbraucher durch einen Fernabsatzvertrag oder durch ein Angebot gebunden ist, zu *übermitteln* hat. In Art. 2 lit. f FernARL-FinanzDL wird der Begriff des dauerhaften Datenträgers eigens definiert. Vergleicht man diesen Regelungsansatz mit der Pflicht gem. Art. 10 III ECRL bzw. §312e II Nr. 4 dem Nutzer die Vertragsbestimmungen und die allgemeinen Geschäftsbedingungen so zur Verfügung zu stellen, daß er sie speichern und reproduzieren kann, so fällt zunächst eine Gemeinsamkeit auf, die in der Fernabsatzrichtlinie und den deutschen Fernabsatzvorschriften bislang noch nicht existierte: der Kunde hat ein Recht darauf, auch die *Vertragsbestimmungen* in dauerhafter Form vom Unternehmer zu erhalten. Kein Unterschied zwischen den beiden Vorschriften besteht darin, daß die FernARL-FinanzDL die allgemeinen Geschäftsbedingungen nicht erwähnt. Diese sind nämlich zu den Vertragsbestimmungen zu zählen. Unterschiedlich ausgestaltet ist jedoch der Zeitpunkt der Bereitstellungspflicht, auch wenn sich dies nicht direkt aus dem Wortlaut von Art. 10 III ECRL, sondern nur aus dem Sinn und Zweck der Regelung erschließt. Nach der FernARL-FinanzDL muß der Verbraucher schon vorvertraglich Zugang zu den Vertragsbedingungen bekommen, da diese üblicherweise inhaltlich komplex sind und er Zeit braucht, um sie zu studieren oder fachkundlichen Rat einzuholen. Insofern geht die FernARL-FinanzDL tatsächlich mit ihren Anforderungen über §305 II hinaus. Ganz anders der Zweck der Bereitstellung nach der ECRL: nach ihr soll dem Kunden der Vertragstext zu nachvertraglichen Beweiszwecken erhalten bleiben. Erst nach dem Vertragsschluß existiert der Vertragstext in seiner endgültigen beweistauglichen Fassung. Aufgrund dieser unterschiedlichen Zielsetzung bietet sich eine Vereinheitlichung der Zeitpunkte nicht an. Nachvertraglichen Beweisinteressen dient im Rahmen der FernARL-FinanzDL Art. 5 III, der

[1561] zur gebotenen Einheitlichkeit der verwendeten Sprache bei allen drei Gegenständen der Pflicht s. o. 1. Teil C.II.2.a).
[1562] dazu s.u. 3. Teil C.

dem Verbraucher das Recht gibt, jederzeit – also auch nach dem Vertragsschluß – die Vorlage der Vertragsbedingungen in Papierform oder über ein anderes Kommunikationsmittel zu verlangen.
Im übrigen besteht ein weiterer Unterschied bei der Art der Zugänglichmachung der Vertragsbedingungen. Nach der FernARL-FinanzDL müssen die Vertragsbedingungen dem Kunden übermittelt werden, was einer „Bringschuld" des Anbieters gleichkommt[1563], während die ECRL dem Unternehmer lediglich die Bereitstellung zum Abruf auferlegt, was eine „Holschuld" des Kunden bedeutet. Die FernARL-FinanzDL stellt also entsprechend dem erhöhten Schutzbedürfnis des Kunden schärfere Anforderungen als die ECRL und §312e, indem sie sicherstellt, daß er die Informationen auch tatsächlich erhält und nicht nur die Gelegenheit dazu bekommt. Man könnte hier an eine Vereinheitlichung des Pflichtenstandards denken, zumal auch §312c II eine Übermittlungspflicht für die Verbraucherinformationen vorsieht. Auch §312e sind Übermittlungspflichten nicht fremd, wie die Pflicht zur Eingangsbestätigung gem. Abs. I 1 Nr. 3 beweist. Allerdings sind die Vorgaben der ECRL zu beachten, so daß eine Anpassung nur möglich wäre, wenn die ECRL dafür einen mitgliedstaatlichen Spielraum vorsähe.
Bei richtliniengetreurer Umsetzung der FernARL-FinanzDL muß der Unternehmer bei einem Finanzdienstleistungsvertrag im elektronischen Geschäftsverkehr dem Kunden also die Vertragsbedingungen einmal im Vorfeld des Vertrages auf einem dauerhaften Datenträger zusenden und einmal nach dem Vertragsschluß in elektronischer Form zum Download bereitstellen.

C. Konkurrenzverhältnis zu allgemeinen Pflichtenquellen des BGB ohne spezifisch europäischen Ursprung

I. Rechtsquellen für weitergehende Pflichten und ihre Bindung an die Umsetzungsverpflichtung

Nach einer Klärung verlangt insbesondere auch das durch die ECRL vorgegebene Konkurrenzverhältnis der in §312e aufgestellten Pflichten zu den Pflichten ohne spezifisch europäischen Hintergrund, die sich aus den allgemeinen Grundsätzen des BGB ergeben. Diese Pflichten können aus unterschiedlichen innerstaatlichen Quellen stammen, die im einzelnen ermittelt werden sollen. Da die Richtlinienvorgaben ihre Vorrangwirkung mittelbar über die Umsetzungsverpflichtung in Art. 249 III EG bzw. Art. 22 ECRL entfalten, ist eine im Zusammenhang zu beantwortende Frage die nach der Bindung der pflichtenbegründenden innerstaatlichen Instanzen an diese Norm. Grundsätzlich sind nach Art. 249 III EG alle „innerstaatlichen Stellen", d. h. alle Organe eines Mitgliedsstaats Adressanten der Umsetzungsverpflichtung.[1564]

[1563] so auch Micklitz/Ebers, VersR 2002, S. 641 (659).
[1564] die Umsetzungsverpflichtung trifft nach dem Wortlaut des Art. 249 III EG direkt die staatlichen Organe (vgl. Scherzberg, Jura 1992, S. 572 (576); Jarass, NJW 1991, S. 2665; Franzen, Privatrechtsangleichung durch die europäische Gemeinschaft, S. 246 f.) und nicht nur die Mitgliedsstaaten als juristische Personen trifft (so aber Grabitz/Hilf-Nettesheim, Art. 249 EG, Rn. 130). Vgl. auch EuGH Rs. 14/83 (Colson und Kamann ./. Nordrhein Westfalen), Slg. 1984, 1891, Rz. 26; EuGH Rs. C-129/96 (Inter-Environnement Wallonie / Région wallone), Slg. 1997, I-7411, Rz. 40.

Zum einen können die Parteien eines Vertrages selbsttätig Pflichten als vertragliche Haupt- oder Nebenpflichten vereinbaren. Dieses Recht folgt aus der in §311 verbürgten vertraglichen Abschluß- und Gestaltungsfreiheit.[1565] Die Vertragsfreiheit unterliegt nach dem BGB selbst zahlreichen Schranken wie z. B. den gesetzlichen Verboten (§134), den guten Sitten (§138) oder der Inhaltskontrolle von AGB (§§305 ff.). Auch §312e setzt der Privatautonomie Schranken, z. B. in §312e II2, dem im Wege des Umkehrschlusses ein Abbedingungsverbot gegenüber Verbrauchern entnommen werden kann. Genauso könnte er auch durch Begrenzung des Kreises vereinbarungsfähiger Pflichten Schranken setzen. Die Privatautonomie bleibt auch nicht unberührt vom europäischen Gemeinschaftsrecht, wie z. B. Art. 81 II EG beweist.[1566] Es ist allerdings zu beachten, daß die sekundärrechtlichen europäischen Richtlinien grundsätzlich nach der Rechtsprechung des EuGH keine horizontale Drittwirkung zwischen Privatrechtssubjekten entfalten.[1567] Insofern kann die ECRL keine direkten Schranken für privatautonome Vereinbarungen setzen. Allerdings sieht der EuGH die nationalen Gerichte als verpflichtet an, im Wege richtlinienkonformer Auslegung des mitgliedsstaatlichen Rechts gem. Art. 249 i.V.m. Art. 10 EG europäisches Recht auch im Verhältnis zwischen Privaten zu berücksichtigen.[1568] Die Gerichte müssen also im Prozeß die Grundsätze des europäischen Rechts als Grenzen der Vertragsfreiheit einfließen lassen. Somit unterliegt die Privatautonomie zumindest der mittelbaren Einwirkung des Gemeinschaftsrechts. Nicht zuletzt ist es ohnehin die Rechtsprechung, die häufig vertragliche Pflichten durch Annahme konkludent geschlossener (Beratungs-)Verträge bzw. durch (ergänzende) Vertragsauslegung erst konstruiert.[1569]

Jedoch kann bereits an dieser Stelle ausgeschlossen werden, daß die ECRL der individualvertraglichen Vereinbarung zusätzlicher Anbieterpflichten im Wege stehen will. Vielmehr sollen die gesetzlichen Informationspflichten zum Ausgleich von Informationsasymmetrien gerade der Herstellung der Privatautonomie dienen. Zusätzliche Transparenzpflichten, auf die sich der Unternehmer freiwillig einläßt, können die rechtsgeschäftliche Selbstbestimmung des Kunden nur weiter stärken und damit dem Wettbewerb förderlich sein. Deswegen ist bei abweichenden Vereinbarungen in §312 fI auch völlig zutreffend ein Günstigkeitsvergleich zugunsten des Kunden vorgesehen. Eine Obergrenze für individualvertragliche Transparenzpflichten der Anbieter wäre ein Novum im europäischen Recht, das einer ausdrücklichen Anordnung bedurft hätte.

[1565] M/K-Emmerich, §311, Rn. 2; M/K-Kramer, Vor § 145, Rn. 8.

[1566] vgl. M/K-Emmerich, §311, Rn. 10 ff.

[1567] ständige Rspr. EuGH, Rs. 80/86 (Kolpinghuis Nijmegen, Slg. 1987, 3969, Rz. 9; EuGH, Rs. C-168/95 (Arcaro), Slg. 1996, I-4705, Rz. 36; Grabitz/Hilf-Nettesheim, Art. 249 EG, Rn. 173; a. A. zahlreiche Generalanwälte, z. B. GA F. G. Jacobs, Schlußanträge, Rs. C-316/93, Slg. 1994, I-763, Rz. 18 ff.

[1568] EuGH Rs. C-106/89 (Marleasing SA. ./. Commercial International de Alimentacion SA.), Slg. 1990, I-4135, Rz. 8; Calliess/Ruffert-Ruffert, EUV/EGV, Art. 249 EG, Rn. 111; dazu kritisch Hilf, EuR 1993, S. 1 (10 f.); Schwarze-Biervert, EU-Kommentar, Art. 249 EG, Rn. 30. Noch weitergehend offensichtlich Reich/Micklitz-Reich, Europäisches Verbraucherrecht, §1, Rn. 34: Richter darf gemeinschaftswidriges Recht nicht beachten, sondern muß Lücken durch entsprechende Anwendung von nationalen Regelungen oder ggf. durch Anwendung der Richtlinie selbst schließen.

[1569] vgl. z. B. hinsichtlich Beratungspflichten als unselbständige Nebenpflichten bzw. als Gegenstand selbständiger Beratungsverträge BGH NJW 1997, S. 3227; BGH NJW 1999, S. 3192.

Ob es in Zukunft einmal des Unternehmerschutzes gegen aufgrund wachsender Marktmacht der Nachfragerseite erzwungene Pflichten bedarf, bleibt abzuwarten. Vollständige Informationen auf der Nachfragerseite könnten sich eventuell zerstörerisch auf den Markt auswirken, weil es im vollkommen transparenten Wettbewerb keine Leistungsanreize mehr für die Konkurrenten gibt.[1570] Im Augenblick sind solche Tendenzen jedoch noch nicht zu erkennen, zumal der Vertragsinhalt gewöhnlich immer noch vom Anbieter diktiert wird.
Zum zweiten können vor- oder nachvertragliche Pflichten ausdrücklich vom Gesetzgeber festgeschrieben sein wie die Pflichten in §312e selbst. Gesetzliche Pflichten kann der Gesetzgeber immer dann schaffen, wenn die zu regelnden Situationen in ausreichendem Maße einer Typisierung zugänglich sind. Der Gesetzgeber muß entsprechend seiner Umsetzungsverpflichtung eine richtlinienkonforme Gesetzeslage schaffen. Nach der Rechtsprechung des EuGH müssen zudem alle übrigen staatlichen Stellen das mitgliedstaatliche Gesetzesrecht richtlinien- und gemeinschaftsrechtskonform auslegen, auch wenn es sich nicht direkt um Umsetzungsvorschriften für eine Richtlinie handelt, sondern um sonstiges nationales Recht.[1571]
Schließlich können sich vor- oder nachvertragliche Pflichten aber auch aus Generalklauseln ergeben wie z. B. aus §241 I u. II bzw. §242. Diese Pflichten unterscheiden sich von den konkret gesetzlich normierten Pflichten wie in §312e dadurch, daß sie keiner Typisierung zugänglich sind, sondern ihr Eingreifen Frage des jeweiligen Einzelfalls ist. Sie werden von der Rechtsprechung unter Berücksichtigung aller besonderen Umstände eines Sachverhalts bestimmt. In Abweichung zu den gesetzlichen Pflichten wird ihr Bestehen erst nach ihrer Verletzung im Prozeß festgestellt, was ex-ante zu einer gewissen Rechtsunsicherheit führt, wobei allerdings eine Orientierung an Präjudizien in gewissen Grenzen möglich ist. Im Bereich der vorvertraglichen Informationspflichten zum Schutz der Entscheidungsfreiheit, die insbesondere Kern des §312e sind, bedient sich die Rechtsprechung zur Bestimmung einer zweistufigen Formel.[1572] Sie nimmt eine Aufklärungspflicht an, wenn es sich um einen für die Entschließung der anderen Vertragspartei erkennbar wesentlichen, insbesondere den Vertragszweck gefährdenden Umstand handelt und die andere Partei nach Treu und Glauben unter Berücksichtigung der Verkehrssitte Aufklärung erwarten durfte.[1573] Dies soll auch bei gegenläufigen Interessen der Parteien gelten.[1574] Sie berücksichtigt also die Bedeutung der Information für den Vertragsgegner aus der Perspektive des potentiell Aufklärungspflichtigen und entscheidet anhand einer wertenden Interessenabwägung, ob eine Informationserteilung zumutbar ist. Keinesfalls rechtfertigt also schon das bloße Bestehen eines Informationsbedarfs die Annahme einer Aufklärungspflicht. *Breidenbach* hat durch Analyse der Entscheidungen versucht, die Fallgruppen, in denen

[1570] deshalb fordert auch die Informationsökonomie vom Gesetzgeber eine Abwägung zwischen der Behebung von Informationsdefiziten und dem Wettbewerb, van den Bergh/Lehmann, GRURInt 1992, S. 588 (593).
[1571] EuGH, Rs. C-106/89 (Marleasing), Slg. 1990, I-4135, Rz. 8.
[1572] vgl. Grigoleit, Vorvertragliche Informationshaftung, S. 6.
[1573] BGH WM 2002, S. 1839 (1841);BGH WM 2001, S. 1118 (1119); BGH NJW 1996, S. 1339 (1340).
[1574] BGH NJW 1996, S. 1339 (1340); BGH NJW 1979, S. 2243 (2243).

die Rechtsprechung Aufklärungspflichten angenommen hat, auf ein bewegliches System von Informationsbedarf (=Wesentlichkeit des aufzuklärenden Umstands und beim Adressaten vorhandendes Wissen), Möglichkeit der Information (=präsentes Wissen des Aufklärungspflichtigen) und Funktionskreis (=z. B. Beratungsfunktion des Aufklärungspflichtigen) zurückzuführen.[1575] Die Erkennbarkeit des Informationsbedarfs wird dabei richtigerweise als Verschuldensmerkmal und nicht als Bestandteil der Aufklärungspflicht eingeordnet.[1576] Notwendig ist die Beurteilung des Informationsbedarfs des Vertragsgegners unter Berücksichtigung der Zumutbarkeit der Selbstinformation.[1577] Präsentes Wissen ist hingegen keine notwendige Voraussetzung für die Annahme einer Informationspflicht. Die Anerkennung der Fahrlässigkeitshaftung für Informationen bringt es nämlich mit sich, daß auch eine Pflicht zum Erwerb von Informationen bestehen kann und nicht nur für die falsche Weitergabe vorhandenen Wissens gehaftet wird.[1578] Zwar kann präsentes Wissen unter dem Gesichtspunkt des Wissensvorsprungs[1579] eine Pflichtenstellung begünstigen aber nur, wenn eine Selbstinformation nicht zumutbar ist, weil die aufzuklärende Gefahr verborgen liegt. Die Übernahme einer bestimmten Funktion läßt sich ebenfalls durch das Kriterium der zumutbaren Selbstinformation ersetzen, weil die Inanspruchnahme von Vertrauen den Verhandlungspartner an der Einholung eigener Informationen hindert, ohne daß ihn an diesem Unterlassen ein Vorwurf trifft.[1580] Die von *Breidenbach* genannten Kriterien lassen sich also letztlich alle auf das Merkmal des Informationsbedarfs unter Berücksichtigung der Grenzen zumutbarer Selbstinformation zurückführen[1581], was aber ihre implizite Bedeutung zur Ausdifferenzierung dieses Merkmals nicht schmälert.
Fraglich ist aber, inwiefern im Rahmen einer Generalklausel begründete Informationspflichten in Widerspruch zum europäischen Recht treten können. Der Gesetzgeber ist bei der Umsetzung von Richtlinien gem. Art. 249 III EG zu einer richtlinienkonformen Ausgestaltung des nationalen Rechts verpflichtet. Die gesetzliche Generalklausel selbst wird aber nicht mit gemeinschaftlichem Recht in Konflikt stehen können, da ihr Wortlaut zu weit gefaßt ist, um allgemein die deduktive Ermittlung aller erfaßten Fälle zuzulassen. Möglicherweise kann aber die Rechtsprechung bei der Wahrnehmung der ihr überlassenen Konkretisierungskompetenz[1582] im Einzelfall gegen die europäische Rechtsordnung verstoßen. Generalklauseln bilden den Sonderfall eines wertausfüllungsbedürftigen Gesetzes, welches durch die Rechtsprechung erst zu einer subsumti-

---

[1575] Breidenbach, Die Voraussetzungen von Informationspflichten beim Vertragsschluß, S. 61 ff.; zustimmend M/K-Roth, §241, Rn. 125.

[1576] Breidenbach, Die Voraussetzungen von Informationspflichten beim Vertragsschluß, S. 93 ff; Lorenz, Der Schutz vor dem unerwünschten Vertrag, S. 419.

[1577] auf die Zumutbarkeit der Selbstinformation stellen z. B. BGH NJW 1971, S. 1795 (1799); BGH NJW 1996, S. 1339 (1340); BGH NJW 2001, S. 64 (64) ab; vgl. auch Lorenz, Der Schutz vor dem unerwünschten Vertrag, S. 421; M/K-Roth, §241, Rn. 133.

[1578] Grigoleit, Vorvertragliche Informationshaftung, S. 9 f.

[1579] auf Wissensvorsprung abstellend BGH NJW 2000, S. 3558 (3359); BGH WM 1987, S. 1546 (1547).

[1580] Lorenz, Der Schutz vor dem unerwünschten Vertrag, S. 434.

[1581] zutreffend Lorenz, Der Schutz vor dem unerwünschten Vertrag, S. 417 ff.

[1582] vgl. dazu Larenz, Methodenlehre der Rechtswissenschaft, S. 223 f.; Bydlinski, Juristische Methodenlehre und Rechtsbegriff, S. 583.

onsfähigen „Fallnorm“[1583] konkretisiert werden muß, wobei sie sich an vorgegebenen inner- und außerrechtlichen Wertungsmaßstäben orientieren muß, aber auch einen gewissen Ermessenspielraum besitzt.[1584] Weil die Rechtsprechung rechtsschöpferisch tätig wird, spricht man besser von „Konkretisierung“ und nicht von „Auslegung“. Nach der rechtsfortbildenden Rechtsprechung des EuGH hat die Judikative zwar vor allem bei der *Auslegung* mitgliedsstaatlichen Rechts die Europarechtskonformität sicherzustellen. Diese Verpflichtung hat er jedoch neben Art. 10 EG vor allem aus der Umsetzungsverpflichtung aller staatlichen Organe gem. Art. 249 III EG gefolgert.[1585] Wenn die Rechtsprechung bei der Konkretisierung von Generalklauseln quasi *rechtsschaffend* tätig wird, indem sie die eigentliche legislatorische Wertungsaufgabe übernimmt, wird sie selbst als Umsetzungsorgan gem. Art. 249 III EG tätig und ist unmittelbar an die Richtlinienvorgaben gebunden. Nach Ablauf der Umsetzungsfrist gilt für sie deshalb auch die Sperrwirkung der Richtlinie gegenüber allen zukünftigen nationalen Rechtssetzungsakten. Im übrigen ist zu beachten, daß Generalklauseln, selbst wenn bei ihnen von „Konkretisierung“ statt von „Auslegung“ gesprochen wird, weil die zu subsumierende Norm im Einzelfall erst gebildet wird, nur am Ende einer kontinuierlichen Reihe von begriffsstrukturellen Phänomenen mit abnehmender Bestimmtheit stehen, zu denen auch die unbestimmten Rechtsbegriffe zählen.[1586] „Konkretisierung“ ist also kein aliud zur „Auslegung“, sondern die Grenzen sind fließend. Auch die Pflicht zur richtlinienkonformen Auslegung erstreckt sich umgekehrt auf die Rechtsfortbildung praeter oder extra legem. Je größer die Freiräume sind, die der Judikative bei der Rechtsgestaltung eingeräumt werden, um so mehr muß sie auch durch die Umsetzungsverpflichtung des Art. 249 III EG an europäisches Recht gebunden sein.

Eine Grenze für die Rechtsschaffung bzw. Auslegung durch die Judikative könnte allerdings die neuere Rechtsprechung des EuGH bilden, wonach sich die Mitgliedsstaaten – zumindest im Verbraucherrecht – nicht auf eine ständige Rechtsprechung berufen können, um ihrer Umsetzungspflicht bei Richtlinien zu genügen.[1587] Ebenso hat der EuGH für eine Umsetzung durch Verwaltungspraxis entschieden.[1588] Damit sollte jedoch nur ein formales Transparenzerfordernis für die effektive Rechtsumsetzung geschaffen werden: Gerade im grenzüberschreitenden Verkehr sei eine hinreichend bestimmte und klare Regelung nötig, um die Begünstigten in die Lage zu versetzen, von ihren Rechten Kenntnis zu nehmen und diese vor den nationalen Gerichten zu verfolgen.[1589] Es soll dem Bürger jedoch nicht der Individualrechtsschutz genommen werden, indem die Rechtsprechung von ihrer Pflicht zur richtlinienkonformen Konkre-

---

[1583] Fikentscher, Methodenlehre des Rechts, Bd. IV, S. 185 ff.

[1584] vgl. Larenz, Methodenlehre der Rechtswissenschaft, S. 288 ff.; Bydlinski, Juristische Methodenlehre und Rechtsbegriff, S. 583.

[1585] EuGH Rs. 14/83 (Colson und Kamann ./. Nordrhein Westfalen), Slg. 1984, 1891, Rz. 26; EuGH, Rs. C-185/97 (Belinda Jane Coote ./. Granada Hospitality Ltd), Slg. 1998, I-5199, Rz. 18.

[1586] Bydlinski, in: FS-Wieacker, S. 189 (195 ff.).

[1587] EuGH Rs. C-144/99 (Kommission ./. Königreich der Niederlande), Slg. 2001, I-03541, Rz. 17 ff.; vgl. dazu Micklitz, EuZW 2001, S. 486 ff.

[1588] EuGH, Rs. 160/82 (Kommission ./. Niederlande), Slg. 1982, 4637, Rz. 4; EuGH, Rs. C-311/95 (Kommission ./. Griechenland), Slg. 1996, I-2433, Rz. 7.

[1589] EuGH Rs. C-144/99 (Kommission ./. Königreich der Niederlande), Slg. 2001, I-03541, Rz. 17 ff.; vgl. auch EuGH, Rs. 363/85 (Kommission ./. Italien), Slg. 1987, 1733, Rz. 7.

tisierung und Auslegung des Rechts entbunden wird.[1590] Außerdem ist nach dem EuGH die Umsetzung durch eine Generalklausel gleichwohl zulässig, solange das verfolgte Richtlinienziel damit erreicht werden kann.[1591]

Auch aus Generalklauseln begründete Pflichten können deshalb gegen höherrangiges europäisches Recht verstoßen. Selbstverständlich findet die Konkretisierungsbefugnis der Gerichte im übrigen ihre Grenze in der nationalen Rechtsordnung.[1592]

II. Bedürfnis nach weitergehenden Pflichten beim elektronischen Vertragsschluß

Nachdem die potentiell mit den Regelungen des elektronischen Geschäftsverkehrs konkurrierenden Pflichtenquellen geklärt sind, stellt sich die weitere Frage, ob neben §312e überhaupt noch ein Bedürfnis für die Neuschaffung von gesetzlichen oder richterlichen Informationspflichten oder sonstigen Verhaltensnormen ergibt oder ob die dort niedergelegten Pflichten bereits umfassenden Schutz des Kunden beim elektronischen Vertragsschluß gewährleisten.

Durchaus denkbar sind weitere technische oder in anderer Weise auf den Vertragsschlußprozeß bezogene Pflichten, die in der ECRL keine Berücksichtigung gefunden haben. Insbesondere bei neuen elektronischen Technologien wird nämlich das Aufklärungsbedürfnis der Kunden besonders ausgeprägt sein.[1593] So scheint insbesondere eine Pflicht denkbar, den Kunden über Datenschutzrisiken im elektronischen Geschäftsverkehr aufzuklären und über den Einsatz von Software oder Verschlüsselungstechniken, um die Sicherheit der übertragenen Daten zu gewährleisten. Eine entsprechende Information der Diensteanbieter schlägt die Europäische Datenschutzrichtlinie für elektronische Kommunikation 2002/58/EG[1594] in Erwägungsgrund 20 vor, ohne aber gleichzeitig eine entsprechende Verpflichtung vorzusehen. Außerdem könnte eine Pflicht der Unternehmer zur (optionalen) Bereitstellung entsprechender Verschlüsselungsmechanismen wie z. B. SSL (Secure Sockets Layer)[1595] für die Übertragung der

---

[1590] ähnlich Franzen, Privatrechtsangleichung durch die Europäische Gemeinschaft, S. 366 ff.

[1591] EuGH, Rs. 163/82 (Kommission ./. Italienische Republik), Slg. 1983, 3273, Rz. 9.

[1592] Bydlinski, Juristische Methodenlehre und Rechtsbegriff, S. 583.

[1593] vgl. M/K-Roth, §241, Rn. 131.

[1594] Richtlinie des Europäischen Parlaments und des Rates vom 12. Juli 2002 über die Verarbeitung personenbezogener Daten und den Schutz der Privatsphäre in der elektronischen Kommunikation (Datenschutzrichtlinie für elektronische Kommunikation), Abl. L 201, S. 37 vom 31.7.2002.

[1595] Secure Sockets Layer (SSL) ist eine Entwicklung der Netscape Communications Corp. und arbeitet unabhängig von der Anwendung auf Socket-Ebene, d.h. zwischen den Protokollen der Anwendungsschicht (z.B. HTTP, FTP, usw.) und der Transportschicht (TCP). Das Verfahren basiert auf öffentlichen Schlüsseln (Public-Key-Verschlüsselung). Zur Übertragung wird das HTTPS-Protokoll genutzt, welches die sichere Variante von HTTP ist. Das SSL-Protokoll kann die Vertraulichkeit und Integrität von Daten beim Versand über das Internet sicherstellen und die Authentizität des Servers gewährleisten. Nicht hingegen wird die Authentizität der versandten Dokumente bzw. die Authentizität des Clients gesichert, es sei denn dieser verfügt über ein offiziell registriertes Zertifikat. Vgl. http://developer.netscape.com/docs/manuals/security/sslin/contents.htm. Hier geht die qualifizierte elektronische Signatur nach §126a i.V.m. SigG weiter, die allerdings nicht dem Datenschutz dient, weil nur der Hash-Code der verschickten Datei verschlüsselt wird, nicht jedoch die einzelnen Datenpakete.

Bestelldaten angenommen werden. Zwar verpflichtet auch Art. 4 I der Datenschutzrichtlinie für elektronische Kommunikation zur Gewährleistung von Betriebssicherheit durch technische und organisatorische Maßnahmen. Allerdings gilt diese Richtlinie nicht für die Anbieter von Inhalten, da sie in Art. 2 auf die Definition der elektronischen Kommunikationsdienste in Art. 2 b der Rahmenrichtlinie für Kommunikation 2002/21/EG verweist, die nur Transportdienste erfaßt und Inhaltsdienste ausschließt. Gerade wenn der Unternehmer elektronische Bestellsysteme zur Verfügung stellt, kann nur er die immanenten technischen Risiken vollständig abschätzen und Schutzmechanismen bereitstellen, so daß der Kunde besonders auf seine Informationen und Hilfe angewiesen ist.

Besonders gefährdet ist die Datensicherheit außerdem, wenn der Kunde seine Kreditkartennummer über das Internet versendet. Die Zahlung per Kreditkarte ist nämlich im Internet als bargeldlose Zahlungsform sehr verbreitet. Durch die Richtlinie 2000/46/EG über die Aufnahme, Ausübung und Beaufsichtigung der Tätigkeit von E-Geld-Instituten [1596] und die Richtlinie 2000/28/EG zur Änderung der Richtlinie 2000/21/EG über die Aufnahme und Ausübung der Tätigkeit der Kreditinstitute[1597] hat die europäische Union deshalb einen Aufsichtsrahmen geschaffen, um das wirtschaftliche und technologische Potential elektronischen Geldes als Substitut für echtes Bargeld[1598] für den elektronischen Handel freizusetzen.[1599] Zwar mußten frühe Anbieter elektronischen Geldes aus der Mitte der neunziger Jahre, wie z. B. Digicash, die sogar Teil eines Pilotprojekts der Deutschen Bank waren, mangels Nachfrage aufgeben.[1600] Allerdings wird bietet sich eine neue Chance für elektronisches Geld mit der Verbreitung drahtloser Datenübertragungsstandards wie UMTS, Bluetooth und Wireless LAN.[1601] Die Notwendigkeit von Bargeld oder einer Kreditkarte wird sich erübrigen, wenn der Kunde sein Mobiltelefon zur Zahlung einsetzen kann und zusätzlich beliebig elektronisches Geld zwischen verschiedenen Endgeräten transferieren kann. Die Akzeptanz der digitalen Zahlungsformen wird sicherlich auch mit der Entwicklung besserer Sicherheitsstandards für die Transfers steigen. Bei den Online-Händlern dürfte

---

[1596] Richtlinie 2000/46/EG des Europäischen Parlaments und des Rates vom 18. September 2000 über die Aufnahme, Ausübung und Beaufsichtigung der Tätigkeit von E-Geld-Instituten, Abl. L 275 v. 27.10.2000, S. 39.

[1597] Richtlinie 2000/28/EG des Europäischen Parlaments und des Rates vom 18. September 2000 zur Änderung der Richtlinie 2000/12/EG über die Aufnahme und Ausübung der Tätigkeit der Kreditinstitute, Abl. L 275 v. 27.10.2000, S. 37.

[1598] bei elektronischem Geld in seiner Reinform handelt es sich um kryptographisch erzeugte Bitfolgen, die einen Geldwert verkörpern, vgl. Köhler/Arndt, Recht des Internet, Rn. 172. Die Richtlinie 2000/46/EG definiert entsprechend in Art. 1 III lit. b elektronisches Geld als „einen monetären Wert in Form einer Forderung gegen die ausgebende Stelle, der
i) auf einem Datenträger gespeichert ist,
ii) gegen Entgegennahme eines Geldbetrags ausgegeben wird, dessen Wert nicht geringer ist als der ausgegebene monetäre Wert,
iii) von anderen Unternehmen als der ausgebenden Stelle als Zahlungsmittel akzeptiert wird."

[1599] vgl. Erwägungsgrund 5 der Richtlinie 2000/48/EG.

[1600] vgl. Frankfurter Allgemeine Zeitung vom 30. April 2002, Wirtschaft; S. 19, „Das Bargeld überlebt auch im elektronischen Zeitalter".

[1601] vgl. General-Anzeiger (Bonn), vom 18. Mai 2001, „Der Grundstein fuer elektronisches Geld ist gelegt".

elektronisches Geld beliebt sein, weil es anders als Kreditkartenzahlungen oder Abbuchungsverfahren eine bargeldgleiche Sofortzahlung erlaubt, so daß zwischen dem Zahlendem und dem Empfänger kein Erfüllungsrisiko besteht. Auch für die Kunden ist es aber als Zahlungsmittel interessant, da Kreditkartenzahlungen sich vielfach angesichts der Möglichkeiten zur Datenausspähung als unsicher erwiesen haben und Online-Überweisungsverfahren langwierig sind. Außerdem kann der Zahlungsverkehr durch elektronisches Geld in stärkerem Maße anonymisiert werden. Erwägenswert wäre daher – zumindest ab dem Zeitpunkt einer ausreichenden Verbreitung von elektronischem Geld – eine Pflicht des Unternehmers zur (optionalen) Bereitstellung einer entsprechenden Zahlungsmodalität. Bislang existiert bei Fernabsatzgeschäften gem. §312c II Nr. 1 i.V.m. §1 I Nr. 8 InfoV nur eine Informationspflicht über „Einzelheiten der Zahlung“, die auch die Zahlungsmodalitäten umfaßt.[1602]

Nach dem Prinzip der Eingangsbestätigung für die Bestellung gem. §312e II Nr. 3 wäre es des weiteren denkbar, eine Pflicht zur elektronischen Übermittlung einer Zahlungsbestätigung als vertragliche Nebenpflicht zu begründen. Durch diese Bestätigung könnten dem Kunden Zweifel genommen werden, ob er eine Transaktion erfolgreich getätigt hat, und gegebenenfalls Doppelüberweisungen vermieden werden. Nicht zu verwechseln wäre eine derartige Pflicht mit der Pflicht zur Erteilung einer Quittung auf Verlangen des Schuldners gem. §368, die nur durch eigenhändige Unterschrift gem. §126, also nicht per EDV, erfüllt werden kann.[1603]

Als weitere technische Informationspflicht käme eine Anzeige der aktuellen Verfügbarkeit von Waren am Lager in Betracht. Der elektronische Geschäftsverkehr soll nämlich gerade eine schnelle Abwicklung von Geschäften erlauben, wie besonders die Pflicht des Diensteanbieters zur Angabe einer schnellen und effizienten Kontaktmöglichkeit gem. Art. 5 I lit. c ECRL verdeutlicht. Die Möglichkeiten der elektronischen Kommunikation lassen nämlich eine Rückkoppelung des Angebotskatalogs mit dem Lagerbestand ohne weiters zu. Der Kunde erhält so die Gelegenheit, sich bei Nichtverfügbarkeit nach einem anderen Online-Shop umzusehen – was im Internet unschwer möglich ist – bzw. Lieferzeiten als Faktor in die Evaluierung des Warenpreises einzubeziehen. Nach §312c II Nr. 1 i.V.m. §1 I Nr. 8 InfoV hat der Unternehmer zwar auch „Einzelheiten hinsichtlich der Zahlung und der Lieferung oder Erfüllung“ zu offenbaren, was aber nur als Verpflichtung zur Angabe eines Leistungszeitraums zu verstehen ist.[1604] Die Aussagekraft dieser Information relativiert sich allerdings deutlich, wenn sich die Ware nicht am Lager des Unternehmers befindet und somit die Gefahr von Lieferengpässen auf dritter Seite besteht. Erst die Angabe über die aktuelle Verfügbarkeit der Ware in *Verbindung* mit der Festlegung eines Lieferungszeitraums bietet volle Transparenz für den Kunden.

Denkbar ist aber auch ein Ausweitung der bereits in §312e vorgesehen Pflichten. So könnte man – parallel zur Bereitstellung von Eingabekorrekturmitteln gem. §312e II

[1602] M/K-Wendehorst, §312c, Rn. 63; Micklitz/Tonner-Micklitz, Vertriebsrecht, §312c, Rn. 92; Ende/Klein, Grundzüge des Vertriebsrechts im Internet, S. 165 f.

[1603] BGH NJW-RR 1988, S. 881 (881); M/K-Wenzel, §368, Rn. 2.

[1604] vgl. M/K-Wendehorst, §312c, Rn. 64; Micklitz/Tonner-Micklitz, Vertriebsrecht , §312c, Rn. 91; Härting, Fernabsatzgesetz, §1, Rn. 155; a. A. möglicherweise Palandt-Heinrichs, Anh. zu §312c, Rn. 6: „wann und wie geliefert wird“.

Nr. 1 – eine Pflicht des Unternehmers zur aktiven Fehlersuche vor Abgabe der Bestellung annehmen, z. B. durch intelligente Eingabemasken, die die Plausibilität der Eingaben des Kunden prüfen. Außerdem wäre in Erweiterung von §3 Nr. 4 InfoV eine Pflicht vorstellbar, ähnlich wie gem. Art. 3 Nr. 4 lit. g der FernARL-FinanzDL, die Sprachen anzugeben, in der die Kommunikation während der gesamten Vertragslaufzeit stattfinden kann.
Natürlich denkbar ist auch eine Erweiterung des Anwendungsbereichs von §312e, indem die Pflichten auch auf Verteildienste, Rundfunk oder Telefonkommunikation erstreckt werden, soweit der Kunde im Einzelfall schutzbedürftig erscheint, wie z. B. beim Einsatz komplexer menügesteuerter Bestellsysteme. Denkbar wären aber auch Pflichten im Bereich der Individualkommunikation, d. h. z. B. beim E-Mail-Austausch. Konkret wird z. B. vorgeschlagen über §312e II Nr. 3 hinaus, eine Pflicht zur Übersendung einer Empfangsbestätigung für alle rechtlich relevanten Erklärungen im C2C- und B2B-Bereich aus Treu und Glauben zu begründen.[1605]
Im Bereich untechnischer Informationspflichten könnte eine Hinweispflicht erforderlich sein, ob ein Angebot im elektronischen Geschäftsverkehr gewerblicher Natur ist oder nicht. Sonst weiß der Kunde angesichts der Anonymität des Internets womöglich nicht, ob eine Offerte von einem Händler oder einer Privatperson stammt. So wurde in jüngeren Entscheidungen diskutiert, ob ein verdeckt gewerbliches Angebot bei eBay gegen die §§1, 3 UWG verstößt, weil dem Kunden durch ein Privatangebot möglicherweise besonders günstige Preise suggeriert werden.[1606] Eine solche Informationspflicht erscheint jedoch angesichts der in §6 TDG und §312 c II Nr. 1 i.V.m. §1 I Nr. 1 und 2 niedergelegten umfassenden Anbieterkennzeichnungspflichten überflüssig, da sich ein Händler durch deren Erfüllung regelmäßig eindeutig zu erkennen gibt.[1607]
Im übrigen sind den denkbaren untechnischen und auf den Vertragsinhalt bezogenen Pflichten ohne spezifischen Bezug zum elektronischen Geschäftsverkehr keine Grenzen gesetzt, da für jede Vertragsart oder Abschlußsituation spezifischer Kundenschutz nötig sein kann.
Vorgeschlagen wird auch die Erweiterung des Anwendungsbereichs anderer ausschließlich oder vorwiegend verbraucherschützender Vorschriften wie der AGB-Kontrolle (§305 ff.) und der Fernabsatzvorschriften (§312b ff.) auf alle Nutzer elektronischer Kommunikationsdienste, da Geschäftserfahrung technisch bedingte Intransparenz nicht aufwiegen könne und ein rollenspezifischer Schutz deshalb nicht angebracht sei.[1608]
Es wird also deutlich, daß eine ganze Reihe von Pflichten für den elektronischen Vertragsschluß denkbar ist, die gesetzlich oder rechtsfortbildend begründet werden könnten, um den Schutz der Kunden im elektronischen Geschäftsverkehr zu optimieren. Welche davon neben §312e und der ECRL bestehen dürfen, bedarf deswegen einer Klärung.

[1605] Wiebe, Die elektronische Willenserklärung, S. 509.
[1606] abgelehnt von LG Osnabrück, VuR 2003, S. 116 f.; OLG Oldenburg, K&R 2003, S. 243 f.
[1607] so auch Becker, JurPC Web-Dok. 115/2003, Abs. 6 ff. (http://www.jurpc.de/aufsatz/20030115.htm); Seifert, K&R 2003, S. 244 ff.
[1608] Wiebe, Die elektronische Willenserklärung, S. 513.

III. Konkurrenzverhältnis

1. Methode zur Ermittlung des Gestaltungsspielraums der Mitgliedsstaaten bei der Umsetzung der ECRL

Es muß zur Klärung des Konkurrenzverhältnisses der Frage nachgegangen werden, inwieweit über die in der ECRL zur Umsetzung vorgeschriebenen Regelungen, die ihren Niederschlag in §312e gefunden haben, überhaupt noch nationale Normen bestehen dürfen. Damit ist die Frage nach dem Gestaltungsspielraum der Mitgliedsstaaten gestellt. Sowohl das primäre Gemeinschaftsrecht als auch das sekundäre setzen aufgrund ihres Anwendungsvorrangs der Rechtssetzungstätigkeit der Mitgliedsstaaten Schranken, können innerhalb dieser aber auch Spielräume eröffnen. Beide Rechtsebenen müssen deshalb als Maßstab für die Zulässigkeit nationaler Rechtssetzung herangezogen werden. Erst nach Ermittlung des nationalen Umsetzungsspielraums kann die Frage beantwortet werden, ob §312e sich innerhalb der zulässigen europäischen Vorgaben hält bzw. diese ggf. für die innerstaatliche Rechtssetzung noch enger zieht.
Die Umsetzungsspielräume der Mitgliedsstaaten sind vorrangig vor dem sekundärrechtlichen Hintergrund zu ermitteln: Die Richtlinie ist durch Auslegung im Einzelfall daraufhin zu untersuchen, welche Gestaltungsmöglichkeiten sie den Mitgliedsstaaten belassen will.[1609] In zahlreichen Sekundärrechtsakten sind entsprechende Freiräume für die Mitgliedsstaaten ausdrücklich vorgesehen.
Darüber hinaus wird die Freiheit der Mitgliedsstaaten durch das Primärrecht determiniert. Als Recht höherer Geltungskraft kann es die Entscheidung des Sekundärrechts korrigieren. Es kann einerseits bei sekundärrechtlich belassenen Freiräumen als einschränkender Maßstab für die mitgliedsstaatliche Rechtssetzung dienen. Umgekehrt kann es aber auch die Sperrwirkung eines Sekundärrechtsakts durchbrechen, selbst wenn dieser abschließend konzipiert ist. Das ist wichtig, weil sich nämlich autonome nationale Schutzmaßnahmen als nötig erweisen können, die bei der Richtlinienentstehung übersehen oder aufgrund nationaler Eigenarten nicht beachtet wurden. Diese Gefahr besteht, seit durch die Einheitliche Europäische Akte (EEA) und die Verträge von Maastricht und Amsterdam das Mehrheitsprinzip bei Ratsentscheidungen immer stärker ausgeweitet wurde.[1610] Das Mehrheitsprinzip führt dazu, daß Ratbeschlüsse nicht zwingend von allen Mitgliedsstaaten mitgetragen werden. Um gleichwohl die Folgebereitschaft der Abweichler sicherzustellen, erlaubt das Primärrecht den Mitgliedsstaaten unter bestimmten Voraussetzungen von den Mehrheitsentscheidungen abzuweichen. Denn mangelnde Akzeptanz kann zu Normverweigerung führen, weshalb Ausgleichsventile geschaffen werden sollen.[1611] Die mit der Zulässigkeit nationalen Hinausge-

---

[1609] vgl. Bleckmann, RIW 1987, S. 929 (933 ff.); Meilicke, DB 1990, S. 1173 (1173), Lutter, in: FS-Everling, 1995, S. 765 (767 ff.); Furrer, Die Sperrwirkung des sekundären Gemeinschaftsrechts auf die nationalen Rechtsordnungen, S. 220; Wagner, Das Konzept der Mindestharmonisierung, S. 45; mit systematischer Auslegung z. B. EuGH, Rs. 148/78 (Ratti), Slg. 1979, 1629, Rn. 27; EuGH, Rs. 278/85 (Kommission ./. Dänemark), Slg. 1987, 4069, Rn. 12.

[1610] vgl. Schwarze-Hix, EU-Kommentar, Art. 205 EG, Rn. 5 ff.

[1611] Furrer, Die Sperrwirkung des sekundären Gemeinschaftsrechts, S. 184 f.; Franzen, Privatrechtsangleichung durch die europäische Gemeinschaft, S. 49 ff.

hens über einen abgeschlossenen sekundären Gemeinschaftsrechtsakt aufgeworfene Frage ist die nach der Statthaftigkeit eines sog. „nationalen Alleingangs“.[1612]
Ein Prüfungsschema für die Zulässigkeit nationaler Alleingänge hat *Furrer* aus der Rechtsprechung des EuGH zu entwickeln versucht.[1613] Dieses reflektiert sowohl die Sekundärrechtliche als auch die primärrechtliche Ebene. Nach ihm wird geprüft: 1. kann die mitgliedsstaatliche Maßnahme unter eine ausdrücklich festgeschriebene Umsetzungsoption des Sekundärrechts subsumiert werden, 2. hat der Sekundärrechtsakt Rechtswirkungen, 3. Vergleich des Anwendungsbereichs der nationalen Maßnahme mit dem Sekundärrechtsakt und nachrangig mit der Gesamtheit des in diesem Bereich geltenden Sekundärrechts, 4. Abgeschlossenheit der sekundärrechtlichen Maßnahme, 5. bei fehlender Abgeschlossenheit: Vergleich des Ziels der nationalen Maßnahme mit der Zielsetzung des Sekundärrechtsakts und Prüfung des Einflusses auf das Funktionieren des sekundärrechtlichen Regelungssystems, 6. Zuordnung der Norm zu aktiver bzw. reaktiver Rechtsangleichung, 7. im Falle aktiver Rechtsangleichung: allenfalls Sperrwirkung nach fünftem Prüfungsschritt; im Falle reaktiver Rechtsangleichung: Rechtfertigung der Maßnahme aus ordre public Gründen möglich, 8. Prüfung primärrechtlicher Handlungsspielräume (z. B. Art. 95 IV EG).
Wenn man dieses für die Praxis konzipierte Schema etwas anders strukturiert ergibt sich, daß zunächst ein Sekundärrechtsakt überhaupt das rechtliche Potential haben muß, Sperrwirkung gegenüber einer nationalen Maßname zu entfalten. Dazu zählt zum einem, daß er Rechtswirkungen entfaltet (vgl. Nr. 2). Daran kann es fehlen, wenn der Rechtsakt in zeitlicher Hinsicht noch keine Umsetzungspflicht vorsieht oder nichtig ist, weil die Rechtsgrundlage fehlt oder wesentliche Verfahrensfehler unterlaufen sind. Hierfür gibt es allerdings bei der ECRL keine Hinweise. Eine Sperrwirkung muß auch von vornherein ausbleiben, wenn der Anwendungsbereich der Richtlinie nicht eröffnet ist (vgl. Nr. 3). Denn Sekundärrechtsakte entfalten außerhalb ihres Anwendungsbereich keinerlei Rechtswirkungen.[1614] Die Unterscheidung zwischen Anwendungsbereich und Harmonisierungsdichte innerhalb des Anwendungsbereichs wird deutlich an den Formulierungen zahlreicher Mindestklauseln wie z. B. Art. 14 Fernabsatzrichtlinie 97/7/EG: „Die Mitgliedstaaten können *in dem unter diese Richtlinie fallenden Bereich* mit dem EG-Vertrag in Einklang stehende *strengere Bestimmungen* erlassen oder aufrechterhalten, um ein höheres Schutzniveau für die Verbraucher sicherzustellen.“
Deshalb ist erst in einem zweiten Schritt zu fragen, ob der Rechtsakt abschließend ist (vgl. Nr. 4), d. h. das mit diesem verfolgte Harmonisierungskonzept zu klären. Ausdrückliche Öffnungsklauseln (vgl. Nr. 1) können im Rahmen der grammatischen Auslegung Aufschlüsse über das Harmonisierungsniveau bestimmter Regelungen geben bzw. gegebenenfalls im Rahmen der systematischen Auslegung einen Schluß auf den Charakter weiterer Normen erlauben. Das Erfordernis einer Zielkonvergenz der nationalen Maßnahme mit dem Sekundärrechtsakt und dem übrigen sekundären Gemein-

---

[1612] zum Begriff vgl. Furrer, Die Sperrwirkung des sekundären Gemeinschaftsrechts auf die nationalen Rechtsordnungen, S. 165 ff.
[1613] vgl. Furrer, Die Sperrwirkung des sekundären Gemeinschaftsrechts auf die nationalen Rechtsordnungen, S. 214 ff.; ihm folgend Franzen, Privatrechtsangleichung durch die europäische Gemeinschaft, S. 44 ff.
[1614] Bleckmann, RIW 1987, S. 929 (934); Ulmer, EuZW 1993, S. 337 (338).

schaftsrecht (vgl. Nr. 5) ist bereits Teil der Prüfung, inwieweit die Maßnahme abschließend ist. Denn bei systematischer und teleologischer Auslegung wird sie nur nationale Maßnahmen gestatten, die ihren Zielen oder den Zielen des Gemeinschaftsrechts nicht widersprechen, was sich schon aus Art. 249 III EG ergibt. Schließlich sollen nach dem oben dargestellten Schema Maßnahmen aktiver Rechtsangleichung auch bei einem im übrigen abgeschlossenen Sekundärrechtsakt keine Sperrwirkung entfalten können (vgl. Nr. 6 und 7). Zu den Maßnahmen reaktiver Rechtsangleichung werden solche gezählt, die der Beseitigung von Handelshemmnissen dienen, während die aktive Rechtsangleichung darüber hinaus binnenmarktunabhängige Regelungsziele verfolgt.[1615] Als Beispiel werden Maßnahmen im Gesundheitsschutz angeführt wie z. B. die Verpackungsgestaltung von Tabakerzeugnissen[1616]: die reaktive Rechtsangleichung erschöpfe sich bei diesen in der Deregulierung, d. h. der Beseitigung unterschiedlicher nationaler Regelungen, die zu Binnenmarkthindernissen führen können. Für die inhaltliche Ausgestaltung des Regelungsrahmens stelle das Binnenmarktprinzip dagegen keine Anforderungen auf, sondern es gehe um aktive Rechtsangleichung. Im Bereich der aktiven Rechtsangleichung setze das verfolgte Regelungsziel grundsätzlich nur einen Mindeststandard, so daß strengere Maßnahmen auch im grenzüberschreitenden Verkehr zur Schutzoptimierung zulässig seien.[1617] An diesem Ansatz ist richtig, daß die Gemeinschaft neben der „negativen Integration“ durch Marktöffnung, d. h. der Beseitigung von Verkehrsbeschränkungen, auch „positive Integration“, d. h. die Verfolgung spezifischer Schutzziele (wie z. B. aus Art. 95 III oder Art. 153 EG), betreibt.[1618] Nicht zutreffend ist jedoch der Schluß, daß bei der Verfolgung von Schutzzielen der Bereich des Binnenmarkts nicht betroffen sei. So sollen zur aktiven Rechtsangleichung auch alle Richtlinien aus dem Bereich des Vertragsrechts zählen.[1619] Dabei wird jedoch außer acht gelassen, daß die verbraucherschützenden Richtlinien im Vertragsrecht durchaus einen Binnenmarktbezug aufweisen: Die Grundfreiheiten schützen nämlich nicht nur aktiv die Leistungsanbieter, sondern es wird auch passiv für die Nachfrager der Freihandel garantiert.[1620] Gerade im Vertragsrecht reicht zudem bloße Deregulierung zur Herstellung des Binnenmarkts nicht aus: Unter ökonomischen Gesichtspunkten bedarf es der aktiven Behebung von Informationsasymmetrien zur Verhinderung von Marktversagen durch Fehlallokationen.[1621] Nur der in-

---

[1615] Furrer, Die Sperrwirkung des sekundären Gemeinschaftsrechts auf die nationalen Rechtsordnungen, S. 183 f.; Franzen, Privatrechtsangleichung durch die Europäische Gemeinschaft, S. 108 f.

[1616] Franzen, Privatrechtsangleichung durch die Europäische Gemeinschaft, S. 109.

[1617] Furrer, Die Sperrwirkung des sekundären Gemeinschaftsrechts auf die nationalen Rechtsordnungen, S. 187; Franzen, Privatrechtsangleichung durch die Europäische Gemeinschaft, S. 110.

[1618] vgl. zur Unterscheidung von „Positiv- und Negativintegration“ Reich/Micklitz-Reich, Europäisches Verbraucherrecht, §1, Rn. 25 ff.

[1619] Franzen, Privatrechtsangleichung durch die Europäische Gemeinschaft, S. 217 ff.

[1620] für die Dienstleistungsfreiheit: EuGH, Rs. 186/87 (Ian William Cowan ./. Tresor Public), Slg. 1989, 195, Rn. 17; für die Warenverkehrsfreiheit: EuGH, Rs. C-362/88 (GB-Inno-BM SA ./. Confederation du Commerce Luxembourgeois ASBL), Slg. 1990, I-667, Rn. 8; dies räumt auch Franzen, Privatrechtsangleichung durch die Europäische Gemeinschaft, S. 113 f. ein; vgl. auch Reich, ZEuP 1994, S. 381 (387); Micklitz/Reich-Reich, Europäisches Verbraucherrecht, §1, Rn. 10 zur Ableitung des Verbraucherrechts auf Information aus der passiven Dimension der Grundfreiheiten.

[1621] vgl. Grundmann, JZ 2000, S. 1133 (1136 ff.).

formierte „aktive“ Verbraucher, der Vertrauen in den Handelsverkehr hat, kann zur Realisierung des Binnenmarktes beitragen.[1622] Ausdrücklich umschrieben wird die Binnenmarktherstellung durch Verbraucherschutzregeln in den Erwägungsgründen 4 und 5 der Verbrauchsgüterkaufrichtlinie 99/44/EG: „Dem Verbraucher ... fällt eine fundamentale Aufgabe bei der Vollendung des Binnenmarkts zu.“; „Die Schaffung eines gemeinsamen Mindestsockels von Verbraucherrechten, die unabhängig vom Ort des Kaufs der Waren in der Gemeinschaft gelten, stärkt das Vertrauen der Verbraucher und gestattet es ihnen, die durch die Schaffung des Binnenmarkts gebotenen Vorzüge besser zu nutzen.“ (vgl. auch Erwägungsgrund 3 der Fernabsatzrichtlinie 97/7/EG). Informationsrechte der Nachfrager sind also Wettbewerbsparameter im gemeinsamen Markt, die in Abstimmung mit den Anbieterinteressen festgesetzt werden müssen.[1623] Eine Abgrenzung zwischen aktiver und reaktiver Rechtsangleichung ist deshalb im verbraucherschützenden Vertragsrecht – anders als etwa im Bereich des Gesundheitsschutzes – nicht möglich und kann auch keinen Erkenntnisgewinn über die Harmonisierungsintensität eines Rechtsakts bieten.
In einem dritten Schritt schließlich ist zu ermitteln, inwieweit das primäre Gemeinschaftsrecht das aus dem Sekundärrecht gewonnene Ergebnis modifiziert, indem es der Rechtssetzungstätigkeit der Einzelstaaten zusätzliche Schranken setzt oder die Sperrwirkung des Sekundärrechtsakts durchbricht (vgl. Nr. 8).
Nachdem in diesen drei Schritten der im Rahmen der ECRL verbliebene Gestaltungsspielraum des deutschen Gesetzgebers untersucht worden ist, kann schließlich bestimmt werden, inwieweit §312e diesen Vorgaben entspricht oder ob dort sogar engere Schranken für das nationale Recht gesetzt werden.

2. *Sperrwirkung des Sekundärrechts*

a) Anwendungsbereich der ECRL

Zunächst soll nach den oben beschriebenen Prüfungsschritten der Anwendungsbereich der ECRL bestimmt werden. Außerhalb des Anwendungsbereichs bleibt es den Mitgliedsstaaten unbenommen, eigenständige Regelungen zu treffen. So hat der EuGH zur Haustürwiderrufsrichtlinie 85/577/EWG entschieden, daß sie nach ihrem persönlichen Anwendungsbereich nur dem Verbraucherschutz diene und daher nationalen Maßnahmen zum Schutz von Gewerbetreibenden beim Verkauf ihres Betriebs nicht entgegenstehe.[1624] Ebenso stellte der EuGH fest, daß Bürgschaftsverträge zwar unter den Anwendungsbereich dieser Richtlinie fallen, jedoch nur, wenn sowohl Bürge als auch Hauptschuldner Verbraucher sind.[1625] Insofern bedarf es für strengeres nationales

---

[1622] Micklitz, VuR 2003, S. 2 (5); Reich, ZeuP 1994, S. 381 (396); Lehmann-Drexl, Electronic Business in Europa, P., Rn. 7 ff.; kritisch zum Konzept des „aktiven Verbrauchers“ im Hinblick auf Kompetenzerwägungen Roth, JZ 2001, S. 475 (478).
[1623] vgl. umfassend van den Bergh, in: Ott/Schäfer, Effiziente Verhaltenssteuerung und Kooperation im Zivilrecht, S. 77 ff.
[1624] EuGH, Rs. C-361/89 (Di Pinto), Slg. 1991, I-1189, Rz. 22 f.
[1625] EuGH, Rs. C-45/96 (Bayerische Hypotheken- und Wechselbank ./. EdgardDietzinger), Slg. 1998, I-1199, Rn. 22 f..

Recht keines Rückgriffs mehr auf die Mindestklausel in Art. 8 der Haustürwiderrufsrichtlinie.[1626]

Wie jedes Rechtssystem bestimmt das europäische Gemeinschaftsrecht seinen Anwendungs- und Geltungsbereich selbst.[1627] Durch das Subsidiaritätsprinzip in Art. 5 II EG und in den speziellen Kompetenzgrundlagen des EG-Vertrags für den Erlaß von Richtlinien ist der Gemeinschaftsgesetzgeber verpflichtet, den Anwendungsbereich der Richtlinie klar zu umreißen, damit die Mitgliedsstaaten ihren verbleibenden Handlungsspielraum zutreffend beurteilen können. Seine Bestimmung muß deshalb europäisch-autonom erfolgen und kann nicht den Mitgliedsstaaten überlassen werden.[1628]

Bei der Festlegung des Anwendungsbereichs sind positive und negative Regelungen der Richtlinie zu unterscheiden.[1629] Der positive Regelungsbereich einer Richtlinie ist derjenige, in dem diese selbst konkrete Normen bereithält. Fällt eine nationale Maßnahme in diesen Bereich, ist die Sperrwirkung des Sekundärrechtsakts in jedem Fall zu beachten. Zahlreiche Richtlinien treffen jedoch auch ausdrückliche oder stillschweigende („beredetes Schweigen") Negativregelungen, d. h. regeln bestimmte Fälle bewußt nicht, etwa weil kein ausreichendes Schutzbedürfnis beim Erlaß festgestellt wurde, und wollen damit auch der Rechtssetzungstätigkeit der Einzelstaaten Schranken setzen. Auch hier kann den EG-Mitgliedsstaaten deshalb eine autonome Rechtssetzung verwehrt sein.

Der positive Regelungsbereich der ECRL setzt sich aus den in ihr punktuell getroffenen Sachvorschriften für Dienste der Informationsgesellschaft zusammen (vgl. Art. 1 II ECRL), d. h. für die Niederlassung und Information der Diensteanbieter (Artt. 4 und 5), die kommerzielle Kommunikationen (Artt. 6-8), die elektronischen Verträge (Artt. 9-11), die Verantwortlichkeit von Vermittlern (Artt. 12-15), die Verhaltenskodizes (Art. 16), die Systeme zur außergerichtlichen Beilegung von Streitigkeiten, Klagemöglichkeiten sowie die Zusammenarbeit zwischen den Mitgliedstaaten (Artt. 17-19).

Darüber hinaus will die Richtlinie aber gem. Art. 1 I ECRL allgemein den freien Verkehr von Diensten der Informationsgesellschaft gewährleisten, der durch nationale Maßnahmen gem. Art. 1 III nicht einschränkt werden darf. Hier soll auch jenseits der positiv von der ECRL getroffenen Sachregelungen gem. Art. 3 ECRL gemeinschaftsweit ein „koordinierter Bereich" der Online-Dienste geschaffen werden, der in Art. 2 lit. h und i ECRL näher umrissen wird:

„h) "koordinierter Bereich" die für die Anbieter von Diensten der Informationsgesellschaft und die Dienste der Informationsgesellschaft in den Rechtssystemen der Mitgliedstaaten festgelegten Anforderungen, ungeachtet der Frage, ob sie allgemeiner Art oder speziell für sie bestimmt sind.

[1626] Micklitz, EuZW 1998, S. 253 (254); a. A. BGH NJW 1998, S. 2356 (2357); zweifelnd: Pfeiffer, ZIP 1998, S. 1129 (1136).

[1627] vgl. GA Jacobs, Rs. C-28/95 und C-130/95 (A. Leur-Bloem ./. Inspecteur der Belastingdienst/Ondernemingen Amsterdam), verbundene Schlußanträge, Slg. 1997, I-4161, Rn. 47.

[1628] ebenso Wolff, Die Verteilung der Konkretisierungskompetenz für Generalklauseln in privatrechtsgestaltenden Richtlinien, S. 84 ff.

[1629] vgl. zu dieser Unterscheidung Bleckmann, RIW 1987, S. 929 (934); Grundmann, Europäisches Schuldvertragsrecht, 1. Teil, Rn. 118 ff.

i) Der koordinierte Bereich betrifft vom Diensteanbieter zu erfüllende Anforderungen in bezug auf
- die *Aufnahme* der Tätigkeit eines Dienstes der Informationsgesellschaft, *beispielsweise* Anforderungen betreffend Qualifikationen, Genehmigung oder Anmeldung;
- die *Ausübung* der Tätigkeit eines Dienstes der Informationsgesellschaft, *beispielsweise* Anforderungen betreffend das Verhalten des Diensteanbieters, Anforderungen betreffend Qualität oder Inhalt des Dienstes, einschließlich der auf Werbung und Verträge anwendbaren Anforderungen, sowie Anforderungen betreffend die Verantwortlichkeit des Diensteanbieters.
ii) Der koordinierte Bereich umfaßt keine Anforderungen wie
- Anforderungen betreffend die Waren als solche;
- Anforderungen betreffend die Lieferung von Waren;
- Anforderungen betreffend Dienste, die nicht auf elektronischem Wege erbracht werden."
Dieser koordinierte Bereich soll geschaffen werden, indem den Mitgliedsstaaten gem. Art. 3 II ECRL in bestimmten Umfang Regelungen untersagt werden. Damit umfaßt der Anwendungsbereich der ECRL in einem horizontalen Ansatz das gesamte Regelungsspektrum der Aufnahme und Ausübung von Online-Diensten, wobei allerdings keine Regelungen für die *mittels* dieser vertriebenen Waren getroffen werden. Eine querschnittsartige Regelungsweite dieses Ausmaßes ist bei den Europäischen Rechtsakten bisher unbekannt. Im vertraglichen Bereich kollidieren mit der ECRL also bspw. nicht nur nationale Vorschriften, die die in der ECRL für den Vertragsschluß ausdrücklich getroffenen Pflichten erweitern, sondern sämtliche Normen, die Aspekte des Vertragsschlusses – mit Ausnahme der eigentlichen vertraglichen Leistung – betreffen. Nicht unter den Anwendungsbereich fallen nur Vorschriften betreffend Dienste, die nicht auf elektronischem Wege erbracht werden, also deren elektronische Erbringung *gänzlich* ausgeschlossen ist. Existieren entsprechende Dienste *auch* im elektronischen Geschäftsverkehr ist der Anwendungsbereich der ECRL betroffen. Es kommt also nicht darauf an, ob die in Frage stehenden Regelungen speziell für den elektronischen Geschäftsverkehr geschaffen wurden.[1630]
Einige in Art. 1 V ECRL genannte Bereiche wie Besteuerung, Tätigkeit von Notaren und Anwälten, Gewinnspiele etc. bleiben allerdings ganz allgemein vom Anwendungsbereich ausgeschlossen.
Außerhalb des Anwendungsbereichs der ECRL stünden, um ein Beispiel zu nennen, Vorschriften, die gänzlich unentgeltliche Dienste betreffen, d. h. Dienste, die weder direkt- noch drittfinanziert sind. Solche Dienste fallen nämlich nicht unter den Begriff der Dienste der Informationsgesellschaft, so daß die Mitgliedsstaaten volle Regelungsautonomie genießen. Soweit es allerdings um Arten von Telekommunikationsdiensten geht, die durch die Merkmale des „individuellen Abrufs" und der „elektronischen Erbringung" vom Anwendungsbereich der ECRL ausgeschlossen sind, ist die Sperrwirkung des übrigen europäischen Telekommunikationsrechts zu beachten.

[1630] so auch Grundmann, RabelsZ 67 (2003), S. 246 (270).

b) Harmonisierungsniveau der ECRL

aa) Harmonisierungskonzepte der Gemeinschaft im allgemeinen

Der zweite Schritt betrifft die Frage nach dem von der ECRL verfolgten Harmonisierungsniveau. Dieses bestimmt, inwieweit *innerhalb* des Anwendungsbereichs der Richtlinie Freiräume zugunsten der Mitgliedsstaaten eingeräumt werden.
Den höchsten Harmonisierungsgrad verfolgen Richtlinien, die auf eine Vollharmonisierung ausgelegt sind.[1631] Innerhalb des von ihnen erfaßten Gegenstandsbereichs sind den Mitgliedsstaaten keinerlei abweichende Regelungen gestattet. Allenfalls werden ihnen Wahlmöglichkeiten zwischen verschiedenen Umsetzungsoptionen eingeräumt oder ein befristetes Abweichen gestattet. Ein Beispiel für eine vollharmonisierende Richtlinie ist die Richtlinie 89/458/EWG zur Änderung der Richtlinie 70/220/EWG über die Angleichung der Rechtsvorschriften der Mitgliedsstaaten über Maßnahmen gegen die Verunreinigung der Luft durch Emissionen von Kraftfahrzeugen hinsichtlich der Europäischen Emissionsnormen für Kraftfahrzeuge mit einem Hubraum unter 1,4 Litern[1632], wo in Erwägungsgrund 7 ausdrücklich von „vollständiger Harmonisierung" gesprochen wird.
Neben der Vollharmonisierung existiert die Teilharmonisierung als Harmonisierungskategorie.[1633] Sie liegt vor, wenn den Mitgliedsstaaten innerhalb des Anwendungsbereichs eines Rechtsakts dauerhaft abweichende Regelungen gestattet sind. Hierzu zählt die optionelle Harmonisierung[1634], die den Mitgliedsstaaten die Möglichkeit gibt, für reine Inlandssachverhalte vom Gemeinschaftsrechtsakt abweichende Regelungen beizubehalten oder zu schaffen. Jedoch dürfen sie dabei nicht das vom Harmonisierungsakt festgelegte Niveau unterschreiten, weil es sonst zu einer Diskriminierung importierter Güter käme und das Vereinheitlichungsziel verfehlt würde.[1635] Zum Bereich der Teilharmonisierung gehört aber auch die Mindestharmonisierung.[1636] Mit ihr ist nicht die quantitative Beschränkung der Rechtsangleichung auf bestimmte Materien gemeint, sondern die qualitative Definition eines Mindeststandards. Bei einer mindestharmoni-

---

[1631] vgl. Grabitz/Hilf-Langeheine, Art. 100 EG, Rn. 62; Streinz, in: Everling/Roth (Hrsg.), Mindestharmonisierung im Europäischen Binnenmarkt, S. 9 (18); Wagner, Das Konzept der Mindestharmonsierung, S. 45 ff.

[1632] Richtlinie 89/458/EWG des Rates vom 18. Juli 1989 zur Änderung der Richtlinie 70/220/EWG zur Angleichung der Rechtsvorschriften der Mitgliedstaaten Über Maßnahmen gegen die Verunreinigung der Luft durch Emissionen von Kraftfahrzeugen hinsichtlich der Europäischen Emissionsnormen für Kraftfahrzeuge mit einem Hubraum unter 1,4 Litern, Abl. L 226 vom 3.8.1989, S. 1.

[1633] Grabitz/Hilf-Langeheine, Art. 100 EG, Rn. 58 ff.; Streinz, in: Everling/Roth (Hrsg.), Mindestharmonisierung im Europäischen Binnenmarkt, S. 9 (18 f.); Wagner, Das Konzept der Mindestharmonsierung, S. 50 ff.

[1634] Bleckmann-Eiden, Europarecht, Rn. 2162; Seidel, in: Everling/Roth (Hrsg.), Mindestharmonsierung im Europäischen Binnenmarkt, S. 39 (44 f.).

[1635] Seidel, in: Everling/Roth (Hrsg.), Mindestharmonsierung im Europäischen Binnenmarkt, S. 39 (44 f.).

[1636] Grabitz/Hilf-Langeheine, Art. 100 EG, Rn. 58; Troberg, in: Everling/Roth (Hrsg.), Mindestharmonisierung im Europäischen Binnenmarkt, S. 147 (148, Fn. 4); Behrens, in: Everling/Roth (Hrsg.), Mindestharmonisierung im Europäischen Binnenmarkt, S. 33 (33); Reich/Micklitz-Reich, Europäisches Verbraucherrecht, §1, Rn. 23.

sierenden Richtlinie dürfen die Mitgliedstaaten strengere Regeln im Sinne einer Schutzverstärkung schaffen, ohne dabei aber das Schutzniveau abzusenken. Die Methoden zur Implementierung einer geringeren Regelungsintensität in einem Rechtsakt sind unterschiedlich[1637]: so können ausdrückliche Öffnungsklauseln eingefügt, aber auch Umsetzungsoptionen oder Ausnahmeklauseln vorgesehen werden. Es können aber auf subtilere Weise Freiräume durch unbestimmte Rechtsbegriffe oder Generalklauseln geschaffen werden.

Außerhalb des Bereichs der Harmonisierungsmaßnahmen steht das Prinzip der gegenseitigen Anerkennung (Herkunftslandprinzip), welches im Grundsatz auf die „Cassis de Dijon"-Rechtsprechung des EuGH[1638] zurückgeführt wird.[1639] Nach ihm haben die Mitgliedsstaaten die Rechtsvorschriften eines anderen Mitgliedsstaats als gleichwertig anzuerkennen, d. h. aus einem anderen EG-Mitgliedsstaat importierte Güter, die dort rechtmäßig herstellt oder in den Verkehr gebracht wurden, unterliegen nur den dort geltenden Regelungen.[1640] Der Empfangsstaat hat gegenüber ihnen keine Regelungsmacht. Beim Prinzip der gegenseitigen Anerkennung handelt es sich nicht um ein Harmonisierungskonzept, weil einheitliche Regelungen in den Mitgliedsstaaten gerade nicht geschaffen werden, sondern vielmehr ein Wettbewerb der einzelstaatlichen Rechtssysteme angeregt werden soll.[1641] Im Ergebnis *kann* es dabei zu einer Angleichung der Standards kommen, was aber nicht steuerbares Ziel ist.[1642] Gleichwohl betrifft das Herkunftslandprinzip die Frage nach der Abgeschlossenheit einer sekundärrechtlichen Maßnahme, weil es für den dort geregelten Rechtsbereich gleichzeitig als Öffnungsklausel für die Regelung nationaler Sachverhalte und als Verbot für die strengere Behandlung von grenzüberschreitenden Sachverhalten verstanden werden kann. Zur Vermeidung eines Absinkens der Schutzstandards („race to the bottom") vor allem in den Bereichen des Gesundheits-, Sicherheits-, Umwelt- und Verbraucher-

---

[1637] vgl. Lutter, in: FS-Everling, S. 765 (767 ff.).

[1638] EuGH Rs. 120/78 (REWE-Zentral AG ./. Bundesmonopolverwaltung für Branntwein, Slg. 1979, 649. In dieser Entscheidung wurde klargestellt, daß auch unterschiedslos anwendbare Maßnahmen den freien Warenverkehr gem. Art. 28 EG behindern, d. h. letzterer ein allgemeines Beschränkungsverbot und nicht nur ein Diskriminierungsverbot ist. Beschränkungen müssen nur dann hingenommen werden, wenn diese Bestimmungen notwendig sind, um zwingenden Erfordernissen des Allgemeininteresses gerecht zu werden; vgl. Steindorff, ZHR 158 (1994), S. 149 (156); Schwarze-Becker, EU-Kommentar, Art. 28 EG, Rn. 42 ff.

[1639] Micklitz/Keßler, GRURInt 2002, S. 885 (888); Bleckmann-Eiden, Europarecht, Rn. 2176 ff.; Streinz, in: Everling/Roth (Hrsg.), Mindestharmonisierung im Europäischen Binnenmarkt, S. 9 (10); Seidel in: Everling/Roth (Hrsg.), Mindestharmonsierung im Europäischen Binnenmarkt, S. 39 (45 ff.); Wagner, Das Konzept der Mindestharmonsierung, S. 153 ff.; Reich/Micklitz-Reich, Europäisches Verbrauchrrecht, §1, Rn. 32.

[1640] Diesem Ansatz liegt wegen seines Ursprungs im Primärrecht lediglich ein Einschränkungsverbot zugrunde. Es kann nicht ohne weiteres entnommen werden, daß damit den anzuerkennenden Rechtsnormen in den Herkunftsstaaten materielle Wirkung verliehen werden soll, so aber Mankowski, ZVglRWiss 100 (2001), S. 137 (148 ff.); Beyer, Rechtsnormanerkennung im Binnenmarkt, S. 26. Eine solche Wirkung bedürfte vielmehr ausdrücklicher Anordnung.

[1641] dazu kritisch Behrens, in: Everling/Roth (Hrsg.), Mindestharmonisierung im Europäischen Binnenmarkt, S. 33 (36 f.). Eher kann es als akzessorisches Instrument zur Rechtsangleichung betrachtet werden, vgl. Beyer, Rechtsnormanerkennung im Binnenmarkt, S. 85 f.

[1642] so auch Wagner, Das Konzept der Mindestharmonisierung, S. 157 f.

schutzes muß es sinnvollerweise mit einer Harmonisierungsstrategie verbunden werden.[1643] Denn innerstaatlich besteht bei strengeren Standards für nationale Anbieter aufgrund drohender Inländerungleichbehandlung, die zwar europarechtlich irrelevant ist[1644], aber nach nationalem Verfassungsrecht problematisch, ein Druck zur Korrektur der Schutzstandards nach unten.

Die von der Gemeinschaft favorisierten Harmonisierungskonzepte haben sich im Laufe der Zeit gewandelt. Verfolgte die Kommission in den Anfängen der Binnenmarktschaffung noch das Ziel einer vollständigen Angleichung aller handelshemmenden nationalen Vorschriften[1645], zeigten sich doch im Laufe der Zeit Probleme, beim früher noch durchgehend geltenden Einstimmigkeitsprinzip im Rat eine Einigung über die Vereinheitlichungsstandards zu erzielen.[1646] Deshalb wurde von der Kommission im Weißbuch zur Vollendung des Binnenmarktes 1985 ein neues Harmonisierungskonzept vorgeschlagen, welches als „Neue Strategie" bezeichnet wurde.[1647] Nach diesem Politikpapier sollte die Integrationsstrategie für den Binnenmarkt nicht mehr auf Vollharmonisierung abzielen, sondern sich die Harmonisierung auf zwingende Erfordernisse für Gesundheit, Sicherheit, Umwelt- und Verbraucherschutz beschränken, die in allen Mitgliedsstaaten vorgeschrieben sein müssen (Minimalangleichung[1648]).[1649] D. h. harmonisiert werden sollte nur noch das, was nach der Cassis-Rechtsprechung eine Berufung auf Art. 30 EG bzw. auf immanente Schranken des Art. 28 EG erlaubt.[1650] Im übrigen sollten die Mitgliedsstaaten die Vorschriften der anderen Mitgliedsstaaten als gleichwertig anerkennen (Prinzip der gegenseitigen Anerkennung).[1651] Im Rahmen des wirtschaftlichen Verbraucherschutzes hat sich die Kommission seitdem regelmäßig des Konzepts der Mindestharmonisierung bedient[1652], wie z. B. bei der Richtlinie

---

[1643] vgl. Wagner, Das Konzept der Mindestharmonisierung, S. 174.

[1644] EuGH Rs. 44/84 (Derrick Guy Edmund Hurd ./. Kenneth Jones), Slg. 1989, S. 29, Rn. 55; Lutter, in: FS-Everling, S. 765 (773 f.); Weis, NJW 1983, S. 2721 (2722 ff.); Schilling, JZ 1994, S. 8 (9 f.); Schwarze-Holoubek, EU-Kommentar, Art. 12 EG, Rn. 34; differenzierend Calliess/Ruffert-Epiney, EUV/EGV, Art. 12 EG, Rn. 36: Inländerdiskriminierung kann bei „berechtigten Interessen" der Mitgliedsstaaten gerechtfertigt sein.

[1645] Streinz, in: Everling/Roth (Hrsg.), Mindestharmonisierung im Europäischen Binnenmarkt, S. 9 (10); Wagner, Das Konzept der Mindestharmonisierung, S. 153.

[1646] Reich/Micklitz-Reich, Europäisches Verbraucherrecht, § 1, Rn. 20.

[1647] Vollendung des Binnenmarktes: Weißbuch der Kommission an den Europäischen Rat, KOM (1985) 310 endg., Rn. 61 ff.

[1648] sie unterscheidet sich von der Mindestharmonisierung dadurch, daß die Angleichung quantitativ auf bestimmte Regelungsmaterien beschränkt wird, nicht aber ein Mindestschutzstandard harmonisiert wird.

[1649] Vollendung des Binnenmarktes: Weißbuch der Kommission an den Europäischen Rat, KOM (1985) 310 endg., Rn. 65.

[1650] so schon die Mitteilung der Kommission über die Auswirkungen des Urteils des Europäischen Gerichtshofes vom 20. Februar 1979 in der Rechtssache 120/78 („Cassis de Dijon"), Abl. C 256 vom 3.10.1980, S. 2 f.; Streinz, in: Everling/Roth (Hrsg.), Mindestharmonisierung im Europäischen Binnenmarkt, S. 9 (12).

[1651] Vollendung des Binnenmarktes: Weißbuch der Kommission an den Europäischen Rat , KOM (1985) 310 endg., Rn. 63.

[1652] Taschner, in: Everling/Roth (Hrsg.), Mindestharmonisierung im Europäischen Binnenmarkt, S. 159 (168 f.); Reich/Micklitz-Reich, Europäisches Verbraucherrecht, § 1, Rn. 32; Lehmann-Günther, Electronic Business in Europa, Q., Rn. 54.

über Haustürgeschäfte 85/577/EWG (Art.8), der Verbraucherkreditrichtlinie 87/102/EWG (Art. 15) und der Fernabsatzrichtlinie 97/7/EG (Art. 14). Die Mindestharmonisierung hat den Vorteil, daß sich eine Einigung im Rat leichter erzielen läßt, wenn nur ein Basisstandard vergemeinschaftet und den Mitgliedsstaaten im übrigen die Möglichkeit zum Erlaß strengerer Bestimmungen belassen wird. Außerdem wird die Mindestharmonisierung als Ausdruck des Subsidiaritäts- und Verhältnismäßigkeitsprinzips in Art. 3 II und III EG aufgefaßt.[1653] Weitere Vorteile sind die Überflüssigkeit der Abgrenzung, ob nationale Regelungen innerhalb oder außerhalb des Regelungsbereichs liegen[1654] und die Schaffung eines gewissen Systemwettbewerbs[1655], zumindest im Sinne einer Erprobung neuer Schutzkonzepte auf mitgliedstaatlicher Ebene für spätere Vereinheitlichung. Vorteile werden auch in der erleichterten Anpassung der Rechtsordnungen neuer EU-Beitrittsländer an die Rechtsordnungen der Union gesehen.[1656]

Mittlerweile scheint jedoch die Kommission wieder auf die Linie einer vollständigen Harmonisierung zumindest einzelner Bereiche im Vertragsrecht eingeschwenkt zu sein.[1657] Darauf deutet die Mitteilung der Kommission über die verbraucherpolitische Strategie 2002-2006 hin, wo es heißt: „Ziel 1: ‚Ein gleichmäßig hohes Verbraucherschutzniveau'. Wir müssen noch intensiver darauf hinwirken, daß Verbraucher und Unternehmen die Vorteile des Binnenmarkts nutzen können. Von entscheidender Bedeutung hierfür ist, daß in ganz Europa gemeinsame Rechtsvorschriften und Verfahren zum Schutz der Verbraucher eingeführt werden. Wir dürfen es also nicht dabei belassen, daß in jedem Mitgliedstaat andere Regelungen gelten, sondern müssen auf ein einheitlicheres Umfeld für den Verbraucherschutz in der gesamten EU hinarbeiten.“ [1658] Insbesondere die geplante lauterkeitsrechtliche Rahmenrichtlinie soll laut Kommission die Notwendigkeit von Mindestklauseln entfallen lassen.[1659] Aber auch im Hinblick auf das Projekt zur Schaffung eines einheitlichen europäischen Vertragsrechts sieht die Kommission Unzulänglichkeiten in der bisher bruchstückhaften Har-

---

[1653] Behrens, in: Everling/Roth (Hrsg.), Mindestharmonisierung im Europäischen Binnenmarkt, S. 33 (36); Streinz, in: Everling/Roth (Hrsg.), Mindestharmonisierung im Europäischen Binnenmarkt, S. 9 (27 f.); Reich, in: Everling/Roth (Hrsg.), Mindestharmonisierung im Europäischen Binnenmarkt, S. 175 (178); Wagner, Das Konzept der Mindestharmonisierung, S. 224 f.

[1654] Remien, in: Everling/Roth (Hrsg.), Mindestharmonsierung im Europäischen Binnenmarkt, S. 181 (185 f.).

[1655] Köndgen, in: Everling/Roth (Hrsg.), Mindestharmonisierung im Europäischen Binnenmarkt, S. 111 (115).

[1656] Krusche, ZfRV 2000, S. 173 (176 f.) plädiert deswegen dafür, von der aktuell verfolgten Vollharmonisierungsstrategie wieder zu einer Strategie der Minimal- und Mindestangleichung zurückzukehren.

[1657] vgl. dazu auch Micklitz, VuR 2003, S. 2 (7 ff.); Reich/Micklitz-Reich, Europäisches Verbraucherrecht, §1, Rn. 32; Lehmann-Günther, Electronic Business in Europa, Q., Rn. 54 ff.

[1658] Mitteilung der Kommission an das Europäische Parlament, den Rat, den Wirtschafts- und Sozialausschuß und den Ausschuß der Regionen - Verbraucherpolitische Strategie 2002-2006 vom 7.5.2002, KOM (2002), 208 endg., S. 12.

[1659] Grünbuch zum Verbraucherschutz in der Europäischen Union vom 2.10.2001, KOM (2001) 531 endg., S. 8, 13 und 14.

monisierung des Verbraucherschutzes.[1660] Besonders im grenzüberschreitenden elektronischen Geschäftsverkehr werden unterschiedliche Rechtsvorschriften als Wachstumshemmnisse für den Markt angesehen. Die Mindestharmonisierung ist also doch offensichtlich nur als Zwischenschritt zur Herstellung des für das optimale Funktionieren des Binnenmarktes erforderlichen Angleichungsniveaus zu sehen.[1661] Im Entstehen begriffen ist möglicherweise ein eigener europäischer Rechtskreis im Verbraucherrecht mit eigener Rechtskultur, die nicht kompatibel mit der der Mitgliedsstaaten ist.[1662] Versuchsballons zu einer umfassenden Vereinheitlichung hat die Kommission mit den Entwürfen zur Richtlinie über den FernARL-FinanzDL, zur neuen Verbraucherkreditrichtlinie und zur Rahmenrichtlinie über irreführende Geschäftspraktiken gestartet. Dies ist für die Auslegung der ECRL von Interesse, weil diese aus derselben Zeitperiode stammt. Im Entwurf der Richtlinie über irreführende Geschäftspraktiken führt die Kommission explizit aus, daß es sich um eine vollständig harmonisierende Maßnahme handeln soll.[1663] Im Entwurf der Verbraucherkreditrichtlinie heißt es: „In Übereinstimmung mit Artikel 153 Absätze 1 und 3 Buchstabe a in Verbindung mit Artikel 95 des Vertrages werden nunmehr Maßnahmen vorgeschlagen, die ein hohes Verbraucherschutzniveau gewährleisten können. Diese Schutzmaßnahmen sollen die Maßnahmen zur Verwirklichung des Binnenmarktes verstärken und sollten es den Mitgliedstaaten ermöglichen, eine Maximalharmonisierung zu akzeptieren, ohne in größerem Umfang auf zusätzliche Schutzmaßnahmen zurückgreifen zu müssen."[1664] Das Maximalharmonisierungskonzept wird zudem in Art. 30 des Vorschlags geregelt.[1665] In den beiden Entwürfen der Richtlinie über den FernARL-FinanzDL war in den Erwägungsgründen von einer Gefährdung des Binnenmarktes durch abweichende Vorschriften und deshalb von einer vollen Bindung der Mitgliedsstaaten die Rede.[1666] Die endgültige Fassung der Richtlinie wird zwar immer noch in Erwägungsgrund 13 als vollharmonisierender Rechtsakt bezeichnet, wo es heißt: „Mit der vorliegenden Richtlinie soll ein hohes Verbraucherschutzniveau gewährleistet werden, um den freien Verkehr von Finanzdienstleistungen sicherzustellen. Die Mitgliedsstaaten sollten in den durch diese Richtlinie harmonisierten Bereichen *keine anderen als die darin fest-*

[1660] Mitteilung der Kommission an den Rat und das Europäische Parlament zum Europäischen Vertragsrecht vom 11.07.2001, KOM (2001) 398 endg., S. 12, Rn. 35.

[1661] Lehmann-Günther, Electronic Business in Europa, Q, Rn. 54; Köndgen, in: Everling/Roth (Hrsg.), Mindestharmonisierung im Europäischen Binnenmarkt, S. 111 (114); kritsch zum Konzept der Mindestharmonsierung in Richtlinien zum bürgerlichen Recht Möllers, JZ 2002, S. 121 (126).

[1662] so die These von Micklitz, VuR 2003, S. 2 (5).

[1663] KOM (2003) 356 endg., S. 9.

[1664] Vorschlag für eine Richtlinie des Europäischen Parlaments und des Rates zur Harmonisierung der Rechts- und Verwaltungsvorschriften der Mitgliedstaaten über den Verbraucherkredit vom 11.9.2002, KOM (2002) 443 endg., S. 7.
Amtsblatt Nr. C 331 E vom 31/12/2002 S. 0200

[1665] KOM (2002) 443 endg., S. 61; vgl. Danco, WM 2003, S. 853 (856).

[1666] Vorschlag fürr eine Richtlinie des Europaeischen Parlaments und des Rates über den Fernabsatz von Finanzdienstleistungen an Verbraucher und zur Änderung der Richtlinie 90/619/EWG des Rates und der Richtlinien 97/7/EG und 98/27/EG vom 19.11.1998, Abl. C 385 vom 11.12.1998, S. 10 (11); Geänderter Vorschlag für eine Richtlinie des Europäischen Parlaments und des Rates über den Fernabsatz von Finanzdienstleistungen an Verbraucher und zur Änderung der Richtlinie 97/7/EG und 98/27/EG vom 23.7.1999, KOM (1999) 385 endg., S. 17, Erwägungsgrund 8 und 9.

gelegten Bestimmungen vorsehen dürfen, *es sei denn, die Richtlinie sieht dies ausdrücklich vor*". Allerdings ist die endgültige Fassung ein Kompromiß aus den Ambitionen der Kommission und des Parlaments zur Maximalharmonisierung und dem Drängen der Mitgliedsstaaten im Rat auf eine Mindestharmonisierung.[1667] Nunmehr sieht die die Richtlinie einige Durchbrechungen des Prinzips vor, wie z. B. die Mindestklausel für vorvertragliche Auskunftspflichten in Art. 4. Außerdem werden die Mitgliedsstaaten durch Ausnahmeklauseln zu Abweichungen ermächtigt, wie z. B. in Art. 6 III für den Ausschluß des Widerrufsrechts in bestimmten Fällen oder die Verteilung der Beweislast in Art. 15. Vollharmonisiert ist allerdings die Länge und Berechnung der Widerrufsfrist. Offensichtlich ist das Prinzip der Vollharmonisierung bei den Mitgliedsstaaten immer noch schwer konsensfähig.[1668] Dies zeigt sich vor allem an den Stellungnahmen der Mitgliedsstaaten zur Mitteilung der Kommission über ein europäisches Vertragsrecht, die sich überwiegend gegen eine Vollharmonisierung und für Mindest- oder Teilharmonisierung aussprechen.[1669] Auch in der Mitteilung über Folgemaßnahmen zum Grünbuch über Verbraucherschutz heißt es: "Daß die Mitgliedsstaaten darauf bestanden haben, in die Vorschläge der Kommission Mindestklauseln einzufügen war kein bloßer ‚launiger Einfall'... Trotz aller in verschiedenen Stellungnahmen zum Grünbuch geäußerten Wünsche, ist es politisch unrealistisch zu erwarten, daß die Mitgliedsstaaten von Mindestklauseln in den bestehenden Verbraucherschutzrichtlinien abrücken, solange die grundsätzlichen Disparitäten nicht geklärt sind."[1670] Ob die Kommission ihr Harmonisierungskonzept bei zukünftigen Richtlinien durchsetzen können wird, bleibt deshalb abzuwarten.[1671]

bb) grammatische Auslegung

(1) Hinweise zum Harmonisierungskonzept in den Zielbestimmungen der Richtlinie

Ermittelt werden soll also, welches Harmonisierungskonzept die ECRL verfolgt. Hinweise auf den Grad der Harmonisierung kann zunächst der Wortlaut einer Richtlinie geben.[1672]

Häufig legt der Richtliniengeber – wie am Beispiel der eben genannten Richtlinien deutlich zu ersehen ist – ausdrücklich im Wortlaut fest, ob die Richtlinie abschließend gegenüber Rechtsvorschriften der Mitgliedsstaaten ist. So heißt es etwa in Art. 30 des Vorschlags zur neuen Verbraucherkreditrichtlinie unter der Überschrift „Vollständige

---

[1667] vgl. dazu den anschaulichen Bericht der Berichtserstatterin Berger, A5-0122/2002.

[1668] vgl. auch Härting/Schirmbacher, CR 2002, S. 809 (817); Danco, WM 2003, S. 853 (858 f.).

[1669] Mitteilung der Kommission an das Europäische Parlament und den Rat über ein Kohärenteres Europäisches Vertragsrecht vom 12.2.2003, S. 33 ff., KOM 2003, 68 endg.

[1670] Mitteilung der Kommission über Folgemaßnahmen zum Grünbuch über Verbraucherschutz in der EU, KOM (2002) 289 endg., S. 12.

[1671] Micklitz/Keßler, GRURInt 2002, S. 885 (887) sind der Auffassung, daß es im Ergebnis vom Erfolg der Kommission dabei abhinge, konfligierende Interessen der Gemeinschaftsorgane, der Mitgliedsstaaten bzw. der Wirtschaft und der Verbraucher zum Ausgleich zu bringen, ob eine vollständige oder lediglich eine Mindestharmonisierung gelingen kann.

[1672] Lutter, in: FS-Everling, S. 765 (767 f.).

Harmonisierung und Unabdingbarkeit der Richtlinienbestimmungen": „Die Mitgliedsstaaten dürfen *keine anderen Bestimmungen als die in dieser Richtlinie festgelegten* vorsehen, außer in Bezug auf: ..."[1673] Im Hinblick auf die ECRL ist festzustellen, daß sie eine derartige ausdrückliche Bestimmung über ihr Harmonisierungsniveau nicht trifft.

In Art. 1 I der ECRL wird als ihr Regelungsziel der freien Verkehr der Dienste der Informationsgesellschaft ausgewiesen, den die Richtlinie sicherstellen soll. In Art. 1 II ECRL wird als ein Mittel zur Erreichung dieses Ziels die „Angleichung" genannt, was darauf hindeutet, daß die ECRL eine Harmonisierung beabsichtigt, ohne daß damit aber ein Hinweis auf den Harmonisierungsgrad verbunden wäre. Man könnte aber vermuten, daß Art. 1 III ECRL Vollharmonisierung vorschreibt, wonach einzelstaatliche Vorschriften nur noch zulässig sind, soweit die Freiheit, Dienste der Informationsgesellschaft anzubieten, dadurch nicht eingeschränkt wird. Allerdings besagt dieser nur, daß das Regelungsziel der ECRL nicht gefährdet werden darf, d. h. er erklärt das Harmonisierungsniveau der ECRL zum Maßstab für den freien Verkehr von Online-Diensten. Darüber, *wann* nach der ECRL ein solcher Freiverkehr vorliegt und nationale Vorschriften diesen beeinträchtigen können, d. h. welchen Harmonisierungsgrad die Richtlinie verfolgt, ist dort nichts ausgesagt

(2) Schaffung eines „koordinierten Bereichs" (Herkunftslandprinzip)

Einen gewissen Hinweis auf Vollharmonisierung könnte man Art. 2 lit. h, i, und iii bzw. Art. 3 I ECRL entnehmen, wo von einem „koordinierten Bereich" gesprochen wird, der sich auf Aufnahme und Ausübung von Tätigkeiten im elektronischen Geschäftsverkehr erstrecken soll und damit letztlich den gesamten Bereich der Online-Dienste erfaßt. Aus dem Begriff der „Koordinierung" ist nach dem Wortsinn ein Integrationsanliegen der Richtlinie erkennbar, welches man als Rechtsangleichung auffassen könnte.[1674] Allerdings ist dieses Anliegen gerade nicht im Sinne einer Harmonisierung zu verstehen, sondern in der Einführung des Prinzips einer gegenseitigen Anerkennung der einzelstaatlichen Rechtsordnungen durch die Mitgliedsstaaten (Herkunftslandprinzip) im Bereich des elektronischen Geschäftsverkehrs im Hinblick auf niedergelassene Diensteanbieter.[1675] Dies ergibt sich aus Art. 3 der ECRL. Dort gilt nach Abs. 1, daß jeder Mitgliedstaat dafür Sorge tragen muß, „daß die Dienste der Informationsgesellschaft, die von einem *in seinem Hoheitsgebiet niedergelassenen Diensteanbieter* erbracht werden, den in diesem Mitgliedstaat geltenden innerstaatlichen Vorschriften entsprechen, die in den koordinierten Bereich fallen." In Abs. 2 heißt es: „Die Mitgliedstaaten dürfen den freien Verkehr von *Diensten der Informationsgesellschaft aus einem anderen Mitgliedstaat* nicht aus Gründen einschränken, die in den

[1673] KOM (2002) 443 endg., S. 61.

[1674] Immerhin werden überwiegend die verschiedenen im EG-Vertrag auftauchenden Begriffe „Angleichung", „Harmonisierung" und „Vereinheitlichung" als austauschbar angesehen und im Sinne einer Uniformisierung nationaler Rechtsordnungen verstanden, vgl. Grabitz/Hilf-Langenheine, Art. 100 EG, Rn. 8; a. A. etwa Beyer, Rechtsnormanerkennung im Binnenmarkt, S. 84 ff.

[1675] ein mit Art. 3 ECRL verfolgtes Harmonsierungsanliegen schließen auch aus: Grabitz/Hilf-Marly, A4, Art. 3, Rn. 17; Spindler, RabelsZ 66 (2002), S. 633 (638); Reich/Micklitz-Micklitz, Europäisches Verbraucherrecht, §11, Rn. 6.

koordinierten Bereich fallen." Damit trifft die ECRL für den gesamten Bereich der Online-Dienste eine abschließende Regelung dergestalt, daß nationale Regelungen unzulässig sind, die im Ausland niedergelassene Anbieter strengeren Standards unterwerfen, als nach deren Heimatrecht gelten. Die Regelungshoheit über innerstaatliche Anbieter bleibt hingegen im Grundsatz vollständig erhalten. Ohne den dogmatischen Streit über das Herkunftslandprinzip der ECRL aufzurollen: In Art. 3 ECRL eine pauschale kollisionsrechtliche Verweisung auf das Recht des Herkunftslands zu sehen[1676], die die Anwendung des nationalen Kollisions- und Sachrechts ausschließt, ist nicht plausibel, da dem Wortlaut von Art. 3 II deutlich nur ein Einschränkungsverbot entnommen werden kann[1677], wie es auch im Weißbuch der Kommission von 1985 als „Neue Strategie" in Anlehnung an die Cassis-Rechtsprechung des EuGH gedacht war. Für eine Anknüpfung an das Herkunftsland nach dem kollisionsrechtlichen Prinzip der engsten Verbindung ist kein Grund ersichtlich.[1678] Gleichwohl hat das Herkunftslandprinzip im Gegensatz zum negativen Integrationsstandard der Grundfreiheiten[1679], die Importverbote schlicht wegen Verstoßes gegen EG-Recht verbieten, einen positiven kollisionsrechtlichen Gehalt, indem es das Herkunftsland des Anbieters zum Maßstab für die Zulässigkeit einer nationalen Regelung erklärt.[1680] Es ist also ein binnenmarktfunktionales Prinzip mit einem kollisionsrechtlichen Mindestgehalt.[1681] Soweit es um die Frage der Rechtsangleichung geht, wird dem Begriff der „Koordinierung" zu Recht „Etikettenschwindel" vorgeworfen[1682], weil eine Rechtsangleichung durch das Herkunftslandprinzip nicht beabsichtigt ist. Vielmehr ist die Aufgabe des Herkunftslandprinzips für die Diensteanbieter sicherzustellen, daß sie sich nur nach einem bestimmten Recht, nämlich nach ihrem Herkunftslandrecht richten müssen, da bei der Ubiquität der Internetsachverhalte[1683] kollisionsrechtlich meistens mehrere Rechtsordnungen

---

[1676] so die Vertreter einer kollisionsrechtlichen Einordnung des Herkunftslandprinzips, vgl. Mankowski, ZVglRWiss 100 (2001), S. 137 ff. mWN.

[1677] gegen ein solches Verständnis auch die Stellungnahme des Rechtsauschusses, A4-0248 vom 6.5.1999, S. 38; vgl. auch Spindler, RabelsZ 66 (2002), S. 633 (652); a. A. Mankowski, ZVglRWiss 100 (2001), S. 137 (143), der in Art. 3 II ECRL nur ein Verbot von Sonderanknüpfungen sieht und in Art. 3 I ECRL die allgemeine kollisionsrechtliche Verweisungsregel.

[1678] vgl. Ohly, GRURInt 2001, S. 899 (902).

[1679] nach umstrittener, allerdings abzulehnender Auffassung haben die Grundfreiheiten einen kollisionsrechtlichen Gehalt, der auf das Herkunftsland verweist, vgl. zur Diskussion Thünken, IPRax 2001, S. 15 (18 f.); Dethloff, Europäisierung des Wettbewerbsrechts, S. 268 ff. mwN.

[1680] Spindler, RabelsZ 66 (2002), S. 633 (652 f.); Ohly, GRURInt 2001, S. 899 (902).

[1681] vgl. Ohly, GRURInt 2001, S. 899 (902); in dieser Richtung auch Dethloff, Europäisierung des Wettbewerbsrechts, S. 54 f.; den Binnenmarktbezug betont auch Reich/Micklitz-Reich, Europäisches Verbraucherrecht, §3, Rn. 45.

[1682] so Ohly, GRURInt 2001, S. 899 (900).

[1683] Für den Anbieter ist es kaum absehbar, wo seine Informationsangebote abgerufen werden. So kann z. B. im deutschen Kollisionsrecht die optionale Anknüpfung an den Erfolgsort als lex loco delicti commissi gem. Art. 40 I2 EGBGB bei Streudelikten zur Anknüpfung an eine Vielzahl von Wirkungsorten führen. Auch das im internationalen Recht des unlauteren Wettbewerbs geltende Marktortprinzip kann zu einer Vielzahl von anwendbaren Rechtsordnungen führen, vgl. Ohly, GRURInt 2001, S. 899 (904 f.). Nach Art. 29 EGBGB kann es außerdem beim Vertragsschluß mit einem Verbraucher stets zur Anwendung von dessen heimischem Verbraucherschutzrecht kommen, vgl. Mankowski, MMR 2000, Beilage zu Heft 7, S. 22 (24 f.): der Verbraucher wird beim Abruf nicht „aktiv".

zu beachten wären und die Ermittlung des einschlägigen Rechts den Binnenmarktverkehr durch hohe Transaktionskosten belasten würde (sog. Rechtsanwendungsrisiko).[1684] Eine Alternative zur Erreichung desselben Ziels wäre nur die vollharmonisierende Schaffung eines europäischen Einheitsrechts, so daß das Prinzip der gegenseitigen Anerkennung gleichsam als Harmonisierungsvermeidungsstrategie verstanden werden kann.[1685] Offensichtlich kombiniert die ECRL die konkurrierenden Integrationskonzepte der gegenseitigen Anerkennung und der Harmonisierung miteinander. Eine interessante systematische Frage wird deshalb das Verhältnis der Harmonisierungsregeln der ECRL zum Herkunftslandprinzip sein, zu dem eine ausdrückliche Regelung dem Wortlaut der ECRL nicht zu entnehmen ist. So werden im harmonisierten Sachrecht der ECRL geschaffene Umsetzungsspielräume entweder vom Herkunftslandprinzip begrenzt, oder sie stehen außerhalb von dessen Regelungsbereich. Über das Harmonisierungsniveau im positiven Sachrecht der Richtlinie ist dem Herkunftslandprinzip jedenfalls keine Aussage zu entnehmen, sondern eine gesonderte Betrachtung notwendig.

Das Herkunftslandprinzip ist selbst von zahlreichen Ausnahmen durchbrochen, die in Art. 3 III i.V.m. dem Anhang der ECRL stehen. Darunter findet sich auch eine Ausnahme für „vertragliche Schuldverhältnisse in bezug auf Verbraucherverträge", was von erheblicher Bedeutung für die hier untersuchte Konkurrenzfrage der ECRL zum übrigen Zivilrecht ist. In Bereichen des Schuldvertragsrechts, die nicht vom Herkunftslandprinzip erfaßt werden, wären auch strengere Regelungen gegenüber ausländischen Diensteanbietern zulässig. Sie könnten nur noch in den Sog des Harmonisierungskonzepts der ECRL geraten, also der Sperrwirkung des dort positiv geregelten Sachrechts zum Opfer fallen. Bei der Auslegung der Ausnahme zeigen sich erneut die Unsicherheiten, die in Bezug auf die Definition des „Verbraucherrechts" bestehen. Man kann darunter entweder nur die Normen verstehen, welche den Verbraucherschutz als spezifisches Schutzziel verfolgen oder aber auch alle Vorschriften, welche nur beiläufig dem Verbraucher zugute kommen, was letztlich alle Verträge unter Beteiligung eines Verbrauchers als Partei vom Herkunftslandprinzip ausnehmen würde. Für eine weite Auslegung könnte der Wortlaut der Vorschrift streiten, der von Schuldverhältnissen *in Bezug* auf Verbraucherverträge spricht.[1686] Dies scheint jedoch nicht zwingend. Auch aus der Erweiterung der Entwurfsfassung, die nur „vertragliche Verpflichtungen" ausnahm[1687], auf „vertragliche Schuldverhältnisse" ist keine Erkenntnis zu gewinnen, da diese nur der Erweiterung auf gesetzliche Pflichten dient, ohne daß damit schon gesagt

---

[1684] vgl. Begründung der Kommission zum ersten Vorschlag der ECRL, KOM (1998) 586 endg., S. 7 f.; Tettenborn/Bender/Lübben/Karenfort, BB 2001, Beilage 10 zu Heft 50, S. 1 (9); Mankowski, ZVglRWiss 100 (2001), S. 137 (140 ff.); Grabitz/Hilf-Marly, A4, Art. 3, Rn. 11. Binnenmarktschädlich wäre auch eine Verweisung des Diensteanbieters auf eine regionale Beschränkung seiner Angebote durch der Homepage vorgeschaltete Disclaimer, vgl. zu dieser Möglichkeit Mankowski, MMR 2000 Beilage zu Heft 7, S. 22 (25 ff.); dazu und zu anderen Alternativlösungen für das Rechtsanwendungsrisiko kritisch Spindler, MMR 2000, S. 18 (20 ff.).

[1685] vgl. Begründung der Kommission zum ersten Vorschlag der ECRL, KOM (1998) 586 endg., S. 16: „Der Neuregelungsbedarf wird durch das Prinzip der gegenseitigen Anerkennung ... verringert."

[1686] Spindler, RabelsZ 66 (2002), S. 663 (687)

[1687] vgl. KOM (1998) 586 endg., S. 57.

wäre auf welche.[1688] Verwiesen wird aber auf Art. 29 EGBGB, der auch zum nationalen Verbraucherschutzrecht zähle, und seinen Schutz nur personal an die Beteiligung eines Verbrauchers am Vertrag knüpfe, ohne zu verlangen, daß die von ihm berufenen zwingenden Verbraucherschutzregelungen konkrete verbraucherschützende Tendenz hätten.[1689] Dieses Argument führt freilich nicht wesentlich weiter, weil die Reichweite von Art. 29 EGBGB in gleicher Weise umstritten ist wie die von Art. 3 ECRL.[1690] Allein mit einer teleologischen Betrachtung läßt sich hier ein Ergebnis erzielen. Dann spricht aber für ein enges Verständnis der Ausnahme die Koordinierungsabsicht der Kommission, die bei Ausklammerung auch verbraucherneutraler Vorschriften des Vertragsrechts gerade in einem Kernbereich des elektronischen Geschäftsverkehrs ins Leere liefe.[1691] Mithin besteht die Konkurrenzproblematik zwischen Herkunftslandprinzip und Harmonisierungsregeln der ECRL auch im Bereich des Vertragsrechts.

Im Prinzip ist das Herkunftslandprinzip über die geschriebenen Ausnahmen hinaus um eine ungeschriebene zu ergänzen: Wegen der binnenmarktfunktional begrenzten Gesetzgebungskompetenzen der Kommission[1692] darf sich das Herkunftslandprinzip nur auf nationale Regelungen erstrecken, die eine Binnenmarktrelevanz aufweisen. Deshalb muß Art. 3 ECRL im Sinne der Dassonville-Formel des EuGH[1693] auf Maßnahmen begrenzt werden, die geeignet sind den innergemeinschaftlichen Handel unmittelbar oder mittelbar, tatsächlich oder potentiell zu behindern.

Eine weitere für die vorliegende Untersuchung relevante Durchbrechung des Herkunftslandprinzips ist in Art. 3 IV und V ECRL in Gestalt eines Schutzklauselverfahrens vorgesehen, welches an Art. 95 IV-VII EG erinnert. Gem. Art. 3 IV ECRL können die Mitgliedsstaaten abweichende Maßnahmen im Hinblick auf einen *bestimmten* Dienst der Informationsgesellschaft treffen, sofern die abschließend enummerierten ordre public-Interessen beeinträchtigt werden oder eine *ernsthafte und schwerwiegende Gefahr* für diese vorliegt. Die Voraussetzungen dafür sind aber sehr restriktiv gefaßt. Es muß eine tatsächliche Beeinträchtigung oder eine ernsthafte Gefahr drohen, die zu den Schutzzielen in angemessenem Verhältnis steht, was auf eine enge Auslegung der Ausnahme hindeutet.[1694] Außerdem ist keine flächendeckende Abweichung für ganze Bereiche möglich, sondern nur im Hinblick auf ein besonderes Schutzbedürfnis bei bestimmten Diensten.[1695] Zum Zwecke zusätzlicher Kontrolle stehen die mitgliedsstaatlichen Maßnahmen zudem gem. Art. 3 VI ECRL unter dem Vorbehalt einer Abmahnung des Herkunftsstaates und einem Genehmigungsvorbehalt durch die

---

[1688] vgl. die Kritik des Wirtschafts- und Sozialausschusses an der ursprünglichen Formulierung, Abl. C 169 v. 16.6.1999, S. 42, Rz. 4.16.2. a. A. Spindler, RabelsZ 66 (2002), S. 633 (687); Grabitz/Hilf-Marly, A4, Art. 3, Rn. 28.
[1689] Grabitz/Hilf-Marly, A4, Art. 3, Rn. 28; Spindler, RabelsZ 66 (2002), S. 663 (687).
[1690] für enge Auslegung: Erman-Hohloch, Art. 29 EGBGB, Rn. 17; für weite Auslegung: M/K-Martiny, Art. 29 EGBGB, Rn. 35.
[1691] so auch die Auffassung der Bundesregierung zum Gesetz über den elektronischen Geschäftsverkehr (EEG), S. 37 (abrufbar unter http://www.lrz-muenchen.de/~Lorenz/material/egg.pdf).
[1692] näher dazu s. u. 3. Teil C.III.2.b)dd)(2).
[1693] EuGH Rs. 8/74 (Staatsanwaltschaft ./. Gustave Dassonville), Slg. 1974, 837, Rz. 5.
[1694] so auch Tettenborn/Bender/Lübben/Karenfort, BB 2001, Beiiage 10 zu Heft 50, S. 1 (12).
[1695] ebenso Grabitz/Hilf-Marly, A4, Art. 3, Rn. 33.

Kommission, die die Angemessenheit der Maßnahmen prüft.[1696] Offensichtlich soll das Schutzklauselverfahren nur als Notnagel dienen, wo vom Herkunftsstaat keine ausreichende Aufsicht nach Art. 3 I ECRL über einen dort niedergelassenen Diensteanbieter gewährleistet wird.[1697] Im übrigen soll das Koordinierungsziel der Richtlinie nicht gefährdet werden. Angesichts der Restriktivität der gem. Art. 3 IV ECRL zulässigen Allgemeininteressen ist es denkbar, daß die primärrechtlich vorgesehenen Durchbrechungen der Dienstleistungsfreiheit neben Art. 3 ECRL überhaupt nicht mehr zum tragen kommen dürfen, wenn dieser sich als enger erweist. Sollte das Herkunftslandprinzip den harmonisierenden Bereich der ECRL überlagern, so dürfte überschießendes nationales Recht gegebenenfalls nicht mehr am Primärrecht gemessen werden, sondern Art. 3 ECRL wäre alleiniger Maßstab. Andererseits könnte wiederum das Primärrecht als Maßstab dienen, wenn wie beim Verbrauchervertragsrecht eine der Ausnahmen vom Herkunftslandprinzip nach Art. 3 III i.V.m. dem Anhang der ECRL eingreift. Fraglich ist im übrigen, wie die Formulierung im Rahmen der Notifizierungspflicht in Art. 3 IV lit. b „unbeschadet etwaiger Gerichtsverfahren" zu verstehen ist. Es könnte dabei um eine generelle Ausnahme vom Herkunftslandprinzip für Privatklagen handeln, d. h. Gerichte wären grundsätzlich nicht an Art. 3 ECRL gebunden, oder es könnte ein Recht des Herkunftsstaates auf Erhebung von Klagen gegen Maßnahmen des Abrufstaates bzw. sogar von Klagen des Empfangsstaats gegen den Diensteanbieter statuiert sein.[1698] Allerdings verdeutlich Erwägungsgrund 25 der Richtlinie, daß die nationalen Gerichte „nur im Einklang mit den in dieser Richtlinie festgelegten Bedingungen Maßnahmen ergreifen" dürfen. Es besteht also eine Bindung der Justiz an das Herkunftslandprinzip. Gemeint ist mit dieser Formulierung wohl nur, daß die Gerichte der Mitgliedsstaaten nicht das Mahn- und Unterrichtungsverfahren durchlaufen müssen, um Maßnahmen zu treffen.[1699]

(3) Öffnungs- oder Mindestklauseln im Sachbereich der ECRL

Da die ECRL keine ausdrückliche Anordnung trifft, ob sie im materiellen Regelungsteil ein vollharmonisierendes Regelungskonzept verfolgt, enthält sie möglicherweise eine ausdrückliche Öffnungs- oder Mindestklausel für eine verbleibende Regelungskompetenz der Mitgliedsstaaten, so daß sie auf diesem Weg als teilharmonisierender Rechtsakt eingestuft werden könnte. Tatsächlich finden sich in der ECRL einige Mindestklauseln. Bei allen Vorschriften über die Informationserteilung ist ausdrücklich bestimmt, daß die Mitgliedsstaaten sicherzustellen haben, daß „zumindest" die aufgeführten Informationen erteilt werden sollen (so in Art. 5 I u. II, 6 I und 10 I ECRL).

[1696] nach Tettenborn/Bender/Lübben/Karenfort, BB 2001, Beilage 10 zu Heft 50, S. 1 (12) soll dieses Prüfungsverfahren allerdings nicht zu einer Vollzugshemmung führen, was bei Art. 95 IV-VII EG immerhin umstritten ist, vgl. Franzen, Privatrechtsangleichung durch die Europäische Gemeinschaft, S. 52 mWN.

[1697] so auch Ruess, Die E-Commerce-Richtlinie und das deutsche Wettbewerbsrecht, S. 51 f.

[1698] so die Alternativen, die Spindler, MMR 1999, S. 192 (196) nennt.

[1699] so auch Köhler/Arndt, Recht des Internet, Rn. 192; vgl. Stellungnahme des Wirtschafts- und Sozialausschusses zu dem „Vorschlag für eine Richtlinie des Europäischen Parlaments und des Rates über bestimmte rechtliche Aspekte des elektronischen Geschäftsverkehrs im Binnenmarkt", Abl. C 169 vom 16.6.1999, S. 36 (42), Rz. 4.1.5.2.

Man könnte denken, daß diese Mindestvorschriften nur Raum lassen wollen für europäisches Recht bzw. dessen kongruente Umsetzung in nationales Recht. Allerdings spricht der Wortlaut von Art. 5 I, 6 I und 10 I ECRL ausdrücklich von „*zusätzlich* zu den sonstigen Informationsanforderungen nach dem Gemeinschaftsrecht" aufgestellten Informationspflichten, so daß die Mindestklauseln eine andere Bedeutung haben müssen. Eine ähnliche Lesart wäre allerdings, die Mindestklauseln nur als Verweis auf die Mindestklauseln in bereits bestehenden Verbraucherschutzrichtlinien zu verstehen, was aber auch nicht mit dem Wortlaut vereinbar ist, der den Mindeststandard mit den „folgenden Informationen" der ECRL verknüpft. Zweifelsfrei verfolgt die ECRL deshalb jedenfalls im Bereich der Informationspflichten eine Mindestangleichung des Sachrechts.[1700] Nach dem Wortlaut der ECRL wäre deswegen der Weg frei für weitere vertragliche bzw. vorvertragliche Informationspflichten, etwa aus cic gem. §§311 II,241 II BGB.

Zweifelsfragen wirft allerdings auf, was mit dem Mindeststandard konkret gemeint ist. Denn ein Mindestmaß an Information legt eine Quanti- oder Qualifizierung als „Mehr" oder „Weniger" nahe und verlangt einen Vergleichsmaßstab. Teilweise wird schon bezweifelt, ob dies im Privatrecht überhaupt möglich ist, weil dieses durch Risikoverteilungsregeln dem Interessenausgleich zwischen zwei Parteien diene und von einer Schutzrichtung nicht gesprochen werden könne.[1701] Dem wird entgegengehalten, daß dies dennoch möglich sei in Bereichen, wo der Schutz einer bestimmten Partei im Vordergrund stehe, wie im Verbraucherschutz- oder Arbeitsrecht.[1702] So beziehen sich die Mindestklauseln in verbraucherschützenden Richtlinien stets auf einen strengeren Standard für Verbraucher. Für wen soll aber im Rahmen von Art. 10 I ECRL eine strengere Regelung getroffen werden? Immerhin verfolgt die ECRL insgesamt ein Konzept des Ausgleichs von Anbieter- und Nachfragerseite zur Förderung des Verkehrs elektronischer Dienste. Art. 10 I ECRL erwähnt nicht, zu wessen Gunsten die strengeren Regelungen bestehen sollen. Da es sich aber teleologisch teilweise um eine Regelung zum Verbraucherschutz handelt und insgesamt um eine zum Schutz der Nutzer[1703] wird deren Schutz als Maßstab heranzuziehen sein. Unklar bleibt dabei immer noch, ob dieser Standard quantitativ zu verstehen ist im Sinne von *mehr* Informationspflichten und/oder qualitativ im Sinne von *bessere* Informationspflichten, was den Weg für eine Verschärfung der in der ECRL bereits geregelten Informationspflichten ebnen würde. Möglicherweise sollen speziell durch Art. 10 I ECRL auch nur zusätzliche technische Informationspflichten erlaubt sein, die den Vertragsschlußprozeß be-

---

[1700] so auch Grabitz/Hilf-Marly III, A4, Art. 6, Rn. 3 zu Art.6 ECRL, Tettenborn/Bender/Lübben/Karenfort, BB 2001, Beilage 10 zu Heft 50, S. 1 (16) zu Art. 5; Nordhausen, JJZ 2001, S. 287 (298); a. A. möglicherweise Lehmann-Drexl, Electronic Business in Europa, P., Rn. 54: die Abfassung weitergehender Pflichten für den Diensteanbieter würde der allgemeinen Zielsetzung der Richtlinie widersprechen, den elektronischen Geschäftsverkehr zu fördern; möglicherweise auch Micklitz/Keßler, GRURInt 2002, S. 885 (887), die die ECRL generell als vollharmonisierende Richtlinie bezeichnen.

[1701] Behrens, in: Everling/Roth (Hrsg.), Mindestharmonisierung im Europäischen Binnenmarkt, S. 33 (34).

[1702] Wagner, Das Konzept der Mindestharmonisierung, S. 218.

[1703] vgl. Begründung der Kommission zum ersten Vorschlag der ECRL, KOM (1998) 586 endg., S. 29 unter besonderer Betonung des Verbraucherschutzaspekts.

treffen. Als Auslegungsergebnis kann immerhin bereits an dieser Stelle festgehalten werden, daß die ECRL insofern ein bloß mindestharmonisierender Rechtsakt ist[1704], als sie durchweg Raum für weitergehende Informationspflichten läßt. Der weiteren Untersuchung vorbehalten bleibt aber der Umfang dieser Mindestharmonisierung.
Bemerkenswerter Weise beziehen sich die Mindestklauseln der ECRL nach ihrem Wortlaut nur auf *Informationspflichten*. Dabei lassen sie jedoch alle sonstigen Handlungs- bzw. Verhaltenspflichten des Diensteanbieters, wie die in der ECRL bereits geregelten Pflichten zur Bereitstellung der Vertragsbestimmungen (Art. 10 III ECRL), zur Empfangsbestätigung (Art. 11 I ECRL) und Ermöglichung einer Korrektur der Bestellung (Art. 11 II ECRL) außen vor. Der Wortlaut läßt deshalb die Frage offen, ob auch sonstige strengere *Verhaltenspflichten* für Diensteanbieter geregelt werden können wie z. B. eine Verpflichtung zur Bereitstellung von Verschlüsselungsmechanismen für die Bestellung des Nutzers. Fraglich ist auch, ob der *Regelungsbereich* der Art. 10 und 11 ECRL modifiziert werden darf, d. h. etwa die Abdingbarkeit der Informationspflichten zugunsten bestimmter Personengruppen[1705], die nicht unter den Verbraucherbegriff der ECRL fallen, eingeschränkt werden kann oder auch nichtindividuelle Kommunikation in den Kreis der pflichtbegründenden elektronischen Dienste einbezogen werden darf. Der Wortlaut scheint gegen eine Ausdehnung des Regelungsbereichs außerhalb von Informationspflichten zu sprechen. Hier müssen aber für ein abschließendes Ergebnis die übrigen Auslegungsmethoden befragt werden.
Eine weitere ungeklärte Frage ist, an wen sich die Mindestklauseln wenden, d. h. ob sie auch an die Judikative adressiert sind und dieser gestatten, zusätzliche Regelungen für den elektronischen Geschäftsverkehr zu schaffen. Die Formulierung „stellen die Mitgliedsstaaten sicher“ in Art. 5 I, 6 I und 10 I deutet jedenfalls darauf hin, wenn man sie wie Art. 249 III als an alle innerstaatlichen Organe gerichtet versteht. Gemäß Art. 24 ECRL sind die Mitgliedsstaaten ganz allgemein Adressaten der Richtlinie

cc) historische Auslegung

Weiteren Aufschluß über die Harmonisierungsstrategie der Kommission könnte die Entstehungsgeschichte der ECRL geben.[1706] Hierfür sind die Vorschläge und Stellungnahmen der Gesetzgebungsorgane zu befragen. Vor allem die zahlreichen Erwägungsgründe der ECRL könnten Aufschluß bieten. Ausgeblendet werden müssen aber Stellungnahmen der Mitgliedsstaaten, da diese als Rechtssubjekte keine gesetzgeberische Funktion auf europäischer Ebene übernehmen.[1707]
Sowohl in der Mitteilung über eine Initiative für den elektronischen Geschäftsverkehr als auch im ersten Kommissionsvorschlag wurde von der Kommission ausdrücklich auf die Notwendigkeit hingewiesen, die binnenmarkthemmende und wettbewerbsver-

[1704] so auch Grundmann, RabelsZ 67 (2003), S. 246 (265).
[1705] dies wird im Hinblick auf den Verbraucherbegriff abgelehnt von Lehmann-Drexl, Electronic Business in Europa, P., Rn. 54, da die ECRL keine ausdrückliche Mindestklausel enthalte, die den Mitgliedsstaaten ein höheres nationales Verbraucherschutzniveau erlaube.
[1706] allgemein für Beachtlichkeit der Entstehungsgeschichte für das Harmonisierungsniveau Lutter, JZ 1992, S. 593 (599); Bleckmann, NJW 1982, S. 1177 (1178 f.); Kindler ZHR 158 (1994), S. 339 (353).
[1707] Lutter, JZ 1992, ,S. 593 (601).

zerrende Wirkung unterschiedlicher mitgliedsstaatlicher Vorschriften zu beseitigen.[1708] Dies geht auch aus Erwägungsgrund 5 ECRL hervor. Als Mittel zur Verwirklichung dieses Ziels sollte primär das Prinzip der gegenseitigen Anerkennung dienen und im übrigen nur dort eine Harmonisierung geschaffen werden, wo das Anerkennungsprinzip nicht ausreicht, um Markthindernisse zu beseitigen oder die allgemeinen Interessen zu schützen.[1709] Zu diesen „allgemeinen Interessen" gehört laut Erwägungsgrund 10 ECRL etwa der Verbraucherschutz, für den ein hohes Niveau gewährleistet werden soll.[1710] Auch die Entschließung des Parlaments zur Initiative für den elektronischen Geschäftsverkehr sprach von der Schaffung eines „minimalistischen Regelungsrahmens" neben dem Herkunftslandprinzip.[1711] Der Begriff „Regelungsrahmen" darf dabei wohl nicht verwechselt werden mit einer Rahmengesetzgebung i.S.v. Art. 75 GG, weil die Richtlinie detaillierte Einzelregelungen und nicht etwa ausfüllungsbedürftige Rahmenregelungen trifft. Zusätzlich wurde als Begründung für eine geringe Harmonisierungsdichte auf die Möglichkeit der Beteiligten Verkehrskreise verwiesen, selbst Regelungen zu treffen.[1712] Deshalb sei nur die Normierung des „strikt Erforderlichen" bzw. einzelner „präziser Aspekte" notwendig.[1713] Insbesondere war es erklärtes Ziel der Kommission, kein zu enges Regelungskorsett für den elektronischen Geschäftsverkehr zu schnüren, sondern einen „tragbaren, entwicklungsfähigen und flexiblen" Rahmen zu schaffen, da die Entwicklung des elektronischen Geschäftsverkehrs erst in ihren Anfängen stünde und nicht durch „verfrüht festgelegte und unsachgerechte" Regelungen eingeschränkt werden solle.[1714] In Erwägungsgrund 10 ECRL wird darauf hingewiesen, daß auch das Verhältnismäßigkeitsprinzip es gebiete, nur für das Funktionieren des Binnenmarkts „unerläßliche" Regelungen zu treffen. Offensichtlich spricht also alles dafür, daß der europäische Gesetzgeber große Hoffnungen in das Herkunftslandprinzip setzte und daneben bereit war, die Harmonisierung zu vernachlässigen. Dies deutet darauf hin, daß das Herkunftslandprinzip als allgemeiner Rahmen den elektronischen Geschäftsverkehr umspannen und den Mitgliedsstaaten innerhalb dieser Schranken umfangreicher Regelungsspielraum zugestanden werden soll, um die Regelungsstrukturen flexibel und zukunftsoffen zu halten. Die Sogwirkung der in der ECRL harmonisierten Vorschriften ist also als gering einzustufen und den Mitgliedsstaaten auch in unmittelbar anliegenden thematischen Bereichen die Kompetenz zum Normerlaß zuzugestehen. Man kann insoweit von „Regelungsinseln" im Bereich der Dienste der Informationsgesellschaft sprechen, die einer Teilharmonisierung gleichkommen. Das bedeutet für die in Art. 10 und 11 ECRL niedergelegten Anbieterpflich-

---

[1708] Mitteilung an das Europäische Parlament, den Rat, den Wirtschafts- und Sozialausschuß und den Ausschuß der Regionen über eine Initiative für den elektronischen Geschäftsverkehr, KOM (1999) 157endg., S. 24; erster Vorschlag der Kommission, KOM (1998) 586 endg., S. 8.

[1709] Mitteilung an das Europäische Parlament, den Rat, den Wirtschafts- und Sozialausschuß und den Ausschuß der Regionen über eine Initiative für den elektronischen Geschäftsverkehr, KOM (1999) 157endg., S. 24; erster Vorschlag der Kommission, KOM (1998) 586 endg., S. 16 u. 19.

[1710] erster Vorschlag der Kommission, KOM (1998) 586 endg., S. 19.

[1711] Entschließung des EP über die Mitteilung der Kommission über die Initiative für den elektronischen Geschäftsverkehr, A4-0173-98, S. 10 f., Nr. 11.

[1712] erster Vorschlag der Kommission, KOM (1998) 586 endg., S. 16.

[1713] erster Vorschlag der Kommission, KOM (1998) 586 endg., S. 16.

[1714] erster Vorschlag der Kommission, KOM (1998) 586 endg., S. 19.

ten beim Vertragsschluß, die spezifische Besonderheiten des elektronischen Geschäftsverkehrs berücksichtigten, daß diese nur insofern eine Sperrwirkung entfalten, als es um weitergehende Pflichten geht, die ebenfalls einen *typischen* Bezug zum elektronischen Geschäftsverkehr aufweisen. So sind etwa zusätzliche Aufklärungspflichten über den Vertrags*inhalt* nur gesperrt, wenn sie final oder faktisch insbesondere auf Sachverhalte bezogen sind, die entweder nur im elektronischen Geschäftsverkehr auftreten oder dort ganz überwiegend zu finden sind (z. B. Softwarekauf; Zahlung mit elektronischen Geld).

Das Verhältnis zwischen Herkunftslandprinzip und Sachrecht der Richtlinie wird sehr klar in der Stellungnahme des Wirtschafts- und Sozialausschusses zum Ausdruck gebracht: „Die Besonderheit der Richtlinie besteht darin, daß große Bereiche in den Anwendungsbereich der Richtlinie fallen (z. B. kommerzielle Kommunikation, elektronische Verträge) *in den einzelnen Bereichen* aber nur *teilweise Harmonisierungen* vorgesehen sind. *Für darüber hinausgehende Regelungen* gilt, daß diese national nur nach Durchlaufen eines Komitologieverfahrens (Art. 22 [Art. 3 ECRL *der Verf.*]) getroffen werden können." und „In jenen Bereichen, die nicht durch die Richtlinie harmonisiert wurden, wohl aber in den Anwendungsbereich der Richtlinie fallen, gilt das Herkunftslandprinzip".[1715] Aus dieser Stellungnahme folgt deutlich, daß das Teilharmonisierungskonzept in das Herkunftslandprinzip eingebettet ist, d. h. von der ECRL im Sachbereich geschaffene mitgliedsstaatliche Regelungsfreiräume dem Primat des Herkunftslandprinzips unterliegen sollen, so daß dort geschaffene Vorschriften der EG-Mitgliedsstaaten nicht gegenüber ausländischen Diensteanbietern gelten dürfen. Dies müßte konsequenterweise auch für überschießende Regelungen im Bereich der Mindestklauseln gelten.

Es bleibt die Frage, wie die Mindestklauseln in Art. 5 I, 6 I, 10 I ECRL nach historischer Auslegung zu verstehen sind. Im ersten Kommissionsvorschlag scheint der Mindestharmonisierungsgedanke noch nicht klar ausgeformt gewesen zu sein. Art. 5 I und 6 I des Entwurfs enthielten keinerlei Hinweis darauf, daß der Diensteanbieter mit zusätzlichen Pflichten belegt werden darf. Lediglich in Art. 10 I2 hieß es „Die entsprechenden Informationen betreffen *insbesondere* folgende Punkte"[1716], was sich allerdings nicht eindeutig als Hinweis auf die Festsetzung eines Mindestniveaus verstehen läßt. Art. 10 II lautete: „Die Mitgliedsstaaten sehen in ihren Rechtsvorschriften vor, daß die verschiedenen Schritte betreffend einen elektronischen Vertragsschluß so ausgestaltet sind, daß eine vollständige, in Kenntnis der Umstände zustandegekommene Einigung der Parteien sichergestellt ist.[1717] Dies könnte man als allgemeine Öffnungsklausel für alle vertragsschlußbezogenen Regelungen verstehen, d. h. nicht nur für Informationspflichten, sondern auch für sonstige Verhaltenspflichten. Die Mindestklauseln tauchen erst im gemeinsamen Standpunkt des Rates auf, wo sie allerdings nicht näher erläutert werden.[1718] In ihrer Mitteilung an das Parlament zum gemeinsamen

---

[1715] Stellungnahme des Wirtschafts- und Sozialausschusses zu dem „Vorschlag für eine Richtlinie des Europäischen Parlaments und des Rates über bestimmte rechtliche Aspekte des elektronischen Geschäftsverkehrs im Binnenmarkt", Abl. C 169 vom 16.6.1999, S. 36 (38), Rz. 3.5 und 3.6.

[1716] erster Vorschlag der Kommission, KOM (1998) 586 endg., S. 48.

[1717] erster Vorschlag der Kommission, KOM (1998) 586 endg., S. 48.

[1718] Gemeinsamer Standpunkt des Rates, Abl. C 128 v. 8.5.2000, S. 32 (41 ff.).

Standpunkt geht auch die Kommission darauf nicht näher ein, sondern hebt nur die ebenfalls am Anfang der Art. 5 I, 6 I und 10 I eingefügte Klarstellung hervor, daß „die in diesem Artikel aufgestellten spezifischen Informationsanforderungen zusätzlich zu den sonstigen Informationsanforderungen nach dem Gemeinschaftsrecht gelten".
Offensichtlich scheint die Mindestregulierung im Bereich der Informationsvorschriften ein Anliegen der Mitgliedsstaaten im Ministerrat gewesen zu sein. Allerdings lassen sich keine Hinweise darauf finden, ob die vereinzelten Mindestklauseln so aufgefaßt werden können, daß die Richtlinie auch über den Bereich der Informationspflichten hinaus auf die Festlegung eines Mindestniveaus ausgelegt ist, d. h. überall dort, wo sie einen bestimmten Schutzzweck verfolgt. Zumindest für den Bereich des elektronischen Vertragsschlusses würde dies nach Art. 10 II des ersten Kommissionsvorschlags naheliegen.
Aus der historischen Auslegung kann somit abgeleitet werden, daß die ECRL insgesamt als teilharmonisierender Rechtsakt auslegt ist, insofern als den Mitgliedsstaaten um die inselartigen Sachvorschriften der ECRL herum eigenständiger Regelungsspielraum verbleibt. Es ergibt sich aber kein eindeutiges Ergebnis im Hinblick darauf, wie die vereinzelten Mindestklauseln in der ECRL zu deuten sind.
Immerhin kann man aus Erwägungsgrund 25 ECRL, wo es heißt „Nationale Gerichte ... können im Einklang mit den in dieser Richtlinie festgelegten Bedingungen Maßnahmen ergreifen, die von der Freiheit der Erbringung von Diensten der Informationsgesellschaft abweichen", einen Hinweis entnehmen, daß auch die nationalen Gerichte in bestimmtem Umfang Adressaten der Mindestklauseln sind und diese ausfüllen dürfen.

dd) systematische Auslegung

(1) allgemeines

Bei der systematischen Interpretation ist die ECRL in ihrem inneren Zusammenhang und ihrem Verhältnis zum übrigen europäischen Primär- und Sekundärrecht zu betrachten, wobei innere und äußere Systemwidersprüche zu vermeiden sind.

(2) Primärrechtssystem

i) Kompetenzgrundlagen

Selbstverständlich muß der Richtlinienverfasser beim Erlaß einer Richtlinie das primärrechtliche Normsystem beachten, wie es sich aus den Verträgen und ihrer Auslegung durch den EuGH ergibt. Dazu zählt vorrangig, daß die ECRL sich innerhalb der Kompetenzen des Gemeinschaftsgesetzgebers befindet.
Als ihre Rechtsgrundlagen nennt die ECRL Art. 47 II und die Artt. 55 und 95 EG. Zentrale Ermächtigungsgrundlage für die Binnenmarktintegration ist der durch die einheitliche europäische Akte geschaffene Art. 95 EG. Im Unterschied zur vormals wichtigsten Kompetenznorm des Art. 94 EG, dem Art. 95 EG vorgeht („abweichend von Art. 94"), beschränkt sich dieser nicht nur auf die Vereinheitlichung von Rechtsvorschriften der Mitgliedsstaaten, von denen „unmittelbar" eine störende Wirkung für

den Binnenmarkt ausgeht.[1719] Der geschaffene Kompetenzbereich ist nicht sachlich, sondern nur funktional begrenzt[1720], weshalb man von einer „Querschnittskompetenz“[1721] sprechen könnte. Diese erlaubt den Mitgliedsstaaten nach der Rechtsprechung des EuGH eine Harmonisierung zur Beseitigung von Handelshemmnissen und Wettbewerbsverzerrungen. Im sog. Tabak-Urteil hat der EuGH näher spezifiziert, daß die basierend auf Art. 95 I EG erlassenen Rechtsakte *tatsächlich*[1722] der Förderung des Binnenmarktes dienen müssen, wobei auch vorbeugende Maßnahmen zulässig sind, wenn eine heterogene Entwicklung der mitgliedsstaatlichen Rechtsordnungen *wahrscheinlich* sei und die Maßnahmen ihre Vermeidung *bezwecken*[1723]. Wettbewerbsverzerrungen aufgrund unterschiedlicher nationaler Vorschriften müssen nach der dort unterstrichenen de minimis-Regel *spürbar* sein.[1724]
Nach dem EuGH sind diese Anforderungen entsprechend auf Art. 47 II i.V.m. Art. 55 EG zu übertragen[1725], die die zentralen Kompetenznormen für die Harmonisierung im Bereich des Dienstleistungsverkehrs bilden. [1726] Sie verleihen der Gemeinschaft die Kompetenz, im Bereich der Aufnahme und Ausübung von Dienstleistungstätigkeiten Regelungen zu treffen und gehen Art. 95 I als lex specialis vor („soweit in diesem Vertrag nichts anderes bestimmt ist“).[1727] Nicht ganz klar ist jedoch, ob diese Kompetenz sich wie bei der Niederlassungsfreiheit auch auf die Aufnahme von Dienstleistungstätigkeiten erstreckt[1728], weil es bei grenzüberschreitenden Dienstleistungen nicht um die vollständige Verlagerung des Tätigkeitsschwerpunktes geht, und ob mit „Ausübung“ auch inhaltliche Anforderungen an die Dienstleistung als Produkt gemeint sind[1729]. Jedenfalls ausgeklammert soll der Bereich der reinen „Umweltbedingungen“ sein, die nichts mit dem Produkt selbst oder den Beziehungen zwischen Dienstleister und Kunde zu tun haben[1730], weshalb bezweifelt wird, ob Art. 47 II i.V.m.

[1719] Schwarze-Herrnfeld, EU-Kommentar, Art. 95 EG, Rn. 4.
[1720] Grabitz/Hilf-Langeheine, Art. 100a EG, Rn. 14; Calliess/Ruffert-Kahl, EUV/EGV, Art. 95 EG, Rn. 10a; Schwarze-Herrnfeld, EU-Kommentar, Art. 95 EG, Rn. 4
[1721] so Calliess, Jura 2001, S. 311 (313); Götz, JZ 2001, S. 34 (35).
[1722] EuGH, Rs. C-376/98 (Bundesrepublik Deutschland gegen Europäisches Parlament und Rat der Europäischen Union), Slg. 2000, I-8419, Rz. 84.
[1723] EuGH, Rs. C-376/98 (Bundesrepublik Deutschland gegen Europäisches Parlament und Rat der Europäischen Union), Slg. 2000, I-8419, Rz. 86.
[1724] EuGH, Rs. C-376/98 (Bundesrepublik Deutschland gegen Europäisches Parlament und Rat der Europäischen Union), Slg. 2000, I-8419, Rz. 108; Reich, VuR 2001, S. 203 (205); VuR 2001, S. 163 (170 f.).
[1725] EuGH, Rs. C-376/98 (Bundesrepublik Deutschland gegen Europäisches Parlament und Rat der Europäischen Union), Slg. 2000, I-8419, Rz. 87 u. 107.
[1726] Grabitz/Hilf-Randelzhofer/Forsthoff, Art. 55 EG, Rn. 12.
[1727] Calliess/Ruffert-Kahl, EUV/EGV, Art. 95 EG, Rn. 5; Grabitz/Hilf-Langeheine, Art. 100a EG, Rn. 15.
[1728] dagegen: Groeben/Thiesing/Ehlermann-Troberg, Art. 66 EG, Rn. 4; dafür: Grabitz/Hilf-Randelzhofer/Forsthoff, Art. 55 EG, Rn. 14; Schwarze-Schlag, EU-Kommentar, Art. 47 EG, Rn. 24.
[1729] dafür: Schwarze-Schlag, EU-Kommentar, Art. 47 EG, Rn. 24; Groeben/Thiesing/Ehlermann-Troberg, Art. 57 EG, Rn. 34; Grabitz/Hilf-Randelzhofer/Forsthoff, Art. 55 EG, Rn. 15; es wird vor allem auf die Fernsehrichtlinie verwiesen wird, die unter Berufung auf Art. 47 II i.V.m. 55 EG auch inhaltliche Anforderungen an die erfaßten Dienstleistungen stellt.
[1730] Groeben/Thiesing/Ehlermann-Troberg, Art. 66 EG, Rn. 5.

Art. 55 EG eine Kompetenz zur Beseitigung von Wettbewerbsverzerrungen verleihen können.[1731] Inhaltliche Anforderungen an Dienstleistungen wären bspw. alle Informationspflichten, und zu den Umweltbedingungen kann man die Artt. 17-19 ECRL zählen. Angesichts dieser Auslegungsunsicherheiten ist es verständlich, daß die Kommission die ECRL auf Art. 95 I *und* Art. 47 II i.V.m. Art. 55 EG parallel gestützt hat, was nach dem EuGH zulässig ist.[1732]

ii) Abgrenzung zu Art. 153 EG

Fraglich ist, ob sich aus den gewählten Rechtsgrundlagen Einschränkungen im Hinblick auf das zulässige Harmonisierungsniveau ergeben. In der Tabak-Entscheidung des EuGH ist vor allem die Frage virulent geworden, wie die Abgrenzung zwischen den allgemeinen Binnenmarktharmonisierungsvorschriften und den Spezialkompetenzen zur Verfolgung bestimmter materieller Schutzziele der Gemeinschaft wie z. B. Art. 152 EG (Gesundheitsschutz) und Art. 153 EG (Verbraucherschutz) zu treffen sind. Art. 152 IV lit. c sieht lediglich Fördermaßnahmen für den Gesundheitsschutz und im übrigen ein Verbot jeglicher Harmonisierung der Rechts- und Verwaltungsvorschriften der Mitgliedsstaaten in der EG vor. Nach der Querschnittsklausel des Art. 153 III lit. a kann der Gemeinschaftsgesetzgeber bei der Binnenmarktangleichung auch sekundäre Verbraucherschutzziele verfolgen, wobei es sich nicht um eine Kompetenzzuweisung handelt, sondern nur um eine bloße Klarstellung.[1733] Bei Art. 153 III lit. b hingegen handelt es sich um eine Ermächtigung zum Erlaß aller Arten von Maßnahmen „zur Unterstützung, Ergänzung und Überwachung der Politik der Mitgliedstaaten“, wobei die eigentliche Reichweite dieser Maßnahmen noch ungeklärt ist.[1734] Die Besonderheit bei Maßnahmen nach Art. 153 III lit. b ist, daß diese nach Abs. 5 i.V.m. Abs. 4 die Mitgliedsstaaten nicht daran hindern dürfen, „strengere Schutzmaßnahmen beizubehalten oder zu ergreifen“. Das bedeutet, es ist hier generell nur die Schaffung einer Mindestharmonisierung zulässig.

Die ECRL verfolgt nun aber nebenbei auch Verbraucherschutzziele, so daß sich die Frage stellt, ob die dazu getroffenen Maßnahmen auf Art. 153 III lit. b zu stützen gewesen wären und damit nur ein Mindeststandard zulässig wäre. In der Literatur wurde bislang zur Abgrenzung der binnenmarktbezogenen Rechtsangleichung von den speziellen Schutzpolitiken auf die Schwerpunktregel abgestellt, wonach bei Art. 95 I EG (und natürlich auch Art. 47 II i.V.m. Art. 55 EG) die Verfolgung des Binnenmarktziels

---

[1731] Goetz, JZ 2001, S. 32 (36); zweifelnd: Amtenbrink, VuR 2001, S. 163 (173); befürwortend: Reich, VuR 2001, S. 203 (205).

[1732] EuGH, Rs. C-376/98 (Bundesrepublik Deutschland gegen Europäisches Parlament und Rat der Europäischen Union), Slg. 2000, I-8419, Rz. 87 ff.

[1733] EuGH Rs. C-192/94 (El Corte Inglés SA ./. Cristina Blázquez Rivero), Slg. 1996, I-1303, Rz. 19 zu ex-Art. 129a EG; Roth, JZ 2001, S. 475 (477), Fn. 36; Schwarze-Berg, EU-Kommentar, Art. 153 EG, Rn. 14; a. A. Lenz-Grub, Art. 153 EG, Rn. 28 f.

[1734] Schwarze-Berg, EU-Kommentar, Art. 153 EG, Rn. 17; Calliess/Ruffert-Wichard, EUV/EGV, Art. 153 EG, Rn. 17 ff., Rn. 18: enthält kein Harmonisierungsverbot und erlaubt auch inhaltliche Eingriffe in einzelstaatliche Politiken, wie die Vorgabe bestimmter Schutzniveaus.

im Vordergrund stehen müsse.[1735] Nach der Tabak-Entscheidung des EuGH ist dies fraglich geworden, denn dieser hält auch eine „maßgebende Bedeutung" des sachpolitischen Ziels für kein Hindernis bei der Anwendung von Art. 95 I EG. Daraus wird teilweise die Folgerung gezogen, der EuGH habe die Abgrenzung nach dem Schwerpunkt aufgegeben[1736], teilweise aber auch nur eine Abweichung vom Schwerpunktkriterium beschränkt auf vertikale Kompetenzkonflikte gesehen[1737]. Im Ergebnis führen beide Ansichten bei der ECRL zu keinem Unterschied, da diese selbst nach der Schwerpunktregel nicht als überwiegend verbraucherschützender Rechtsakt einzuordnen ist, da gleichermaßen Anbieter- und Nachfragerinteressen von ihr berücksichtigt werden.

Unabhängig von der Schwerpunktregel wird nun aber nach dem Argumentationsmuster des EuGH im Tabak-Urteil zum Gesundheitsschutzes für Verbraucher vertreten, daß auch die Harmonisierungsmaßnahmen im Verbrauchervertragsrecht nicht mehr auf Art. 95 I EG gestützt werden könnten, weil sie weder zur Harmonisierung des Binnenmarktes noch zur Beseitigung von Wettbewerbsverzerrungen dienen würden.[1738] Binnenmarkthindernisse seien dort weder wahrscheinlich, noch könne eine den Direktvertrieb *belastende* Maßnahme den Zweck verfolgen, die Hindernisse für den zwischenstaatlichen Handel abzubauen.[1739] Wettbewerbsverzerrungen beuge bereits Art. 5 des Römischen Schuldvertragsabkommens vor, welches zwingendes Verbraucherschutzrecht am gewöhnlichen Aufenthalt des Verbrauchers zur Anwendung beruft.[1740] Jedoch dient der zivilrechtliche Verbraucherschutz durch Informationspflichten der Verwirklichung der Grundfreiheiten für die Nachfragerseite und beugt durch Beseitigung von Informationsasymmetrien einem Marktversagen vor. Die Argumentation des EuGH zum Gesundheitsschutz für Verbraucher, wo ein Marktbezug tatsächlich schwer herzustellen ist, läßt sich also nicht auf das Verbrauchervertragsrecht übertragen. Ein Binnenmarktbezug ist dort ohne weiteres gegebenen. Das IPR ist zudem nicht geeignet eine materielle Rechtsvereinheitlichung zu schaffen und Wettbewerbsverzerrungen zu vermeiden.[1741] Die ECRL kann sich daher ohne Bedenken auf Art. 95 I und Artt. 47 II i.V.m. 55 EG berufen, da sie durch die Informationspflichten in Art. 10 und 11 ECRL den Binnenmarkt stärken soll, und auch die allgemeinen Informationspflichten in Art. 5 und 6 dienen der Marktförderung durch Transparenz.

Man könnte jedoch Art. 153 V EG auch als allgemeines Prinzip für den Bereich der verbraucherschützenden Vorschriften verstehen und entsprechend auf die allgemeinen

---

[1735] Calliess, Jura 2001, S. 311 (315); Schwarze-Berg, EU-Kommentar, Art. 153 EG, Rn. 16; Wagner, Das Konzept der Mindestharmonisierung, S. 97 f..

[1736] Görlitz, ZUM 2002, S. 97 (100); Amtenbrink, VuR 2001, S. 163 (172); zweifelnd Götz, JZ 2001, 34 (35 f.); Stein, EWS 2001, S. 12 (15). Dies vertrat auch der Generalanwalt, Schlußanträge des Generalanwalts Nail Fenelly Rs. C-376/98 (Bundesrepublik Deutschland gegen Europäisches Parlament ./. Rat der Europäischen Union) und Rs. C-74/99 (The Queen ./. Secretary of State for Health und andere ex parte Imperial Tobacco Ltd), Slg. 2000, I-8419, Rz. 64-66.

[1737] Calliess, Jura 2001, S. 311 (315).

[1738] so Roth, JZ 2001, S. 475 (477 f.); ders. .

[1739] Roth, JZ 2001, S. 475 (477).

[1740] Roth, JZ 2001, S. 475 (477 f.).

[1741] so zutreffend die Gegenkritik von Reich, VuR 2001, S. 203 (205).

Binnenmarktharmonisierungskompetenzen anwenden.[1742] Es wäre dann immer, wenn dort Verbraucherschutzziele – sei es auch nur untergeordnet – verfolgt werden, eine Mindestharmonisierung erforderlich. Dem steht jedoch die eindeutige Systematik des Art. 153 V entgegen, der sich nur auf Maßnahmen nach Art. 153 III lit. b EG bezieht, nicht aber auf den Verweis in Art. 153 III lit. a EG auf die Binnenmarktkompetenz in Art. 95 EG.
Genau spiegelbildlich wird aber teilweise auch versucht, aus Art. 153 V einen Umkehrschluß zu ziehen, daß bei Maßnahmen, die auf lit. a und nicht auf lit. b gestützt werden gerade *keine* Mindestharmonisierung zulässig sei, sondern ein vollharmonisierendes Vereinheitlichungsziel verfolgt werden müsse.[1743] Dieser Umkehrschluß ist aber nicht ohne weitere Begründung nachvollziehbar, weil aus Art. 153 V zwar ein Gebot der Mindestharmonisierung für seinen begrenzten Anwendungsbereich folgt, nicht aber zwingend ein Verbot der Mindestharmonisierung, die ein bewährtes Rechtsvereinheitlichungsmittel ist, über diesen Bereich hinaus.[1744]

iii) Ableitung eines bestimmten Harmonisierungsniveaus aus den Artt. 47 II, 55 und 95 I EG

Eine zwingende Festlegung des Harmonisierungsniveaus könnte sich aber aus den Artt. 47 II, 55 und 95 I ergeben.
So wird grundsätzlich die Position vertreten, daß eine Binnenmarktverwirklichung durch den Abbau von Handelshemmnissen und die Beseitigung von Wettbewerbsverzerrungen nur durch die Herstellung vollständiger Uniformität der nationalen Rechtsordnungen möglich sei.[1745] Es wäre also stets ein Vollharmonisierungskonzept zu verfolgen. Umgekehrt wird aber auch der Standpunkt vertreten, daß ein einzelstaatlicher Regelungsspielraum für strengere nationale Vorschriften bei Inlandssachverhalten stets unbedenklich sei, weil diese im Sinne der Grundfreiheiten keine Binnenmarktbehinderung darstellen könnten.[1746] Eine in einem Rechtsakt angeordnete Mindestharmonisierung dürfte sich also nur auf grenzüberschreitende Sachverhalte beziehen. Auch für Auslandssachverhalte wird aber teilweise unter Zugrundlegung der letztge-

---

[1742] so wohl Lutter, in FS-Everling, S. 765 (772 f.); Franzen, Privatrechtangleichung und nationale Privatrechte, S. 497 f.
[1743] so Taschner, in: Everling/Roth (Hrsg.), Mindestharmonisierung im Europäischen Binnenmarkt, S. 159 (164).
[1744] so auch Remien, in: Everling/Roth (Hrsg.), Mindestharmonisierung im Europäischen Binnenmarkt, S. 181 (184); Reich, in: Everling/Roth (Hrsg.), Mindestharmonisierung im Europäischen Binnenmarkt, S. 175 (178).
[1745] in dieser Richtung Taschner, in: Everling/Roth (Hrsg.), Mindestharmonisierung im Europäischen Binnenmarkt, S. 159 (173 ff.); für die Beseitigung von Wettbewerbsverzerrungen einheitliche Regelung nötig, allerdings nur für grenzüberschreitende Sachverhalte, Bleckmann, RIW 1987, S. 929 (933); wohl auch Roth, JZ 2001, S. 475 (477): Mindestharmonisierung kein geeignetes Mittel, um aus unterschiedlichen nationalen Vorschriften resultierende Hindernisse zu beseitigen.
[1746] Behrens, in: Everling/Roth (Hrsg.), Mindestharmonisierung im Europäischen Binnenmarkt, S. 33 (34 f.); Lutter, in: FS-Everling, S. 765 (774 f.); Grundmann, Europäisches Schuldvertragsrecht, 1. Teil, Rn. 108, Grundmann, JZ 1996, S. 274 (277 ff.), S. 274: nur in zwei Ausnahmefällen sind strengere nationale Normen unzulässig: a) bei ausdrücklichem Verbot; b) wenn Ziele der fraglichen Richtlinie sonst nicht erreicht werden können.

nannten Ansicht eine strengere nationale Normsetzung im Regelungsbereich einer Richtlinie für unzulässig gehalten, weil der Richtliniengeber durch die Normierung bestimmter Mindeststandards die zulässigen zwingenden Gründe des Allgemeininteresses im Sinne der Cassis-Rechtsprechung als Rechtfertigung ausschließe.[1747] Damit wäre das Prinzip der Mindestharmonisierung zurückgestutzt auf eine Minimumharmonisierung mit darüber hinausgehender gegenseitiger Anerkennung strengerer nationaler Vorschriften für Inlandssachverhalte im Sinne der „Neuen Strategie" der Kommission.

Gegen eine Beschränkung auf Vollharmonisierung zum Abbau von Handelshemmnissen oder Wettbewerbsverzerrungen ist jedoch einzuwenden, daß Rechtsangleichung durchaus auch graduell durch etappenweise Annäherung der mitgliedsstaatlichen Vorschriften erfolgen kann, ohne daß sofort eine vollständige Einebnung aller nationalen Unterschiede angestrebt werden müßte. Für eine graduelle Harmonisierung hat der EuGH den Gemeinschaftsorganen ausdrücklich einen Ermessenspielraum zuerkannt.[1748] Vielmehr soll von der teilweisen Vereinheitlichung eine Impulswirkung auf die Mitgliedsstaaten zur Entwicklung neuer Lösungsansätze ausgehen, die sich später vergemeinschaften lassen.[1749] Die Rechtsangleichung ist nicht ein Wert an sich ist, der um seiner selbst willen verfolgt werden müßte, sondern steht unter dem Primat der Binnenmarktverwirklichung (Art. 14 EG).[1750] Es bestehen aber auch Bedenken, dem europäischen Gesetzgeber keine Regelungskompetenz für innerstaatliche Sachverhalte zuzusprechen. Dies würde zu Uneinheitlichkeit führen, weil dann stets innerhalb eines Staates Regelungen für nationale Sachverhalte, Sachverhalte mit Bezug zu EU-Staaten und für Sachverhalte mit Bezug zu Drittstaaten geschaffen werden könnten.[1751] Zum Ziel der Binnenmarktverwirklichung kann man aber – über die Beseitigung von Freizügigkeitshindernissen hinaus – auch die Schaffung eines homogenen Wirtschaftsraums mit gleichen Wettbewerbsbedingungen zählen.[1752] Denn nur so kann ein einheitlicher europäischer Markt geschaffen werden, auf dem die Anbieter eine Standortwahl treffen können, ohne den Überblick über die verschiedenen Einzelrechtsordnungen zu verlieren. Auf längere Sicht ist daher auch die vollständige Angleichung des innerstaatlichen Rechts ein zulässiges Harmonisierungsziel, welches aber nicht kurzfristig verfolgt werden *muß*. Was schließlich grenzüberschreitende Sachverhalte anbe-

---

[1747] Grundmann, Europäisches Schuldvertragsrecht, 1. Teil, Rn. 110 ff.; Behrens, in: Everling/Roth (Hrsg.), Mindestharmonisierung im Europäischen Binnenmarkt, S. 33 (34 f.).

[1748] EuGH Rs. 37/83 (Firma REWE-Zentral AG ./. Direktor der Landwirtschaftskammer Rheinland), Slg. 1984, 1229, Rz. 19 f.; EuGH Rs. 215/87 (Heinz Schumacher ./. Hauptzollamt Frankfurt am Main-Ost), Slg. 1989, 617, Rz. 15.

[1749] vgl. Bericht der Kommission über die Anwendung der Richtlinie 87/102/EWG zur Angleichung der Rechts- und Verwaltungsvorschriften der Mitgliedstaaten über den Verbraucherkredit, KOM (1995) 117 endg., S. 15, Rn. 58.

[1750] Grabitz/Hilf-Langeheine, Art. 100a EG, Rn. 9; Wagner, Mindestharmonisierung im Binnenmarkt, S. 223.

[1751] so auch Müller-Graf, NJW 1993, S. 13 (19); Schneider, in: Everling/Roth (Hrsg.), Mindestharmonisierung im Europäischen Binnenmarkt, S. 141 (144); Streinz, in: Everling/Roth (Hrsg.), Mindestharmonisierung im Europäischen Binnenmarkt, S. 9 (18).

[1752] so auch Reich, EuZW 1991, S. 203 (206 ff.); Grabitz/Hilf-Langeheine, Art. 100a EG, Rn. 4 u. 20; a. A. Schwarze-Herrnfeld, Art. 95 EG, Rn. 6.

trifft, so ist eine Mindestharmonisierung dem europäischen Gesetzgeber nicht versagt, weil die Setzung von Mindeststandards das Allgemeininteresse gerade nicht abschließend festlegen, sondern für einen höheren Schutzstandard offen halten soll.[1753] Dafür besteht auch ein unabweisbares praktisches Bedürfnis, weil häufig im Richtlinienerlaßverfahren zwischen den EG-Mitgliedsstaaten nur ein politischer Kompromiß erzielt werden kann, der keinesfalls immer ein optimales Maß an Schutz repräsentiert. Deshalb spricht der Wortlaut vieler Mindestklauseln wie etwa Art. 14 der Fernabsatzrichtlinie 97/7/EG („mit dem EG-Vertrag in Einklang stehende strengere Bestimmungen") gegen eine abschließende Normierung von Auslandssachverhalten. Die ECRL hat also die Möglichkeit, den Einzelstaaten auch strengere Regelungen im grenzüberschreitenden Verkehr zu gestatten. Allerdings verwehrt sie den Mitgliedsstaaten im Bereich des Herkunftslandprinzips ohnehin strengere Regelungen gegenüber den im Ausland niedergelassenen Diensteanbietern, so daß die Gestaltungsspielräume bei Auslandssachverhalten nur noch im Bereich der Ausnahmen vom Herkunftslandprinzip voll erhalten bleiben. Die ECRL ist auch nicht notwendig nur auf eine Vollharmonisierung oder auf die Regelung grenzüberschreitender Sachverhalte beschränkt.

Gegen die Zulässigkeit einer Mindestharmonisierung spricht auch nicht Art. 95 III EG, der die Kommission auf ein „hohes Schutzniveau" bei der Richtlinienausarbeitung verpflichtet, denn ein „hohes" Schutzniveau bedeutet nicht das „höchste" Schutzniveau.[1754] Die Kommission muß bei Richtlinienvorschlägen vielmehr lediglich ein ausreichendes Mindestmaß an Schutz vorsehen. Eine Schutzoptimierung ist dabei schon deswegen nicht immer zu verwirklichen, weil die materiellen Schutzziele gem. Art. 95 III EG neben das ökonomische Ziel der Binnenmarktverwirklichung gem. Art. 95 I EG treten und mit diesen zum Ausgleich gebracht werden müssen[1755]. Bezweifelt werden kann im übrigen angesichts der Formulierung von Art. 95 III2 EG („streben...an"), ob das Europäische Parlament und der Ministerrat überhaupt rechtlich an diesen Grundsatz gebunden sind.[1756]

Gem. Art. 95 IV-IX EG ist es den Mitgliedsstaaten jedoch ausdrücklich gestattet, im Falle der Erforderlichkeit nationale Maßnahmen zu erlassen, die von einem Harmonisierungsakt abweichen. Diese primärrechtlichen Schutzverstärkungsklauseln betreffen nach ihrem Wortlaut gem. Abs. 4 den Bereich der in Art. 30 EG genannten Schutzgüter sowie den Schutz der Umwelt und Arbeitsumwelt. Diskutiert wird aber auch eine Erstreckung auf sonstige ungeschriebene Allgemeininteressen wie z. B. Verbraucherschutz.[1757] Aus den Artt. 95 IV-IX EG wird teilweise die Schlußfolgerung gezogen,

---

[1753] ablehnend auch Müller-Graf, NJW 1993, S. 13 (19); Bleckmann, RIW 1987, S. 929 (933); Remien, in: Everling/Roth (Hrsg.), Mindestharmonisierung im Europäischen Binnenmarkt, S. 181 (184).

[1754] Grabitz/Hilf-Langeheine, Art. 100a EG, Rn. 55; Calliess/Ruffert-Kahl, EUV/EGV, Art. 95 EG, Rn. 16; Wagner, Das Konzept der Mindestharmonisierung, S. 119 f.

[1755] vgl. zur „gebotenen praktischen Konkordanz" Calliess/Ruffert-Kahl, EUV/EGV, Art. 95 EG, En. 15.

[1756] dagegen: Taschner, in: Everling/Roth (Hrsg.), Mindestharmonisierung im Europäischen Binnenmarkt, S. 159 (164); so auch Reich/Micklitz-Reich, Europäisches Verbrauchrrecht, §1, Rn. 5 trotz des neugefaßten Wortlauts; dafür: Schwarze-Herrnfeld, EU-Kommentar, Art. 95 EG, Rn. 31.

[1757] so wohl Reich, ZEuP 1994, S. 381 (395); im Ergebnis dagegen: Dougan, CLMR 2000, S. 853 (879); Grabitz/Hilf-Langeheine, Art. 100a EG, Rn. 68 ff.; Taschner, in: Everling/Roth (Hrsg.), Mindestharmonisierung im Europäischen Binnenmarkt, S. 159 (164).

daß diese abschließend seien und für die dort *nicht genannten* Schutzziele nur eine Maximalharmonisierung zulässig sei.[1758] Dagegen spricht jedoch, daß die Schutzverstärkungsklauseln geschaffen wurden, um einen Ausgleich für die seit der Einheitlichen Europäischen Akte im Rat möglichen Mehrheitsentscheidungen bei Maßnahmen nach Art. 95 I EG zu schaffen, indem den Abweichlerstaaten noch eigenständige Regelungskompetenz belassen wird.[1759] Kein Ziel war es jedoch, das für eine graduelle Harmonisierung sinnvolle Regelungsmittel der Mindestharmonisierung zu verbieten. Deshalb läßt sich aus Art. 95 IV-IX EG auch nicht der umgekehrte Schluß ziehen, daß in den dort *geregelten* Bereichen nur Vollharmonisierung zulässig sei, da durch die primärrechtlichen Schutzverstärkungsklauseln das Bedürfnis der Mitgliedsstaaten nach Eigenständigkeit bereits ausreichend berücksichtigt sei.[1760] Vielmehr dürfen politische Kompromisse selbstverständlich auch auf sekundärrechtlicher Ebene zustande kommen. Es ist der ECRL also durchaus gestattet, ihr Harmonisierungslevel selbst durch Schutzklauseln oder Mindestklauseln zu senken.

iv) Einfluß des Subsidiaritäts- und Verhältnismäßigkeitsprinzips gem. Art. 5 II und III EG auf das Harmonisierungsniveau

Primärrechtliche Beschränkungen des zulässigen Harmonisierungsgrades könnten auch das Subsidiaritäts- bzw. Verhältnismäßigkeitsprinzip in Art. 5 II und III EG bewirken. Das Subsidiaritätsgebot in Art. 5 II ECRL besagt, daß die Gemeinschaft nur tätig werden darf, sofern und soweit die von ihr verfolgten Ziele nicht ausreichend auf mitgliedsstaatlicher Ebene erreicht werden können („Negativkriterium“) und sie daher wegen ihres Umfangs oder ihrer Wirkungen besser auf Gemeinschaftsebene erreicht werden können („Positivkriterium“).[1761] Art. 5 III EG und seine speziellen Ausprägungen in Artt. 44 II lit. g), 94 und 95[1762] besagen hingegen, daß eine Maßnahme geeignet, erforderlich und angemessen zur Erreichung des angestrebten Ziels sein muß und werden überwiegend als Ausprägung des Verhältnismäßigkeitsprinzips verstanden.[1763] Nach zutreffendem Verständnis betrifft also Art. 5 I EG mit dem Grundsatz der Einzelermächtigung die Frage nach dem „Kann“ des Tätigwerdens, Art. 5 II EG die „Ob-Frage“, d. h. ob die Gemeinschaft von der Ausübung ihrer Kompetenz im konkreten Fall auch Gebrauch machen darf, und Art. 5 III EG die „Wie-Frage“ nach dem zulässigen Umfang der Regelungstätigkeit.[1764] Teilweise wird aber auch schon

---

[1758] Lutter, in: FS-Everling, S. 765 (773); Grundmann, Europäisches Schuldvertragsrecht, 1. Teil, Rn. 115.
[1759] Grabitz/Hilf-Langeheine, Art. 100a EG, Rn. 57; Franzen, Privatrechtsangleichung durch die Europäische Gemeinschaft, S. 94.
[1760] so aber Grabitz/Hilf-Langeheine, Art. 100a EG, Rn. 48.
[1761] Calliess/Ruffert-Calliess, EUV/EGV, Art. 5 EG, Rn. 35; Calliess, Subsidiaritäts- und Solidaritätsprinzip in der Europäischen Union, S. 104 ff.
[1762] die gegenüber dem allgemeinen Subsidiaritäts- und Verhältnismäßigkeitsprinzip allerdings keine wesentlichen Unterschiede enthalten, so auch Schön, in: Everling/Roth (Hrsg.), Mindestharmonisierung im Europäischen Binnenmarkt, S. 55 (64).
[1763] Calliess/Ruffert-Calliess, EUV/EGV, Art. 5, Rn. 45 mwN.
[1764] Calliess, Subsidiaritäts- und Solidaritätsprinzip in der Europäischen Union, S. 76 ff., 104 ff. und 116 ff.; vgl. auch Mitteilung der Kommission an den Rat und das Europäische Parlament über Das

dem Subsidiaritätsprinzip in Art. 5 II EG die Frage nach dem „Wie", also ein Erforderlichkeitskriterium entnommen (arg. „nicht ausreichend"), das speziell die Notwendigkeit eines Eingriffs in die mitgliedsstaatliche Regelungsstruktur betreffen soll.[1765] Bei einer Einordnung der Erforderlichkeitsfrage unter Art. 5 II EG besteht allerdings das Problem, daß teilweise die binnenmarktbezogenen Harmonisierungsbefugnisse der EU als ausschließliche Kompetenzen angesehen werden und damit keine Überprüfung im Rahmen des Subsidiaritätsprinzips möglich wäre, weil dieses sich ausdrücklich nur auf konkurrierende Kompetenzen bezieht.[1766] Unabhängig von der Zuordnung des Erforderlichkeitskriteriums zu Art. 5 II oder III EG wird jedenfalls die Mindestharmonisierung verbreitet als Ausprägung des Subsidiaritäts- bzw. Verhältnismäßigkeitsprinzips gesehen.[1767] Daraus könnte man die Folgerung ziehen, daß – zumindest in einigen Bereichen wie dem Verbraucherschutz – nur eine Mindestharmonisierung zulässig sei.[1768] Tatsächlich kann eine von der Kommission vorgesehene Teil- oder Mindestharmonisierung dafür sprechen, daß ein höherer Regelungsstandard für die Ziele der Rechtsangleichung nicht erforderlich wahr.[1769] Allerdings kann nicht umgekehrt gelten, daß in bestimmten Politikbereichen von vornherein nur die Mindestharmonisierung statthaft ist.[1770] Dies gilt vor allem für das Verbrauchervertragsrecht, weil hier ein sehr enger Zusammenhang zwischen Schutzpolitik und Binnenmarktverwirklichung durch Beseitigung von Anbieter/Nachfrager-Asymmetrien besteht und dafür die Setzung hoher Standards erforderlich sein kann. Im übrigen wird dem europäischen Gesetzgeber vom EuGH ein weitgehender Ermessenspielraum im Rahmen der Subsidiarität und Erforderlichkeit zugestanden, so daß in formeller Hinsicht die Begründungslast der

---

Subsidiaritätsprinzip vom 27.10.1992, SEK (1992) 1990 endg., S. 4, wo getrennt wird zwischen der Notwendigkeit des Handelns und der Intensität. Dieser Grundsatz ist auch in der Rechtsprechung des EuGH anerkannt, vgl. EuGH Rs. 265/87 (Schräder ./. Hauptzollamt Gronau), Slg. 1989, 2237, Rz. 21.

[1765] Grabitz/Hilf-Bogdandy/Nettesheim, Art. 3b EG, Rn. 33, wo aber in Rn. 48 auch das Verhältnismäßigkeitsprinzip auf das Verhältnis zu den Mitgliedsstaaten erstreckt und daher als neben dem Subsidiaritätsprinzip anwendbar angesehen wird; Everling, in: FS-Stern, S. 1227 (1234); Micklitz, EuZW 1992, S. 593 (594); Franzen, Privatrechtsangleichung durch die Europäische Gemeinschaft, S. 60 f.

[1766] für ausschließliche Kompetenz die Kommission, weil Rechtsangleichung auf mitgliedsstaatlicher Ebene gar nicht möglich ist, Bericht der Kommission an den Europäischen Rat über die Anpassung der geltenden Rechtsvorschriften an das Subsidiaritätsprinzip, KOM (1993) 545 endg., S. 2; Reich, VuR 2001, S. 203 (203 f.); dagegen: Franzen, Privatrechtsangleichung durch die Europäische Gemeinschaft, S. 59 f.: Subsidiaritätsprinzip ist nicht *zielbezogen*, sondern *sachbereichsbezogen* zu verstehen.

[1767] Möschel, NJW 1993, S. 3025 (3027); Streinz, in: Everling/Roth (Hrsg.), Mindestharmonisierung im Europäischen Binnenmarkt, S. 9 (27 f.); Grundmann, Europäisches Schuldvertragsrecht, 1. Teil, Rn. 108 für Inlandssachverhalte; Franzen, Privatrechtsangleichung durch die Europäische Gemeinschaft, S. 61 und 62 f.; vgl. auch Protokoll über die Anwendung der Grundsätze der Subsidiarität und Verhältnismäßigkeit im Vertrag von Amsterdam, unter Nr. 6, wo weniger detaillierte Regelungen als Ausprägung des Erforderlichkeitskriteriums gesehen werden.

[1768] so Calliess, Subsidiaritäts- und Solidaritätsprinzip in der Europäischen Union, S. 213: im Rahmen „progressiver Subsidiarität", die bestimmte Politikbereiche mit dynamischer Ausprägung betrifft, d. h. solche in denen Mindeststandards und ein Optimum bestimmt werden können, ist nur die Setzung von Mindeststandards zulässig; möglicherweise auch Micklitz/Reich-Micklitz, Europäisches Verbraucherrecht, §30, Rn. 8.

[1769] Behrens, in: Everling/Roth (Hrsg.), Mindestharmonisierung im Europäischen Binnenmarkt, S. 33 (36).

[1770] so im Ergebnis auch Dreher, JZ 1997, S. 167 (176).

Rechtssetzungsorgane ohnehin gering ist.[1771] Aus dem Subsidiaritäts- und Verhältnismäßigkeitsprinzip kann also nicht gefolgert werden, daß die verbraucherbezogenen oder sonstigen Regelungen in der ECRL als Mindeststandards aufzufassen sind. Erwägungsgrund 6 S.2 ECRL bestätigt im übrigen, daß die Kommission den Subsidiaritätsgrundsatz bei Abfassung der Richtlinie berücksichtigt hat. Auch eine aus dem Verhältnismäßigkeitsgrundsatz abgeleitete generelle Auslegungsvermutung für das Vorliegen einer Mindestharmonisierung wäre ein unzulässiger Eingriff in den Ermessenspielraum der EU-Organe.[1772]
Das Primärrecht läßt also den gesetzgebenden Organen grundsätzlich die Wahl zwischen verschiedenen Stufen der Harmonisierungsintensität, so daß für die Auslegung der ECRL keine eindeutigen Ergebnisse gewonnen werden können.

v) Primärrechtliche Hinweise auf den Adressaten der Mindestklauseln

Bezüglich des Adressaten von Öffnungs- oder Mindestklauseln in Sekundärrechtsakten wird teilweise angenommen, daß diese nur den nationalen Gesetzgeber zum Erlaß abweichender Normen ermächtigen würden, nicht aber auch die nationalen Gerichte angesprochen seien.[1773] Das wird vor allem aus dem Wortlaut verschiedener Mindestklauseln in den einzelnen Amtssprachen gefolgert. Dieses Wortlautargument läuft bei der ECRL allerdings ins Leere, weil diese weder von strengeren „Bestimmungen", noch von „Rechts- oder Verwaltungsvorschriften" spricht, sondern nur das Wort „zumindest" verwendet. Gegen diese Ansicht könnte man einwenden, daß der EuGH die Vereinbarkeit mitgliedsstaatlicher Normen mit dem Gemeinschaftsrecht unter Berücksichtigung der Auslegung beurteilt, die sie durch die nationalen Gerichte erhalten haben.[1774] So hat der EuGH im Rahmen von Mindestklauseln zum Begriff der „Rechts- und Verwaltungsvorschriften" das einzelstaatliche Recht in seiner konkreten Auslegung gezählt.[1775] Allerdings bleibt dem EuGH bei der Prüfung nationalen Rechts auf Vereinbarkeit mit Richtlinien gar nichts anderes übrig, als dessen konkrete Anwendung in den Mitgliedsstaaten zu berücksichtigen, weil sonst die Rechtseinheit nicht gewährleistet werden könnte. Damit ist aber längst noch nicht gesagt, daß die Gerichte zu einer Ausfüllung der Günstigkeitsklauseln auch befugt sind. Als Argument für die Zulässigkeit strengeren Richterrechts könnte allerdings systematisch die Umsetzungsverpflichtung gem. Art. 249 III EG sprechen, die sich nach zutreffender Ansicht auf

---

[1771] EuGH Rs. 265/87 (Schräder ./. Hauptzollamt Gronau), Slg. 1989, 2237, Rz. 22; Franzen, Privatrechtsangleichung durch die Europäische Gemeinschaft, S. 64 f. mwN.
[1772] so aber Wolff, Die Verteilung der Konkretisierungskompetenz für Generalklauseln in privatrechtsgestaltenden Richtlinien, S. 176.
[1773] Knobbe/Keuk, DB 1992, S. 1461 (1465); Meilicke, DB 1990, S. 1173 (1175); Roth, ZIP 1992, S. 1054 (1055).
[1774] so Wolff, Die Verteilung der Konkretisierungskompetenz für Generalklauseln in privatrechtsgestaltenden Richtlinien, S. 116.
[1775] EuGH Rs. C-132/91, C-138/91 UND C-139/91 (Katsikas ./. Angelos Konstantinidis und Uwe Skreb und Günther Schroll ./. PCO Stauereibetrieb Paetz&Co. Nachfolger GmbH), Slg. 1992, 6577, Rz. 39 ff.; bestätigt in EuGH Rs. C-300/95 (Kommission der Europäischen Gemeinschaften ./. Vereinigtes Königreich Großbritannien und Nordirland), Slg. 1997, I-2649, Rz. 37.

alle innerstaatlichen Organe erstreckt.[1776] In ihrem Rahmen sind die nationalen Gerichte zur richtlinienkonformen Auslegung verpflichtet[1777], weshalb man sie auch als ausfüllungsermächtigt für die Mindestklauseln ansehen könnte. Allerdings ist es ein Unterschied, ob man die Gerichte aus Gründen des Individualschutzes zur richtlinienkonformen Auslegung heranzieht oder ob man ihnen die Kompetenz zur eigenmächtigen Ausgestaltung von Freiräumen in Richtlinien gewährt. Hier müssen vielmehr die formellen Grundsätze herangezogen werden, die der EuGH zur transparenten Richtlinientransformation in nationales Recht aufgestellt hat, denn bei der Ausfüllung von Mindestklauseln handelt es sich um Rechtsnormierung *im Anwendungsbereich* der Richtlinie. Grundsätzlich geht der EuGH von der Unzulässigkeit einer Richtlinienumsetzung durch Richterrecht aus, wobei aber die Umsetzung durch Generalklauseln zulässig sein soll.[1778] Die Zulässigkeit einer Ausfüllung von Öffnungs- oder Mindestklauseln in diesem Umfang entspricht auch der gesetzgeberähnlichen Rolle, die der Rechtsprechung bei der Konkretisierung von Generalklauseln zufällt.[1779] Im deutschen Recht darf also die Rechtsprechung aus der Generalklausel des §241 II im Rahmen des elektronischen Geschäftsverkehrs zusätzliche Informationspflichten für die Anbieter begründen.

(3) Sekundärrechtssystem

Auch aus einer Zusammenschau mit dem übrigen Sekundärrechtssystem könnten sich Auslegungshinweise für die ECRL ergeben.
So fällt auf, daß die existierenden Verbraucherschutzrichtlinien im europäischen Vertragsrecht fast durchgehend mit Mindestklauseln versehen sind, vor allem im Bereich der besonderen Vertriebsformen, zu denen auch der elektronische Geschäftsverkehr zählt. So erlauben die Richtlinie über Haustürgeschäfte 85/577/EWG (Art.8), die Verbraucherkreditrichtlinie 87/102/EWG (Art. 15) und die Fernabsatzrichtlinie 97/7/EG (Art. 14) den Mitgliedsstaaten allgemein strengere Verbraucherschutzbestimmungen zu erlassen, ohne etwa eine Beschränkung auf Informationspflichten anzuordnen oder überhaupt inhaltliche Vorgaben zu machen. Es stellt sich deshalb die Frage, ob die ECRL für den Querschnittsbereich des elektronischen Geschäftsverkehrs diese Mindestklauseln beschränken kann oder ob dies das sekundärrechtliche Regelungssystem gefährden würde. Diese Frage muß verneint werden, denn immerhin läßt die ECRL unbegrenzt strengere Informationspflichten zu, die das wichtigste Verbraucherschutzinstrument im Gemeinschaftsrecht darstellen. Außerdem bleibt der Bereich des nichtelektronischen Handels von der ECRL unberührt, so daß den Mitgliedsstaaten dort noch Regelungsfreiräume verbleiben, um auch zusätzliche Verhaltenspflichten zu implementieren. Zudem scheint die Kommission bei Verbraucherschutzrichtlinien neueren Datums eine Vollharmonisierungsstrategie durchsetzen zu wollen, so daß die Mindestangleichung im Verbraucherschutzrecht kein eiserner Grundsatz mehr ist.[1780] Es

---

[1776] Bleckmann, Die richtlinienkonforme Auslegung, S. 273 ff.; Grundmann, JZ 1996, S. 274 (278)
[1777] s. o. 1. Teil A.
[1778] s. o. 3. Teil C.I.
[1779] ähnlich, aber ohne Beschränkung auf Generalklauseln Wolff, Die Verteilung der Konkretisierungskompetenz für Generalklauseln in privatrechtsgestaltenden Richtlinien, S. 116.
[1780] s. o. 3. Teil C.III.2.b)aa).

kann also nicht davon ausgegangen werden, daß das sekundärrechtliche Verbraucherschutzsystem durch eine enge Auslegung der Mindestklauseln in der ECRL beeinträchtigt würde.
Bezüglich des Verhältnisses des Herkunftslandprinzips zum harmonisierten Sachrecht in der ECRL bietet sich ein Vergleich zur Fernsehrichtlinie 89/552/EWG an, die ebenfalls in Art. 2 das Herkunftslandprinzip normiert.[1781] Über das Abgrenzungsmerkmal des „individuellen Abrufs" bildet die Fernsehrichtlinie einen komplementären Rechtsakt zur ECRL für gesendete Programme. Allerdings unterscheidet sich die Reichweite des Herkunftslandprinzips in der Fernsehrichtlinie deutlich von dem in der ECRL[1782]: es beschränkt sich nur auf den von ihr vereinheitlichten Sachbereich.[1783] So hat der EuGH im Fall De Agostini entschieden, daß der Bereich der irreführenden Werbung im Fernsehen nicht von der Richtlinie geregelt wird und die Mitgliedsstaaten dort ihre Regelungskompetenz behalten.[1784] Gem. Art. 3 I der Fernsehrichtlinie können die Mitgliedsstaaten nur für *„Fernsehveranstalter, die ihrer Rechtshoheit unterworfen sind"* strengere nationale Bestimmungen schaffen. Das bedeutet, in der Fernsehrichtlinie steht der im Sachrecht verfolgte Mindestharmonisierungsstandard unter dem Primat des Herkunftslandprinzips.[1785] Dies kann immerhin als Anhaltspunkt dafür gewertet werden, daß auch in der ECRL, die sich sicherlich am Vorbild der Fernsehrichtlinie orientiert hat, die Mindestklauseln unter der Vorherrschaft des Art. 3 ECRL stehen, so daß in ihrem Rahmen keine strengeren nationalen Bestimmungen gegenüber ausländischen Diensteanbietern geschaffen werden können, sofern nicht eine der Ausnahmen vom Herkunftslandprinzip eingreift.[1786]

(4) inneres System der ECRL

Einer näheren Untersuchung bedarf schließlich das innere Regelungssystem der ECRL. So drängt sich die Frage auf, welcher systematische Schluß aus dem Vorhandensein einiger punktueller Mindestklauseln innerhalb der Richtlinie gezogen werden kann, die sich aber nicht in allen Richtlinienbestimmungen finden. Hier erscheinen zwei Lesarten denkbar: es könnte daraus zu folgern sein, daß die übrigen Richtlinienbestimmungen abschließenden Charakter haben oder im Gegenteil anzunehmen sein, daß die ausdrücklichen Mindestklauseln Ausstrahlungswirkung auf andere Vorschriften besitzen und dort ebenfalls für ein Mindestniveau sprechen.

[1781] vgl. Reich/Micklitz-Reich, Europäisches Verbraucherrecht, §3, Rn. 26.
[1782] vgl. zu diesem Unterschied Ohly, GRURInt 2001, S. 899 (899); Mankowski, ZVglRWiss 100 (2001), S. 137 (167); Dethloff, Europäisierung des Wettbewerbsrechts, S. 55.
[1783] Spindler, RabelsZ 66 (2002), S. 633 (640) bezeichnet dies als „kleine Revolution" im Bereich des Herkunftslandprinzips in Sekundärrechtsakten.
[1784] EuGH Rs. C-34/95, C-35/95 und C-36/95Rz. (Konsumentombudsmannen (KO) ./. De Agostini (Svenska), Förlag AB und TV-Shop i Sverige AB, Slg. 1997, I-3843, Rz. 33 ff.; vgl. Reich/Micklitz-Micklitz, Europäisches Verbraucherrecht, §11, Rn. 8.
[1785] a. A. möglicherweise Ruess, Die E-Commerce-Richtlinie und das deutsche Wettbewerbsrecht, S. 78 ohne nähere Begründung.
[1786] für eine Überlagerung durch das Herkunftslandprinzip auch Spindler, RabelsZ 66 (2002), S. 633 (658); Grundmann, RabelsZ 2003, S. 246 (265).

Dem ersten Argumentationsmuster liegt ein Umkehrschluß („argumentum e contrario") zugrunde, dem zweiten eine Analogie. Der Umkehrschluß ist dadurch gekennzeichnet, daß aus der Nichtaufnahme bestimmter Fälle ins Gesetz geschlossen wird, daß das Gesetz nicht für ähnliche Fälle gelten soll.[1787] Er wirkt also gleichsam als Sperre für eine Analogie. Verschiedentlich wird ein Umkehrschluß der oben beschriebenen Art bei der Richtlinienauslegung für möglich gehalten, wenn nur in einigen Vorschriften der Begriff „mindestens" auftaucht.[1788] Allerdings ist der Umkehrschluß als rein formale Regel (wie etwa „singularia non sunt extenda"[1789]), die sich nur auf den Buchstaben des Gesetzes stützt, unzulässig, weil bei bloßer Nichtregelung bestimmter Fälle im Gesetz grundsätzlich auch eine Analogie denkbar wäre. Vielmehr bedarf es weiterer Anhaltspunkte, um ein Analogieverbot herzuleiten. Für ein argumentum e contrario müssen deshalb objektiv- und subjektiv-teleologische Argumente einbezogen werden.[1790] Nun wird aber pauschal darauf verwiesen, daß der europäische Richtliniengesetzgeber es ausdrücklich zu sagen pflege, wenn er strengere nationale Vorschriften erlauben will[1791], d. h. aus dem Schweigen des Wortlauts und den historischen Quellen wird die Zulässigkeit eines Umkehrschlusses abgeleitet.

Dies hat der EuGH allerdings unterschiedlich gesehen.[1792] Zu der Frage, ob die Mitgliedsstaaten im Rahmen der Handelsvertreterrichtlinie 86/653/EWG[1793] befugt sind, zusätzliche Formerfordernisse für Verträge aufzustellen, hat der EuGH von einigen ausdrücklich vorgesehenen Öffnungsklauseln darauf geschlossen, daß die übrigen Richtlinienbestimmungen abschließend seien.[1794] Genau anders in einer Entscheidung zur Richtlinie 80/836[1795], wo es um die zulässigen Strahlendosen für Lehrlinge und Studierende zwischen 16 und 18 Jahren ging, die einen mit einer Strahlenexposition verbundenen Beruf anstreben oder aufgrund ihres Studiums gezwungen sind, Strahlenquellen zu verwenden. Diese Strahlendosen waren gem. Art. 10 II der Richtlinie für die genannten Personengruppen auf ein höheres Maß festgesetzt als für sonstige Arbeitskräfte vor Vollendung des 18. Lebensjahres, ohne daß nach dem Wortlaut ein höheres nationales Schutzniveau gestattet gewesen wäre. Der EuGH entschied unter Berücksichtigung von Sinn und Zweck der Richtlinie, daß der Gemeinschaftsgesetzgeber

---

[1787] Pawlowski, Methodenlehre für Juristen, Rn. 488; Bydlinski, Juristische Methodenlehre und Rechtsbegriff, S. 476 f.

[1788] Meilicke, DB 1990, S. 1173 (1173); Schlußanträge des Generalanwalts Tesauro Rs. C-83/91 (Wienand Meilicke ./. ADV/ORGA F.A. Meyer AG), Slg. 1992, I-4871, Rz. 12; a. A. Knobbe-Keuk, DB 1990, S. 2573 (2582).

[1789] vgl. Pawlowski, Methodenlehre für Juristen, Rn. 489a.

[1790] Pawlowski, Methodenlehre für Juristen, Rn. 489, Larenz, Methodenlehre der Rechtswissenschaft, S. 390; Larenz/Canaris, Methodenlehre der Rechtswissenschaft, S. 209 f.

[1791] Meilicke, DB 1990, S. 1173 (1173).

[1792] vgl. Wolff, Die Verteilung der Konkretisierungskompetenz für Generalklauseln in privatrechtsgestaltenden Richtlinien, S. 109 f.

[1793] Richtlinie 86/653/EWG des Rates vom 18. Dezember 1986 zur Koordinierung der Rechtsvorschriften der Mitgliedstaaten betreffend die selbständigen Handelsvertreter, Abl. L 382 vom 31.12.1986, S.17.

[1794] EuGH Rs. C-215/97 (Barbara Bellone gegen Yokohama SpA), Slg. 1998, I-2191, Rz. 15.

[1795] Richtlinie 80/836/Euratom des Rates vom 15. Juli 1980 zur Änderung der Richtlinien, mit denen die Grundnormen für den Gesundheitsschutz der Bevölkerung und der Arbeitskräfte gegen die Gefahren ionisierender Strahlungen festgelegt wurden, Abl. L 246 vom 17.9.1980, S. 1.

ein ausdrückliches Abweichungsverbot eingefügt hätte, wenn er die Mitgliedsstaaten an der Durchsetzung eines höheren Schutzniveaus hätte hindern wollen.[1796] Dafür stützt er sich zusätzlich auf Art. 7 I i.V.m. Art. 1 lit. c der Richtlinie, der für nicht volljährige Arbeitskräfte ein höheres Schutzniveau normiert.[1797] Es kann also nicht für das Sekundärrecht der allgemeine Grundsatz aufgestellt werden, daß aus dem Schweigen des Wortlauts und der historischen Quellen zwingend ein Umkehrschluß abzuleiten wäre. Vielmehr trifft der EuGH im Einzelfall seine Entscheidung, wie beim argumentum e contrario erforderlich, vor allem auch unter teleologischen Erwägungen. Entscheidend für die Beurteilung der Reichweite von Mindestklauseln kommt es deshalb auf die teleologische Auslegung an.
Bezüglich des Inhalts der Mindestklausel für zusätzliche Informationspflichten in Art. 10 I ECRL könnte sich aber ein systematischer Hinweis ergeben: sämtliche in Art. 10 I ECRL bereits vorgesehen Pflichten betreffen den Vertragsschluß*prozeß* und wollen diesen in technischer und sonstiger Hinsicht transparenter gestalten. Daraus könnte sich ein systematischer Schluß herleiten lassen, daß nur zusätzliche Informationspflichten gestattet sein sollen, die einen Zusammenhang mit dem Entstehungsprozeß des Vertrages aufweisen, nicht aber solche, die sich auf den Vertragsinhalt beziehen. Allerdings ist an dieser Stelle auch die Verknüpfung zwischen der einleitenden Formulierung von Art. 10 I ECRL „zusätzlich zu den sonstigen Informationspflichten aufgrund des Gemeinschaftsrechts" und der Mindestklausel zu bedenken. Würde die Mindestklausel nicht auch Informationen betreffend den Vertragsinhalt erfassen, so wäre der von anderen verbraucherschützenden Richtlinien gewährte Umsetzungsspielraum zu großen Teilen hinfällig, da die dort begründeten Pflichten den Vertragsgegenstand betreffen. Das spricht eher für eine Erfassung von Aufklärungspflichten über den Vertragsinhalt.
Einer systematischen Betrachtung bedarf auch das Verhältnis des Herkunftslandprinzips zum Harmonisierungsgrad des Sachrechts in der ECRL, d. h. insbesondere zu den Mindestvorschriften. Als Argument für eine Überlagerung durch das Herkunftslandprinzip läßt sich vor allem die exponierte Stellung des Art. 3 ECRL in Kapitel 1 der Richtlinie unter der Überschrift „Allgemeine Bestimmungen" anführen, während die positiven Regelungen der ECRL erst in Kapitel 2 über „Grundsätze" beginnen. Das spricht dafür, daß das Binnenmarktprinzip als allgemeine Vorschrift auch für sämtliche übrigen Richtlinienbestimmungen gelten soll. Tatsächlich wirft eine Anwendung des Herkunftslandprinzips auch auf die positiv in der Richtlinie getroffenen Sachregelungen keine Schwierigkeiten auf. Denn da diese in allen Mitgliedsstaaten einheitlich umgesetzt werden müssen, wird jeder niedergelassene Diensteanbieter letztlich seinem Heimatrecht unterworfen. Gleiches muß dann aber systematisch auch für einzelstaatlichen Gestaltungsfreiräume innerhalb der sachlichen Regelungen der Richtlinie gelten.

[1796] EuGH Rs. C-376/90 (Kommission der Europäischen Gemeinschaften ./. Königreich Belgien), Slg. 1992, I-6153, Rz. 27.
[1797] EuGH Rs. C-376/90 (Kommission der Europäischen Gemeinschaften ./. Königreich Belgien), Slg. 1992, I-6153, Rz. 28.

ee) teleologische Auslegung

Eine endgültige Auslegungsentscheidung bezüglich der offenen Fragen muß aus dem Sinnzusammenhang der ECRL gewonnen werden.
Für eine Überlagerung der Harmonisierungsbestimmungen durch das Herkunftslandprinzip spricht das vom europäischen Gesetzgeber verfolgte Ziel, die Hemmnisse und Wettbewerbsverzerrungen im Binnenmarkt, die durch unterschiedliche rechtliche Regelungen für Diensteanbieter entstehen, zu überwinden. Dieser „gordische Knoten"[1798] läßt sich nach dem von der Kommission gewählten Ansatz[1799] nur durch eine flächendeckende Anwendung des Prinzips der gegenseitigen Anerkennung erreichen. Würde die ECRL durch Mindestregelungen den Mitgliedsstaaten strengere Regelungen gegenüber ausländischen Diensteanbietern im „koordinierten Bereich" gestatten, so würde sie die selbstgeschaffene Rechtssicherheit wieder zerstören. Damit kann unter Berücksichtigung der übrigen Auslegungsergebnisse von einem Vorrang des Herkunftslandprinzips ausgegangen werden.
Wie ist es aber um das Harmonisierungsniveau im Sachrecht der ECRL bestellt? Besonders aus der historischen Auslegung ist deutlich geworden, daß sich der europäische Gesetzgeber zur Lösung der aus der Rechtsdivergenz in den Mitgliedsstaaten entstehen Probleme ganz maßgeblich auf das Herkunftslandprinzip verläßt und daneben nur punktuelle Sachregelungen treffen wollte. Nicht zuletzt sollte dadurch die ECRL regelungsoffen bleiben und den Mitgliedsstaaten Raum geben für die Berücksichtigung neuer Technologien und Schaffung innovativer Regelungsansätze. Insofern hat die ECRL lediglich eine Teilharmonisierung geschaffen, die außerhalb der „Regelungsinseln" den Mitgliedsstaaten die Normierungskompetenz beläßt.
Fraglich ist, ob dies nicht auch dafür spricht, die Reichweite der Mindestklauseln über ihren Wortlaut und ihre systematische Stellung hinaus zu erweitern. Immerhin wird die Verknüpfung des Herkunftslandprinzips mit Mindestregelungen als besonders effektive Methode angesehen, um einerseits den Wettbewerb der Rechtsordnungen zur Entwicklung von neuen Lösungen zu fördern und gleichzeitig ein harmonisiertes Mindestmaß an Schutz zu bieten.[1800] Bei der Schaffung höherer Schutzstandards könnten die Mitgliedsstaaten Regelungsideen entwickeln, die gleichzeitig nicht zu Binnenmarkthemmnissen würden, weil das Herkunftslandprinzip sie auf innerstaatliche Geltung beschränkt. So könnte vor allem im Bereich des elektronischen Vertragsschlusses auch durch die Zulässigkeit zusätzlicher nationaler *Verhaltenspflichten* kommenden Anforderungen an den Rechtsrahmen für den elektronischen Geschäftsverkehr im Zuge technologischer Evolution begegnet werden (z. B. im Bereich des Datenschutzes). Aufgrund der engen teleologischen Verknüpfung mit *Informationspflichten*, die sie dort ergänzen, wo bloße Hinweise zum Schutz nicht mehr ausreichen, bietet es sich an, den Mitgliedsstaaten auch für Verhaltenspflichten einen Regelungsfreiraum zu schaffen. Der Spielraum der Mitgliedsstaaten darf sich aber wegen abschließender Wertungen des europäischen Gesetzgebers nicht auch auf den *Regelungsbereich* der Artt. 10

[1798] so Ohly, GRURInt 2001, S. 899 (899).
[1799] zu Alternativen vgl. Spindler, RabelsZ 66 (2002), S. 633 (706 ff.) mit dem Vorschlag einer rechtsgebietsspezifischen Bewältigung.
[1800] Ohly, GRURInt 2001, S. 899 (908); Wagner, Das Konzept der Mindestharmonisierung, S. 174 f.

und 11 ECRL erstrecken, von dem z. B. die Individualkommunikation ausgenommen wurde, weil dem Nutzer hier eher eine selbständige Informationsbeschaffung zugemutet werden kann. Auch die Schutzwürdigkeitsdifferenzierung zwischen Nichtverbrauchern und Verbrauchern im Hinblick auf die Abdingbarkeit einzelner Pflichten ist ein politisches Urteil der europäischen Gesetzgebungsorgane, welches nicht zur Disposition stehen darf.

Gegen die Zulässigkeit strengerer Verhaltensanforderungen könnte allerdings eingewandt werden, daß diese bewußt nicht von den Mindestklauseln erfaßt werden sollten, da Verhaltenspflichten für die Diensteanbieter in der Regel aufwendiger zu befolgen sind als reine Informationspflichten, weil dafür häufig erst bestimmte technische Vorrichtungen bereitstellt werden müssen, die zusätzliche Kosten verursachen. Möglicherweise wollte die Kommission deshalb Verhaltenspflichten auch im rein innerstaatlichen Verkehr eindämmen. Diese Argumentation entspricht dem Gedanken der Schaffung eines homogenen Wettbewerbsumfelds im Binnenmarkt, um das Wirtschaftswachstum zu fördern.[1801] Denn immerhin wird den Anbietern bei Zulässigkeit unterschiedlicher nationaler Regeln für innerstaatliche Sachverhalte die Standortwahl in der EU und auch die Interaktion mit anderen Anbietern im Wettbewerb erschwert, für die jeweils ein anderes nationales Recht gilt, so daß z. B. transnationale Abmahnverfahren schwierig sind. Jedoch ist bereits das Herkunftslandprinzip ein Mechanismus, der einseitig die Anbieterseite bevorzugt.[1802] Hingegen steht die Mindestharmonisierung im Dienste des Nachfragerschutzes, denn diese werden durch einen harmonisierten Sockel an Rechten geschützt und können durch strengere mitgliedsstaatliche Vorschriften nur weiter privilegiert werden. Da die ECRL auf die Schaffung eines Ausgleichs zwischen Anbieter und Nachfragerinteressen ausgerichtet ist, spricht zum momentanen Zeitpunkt mehr dafür, die Nachfragerseite zumindest vor neu auftauchenden Problemen des elektronischen Geschäftsverkehrs durch Zulässigkeit weiterer Verhaltenspflichten zu schützen als die Anbieterseite auch im innerstaatlichen Rechtsverkehr zu privilegieren. Insofern kann unter teleologischen Erwägungen geschlossen werden, daß es der europäische Gesetzgeber wohl schlicht vergessen hat, die Mindestklausel in Art. 10 I ECRL auch auf zusätzliche Verhaltenspflichten im Bereich der Artt. 10 und 11 ECRL zu erstrecken, die dort ja schon teilweise vorhanden sind. Die Mitgliedsstaaten dürfen also strengere Informations- und Verhaltenspflichten für Anbieter vorsehen, die nach dem Herkunftslandprinzip ihrer Regelungshoheit unterworfen sind.

Im Bereich der Artt. 5 und 6 ECRL wird man allerdings zurückhaltender sein müssen, weil diese von vornherein nur Informationspflichten vorsehen und ein systematischer Zusammenhang zu Verhaltenspflichten nicht konstruiert werden kann. Ebenso ist eine allgemeine Ausdehnung des Mindeststandards der Artt. 5, 6, 10 und 11 ECRL auf den übrigen Regelungsbereich der ECRL, etwa auf die Regelungen über die Verantwortlichkeit der Vermittler in Kapitel II Abschnitt 4 der Richtlinie, selbst unter teleologischen Erwägungen als unzulässig anzusehen, weil ein systematischer Zusammenhang

---

[1801] s. o. 3. Teil C.III.2.b)dd)(2).

[1802] so schon die Stellungnahme des Wirtschafts- und Sozialausschusses zu dem „Vorschlag für eine Richtlinie des Europäischen Parlaments und des Rates über bestimmte rechtliche Aspekte des elektronischen Geschäftsverkehrs im Binnenmarkt“, Abl. C 169 vom 16.6.1999, S. 36 (38), Rz. 3.6.2; kritisch auch Spindler, RabelsZ 66 (2002), S. 633 (707).

zu den Lockerungen der Harmonisierung bei Informationspflichten nicht hergestellt werden kann, da der Regelungsgegenstand ein völlig anderer ist. Insbesondere wird mit den Artt. 12 ff. ECRL kein bestimmtes Schutzziel verfolgt, welches Anknüpfungspunkt für einen Mindeststandard sein könnte.
Bezüglich des zulässigen Inhalts überschießender Informations- und Verhaltenspflichten auf einzelstaatlicher Ebene dürfen dazu nicht nur Regelungen in Bezug auf den Vertragsschlußprozeß gezählt werden, weil das erklärte Ziel der ECRL, allgemeine Verbraucherinformationspflichten im existierenden Sekundärrecht unangetastet zu lassen, zu beachten ist. Vielmehr sind auch Informationspflichten zulässig, die den Vertragsinhalt bzw. -gegenstand betreffen. Fraglich ist dabei immer noch, ob nur ein quantitatives „Mehr" an Pflichten gemeint ist oder auch die in der ECRL schon vorgesehen Informationspflichten qualitativ verschärft werden können. Man wird konsequenterweise letzteres annehmen müssen, um die beabsichtigte Flexibilität der Richtlinie zu gewährleisten. Sofern strengere Pflichten für Anbieter in den Mitgliedsstaaten erlassen werden, dürfen diese allerdings das Ausgleichsziel der ECRL zwischen Anbieter- und Nachfragerseite nicht außer acht lassen. Das bedeutet, daß keine strengeren Regelungen vorgesehen werden dürfen, die die Anbieter von Diensten übermäßig stark belasten und hohe Kosten verursachen, ohne daß dem ein adäquater Schutzzuwachs auf Kundenseite gegenübersteht.
Als Adressaten der Mindestklauseln sind schließlich neben dem nationalen Gesetzgeber auch die innerstaatlichen Gerichte anzusehen sofern es um die Konkretisierung nationaler Generalklauseln geht, da sie dabei gesetzgeberische Funktion wahrnehmen.

3. *Sperrwirkung des Primärrechts*

Fraglich ist schließlich, welche Wirkung das Primärrecht im Bereich überschießender Rechtssetzung durch die Mitgliedsstaaten entfaltet. Grundsätzlich ist davon auszugehen, daß im System des europäischen Verbraucherschutzrechts die überschießenden nationalen Regelungen mit den Grundfreiheiten vereinbar sein müssen.[1803] Denn die Rechtsangleichung auf europäischer Ebene steht im Dienste der Verwirklichung der Grundfreiheiten. In dem Bereich, wo keine Rechtsangleichung erfolgt, enthalten die Richtlinien gewöhnlich auch keine Maßstäbe, um eine Grundfreiheitenbeeinträchtigung zu unterbinden. Deshalb müssen durch divergierende nationale Vorschriften drohende Binnenmarkthindernisse vom Primärrecht abgefangen werden, das Beeinträchtigungen nur unter bestimmten Voraussetzungen als gerechtfertigt ansieht. Verbraucherschutzrichtlinien verweisen deswegen gewöhnlich auch in ihren Mindestklauseln auf den Maßstab des Primärrechts, wie z. B. Art. 14 der Fernabsatzrichtlinie 97/7/EG: „Die Mitgliedstaaten können in dem unter diese Richtlinie fallenden Bereich *mit dem EG-Vertrag in Einklang stehende* strengere Bestimmungen erlassen oder aufrechterhalten, um ein höheres Schutzniveau für die Verbraucher sicherzustellen."

[1803] Ullmann, JZ 1994, S. 928 (931); Leible/Sosnitza, K&R 1998, S. 283 (286 ff.); Steinz, in: Everling/Roth (Hrsg.), Mindestharmonsierung im Europäischen Binnenmarkt, S. 9 (30); Lehmann-Drexl, Electronic Business in Europa, P., Rn. 19 ff.; Pützhoven, Europäischer Verbraucherschutz im Fernabsatz, S. 119 f.

Fraglich ist aber, ob die ECRL nicht bereits selbst ausreichende Schutzmechanismen gegen Grundfreiheitenverletzungen vorsieht, so daß ein primärrechtliches Verbot bzw. eine ausnahmsweise Rechtfertigung von Verstößen gar nicht mehr in Betracht kommt. Diese Funktion soll das in Art. 3 ECRL geregelte Herkunftslandprinzip übernehmen. Das Herkunftslandprinzip ist sogar gegenüber dem primärrechtlichen Rechtfertigungsmaßstab für Beschränkungen der Grundfreiheiten in mehrerlei Hinsicht strenger[1804]: Einerseits erlaubt es ein Ausscheren nur für bestimmte abschließend aufgezählte Allgemeininteressen, während der Kreis der vom EuGH akzeptierten zwingenden Allgemeininteressen, die bei nichtdiskriminierenden Maßnahmen über Art. 30 EG hinaus eine Einschränkung des Binnenmarktverkehrs zulassen, nach der Grundfreiheitendogmatik grundsätzlich nicht abschließend gefaßt ist.[1805] Insbesondere scheint in Art. 3 IV ECRL der Bereich des Lauterkeitsrechts nicht genannt zu sein.[1806] Zum zweiten bezieht sich das Herkunftslandprinzip anders als die Keck-Rechtsprechung[1807] auch auf Vertriebsmodalitäten[1808], weil Art. 3 I eine entsprechende Einschränkung nicht vorsieht (vgl. vielmehr den koordinierten Bereich nach Art. 2 lit. i ECRL: „die Ausübung der Tätigkeit eines Dienstes der Informationsgesellschaft... einschließlich der auf Werbung und Verträge anwendbaren Anforderungen"). Nach der Keck-Rechtsprechung sollen Verkaufsmodalitäten im Gegensatz zu produktbezogenen Maßnahmen den Binnenmarkthandel nicht behindern, wenn sie für *alle* Wirtschaftsteilnehmer gelten und den Absatz inländischer und ausländischer Erzeugnisse *rechtlich* wie *tatsächlich* in gleicher Weise berühren.[1809] Der EuGH hat die Übertragung dieser Grundsätze auf die Dienstleistungsfreiheit nicht für ausgeschlossen gehalten[1810] und auch in der Literatur wird dies diskutiert.[1811] Freilich ist bisher ungeklärt, was im einzelnen unter Verkaufsmodalitäten zu verstehen ist. Teilweise wird eine – in der Ent-

---

[1804] vgl. Spindler, RabelsZ 66 (2002), S. 633 (652 f.); Grundmann, RabelsZ 67 (2003), S. 246 (268 ff.); Dethloff, Europäisierung des Wettbewerbsrechts, S. 54 f.

[1805] vgl. EuGH Rs. 120/78 (Rewe-Zentral AG ./. Bundesmonopolverwaltung für Branntwein), Slg. 1979, 649, Rz. 8: „insbesondere"; EuGH Rs. C-288/89 (Stichting Collective Antennevoorziening Gouda u. a. ./. Commissariaat voor de Media), Slg. 1991, S. 4007, Rz. 14; Grundmann, RabelsZ 67 (2003), S. 246 (270); Schwarze-Becker, EU-Kommentar, Art. 30 EG, Rn. 36; Grabitz/Hilf-Leible, Art. 28 EG, Rz. 19.

[1806] Grundmann, RabelsZ 67 (2003), S. 246 (270) will diesen unter die Ausnahme für Verbraucherschutz fassen, was nicht ganz plausibel ist, weil der EuGH zwischen dem Schutz der Verbraucher und der Lauterkeit des Handelsverkehrs als Allgemeininteressen differenziert.

[1807] EuGH Rs. C-267 und C-268/91 (Bernhard Keck ./. Daniel Mithouard), Slg. 1993, I-6097, Rz. 16; Schwarze-Becker, EU-Kommentar, Art. 28 EG, Rn. 47 ff.; Calliess/Ruffert-Epiney, EGV/EUV, Art. 28 EG, Rn. 27 ff.

[1808] Spindler, MMR Beilage 7/2001, S. 4 (15); wohl auch Grundmann, RabelsZ 67 (2003), S. 246 (271 f.), der den Grund in der Einführung des sekundärrechtlichen Herkunftslandprinzips in der ECRL vor allem darin sieht, den Rechtfertigungsdruck im Wettbewerbsrecht gegenüber der Keck-Rechtsprechung wieder zu erhöhen.

[1809] Steindorff, ZHR 158 (1994), S. 149 ff.; Calliess/Ruffert-Epiney, Art. 28 EG, Rn. 27; Schwarze-Becker, Art. 28 EG, Rn. 47 ff.

[1810] EuGH Rs. C-384/93 (Alpine Investments ./. Minister van Financien), Slg. 1995, I-1141, Rz. 36 ff. In dieser Entscheidung ging es allerdings um ein cold calling Verbot im Staat des Dienstleisters und daher um eine Ausfuhrbeschränkung, auf die die Keck-Rechtsprechung nicht direkt übertragbar ist.

[1811] vgl. zur Diskussion Mülbert, ZHR 159 (1995), S. 2 (29 f.); Schrick, MMR 2000, S. 399 (403 f.); Dethloff, Europäisierung des Wettbewerbsrechts, S. 236 ff.

scheidung des EuGH anklingende – formale Abgrenzung befürwortet danach, ob eine Maßnahme eine äußerliche Veränderung des Produkts erfordert oder nicht.[1812] Im letzteren Fall soll eine Verkaufsmodalität vorliegen. Teilweise wird aber auch vertreten, daß Regelungen, die ausländische Anbieter zur Änderung ihrer im EU-Bereich einheitlichen Verkaufsstrategie (sog. Euro-Marketing) zwingen und dabei Anpassungskosten hervorrufen (wie z. B. Regelungen über Produktgestaltung, Werbung, Preise und Vertriebsgestaltung) nicht als bloße Vertriebsmodalitäten anzusehen seien bzw. in tatsächlicher Hinsicht diskriminierende Wirkung aufweisen würden.[1813] Denkbar wäre es jedenfalls nach allen Ansichten auf die Dienstleistungsfreiheit übertragen unter Verkaufsmodalitäten alle Vertragsabschlußregeln zu verstehen[1814], d. h. wohl auch im Vorfeld des Vertrages begründete Pflichten der Anbieter. So hat der EuGH in einer Entscheidung zur Vereinbarkeit einer Aufklärungspflicht aus cic mit Art. 28 EG die Beeinträchtigung als zu ungewiß und zu mittelbar abgelehnt[1815], was in der Literatur als Konkretisierung des Begriffs der „Verkaufsmodalität" im Sinne einer Spürbarkeitsgrenze verstanden wird.[1816] Offensichtlich wollte sich die Kommission bei Abfassung der ECRL nicht auf die Unwägbarkeiten der Rechtsprechungsauslegung verlassen, sondern Klarheit schaffen: Vertriebsmodalitäten sind dem Herkunftslandprinzip unterworfen. Als dritter Unterschied zum primärrechtlichen Rechtsfertigungsmaßstab ist schließlich eine einzelstaatliche Sondermaßnahme nicht nur der nachträglichen Nachprüfung durch den EuGH, sondern schon der vorherigen durch die Kommission ausgesetzt, für die nicht der Anbieter, sondern der Empfangsstaat die Initiativlast trägt.[1817] Da also die ECRL nach den getroffenen Überlegungen in Art. 3 IV, V ECRL einen strengeren Rechtfertigungsstandard aufstellt als das Primärrecht, kann eine primärrechtliche Überprüfung anhand der Grundfreiheiten und eine Rechtfertigung nach Maßgabe von Art. 30 bzw. der Rechtsprechung des EuGH nicht mehr stattfinden. Hierin liegt die eigentliche eigenständige Bedeutung von Art. 3 II ECRL neben den europäischen Grundfreiheiten.[1818] Ein Widerspruch zu Art. 95 IV-IX EG, den man befürchten könnte, weil das dort geregelte Schutzklauselverfahren gerade die Ohnmacht der Einzelstaaten gegenüber Mehrheitsentscheidungen im Rat abmildern soll,

---

[1812] Kotthoff, WRP 1996, S. 79 (83 f.); Mülbert, ZHR 159 (1995), S. 2 (23); Remien, JZ 1994, S. 349 (351 ff.); wohl auch Schwarze-Becker, EU-Kommentar, Art. 28 EG, Rn. 77 f.

[1813] Fezer, JZ 1994, S. 317 (323 f.); Steindorff, ZHR 158 (1994), S. 149 (161 ff.) vor allem gegen die formalen Kriterien; Leible, WRP 1997, S. 517 (520 ff.); Leible K&R 1998, S. 283 (287); Dethloff, Europäisierung des Wettbewerbsrechts, S. 164 ff. vermittelnd Calliess/Ruffert-Epiney, Art. 28 EG, Rn. 41: produktbezogen sind alle Maßnahmen, die sich auf eine abgrenzbare Gruppe von Produkten beziehen, worunter auch Vermarktungsmodalitäten fallen können. Diese Auffassungen wollen insbesondere einen Bruch mit den Entscheidungen EuGH, Rs. C-362/88 (GB-Inno-BM SA ./. Confederation du Commerce Luxembourgeois ASBL), Slg. 1990, I-667 und EuGH, Rs. C-126/91 (Schutzverband gegen Unwesen in der Wirtschaft ./. Yves Rocher GmbH), Slg. 1993, I-02361 vermeiden, in denen Werbeverbote mit entsprechender Begründung aufgehoben worden waren.

[1814] Grundmann, Europäisches Schuldvertragsrecht, 1. Teil, Rn. 70.

[1815], EuGH Rs. C-93/92 (CMC Motorradcenter GmBH ./. Pelin Baskiciogullari), Slg. 1993, I-5009, Rz. 12; vgl. Reich/Micklitz-Reich, Europäisches Verbraucherrecht, §2, Rn. 13.

[1816] Fezer, JZ 1994, S. 623 (624 f.); Langer, RabelsZ 65 (2001), S. 222 (234 ff.).

[1817] Grundmann, RabelsZ 2003, S. 246 (270).

[1818] so auch Spindler, RabelsZ 2003, S. 633 (653); wohl auch Reich/Micklitz-Reich, Europäisches Verbraucherrecht, §3, Rn. 45.

besteht nicht, weil die Voraussetzungen des Schutzklauselverfahrens in Art. 3 IV-VI ECRL nahezu identisch sind.
Es fragt sich jedoch, was für den Bereich gilt, in dem Ausnahmen vom Herkunftslandprinzip gem. Art. 3 II i.V.m. dem Anhang der ECRL vorgesehen sind. Von einer negativen Anordnung im Sinne eines Rechtfertigungsverbots nach Primärrecht kann man nicht ausgehen, da die Kommission die Durchbrechungen des Binnenmarktprinzips gerade geschaffen hat, um angesichts des breiten Anwendungsbereichs der ECRL Flexibilität zu gewährleisten und Handlungsspielraum zu gewähren.[1819] Insbesondere wird auch das Herkunftslandprinzip in einigen Ausnahmefällen als nicht anwendbar oder nicht sachgerecht angesehen.[1820] Hier muß aus den obengenannten Erwägungen das Primärrecht als Schranke eingreifen, um Verstöße der Mitgliedsstaaten gegen die Grundfreiheiten abzufangen.[1821] Die Kommission erwähnt auch ausdrücklich, daß die ECRL Ausnahmen vom Binnenmarktprinzip vorsieht *„soweit sie durch die Rechtsprechung des Europäischen Gerichtshofs gerechtfertigt sind"*.[1822]
Negative Konsequenz des Herkunftslandprinzips mit seinen Ausnahmen ist allerdings, daß viele Rechtsbereiche von unterschiedlichen Rechtfertigungsmaßstäben durchzogen sind. So sind Vorschriften im Bereich des Vertragsrechts an Art. 3 ECRL zu messen, soweit der B2B-Verkehr betroffen ist, und „nur" an den Grundfreiheiten, soweit es um die Regulierung des B2C-Verkehrs geht, weil für das Verbrauchervertragsrecht eine Ausnahme vom Herkunftslandprinzip vorgesehen ist. Die legislative Arbeit dürfte dem Gesetzgeber dadurch erschwert werden. In der Praxis wird allerdings das Herkunftslandprinzip im B2B-Bereich selten relevant, da im internationalen Wirtschaftsverkehr üblicherweise eine Rechtswahl getroffen wird, für die Art. 3 II i.V.m. dem Anhang der ECRL ebenfalls eine Ausnahme vorsieht.[1823]

4. Umsetzung des Harmonisierungskonzepts der ECRL im nationalen Recht

Fraglich ist, ob das Harmonisierungskonzept der ECRL im deutschen Recht zutreffend umgesetzt worden ist.
In §4 TDG und §5 MDStV ist das Herkunftslandprinzip richtigerweise als Prüfungsmaßstab für das nach nationalem Kollisionsrecht anwendbare Sachrecht anhand des Rechts der Niederlassung transformiert worden. Für seinen sachlichen Geltungsbereich ist keine Einschränkung vorgesehen, so daß auch §312e dem Herkunftslandprinzip unterfällt, was dem in der ECRL vorgesehenen Rangverhältnis zwischen Sachrechtsangleichung und Binnenmarktprinzip entspricht.
Bei der Umsetzung der vertragsbezogenen Anbieterpflichten in §312e BGB fällt allerdings auf, daß dieser keine Mindestklausel wie Art. 10 I ECRL enthält. Auch in §3 InfoV findet sich kein Hinweis auf einen Mindeststandard. Ganz im Gegensatz dazu sehen §312c II Nr. 1 i.V.m. §1 I InfoV vor, daß der Unternehmer den Verbraucher „vor Abschluß eines Fernabsatzvertrags *mindestens* informieren" muß über die an-

[1819] erster Vorschlag der Kommission, KOM (1998) 586 endg., S. 35 f.
[1820] erster Vorschlag der Kommission, KOM (1998) 586 endg., S. 36.
[1821] für die Anwendung des Primärrechts auch Grundmann, RabelsZ 67 (2003), S. 246 (278).
[1822] erster Vorschlag der Kommission, KOM (1998) 586 endg., S. 19.
[1823] vgl. Thünken, IPRax 2001, S. 15 (17).

schließend aufgezählten Hinweispflichten. In den Begründungserwägungen der Bundesregierung zum SMG finden sich keine Aussagen, ob damit eine unterschiedliche Behandlung von Fernabsatzgeschäften und elektronischen Vertragsabschlüssen beabsichtigt ist. Man könnte daraus ein Verbot für die Rechtsprechung folgern, die Anbieter im elektronischen Geschäftsverkehr mit zusätzlichen Aufklärungspflichten aus cic zu belasten. Unklar wäre dann allerdings, ob §312e als speziellere Vertriebsregel auch die Mindestklausel in §312c II Nr. 1 i.V.m. §1 I InfoV sperren soll oder ob „durch die Hintertür" des Fernabsatzvertrages auch zusätzliche Pflichten für den elektronischen Geschäftsverkehr eingeführt werden dürfen, wofür §312e III1 sprechen könnte. Da der Gesetzgeber sich zu dieser Frage selbst nicht geäußert hat und formale Umkehrschlüsse aus Nichtregelungen unzulässig sind, müssen teleologischen Erwägungen einen Aufschluß bieten. Nach den Zielsetzungen der europäischen Kommission soll den Mitgliedsstaaten im Rahmen der ECRL ein gewisser Handlungsspielraum zur innerstaatlichen Anpassung der Pflichten an technische Entwicklungen zugestanden werden. Dieser Spielraum ergibt sich unter anderem aus dem vom europäischen Gesetzgeber festgelegten Mindestharmonisierungsniveau im Vertragsabschnitt der ECRL. Es ist kein Grund ersichtlich, warum der deutsche Gesetzgeber diesen Freiraum für die deutsche Rechtsprechung versperrt haben sollte, zumal dieser bisher eine tragende Rolle bei der Einpassung moderner IT-Sachverhalte in das überkommene System des BGB zugefallen ist – was angesichts der Untätigkeit des deutschen Gesetzgebers auch notwendig war. Unter teleologischen Gesichtspunkten ist deshalb anzunehmen, daß der Rechtsprechung – als Wegbereiter künftiger Legislation – die Konkretisierung von Informations- und Verhaltenspflichten für den elektronischen Geschäftsverkehr durch den fehlenden Hinweis auf ein Mindestschutzniveau in §312e nicht versagt worden ist und sie ihren direkt von Art. 10 I ECRL eröffneten Handlungsfreiraum wahrnehmen darf.

Bei der Ausfüllung der Mindestklauseln haben der Gesetzgeber und die Rechtsprechung allerdings die verfassungsmäßigen Schranken zu beachten, insbesondere also das allgemeine Verhältnismäßigkeitsprinzip, das eine Abwägung zwischen Unternehmer- und Kundeninteressen gebietet. Da das Herkunftslandprinzip gem. Art. 3 I ECRL zur Folge hat, daß überschießende nationale Pflichten gegenüber den im Ausland niedergelassenen Anbietern keine Wirkung entfalten dürfen, wenn sie strengere Standards als der Herkunftsstaat aufstellen, stellt sich auch das Problem einer Inländerdiskriminierung. Dieses entsteht immer, wenn im Rahmen einer Rechtsordnung strengere Regelungen für Inländer als für Ausländer gelten, was problematisch ist, weil das Grundgesetz ausweislich der „Deutschengrundrechte" in den Artt. 8, 9, 11, 12 und 19 III GG grundsätzlich von einer Inländerprivilegierung ausgeht.[1824] Spannungen können sich hier insbesondere im Hinblick auf Art. 12 und Art. 3 GG stellen. Bezüglich der Berufsfreiheit kann die Geeignetheit einer Maßnahme nicht schon deshalb abgelehnt werden, weil der Schutzzweck bei einer Begrenzung auf Produkte oder Personen bestimmter Herkunft nicht erreicht werden kann. Vielmehr kann sich der Gesetzgeber zur Verfolgung von Allgemeininteressen im Umwelt-, Gesundheits- und Verbraucherschutz im Rahmen seines Ermessenspielraums auch auf eine teilweise Zielverwirkli-

---

[1824] Schilling, JZ 1994, S. 8 (13); Fastenrath, JZ 1987, S. 170 (170).

chung beschränken.[1825] Auch die Erforderlichkeit einer solchen Maßnahme dürfte in der Regel kein Problem darstellen. Im Rahmen der Verhältnismäßigkeit im engeren Sinne muß zwischen den gesetzgeberischen Zielen des Gemeinwohls und der Berufsfreiheit im Einzelfall abgewogen werden, wobei als zusätzlicher Abwägungsaspekt eine gegebenenfalls durch die umgekehrte Diskriminierung verschärfte Konkurrenzsituation für inländische Marktteilnehmer berücksichtigt werden muß.[1826] Im Hinblick auf Art. 3 GG kann die Anwendbarkeit des Gleichheitssatzes nicht schon mit der Begründung abgelehnt werden, daß es um die Rechtssetzungsgewalt unterschiedlicher Hoheitsträger, nämlich der EU einerseits und des deutschen Gesetzgebers andererseits geht.[1827] Denn jedenfalls bei der Schaffung überschießenden nationalen Rechts für Inlandssachverhalte im Rahmen des Gestaltungsspielraums, den die ECRL einräumt, wird die Ungleichbehandlung vom Gesetzgeber selbst hervorgerufen. Zu beachten ist jedoch, daß aufgrund der Kompetenzverteilung zwischen der Gemeinschaft und den Mitgliedsstaaten der Entscheidungsspielraum des nationalen Gesetzgebers bei der Behandlung der beiden Vergleichsgruppen eingeschränkt ist: Er hat lediglich die Alternative, ein rein national geltendes höheres Schutzniveau für Inlandssachverhalte einzuführen, oder eine Regelung völlig zu unterlassen, weil er die grenzüberschreitenden Sachverhalte keiner parallelen Regelung unterwerfen darf.[1828] Aus diesem Grund ist der Prüfungsmaßstab für Inländerdiskriminierungen im Rahmen von Art. 3 GG herabzusetzen. Es genügt als rechtfertigender Sachgrund, wenn der nationale Gesetzgeber aus Fürsorge für die eigenen Staatsbürger vorübergehend eine strengere Schutzregelung erläßt, denn letztlich dient die Anhebung des Schutzstandards für Inländer als politisches Signal für die Notwendigkeit eines höheren Schutzstandards auf EU-Ebene, den es in den Gemeinschaftsorganen durchzusetzen gilt. Schließlich wird der Gesetzgeber nicht ohne triftigen Grund die im Inland niedergelassenen Anbieter auf Dauer schlechter stellen wollen.[1829] Die Schaffung strengeren innerstaatlichen Rechts für inländische Unternehmer ist also in der Regel verfassungsrechtlich zulässig.

D. Fazit

Es hat sich bei der Untersuchung des Konkurrenzverhältnisses zwischen §312e und anderen nationalen Pflichtenquellen gezeigt, daß nach den Vorgaben der ECRL die Regelungen über den elektronischen Geschäftsverkehr als spezieller Vertriebsform grundsätzlich Vorrang vor anderen nationalen Vorschriften beanspruchen. Unberührt davon bleiben lediglich Pflichten, die im Rahmen zwingender Gemeinschaftsrechts-

---

[1825] so auch Dethloff, Europäisierung des Wettbewerbsrechts, S. 263; a. A. Fastenrath, JZ 1987, S. 170 (175); Epiney, Umgekehrte Diskriminierungen, S. 407 f.: bei Verfolgung schutzpolitischer Ziele ist die Geeignetheit entsprechender nationaler Maßnahmen aufgrund des Vorliegens umgekehrter Diskriminierungen im Geltungsbereich einer nationalen Rechtsordnung zu verneinen.

[1826] Epiney, Umgekehrte Diskriminierungen, S. 414.

[1827] so aber für den Fall direkt anwendbaren EU-Rechts, welches nur für Auslandssachverhalte gilt, sowie für die *zwingende* Umsetzung solcher EU-Vorschriften auf nationaler Ebene Fastenrath, JZ 1987, S. 170 (177); dagegen Schilling, JZ 1994, S. 8 (10 ff.); Weis, NJW 1983, S. 2721 (2725); Epiney, Umgekehrte Diskriminierungen, S. 426 ff.

[1828] Epiney, Umgekehrte Diskriminierungen, S. 477.

[1829] so auch Dethloff, Europäisierung des Wettbewerbsrechts, S. 265.

vorgaben in nationales Recht transformiert wurden, wie etwa der Großteil der Informationspflichten nach §312c I 1 Nr. 1 i.V.m. §1 I InfoV.
Im Bereich der besonderen Vertriebsregelungen wurden Überschneidungen der Regelungsbereiche mit §312e untersucht. Die fehlende Systematisierung des Anwendungsbereichs der Fernabsatzregelungen in §312b und §312e ist als rechtspolitische Entscheidung des Gesetzgebers hinzunehmen, weil sie nur um den Preis einer erheblichen Erweiterung des Anwendungsbereichs von §312b zu realisieren wäre.[1830] Des weiteren wurde festgestellt, daß eine Überschneidung der Regelungen über Haustürgeschäfte in §312 mit den Vorschriften über den elektronischen Geschäftsverkehr in §312e bei reinen Online-Geschäften nicht möglich ist, weil der Regelungszweck von §312 dies verbietet. Immerhin kann sich aber bei Mischformen von persönlicher und fernkommunikativer Vertragsaushandlung eine parallele Anwendbarkeit und damit ein Widerrufsrecht aus §312 ergeben, an welches die Widerrufsfristverlängerung in §312e III2 anknüpfen kann. Eine Vereinheitlichung einzelner Pflichten im Bereich der §§312b, 312e und der zukünftigen Umsetzungsvorschriften über den Fernabsatz von Finanzdienstleistungen wie z. B. der Pflicht zu Übermittlung von Informationen und Vertragsbedingungen im Sinne einer „Bringschuld" des Anbieters wäre aufgrund des von der ECRL eingeräumten Spielraums durchaus zu realisieren und bedürfte einer näheren Untersuchung.
Bezüglich des überschießenden nationalen Rechts, welches im Zusammenhang mit mindestharmonisierenden Verbraucherschutzrichtlinien ergangen ist, bzw. bezüglich sonstigen nationalen Rechts gilt, daß sich dessen Zulässigkeit an §312e orientieren muß. Nach den Vorgaben der ECRL soll sich die Harmonisierung des Sachrechts für den elektronischen Geschäftsverkehr nur auf punktuelle Bereiche beschränken, um den Mitgliedsstaaten ausreichenden Spielraum für die Berücksichtigung technologischer Entwicklungen und die Erarbeitung innovativer Ansätze zu gewähren. Die Regelungsinseln innerhalb der ECRL sind deshalb eng zu ziehen, so daß den EG-Mitgliedsstaaten die eigenständige Regulierung nationaler Sachverhalte, d. h. mit Beteiligung eines im Inland niedergelassenen Diensteanbieters, weitgehend unbenommen bleibt. Für die Situation beim elektronischen Vertragsschluß heißt das, daß die ECRL Sperrwirkung für zusätzliche Pflichten nur insoweit entfaltet, als diese final oder faktisch an typische Eigenschaften bzw. Sachverhalte des elektronischen Geschäftsverkehrs anknüpfen Um ihr Hauptziel, die Beseitigung der Rechtsunsicherheit für die Anbieter elektronischer Dienste im grenzüberschreitenden Handel, die aus divergierenden nationalen Rechtsvorschriften resultiert, zu erreichen, stützt sich die ECRL vielmehr maßgeblich auf das Herkunftslandprinzip, welches die Anwendung strengerer nationaler Vorschriften auf ausländische Diensteanbieter verwehrt. Dieses Prinzip wurde in §4 TDG und §5 MDStV korrekt umgesetzt. Eine Anwendung der primärrechtlichen Rechtfertigungsmaßstäbe für nationale Alleingänge kommt neben dem sekundärrechtlichen Herkunftslandprinzip der ECRL nicht in Betracht, es sei denn eine der Bereichsausnahmen vom Herkunftslandprinzip ist gegeben.

[1830] kritisch dazu Micklitz, VuR 2001, S. 71 (75 ff.); Boente/Riehm, Jura 2002, S. 222 (230): der Gesetzgeber hätte seine Umsetzungsspielräume zu einer Angleichung nutzen müssen.

Für den Bereich des elektronischen Vertragsschlusses wurde durch Auslegung ermittelt, daß die ECRL hier einen Mindeststandard sowohl für Informationspflichten als auch für sonstige Verhaltenspflichten der Diensteanbieter normiert. Dabei ist die quantitative Begründung zusätzlicher Pflichten ebenso zulässig wie die qualitative Verschärfung bereits in der ECRL vorgesehener Pflichten. Die Zulässigkeit strengeren nationalen Rechts läßt sich zwar nicht direkt aus §312e bzw. §3 InfoV ableiten; allerdings sollen diese bei teleologischer Auslegung die von der ECRL geschaffenen Spielräume auch nicht verbauen. Freilich wird das von der ECRL im Sachrecht geschaffene Mindestschutzniveau vom Herkunftslandprinzip überlagert, so daß eine unbeschränkte überschießende Rechtsetzung nur für innerstaatliche Sachverhalte gestattet ist. Das bedeutet §4 TDG und §5 MDStV beanspruchen hier stets Vorrang.
Als Adressat der Mindestklauseln sind neben dem Gesetzgeber auch die nationalen Gerichte anzusehen, sofern es um die Konkretisierung von Pflichten aus Generalklauseln geht. Deshalb bleibt es der deutschen Rechtsprechung unbenommen, vor- oder nebenvertragliche Pflichten aus §241 II herzuleiten. Zu beachten ist dabei jedoch, daß die aus cic im B2B- und B2C-Verkehr begründeten Pflichten voll unter das Herkunftslandprinzip fallen, da dieses nur für spezifische Vorschriften zum Verbraucherschutz bei Verträgen eine Ausnahme vorsieht. Schranken für die rechtsgeschäftliche Begründung zusätzlicher Pflichten durch die Vertragsparteien selbst, enthält die ECRL nicht.

4. Teil: Gesamtbewertung und Ausblick

A. Gesamtbewertung

Insgesamt hat sich gezeigt, daß die ECRL durchaus einen beherzten Regelungsansatz für die Bewältigung der Probleme des elektronischen Geschäftsverkehrs verfolgt. Im hier untersuchten Bereich des elektronischen Vertragsschlusses werden durch sie bereits einige Pflichten formuliert, die den zentralen Besonderheiten des elektronischen Geschäftsverkehrs Rechnung tragen. Der deutsche Gesetzgeber ist allerdings im Rahmen des von der ECRL vorgegeben Mindeststandards im Bereich des vertraglichen Kundenschutzes aufgefordert, den Pflichtenkatalog des §312e gemäß bestehender und zukünftiger Schutzbedürfnisse im elektronischen Geschäftsverkehr zu ergänzen. Innerhalb der durch das Herkunftslandprinzip gezogenen Grenzlinie zum grenzüberschreitenden Verkehr können die EG-Mitgliedsstaaten mit neuen Regelungsansätzen experimentieren, die später – sollten sie sich bewährt haben – einheitlich auf Gemeinschaftsebene implementiert werden könnten. Es trifft sie dabei gem. Art. 8 der Transparenzrichtlinie 98/34/EG eine Unterrichtungspflicht gegenüber der Kommission. Mit der Informationspflicht über Verhaltenskodizes will die ECRL aber auch den beteiligten Verkehrskreisen die Chance gewähren, auftretende Probleme selbsttätig und flexibel zu regulieren.

Zwar wird zu Recht darauf hingewiesen, daß aufgrund des starken Konkurrenzdrucks im Internet schon vor Erlaß der Richtlinie häufig die dort festgeschriebenen Pflichten von den Anbietern freiwillig eingehalten wurden.[1831] So war z. B. die Übermittlung einer Empfangsbestätigung oder die Bereitstellung von Korrekturmitteln durchaus üblich. Deshalb könnte man meinen, daß die gesetzliche Normierung von Pflichttatbeständen für den elektronischen Geschäftsverkehr angesichts der Selbstregulierungsmechanismen des Marktes überflüssig ist. Allerdings ist zu beachten, daß durch positive Normierung zumindest eines Pflichtsockels das Vertrauen der Kunden in das Marktgeschehen gesteigert werden soll, da Selbstverpflichtungen der Wirtschaft im allgemeinen weniger Vertrauen entgegengebracht wird. Auch vor Erlaß der Fernabsatzrichtlinie 97/7/EG war es durchaus eine verbreitete Praxis unter Versandhändlern, ein Widerrufsrecht zu gewähren.[1832] Eine einheitliche Regelung hat dem Verbraucher aber vor allem gegenüber schwarzen Schafen ein starkes Druckmittel gegeben und das Vertrauen in den Online-Handel gefördert. Nicht zuletzt ist der Gesetzgeber schon verfassungsrechtlich zu einem gesetzlichen Mindestschutz der materiellen Selbstbestimmung verpflichtet. Raum für Selbstregulierung bleibt ausreichend vorhanden über den gesetzlichen Standard hinaus.

Leider ist als Ergebnis auch festzuhalten, daß der europäische Gesetzgeber durch die relativ statische, formale Definition der „Dienste der Informationsgesellschaft" den Anwendungsbereich der ECRL von vornherein auf bestimmte Technologien be-

---

[1831] Spindler, in: Dauner-Lieb/Konzen/Schmidt (Hrsg.), Das neue Schuldrecht in der Praxis, S. 459 (475); Lehmann, EuZW 2000, S. 517 (521).

[1832] vgl. so das rechtsvergleichende Ergebnis der Kommission, Vorschlag für eine Richtlinie des Europäischen Parlaments und des Rates über den Verbraucherschutz bei Vertragsabschlüssen im Fernabsatz, Abl. C 156 v. 23.6.1992, S. 14 ff.

schränkt hat. Angesichts der Konvergenz der Endgeräte, Übertragungswege, Inhalte und Märkte verschiedener Mediendienste in den Bereichen Telekommunikation, Rundfunk und Informationsdienste sind in Zukunft erhebliche Veränderungen des technologischen Umfelds für den elektronischen Geschäftsverkehr zu erwarten. Insbesondere wird die Grenze zwischen Individual- und Massenkommunikation durch die Verbreitung des Abruffernsehens verwischt werden. Hierauf war die Kommission bereits im Vorfeld verschiedentlich hingewiesen worden, hatte aber keine Konsequenzen gezogen. Bei einer Revision der ECRL wäre vor allem für den Bereich des elektronischen Vertragsschlusses eine Definition der elektronischen Dienste wünschenswert, die sich an der materiellen Schutzwürdigkeit einzelner Kommunikationsformen orientiert. Vor allem sollte auch darauf geachtet werden, daß die einzelnen Pflichten auf ihre Erfüllbarkeit im Bereich der mobilen Kommunikationsgeräte überprüft werden und gegebenenfalls Ausweichmöglichkeiten zur Pflichterfüllung vorgesehen werden. Ob es den Mitgliedsstaaten unbenommen bleibt, eigenständige Regelungen für schutzwürdige Kommunikationstechnologien außerhalb des Anwendungsbereichs der ECRL zu treffen, ist eine Frage, die anhand einer Auslegung des übrigen europäischen Telekommunikationsrechts zu beantworten ist.
Im Bereich der Sanktionsmittel hält die ECRL keinerlei Vorgaben für die EG-Mitgliedsstaaten bereit, sondern überläßt die Ausarbeitung von Lösungen vollständig der einzelstaatlichen Regelungsebene. Anders war dies noch bei früheren Richtlinien wie z. B. der Fernabsatzrichtlinie 97/7/EG, die in Art. 6 die Schaffung eines Widerrufsrechts zwingend vorschreibt. Jedenfalls hat der deutsche Gesetzgeber durch die Einbettung der Pflichten beim elektronischen Vertragsschluß in das BGB ein im wesentlichen zureichendes Regelungssystem geschaffen, wenn man die cic durch entsprechende Auslegung zu einem wirkungsvollen Sanktionswerkzeug macht. Ergänzend tritt der kollektive Schutz durch das UWG und das UKlG hinzu. Zu monieren bleiben allerdings eine gewisse Ungleichbehandlung von Verbraucherkunden und Unternehmerkunden durch die in §312e III2 vorgesehen Widerrufsfristverlängerung, da Widerrufsrechte grundsätzlich nur Verbrauchern zustehen können. Zudem ist die cic als zentrales Sanktionsinstrument nicht unbedingt übersichtlich und vertrauensschaffend. Um das Ziel einer Stärkung des Vertrauens der Nachfrager in den Binnenmarkt zu fördern, wäre die plakative Einführung eines Widerrufsrechts als Sanktion für Pflichtverletzungen nach §312e für alle Kunden vorzuziehen gewesen. Diese Sanktion wäre auch verhältnismäßig, wenn das Widerrufsrecht befristet und durch Nacherfüllungsmöglichkeiten des Unternehmers auflösend bedingt wäre.
Im Vorfeld der Schuldrechtsmodernisierung war vielfach diskutiert worden, in welcher Form die zivilrechtlichen Verbraucherschutzvorschriften europäischen Ursprungs behandelt werden sollten. Im Raum standen mehrere Modelle, die von der Umsetzung in Sondergesetzen über die Zusammenfassung in einem Verbrauchergesetzbuch bis zur Integration in das BGB in verschiedener Intensität reichten.[1833] Die Ausgangslage vor der Schuldrechtsreform waren zahlreiche Sondergesetze, wie das FernAbsG, das Hau-

---

[1833] vgl. Dörner, in: Schulze/Schulte-Nölke (Hrsg.), Die Schuldrechtsreform vor dem Hintergrund des Gemeinschaftsrechts, S. 177 ff.; Roth, in: Dauner-Lieb/Konzen/Schmidt (Hrsg.), Das neue Schuldrecht in der Praxis, S. 25 ff.

stürWG etc. Allerdings hatte der Gesetzgeber auch schon einige Integrationsschritte unternommen mit der Einfügung der Begriffsdefinitionen des Verbrauchers und Unternehmers in §§13, 14 und der allgemeinen Regelung des Widerrufs- und Rückgaberechts in den §§361a und b. Diese Lösung einer Verankerung zentraler Definitionen und Normen in das BGB bei Beibehaltung der Sondergesetze wird in der Literatur als „Ankerlösung" betitelt.[1834] Die jüngste Entscheidung des Gesetzgebers für eine vollständige Integration zahlreicher Verbrauchergesetze in die Kodifikation wird in der Literatur überwiegend begrüßt[1835], weil sie die Rechtsanwendung erleichtert und zudem – gerade im Bereich der Vertriebsformen – das Augenmerk auf den sachlichen Zusammenhang der Regelungskomplexe lenkt. Die Befürchtungen, daß unüberbrückbare Systemwidersprüche durch eine Eingliederung in das BGB hervorgerufen würden, kann nicht bestätigt werden.[1836] Vielmehr fügen sich die Informationspflichten nach §312e in das System der allgemeinen Informationspflichten aus §241 II ein, für die das BGB allgemeine Regeln und Sanktionsmechanismen kennt. Das Sanktionssystem des BGB kann also für die integrierten gesetzlichen Anbieterpflichten instrumentalisiert werden und einzelfallbezogene richterliche Pflichten können nahtlos deren Schutz ergänzen, wobei letztere aber nicht vollständig die Rechtssicherheit schaffende Funktion typisierter gesetzlicher Pflichten übernehmen können.[1837] Für eine weitere Harmonisierung der Vertriebsformen untereinander, zur Beseitigung europäischer „Systembrüche" zwischen oder innerhalb verschiedener Richtlinien[1838], gibt es durchaus Umsetzungsspielraum für die Mitgliedsstaaten, den der deutsche Gesetzgeber bisher allerdings bewußt nicht wahrgenommen hat.

Teilweise wird mittlerweile darauf hingewiesen, daß das Verbraucherrecht eigentlich kein Sonderrecht mehr sei, sondern allgemeiner Teil des Zivilrechts[1839] - ein Eindruck der sich nach der Integration durch die Schuldrechtsmodernisierung aufdrängt. Hingegen werden auch Bedenken dagegen erhoben, den Verbraucherschutz zum gesetzlichen Leitbild werden zu lassen und für eine Separierung des Verbraucherrechts inner-

---

[1834] Dörner, in: Schulze/Schulte-Nölke (Hrsg.), Die Schuldrechtsreform vor dem Hintergrund des Gemeinschaftsrechts, S. 177 (182).

[1835] Micklitz, in: Micklitz/Pfeiffer/Tonner/Willingmann (Hrsg.), Schuldrechtsreform und Verbraucherschutz, S. 191 (241); Brüggemeier/Reich, BB 2001, S. 213 (213); Tettenborn, K&R 2000, S. 386 (388); Roth, JZ 2001, S. 475 (486); Dauner-Lieb/Heidel/Ring-Ring, Das Neue Schuldrecht, §12, Rn. 14; für „Ankerlösung": Dörner, in: Schulze/Schulte-Nölke, Die Schuldrechtsreform vor dem Hintergrund des Gemeinschaftsrechts, S. 177 (178 f.).

[1836] so allerdings Boente/Riehm, Jura 2002, S. 222 (230); Grigoleit, WM 2001, S. 597 (604); Roth, JZ 2001, S. 475 (486).

[1837] so aber offenbar Hoeren in: Ehlers/Wolffgang/Pünder (Hrsg.), Rechtsfragen des Electronic Commerce, S. 7 (15 f.).

[1838] diese Systemwidersprüche werden durchaus auch von der Kommission gesehen, vgl. Mitteilung der Kommission an das Europäische Parlament und den Rat über ein kohärentes europäisches Vertragsrecht – Ein Aktionsplan vom 12.2.2003, KOM (2003) 68 endg., S. 10, Rn. 16 ff. und 18, Rn. 55 ff.

[1839] Fischer, DB 2002, S. 253 (258); Fischer VuR 2003, S. 20 (23); Ring, AnwBl 2001, S. 620 (621); Henssler, ZAP 22 (2001), S. 1391 (1403 f.); Nordhausen, JJZ 2001, S. 287 (306 f.); vgl. zur Ausstrahlungswirkung des europäischen Verbraucherrechts auf das allgemeine Zivilrecht auch Tonner, JZ 1996, S. 533 (538 ff.).

halb des BGB plädiert.[1840] Unabhängig von der Frage, ob man wirklich schon davon sprechen kann, daß der Verbraucherschutz allgemeines Grundprinzip des BGB geworden ist, zeigt sich neuerdings, daß in vielen Bereichen wie z. B. gerade beim Einsatz technischer Kommunikationsmittel die Schutzbedürftigkeit nicht nur bei Verbrauchern, sondern bei allen Nachfragergruppen gleichermaßen vorhanden ist. Der Ansatz der ECRL, die konsequent einen allgemeinen Kundenschutz verfolgt, könnte deshalb in Zukunft auf europäischer und nationaler Ebene als Vorbild dienen. Es würde dann zunehmend der rollenbezogene Verbraucherschutz einen situativen Kundenschutzkonzept weichen.

B. Ausblick

Es bleibt noch die Frage im Raum stehen, wie sich der Regelungsrahmen für elektronische Dienste in Zukunft entwickeln wird bzw. optimalerweise gestaltet werden sollte. Hier ist zunächst auf die Notwendigkeit zur Schaffung eines einheitlichen Regelungsrahmens für alle Inhaltedienste auf europäischer Ebene hinzuweisen, weil angesichts der Konvergenz der Medien die Trennung zwischen Telekommunikation, Informationsdiensten und Rundfunk zunehmend schwieriger wird. Das bedeutet nämlich gleichzeitig, daß sich die Problemstellungen in den einzelnen Bereichen zunehmend annähern und einheitliche Lösungen gestatten. So könnten auch alle Regeln zum Schutz der Nutzer bei Vertragsschlüssen über Fernkommunikationsmittel eine Vereinheitlichung erfahren.

Weiterhin Rechnung getragen werden muß bei der Ausgestaltung des elektronischen Geschäftsverkehrs in Zukunft Regelungsbemühungen internationaler Foren wie der WTO, WIPO, UNCITRAL[1841] und OECD[1842], um einen weltweiten elektronischen Marktplatz zu schaffen und Europa nicht international zu isolieren.[1843] In diesem Zusammenhang ist auch die Beachtung US-amerikanischer Regelungsansätze wichtig.[1844] Die Kommission attestiert den USA einen technologischen und wirtschaftlichen Vorsprung im Bereich des E-Commerce und plädiert deswegen für einen bilateralen Dialog mit den USA über den elektronischen Geschäftsverkehr.[1845] Vor allem lohnt sich dabei ein Blick auf die beiden Modellgesetze der USA für den elektronischen Handel: UCITA[1846] und UETA[1847], die beide spezifisch auf die neuen technischen Anforderun-

[1840] Roth, JZ 2001, S. 475 (486 f.); eine Ausstrahlungswirkung des Verbraucherrechts nimmt offenbar auch Bamberger/Roth-Schmidt-Räntsch, §312b, Rn. 6 an.

[1841] vgl. vor allem das UNCITRAL Model Law on Electronic Commerce with Guide to Enactment von 1996 (abrufbar unter http://www.uncitral.org/english/texts/electcom/ml-ecomm.htm) und das UNCITRAL Model Law on Electronic Signatures von 2001 (abrufbar unter http://www.uncitral.org/english/texts/electcom/ml-elecsig-e.pdf); vgl. dazu Bernstorff, RIW 2000, S. 14 (18 ff.).

[1842] vgl. erster Vorschlag der Kommission, KOM (1998) 586 endg., S. 3.

[1843] so auch Roßnagel, MMR 2002, S. 67 (70).

[1844] so auch Lehmann-Drexl, Electronic Business in Europa, P. Rn. 139.

[1845] Mitteilung an das Europäische Parlament, den Rat, den Wirtschafts- und Sozialausschuß und den Ausschuß der Regionen über eine Initiative für den elektronischen Geschäftsverkehr, KOM (1999) 157endg., S. 12 u.14.

[1846] Uniform Computer Information Transcations Act der NCCUSL von 2002 (abrufbar unter http://www.law.upenn.edu/bll/ulc/ucita/2002final.pdf).

gen zugeschnittene Regelungen enthalten. Diese sind in einigen Bereichen weit fortgeschritten und berücksichtigen sogar bereits den Vertragsschluß mittels elektronischer Agenten.
Auf Dauer kann sich die europäische Gesetzgebung aber nicht nur auf eine punktuelle Harmonisierung beschränken, wie dies im Fall der ECRL geschehen ist, sondern muß eine weitergehende Vereinheitlichung des Privatrechts betreiben. Im Bereich der Dienste der Informationsgesellschaft ist dies nach der Radikallösung der Kommission in Gestalt des allumfassenden Herkunftslandprinzips besonders notwendig, weil das Prinzip der gegenseitigen Anerkennung auf eine vereinheitlichte Rechtsbasis aufbauen muß, um ein Absinken des gemeinschaftsweiten Schutzstandards zu vermeiden.[1848]
Für die weitere Entwicklung des europäischen Zivilrechts werden in der Literatur mehrere Optionen skizziert: die Schaffung eines „Allgemeinen Teils" des Verbraucherrechts als Sonderrecht[1849] unter Normierung eines allgemeinen Widerrufsrechts und eines allgemeinen Informationstatbestands[1850], die Vereinheitlichung der verbraucherbezogenen Regelungen in einem Europäischen Verbrauchergesetzbuch[1851] oder die Schaffung eines Europäischen Vertragsgesetzbuchs[1852] bzw. gar eines Europäischen Zivilgesetzbuchs als Gesamtkodifikation[1853].
Die Forderung nach einem allgemeinen europäischen Informationstatbestand für Verbraucher wird vor allem auf Art. 153 I EG gestützt, dem ein solcher Informationsanspruch entnommen wird.[1854] Dieser Forderung scheint die Kommission im Bereich des europäischen Lauterkeitsrechts nachzukommen, da in Art. 7 des Entwurfs einer Richtlinie über unlautere Geschäftspraktiken eine allgemeine Informationspflicht gegenüber Verbrauchern über geschäftswesentliche Umstände vorgesehen ist.[1855] Die Sanktionen – also etwa die Schaffung eines Widerrufsrechts – werden allerdings gem. Art. 13 des

---

[1847] Uniform Electronic Transactions Act der National Conference of Commissioners on Uniform State Laws (NCCUSL) von 1999 (abrufbar unter http://www.law.upenn.edu/bll/ulc/fnact99/1990s/ueta99.pdf).

[1848] deswegen auch kritisch zu mangelnder Harmonisierung in der ECRL und mit der Befürchtung eines „race to the bottom" Hoeren, MMR 1999, S. 192 (194 f.); Ahrens, CR 2000, S. 835 (837); Härting, CR 2001, S. 271 (273); Grabitz/Hilf-Marly, A4, Art. 3 EG, Rn. 17; differenzierend Spindler, RabelsZ 66 (2002), S. 633 (704 f.): Herkunftsland kann auch zum „politischen Hebel" für die Intensivierung der Harmonisierung werden.

[1849] Staudenmayer, in: Schulte-Nölke/Schulze (Hrsg.), Europäische Rechtsangleichung und nationale Privatrechte, S. 63 (75 f.).

[1850] vgl. Staudenmayer, in: Schulte-Nölke/Schulze (Hrsg.), Europäische Rechtsangleichung und nationale Privatrechte, S. 63 (75 f.); Micklitz, ZEuP 1998, S. 253 (263).

[1851] vgl. Leible, EWS 2001, S. 471 (476).

[1852] Sturm, JZ 2001, S. 1097 ff.; Neumann/Schmidt-Kessel, VuR 2002, S. 145 ff.; Sonnenberger, RIW 2001, S. 409 ff.; Lehne/Haak, in: Dauner-Lieb/Konzen/Schmidt (Hrsg.), Das neue Schuldrecht in der Praxis, S. 41 ff.

[1853] vgl. Schwintowski, JZ 2002, S. 205 ff.; Basedow, AcP 200 (2000), S. 445 ff.; Schmid, JZ 2001, S. 674 ff.; Sonnenberger JZ 1998, S. 982 (988); Zimmermann, in: Ernst/Zimmermann (Hrsg.), Zivilrechtswissenschaft und Schuldrechtsreform, S. 1 (16 ff.).

[1854] Staudenmayer, in: Schulte-Nölke/Schulze (Hrsg.), Europäische Rechtsangleichung und nationale Privatrechte, S. 63 (76); vgl. auch Reich/Micklitz-Reich, Europäisches Verbraucherrecht, §1, Rn. 11 für die Horizontalwirkung von Art. 153 EG.

[1855] KOM (2003) 356, endg., S. 29.

Entwurfs den Mitgliedsstaaten überlassen.[1856] Es bleibt an dieser Stelle allgemein darauf hinzuweisen, daß Vertragsrecht und Lauterkeitsrecht gerade im Bereich der Verbraucherinformation sachlich untrennbar miteinander verknüpft sind und im Rahmen der europäischen Rechtsentwicklung zusammenwachsen werden.[1857] Beide Bereiche sind deshalb stets im Zusammenhang zu betrachten.

In Bezug auf ein einheitliches Europäisches Vertragsgesetzbuch hat die Kommission mit der Mitteilung zum Europäischen Vertragsrecht im Jahre 2001 eine Diskussion angestoßen.[1858] Im Anhang I wird von der Kommission verdeutlicht, wie umfangreich der acquis communautaire des europäischen Vertragsrechts – insbesondere im Bereich des Verbraucherschutzes – bereits geworden ist.[1859] Genannt werden Regeln im Bereich des Verbrauchervertragsrechts, der Zahlungssysteme, des Handelsvertreterrechts, des Arbeitsrechts, des Produkthaftungsrechts, des elektronischen Geschäftsverkehrs, der Finanzdienstleistungen, des Datenschutz-, Urheber- und Medienrechts und des Öffentlichen Auftragswesens. Daraus wird deutlich, daß die Harmonisierungsbemühungen der Kommission bereits ein flächendeckendes Ausmaß angenommen haben.[1860] In dem Kommissionsdokument wurde als Option IV der Erlaß neuer umfassender Rechtsvorschriften auf EG-Ebene durch Richtlinien oder sogar Verordnungen – mithin die Schaffung eines Europäischen Vertragsgesetzbuchs – zur Diskussion gestellt.[1861] In den Stellungnahmen der Diskussionsteilnehmer wurde jedoch deutlich, daß zum derzeitigen Zeitpunkt die Mehrheit den Erlaß eines einheitlichen Europäischen Vertragsgesetzbuchs ablehnt.[1862] Die Kommission setzt deshalb als vorläufigen Ansatz die Beseitigung von Inkohärenzen in existierenden Rechtsvorschriften und deren Vermeidung beim Erlaß neuer Rechtsvorschriften auf die Agenda.[1863] So sollen abstrakte Rechtsbegriffe einheitlich definiert werden und Widersprüche zwischen Richtlinien beseitigt werden. Als Mittel dazu will die Kommission einen gemeinsamen Referenzrahmen erarbeiten, der allgemeine Grundsätze und Begriffe im Bereich des europäischen Vertragsrechts festlegen soll.[1864] Außerdem sollen EU-weite Standardvertragsklauseln entwickelt werden, die den Vertragsparteien die Vertragsverhandlungen ersparen sollen.[1865] Festzuhalten ist als Perspektive, daß über die Koordinierung des bisher stellenweise widersprüchlichen Richtlinienrechts und die zukünftige Orientierung der europäischen Gesetzgebung an einem gemeinsamen Referenzrahmen der Weg zu einem einheitlichen Europäischen Obligationenrecht vorgezeichnet ist. Einstweilen jedoch verbleibt die Verantwortlichkeit für die Anpassung des Vertragsrechts an die technologische Entwicklung bei den Einzelstaaten. Hier sind gerade im elektronischen

---

[1856] KOM (2003) 356, endg., S. 33.

[1857] vgl. Micklitz/Keßler, GRURInt 2002, S. 885 (890); Grundmann RabelsZ 67 (2003), S. 247 (270).

[1858] Mitteilung der Kommission an den Rat und das Europäische Parlament zum Europäischen Vertragsrecht vom 11.07.2001, KOM (2001) 398 endg.

[1859] KOM (2001) 398 endg., Anhang I, S. 23 ff.

[1860] so auch Micklitz, VuR 2003, S. 2 (6); Schwintowski, JZ 2002, S. 205 (208).

[1861] KOM (2001) 398 endg., S. 20, Rn. 61 ff.

[1862] Mitteilung der Kommission an das Europäische Parlament und den Rat über ein kohärentes Europäisches Vertragsrecht – Ein Aktionsplan vom 12.2.2003, KOM (2003) 68 endg., S. 6, Rn. 7.

[1863] KOM (2003) 68 endg., S. 18, Rn. 55 ff.

[1864] KOM (2003) 68 endg., S. 19, Rn. 59 ff.

[1865] KOM (2003) 68 endg., S. 25, Rn. 81 ff.

Geschäftsverkehr neue Lösungsansätze zu suchen, um dem verstärkten Technikeinsatz Rechnung zu tragen. So wird für den Bereich der elektronischen Willenserklärungen bspw. die Einführung des Risikoprinzips als Zurechnungsmodell für die Rechtsgeschäftslehre vorgeschlagen, um den Vertrauensschutz bei modernen Kommunikationsformen zu stärken.[1866]

Darüber hinaus ist es eher fraglich, ob jemals ein gemeinsames europäisches Zivilgesetzbuch geschaffen werden kann. Nach der herrschenden Primärrechtslage fehlt der Gemeinschaft jedenfalls die Kompetenz für dessen Erlaß, da die zentralen Kompetenznormen nur Maßnahmen stützen, die zur Binnenmarktverwirklichung dienen. Längst nicht alle Normen des BGB weisen aber einen Marktbezug auf.[1867] Unproblematisch ist dies lediglich für das Vertragsrecht.[1868] Es bedürfte also einer Änderung des EG-Vertrages, um der Gemeinschaft eine ausreichende Harmonisierungsbefugnis für das gesamte Zivilrecht zu verleihen. Ein tiefergehendes Problem ist die Akzeptanz bei den Bürgern, weil viele Bereiche der Zivilrechtskodifikationen fest in nationalen Traditionen verwurzelt sind.

[1866] Wiebe, Die elektronische Willenserklärung, S. 535 f.

[1867] vgl. im einzelnen Basedow, AcP 200 (2000), S. 445 (474 ff.); Möllers, JZ 2002, S. 121 (133).

[1868] Basedow, AcP 200 (2000), S. 445 (474 ff.); Sturm, JZ 2001, S. 1097 (1102); Lehne/Haak, in: Dauner-Lieb/Konzen/Schmidt (Hrsg.), Das neue Schuldrecht in der Praxis, S. 41 (56 ff).

Martin Schmidhuber

Verhaltenskodizes im nationalen und grenzüberschreitenden elektronischen Geschäftsverkehr

Zur Frage der Integration der Selbstregulierung durch Private in die staatliche Rechtsordnung

Frankfurt am Main, Berlin, Bern, Bruxelles, New York, Oxford, Wien, 2004.
XXII, 349 S.
Studien zum vergleichenden und internationalen Recht. Herausgegeben von Bernd von Hoffmann, Erik Jayme und Heinz-Peter Mansel. Bd. 98
ISBN 3-631-52733-0 · br. € 56.50*

Die Arbeit untersucht – einem rechtstatsächlichen Ansatz folgend – nach Art. 16 der E-Commerce-Richtlinie angeregte und bereits veröffentlichte Verhaltenskodizes sowie deren Anwendungsbereiche. Sie zeigt die Grenzen staatlicher Rechtssetzung bezüglich des globalen Mediums Internet auf und behandelt die Utopie eines „Cyberlaw" sowie Fragen des Internationalen Privatrechts, das ein geeignetes Instrumentarium zur Bewältigung grenzüberschreitender Konflikte auch bei Online-Sachverhalten bereit hält. Der Verfasser gelangt zu dem Ergebnis, dass eine „regulierte Selbstregulierung" im Sinne eines hybriden Regulierungssystems auch im Internet eine sinnvolle und legitime Ergänzung zur staatlichen Rechtssetzung darstellt und als Soft Law auch vor dem Hintergrund des Völker- und Europarechts Eingang in die Rechtsordnung finden kann. Er zeigt Möglichkeiten auf, wie Verhaltenskodizes und andere Elemente der „privaten Rechtssetzung" um- und durchgesetzt werden können.

Aus dem Inhalt: Regulierungsalternativen des Rechtsraums Internet · Gesetzgebung im Bereich des Internet · Verhaltenskodizes gemäß Art. 16 der E-Commerce-Richtlinie · Rechtstatsachenforschung · Bildung technischer Standards und anderer technologiebasierter Systeme · Internationales Einheitsrecht · Cyberlaw – „Virtuelle Weltrechtsordnung" · Das Internationale Privatrecht – Der „archimedische Punkt" des Internet

Frankfurt am Main · Berlin · Bern · Bruxelles · New York · Oxford · Wien
Auslieferung: Verlag Peter Lang AG
Moosstr. 1, CH-2542 Pieterlen
Telefax 00 41 (0) 32 / 376 17 27

*inklusive der in Deutschland gültigen Mehrwertsteuer
Preisänderungen vorbehalten

Homepage http://www.peterlang.de

FSC
www.fsc.org
MIX
Papier | Fördert gute Waldnutzung
FSC® C083411

Kolibri 360 GmbH
Ferdinand-Jühlke-Straße 7
99095 Erfurt, Deutschland
produktsicherheit@kolibri360.de

Druck:
CPI Druckdienstleistungen GmbH
im Auftrag der
Kolibri 360 GmbH
Ferdinand-Jühlke-Str. 7
99095 Erfurt